铁路工程施工技术

铁路营业线工程施工技术

丁任盛 主 编
秦 飞 陈天明 副主编

中国铁道出版社
2014年·北 京

内 容 简 介

为适应铁路营业线工程施工的需要以及为工程技术人员提供便利，在各铁路工程业主单位和施工单位的大力支持下，组织了一批有丰富现场施工经验的技术人员编写了本书。本书纳入了近期有关铁路营业线工程施工规范、规程、指南的相关内容，选用了成熟的施工技术，内容上也力求与时俱进。

全书共分4篇13章，具体内容包括铁路营业线施工安全管理，铁路营业线工程施工安全技术与措施、改建与增建桥涵，铁路桥涵修复，铁路桥涵顶进，铁路桥梁改造与加固，涵洞维修，铁路营业线改建和增建第二线路基，铁路路基抢修，轨道施工准备，铁路营业线轨道改建施工，铁路增建二线与既有线改造新建双线地段轨道施工，铁路道岔插铺与换铺。

本书可作为工程技术人员、施工人员的施工技术资料用书。

图书在版编目(CIP)数据

铁路营业线工程施工技术/丁任盛主编.—北京：中国铁道出版社，2014.6
(铁路工程施工技术)
ISBN 978-7-113-18001-0

Ⅰ.①铁… Ⅱ.①丁… Ⅲ.①铁路线路－工程施工 Ⅳ.①U215

中国版本图书馆CIP数据核字(2014)第022820号

书 名：铁路工程施工技术 **铁路营业线工程施工技术**
作 者：丁任盛 秦飞 陈天明

策划编辑：江新锡 曹艳芳
责任编辑：冯海燕 **电话**：010-51873017
封面设计：崔 欣
责任校对：马 丽
责任印制：郭向伟

出版发行：中国铁道出版社(100054，北京市西城区右安门西街8号)
网 址：http://www.tdpress.com
印 刷：北京新魏印刷厂
版 次：2014年6月第1版 2014年6月第1次印刷
开 本：787 mm×1 092 mm 1/16 印张：24 字数：606千
书 号：ISBN 978-7-113-18001-0
定 价：58.00元

前　言

为满足铁路营业线工程施工的需要和为工程技术人员提供便利，在各铁路工程业主单位和施工单位的大力支持下，我们组织了一批有丰富现场施工经验的技术人员编写了本书。本书纳入了近期有关铁路营业线工程施工规范、规程、指南的相关内容，选用了成熟的施工技术，内容上力求与时俱进。

全书共分4篇13章，第1篇铁路营业线施工安全，第2篇铁路营业线桥涵施工，第3篇铁路营业线路基施工，第4篇铁路营业线轨道施工。具体内容包括：第1章铁路营业线施工安全管理；第2章铁路营业线工程施工安全技术与措施；第3章改建与增建桥涵；第4章 铁路桥涵修复；第5章铁路桥涵顶进；第6章铁路桥梁改造与加固；第7章涵洞修理；第8章铁路营业线改建和增建第二线路基；第9章铁路路基抢修；第10章轨道施工准备；第11章铁路营业线轨道改建施工；第12章铁路增建二线与既有线改造新建双线地段轨道施工；第13章铁路道岔插铺与换铺。

本书编写分工如下：第1章、第11章、第13章由上海铁路局杭州工务段陈天明编写；第2章、第3章由沪昆铁路客运专线浙江有限责任公司丁任盛编写；第4章由中铁三局集团第五工程有限公司周明编写；第5章由杭州铁路设计院有限责任公司朱兆斌编写；第6章由中铁大桥局集团有限公司高君福编写；第8章由中铁二十三局集团第二工程有限公司刘桂涛编写；第7章、第9章由石家庄铁道大学土木工程学院马增数编写；第10章、第12章由中铁二十二局集团第二工程有限公司秦飞编写。全书由丁任盛、秦飞负责统稿整理。

本书在编写过程中，中铁二十二局集团第二工程有限公司庹军、蔡建国、张继忠、张晓星、范士亮、李云飞、高建萍、刘学等参与了书稿的讨论与部分编写工作，石家庄铁道大学黄守刚、李向国、康拥政、吴景龙、周亮、张力霆、王建西、张慧丽、温少芳、孙海龙、吕希奎、王晨以及中国铁道出版社石家庄铁道大学发行分部赵春虎、于超、杨晓燕对本书的撰写提出了宝贵的意见。在此一并表示感谢！

限于编者水平有限，书中谬误之处敬请读者批评指正。

编者

2014年3月

目　录

第1篇　铁路营业线施工安全

第2篇　铁路营业线桥涵施工

第 1 篇　铁路营业线施工安全

第 1 章　铁路营业线施工安全管理

1.1 概　　述

铁路营业线工程施工与运营列车相互影响、相互制约，稍有疏忽，就可能酿成大祸，给国家和人民生命财产带来巨大损失或灾难。因此，必须确保优质高效地完成营业线工程施工任务，确保行车安全。同时也要求施工人员必须了解营业线施工的有关知识和程序。以下着重介绍《铁路营业线施工安全管理办法》（铁运〔2012〕280 号文），具体施工中应符合各铁路局营业线施工及安全管理实施细则等的有关规定。

1.1.1　营业线施工的概念

1. 营业线作业项目

营业线施工系指影响营业线设备稳定、设备使用和行车安全的各种施工，包括施工作业和维修作业。其中主要作业项目如下：

(1)线路及站场设备技术改造，增建双线、新线引入、电气化改造等施工。

(2)跨越、穿越线路、站场的桥梁、涵洞、管道、渡槽和电力线路、通信线路、油气管线以及铺设道口、平过道等设施的施工。

(3)在线路安全保护区内架设、铺设管道、渡槽和电力线路、通信线路、杆塔、油气管线等设施的施工。

(4)在规定的安全区域内实施爆破作业，在线路隐蔽工程(含通信、信号、电力电缆径路)上作业，影响路基稳定的各种施工。

(5)在信号、联锁、闭塞、CTC/TDCS、列控等行车设备上的大中修、改造施工。

(6)影响营业线正常运营的铁路重要信息系统运行环境改造、软硬件平台更新、应用软件变更等施工。

(7)设置在线路上的安全检测、监控设备的新建、技术改造、大中修、检定、期间核查及 TPDS 设备标定施工。

(8)承载行车通信业务的通信网络调整施工和中断行车通信业务的通信设备施工。

(9)线路大中修，路基、桥隧涵大修及大型养路机械施工。

(10)成段破底清筛、更换钢轨或轨枕，成组更换道岔(含钢轨伸缩调节器)，更换轨枕板施工。

(11)无缝线路应力放散。

(12)牵引供电变配电设备、站场电力、接触网技术改造及大修施工。

(13)车站站台、雨棚、天桥等建筑物及客运上水和吸污设备、站场供水设施技术改造及大中修施工。

(14)高速铁路线路、路基、桥隧涵病害整治,冻害整治,更换轨枕(板)及道岔主要部件等施工。

(15)高速铁路整锚段更换接触网、承力索、导线,隧道内接触网预埋件整治等施工。

(16)地方涉铁工程。

(17)纳入施工计划的维修作业。

(18)其他影响营业线设备稳定、使用和行车安全的施工作业项目。

邻近营业线施工纳入营业线施工安全管理范畴。邻近营业线施工是指在营业线两侧一定范围内(包括上跨、下穿营业线),新建铁路工程、既有线改造工程及地方工程等与营业线平行、交叉,影响或可能影响铁路营业线设备稳定、使用和行车安全的施工作业。

2. 邻近营业线施工分类

邻近营业线施工分为A、B、C三类。电气化铁路接触网支柱外侧2 m(接触网支柱外侧悬挂回流线和供电线时在回流线和供电线外2 m)、非电气化铁路信号机立柱外侧1 m范围称为营业线设备安全限界。

(1)A类施工。

邻近铁路营业线进行以下影响营业线设备稳定、使用和行车安全的工程施工,列为A类施工,必须纳入铁路局月度施工计划。

1)吊装作业时侵入营业线设备安全限界的施工。

2)架设或拆除各类铁塔、支柱及接触网杆等在作业过程中侵入营业线设备安全限界的施工。

3)开挖路基、路基注浆、基桩施工等影响路基稳定的施工。

4)需要对邻近的营业线进行限速的施工。

(2)B类施工。

邻近营业线进行以下可能因翻塌、坠落等意外而危及营业线行车安全的工程施工,列为B类施工。B类施工应设置防护设施并经铁路局有关部门审批,确不能设置防护设施时应纳入铁路局月度施工计划。影响营业线设备稳定、使用和行车安全的防护设施设置必须纳入铁路局月度施工计划。

1)使用高度或作业半径大于吊车至营业线设备安全限界之间距离的吊车吊装作业。

2)影响铁路通信铁塔、通信基站、信号中继站、箱式机房及供电铁塔、支柱等基础稳定的各类施工。

3)邻近营业线进行现浇梁、钢板桩、钢管桩、搭设脚手架、膺架等施工的设备和材料翻落后侵入营业线设备安全限界的施工。

4)营业线路堑地段有可能发生物体坠落,翻落侵入营业线设备安全限界的施工。

(3)C类施工。邻近营业线进行以下可能影响铁路路基稳定、行车设备使用安全的施工,列为C类施工。

1)铲车、挖掘机、推土机等施工机械作业。

2)开挖基坑、降水和挖孔桩施工。

3)邻近供电、通信、信号电(光)缆沟及供电支柱、通信、信号杆塔10 m范围内的挖沟、取土、路基碾压等施工。

4)绑扎钢筋、安装拆除模板等未侵入营业线设备安全限界的施工。

5)路基填筑或弃土等施工。

其他影响或可能影响营业线设备稳定、使用和行车安全的邻近营业线施工，由铁路局按上述原则界定类别。

1.1.2　营业线施工的原则与方针

营业线施工必须把确保行车安全放在首位，应坚持“安全第一，预防为主，综合治理”的方针，建设、设计、施工、监理、行车组织、设备管理等部门和单位必须严格执行《中华人民共和国安全生产法》、《铁路运输安全保护条例》、《建设工程安全生产管理条例》、《铁路技术管理规程》、《铁路 200～250 km/h 既有线技术管理办法》、《铁路客运专线技术管理办法》(200～250 km/h 部分)、《铁路客运专线技术管理办法》(300～350 km/h 部分)、《铁路交通事故调查处理规则》、《行车组织规则》、《铁路营业线施工安全管理办法》等有关规定。影响营业线设备稳定、使用和行车安全的施工，必须纳入“天窗”，对影响行车和施工安全的每个环节，都必须强化管理，确保行车和施工安全。

营业线施工必须坚持以施工安全为主，运输、施工兼顾的原则。切实加强施工计划管理，加强施工组织和施工期间的运输组织。积极推广使用先进的施工机具和科学的施工方法，提高施工作业效率，有计划、有组织地进行各项施工。

1.1.3　天窗和慢行的规定

天窗是指列车运行图中不铺画列车运行线或调整、抽减列车运行线为营业线施工、维修作业预留的时间，按用途分为施工天窗和维修天窗，其中施工天窗时间规定为：高速铁路天窗原则上不应少于 240 min；普速铁路基建改造、线路大中修及大型机械作业、接触网大修时，双线按行别预留不少于 180 min。维修天窗不应少于 90 min。

各项施工、维修作业要采用平行作业方式，综合利用天窗，提高天窗的利用率。要严格按照运行图预留的慢行附加时分控制线路慢行处所，原则上单线一个区段慢行处所不超过两处，双线一个区段内每个方向慢行处所不超过两处，同一区间内慢行处所不超过一处(包括施工慢行处所)。施工后产生的慢行在 12 h 以内恢复常速的，不统计慢行处所。滚动施工阶梯提速的，按一处慢行处所掌握。针对施工需要已编制施工分号运行图的，可依据施工分号运行图预留的慢行附加时分，适当增加施工慢行处所。

各项施工作业，施工点前不得安排慢行。大机清筛、换轨、更换道岔、路基处理车施工时，在运行图天窗条件允许的条件下，应适当增加天窗时间。增加天窗时间影响图定跨局旅客列车开行时，必须报铁路总公司批准。

1.1.4　施工等级的划分

1. 高速铁路施工等级分为三级

(1)Ⅰ级施工。

1)超出图定天窗时间且需要调整图定跨局旅客列车开行(含确认列车)的大型站场改造、新线引入、全站信联闭改造、CTC 中心系统设备及列控系统设备改造、换梁、上跨铁路结构物等施工。

2)中断跨局行车通信业务且影响范围内有图定列车运行的 GSM-R 核心网络设备施工。

(2)Ⅱ级施工。

1)不需要调整图定跨局旅客列车开行(含确认列车)的站场改造、新线引入、全站信联闭改造、CTC 中心系统设备及列控系统设备改造、换梁、上跨铁路结构物施工。

2)中断跨局行车通信业务且影响范围内没有图定列车运行以及中断本铁路局行车通信业务且影响范围内有图定列车运行的通信网络设备施工。

(3)Ⅲ级施工。除Ⅰ级、Ⅱ级施工以外的各类施工。

2. 普速铁路施工等级分为三级

(1)Ⅰ级施工。

1)繁忙干线封锁5 h及以上、干线封锁6 h及以上或繁忙干线和干线影响信联闭8 h及以上的大型站场改造、新线引入、信联闭改造、电气化改造、CTC中心系统设备改造施工。

2)繁忙干线和干线大型换梁施工。

3)繁忙干线和干线封锁2 h及以上的大型上跨铁路结构物施工。

4)中断繁忙干线6 h及以上或干线7 h及以上且同时影响两站及以上行车通信业务的通信网络设备施工。

(2)Ⅱ级施工。

1)繁忙干线封锁正线3 h及以上,影响全站(全场)信联闭4 h及以上的施工。

2)干线封锁正线4 h及以上,影响全站(全场)信联闭6 h及以上的施工。

3)繁忙干线和干线其他换梁施工。

4)繁忙干线和干线封锁2 h以内的大型上跨铁路结构物施工。

5)中断繁忙干线4 h以上或干线5 h以上且同时影响两站及以上行车通信业务的通信网络设备施工。

大型养路机械维修、清筛,人工路基基床处理,成段更换钢轨和轨枕以及不影响正线行车的更换道岔施工除外。

(3)Ⅲ级施工。除Ⅰ级、Ⅱ级施工以外的各类施工。

3. 施工等级的审定

施工单位在上报施工计划申请时,按上述规定初步提出各次施工的施工等级。铁路局建设项目管理机构及铁路局主管业务处室审核施工计划时按规定进行审核,提出本部门的意见。铁路局运输处综合各单位、部门的审核意见,确定各次施工的施工等级。其中Ⅰ、Ⅱ级施工应报施工领导小组审定;Ⅲ级施工由铁路局有关业务处共同审定。具体的施工等级在施工计划中公布。

高速铁路(客运专线)线路施工因天窗时间较长,其施工等级划分应依据具体的施工项目、自轮运转特种设备和路用列车配合方案、施工路料机械的配合方案、施工工艺要求等实际情况,由铁路局主管业务处先行研究,提出建议等级方案,铁路局运输处报施工领导小组审定后公布。

1.1.5 施工组织领导

为加强营业线施工的组织领导,铁路局、站段、建设项目管理机构等单位、部门应根据施工等级针对每次施工成立相应的施工领导小组。施工领导小组的职责为:

(1)负责组织相关部门和单位协调解决营业线施工、运输、安全等问题,做到运输、施工统筹兼顾,确保行车、人身和施工安全。

(2)负责施工现场的组织协调工作。检查施工前的准备工作,检查各项安全措施的落实,掌握施工进度,维护施工期间的运输秩序,协调解决施工各部门临时发生的问题。

(3)负责组织召开施工预备会和总结会。

(4)Ⅰ、Ⅱ级施工领导小组负责审定相应施工等级的施工方案、施工过渡方案、施工安全措施。

Ⅰ级施工由铁路局分管运输副局长、有关分管副局长担任施工领导小组正、副组长，成员由行车组织、设备管理、建设、设计、施工、监理、安监等有关部门和单位负责人组成；Ⅱ级施工由铁路局运输处、有关业务处分管副处长担任正、副组长，成员由行车组织、设备管理、建设、设计、施工、监理、安监等有关部门和单位主管人员组成；普速铁路Ⅲ级施工和高速铁路在车站登记的Ⅲ级施工由车务段（直属站）分管副段长（副站长）担任施工领导小组组长、设备管理单位分管副段长担任施工领导小组副组长（建设项目由建设项目管理机构分管负责人担任施工领导小组副组长），成员由行车组织、设备管理、建设、施工等有关单位成员组成；高速铁路在调度所登记的Ⅲ级施工，按照施工主体项目专业，由设备管理单位分管副段长担任施工领导小组组长（建设项目由建设项目管理机构分管负责人担任施工领导小组组长、设备管理单位分管副段长担任施工领导小组副组长），成员由设备管理、行车组织、建设、施工等有关单位成员组成。

施工现场由施工单位明确施工负责人；多个单位综合利用天窗在同一区间作业时，由运输部门指定施工主体单位，明确施工负责人。施工负责人负责施工现场的作业组织，协调各施工单位施工作业，并对施工现场的施工安全负责。各单位必须服从施工负责人指挥，按时完成施工和维修任务，确保达到列车放行条件。多个单位作业车进入同一个区间移动作业时，由施工负责人统一划分各单位作业车范围及分界点，作业单位必须按规划分别进行防护。

1.2　营业线施工计划

1.2.1　施工计划审批权限

营业线施工实行铁路总公司、铁路局、车务段（直属站）分级管理，逐级审批制度。

（1）铁路总公司审批的施工计划。

1）影响跨局旅客列车停运、变更运行区段、改变始发终到时刻和局间分界站运行时刻。

2）影响跨局货物列车停运。

3）调整跨局货物列车编组计划。

4）调整跨局车流运行径路，实行迂回运输。

5）变更跨局货物列车牵引定数。

6）编制跨局施工分号列车运行图。

7）繁忙干线封锁正线 180 min 及以上、影响全站（全场）信联闭 240 min 及以上的施工。

8）因特殊原因，繁忙干线慢行处所超过规定。

9）中断跨局行车通信业务的施工。

10）中断繁忙干线 6 h 及以上或干线 7 h 及以上且同时影响两站及以上行车通信业务的通信网络设备施工。

铁路总公司审批的施工，由铁路局进行施工方案审核和施工计划编制，并制定运输调整方案和安全措施。铁路总公司组织相关部门进行审批，运输调整由运输部门负责，施工方案由各专业部门对口负责。铁路局依据铁路总公司批复，编制具体施工计划并组织实施。

（2）铁路总公司负责审批的施工和维修天窗作业计划以外的施工，全部由铁路局负责审批。

（3）车务段（直属站）负责维修天窗作业计划的编制。

影响行车或影响行车设备稳定、使用的施工项目未经申报批准严禁施工，擅自施工或擅自扩大施工内容和范围的，一经发现立即停工并追究施工单位责任。

1.2.2　年度轮廓施工计划、月度施工计划、施工日计划和维修计划的编制

铁路局运输处上一年12月组织编制“铁路局年度轮廓施工计划”，铁路局各业务处应提前向运输处提报站场、线路、桥隧、信联闭、接触网等行车设备大、中修及技术改造的年度轮廓施工计划。在此基础上，铁路总公司组织有关铁路局于每年1月召开繁忙干线集中修年度轮廓施工计划协调会，协调铁路局繁忙干线集中修年度轮廓施工计划。

(1)铁路局运输处负责编制铁路局月度施工计划，各种施工(维修天窗作业计划除外)均应纳入月度施工计划，编制程序如下：

1)上报铁路局主管业务处。施工单位应于每月9日前将次月施工计划申请上报铁路局主管业务处室(建设项目施工计划申请应先报项目管理机构预审，再报主管业务处室)。各业务处室对施工计划申请进行审查汇总，由主管处长批准后，于11日前向运输处提出月度施工计划申请表。

2)施工单位提报的施工计划应包括：施工方案设计(施工项目、作业内容、地点和时间、影响范围、施工方案及验收安排)、施工组织设计(施工组织及负责人、施工安全和质量的保障措施及防护办法、列车运行条件)、施工安全协议书等基本内容。

编制的施工组织设计方案必须按照铁路局对营业线施工安全管理规定的程序进行审批(图1-1-1)。

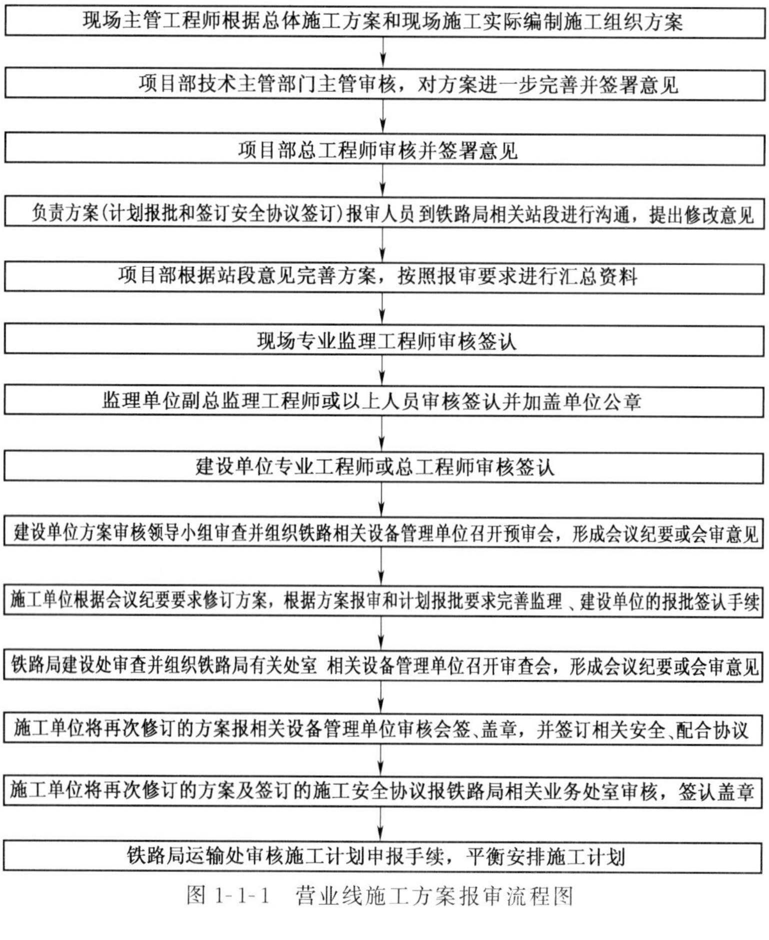

图1-1-1　营业线施工方案报审流程图

施工单位提报的安全协议书，由铁路局主管业务处和安全监察室负责审查。施工安全协议书由施工单位与设备管理单位和行车组织单位分别签订。安全协议书的基本内容应包括：

①工程概况（施工项目、作业内容、地点和时间、影响范围）。

②施工责任地段和期限。

③双方所遵循的技术标准、规程和规范。

④安全防护内容、措施及专业结合部安全分工（根据工点、专业实际情况，由双方制定具体条款）。

⑤双方安全责任、权利和义务（包括共同安全职责和双方各自安全职责）。

⑥违约责任和经济赔偿办法（包括发生行车责任事故时双方所承担的法律责任）。

⑦安全监督和配合费用。

⑧法律法规规定的其他内容。

未签订施工安全协议及施工安全协议未经审查的严禁施工。

以下为施工安全协议示例：

上海铁路局营业线施工安全协议书（设备管理单位）

甲方：（设备管理单位）

乙方：（施工单位）

为确保营业线施工安全，明确双方各自承担的安全责任、权利和义务等，根据原铁道部《关于印发〈铁路营业线施工安全管理办法〉的通知》（铁办〔2008〕190 号）有关规定，经双方协商，达成如下协议。

一、工程概况

1. 施工项目：

2. 作业内容：

3. 线名里程：　　线　　　区间（站），k　＋　　　至 k　＋　。

4. 作业时间：　　年　月　日至　　年　月　日。或以铁路局批准的施工封锁计划时间为准。

5. 影响行车设备使用范围：

二、施工责任地段和期限

1. k　＋　至 k　＋　。

2. 期限：　　年　月　日至　年　月　日。

三、双方遵循的技术、规程和规范

四、安全防护内容、措施及专业结合部安全分工（根据工点、专业实际情况，由双方制定具体条款，应用的规章条款必须具体完整）

五、双方安全责任、权利和义务

（一）共同安全职责

1. 坚持“安全第一，预防为主”的方针，必须把确保行车安全放在完成和监督（配合）一切施工任务的首要位置，严格执行铁路总公司、路局营业线施工安全有关规章制度。

2. 双方联合成立协调小组，由甲方分管领导　　　任组长，乙方项目经理　　　任副组长，甲方　　　和乙方　　　任组员。协调小组负责全过程检查、监督施工安全情况，协调解决涉及有关安全生产的问题。

3. 当发生危及行车安全问题、隐患时，必须采取有效措施，限期整改，确保行车安全。

4. 建立联合安全检查和信息联系制度，及时发现和解决施工中存在的问题，互通施工安全情况，掌握施工安全动态。

5. 发现事故、险情情况时，按有关规定及时向上级有关部门汇报，全力参与救援抢修工作，并配合有关部门进行事故、险情调查分析。

（二）甲方安全职责

1. 积极做好监督检查（配合）工作，为乙方施工创造有利条件，对乙方提出需甲方配合解决的问题（施工封锁计划审核盖章），三日之内予以答复（施组、方案审查适当延长）。

2. 及时提供有关技术资料，委派有关工程技术人员积极协助配合乙方，做好既有设备、设施的核查和地下管、线、电缆等隐蔽设备、设施的防护工作，并对核查工作作成书面记录交乙方（隐蔽设备、设施单位严禁修改此条款内容）。

3. 根据工程规模和甲方提出的请求，及时委派相应数量的施工安全监督员（胜任人员），到现场对施工作业进行安全监督检查（配合）。

4. 对乙方责任区段的设备、设施进行巡查，发现不良情况及时向乙方提出，并督出整改。

5. 发现施工质量不合格及安全隐患应责令乙方立即纠正，危及行车安全时有权责令其停止施工（填发整改或停工通知书）。

6. 对达到验收开通标准的工程，甲方应在建设单位组织下参加验收，验收合格后，按规定及时办理交接手续。

（三）乙方安全职责

1. 开工前应设立安全生产管理结构，建立安全生产保证体制，制订完善各项安全制度和措施，配备专职安全管理人员。

2. 施工中必须严格按照批准的施工组织设计、施工方案和施工计划组织实施，不得随意更改，并制订确保施工行车安全的对策、措施。

3. 及时向甲方提供所需的有关技术资料和安全信息等情况，经常保持与甲方的联系。

4. 凡进行影响设备使用或行车安全的作业，必须提前三天以书面（电话）形式告知甲方，并在甲方安全监督（配合）人员在场的情况下，才能进行作业，否则对其行为所导致的一切安全问题负全责。

5. 做好责任区段既有设备、设施的巡养防和必要的安全防护工作，对现场作业经常进行安全检查，发现问题及时处理。

6. 对甲方提出的质量和安全隐患等问题（整改或停工通知书），应立即进行整改，对一时无法解决的问题，必须采取有效措施进行补救，并将处理结果及时反馈。

7. 严禁将工程分包给不具备相应资质的单位和个人承担，同时加强对分包单位和个人的管理，严禁以包代管，包而不管。

8. 工程竣工验收交接时，按有关规定及时提供相关资料。

六、违约责任和经济责任

违反双方约定的条款，造成行车事故、险情，由违约一方承担责任，并根据原铁道部《关于印发〈铁路营业线施工安全管理办法〉的通知》（铁办〔2008〕190号）和路局有关规定的标准，对违约一方进行责任追究，并赔偿相应的经济损失（具体数额根据实际发生情况而定）。

七、安全监督和配合费用

1. 安全监督（配合）费用的数额和支付方法，按原铁道部《铁路基本建设工程设计概（预）

算编制办法》(铁建设〔2006〕113号),路局《关于规范铁路建设工程安全监督和配合费用的通知》(上铁建函〔2007〕1380号)、财务处《关于铁路局营业线大中修施工安全监督费用计算办法的通知》(财修函〔2005〕64号)等文件确定的办法执行。

2. 乙方(施工单位)向甲方(设备管理单位)按规定做好安全监督(配合)费用的支付工作。

八、法律法规规定的其他内容

九、其他事项

1. 本协议未尽事宜,双方另行商定,签订补充协议一并执行。

2. 在履行协议过程中发生争议,协商无法解决时,可以提请双方上级主管部门调解。

3. 协议份数由双方约定。

甲方(盖章)	乙方(盖章)
代表(签字)	代表(签字):
联系电话	联系电话
年　月　日	年　月　日

上海铁路局营业线施工安全协议书(行车组织单位)

甲方:(行车组织单位)

乙方:(施工单位)

为确保营业线施工安全,明确双方各自承担的安全责任、权利和义务等,根据原铁道部《关于印发〈铁路营业线施工安全管理办法〉的通知》(铁办〔2008〕190号)有关规定,经双方协商,达成如下协议。

一、工程概况

1. 施工项目:

2. 作业内容:

3. 线名里程:　　线　　　区间(站),k　+　　　至k　+　　。

4. 作业时间:　　年　　月　　日至　　　年　　月　　日。或以路局批准的施工封锁计划时间为准。

5. 影响行车设备使用范围:

二、施工责任地段和期限

1. k　+　　至k　+　　。

2. 期限:　　　年　　月　　日至　　　年　　月　　日。

三、双方遵循的技术、规程和规范

四、安全防护内容、措施及专业结合部安全分工(根据工点、专业实际情况,由双方制定具体条款。应用的规章条款必须具体完整)

五、双方安全责任、权利和义务

(一)共同安全职责

1. 坚持"安全第一,预防为主"的方针,必须把确保行车安全放在完成和监督(配合)一切施工任务的首要位置,严格执行铁路总公司、路局营业线施工安全有关规章制度。

2. 双方联合成立协调小组,由甲方分管领导　　　　任组长,乙方项目经理　　　　任副组长,甲方　　　　和乙方　　　　任组员。协调小组负责全过程检查、监督施工安全情况,协调解决涉及有关安全生产的问题。

3. 当发生危及行车安全问题、隐患时，必须采取有效措施，限期整改，确保行车安全。

4. 建立联合安全检查和信息联系制度，及时发现和解决施工中存在的问题，互通施工安全情况，掌握施工安全动态。

5. 发现事故、险情情况时，按有关规定及时向上级有关部门汇报，全力参与救援抢修工作，并配合有关部门进行事故、险情调查分析。

（二）甲方安全职责

1. 积极做好监督检查（配合）工作，为乙方施工创造有利条件，对乙方提出需甲方配合解决的问题，三日之内予以答复（施组、方案审查适当延长）。

2. 根据工程规模和乙方提出的请求，及时提供有关技术资料《车站行车工作细则》，委派胜任人员积极协助配合乙方，做好路料的装卸和自轮运转特种设备或路用列车调车及停放，并对其车辆防溜、路料堆放、调车作业等措施的落实情况进行监督检查。

3. 明确乙方施工作业影响行车设备使用范围，掌握列车运行情况，严格车站登记、签认制度，及时准确地下达行车调度命令的下达。

4. 发现乙方责任区段设备、设施不良和安全隐患时，应责令乙方立即纠正，危及行车安全时有权责令其停止施工（填发整改或停工通知书），并督促整改。

5. 对达到验收开通标准的工程，甲方应在建设单位组织下参加验收，验收合格后，按规定及时办理交接手续。

（三）乙方安全职责

1. 开工前应设立安全生产管理结构，建立安全生产保证体制，制订完善各项安全制度和措施，配备专职安全管理人员。

2. 严格按照批准的施工组织设计、施工方案和施工计划组织实施，不得随意更改。

3. 及时向甲方提供所需的有关技术资料和安全信息等情况，经常保持与甲方的联系。

4. 凡进行影响设备使用或行车安全的作业，必须在车站进行登记，得到行调度车命令后，才能进行作业。需甲方配合的，应提前三天以书面（电话）形式告知，并在甲方人员在场的情况下进行作业，否则对其行为所导致的一切安全问题负全责。

5. 做好责任区段既有设备、设施的巡养防和必要的安全防护工作，对现场作业经常进行安全检查，发现问题及时处理。

6. 对甲方提出的质量和安全隐患等问题（整改或停工通知书），应立即进行整改，对一时无法解决的问题，必须采取有效措施进行补救，并将处理结果及时反馈。

7. 严禁将工程分包给不具备相应资质的单位和个人承担，同时加强对分包单位和个人的管理，严禁以包代管，包而不管。

8. 工程竣工验收交接时，按有关规定及时提供相关资料。

六、违约责任和经济责任

违反双方约定的条款，造成行车事故、险情，由违约一方承担责任，并根据原铁道部《关于印发〈铁路营业线施工安全管理办法〉的通知》（铁办〔2008〕190 号）和路局有关规定的标准，对违约一方进行责任追究，并赔偿相应的经济损失（具体数额根据实际发生情况而定）。

七、安全监督和配合费用

1. 安全监督（配合）费用的数额和支付方法，按原铁道部《铁路基本建设工程设计概（预）算编制办法》（铁建设〔2006〕113 号），路局《关于规范铁路建设工程安全监督和配合费用的通知》（上铁建函〔2007〕1380 号）、财务处《关于铁路局营业线大中修施工安全监督费用计算办法的通知》(财修函〔2005〕64 号)等文件确定的办法执行。

2. 乙方(施工单位)向甲方(行车组织单位)按规定做好安全监督(配合)费用的支付工作。

八、法律法规规定的其他内容

九、其他事项

1. 本协议未尽事宜,双方另行商定,签订补充协议一并执行。

2. 在履行协议过程中发生争议,协商无法解决时,可以提请双方上级主管部门调解。

3. 协议份数由双方约定。

甲方(盖章)	乙方(盖章)
代表(签字)	代表(签字):
联系电话	联系电话
年　月　日	年　月　日

3)运输处每月组织相关业务处室和主要施工单位审查编制月度施工计划,主要内容报分管运输副局长决定。月度施工计划经分管运输副局长批准后,以铁路局文件下发各站段和有关施工单位。

4)双线车站电务为主、工务综合利用的每月每站 2 次、每次不少于 30 min 的设备检修垂直天窗,分站别在月度施工计划中公布(或在运行图文件中公布)。

5)超出维修天窗时间的区间装卸路料计划应纳入月度施工计划;未纳入月度施工计划的临时区间装卸路料,有关业务处提前 3 日向调度所提出计划,由调度所负责协调安排。防洪、抢险区间装卸路料由调度所及时安排。

(2)铁路总公司负责审批总公司主管施工项目月度施工计划及繁忙干线和干线分界口停运计划,审批程序如下:

1)每月 13 日前,铁路局运输处与相关处室及施工单位协调编制次月高速铁路、繁忙干线和干线总公司主管施工项目申请计划及繁忙干线和干线分界口停运申请计划,经分管运输副局长批准后,繁忙干线施工申请计划经铁路总公司施工计划管理系统、其余以文电形式上报铁路总公司调度部,同时抄送运输局相关专业部门。

对于繁忙干线和干线以外的其他线路影响跨局运输的施工,施工计划可由施工铁路局与相邻铁路局商定后报铁路总公司备案。

2)铁路总公司每月 17 日左右组织相关部门研究确定次月主管施工项目月度施工计划。

3)主管施工项目月度施工计划及繁忙干线和干线分界口停运计划,经国家铁路总公司调度部主任(副主任)批准后,于每月 20 日前以国家铁路总公司文电形式下达有关铁路局,纳入铁路局月度施工计划。

(3)铁路局调度所负责编制施工日计划;其中,繁忙干线施工日计划须由铁路总公司调度部负责审核,编制程序如下:

1)施工单位于施工前 3 日将施工日计划申请报铁路局主管业务处,其中建设项目施工计划应先报项目管理机构预审,再报主管业务处。经主管业务处审核(盖章)后,于施工前 2 日 9:00 前向调度所施工调度室提报施工日计划申请。

2)Ⅰ级施工、高速铁路和繁忙干线部管施工项目,铁路局调度所于施工前 2 日 15:00 前将施工日计划申报铁路总公司调度处,调度处根据铁路总公司月度施工计划和批准的施工文电进行审核后,于施工前 2 日 18:00 前反馈相关铁路局调度所。

3)编制的施工日计划经铁路局调度所主任(副)审核后,纳入调度日计划。Ⅰ级施工、高速铁路和繁忙干线施工日计划,铁路局调度所于施工前1日15:00前报铁路总公司调度部调度处。

4)施工调度室于施工前1日12:00前(0:00～4:00执行的施工日计划于前1日8:00前)将施工日计划下达有关机务段、动车段、运转车长所属单位和车务段(直属站),传(交)主管业务处室,相关列车调度和计划调度台,主管业务处室负责通知施工单位、配合单位,车务段(直属站)负责通知相关车站。

(4)高速铁路维修计划实行日计划,编制程序如下:

1)设备管理单位于维修作业前3日向铁路局主管业务处室提报计划申请,铁路局主管业务处室根据设备管理单位的提报,与其他主管业务处室沟通协调后编制本专业维修计划,于维修作业前2日9:00前报铁路局调度所施工调度室,施工调度室负责审核维修日计划。

2)施工调度室于维修作业前1日12:00前将维修日计划传(交)有关调度台及主管业务处室、相关车务段(直属站)。主管业务处室负责通知作业单位、配合单位,车务段(直属站)负责通知相关车站。

3)综合利用天窗时,由铁路局调度所指定维修主体单位,维修主体单位的确定方法由铁路局规定。

普速铁路维修计划实行周计划。维修日期、天窗时间由运输处在月度施工计划文件中公布,具体维修作业计划由设备管理单位向有关车务段(直属站)提报,由车务段(直属站)负责审核、编制后,报调度所安排实施。各设备管理单位提报维修天窗计划时,要注明作业项目、地点、施工负责人、配合单位、影响范围等。

邻近营业线A类及B类纳入铁路局月度施工计划的施工按营业线施工有关规定执行。邻近营业线B类不纳入铁路局月度施工计划的施工以及C类施工由铁路局负责编制邻近营业线施工安全监督计划,编制程序如下:

施工单位(或建设单位)于每月9日前将经相关站段会签的次月邻近营业线施工安全监督计划申请上报铁路局主管业务处室,铁路局主管业务处室审核后,于每月20日前,将本专业邻近营业线施工安全监督计划报铁路局运输处,由铁路局运输处汇总后作为铁路局月度施工计划附件下发。

邻近营业线施工的现场检查和监督工作由铁路局施工安全监督队伍负责。铁路局要建立施工安全监督队伍工作制度,明确检查范围、职责和权限,制定管理考核办法,加强工作绩效考核。

1.2.3 计划变更及临时施工

未纳入月度施工计划的施工项目原则上不准进行施工。特殊情况必须施工时由施工单位提出施工申请,并签订安全协议,制定安全措施通过主管业务处审查,经主管运输副局长批准,由运输处安排施工。

月度施工计划原则上不准变更。特殊情况必须进行调整时,由施工单位提前5天向铁路局主管业务处和运输处提出书面申请,由运输处调整施工计划。

纳入月度施工计划的施工项目原则上不准停止施工,因专特运、事故、自然灾害及调整车流等原因停止施工时,应于前一日14时前以调度命令通知有关单位。

已批准的铁路总公司管理的施工项目需停止施工时,须经调度部主任(副主任)批准。

对于停止的施工,运输局调度部和铁路局调度所应尽快按规定重新安排,因停止施工引起的本月未按月计划完成的连续性施工，可顺延至下月。

1.2.4　施工调度命令下达

施工计划调度命令下达程序为：

(1)施工单位于施工前三日将施工计划报铁路局主管业务处，主管业务处于施工前二日 9:00 前向调度所施工调度室书面提报施工日计划。

(2)月度施工计划是编辑施工日计划调度命令的依据。施工调度室应将主管业务处提报的施工日计划与月度施工计划(临时施工与批复文电)进行核对，无计划和施工计划内容不相符的不准施工。核对无误的次日施工计划编辑成施工日计划调度命令，经主管领导审批，作为编制调度日班计划的依据。

(3)经批准后的施工日计划调度命令，在施工前一日的 12:00 前下达给有关的机务段、运转车长值乘单位和车站，同时由铁路局主管业务处通知施工单位。

高速铁路进行施工和维修作业时，施工负责人应确认已做好一切施工准备，于开始前 60 min，由施工负责人(驻调度所联络员)在调度所调度台“行车设备施工登记簿”(运统—46，见表 1-1-1)内登记，列车调度员签认。因施工需要转为非常站控模式时，施工负责人(驻站

表 1-1-1　行车设备施工登记簿　　运统—46(施工)

请求施工(慢行及封锁)登记					承认施工	施工后开通检查确认、销记		施工开通	备　注
本月施工编号	施工项目	月日时分	(1)影响使用范围(需要的慢行或封锁条件) (2)施工负责人(指定人员)签名 (3)设备单位检查人(指定人员)签名 (4)车站值班员签名	所需时分	(1)命令号及发令时间 (2)慢行及封锁起止时间 (3)车站值班员签名 (4)施工负责人(指定人员)签名	月日时分	(1)恢复使用范围和条件(开通后恢复常速确认) (2)施工负责人(指定人员)签名 (3)设备单位检查人(指定人员)签名 (4)车站值班员签名	(1)开通(恢复常速)命令号及开通时间 (2)施工负责人(指定人员)签名 (3)设备单位检查人(指定人员)签名 (4)车站值班员签名	

联络员)应在车站进行登记。普速铁路进行施工和维修作业时,施工单位应在施工开始前40 min,由施工负责人(驻站联络员)在车站"行车设备施工登记簿"上登记,车站值班员及时报告列车调度员,由列车调度员向有关车站发布实际施工调度命令。施工单位作业完成后,经施工、设备单位检查达到放行列车条件由施工负责人(驻站、驻调度所联络员)、设备单位检查人(或设备单位指定人员)办理开通登记(施工销记),车站值班员签认后,由车站值班员报告列车调度员开通线路。

1.3 营业线施工安全管理

1.3.1 各方施工安全管理责任

确保施工安全是建设、设计、施工、监理、行车组织、设备管理、安全监督等单位和部门的共同责任。各单位要牢固树立安全意识,严格执行各项规章制度,建立健全安全责任制,落实安全措施和责任,正确处理施工与行车安全的关系,严格遵循"安全第一"的原则,服从行车安全的需要。做到分工明确、责任清楚、措施具体、管理到位。

1. 建设单位

建设管理部门负责按照国家及铁路总公司有关规定审核设计、施工、监理单位的资质,审查施工单位的工程技术人员、机械设备、施工组织设计、安全生产保障措施等。在设计、工程招投标、审批施工方案、项目经理和有关人员的安全培训、法制教育、工程质量和安全的日常监督检查、工程竣工验收等各个环节上,要做好确保行车安全的组织协调和监督检查工作。

2. 设计单位

设计单位在设计文件中,必须明确施工期间营业线的行车安全条件,施工影响范围内各种行车设备的状况,对所涉及的行车设备的防护措施,以及为确保行车安全所必须采取的施工工艺和指导性施工安全方案等。因设计造成责任行车事故的,设计单位负主要责任,建设单位负重要责任,施工、监理单位的责任视具体情况确定;因擅自变更设计或施工方案造成行车事故的,由擅自变更单位负主要责任,监理单位负重要责任。

3. 施工单位

施工单位是施工安全的主体,承担施工安全的主体责任。施工单位要严格执行营业线施工的各项规章制度,科学制定施工方案,建立完善的施工安全责任制,落实施工安全措施和责任,严格责任追究;应严格按审定的方案、范围和批准的封锁慢行计划组织施工,认真落实施工安全措施。

因施工造成营业线设备损坏和影响行车安全构成行车事故的,视具体情况,施工单位要承担全部或主要责任;对未经设备管理单位同意或监护人员未到现场擅自施工及违反施工程序、安全技术标准构成的行车事故,施工单位负全部责任。

4. 监理单位

监理单位要认真履行监理合同,按旁站监理的原则监督施工单位按设计标准、批准的施工方案和有关规范规定施工,及时指出施工中的安全隐患,督促施工单位彻底消除施工质量不良给行车安全留下的隐患。因施工质量不合格造成行车事故的,施工单位负主要责任,监理单位和建设单位负重要责任。

5. 行车组织部门

行车组织部门严格按《铁路技术管理规程》的规定及非正常情况下行车组织办法指挥行

车。要积极做好施工的组织、协调,提前调整车流,加强施工期间的行车组织指挥,为施工作业创造条件。一般施工要根据施工方案及安全卡控措施,对运输影响较大的施工还要运用"两图一表"(施工方案示意图、施工作业流程计划图、安全关键卡控表)完善施工方案,严格落实天窗和封锁、慢行计划,为施工创造条件。

6. 设备管理单位

设备管理单位要加强对施工安全和工程质量的监督检查。对施工单位的施工作业进行全过程监督,发现质量不合格及安全隐患要责令施工单位立即纠正,危及行车安全时有权责令其停止施工。设备管理单位对因自身未履行施工安全协议造成行车事故的,负主要责任;因监督不力发生行车事故的,除追究施工、建设、设计、监理等单位责任外,同时要追究设备管理单位及部门的责任,影响安全成绩。设备管理单位要加强对施工的点前准备、点中控制、点后开通、逐步提速等情况的监护工作,实行开通、提速检查签认制度。

保证行车安全是建设、设计、施工、监理、行车组织及设备管理单位和部门的共同责任。当施工与行车安全发生矛盾时,要严格遵循"安全第一"的原则,服从行车安全的需要。

1.3.2　施工过渡方案

施工过渡是增建双线、新线引入、技术改造、电气化工程等营业线建设项目组织施工和运输配合的重要环节。建设、设计、施工、监理、行车组织、设备管理部门和单位要加强过渡工程管理,保证施工和运输安全。设计单位要按照正式工程进行过渡工程勘察设计,提出指导性施工过渡方案和保证安全运营的具体措施;要优化设计方案和指导性施工过渡方案,减少线路换边拨接次数,减少过渡工程;要根据规程规范、线路条件和运输需要,合理选择便线的曲线半径以及其他技术标准,保证勘察设计质量;设计审查部门要按照正式工程进行审查。建设单位要将过渡工程按正式工程组织建设,努力减少对运输的干扰和影响,并组织行车组织、设备管理、设计、监理部门和单位对施工单位编制的施工过渡方案进行审查,报施工领导小组批准后组织实施;施工、监理单位要按照正式工程组织过渡工程施工和实施工程监理。施工单位要对既有设备布置进行现场核对,根据设计文件和审查后的指导性施工过渡方案编制施工过渡方案,严格按照设计文件和批准的施工过渡方案进行施工。监理单位应督促施工单位严格按照批准的施工过渡方案进行施工,并实施旁站监理,参与竣工验收。行车组织和设备管理部门要参加指导性施工过渡方案和施工过渡方案的审查工作,做好现场配合工作;工程质量安全监督机构要加强对过渡工程的监督,检查施工过渡方案,对实施过程和竣工验收工作实施监督。

严禁进路有关道岔未纳入联锁时开放信号接发列车。营业线站场改造工程中,凡所接入或移动的道岔,必须按信号过渡工程设计、施工,将道岔表示纳入车站联锁后方可开放相应的进出站信号机。否则,只能按非正常情况办理接发列车作业。

设备管理单位应积极协助设计和施工单位核查既有设备情况,提供地下管、线、电缆等隐蔽设施的准确位置。无法提供准确位置时,由设计单位会同施工、设备管理单位(对行车安全影响较大的还必须有铁路局参加)共同探查、核实,划定防护范围。并在签订安全协议时,明确各方安全责任。

设计和施工单位对既有设施应有可靠的防护措施,防止施工中造成损坏。由于设备管理单位提供的设施位置错误造成损坏的,设备管理单位应承担责任并及时修复。因设计单位提供的设施位置不准确或遗漏造成损坏的,设计单位应负主要责任;如提供的设施位置准确,但因施工造成的损坏,施工单位应负主要责任。施工单位和设备管理部门要经常监视既有设备,发现异常必须立即停工处理，确认对既有设备无影响后，方可继续施工。

因施工造成既有设备发生损坏时，施工单位应及时组织抢修，设备管理部门应积极配合，尽快恢复正常使用。

1.3.3 加强施工安全专项管理

施工单位要严格执行铁路安全生产各项规章制度。对于施工前超范围准备、施工中挖断电缆、爆破损坏行车设备、作业车辆溜逸、轨道车辆违章行驶、施工后线路未达到放行列车条件违章放行列车、开通后整修线路不及时、机械和料具侵限、使用封联线和违章使用手摇把等危及行车安全的问题，要制定专项管理制度，坚决杜绝此类问题发生。施工料具要集中管理，必要时派人看守。对影响行车的各个环节，必须加强管理，落实措施，严密防范，确保行车安全。

1.3.4 建立健全施工安全保证体系和监督体系

1. 建立健全施工安全保证体系

施工单位要建立健全施工安全保证体系，按规定设置安全生产管理机构，配备安全生产管理人员，履行施工安全管理和日常检查的职责；负责对全体施工人员进行施工安全教育，建立完善的施工安全责任制；要严格执行营业线施工的各项规章制度，科学制定施工方案，对Ⅰ、Ⅱ级施工必须制定施工方案示意图、施工作业流程计划图、安全关键卡控表，并严格按审定的方案、范围和批准的封锁慢行计划组织施工。

施工单位必须明确施工负责人。施工负责人对施工项目的安全工作全面负责。因施工原因发生的铁路交通事故，首先要追究施工负责人的责任。施工负责人应具备必需的施工安全素质。施工项目经理、副经理，安全、技术、质量等主要负责人必须经铁路总公司（或铁路局）营业线施工安全培训，不允许未经培训或培训不合格的人员担任上述工作。

施工单位的安全员、防护员、爆破员、带班人员和工班长必须经过铁路局有关部门培训。未经培训或培训不合格的人员担任上述工作，要追究施工单位的领导责任；培训合格的人员担任上述工作时，因业务素质不达标发生事故的，追究培训部门的责任。

施工单位在施工前，要做好充分准备，并提前向设备管理和使用单位进行技术交底，特别是影响行车安全的工程和隐蔽工程；施工中，要严格执行技术标准、作业标准、工艺流程和卡控措施，严禁超范围作业，确保施工质量；施工完成后，必须达到放行列车条件并经设备管理单位确认后，方可申请开通线路。

轨道车、施工机械等自轮运转特种设备上线运行必须符合铁路总公司、铁路局的有关规定。施工单位要接受运输、设备管理单位和部门安全检查人员的监督检查，对检查出的问题要立即整改。封锁施工开通后，施工单位和设备管理单位要加强检查和整修，设备管理单位要严格把关；开通后列车运行速度必须按速度阶梯逐步提高。线路慢行应尽快恢复正常速度，并按有关规定尽快办理交接。

施工单位应提高科技装备水平，加大对营业线施工机械设备（特别是大型养路机械）的投入，从根本上确保营业线安全。应分专业编制详细的施工安全指导书，实现安全作业标准化。深入开展安全文明标准化工地创建活动，将安全重点落在施工现场。

2. 建立健全施工安全监督体系

设备管理部门和单位要建立施工安全监督体系，加强对施工安全和工程质量的监督检查。设备管理部门应根据工程规模和专业性质，对安全监督检查人员进行培训，并对合格人员颁发培训合格证。设备管理单位应加强对本单位派出的安全监督检查人员的管理，要委派熟悉业务的安全监督检查人员持证上岗，对各种施工涉及行车安全的各方面实行全程监督检查。安全监督检查人员对施工单位违章作业、安全措施不落实以及危及行车安全的施工，有权停止作业；对封锁施工要根据施工质量，最终确认满足线路放行列车条件后，方可开通线路；线路开通后，对于需要慢行的地段还要对慢行的速度、距离和时间进行检查，督促施工单位进行整修，直到列车恢复常速、线路质量稳定。

行车部门要加强施工期间行车组织和调度指挥，非正常情况下接发列车，站长（或主管副站长）须到岗监督作业，严格执行作业标准，落实施工安全卡控措施。控制好发布行车命令、确认区间空闲、进路检查确认、行车凭证填写交付、引导信号使用等关键环节。施工开通必须严格执行施工单位、设备管理单位登记开通、车站签认和列车调度员发布开通命令的程序。

施工单位至少在正式施工 72 h 前向设备管理单位提出施工计划、施工地点及影响范围。设备管理单位接到施工单位的施工请求后，应对施工方案和计划及影响范围进行认真核对，并在施工开始前派人员进行施工安全监督。

1.3.5　工程验收交接

营业线基建、更新改造项目的施工必须遵照“建成一段，投产一段”的原则，及时验收交接、拨接开通。未经验收合格的工程（含过渡）不得拨接开通使用。竣工的同时，施工单位须向设备管理单位提供完整的竣工技术资料。

基建、更新改造项目必须达到设计规范和工程施工质量验收标准要求，且竣工资料齐全后方可申请验交。工程检查后，工程的缺点未纠正、缺陷工作未完成及未向设备管理单位提供完整竣工技术资料的，不准验收。

营业线的铁路建设项目施工，工程完成并达到设计要求后，施工单位要及时向建设单位提出验收交接申请；建设单位按照原铁道部《铁路建设项目竣工验收交接办法》及时组织工程验收交接。验收交接工作要在开通使用前进行。竣工验收交接后，方能正式移交使用单位运营或投产使用，未办理验收交接或验收不合格的工程一律不得交付使用。否则，追究施工组织领导小组责任。

铁路建设项目新线施工中的正线、站线线路在验交开通前要经过机车多次轧道（正线轧道 50 次、站线轧道 30 次）、检查、整修或大型养路机械整道，接触网新建线路冷滑、热滑试验，直至达到工程施工质量验收标准要求，经验收交接后方可开通。凡正式办理验交手续的线路及设备，均应由设备管理单位负责维修养护。

对不能预先轧道和进行动态验收的线路、道岔施工，由施工领导小组成员单位联合检查并确认达到工程施工质量验收标准要求，验收合格后方可开通。但开通后第一趟列车不准为旅客列车。开通后由运营单位接管，开通后 24 h 内，施工单位协助运营单位进行维护。运营单位要使其尽快达到规定的允许速度。

车站信联闭设备施工后，必须封锁进行全面的联锁试验，确认联锁关系无误后方可开通使用，涉及列车进路使用的设备严禁利用列车间隔进行联锁试验。列控设备须动态试验正确后方可开通使用。

1.3.6　加强劳务工的管理

参加营业线施工（包括营业线维修）的劳务工必须由具有带班资格的正式职工（即带班人

员)带领,不准劳务工单独上道作业。用工单位对劳务工要进行施工安全培训、法制教育和日常管理;要先培训,培训合格后方可上岗。对营业线施工的轨道、桥隧、信号、接触网等技术复杂、可能危及行车安全的作业项目,严禁分包。劳务工不能担任营业线施工的爆破工、施工安全防护员及带班人员等工作,不准单独使用各类作业车辆。由于对劳务工使用管理不严造成行车事故的,列为施工单位责任事故,追究施工单位领导及带班人员责任。

1.3.7 加强施工中的防洪工作和道口安全

切实加强雨季(汛期)施工安全工作。营业线施工要认真执行原铁道部《铁路实施〈中华人民共和国防汛条例〉细则》,落实防洪措施。施工中必须保持营业线排水系统的畅通,对可能影响营业线路基、桥涵、隧道、接触网支柱等设施设备稳定的任何作业,必须有足够可靠的安全防护措施,做到防患于未然。

建设单位要及时组织设计、施工、监理及设备管理等单位和部门,对施工地段联合进行汛前防洪检查,发现问题由设计、施工单位及时处理。

凡可能影响安全渡汛的施工地段,施工单位要认真接受防洪部门的防洪检查和指导,按要求认真落实责任,并制定防洪预案。

施工期间需设置临时道口时,要依照原铁道部《设置或者拓宽铁路道口人行过道审批办法》(铁道部令第20号)办理相关的行政审批手续。施工单位在临时道口设置期间要设人看守,并按规定日期拆除。施工单位在施工中必须保证道口(含临时道口)设备符合标准,并按铁路道口管理有关规定进行管理。对因双线工程造成道口不符合要求的,要修改道口设计,达到道口标准后方可启用,防止道口事故。

1.3.8 基建施工卡死制度

(1)“五不准”:未办理安全监督手续不准施工;没有与设备管理单位及行车部门签订施工安全协议不准施工;无建设单位审查批准的施工方案、安全技术组织措施不准施工;没有书面的技术交底不准施工;无开工报告不准开工。

(2)施工项目经理、副经理,安全、技术、质量等主要负责人必须经局级以上营业线施工安全培训;施工单位的安全员、防护员、爆破员、带班人员和工班长必须经铁路局有关部门培训,未经培训或培训不合格的人员不得担任以上工作。其他从业人员施工前必须经过营业线施工安全教育。

(3)所有影响行车安全的施工作业必须全部纳入“天窗点”内进行,做到“施工不行车、行车不施工”。

(4)封锁线路(道岔)或慢行施工,没有审定的施工方案和运输方案,没有办理好施工封锁或慢行手续、设置好防护不准开工。施工防护做到“五必须”:施工作业必须按规定设置防护;防护员必须由经过培训合格的正式职工担任并持证上岗;必须派驻驻站联络员并按规定在“行车设备施工登记簿”上登记;现场防护员必须执行与施工负责人和驻站联络员联系制度;防护备品及通信设备必须齐全有效。

(5)施工中防止机具材料侵限,施工后各种材料集中存放管理,机械设备停放牢固并按规定加锁。笨重路料机具过轨必须在“天窗点”内或要点进行。

(6)封锁(或慢行)施工,线路未达到《铁路工务安全规则》第2.1.12条规定的放行列车条件,不得开通线路、撤除防护。

(7)汛前必须对施工地段的河障、侧沟进行疏通清理。并做到“五到位”:防洪措施到位;材料备品到位;人员组织到位;汛期检查到位;抢险预案到位。

(8)施工用临时道口,必须按规定进行审批,铺设的临时道口必须符合相关技术标准,必须制订道口看守制度并派专人看守,道口以对道路关闭为定位。

(9)既有线旁进行土方挖掘施工,必须与设备管理单位签订安全协议,由设备管理单位标明各种管线,并在设备管理单位人员配合下开挖探沟确定走向、采取安全保护措施后,方准动工。

(10)爆破作业必须遵守爆破安全操作规程,必须由经过考试合格的爆破员担任。临近行车线进行爆破作业,必须在封锁线路时间内进行;凡浓雾、暴雨、雷电等恶劣天气均不得进行露天爆破作业;受爆破影响的既有设备,必须在开工前迁移或做好防护,并对爆破后弃渣有可能覆盖线路的地段妥加保护;不得采用火花起爆,在已通电的电气化区段严禁使用电雷管;放炮前必须指派专人检查符合安全要求后,并待防护工作一切就绪,方可发出点炮信号;放炮后立即清理线路上的泥渣和边坡上松动石块,确保行车安全。

(11)区间卸料负责人必须由项目副经理以上人员担任,必须在封锁点内进行,严禁边走边卸,禁止打开临线一侧车门,防止偏载,及时清道。

(12)高处作业必须按规定架设安全网,作业人员必须佩戴安全带。

(13)施工用电线路必须按规定架设,电气设备必须做到“一机、一闸、一漏、一箱、一锁”。

(14)架空作业必须按照建设单位审定批准的架空方案进行,架设、撤除架空设备必须在封锁或慢行点内进行,线路架空期间必须按规定对架空设备和线路设备进行巡视检查和养护整修,制订并落实防洪防胀措施。立交顶进作业,来车时必须停止作业,严禁超挖。

(15)未经验收或验收不合格的工程不得开通使用。

1.4　营业线封锁施工组织

1.4.1　营业线施工安全组织机构与保证体系

铁路营业线工程施工应加强工程建设的安全领导,成立项目经理部领导和相关职能部门责任人组成的安全工作领导小组,全面负责本工程在实施过程中的安全监督、检查、落实。

安全保证体系应以项目主要领导为首,项目部其他人员和各作业队分级负责,加强施工作业现场控制。安全保证体系应以职工的安全生产教育为重点,开展创建安全标准工地活动,确保既有线施工安全。

在工程实施过程中应健全安全保证体系,贯彻国家、铁路总公司有关安全生产和劳动保护方面的法律、法规,严格按照建设单位对本工程安全生产的要求,建立层层安全生产责任制,逐级签订安全承包合同,使各级施工组织明确自己的安全目标,制定好各自的安全规划,做到权责明晰,奖惩分明。在计划、布置、检查、总结、评比生产工作的同时,还要评比安全工作。从而达到全员参加,全面管理的目的。

项目部应建立并健全单位内部安全生产责任制,明确安质部、工程部、物资部、办公室、项目分部等各职能部门的安全职责,同时应明确项目经理、项目副经理、党支部书记、总工程师、安质部部长、安全员、质量检查工程师、工程部部长、工程部工程师、物资部部长、物资部经济师、调度员等各责任人岗位的安全职责,做到责任到人。

在工程实施过程中充分体现“安全生产、事事相关、人人有责”，按照“安全第一、预防为主、综合治理”的原则组织施工生产，项目部各项工作紧紧围绕安全生产目标，以提高安全管理水平为主线，合理组织，合理安排，消除事故隐患，实现安全生产。

在思想上，应深化安全教育，强化安全意识。作业人员上岗前必须进行安全教育和技术培训，牢记“安全第一”的宗旨，持证上岗。班前坚持安全讲话，开展各类安全活动，提高全员安全意识。在组织上，应建立安全管理网络，以确保安全工作始终处于受控状态，各项施工有序进行。

项目部必须建立健全各项安全生产规章制度、安全措施和各种机械设备操作规程，制定施工安全、劳动安全卡死措施，关键和特殊工序安全保证措施和营业线施工安全措施等制度。除此以外，施工单位应实行逐级定期与不定期检查制度，如：项目部安全领导小组每季对各项目部进行一次安全大检查，各项目分部安全领导小组每月对各作业队进行一次安全大检查；并将检查结果行文下发，对检查中发现的问题及安全隐患，要求限期整改，并将整改措施上报指挥部备案。项目部所属各作业队每周对各班组进行一次安全检查，并将检查结果及处理意见上报。班组每天自查，对不能解决的问题，及时上报，并做好检查记录，对生产过程中出现的安全问题按“四不放过”的原则处理。

图 1-1-2 是某项目经理部安全保证体系结构图。

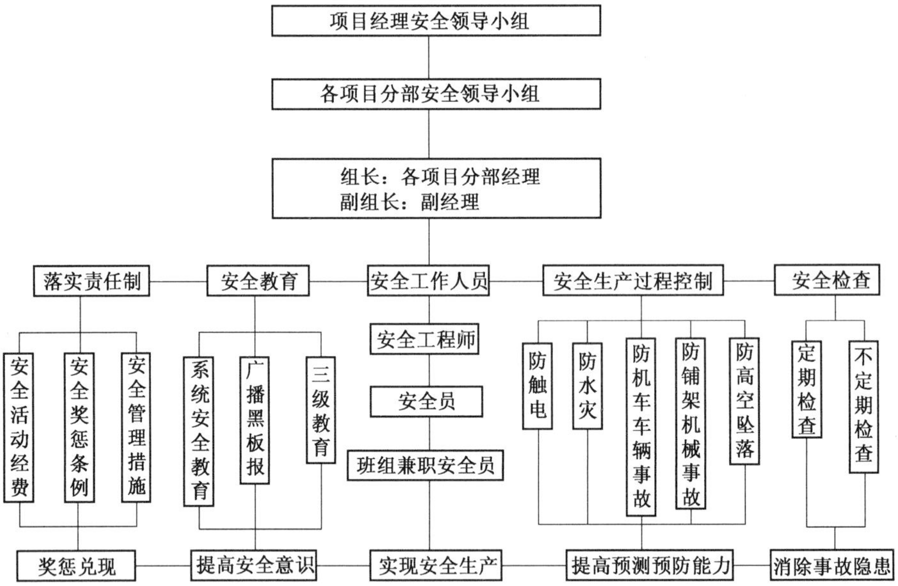

图 1-1-2　某项目经理部安全保证体系结构图

1.4.2　营业线施工组织基本规定

1. 营业线施工组织的一般要求

(1)编制好施工方案。凡是涉及行车安全的施工(如邻近既有线的爆破、桥涵顶进、隧道改建、拨接、站场改建等)，都应该编制施工方案，在编制施工方案时要认真调查研究，以保证行车安全为前提，根据场地条件、劳力、机械设备、行车特点、工期等，选定施工、运营两兼顾的合理施工方法，经上级主管部门及有关部门审查确认后，编入施工计划和运输计划，经行车调度命令批准后方可施工。

(2)要对作业人员进行体检和培训。在营业线上施工,应对全体作业人员(包括协作队伍和临时用工),特别是防护人员和生产指挥人员进行体格检查和技术培训。有耳聋、色盲等缺陷的人员不得参与施工,要对施工人员进行营业线施工知识的培训,经考核合格方准上岗。

(3)精心组织材料的装卸。在施工中要经常装卸沙、轨料等工程材料,而且数量大、品种多,如操作、堆放不当将直接影响行车的安全,因此,应建立相应的管理制度,编制操作规程,在作业过程中严格执行。

(4)竣工后及时验交并开通线路。各项工程均应按照有关的施工规范和工艺要求施工,竣工后施工单位要对照标准进行自验,自验合格后,应及时办理交验手续、投入运营,尽早发挥投资效益。

2. 封锁及慢行计划的审批和执行

(1)计划审批。施工需要封锁区间或限制行车速度的工程项目,施工单位要提前一个月提出具体的作业计划申请,经所在地的铁路局批复,并在施工前向所在车站办理要点手续,具体的施工起止时刻,应以当天车站值班员传达的调度命令为准。

(2)计划的执行。

1)领导工作。凡进行既有线正、站线拨接转线开通作业,视工程量及复杂程度,由公司经理(工程处长)或由公司(工程处)派人现场指挥;技术复杂、影响运输、关系重大的拨接开通作业,铁路局(集团公司)要亲自指挥。

2)组织工作。封锁区间或限速运行的施工作业区段,作业前必须指定施工负责人,并在进行书面交底、制定工艺细则、明确岗位职责、进行技术培训后,按照批准的计划执行。要严格执行调度命令,不准超过给点时间。开工前要按规定设置防护,作业完成后,经检查质量能够确保行车安全方可开通。如不能按时开通或达不到质量要求不能开通时,应提前通知车站值班员,要求延长时间。

应配备经培训考试合格的驻站联络员和工地防护员。每一施工点的工地防护人员不少于3人(其中守电话1人,线路两端各派1人)、驻站联络员2人,视线不良时还应增设中间联络员。施工地点与相邻车站应有可靠的电话联络,并做好记录。

3)执行。施工地点发生有妨碍行车安全情况时,施工负责人除采取紧急措施排除故障外,并应立即命令防护员显示停车信号,通知驻站联络员转告车站值班员拦停列车。

每次施工收工前,施工负责人应组织对本工点进行详细检查,确认符合放行条件时,才准撤除防护。当施工负责人发出停止作业的命令时,施工人员应停止作业并撤到限界以外的安全地点。

1.4.3　营业线施工防护

为了确保行车安全和作业人员的人身安全,在营业线上施工,必须按照有关规定设置防护。营业线上的施工防护条件包括限制行车速度施工防护和封锁线路施工防护两种类型。

1. 防护信号

铁路防护信号分为视觉信号和听觉信号。

(1)视觉信号:红色——停车;黄色——注意或减速;绿色——按规定速度运行。视觉信号分为昼间、夜间和昼夜通用信号。在昼间遇大雾等情况,使得停车信号显示距离不足1 000 m,注意或减速信号显示距离不足400 m,应使用夜间信号。在隧道内施工只使用夜间和昼夜通用信号。

(2)听觉信号:号角、口笛、响墩发出的声响和机车、轨道车的鸣笛声。

(3)手信号。

1)停车信号:昼间——展开的红色信号旗,夜间——红色灯光。在昼间无红色信号旗时,两臂高举头上向两侧急剧摇动;夜间无红色灯光时,用白色灯光上下急剧摇动。

2)减速信号:昼间——展开的黄色信号旗,夜间——黄色灯光。昼间无黄色信号旗时,用绿色信号旗下压数次;夜间无黄色灯光时,用白色或绿色灯光下压数次。

(4)施工移动信号标志及使用。

1)作业标。设在施工线路及邻近线距离施工地点 500～1 000 m 处,司机见此标志要警惕并长声鸣笛。

2)减速信号。昼间——黄色圆牌,夜间——柱上黄色灯光。减速信号牌应标明每小时限速的千米数。施工及其限速区段要在减速信号牌前方按不同等级的制动距离增设特快旅客列车减速信号牌,昼间和夜间都为反光膜黄底黑"T"字圆牌。

3)减速防护地段终端信号。昼间——绿色圆牌;夜间——柱上绿色灯光。在单线区间,司机在昼间应看线路右侧减速信号牌背面的绿色圆牌,在夜间应看柱上的绿色灯光。

4)减速地点标。设在需要减速的地点的两端各 20 m 的地方。

5)停车信号牌。设在施工地点两端各 20 m 处的线路中心,夜间为柱上红色灯光。

2. 防护办法

我国采用左侧行车制,各种信号标志都设在列车前进方向的左侧。

(1)在不需要以停车信号或移动减速信号防护的区间线路上作业,应在施工地点两端 500～1 000 m 处列车运行方向的左侧(双线在线路外侧)的路肩上设置作业标。

(2)在营业线上进行扣(吊)轨,修建或拆除路肩挡墙,挖基、砌筑基础工程,桥涵顶进等施工,施工前应按照批准的施工方案向行调提出申请,得到命令后按照批准的限速进行防护。

(3)在营业线上进行新老线路拨接合龙、更换或拨正钢梁、路堑开挖、工程列车进入区间卸料等复杂、费时工程的施工,必须封锁线路。

(4)其他情况下的防护办法见《铁路技术管理规则》。

3. 防护距离的相关要求

根据《铁路技术管理规则》第 316 条规定,各种列车运行速度下的防护(制动)距离为:

(1)允许速度不超过 120 km/h 的线路为 800 m。

(2)允许速度 120 km/h 以上至 160 km/h 的线路为 1 400 m。

(3)允许速度 160 km/h 以上至 200 km/h 的线路为 2 000 m。

(4)对有 120 km/h 的货物列车运行的线路为 1 400 m。

(5)对有行包列车运行的线路,不得小于 1 100 m。

4. 通信联络与人员要求

(1)在区间施工时,车站行车室设驻站联络员,施工地点设现场防护员。驻站联络员与车站值班员办理施工封锁手续,使用通信设备向现场防护员传达调度命令,通报列车运行情况。施工现场负责人使用通信设备下达设置或撤除防护、开始或停止施工作业、下道避车等命令。驻站联络员要随时与现场防护员保持联系,如联系中断,现场防护员应立即通知施工负责人停止作业,必要时将线路恢复到准许放行列车的状态。

(2)驻站联络员和工地防护员应由责任心强、经公司组织的安全技术考试合格的正式职工担任,并不得随意调换。联络员和防护员要坚守岗位,因故暂时离开应有人代替。所使用的通信设备和防护工具要妥善保管，保持其性能良好。在通话时，必须严格执行复诵制度，并及时把通话内容（列车运行时刻等）详细记录。如实行倒班，还要严格执行交接班制度。

5. 区间线路上施工车站驻站联络员与施工现场防护员或施工负责人用电话联系的程序规定

(1)施工负责人应通过驻站联络员与车站值班员保持密切联系，掌握列车运行时刻，设置好防护后方可施工。在作业过程中应密切注意来车“预报”、“确报”等信号。

1)预报：车站对施工区间办理闭塞时，驻站联络员应立即向现场防护员发出预报；如系通过列车，则应提前一个车站（即邻站向本站发车时）发出预报。

2)确报：车站向施工区间发车时，驻站联络员应立即向现场防护员发出确报。

3)施工地点距车站较近或施工条件较复杂，需提前预报、确报时，施工负责人应事先与驻站联络员商定明确，并通知全体防护员及施工人员。

4)变更通知：预报、确报有变化时，驻站联络员应向现场防护员发出变更通知。

(2)现场防护员接到驻站联络员发出的预报、确报、变更通知后，均应立即通知施工负责人或按规定信号（用喇叭、信号旗等）向施工负责人重复鸣示，直至对方以相同信号回答时为止。同时应加强警戒，注意瞭望，监视来车与工地情况。如设置有中间联络防护员时，应以上述相同方式准确及时地将信息传达给对方。

(3)驻站联络员与现场防护员应至少每3～5 min联系一次。

(4)驻站联络员应加强与车站值班员的联系，双线区段反方向来车时，驻站联络员应及时通知现场防护员转报施工负责人。

6. 设置和撤除移动停车信号的一般程序

(1)设置移动停车信号防护。

1)驻站联络员抄录并确认施工封锁调度命令，通知现场施工负责人。

2)现场施工负责人通知现场防护员按规定在施工地点设置移动停车信号。

3)按规定设置好移动停车信号后发出施工命令。

(2)撤除移动停车信号防护。

1)现场施工负责人和设备管理单位监督检查人员，共同检查确认线路已达到放行列车条件。

2)通知现场防护员撤除施工地段的移动停车信号。

3)通知车站开通线路。

第2章　铁路营业线工程施工安全技术与措施

针对营业线工程的施工特点，以既有线行车为安全防范、控制重点，从路基、桥涵、轨道等方面逐一进行阐述。

2.1　铁路营业线路基施工安全技术与措施

1. 铁路营业线路基施工安全的一般规定

既有线上的路基改造、修筑与既有线并行或交叉的新路基，施工地段长，施工工期长，劳动力集中，机械、运输作业繁忙，对既有线干扰大，应该特别注意落实保证既有线路基的稳定、路堤填料和填筑方法的选择以及线路间的排水等技术措施及相关的安全措施。

(1)营业线路基施工必须严格执行现行《铁路运输安全保护条例》、《铁路技术管理规程》、《铁路营业线施工安全管理办法》、《铁路工务安全规则》、《铁路路基大维修规则》、《改建既有线和增建第二线铁路工程施工技术暂行规定》等的有关规定。

(2)营业线路基施工应考虑下列主要危险源、危害因素。

1)地下、地上管线及行车设备，材料堆码。

2)临时工程及道口。

3)机械作业、爆破作业。

4)慢行施工、封锁施工。

5)邻近营业线路基施工。

(3)营业线路基施工必须根据铁路机车车辆限界和建筑接近限界，制定施工临时行车限界。

(4)营业线路基施工应编制专项施工方案，并经建设、监理、设备单位共同审批后方可施工。施工单位应与设备管理单位和行车组织单位分别签订施工安全协议，明确双方的安全责任和义务。

(5)施工前，施工单位应与设备管理单位共同探明施工影响范围内的道路、既有建(构)筑物和设备、地下和空中管线等情况，并采取防护措施。设备迁改或施工影响设备安全时，必须在设备管理单位的监护下作业。

(6)施工期间，施工单位及设备管理单位应在营业线影响范围内设观测点，对路基变形、防护加固设备及线路几何尺寸进行监测直至稳定。发现问题，双方共同及时采取措施。

(7)临时工程和过渡工程施工、施工用电应符合《铁路工程基本作业安全施工技术规程》(TB 10301—2009)第4、17章的相关规定。

(8)施工中的临时设施、材料、机具等严禁侵入临时行车限界。材料应堆码整齐，稳固牢靠，并派人看守。

(9)营业线 20 m 范围内严禁存放油料及其他易燃易爆物品。

(10)封锁线路及慢行施工时,施工单位应按规定申报施工计划,未经审批严禁施工。

(11)营业线路基施工应按规定设置施工安全防护,经验收后方可施工。邻近营业线的路基施工也应设置防护标志。

(12)影响营业线行车的路基爆破作业必须在线路封锁时间内进行,应采用控制爆破技术,并设防护网、排架或棚架等防护。

(13)爆破后必须立即清理限界内的土、石,抢修线路。经施工、设备管理及监理单位三方联合确认达到列车放行条件后开通。

(14)营业线路基施工中破坏原有排水系统时应先建后断,所有的排水系统必须保持排水畅通,防止渗漏。

(15)高处作业应符合《铁路工程基本作业施工安全技术规程》(TB 10301—2009)第 12 章的相关规定,并满足营业线安全防护。

(16)机械设备管理的使用及防护除符合《铁路工程基本作业施工安全技术规程》(TB 10301—2009)第 8 章的相关规定外,尚应符合下列规定:

1)大型机械实行"一机一人"防护。

2)营业线限界两侧 15 m 范围内,应在铁路限界外设置刚性防护隔离设施。

3)在营业线限界 10 m 范围内施工时,严禁机械原地掉头。邻线来车时,施工机械必须停止作业。

4)必须做好接触网支柱、信号机等行车设备的防护。

5)机械停止作业后应及时撤离现场,严禁在营业线附近停放。

(17)施工防护标志、警示灯等不得影响铁路行车信号。

(18)夜间施工应有足够的照明及防护设施,照明灯光不应影响行车瞭望。机械车辆在夜间作业时,应防止灯光干扰行车信号。

(19)雨、雪、大风天气施工时,应采取防止大型机械滑溜、侧翻至行车限界内的安全措施。

(20)营业线路基施工完毕,必须及时验收交接,未经验收合格的工程,严禁开通使用。

(21)施工前应对既有线进行调查,施工地段内的既有线有无滑动、沉落、坍塌等失稳现象,如有失稳现象,应与建设、设计单位研究处理后方可开工,并应与工务部门取得联系,随时掌握既有线的道床、路基的稳定情况。在施工过程中如发现道床不稳定,路基变形、开裂等情况,应立即停止施工,并采取加固措施,以保证行车的安全。

(22)加宽既有路堤施工,必须保证既有路堤边坡的稳定。挖台阶应分段,并且随挖随即向上分层填筑夯实。若需拆除既有挡墙、护坡等建筑物,应分段拆除,拆一段加宽一段,防止引发边坡塌方。在电气化区段还应注意保护既有路基上的电杆、立柱和地锚的稳定。

(23)施工对运营有严重干扰地段,可以考虑修建便线的过渡方案。

(24)封锁施工、临时性利用列车间隔施工、向封锁区间开行路用列车和列车在区间从事卸车作业,施工单位必须办理行车手续并设置防护。

2. 路堤帮宽施工

(1)路堤帮宽前应调查列车运行情况、既有排水、加固防护设施、路基病害及既有路基填料种类等情况。

为了避免由于新旧路堤填料的不同,排水不畅而造成路基病害,施工前要调查既有线路堤的填料类型,如为透水路堤或部分选用透水性填料填筑的路堤,新线路堤应选用相同或透水性较好的填料。

(2)拆除既有路堤防护设施时除符合《铁路工程基本作业施工安全技术规程》(TB 10301—2009)第13章的相关规定外,尚应符合下列规定:

1)拆除植被防护坡面时,应随挖台阶高度挖除植被,不得全坡面一次挖除。当班开挖应当班回填,保持边坡稳定。

2)拆除片石护坡、拱架防护坡面时,应随填筑进度自下而上拆除。拆除原路基边坡防护应与填筑同步进行。

3)在填筑前如原地面横向坡度在(1∶10)～(1∶5)时,应清除草皮和杂物;原地面的横向坡度在(1∶5)～(1∶2.5)时,基底地面必须挖成宽度不小于1 m、高度不小于0.2 m的台阶;原地面横向坡度陡于1∶2.5时以及松软土层或池塘、河沟基底,应做特殊处理,填筑前还应采取措施将路堤基底范围内的地面水、地下水排除;如遇耕地或松土地段,如松土厚度不大于0.3 m,则应先夯实再填土,如松土厚度大于0.3 m时,应将松土翻挖,分层回填夯实。

4)泥沼、低洼地带还要进行沉降观测,控制填土速度,以防止坍塌。

(3)路堤帮宽应符合下列规定:

1)应随时监测营业线路基稳定情况,防止既有路基失稳。

2)挖除路肩影响道床稳定时,应设置挡砟墙、挡板等防护设施,防止道床边坡溜塌。

3)弃土不得阻塞河道和营业线路基排水设施,并应符合国家环保规定。

(4)帮宽完成后,应立即恢复线路标志及相关设施。

3. 路堑拓宽施工

加宽既有路堑施工,必须确保开挖边坡的稳定,防止发生塌方而影响行车安全,对既有挡墙和支护等建筑物,应分段拆除、分段开挖。新建挡墙等建筑物要马口分段施工。

(1)路堑拓宽时,应在营业线一侧设置防护设施,严禁材料、机具侵限。

(2)拆除既有挡护、防护设施应保证既有路堑边坡稳定,必要时设置临时支撑进行加固或防护,并随开挖进度应自上而下分层、分段拆除,严禁一拆到底。

(3)路堑拓宽应按照横断面自上而下进行,防止因开挖不当,引起边坡不稳或坍塌。

(4)路堑拓宽时应随时观测坡面稳定情况,有裂缝、危石和塌方迹象时应及时采取措施。

(5)弃土不得阻塞既有排水设施,不得影响既有路基安全稳定及运营安全。

(6)开挖石质路堑时应采用控制爆破或膨胀剂无声爆破。在采用控制爆破时应根据实际考虑爆破时间,控制一次爆破的石方数量,控制抛掷方向、飞石的破坏等条件。爆破时尤其应注意最小抵抗线的方向不要朝向营业线,以免造成爆破土石方抛向轨道,造成轨道破坏,影响行车安全。

(7)应制定切实可靠的保证人员和行车安全的防护措施,并按规定要点封锁线路、进行施爆,对爆破落石可能损坏的轨枕、钢轨及其他建筑物和设备,应采取主动的或被动的防护。爆破施工封锁线路要点计划,除个别零星的要点外,施工单位应提前一个月提交铁路局,由运输部门核定,具体封锁要点手续,于当天办理,并按调度命令执行。

(8)爆破前,应进行详细的地质调查,如节理、裂缝,附近建筑物情况等,应避免造成建筑物的损坏。

(9)一次爆破要点的时间不宜少于20 min,封锁命令下达后,立即设置防护,迅速施爆。爆破后,要认真检查线路轨距、方向、水平、线路限界和行车设备,确认技术状态良好,方可撤除防护、开通线路。若发现边坡危石或危及行车安全的情况,应立即派人监视和进行防护,同时向车站要点进行处理。

4. 路基加固与排水施工

(1)路基加固应在线路封锁或慢行条件下进行,并按规定做好安全防护。

(2)采用注浆、挤密桩等方法加固路基时,应随时监测影响范围内路基及行车设备、周边建(构)筑物的变化,发现异常,及时采取措施。

(3)营业线路基翻浆冒泥、冻害整治挖除换填时,应封锁线路。

(4)开挖影响既有路基稳定时,应采取支撑措施,并随开挖、随填筑。

(5)做好施工期间的两线间排水工作。在施工过程中,新旧路堤间常会积水,应设置排水通道,而当新筑路堤的施工高程超过既有线路堤高程时,为了防止地面水流向既有线,冲刷、污染道床,应做好纵向排水设施。

(6)如须拆除既有排水设施,应先做好新的排水系统或过渡性排水设备。当引排地下水的建筑物被第二线埋压时,应改建接长,引排出路基范围以外,保证既有路基排水通畅。

(7)应避免增设的排水设备造成路基、耕地的冲刷。

2.2　铁路营业线桥涵施工安全技术与措施

1. 铁路营业线桥涵施工安全的一般规定

(1)营业线桥涵施工必须严格执行现行《铁路运输安全保护条例》、《铁路技术管理规程》、《铁路营业线施工安全管理办法》、《铁路工务安全规则》、《铁路桥隧建筑物大维修规则》、《改建既有线和增建第二线铁路工程施工技术暂行规定》等的有关规定。

(2)营业线桥涵施工应考虑下列主要危险源、危害因素。

1)施工前未按规定办理相关手续;施工未列入铁路部门施工计划。

2)施工人员未按规定进行教育培训。

3)施工前未进行地下管线等的探测。

4)上道作业时无专人防护;来车时不按规定下道避车。

5)防护员、驻站联络员违反工作制度。

6)机械设备、材料等侵入限界。

7)在电气化区段施工时未按规定停电作业。

8)在自动闭塞区段施工时工具、设备未采取绝缘措施。

9)对无缝线路加固时未进行应力放散。

10)线路封锁施工时,不按批准的项目施工或超前准备、超范围施工。

11)慢行条件下施工时,无防护人员值班。

12)顶进挖土时违反规定要求,造成路基坍塌。邻近营业线的基坑开挖时,未做好加固措施,导致路基坍塌。

13)线路加固时,支点深度不够。

14)营业线改建桥涵施工时,未对既有桥墩台采取防护加固措施。

15)营业线增建二线桥涵施工时,未采取合理措施从而影响营业线桥涵和路基稳定。

16)跨线桥施工时设备安全系数不足。

(3)营业线桥涵施工前必须编制专项施工方案。

(4)营业线施工方案必须经铁路相关部门审批,施工单位与设备管理单位和行车组织部门签订施工安全协议和配合协议，铁路运输部门纳入月度施工计划后，方可组织施工。影响行车安全的施工，必须在设备管理单位监护下进行。

(5)营业线上施工影响原运输区段限界的，必须根据机车车辆限界，制定施工临时限界并按规定上报铁路相关部门审批。施工中搭设的脚手架、堆放的工程材料或机具设备等，严禁侵入施工临时限界。

(6)主要管理人员必须经过铁路施工专业培训，经考试合格后方可任职。驻站联络员及工地防护员必须经过铁路施工安全培训，考试合格后持证上岗。

(7)施工前，施工单位和设备管理单位应现场划定地下管线位置范围。在设备管理单位监护人员监护下，对管线进行探测，挖探沟确定其准确位置。地下管线探挖不得使用机械，对已暴露的管线必须采取保护措施。

(8)凡涉及到营业线施工必须按规定设置防护。驻站联络员与工地防护员必须严格执行“呼唤、应答”和“预报、确报、复诵”制度。

(9)营业线桥涵施工中，施工单位和设备管理单位应监视与保持线路、桥涵等建筑物处于完好状态，发现异常必须立即停工处理。

(10)所有施工人员上道作业，必须按规定着装，及时按规定下道避车。应加强对机具设备和物资材料的管理，不得侵限，并应设专人看守。

(11)安全保护区内的施工应纳入营业线施工管理，机械设备必须设专人监护，防止侵限。打桩机、旋挖钻、吊机等高大机械设备必须采取防倾覆措施。

(12)在电气化区段，作业人员及其携带的物件与接触网带电部分的距离必须保持在 2 m 以上，不足 2 m 时，应在接触网停电后作业。在距接触网带电部分 2～4 m 的范围内施工时，接触网可不停电，但须有设备管理单位的有关人员在场监护。在接触网支柱及接触网带电部分 5 m 范围以内的金属结构上均须装设接地线。

(13)在自动闭塞区段施工时，应保持轨道线路绝缘良好。工具、设备应采取绝缘措施，防止轨道电路短路。

(14)当对无缝线路加固时，必须进行应力放散。

(15)在设有防护网区段施工，如需临时拆除防护栅栏，必须设专人 24 h 看守，闲杂人员不得进入防护栅栏内。

(16)线路封锁施工应符合下列规定：

1)按批准的线路加固方案做好各项准备工作，确认信号设备、机具、材料齐全完好，防护设施和人员到位。严格按批准的施工项目施工，严禁超前准备和超范围施工。

2)严格落实要点登记手续，行车调度发布命令后方可施工。

3)开通前，应进行安全质量检查，确认线路设备状态达到开通条件，及时办理销点手续。

4)开通后，应安排专人巡查整修线路，保持线路处于良好状态。

(17)慢行条件下，应安排防护人员昼夜值班，配齐防护用品，规范上岗接车；设置测速仪，发现列车超速时，应迅速报告有关部门，并做好记录。

(18)营业线桥涵施工中的起重吊装、施工用电、现场防火、高处作业、季节性施工和钢筋、模板、混凝土、预应力施工等除应符合相关规定外，尚应符合《铁路工程基本作业施工安全技术规程》(TB 10301—2009)中的相关规定。

2. 框架桥与涵洞顶进施工

(1)工作坑及顶进后背施工。

1)顶进工作坑靠近路基一侧的坡顶距路基坡脚不得小于1.5 m。一般应避开汛期施工，需要汛期施工时，对受工作坑影响的路基边坡应进行防护加固，并做好防洪安全设施。

2)工作坑开挖必须按规定进行放坡，分层下挖，不得任意放陡坡度，禁止掏底挖土。坑壁需要支护的，按设计进行支护。机具、材料、弃土等应堆放在基坑顶部周边安全距离以外。

3)顶进后背应进行设计计算，后背梁、后背墙必须有足够的强度、刚度和稳定性。

(2)纵横抬梁加固线路施工。

1)纵横梁应按布置方式、计算跨度等进行受力检算，必须具有足够的强度、刚度及稳定性。加固范围应向框架桥两侧延伸与桥高等长的距离。框架两侧线路在架空纵梁端部还应采用桩基进行承托和防护，避免土体坍塌。

2)纵横梁应联结牢固，横梁底部道砟应捣固密实，纵梁端部应用短枕木支垫牢固。穿插横抬梁及安装联结构件时应防止轨道电路短路。

3)扣轨应用扣轨卡紧固，并向两端延伸桥高的1.5倍；与枕木固定的U型螺栓不得超过轨面高度。

4)联结构件及支垫垫木等应派专人检查，发现松动应及时紧固。

5)顶进前应对横抬梁采取前顶后拉等措施，防止顶进时线路横移。

(3)铁路便梁加固线路施工。

1)便梁加固长度必须满足箱体两侧安全坡的要求。

2)便梁铁路运输和装卸时，必须按照铁路部门批准的施工计划进行；电气化区段采用机械装卸便梁时，应申请接触网停电；人工装卸时，枕木垛应搭设稳固，滑轨应有足够的强度和刚度。

3)便梁组装应严格按确定的便梁定位线和组装程序进行，不得侵限；轨下应绝缘良好。

4)挖孔桩支点必须有足够的深度，满足承载力及稳定性要求。护壁结构应考虑地质状况、列车活载和振动的影响。挖孔桩孔口不得侵限且应采取防止雨水灌入和人员、物体坠落的措施。

(4)顶进施工。

1)顶进土体难以确保稳定，易于坍塌时，需在顶进前对土体进行注浆固化。注浆作业应进行试验，确定注浆参数，控制线路隆起，并及时整修线路。

2)地下水位高于框架桥基础底面1 m时，应采取降水措施，严禁带水顶进。降水作业应控制线路下沉，并及时整修线路。

3)顶进设备应配套检验，合格后方可安装。每次顶进前应检查液压系统、传力柱安装和后背变化情况，发现问题及时纠正。顶进过程中，当液压系统发生故障时，严禁在工作状态下检查和调整。

4)传力柱支承面要密贴，方向应与顶力轴线一致。一般4～8 m加横梁一道以保持顶柱的稳定。顶进时安排专人密切观察传力柱的变化，如有拱起、弯曲等变形应立即停止顶进，进行调整。为防止传力柱崩出伤人，应采用填土压重等措施，传力柱上方严禁站人。

5)顶进作业应保持地下水位在基底1 m以下，严禁带水顶进。应避免在雨季施工，无法避开雨季施工时，应有防洪、排水及线路抢修措施。

6)挖土机械铲斗不得碰撞线路加固设施和桥涵主体结构。人工清理开挖工作面时，挖土机械应退出开挖面。严禁人、机同时开挖。

7)需拆除的支点桩应采用机械破碎或静态爆破。

8)顶进挖土时,应派专人监护,发现异常情况时,作业人员及机械立即撤离危险区域,并视线路情况设置防护信号。

9)顶进挖土作业必须符合下列规定:

①必须坚持勤挖快顶原则。

②严禁掏洞取土或逆坡挖土。

③列车通过时严禁挖土。

④顶进设备发生故障时不得挖土。

⑤顶进暂停期内不得挖土。

⑥没有防范措施,雨天不得挖土。

10)桥体顶入路基后,应 24 h 连续顶进。当列车通过时,施工人员及机械必须撤离挖土工作面。顶进过程中,应配备足够抢修人员和料具等。

11)当采用中继间法或顶拉法施工时,节间缝隙应采取封闭措施,以免土石等掉落伤人。

12)顶进就位后,框架桥边墙外侧应采用注浆或其他措施填充和固化顶进过程中扰动的路基,必要时尚应进行物探,以检测加固效果。

13)桥涵顶进应在旱季施工,如需在雨季施工,应制定相应的防洪措施。

14)端翼墙施工。开挖顶进完成后,应该抓紧端翼墙的砌筑,以防止进出口路堤坍塌,并恢复线路,达到列车正常的运行速度。

3. 营业线改建桥涵施工

(1)新建墩台应符合下列规定:

1)施工时,应对既有墩台采取防护措施,不得影响既有墩台的安全。

2)旧桥墩采用爆破拆除时,应制定安全措施;人工凿除混凝土时,施工人员必须做好防护工作。

3)采用便梁加固线路时,临时支墩应安全可靠。施工过程中,应加强对便梁支墩的防护。

(2)桥墩台顶帽加高或落低时,应符合下列规定:

1)在作业处搭设脚手平台,安装栏杆和上下梯子。

2)顶梁时严禁两端同时施顶;同一端使用的两个千斤顶,其规格、型号、起落速度应一致,保持梁体平衡;千斤顶使用前应经过检验,每次升降顶程不得超过 10 cm。

3)顶梁时应设置垫木等保险装置,随顶随支;用木楔支垫时,不得使桥梁受力不均。

(3)桥梁横移时,滑道应按设计布置,桥梁两端采用相同型号的动力设备,同步滑移,协调一致。

(4)换梁后,应及时恢复线路,确保行车安全。

(5)小桥涵改建成框架桥应符合下列规定:

1)框架桥应采用顶进施工,对梁体采取便于拉出的支顶方案,边顶边拆,确保加固线路的安全稳定性。

2)既有桥涵混凝土应采用机械破碎、静态爆破或控制微裂爆破拆除。

4. 营业线增建二线桥涵施工

(1)对影响营业线桥涵基础和路基稳定的施工,应先进行护坡桩的施工,后施工主体工程。

(2)沉入桩基础的打桩顺序应从营业线一侧开始,逐排向外打,并随时观测营业线线路及桥涵的变化,且不应采用射水或振动法施工。

(3)沉井基础施工应控制超挖量,并随时观测井内挖出的土壤情况及既有路基或周围地面有无沉降或裂缝现象。当地质为细砂、粉砂时，严禁抽水下沉。

(4)钻(挖)孔桩基础施工应考虑列车振动影响，加强防坍孔措施。泥浆池应远离路基坡脚，避免泥浆浸泡路基。

(5)脚手架、支架应符合安全规定，靠近铁路一侧不得侵限，且必须设置围护设施。

(6)吊装、拆除墩台模板时，不得侵限。严禁在营业线轨道或桥梁上拴系牵引绳索。

(7)排水涵接长施工，应有防洪涝应急措施。

(8)交通涵接长施工，应联系交通部门采取疏导交通措施。设置夜间交通防护设施。

(9)架梁时，所选方案不应影响营业线行车。

5. 跨线桥施工与渡槽施工

凡跨越线路的公路桥、铁路桥、人行天桥等均称为跨线桥。渡槽是指跨越线路的水利通道。这类工程在施工过程中要维持列车在下面的正常运行，在设计模板、拱架及支架的制作、安装、拆除的过程中，均应在封锁线路的条件下施工。跨线桥施工与渡槽施工安全要点如下：

(1)邻近营业线的桥墩，要有人定期对施工地段线路两端各20 m范围内及模板、拱架、支架、各种施工脚手架等的稳定情况，各种工程材料的堆放情况等进行检查。

(2)跨线悬臂挂篮、悬臂拼装设备及支架设计的安全系数应比一般情况大20%。

(3)跨线架设桥梁和设备过孔，应封锁线路。电气化区段，当梁底与接触网承力索距离不足2 m时，应停电作业。当梁底高出接触网承力索2 m以上时，在保证安全的基础上，应编制专项施工方案，经审批后可不停电作业。

(4)吊装、架梁时，起重机和架桥机应定位准确，起重能力应满足作业半径、吊重等安全要求，起重索具安全系数应符合现行《铁路架桥机架梁暂行规程》的规定。

(5)已经吊装就位的构件、桥梁应摆放稳固。稳定性较差、迎风面积较大的梁、构件，在封锁时间内不能做永久固定时，必须增加临时支撑，使其稳固或将其捆绑牢固，防止梁或构件滚翻或跌落。

(6)跨线桥施工期间，必须在铁路上方设置围挡。

2.3　铁路营业线轨道施工安全技术与措施

1. 铁路营业线轨道施工安全的一般规定

(1)改建既有线或增建与既有线并行的第二线的轨道施工，当既有线来车时，必须停止作业，人员和料具必须事先撤出既有线限界以外。在电气化线路上施工还要遵守相应的规定。由于施工需要，临时拆除的各种标志，应及时移设，恢复正位。

(2)营业线轨道施工必须严格执行现行《铁路运输安全保护条例》、《铁路技术管理规程》、《铁路营业线施工安全管理办法》、《铁路工务安全规则》、《铁路线路修理规则》、《改建既有线和增建第二线铁路工程施工技术暂行规定》等的有关规定。

(3)营业线轨道施工应考虑下列主要危险源、危害因素：

1)未按规定设置施工防护。

2)未确认施工命令、误判、臆测给点。

3)轨道信号主要危险源、危害因素：施工前未经设备管理单位同意，擅自拆除轨道信号连线或轨道电路连线；电气化区段未设置轨道回流线。

4)施工准备时超范围作业；向营业线路内安放滑轨、预铺新设备或设备不平稳、垮塌侵入行车限界;工机具放置侵限;双线路段未设置安全红线或隔离措施。

5)施工作业没有统一指挥、现场组织混乱;工机具随手乱掷侵入邻线限界;拆除的钢轨、轨枕及其他材料侵入邻线限界;无缝线路区段超出锁定允许温度范围松动或拆卸扣件、扒挖道床、钢轨切口等作业;作业人员在行车线上行走、坐卧休息等。

6)线路开通未按规定进行三方检查确认,盲目登记销点;线路设备未进行及时交接造成养护不到位或中断等。

(4)营业线施工应编制专项施工方案,经审查、按相关规定报批后实施,其内容主要包括:

1)工程概况、设计要求、技术难点、过程控制重点。

2)施工方法、工艺要求、工艺流程。

3)质量标准、关键技术控制。

4)中度、重大危险源、危险因素。

5)施工中应注意和重点控制的其他安全事项。

(5)施工安全协议由施工单位与设备管理部门、单位和行车组织部门、单位按施工项目分别签订,明确双方的安全责任和义务等相关内容,未签订施工安全协议的不予审批施工方案,严禁施工。

(6)营业线施工项目,开工前应按铁路总公司(或铁路局)有关规定,申报审批施工计划,未经审核批准严禁施工。

(7)施工前,施工单位要提前向设备管理和使用单位进行技术交底,施工中应加强作业卡控,不应超范围施工,施工完成后,必须达到放行列车的条件并经设备管理单位确认后,方可申请开通线路。

(8)营业线封锁区间或限速条件下施工时,应提前做好施工准备工作,并按铁路总公司(或铁路局)有关规定,办理封锁区间和限速申请,批准后方可进行施工作业。

(9)营业线施工应按现行《铁路技术管理规程》和《铁路工务安全规则》设置施工安全防护,未设置好防护不应进行施工作业。防护设施与器材及应急防护备品应符合下列规定:

1)营业线要点施工、正常施工、应急施工防护用作业标、防护信号备品。铁路信号及标志应符合铁路总公司有关规定。

2)施工临时道口应经铁路局组织验收后方可使用。其设施应比照有人看守道口相关规定设置和管理。电力牵引区段应按有关规定设置限高架。

(10)双线或站线施工作业,施工单位除按规定设置施工防护外,还应在两线间加设安全红线(或隔离措施),防止作业人员、施工机具侵入邻线限界。

(11)封锁施工应在调度命令的起止时间内完成,作业完成后,经监理、施工、设备管理单位共同检查达到放行列车条件后,按规定办理开通登记和交接手续。

(12)轨道项目施工完毕,应及时验收交接、拨接开通,未经验收合格的工程不应拨接开通使用。对动态验收的线路和道岔,由施工领导小组成员单位联合检查确认达到设计和验收标准要求,验收合格后方可开通。开通后由运营单位接管,开通 24 h 内施工单位协助运营单位进行维护。

(13)营业线区间卸车应符合下列规定:

1)区间卸车时,严禁机车与车辆摘钩。道砟应以 5 km/h 以下速度边走边卸;装运其他材料车不应边走边卸。

2)双线区间卸车不应侵入邻线限界。邻线来车时,应停止向邻线一侧卸车。严禁打开两线间的车门。当卸车线高于邻线时，严禁向两线间卸轨枕等滚动重材。

(14)营业线施工材料存放除应符合《铁路工程基本作业施工安全技术规程》(TB 10301—2009)的有关规定外，还应符合下列规定：

1)施工中使用的钢轨、轨枕、扣配件、道砟、道岔等轨料严禁侵入铁路行车限界，应放置平稳，必要时应采取加固措施。

2)拆卸的旧轨料应及时清理出铁路行车限界，按指定地点堆码稳固。

(15)营业线施工严禁联电，并应符合下列规定：

1)在轨道电路区段和绝缘接头附近作业时，不应使用没有绝缘装置或绝缘装置不良的金属机具。

2)抬运钢轨、辙叉等金属物体，不应担在两股钢轨上。

3)在钢桥上施工，不应把联结钢梁杆件的金属线绑在螺栓或道钉上。

4)在线路、桥梁上作业，应防止碰断、损坏电务送变电线和电缆。

5)防止扣轨梁联电，道口钢筋混凝土板钢筋头联电，轨端有飞边突尖联电，单轨车、接固架等机具的走行轮通过绝缘接头时联电，道岔配件脱落联电，散置在线路上的钢轨、道岔等金属物受振动移动联电等。

2. 改建营业线施工

(1)改建营业线施工，铁路局、铁路局运输处、车务段应根据施工等级成立相应的施工领导小组，负责组织相关部门和单位协调解决施工、运输、安全等问题以及施工现场的组织协调工作，做到运输、施工统筹兼顾，维护施工期间的运输秩序，确保行车和施工安全。

(2)营业线改建施工前，施工单位应根据轨道设计文件，对作业现场的作业环境和条件，进行详尽的调查，制定安全的施工方案。

(3)施工单位应根据批准的施工计划，在正式施工 72 h 前，应向设备管理单位提出施工计划、施工地点及影响范围。设备管理单位接到施工请求后，应对施工方案和计划影响范围进行核对，并派人员进行施工安全监督。

(4)施工前，设备管理单位应积极协助设计和施工单位核查既有设备情况，提供地下管、线、电缆等隐蔽设施的准确位置。无法提供准确位置时，由设计单位会同施工、设备管理单位共同探查、核实，规划防护范围，并签订安全协议，明确各方的安全责任。

(5)施工中，施工单位应对施工区域内影响施工作业的既有设备，采取可靠的防护措施加以保护。

(6)改建营业线应按规定报批施工方案、请点、防护、作业、验收、开通和交接。

(7)营业线改建、拆铺线路、道岔、轨道过渡工程以及临时道岔、便线施工作业应符合下列规定：

1)营业线改建、拆铺线路和道岔、轨道过渡工程以及临时道岔、便线施工前，应做好人员、机具、设备等准备工作，并保证机具设备性能良好。

2)根据报批的改建、拆铺以及临时设施施工计划，做好书面安全技术交底工作，交底要详尽。

3)营业线拆铺线路和道岔，应在封锁线路的条件下进行。

4)封锁命令下达前不应进行施工相关作业，施工命令下达后，施工负责人要确认施工命令内容，防止误判、臆测给点。

5)施工准备时不应超范围作业；向营业线路内安放滑轨、预铺新设备或搭设滑移平台时，要防止滑轨、设备或平台垮塌侵入行车限界;工机具放置有序、稳固,防止侵限;双线区间施工必须设置安全红线或隔离措施;无缝线路区段不应在超出允许轨温范围以外进行松动或拆卸扣件、扒挖道床、钢轨切口等有碍行车安全的作业。

6)在自动闭塞区段拆铺线路和道岔,作业涉及道岔联锁、轨道电路、通信信号等设施时,施工命令下达后,由设备管理单位拆除施工区段影响作业和信联闭的轨道电路设施,施工单位不应随意剪断计划拆除设备任何部位的轨道电路,只需做相关拆铺工作。

7)电气化区段施工时,施工前应加设轨道回流线,施工中要防范调网作业工具、材料坠落伤人。相关安全规定按现行《铁路通信、信号、电力、电力牵引供电工程施工安全技术规程》(TB 10306—2009)、《铁路桥涵工程施工安全技术规程》(TB 10303—2009)、《铁路轨道工程施工安全技术规程》(TB 10305—2009)、《铁路隧道工程施工安全技术规程》(TB 10304—2009)、《铁路路基工程施工安全技术规程》(TB 10302—2009)有关规定执行。

8)施工作业时,必须统一指挥,严密组织,严格控制施工范围,不应超出施工命令规定的范围,所用工机具不应随手乱掷。

9)施工作业完成,应按规定进行检查,确认达到放行列车条件后,方可登记销点开通线路。开通前应将施工机具、新旧路料分类清理到限界以外并堆码整齐。

10)线路或道岔经检查确认达到放行列车条件开通使用前,施工单位必须按报批的施工方案、命令规定的速度,设置防护标志,防护办法按规定设置。

11)线路或道岔开通后,施工单位在规定的时间或列车趟数内,要对新铺线路设备进行养护作业,并按规定及时与设备管理单位进行交接。

12)施工单位应在开通的线路或道岔限速区段设置测速仪。

(8)营业线换铺无缝线路应符合下列规定:

1)无缝线路换铺作业必须在封锁线路的条件下进行。

2)换下的旧轨应及时回收,存放在线路附近的要清理出限界,摆放牢固。

3)待换的长轨必须采取加固措施,防止在跨越信号机两端处侵线联电。

4)铺设时应按设计轨温锁定,如不符合设计要求,必须重新进行应力放散。

5)对焊接接头应及时进行探伤检查,发现问题及时处理。

(9)线路拨移应符合下列规定:

1)线路拨移前应设置拨移控制桩,标明拨移量,避免盲目拨移线路。

2)拨移准备工作必须符合列车放行条件,严禁超挖、超前和超范围准备。

3)无缝线路区段,应提前进行应力放散。未放散区段,超出锁定轨温允许作业范围严禁挖开道床。

4)采用滑轨拨移线路作业时,未封锁线路前,严禁向线路内穿放滑轨。

5)曲线地段(改移路基的软硬密实度不均),线路就位后应使用机械捣固、稳定。

6)要点施工其他注意事项应符合有关规定。

(10)站场改造应符合下列规定:

1)站场股道升级、换铺道岔应在封闭条件下进行,并按规定设置好防护。

2)预铺轨节或道岔的场地应平整,拼装好的轨节或道岔以及其他材料不应侵入行车限界。

3)采用平台滑移轨排或道岔时,预铺的平台应稳固可靠,平台和预铺好的设备不应侵入行车限界,并采取失稳加固措施。

4)轨节或道岔预铺完成后,要及时做静态验收,各部位几何尺寸应满足设计要求。

5)拆除的旧轨道设备材料如：钢轨、轨枕、岔轨、岔枕、连接配件等应放置有序，严禁掩压、碰撞行车设备，确保邻线行车安全。

6)在行车密度较大，线间不足6.5 m、行车速度大于160 km/h及以下线路作业，应请求办理邻线限速慢行，并按规定设置安全防护和隔离措施。

7)轨道升级、换铺道岔施工破底清筛道床或使用大型机械设备配合施工时，邻线来车时应停止施工，设备不应侵入行车限界。

8)施工准备和施工作业时，严格按照批准的施工范围进行施工，严禁超范围准备、超范围施工。

9)须跨线滑移预铺轨节、道岔作业，必须请求封闭所跨邻线进行施工，封闭邻线的时间，按调度命令规定的时间实施，正点开通，不应延误。

10)轨节、道岔铺设或滑移完成后，应按规定进行验收开通。

(11)轨道过渡工程应符合下列规定：

1)轨道过渡应根据设计文件，对现场进行核对，过渡工程施工方案应与铁路局设备管理部门(单位)共同协商定，并对方案进行相应的论证，报铁路局运输部门或铁路总公司批准后，方可实施。

2)过渡工程开通的速度和运行速度由施工单位依据设计和施工资料提出申请，经运营单位审查后确定。验收合格的过渡工程，由运营单位维护，开通24 h内，施工单位协助运营单位进行维护。

3)普通到发线路临时替代旅客列车到发线时，应采取保证旅客上下车和通行的安全措施。

4)站线或其他线临时替代正线时，应先确认线路行车条件和状况，必要时应采取改造或其他安全措施。

(12)线路整道和维修应符合下列规定：

1)线路整道、维修工作应在维修“天窗”点内进行。

2)桥上作业，列车通过前，施工人员应有秩序地撤到桥外或避车台上，所用工具不应堆放在轨道限界内。

3)在双线区间作业，当邻线来车时，必须停止作业，下道避车，严禁站在两线间或跨越邻线避车。

4)电气化区段线路维修作业时，应按现行《电气安全规则》有关规定执行。

5)维修作业收工时，机具应停放在限界以外，覆盖机具的蓬布必须捆扎牢固，防止刮风吹散侵入限界。

6)在营业线上使用的起道机必须具有速降装置，严禁使用齿条式起道机进行养护维修作业。

7)线路维修作业涉及道岔联锁、轨道电路、通信信号等设施时，应有设备单位人员配合。

8)线路整道应符合下列规定：

①经整道的线路应及时补充道砟。

②在已卸道砟上不应再卸其他轨料，应将轨料卸在限界以外，并堆放稳固。

③线路经过整道后应逐步恢复常速。

④线路上砟整道地段与相邻地段衔接处，应有不小于5‰的顺坡长度。

9)线路维修应符合下列规定：

①线路维修起拨道地段，要有足够的道砟，一次起道量不得超过40 mm。

②起拨道后的线路要及时找平小坑，消除三角坑以及高低超限，并及时捣固，做到一撬一清。

③线路维修作业时，应加强对钢轨、轨枕、接头、配件进行探伤和失效报废检查，标明符号，及时更换，轨道材料失效报废标准执行现行《铁路线路修理规则》(铁运〔2006〕146 号)规定。

(13)无缝线路维修作业应符合下列规定：

1)无缝线路起拨道作业，应按规定的作业温度条件执行。

2)起道前必须拧紧全部扣件(或打紧浮起道钉)，拨正线路方向，防止作业时线路产生纵、横向移动。当线路方向发生显著不良时，应立即停止作业，迅速浇水降温，然后进行拨道等，必要时可限速通车。

3)起、拨道时，不应将起、拨道机具放置在焊缝处。

4)伸缩区防爬器成段失效时，应在实际锁定轨温±5℃范围内进行整修。

(14)机养作业应符合下列规定：

1)大型养路机械施工，应在施工天窗点内进行，并办理相关封闭要点作业手续，施工天窗时间一般不少于 180 min。

2)大型养路机械的驻站与作业地段的距离不应过长，一般不超过 25 m，通信设备应保持良好。

3)无缝线路区段机养作业应符合下列规定：

①安排无缝线路机养封锁施工的“天窗”，应避开高温时间。

②施工前，设备管理单位应将该段线路实际锁定轨温及安全起、拨道量等技术数据交机养施工单位，并备足道砟，调直钢轨，拧紧螺栓。

③作业时，应派专人在施工地段测量轨温，在实际锁定轨温增减 10 ℃范围内容许作业。木枕无缝线路和半径小于 800 m 的曲线地段，作业轨温应按上述要求轨温上、下限再缩小 5 ℃。

④捣固车、动力稳定车、配砟整形车应紧密配合，形成流水作业，确保作业后的线路迅速得到稳定。

⑤营业线上作业时，捣固车一次起道量不得超过 50 mm，起道量超过 50 mm 时应分两次起道捣固；一次拨道量不得超过 80 mm。

⑥作业中，机组人员应随时监测线路变化，发现胀轨迹象，要立即停止作业，迅速组织抢修队伍进行处理，并使大型养路机械安全退出胀轨现场。

⑦施工作业期间，机养施工单位和设备管理单位必须分别派驻站联络员 1 名，以便传达慢行、封锁、开通命令及预报列车往来情况。

⑧大型养路机械作业区段的安全防护由机养施工单位设置，随机防护。大型养路机械作业区段两端及区段内的道口、桥梁的安全防护由设备管理单位设置。

⑨作业结束后，列车放行条件由机组人员和设备管理单位有关人员共同确认。

⑩作业后三日内，应派有经验的巡查人员巡回检查线路状况，发现胀轨或断轨预兆应及时处理。

(15)营业线施工作业人员应遵循下列安全规定：

1)不应在铁路道心内、轨枕头和线间距小于 5 m 的两线间行走、坐卧；行车速度大于 160km/h 时严禁在两线间停留或跨越邻线避车，所持料具不应侵入建筑限界。

2)严禁随意横越铁路。确因施工需要,横越铁路时,应按现行《铁路工务安全规则》规定设置防护。

3)不应钻车、扒车、跳车或通过车底部、车辆连接处传递料具。

3. 增建二线铺轨施工

(1)铺架设备上线应符合下列条件:

1)架桥机、铺轨机设备技术状态必须始终保持良好,并经过营业线车站、车辆等相关部门检查合格后方准上线运行。

2)架桥机、铺轨机出车前,应对设备的走行、制动、油路、电路、起吊装置及车内备品、信号用具等进行全面检查,确认完好齐全后方准出车。

3)架桥机、铺轨机应配备通信设施及灭火器材、防护信号用品。按机组配备起复设备及防溜设备,并经常保持完好,缺少或损坏时,应及时补充或恢复。

(2)施工作业前的准备工件应符合下列规定:

1)严格执行施工所在地铁路局的《铁路行车组织规则》、《铁路营业线施工管理办法》、相关车站的《车站行车工作细则》和其他有关行车和施工安全的规章及规定。

2)施工单位应组织相关人员进行现场调查,掌握施工地段线路设备状态以及线路坡度、曲线、道口、桥梁、隧道及信号设备位置等情况。

3)施工单位根据现场调查情况编制安全施工方案,并按有关规定进行报批。对有影响施工的既有设备,要及时与设备管理单位沟通,并根据报批的施工计划,向设备管理单位进行书面交底,请求现场配合。

4)铺架设备及施工列车自铺架基地至施工现场需要经过营业站时,应按所在路局规定报批施工计划。

(3)施工作业登记应符合下列规定:

1)铺架作业前,施工单位、设备管理单位应按行车单位批准的作业计划,在规定的车站进行施工登记。

2)登记的内容具体包括:施工作业内容、起止时间、地点、命令号、配合监管单位等。

3)车站值班员填写施工作业给点命令后,驻站联络员及时准确地通知施工负责人按作业时间组织铺轨机或架桥机及施工列车进入施工区段。

(4)铺架设备运行及作业安全应符合下列规定:

1)铺轨机或架桥机进退机前,施工单位负责人、安质人员、施工技术人员应对走行线路质量进行检查,线路技术状况满足过车条件后,施工负责人方可下达进退机命令。

2)铺轨机或架桥机进退机时,施工单位必须有架子队级以上的领导、安质人员、机械和施工技术人员现场监察。

3)凡有碍营业线安全的铺轨架桥施工地段,按施工要点计划、调度命令及现行《铁路技术管理规程》、《铁路工务安全规则》中的要求设置好防护,方可进行铺架施工作业。

4)铺架设备和工具不应侵入限界。

5)铺轨架桥作业遇到线间距小于4 m时,应采用线路偏铺的方式,不应影响营业线的正常行车。

6)在已完成的新铺线路上,铺轨机或架桥机自轮运转速度不得大于15 km/h。

7)在线路并行地段立倒装龙门架时,应利用施工"天窗"进行,严禁利用列车间隔时间进行作业。

8)线间距小于 5 m 地段,营业线来车时,应立即停止铺架作业。

9)铺架施工作业过程中,严禁施工人员站在营业线上。

10)在小曲线半径的内曲线和线间距小的地段,应采用拨移施工线路等措施,防止铺架机械大臂侵入营业线限界。线路不能拨移时,要利用施工“天窗”点进退机,严禁盲目运行。

11)确保营业线行车安全及铺架机械进退机的安全运行,线路整修及起道作业过程中,应执行下列规定:

①设置施工防护后,方准进行作业。线路未达到放行铺架机的条件,禁止撤出防护和放行铺架机。

②每次起道量不得大于 150 mm,轨枕应在钢轨两侧 450 mm 范围内均匀捣固密实。

③线路上砟整道地段与相邻地段衔接处应以不大于 2‰的坡度顺接。

④轨道铺设完成后应立即进行重点整修。拨顺线路方向,消除反超高和三角坑,严禁在线间距 4.2 m 及以内地段出现负偏差。

⑤及时养护新铺线路,缩小荒道的长度,确保铺架机和施工列车的运行安全。

(5)铺架机械区间停放应符合下列规定:

1)区间停放铺架设备地点应选择路基较低,线间距大于 4.2 m 的直线地段,路基坚实稳定。停放在曲线上时,应停放在曲线半径大于 80 m 的地段,大臂应摆向邻线反方向,确保不侵入限界。

2)司机室、操作室应收回,摆正大臂,靠邻线一侧无悬挂物。

3)做好防溜措施,打 8 只以上止轮器(下坡方向打 6 只,反方向打 2 只),楔紧木楔,将铺架机械手制动扳到制动位置。

4)设专人看守防护铺架机械,看守人员应配备通信和防护设备,确保通信畅通,防止意外事件发生。

(6)线路拨接应符合下列规定:

1)根据设计资料,施工单位应组织相关人员对拨接现场进行复查,按规定编制、报批实施性施工组织方案、施工作业指导书和技术交底书。

2)拨接施工前的准备工作不允许超前、超限,必须按施工放行列车条件的要求进行预备作业。

3)对有可能影响轨道电路和信号的准备作业时,必须在设备管理单位人员的指导和配合下进行,不应随意拆除连接线及绝缘设施,对有可能联电的作业工点,必须加装绝缘保护,防止工具联电而影响行车信号。

4)在拨接施工实施前,驻站联络员应根据批准的施工计划,向车站值班员办理登记要点申请封锁施工手续。

5)施工负责人接到封锁施工命令后,必须确认施工起止时间,下达设置防护命令,按现行《铁路技术管理规程》、《铁路工务安全规则》的要求设置防护。施工负责人确认防护工作已就绪,方可下达开工命令。

6)施工中,设计、监理、设备管理单位、施工单位应严格按审定的方案监督和组织施工,随时掌握进度与质量,消除不安全因素。

7)拨接施工完毕,线路开通前,设计、监理、设备、施工单位要认真进行质量检查,确认线路设备达到列车放行条件,方可办理开通交接手续。

8)拨接施工后,在 24 h 内,施工单位应配合设备管理单位巡养线路。

9)线路开通巡养期间须使用液压起拨道器，严禁使用齿条式起道机进行养护作业。起道作业时，必须使用带绝缘的水平道尺。

4. 拆铺线路与道岔施工

(1)拨接施工。

1)准备工作。

①拨接施工前的准备作业不允许超前、超限，必须按施工放行列车条件的要求进行。

②对有可能影响轨道电路的准备作业，必须在电务人员的指导和配合下进行，不得随意拆除连接线及绝缘设施，必要时对工具加装绝缘保护，防止影响信号。

③为确保施工与行车安全，既有线无缝线路拨接地段应先放散应力，待拨接工作完成线路稳定后，再放散应力到锁定轨温。

④在电气化区段施工，施工前施工单位应与铁路供电部门签定安全协议，并指派专人负责与电调和接触网工区的联系。

⑤在高温季节施工，施工前应测量既有线轨缝，必要时应进行轨缝调整，避免影响钢轨合龙或道岔构件的就位。

⑥在低温季节施工，要注意气温变化，特别是在寒流到来时，要加强巡查，防止连接零件折损。

2)施工中要加强安全防护工作，在工程结束后要进行检查，只有达到放行列车条件时才允许开通线路。

3)线路养护。拨接施工完成后，如未办理验交手续，则由施工单位负责线路的巡查和养护，施工单位应派专人日夜巡查并作好检查记录。

(2)无缝线路地段施工。在无缝线路地段施工要特别注意防止胀轨跑道。

1)防胀准备工作。要查清所施工的无缝线路的锁定轨温；做好防爬锁定，整修扣件，校直钢轨硬弯，打磨或焊补不平顺焊缝，处置翻浆，适当堆高砟肩、夯拍道床等；备齐料具，找好降温水源；应根据季节特点锁定轨温和线路状态，合理安排作业计划，调整施工作业时间。

2)防胀注意事项。进行无缝线路维修作业，必须掌握轨温，观测钢轨位移，分析锁定轨温变化，按实际锁定轨温和规定的作业轨温条件进行作业。

3)胀轨、跑道的处理方法。当发现线路连续出现碎弯并有胀轨迹象时，必须加强巡查和监视；养护维修作业中，发现轨向不良等异常情况时，必须采取防胀措施；无论是作业过程中还是作业后，发现轨向不良，应进行测量，根据测量结果采取慢行或封锁措施，并采取相应的处置办法；发生胀轨跑道时必须立即拦停列车，有条件时可采取浇水或喷洒液态二氧化碳等办法降低轨温。如无降温条件或经多次降温无效时，应立即截断钢轨(普通线路应拆开结头)放散应力，整正线路，夯拍道床，首列放行列车限速5 km/h，并派人看守、整修线路，逐步提高行车速度。

(3)铺设临时道岔施工。

1)在区间铺设临时道岔，正线与区间岔线衔接处应铺设安全线，道岔施工完毕后，未经验收不得启用。

2)在站内铺设临时道岔，岔线衔接处应设安全线或脱轨器；衔接正线、到发线的道岔应设电锁器或电动转辙机，并与有关信号机连锁；安全线道岔或脱轨器也应与有关信号机连锁；施工单位应指派经培训考核合格的扳道员管理道岔。

3)道岔铺设后应由施工单位钉固加锁，钥匙交车站值班员保管，并由施工单位安排人员日夜看守。在施工过渡或道岔无连锁期间，新铺道岔所连接的岔线(工程线)只能放行工程列车或单机。

第2篇　铁路营业线桥涵施工

第3章　改建与增建桥涵

3.1　改建既有线桥涵施工特点及施工方法选择

3.1.1　施工特点

1. 与行车干扰

施工中对行车的干扰有:施工范围内徐行;临时封闭线路;工地材料运送及中途卸车等各种干扰情况。应对这些干扰情况进行周密考虑,尽量减少对行车的影响。

2. 确保行车安全

在通车线上施工,除应确保施工部门人身及工程的安全外,还须确保行车的安全。对工点的各项防护及在既有线小车的运转应严格按照各有关规定执行。

3. 与运营部门密切联系

加强与运营部门(车站及行车调度等)的联系,是确保安全减少干扰、加快施工速度的重要措施。对封闭、要点等,应按规定提请运营部门批准。工地与运营系统应尽可能建立电话联系,如工地距车站较近可利用步话机联系,从而得到列车运营情况及有关封闭起始终了等调度命令的及时下达,使工地能最大限度地利用行车空隙时间进行施工,确保行车与施工的安全。

3.1.2　施工方案选择

1. 便线绕行

当路基填挖量较小,地形平坦,设置便线工作量不大,或大中桥增设改建工作量大,工程复杂而施工期间河水流量无大变化,便线便桥的设置无困难者,可考虑便线绕行方案。短距离内几座桥涵或其他工程同时改建而可利用一条便线绕行者,或高路堤地段设置正线便桥有困难而便线条件较好进,也可以用便线绕行。

利作便线绕行,增建、改建桥涵施工基本上不干扰行车。仅在便线与正线间距过小时,仍有干扰,应采取适当措施,保证行车安全。

2. 正线便桥

在施工范围设置正线便桥,使工程在便桥下面进行,是增建工程中较常的方案。这种方案费用小,工期短,但对行车干扰较大,施工中常需徐行或封闭线路,中断行车。便桥结构必须考虑对行车影响最小,桥下要有足够的施工空间,要解决好桥上线路和桥两端顺坡关系,以及就地取材减少外来料等问题。

3. 顶进桥涵

在行车密度大的线路上增建或改建桥涵,因地制宜地采用顶进法施工,可以减少对行车的影响。顶进桥涵详见第五章。

4. 转线、拨道、区间封锁线路

在站内增建或改建桥涵时，应利用条件进行转线拨道后，组织施工。

在复线上增建或改建桥涵工程量较大时，条件允许，可以采取区间封锁一条线路，单线维持行车，组织快速施工。

3.2　增建既有线桥涵

营业线增建桥涵的施工方法有五种。

1. 以轨束梁便桥增建小桥

当桥址填土在 4 m 以内，土质一般，无地下水，小桥跨度在 6 m 以下时，可采用排架枕木垛轨束梁。当填土在 3 m 以下，土质密实不易坍塌时可采用排架轨束梁。当填土 3 m 以内，土质较差，抬轨可用轨束、工字梁或军用便梁。当填土为 2～3 m，正桥跨度小，允许在便桥范围内放坡开挖时采用密排枕木轨束梁。当行车密度大，正桥跨度较小时可采用吊轨梁。

2. 以轨束梁便桥增建涵管

其施工顺序如下：安装吊轨→吊轨梁法开挖枕木垛基坑→搭设枕木垛→开挖基坑，根据地质情况确定是否支撑→施工涵管基础→安装涵管→回填。

3. 以钢梁便桥增建桥涵

钢梁便桥增建桥涵的方法适用于高路堤增建桥涵的情况，通常采用工字梁、上承板梁、拆装梁等。

钢梁便桥增建桥涵的方法其施工程序如下：安装轨束梁→搭设枕木垛→开挖钢梁支座基坑、安装支座枕木垛→封闭线路、横移架设钢梁→开挖基坑断面，施工桥涵→封锁线路、移出钢梁→搭设枕木垛、确保车辆畅通→再次封锁线路、拆除枕木垛、填好路堤→恢复通车。

4. 用拆装梁增建桥梁

用拆装梁增建桥梁的方法其施工程序如下：修建临时支墩→拼装拆装梁→安装下担梁→开挖正桥基坑→施工正桥基础→封锁线路→拆除拆装梁、拆除临时基础→架梁→恢复通车。

5. 用沉井抬梁法修建盖板箱涵

沉井抬梁法修建盖板箱涵施工程序如下：施工沉井和临时墩→安装纵向抬轨梁→修建箱涵入口八字墙→安装横向抬轨梁→开挖基坑→施工涵洞基础以及涵身→现浇盖板→拆除抬轨梁，恢复行车。

3.3　改建既有线桥涵

1. 营业线桥涵桥梁墩台加高和落低的常用方法

(1)用低坍落度砂浆垫高支座法。利用行车空隙或封锁时间，将桥梁连同支座顶起至设计高程，在支座下设 U 形模板(一方开口)，由开口一侧填塞低坍落度砂浆，充分捣实达到需要强度后恢复通车。

(2)用抬梁法加高混凝土支座。在墩顶设置临时支座，封锁线路顶起桥梁，拆除支座，穿人抬梁的轨束或工字钢，在抬梁的下面浇筑支座混凝土并应预留千斤顶位置。待混凝土达到设计强度后，封锁线路，拆除抬梁及临时支座，将梁及支座落回原位。

(3)桥台托盘的加高施工方法。加高量小于 20 cm 时,可利用托盘加高。当加高高度较高时,需要改建托盘时,可用吊轨梁架空,凿除旧托盘,新建托盘。

2. 增加桥梁孔数的施工方法

增加桥孔必须将原桥台改建为桥墩,并增建新墩台,其施工工序如下:在台后一定范围内用吊轨梁开挖路堤,搭设枕木垛,至全段路堤面降至准备架设的便桥钢梁下 0.2~0.3 m 为止;将便桥钢梁运至桥头相应位置,卸在路基一侧预搭的枕木垛上,落低至略高于设计高程处,做好桥面;封锁线路,拆除吊轨梁,线路及枕木垛,将钢梁横移就位;在便桥梁下建筑新墩台;在新台后回填并做锥体;横移出便桥钢梁,架设增建的新桥;浇筑桥台未完成的圬工。

3.4 既有线增建二线桥涵

1. 单线桥改为双线桥

增加复线时,除大、中桥采用单绕或双绕方案外,并线地段的小桥,必须改建为双线桥。

单线桥改为双线桥采用基础时,基础及墩台身的加宽以及新旧圬工的连接方法,应按设计图案施工。

2. 增建二线桥涵对既有线的防护措施

增建二线桥时要根据一、二线的间距情况,必须采取防护措施保证既有线的行车安全。一般采用的防护措施如下:

(1)路堤在 6 m 以上时,可在桥台后用吊轨、扣轨或工字梁等架设便桥办法,使桥台后一段路堤不受由线路传来的列车荷载。在挖第二线桥基时,此段路堤不致发生坍方,即使出现少量坍塌亦不致危及行车安全。

(2)两线间距在 4.5 m 以上而路堤又高于 6 m 时,开挖基坑可采用排桩防护。在桥台后沿线路方向打入防护板桩或排桩。排桩位置应在线路外侧的适当距离,以减少土压。

(3)路堤高 3~6 m 时,可用木板桩墙的导桩与另一侧路肩边的拉桩连结,可以采用锚杆或钢丝拉线固定拉紧。

(4)路堤高度在 3 m 以下,可在台尾路堤中打入圆木排桩挡土。排桩平面连线与路基中心线成 45°角。桩顶高出路基坡面约 0.2 m,桩间距离 0.8~1.0 m。桩的入土深度至少在原地面以下 2~3 m。开挖后逐步插板挡土。

(5)增建二线涵洞一般无安全防护问题,如有可参照小桥的防护办法施工。

3. 施工中应注意事项

(1)增建的二线桥墩台为明挖基础,且低于既有线桥墩台的基底时,除应采用板桩防护外,还必须注意土质情况,做好基坑排水和对基坑回填土的要求。

(2)如二线桥墩台为沉井基础低于既有桥墩台基底时,在沉井下沉过程中应严格掌握井底坑的挖掘深度。随时观察沉井周围土壤有无沉陷裂缝现象,应迅速采取措施,防止影响既有墩台的质量。二线桥沉井基础在砂质土壤中下沉,井内涌水量较大,应采取不排水下沉,以避免因抽水下沉引起泥砂由井外涌入,危及既有墩台的安全。

(3)增建二线涵洞应注意涵洞接长处的土质变化情况,检查接茬处原有圬工有无沉陷及倾斜,应分析研究对接长涵洞基础采取相应措施。并做好新旧圬工间的沉降缝及接茬处的防水层。

第4章　铁路桥涵修复

铁路营业线桥涵受到地震灾害、水害(包括洪水灾害以及与水有关的滑坡、泥石流、崩塌落石等)、风雪灾害等自然灾害或因受人为影响(战争、恐怖袭击、行车事故等)而造成破坏时，按"先通后备"的基本原则，力争以最短的时间先进行抢修恢复通车。

本章所述修复内容，主要为采用临时性结构的临时修复和利用原桥部分残剩结构修复的技术措施及基本方法。

4.1　桥涵修复的基本原则和方法

4.1.1　基本原则和采用的一般方法

既有桥涵因受自然灾害(地震、水害、风雪害等)或因受人为影响(故意过失破坏、行车事故等)而造成破坏时，按"先通后备"的基本原则，力争以最短的时间先进行抢修恢复通车，桥涵修复的基本方法则分为：正式修复和临时修复。

在深入现场调查研究的基础上，根据原桥结构、形式、破坏程度、河床地质、水深流速、修复时期的季节气候(如洪水期或严寒季节等)、施工队伍力量、可供调配的机具、材料、运输、生活后勤供应和上级要求的通车期限等因素，制定修复方案和有关措施。如修复重点桥梁前，应设想在修复过程中发生意外的多种可能性，事先应做好多种相应的修复方案和措施；如桥梁破坏程度不严重，对修复季节气候和修复期限均有利时，应直接按原桥设计标准正式修复；如桥梁破坏程度严重，不可能在短期内正式修复，为了争取时间快速恢复通车，可根据现场调查的具体情况，采用临时性结构(一般可改变原桥的孔跨，但不宜改变原桥的高程和坡度)进行临时修复；同时应充分考虑为防洪和正式修复原桥时的施工方便创造条件。

临时修复通车后，在保证安全行车的前提下，继续按原桥设计标准进行正式修复。

4.1.2　便线和便桥方法

在下述情况下，可采用便线和便桥：

(1)正桥破坏严重，不可能在短期内修复通车，但又必须尽快恢复通车并提高通过能力或便利正桥的正式修复工作。

(2)正桥桥高水深或结构复杂(如大跨桥梁)，在短期内既不易正式修复，亦不易临时修复。

(3)有意识地保留正桥结构的残留部分，以备正式修复利用或洪水期间抢修使用。

(4)在战争时期，为了绕越轰炸频繁的重点大桥。

4.1.3　便线便桥的技术要求

(1)便线便桥的技术要求一般均根据施工材料、机具设备等供应条件、便桥使用时间的长短、行车速度、机车类型和使用期内的气候、地质水流的缓急深浅等具体状况而定，桥址应选在水浅流缓的河段上，尽量降低桥高，以利修建，缩短工时，在保证便线便桥安全行车的前提下，拟订最经济的技术标准。

如便线便桥不考虑渡洪时，则正线正桥必须在洪水期之前修复通车，同时应拆除便线便桥。

(2)便线仅作为便桥与正线临时连结之用，对其技术要求，如施工设计文件无具体规定，可参考如下：

1)便线平面布置的技术要求见表 2-4-1。

2)便线纵向限制坡度，一般应根据运输要求、地形条件和便桥高度等因素而定；如因施工时间紧迫、地形困难或受便桥高度控制而超过本区段限制坡度时，单机牵引可采用不大于20‰的坡度，不受12‰单机牵引坡度的限制。

(3)任何便桥的木结构部分均容易下沉变形而影响行车安全，因此在开通初期必须限制行车速度，一般不超过 10～15 km/h，并事先组织专业队伍负责在便桥运行期间，边通车、边检查、边加固、边维修，逐步提高行车速度。

表 2-4-1 曲线最小半径及夹直线最小长度

<table>
<tr><th colspan="2" rowspan="2">适用条件</th><th rowspan="2">曲线最小半径(m)</th><th colspan="2">夹直线最小长度(m)</th></tr>
<tr><th>反向曲线</th><th>同向曲线</th></tr>
<tr><td colspan="2">一般条件</td><td>300 以上</td><td>30</td><td>50</td></tr>
<tr><td colspan="2">困难条件</td><td>200</td><td>20</td><td>30</td></tr>
<tr><td rowspan="3">特殊困难条件</td><td>行驶前进型机车</td><td>180</td><td colspan="2" rowspan="3">可不设</td></tr>
<tr><td>行驶解放型机车</td><td>120</td></tr>
<tr><td>桥头引线</td><td>200</td></tr>
</table>

4.1.4 便桥结构形式的选择

正线便桥或便线便桥的基础、墩台、梁部和桥面等结构形式的选择，均需根据桥址具体情况结合施工材料、机具设备等具体供应条件，尽可能地使用制式器材，在保证安全行车的前提下，因地制宜地参考本章以下各节进行分析比较而选择(如 65 式钢塔架、64 式军用梁、拆装式桁梁等，尽量少采用木制结构形式以节约木材)。

4.2 临时性桥梁基础及基础的修补和修复

常用的临时性桥梁基础有以下几种。

4.2.1 卧木基础

1. 施工方法

(1)根据地质和地形整平夯实原地面，或开挖基坑于坑底夯填部分碎石，厚约 20 cm 左右，上铺枕木或方木作为卧木。

(2)单排架的卧木可用半根长的普通枕木或特制的方木，双排架或多排架墩台，则须根据排架的具体数量来决定卧木的长度，并根据基底土壤的容许承载力来决定卧木的铺设密度(或满铺卧木或于排架每根立柱下铺设若干根卧木)，相邻的卧木及卧木与排架均以扒钉联结牢固，基坑内回填原土或砂石，并分层夯实，具体示意如图 2-4-1 所示。

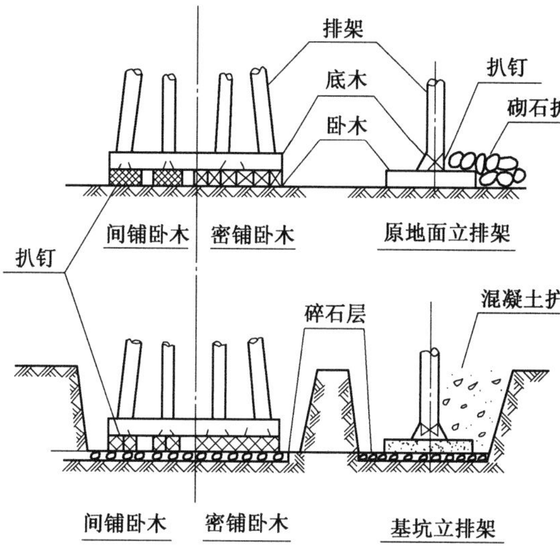

图 2-4-1　卧木基础示意

2. 防洪加固措施

卧木基础如使用时间较长而防洪期的洪水量不大，应事先考虑适当的防洪加固措施，可于防洪期前在卧木基础周围干砌或浆砌片石护基，也可在基坑内干砌或浆砌片石或灌筑混凝土护基。若有少量流冰或漂流物的可能性，则应在墩前 2～3 m 处打 1～2 根钢轨桩作防护。

4.2.2　堆砌片石基础

铺筑运输便道或用船只运送片石至基础位置，分层投石出水面，水上部分应分层堆砌至预定高程，大石块应投用于底部和外层，中部应以大小石块掺杂投填，使其密实坚固，顶面以碎石找平，上铺卧木。

片石基础高度不宜超过 2.0 m，边坡为 1∶1，基顶至施工水面不小于 0.5 m，基顶面的周边尺寸应比墩底面卧木周边至少宽出 1 m，如图 2-4-2。

在水流较急时，可采用钢丝网（或竹蔑石）石笼围护基础周边，以防片石被冲走。

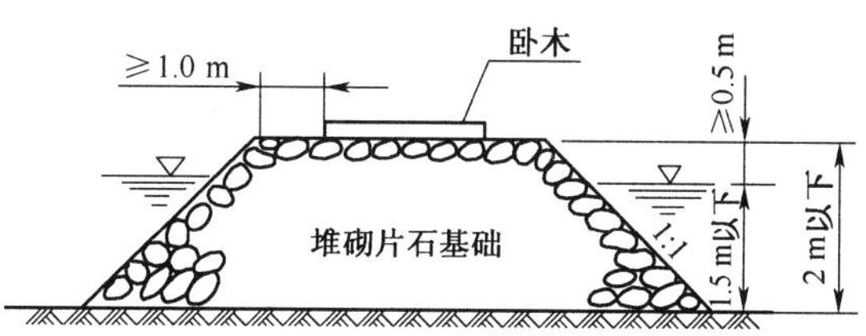

图 2-4-2　堆砌片石基础

4.2.3　草袋基础

草袋内装土、砂、碎石或混合填装（土或砂在水中易被冲走，不适于流水中使用），达草袋容积的 50%～60%即可，不需封口。填筑时应分层垒砌，上下层应相互错压，袋口向内，每层应大致水平，并用土石填缝，码砌至预定高程。草袋基础高度不宜超过 2 m，顶面以碎石找平，上铺卧木。

为了节约草袋,亦可采取用草袋拦边,中间分层夯填砂石,施工时应拦一层草袋周边随即在中间夯填一层砌石。拦边草袋的垒砌宽度应视基础宽度而定,一般为 2～3 行,草袋基础边坡在有水环境中为 1∶1,在无水环境中为(1∶0.3)～(1∶0.5),基顶面的周边尺寸应比墩底面卧木周边至少宽出 1 m,如图 2-4-3 所示。

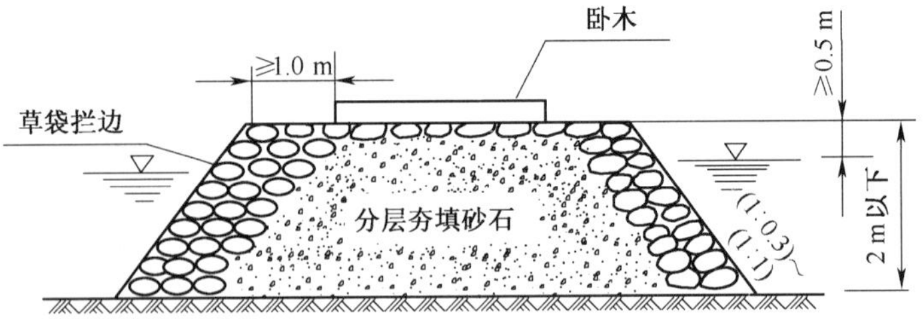

图 2-4-3 草袋基础

4.2.4 木笼基础

1. 木笼基础形式

以木作笼,中填片石(或卵石)作基础,顶面以碎石找平,上铺卧木。其形式一般分为三类:

(1)在河滩、浅水、流速 1 m/s 以下的河段,采用长方形木笼,如图 2-4-4 所示。

(2)在河流一般流速为 1～2 m/s 的河段,采用一端有分水尖的木笼,如图 2-4-5 所示。

(3)在河流受潮水影响或流速为 2 m/s 及以上的河段,采用两端均有分水尖的木笼,如图 2-4-6 所示。

任何形式的木笼尺寸,一般从木笼顶面的内边与墩台底面周边的外侧净距为 0.8～1.0 m,所以木笼的长度(不含分水尖部分的长度)和宽度,均应根据其上立的墩台底面的长度和宽度而定。

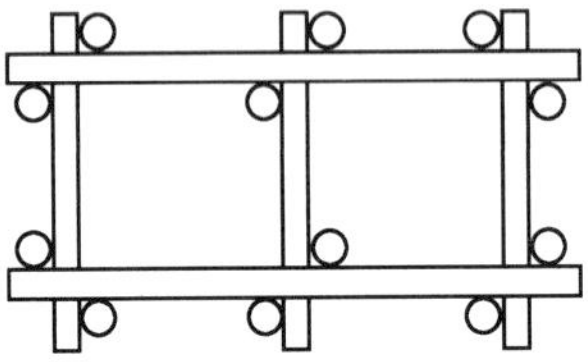

图 2-4-4 长方形木笼基础

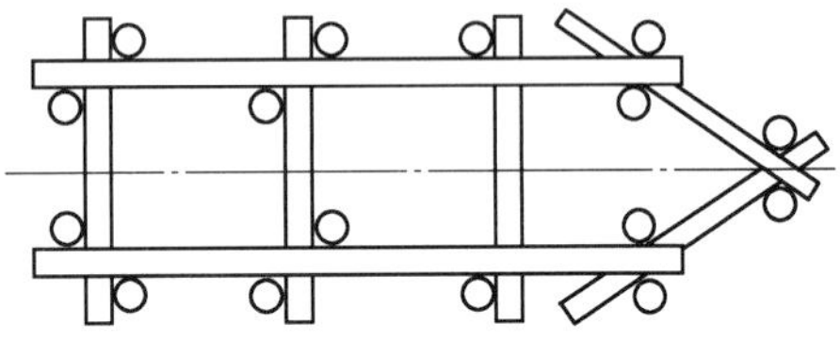

图 2-4-5 一端分水尖木笼基础

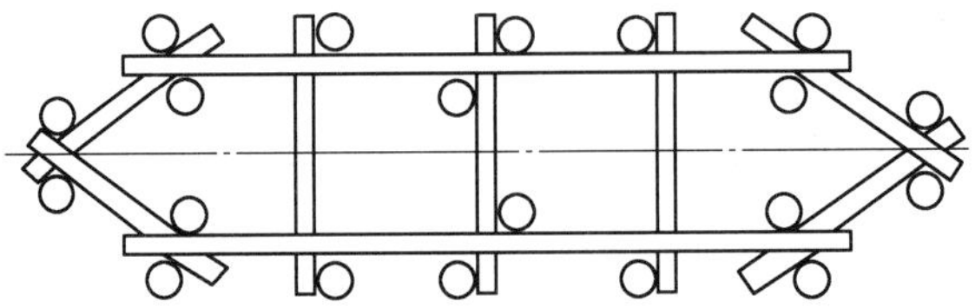

图 2-4-6 两端分水尖木笼基础

2. 木笼制作方法

(1)木笼用直径 10 cm 以上圆木(鼓形木或宽 16 cm 以上的半圆木)制成框杆、拉杆和立杆。框杆应分层纵横交叉叠置,杆径较细者可用 8～10 号钢丝相叠捆扎,杆径较粗时,为使框杆间的缝隙不致过大,在叠交处应先适量刻槽,每个框杆叠交处均需用 8～10 号钢丝捆扎牢固并加钉适当数量的 $\phi12\sim\phi16$ 穿钉。框架叠处内外两侧应各设置一根立杆，每隔 2～3 层框杆应用 8～10 号钢丝或 M12～M16 螺栓将内外侧的立杆相联结，以便将框杆夹紧。

(2)设置框杆时，应注意圆木大小头互相倒置，以便找平；使用弯曲的木材时，应使凸出部分向木笼的内侧；使用接长的框杆时，上下相邻两层的接头应错开。

(3)木笼每高 0.5～1.0 m 设置一层拉杆，拉杆间的水平距为 1.5～2.0 m，在拉杆与框杆叠交处应在框杆外侧设置一根立杆，如拉杆在框杆的中部叠交时，应在框杆内外两侧各设一根立杆，拉杆与立杆之间可用 8～10 号钢丝或 $\phi12\sim\phi16$ 穿钉或 M12～M16 螺栓联结。

(4)深水河段或承重较大的木笼框杆叠交处须刻槽，上下层均用 $\phi12\sim\phi16$ 穿钉联结，立杆与框杆或拉杆之间均用 M12～M16 螺栓联结。木笼制作示意如图 2-4-7 所示。

(5)木笼高度超过 4 m 时，应作双层木笼，上层木笼形式和尺寸不变而将下层木笼的平面尺寸放宽，使上下层木笼之间的周边均有襟边；下层木笼高度一般为 2.0～2.5 m。如图 2-4-8 所示。

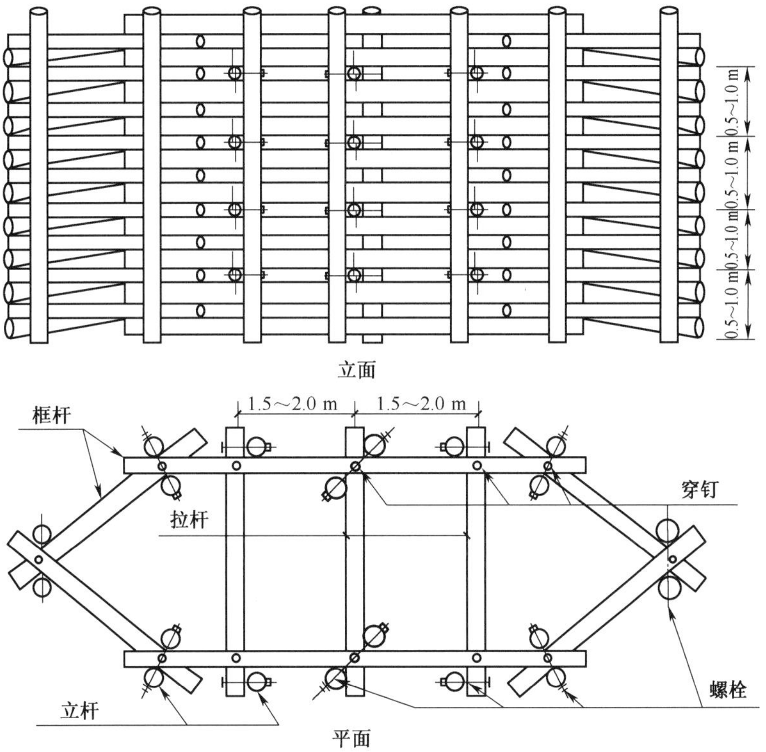

图 2-4-7　木笼制作示意

3. 木笼的补强方法

较高大的木笼或木笼的木材较细，为防止填石或通车后，木笼中部容易发生压挤外凸，甚至挤断木杆，因此，在制作时应先适量补强：

(1)一般情况下，木笼每 1 m 高处增设一层(横或纵向)拉杆和相应的立杆，用 $\phi12\sim\phi16$ 穿钉或螺栓联结，并应注意以下事项：

1)拉杆分格不宜过多，以免投填片石时不易填紧。

2)投填片石时，注意不要打断拉杆。

(2)增设铁拉杆和木立杆，铁拉杆可采用 4～6 股 8～10 号钢丝拧紧成绳或用 $\phi16\sim\phi19$ 钢筋制成。投填片石时仍应注意不要打断拉杆。如图 2-4-9 所示。

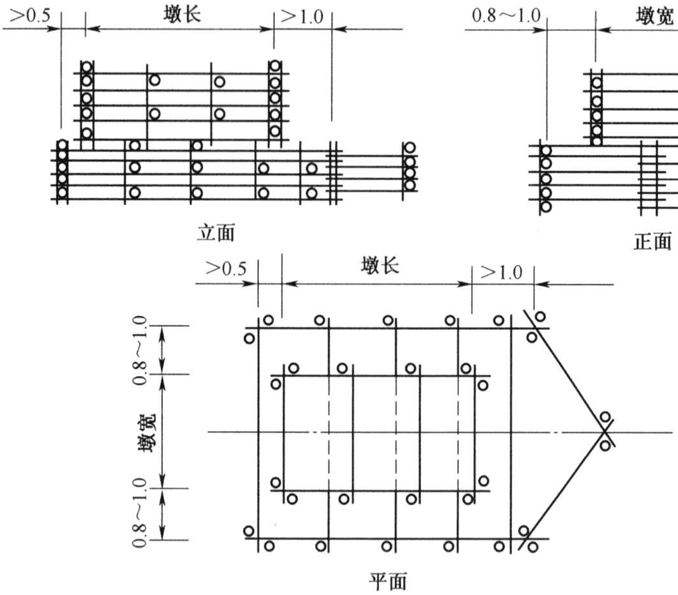

图 2-4-8 双层木笼示意(单位:m)

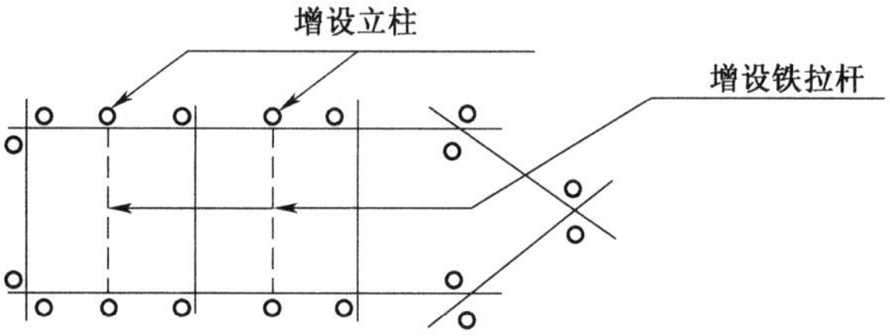

图 2-4-9 增设铁拉杆和木立杆

4. 木笼水中定位方法

(1)在木笼底面用钢丝做成网,用绳索与岸上绞车和上游拦江绳的滑车(或上游锚定船的绞车)相联,由岸边顺拦江绳将木笼推下水,利用岸上绞车和上游拦江绳滑车(或上游锚定船的绞车)将木笼浮移至设计位置(用仪器定位),然后抛填片石将木笼沉底。如图 2-4-10 所示。

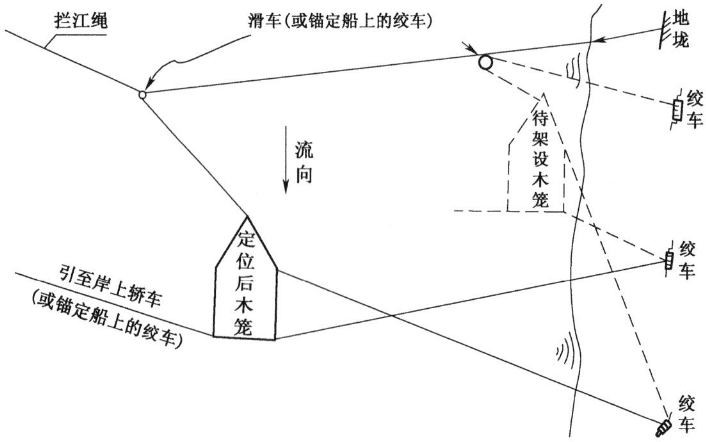

图 2-4-10 木笼水中定位示意

(2)利用岸上吊车或水上吊船将木笼吊至水面上，然后按照上述办法利用上游拦江绳和两岸绞车将木笼浮移至设计位置(用仪器定位)抛填片石将木笼沉底。

(3)墩位处如水深不超过 1.2 m，可在墩位两侧搭设木脚手架(如水深超过 1.2 m，可在墩位两侧各设一船抛锚定位后作脚手架)，两侧脚手之间搭设若干根横木，在横木上制作木笼3～5 层(根据水深及浮运木笼时的入水深度而定)，底部做钢丝网，然后锯断横木(或在浅水中或锁定的工作船上立扒杆将木笼稍微吊起拆除横木)将木笼放入水中，立即再边制作加高木笼边抛填片石，使木笼逐渐沉底。如图 2-4-11 所示。

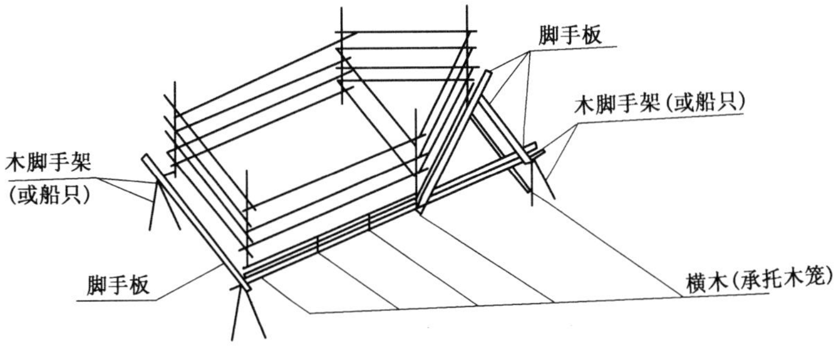

图 2-4-11　浅水中木笼定位示意

(4)注意事项：

1)在下沉木笼前，应先测量河底面平面高程，如河底面不平整，应先在低凹处抛填片石找平后再下沉木笼。

2)将木笼底部做成适合河底面的坡面，然后下沉木笼。

5. 木笼破坏后的加固方法

(1)木笼上半部被破坏，可拆除破坏部分经整平后重新接高修复。

(2)木笼被破坏一角或一面，可将碍事的木、石清除，把尚可利用的残留杆件和增添的新杆件照原样修复。

(3)木笼底部一边被破坏成缺口或被水流冲空，可在木笼外部抛填片石并在木笼上部填充片石捣实。如图 2-4-12 所示。

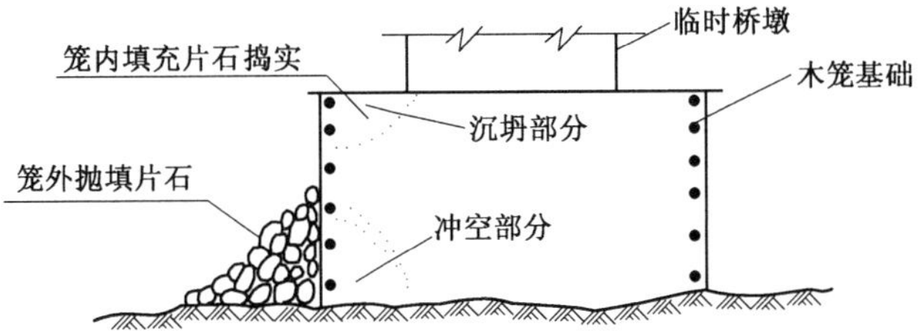

图 2-4-12　加固木笼示意

(4)木笼被破坏过于严重修复有困难时，可在木笼外侧周围另加做一个木笼填石加固。

6. 节约材料措施

为节约木材，可利用废旧钢筋、角钢、钢轨等作为笼体杆件，并根据旧钢材的具体规格配制相应的螺栓和 U 形螺栓作为紧固件(或焊接)组成笼体形状(形式可采用多边形或圆形)，框杆的间距不宜过大，以防片石漏出笼外。设置立杆和拉杆的位置和数量，应根据旧钢材的规格和材质而定，防止笼内填石承重后，笼体变形。

4.2.5 简易混凝土基础

1. 埋置混凝土基础

(1)适用于砂石河床的浅滩处,并考虑一般性冲刷。

(2)根据河床浅滩处地质承压力确定基础尺寸,然后开挖基坑,灌筑混凝土基础,立排架,周边干砌石围护。如图 2-4-13 所示。

2. 卧木混凝土基础

(1)适用于干砂石河床,并考虑一般性的防洪。

(2)根据河床地质承压力确定基础尺寸,然后开挖基坑、整平坑底铺设卧木,上立排架,待架梁通车压实后,在基坑内灌筑混凝土,上部周边以干砌片后或钢丝(竹蔑)片石笼围护。如图 2-4-14 所示。

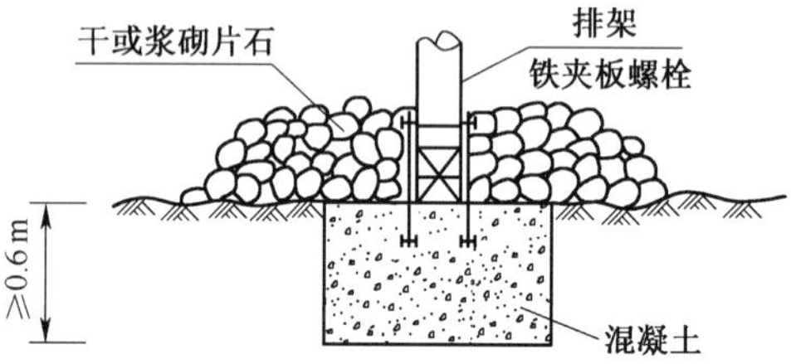

图 2-4-13 埋置混凝土基础示意

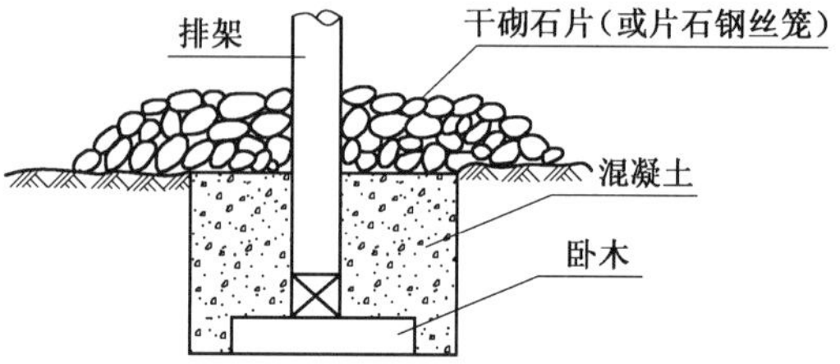

图 2-4-14 卧木混凝土基础示意

4.2.6 桩基础

1. 木桩基础

(1)木桩的制作。

1)作木桩的用料应根据设计尺寸,选用节疤少、无腐蚀空心、大小头径相差较小、桩木全长的弯曲矢度不大于桩径一半、桩木一米范围内木纹的扭转不大于桩木圆周一半的松木、杉木、橡木等木材。制作之前必须剥去树皮。

2)桩顶应锯平并垂直于桩的轴线。为防止打桩时桩头劈裂,桩顶一般须配戴铁制桩箍,其厚度为 8 ~10 mm,宽度 50 mm 左右,桩箍上径略小于下径,便于安装和卸下。紧急时亦可用 8 号钢丝捆扎桩顶以代替铁桩箍。用机锤打桩时,桩顶应削成与机锤相吻合的形状。如用穿心锤打木桩时,桩顶轴线上须凿一小圆孔以便于插桩钎。

3)桩尖应削制成三梭或四梭锥形,其尖端应在桩轴线上,桩尖长度可根据地质条件确定:

①松土或软土为桩径 1~1.5 倍,端部为平尖。

②较硬土层为桩径 1.5~2 倍,端部为钝尖,如图 2-4-15 所示。

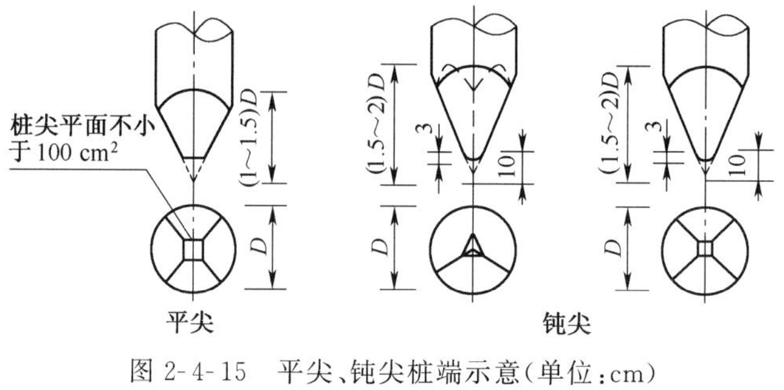

图 2-4-15 平尖、钝尖桩端示意(单位:cm)

③硬土、砾石或小卵石层的木桩端部需安装桩靴，桩靴简图示意如图 2-4-16 所示。

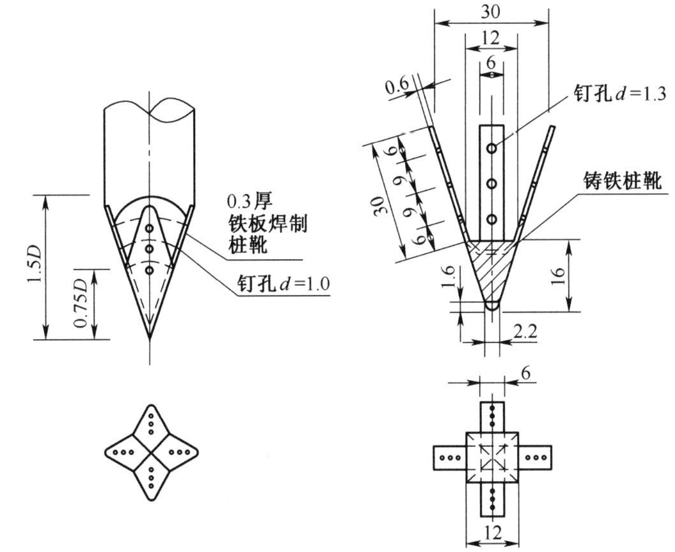

图 2-4-16　木桩靴简图示意(单位:cm)

4)接长木桩时，桩木接头端面必须平整并与桩轴线垂直，每根木桩原则上不得超过一个接头，并将接头打入土中，接头位置须符合以下要求：

①在高桩承台底面以下不小于 2 m。

②相邻桩的接头高低差不小于 0.75 m。

③在同一个墩台的同一水平面内，桩的接头数不超过总桩数的 25%。

④考虑渡洪的木桩接头，必须在局部冲刷线以下不小于 1 m。

⑤接桩方法可用铁夹板或木夹板以螺栓和刺钉连接固定，如图 2-4-17 所示。

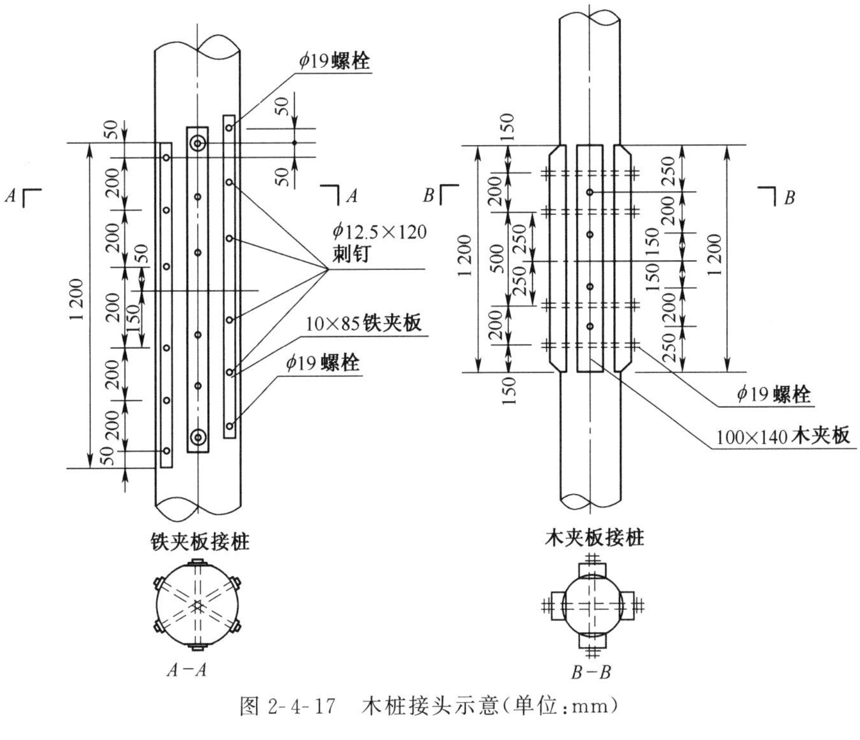

图 2-4-17　木桩接头示意(单位:mm)

⑥接桩用的夹板、螺栓尺寸参考数见表 2-4-2。

表 2-4-2 接桩夹板、螺栓尺寸参考数

木桩直径(cm)	铁夹板						木夹板			
	断面(mm)	长度(cm)	螺栓		刺钉		断面(cm)	长度(cm)	螺栓	
			直径(mm)	长度(cm)	直径(mm)	长度(cm)			直径(mm)	长度(cm)
20	6×65	120	19	23	12.5	9	10×10	120	19	41
22	6×65	120	19	25	12.5	10	10×10	120	19	43
24	8×75	120	19	27	12.5	11	10×12	120	19	45
26	10×85	120	19	29	12.5	12	10×14	120	19	47
28	10×85	120	19	31	12.5	13	10×16	120	19	49

注:1. 不在同一纵断面内的铁夹板的螺栓间距不小于 5 cm,螺栓与接头平面的间距不小于 10 cm。
2. 不在同一纵断面内的木夹板的螺栓间距不小于 10 cm,螺栓与接头平面的间距不小于 15 cm。

(2)桩锤选择。

1)确定桩锤的种类。工程中常用的钢筋混凝土预制桩有普通钢筋混凝土桩(RC 桩)、预应力混凝土方桩(PRC 桩)、预应力混凝土管桩(PC 桩)和超高强混凝土离心管桩(PHC 桩),其特性见表 2-4-3。

表 2-4-3 钢筋混凝土预制桩特性表

桩的特性	预制钢筋混凝土方桩		预应力混凝土方桩	预应力混凝土管桩	
	锤击桩	压入桩		ϕ400×80	ϕ550×80
混凝土强度等级	C30～C40	C30～C35	C50	C45	C45～C80
含钢率	≥0.8%	≥0.5%		1.12%	1.15%
截面尺寸(mm)	300×300,350×350	300×300	500×500		ϕ450
	400×400,450×450	350×350	600×600		ϕ500
	500×500	400×400			ϕ550
接桩方法	焊接法,浆锚法	焊接法,浆锚法	焊接法	焊接法,法兰连接	
分段长度(m)	≤13	≤12	20	10	8、10、12
适用土层	各类土层	较松软土层	各类土层	较松软土层	
制作工艺	简单方便	简单方便	复杂	复杂,需专用设备	
制造成本	较低	较低	较高	高	
承载能力	大	较小	大	较大	
耐腐蚀性	好	好	好	好	
桩周土挤压	大	大	大	桩尖开口型:小;桩尖封闭型:大	

桩锤的作用是对桩施加冲击力,将桩打入土中。桩锤的类型应根据土的种类、土的密实程度、桩的特性,单桩轴由承载力、施工现场情况、机具设备条件、工作方式、周边环境、工作效率等条件来选择。各种打桩锤适用范围见表 2-4-4。一般柴油锤本身附带有机架,不需要附属其他动力设备,目前应用广泛。

表 2-4-4　不同种类桩型和地质条件时适用的桩锤类型

桩的种类和地质条件		桩锤种类						射水沉桩
		落锤	单动汽锤	双动汽锤	筒式柴油锤	液压桩锤	振动沉拔桩锤	
桩的种类	木桩	√	√	√	√		√	
	钢筋混凝土桩(RC 桩)	√	√	√	√	√	√	
	预应力混凝土方桩(PRC 桩)		√	√	√	√	√	
	预应力混凝土管桩(PC 桩)		√	√	√	√	√	√
	超高强混凝土离心管桩(PHC 桩)		√	√	√	√	√	√
	钢板桩		√	√	√	√	√	
	工字桩、H 型钢桩		√	√	√	√	√	
	钢管桩		√	√	√	√	√	
	套管法灌注桩		√	√	√	√	√	
	斜桩		√	√	√(斜角＜45°)		√(斜角＜45°)	
	水中沉桩		√	√(气动)				
	拔桩			√				
地质条件	黏土、砂土	√	√	√	√	√	√	√
	黄土		√	√		√		
	软土		√	√		√		
	密实黏土、砾砂土		√	√				√
	岩石、砾石土							

注:√表示适用。

落锤、汽锤、柴油锤的构造见图 2-4-18 所示。

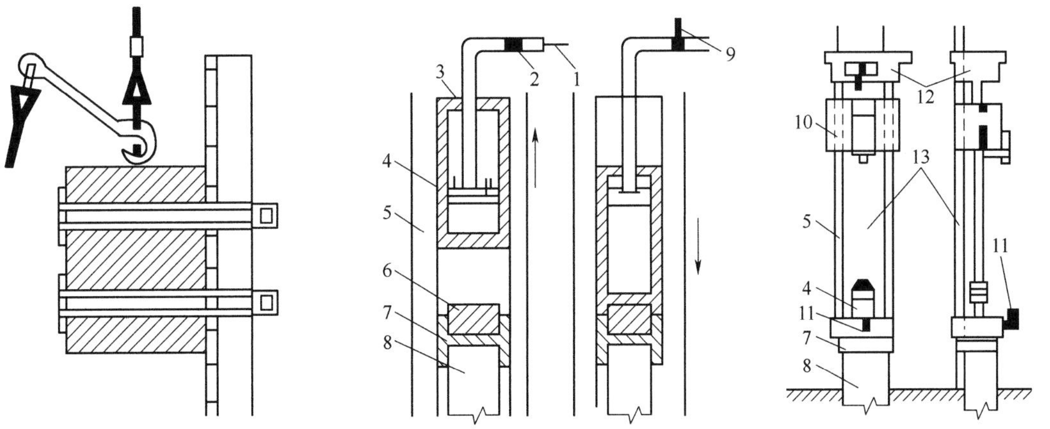

(a) **落锤(坠锤)**　(b) **汽锤**　(c) **柴油锤**

图 2-4-18　落锤、汽锤和柴油锤构造

1—输入高压蒸汽;2—气阀;3—外壳;4—活塞;5—导向中杆;6—垫木;7—桩帽;8—桩;9—排气;10—气缸体;11—油泵;12—顶帽;13—导杆

2)确定桩锤的规格。桩锤的重量选择应遵循重锤低击的原则,宜大不宜小。桩锤过重,所需动力设备的功率大,不经济;桩锤过轻,必将加大落距,锤击功能很大部分被桩身吸收,桩也不易打入,且桩头容易被打坏,保护层可能被振掉。轻锤高击所产生的应力,还会促使距桩顶1/3桩长范围内的薄弱处产生水平裂缝,甚至使桩身断裂。因此,选择稍重的锤,用重锤低击和重锤快击的方法效果较好。桩锤的规格可根据地质条件、桩型、桩的密集程度、单桩竖向承载力及现场施工条件等参照表2-4-5,并通过计算确定。

表2-4-5 桩与桩锤选配参考表

锤等级(0.1 t)	12～15	18～25	28～35	40～45	60～70	80	150
桩质量(t)	1.0～1.5	1.7～5.5	2.3～8.0	3.3～10	5.2～14	6～16	10～45
钢管桩直径(mm)	300～450	400～600	500～800	600～1 000	800～1 500	1 500以下	2 200以下
混凝土桩直径或边长(mm)	250～400	350～500	400～600	500～800	700～1 200	1 000以下	1 400以下

①按桩锤冲击能确定最小锤重。

按照式(2-4-1)计算所需要的桩锤冲击能:

$$E > 25P \tag{2-4-1}$$

式中 E——锤的一次冲击动能,J;

P——单桩的设计承载能力,kN。

②按桩锤的适用系数确定锤重范围。

a. 按试验公式复核锤重。

按式(2-4-1)确定的桩锤,应按所施打桩的重量,用试验公式(2-4-2)复核,以决定是否采用。

$$K = \frac{M+C}{E} \tag{2-4-2}$$

式中 M——桩锤重,kN;

C——桩重(包括送桩、桩帽和桩垫),kN;

E——桩锤一次冲击能,J;

K——桩锤的适用系数,K值可参考表2-4-6选择。

表2-4-6 桩锤的适用系数K值

桩型	柴油锤	双动汽锤	单动汽锤	落锤
木桩、混凝土桩、管桩	≤0.005		≤0.003 5	≤0.002
钢板桩、工字钢桩、H型桩及射水辅助下沉桩	K值可提高50%			

b. 根据经验数值复核。参照表2-4-7中的锤桩比进行复核选用。

表2-4-7 锤重与桩重比值表(锤重/桩重)

桩类别/锤类别	木桩		钢筋混凝土桩		钢桩	
	软土	硬土	软土	硬土	软土	硬土
落锤(坠锤)	2.0	4.0	0.35	1.5	1.0	2.0
单动汽锤	2.0	3.0	0.45	1.4	0.7	2.0

续上表

桩类别 / 锤类别	木桩		钢筋混凝土桩		钢桩	
	软土	硬土	软土	硬土	软土	硬土
双动汽锤	1.5	2.5	0.60	1.8	1.5	2.5
柴油锤	2.5	3.5	1.0	1.5	2.0	2.5

注:1. 锤重系指锤体总重。

2. 桩重系指除桩自重外还应包括桩帽重量。

3. 桩长度一般不超过 20 m。

4. 坠锤和单动汽锤锤重与桩重的比宜为 1.5～2.0,大于 2.0 时宜调整落锤高度。

③按桩身容许应力验算锤重。根据桩长、截面型式及尺寸、材料种类等,计算桩的整体刚度和锤击作用的桩体应力。按桩身锤击应力控制锤重,应符合下列要求:

a. 混凝土桩的桩身最大锤击压应力不应超过桩身混凝土等级的抗压强度值。

桩身锤击应力一般采用冲击波动方程式的方法计算,见式(2-4-3)。如果计算 σ_p 值大于桩的允许锤击应力,在锤击能量相同的技术条件下,可以采用限制锤的重量,降低锤的下落高度,或改变桩垫材料等方法。或不使用大于桩截面的锤,以控制桩头产生的锤冲击应力值,避免桩头破裂或桩身断裂。

$$\sigma_p=\frac{a\sqrt{2eE\gamma_p H}}{\left(1+\frac{A_c}{A_H}\sqrt{\frac{E_c\gamma_c}{E_H\gamma_H}}\right)\left(1+\frac{A}{A_c}\sqrt{\frac{E\gamma_p}{E_c\gamma_c}}\right)} \tag{2-4-3}$$

式中　σ_p——桩的锤击应力,kN/m²;

A_H、A_C、A——分别为锤、桩垫、桩的净截面面积,m²;

E_H、E_C、E——分别为锤、桩垫、桩的弹性模量,一般钢筋混凝土桩 $E=2.1\times10^7$ kPa,钢桩 $E=2.1\times10^8$ kPa,木桩 $E=1.0\times10^7$ kPa,或取实测值;

γ_H、γ_C、γ_p——分别为锤、桩垫、桩的重度,kN/m³;

H——落锤高度,m,一般约 2 000 mm;

a——锤型系数,自由落锤 $a=1$,柴油锤 $a=2^{1/2}$;

e——锤击效率系数,落锤 $e=0.6$,柴油锤 $e=0.8$。

b. 普遍混凝土桩的桩身最大锤击拉应力不应超过桩身混凝土等级的抗拉强度值的 1.3～1.4 倍(允许出现环向裂缝的除外)。

c. 预应力混凝土桩的桩身最大锤击拉应力不应超过桩身混凝土等级的抗拉强度值与有效预应力值之和的 1.3～1.4 倍。预应力管桩的有效预应力值可查表 2-4-8、表 2-4-9。

d. 对有接头的混凝土桩,控制桩身最大锤击拉应力时还应考虑接桩处的抗拉强度。

表 2-4-8　先张法预应力高强度管桩(PHC 桩)的常用规格

外直径(mm)	壁厚(mm)	单节长度(m)	型号	有效预应力(MPa)	极限抗裂弯矩(kN·m)	单位质量(kg/m)	回转半径(m)	截面面积(m²)	截面抵抗矩(10^{-3} m³)	惯性矩(10^{-3} m⁴)
300	60	7～12	A	4.03	23	118	0.075 1	0.045 239	2.307 2	0.346 1
			AB	6.16	28					

续上表

外直径(mm)	壁厚(mm)	单节长度(m)	型号	有效预应力(MPa)	极限抗裂弯矩(kN·m)	单位质量(kg/m)	回转半径(m)	截面面积(m^2)	截面抵抗矩($10^{-3}m^3$)	惯性矩($10^{-3}m^4$)
400	80	7～12	A	3.44	52	209	0.100 1	0.080 425	5.468 9	1.093 8
		7～12	AB	5.3	63					
		7～13	B	7.15	75					
500	100	7～14	A	3.88	99	327	0.125 1	0.125 664	10.681 4	2.670 4
		7～15	AB	5.3	121					
		7～15	B	7.56	144					
600	100	7～16	A	3.74	164	408	0.150 1	0.157 080	17.017 0	5.105 1
	110	7～16	AB_1	4.78	201	440	0.150 1	0.169 332	17.794 0	5.338 2
	120	7～16	AB_2	4.5	201	470	0.150 1	0.180 956	18.457 5	5.537 2
	130	7～16	AB_3	5.22	201	499	0.150 1	0.191 951	19.019 2	5.705 8
	110	7～16	B	6.84	239	440	0.150 1	0.169 332	17.794 0	5.338 2
		7～16	C	9.03	276					
700	110	7～15	A_1	4.03	265	530	0.175 1	0.203 889	26.228 9	9.180 1
		7～15	A_2	3.61	265					
		7～22	AB	5.55	318					
		7～30	B	7.47	373					
		7～30	C	9.81	441					
800	110	7～55	A_1	4.08	367	620	0.200 1	0.238 447	36.378 1	14.551 2
			A_2	4.28	367					
			AB	5.56	451					
			B	7.91	535					
			C	10.34	619					
1 000	130	7～55	A	4.36	689	924	0.250 1	0.355 314	68.735 5	34.367 8
			AB	5.92	845					
			B	7.87	1 003					
			C	9.46	1 161					
1 200	150	7～55	A	4.14	1 177	1 286	0.300 1	0.494 801	115.968 9	69.581 4
			AB	5.58	1 412					
			B	7.93	1 668					
			C	9.6	1 962					

注：1. 管桩按照抗弯性能或有效预应力值分为 A、AB、B、C 型，有效预应力值分别为 4.0 MPa、6.0 MPa、8.0 MPa、10.0 MPa，其计算值应在规定值的 5%以内。

2. 本表混凝土以高压釜蒸养、强度等级以 C80 为准。

④按桩体容许屈曲应力验算锤重。冲击荷载和荷载重量不致产生长柱屈曲破坏。当细长比(屈曲长度与桩最小回转半径之比)超过 100 时，采用欧拉公式(2-4-4)计算桩的最大允许屈

曲荷载 P_{cr}。如果 P_{cr} 小于或等于桩锤冲击荷载，应该改换为较小桩锤或加大桩截面面积。

$$P_{cr}=\frac{\pi^2 EI}{l_0^2} \tag{2-4-4}$$

式中　P_{cr}——桩的最大允许屈曲荷载，kN；

E——桩材的弹性模量，N/mm²；

I——桩截面惯性矩，m⁴；$I=\frac{\pi}{64}(D^4-d^4)$，PHC、PTC 管桩的 I 值可查表 2-4-8、表 2-4-9；

D——桩截面外直径，m；

d——桩截面内直径，m，$d=D-2\delta$；

δ——桩管壁厚，m；

l_0——桩的屈曲长度，m，一般为桩的锤击面到架设固定点的长度。

表 2-4-9　预应力混凝土薄壁管桩（PTC 桩）的常用规格

外直径（mm）	壁厚（mm）	单节长度（m）	混凝土强度等级	有效预应力（MPa）	极限抗裂弯矩（kN·m）	单位质量（kg/m）	回转半径（m）	截面面积（m²）	截面抵抗矩（10^{-3}m³）	惯性矩（10^{-3}m⁴）
300	60	≤9	C60	4.2	19	117	0.075 1	0.045 239	2.307 2	0.345 0
350	60	≤10		3.5	27	142	0.087 6	0.054 664	3.424 3	0.597 3
400	60	≤11		3.2	39	166	0.100 1	0.064 088	4.774 6	0.951 9
450	65	≤11		3.4	55	204	0.112 6	0.078 618	6.658 5	1.493 4
500	70	≤12		3.1	71	245	0.125 1	0.094 562	8.973 9	2.236 3
550	80	≤13		3.2	97	307	0.137 6	0.118 124	12.204 3	3.345 5
600	80	≤13		3.3	119	340	0.150 1	0.130 690	15.072 9	4.507 5

⑤按锤击次数控制。对于选择的桩锤，应进行工艺试验，并应使总的锤击次数控制在表 2-4-10 所列的数值范围内。

表 2-4-10　各种桩的限制打击次数

桩种类	钢桩	钢筋混凝土桩	预应力混凝土桩
限制总打击次数	≤3 000	≤1 000	≤2 000

⑥以振幅验算打桩对环境的影响。打桩对环境的影响因素主要是振动和噪声，以周边建筑物处振动面波的竖向分量的振幅和噪声强度进行评价。振幅的计算可采用式(2-4-5)。计算时，以工艺试验测得的距震源距离 r_0 处在打桩进入持力层时的振动波竖向分量 A_0 为基础数据。从图 2-4-19 中，根据打桩振动频率和结构物的损害及人的感觉程度安全界限（振幅控制标准），查得相应的最大振幅值 A_r，或根据国家相关标准直接确定 A_r；最后，采用数值分析方法计算最大振幅值 A_r 时的沉桩安全距离 r 值。

$$A_r=A_0\sqrt{\frac{r_0}{r}}e^{-a(r-r_0)} \tag{2-4-5}$$

式中　A_r、A_0——分别为距离震源 r 和 r_0 处地震波的竖向分量的振幅，mm；

a——土的能量吸收系数，m^{-1}；与土质情况有关，对松软饱和细粉砂、粉质黏土、粉土为 0.01～0.03 m^{-1}；对很湿的粉质黏土、黏土为 0.04～0.06 m^{-1}；对稍湿的和干的粉质黏土、粉土为 0.07～0.10 m^{-1}；

r——沉桩安全距离，m；

r_0——试验测试点距震源的距离，m。

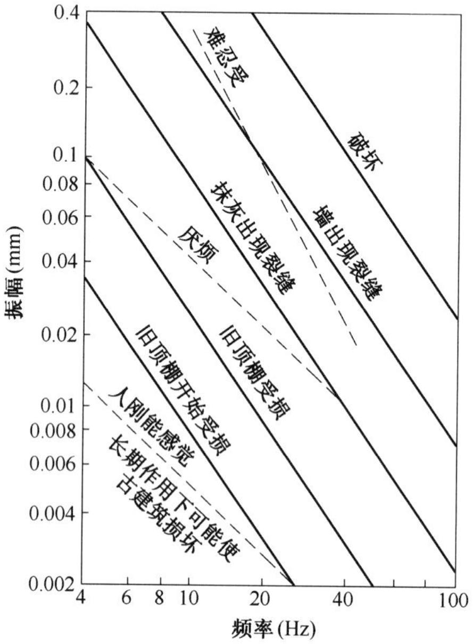

图 2-4-19 振动对结构物损害及人的感受程度的判定标准图

如采用坠锤沉入木桩，锤重应大于桩重的一倍，但不宜大于桩重的 2 倍。木桩质量可参见表 2-4-11，木桩容许承载力的估算参考数字见表 2-4-12。

表 2-4-11 木桩质量概估表 （单位:kg）

直径(cm)	长度(m)							
	4	5	7	9	11	13	15	17
18	77	102	156	217	288	366	445	555
20	95	124	187	259	340	430	532	644
22	113	147	220	304	397	500	614	740
24	133	172	257	352	458	515	703	844
26	155	200	297	405	524	656	799	955
27	166	214	317	432	558	696	847	1 011
28	178	229	339	460	594	740	899	1 071
29	190	244	361	489	630	784	951	1 132
30	203	260	384	520	668	831	1 006	1 196
31	216	277	408	551	707	877	1 061	1 250
32	230	294	432	583	747	926	1 119	1 327
33	243	311	457	616	788	975	1 177	1 334

注：木桩大小头有轻微不同，其材质不同时密度亦不同，本表系根据落叶松估算之值。

表 2-4-12　木桩容许承载力估算参考数值　（单位：kN）

木桩类别		桩　中　径(cm)								
		16	18	20	22	24	26	28	30	32
承台基础	整桩	100	125	155	190	225	265	305	350	400
	铁夹板接桩	80	100	125	150	180	210	250	285	325
木排架基础		60	80	100	120	150	170	200	230	260

(3)简易打桩架。

1)一般要求。桩架的作用是支持桩身和桩锤,将桩吊到打桩位置,并在打入过程中引导桩的方向,保证桩锤沿着所要求的方向冲击。选择桩架时,应考虑桩锤的类型、桩的长度、桩锤的高度、桩帽厚度及所有滑轮组的高度。此外,还应留有 1～2 m 的高度作为桩锤的伸缩余地。常用的打桩架可分为辊轴式、轨道式、步履式和履带式。

选择桩架时应考虑以下几个方面内容:

①应与选定的桩锤的形式、质量和外部尺寸相适应。

②桩的种类、桩数、桩的施工精度、桩距及桩的布置方式。比如下沉工字钢、H 型钢钢桩时的桩架应具有横向稳定装置。

③桩的材料、物理性能、断面形状和尺寸、桩长及桩的连接方式。

④作业空间、打入位置和施工人员的熟练程度。

⑤桩锤的通用性和桩架数量。

⑥打桩的连续程度、进度指标和工期。

2)各种桩架的性能特点。

①辊轴式打桩架如图 2-4-20(a)所示,桩架行走靠两根滚管在枕木上滚动。优点是结构比较简单,制作容易,成本低。缺点是平面转向不灵活,操作人员多。

②轨道式打桩架如图 2-4-20(b)所示,采用轨道行走底盘,多电机分别驱动,集中操纵控制,可配合螺旋钻柴油锤、振动锤和沉管灌注桩,能吊桩、吊锤、行走、回转移位,导杆能水平微调和倾斜打斜桩,装有升降电梯为打桩工人提供了良好的操作条件。但其机动性能较差,需铺设行走轨道。

③步履式打桩架如图 2-4-21。液压步履式打桩架以步履方式移动机位和回转,不需铺枕木和钢轨,机动灵活,移位方便,打桩效率高,是一种具有我国自己特点的打桩架底盘。

④履带式打桩架是以履带式起重机为主机的一种多功能打桩机。它可悬挂筒式柴油锤、液压锤和振动锤,可施打各种类型的预制桩。

履带式打桩架按整机结构,可分为悬挂式履带打桩架和三点支撑式履带打桩架;按主机传动结构,可分为机械传动和全液压传动,或两种兼有的传动;按导杆结构,可分为框架式和圆管式结构,而圆管式结构又可分为单导向(单面型)、双导向(双面型)和双层型。

悬挂式履带打桩架如图 2-4-22(a)所示。悬挂式履带打桩架以通用型履带起重机为主机,以起重机吊杆悬吊打桩架导杆,在起重机底盘与导杆之间叉架连接。此类桩架的优点是构造简单,操作方便,易于用已有的履带起重机改装而成。缺点是垂直精度调节较差,尤其是以机械传动的履带起重机改装而成的桩架,其垂直精度更不易控制。

三点支撑式履带打桩架如图 2-4-22(b)所示。三点支撑式履带打桩架是以专用履带式机械为主机,配以钢管式导杆和两根后支撑组成。它是国内外最先进的一种桩架,一般采用全液

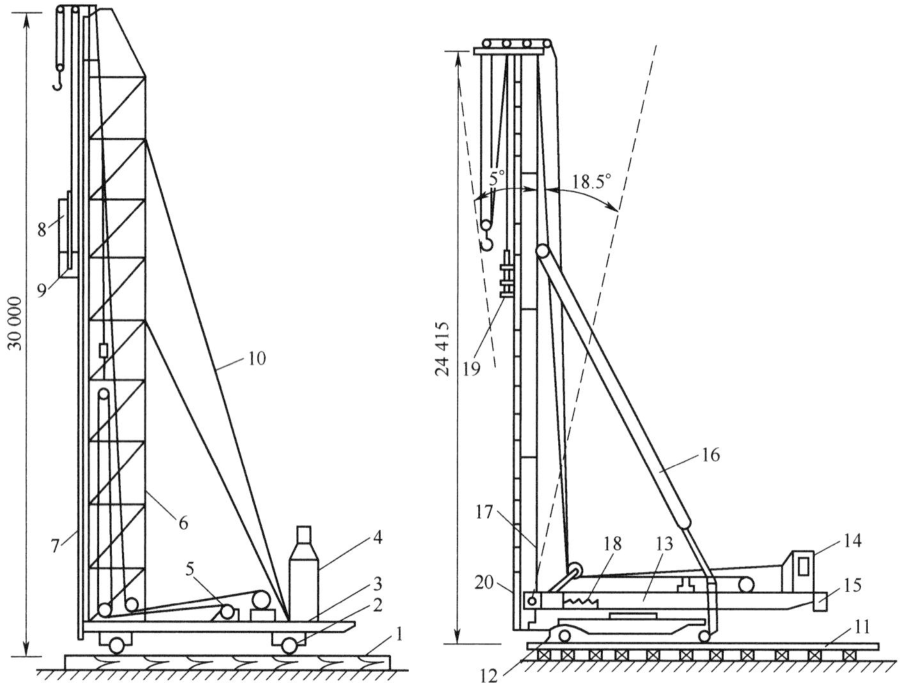

(a) 辊轴式蒸汽锤(或落锤)桩架　　(b) 轨道式多功能柴油打桩锤桩架

图 2-4-20　辊轴式、轨道式桩架示意图(单位:mm)

1—枕木;2—滚筒;3—底架;4—钢炉;5—卷扬机;6—桩架;7—龙门导杆;8—蒸汽锤;9—桩帽;10—缆风绳;11—钢轨;12—底盘;13—回转平台;14—司机室;15—平衡重;16—撑杆;17—挺杆;18—水平调整装置;19—柴油打桩锤;20—定向节

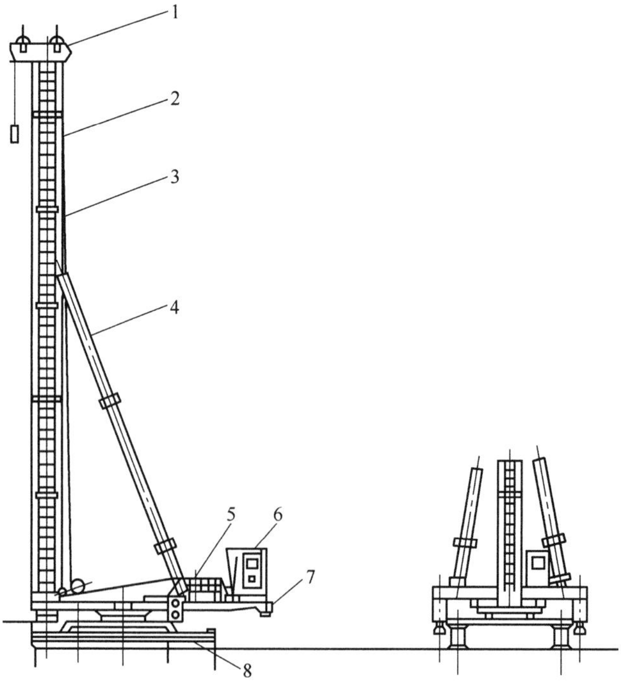

图 2-4-21　步履式桩架示意图

1—顶部滑轮组;2—导杆;3—锤和桩起吊用钢丝绳;4—斜撑;5—吊锤和桩用卷扬机;6—司机室;7—配重;8—步履式底盘

压传动，履带中心距可调，导杆可单导向也可双导向，还可自转 90°，可挂不同导轨间距的柴油锤；若双导向导（挺）杆一边悬挂长螺旋钻机，一边悬挂柴油锤，可很方便地实施“钻孔植桩”的复合施工工艺。三点支撑式履带打桩架还具有垂直精度调节灵活、稳定性好、可以施打后仰 20°范围内的斜桩、不需增加外部动力即能打桩、桩机装拆方便、转移迅速等优点。因此，施打预制桩，宜优先选用三点支撑式履带打桩架。

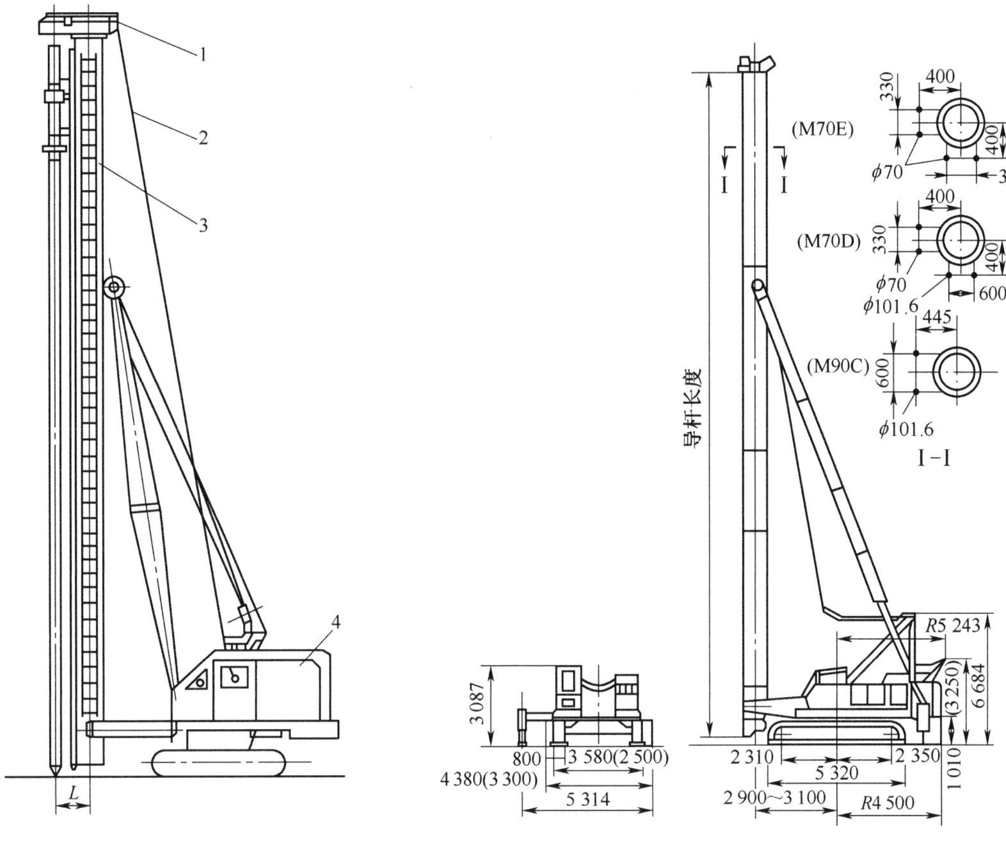

(a) 悬挂式履带打桩架　　(b) 三点支撑或履带打桩架

图 2-4-22　履带式桩架示意图（单位：mm）

1—顶部滑轮组；2—锤和桩起吊用钢丝绳；3—导杆；4—履带起重机

M90C 为导向导杆，M70D、M70E 为双导向导杆，括号内尺寸为运输状态尺寸

3）桩架高度的选择。在选择桩架时，应根据桩长、桩径、打桩方式确定桩架的高度。陆上沉桩的桩架高度如图 2-4-23(a)所示，水上沉桩的桩架高度如图 2-4-23(b)所示，可按式(2-4-6)计算。

$$H \geqslant h_1 + h_2 + h_3 + h_4 - h_5 - h_6 \qquad (2\text{-}4\text{-}6)$$

式中　H——桩架有效高度（水上打桩从船面算起，陆上打桩从地面算起），m；

h_1——桩长，m，桩长应包括桩身、桩尖和桩头预留钢筋三部分的长度；

h_2——桩锤及桩垫高度，m；如果送桩固定在桩头上沉桩，则应包括送桩的长度；

h_3——滑轮组高度，m；

h_4——安全高度（余裕量），一般水上打桩取 1～2 m，陆上打桩取 0.3～0.5 m；

h_5——施工水深，m，一般应根据最低潮位或最低水位计算，陆上沉桩时 $h_5=0$；

h_6——桩架底即船面至水面高度，m，陆上沉桩时 $h_6=0$。

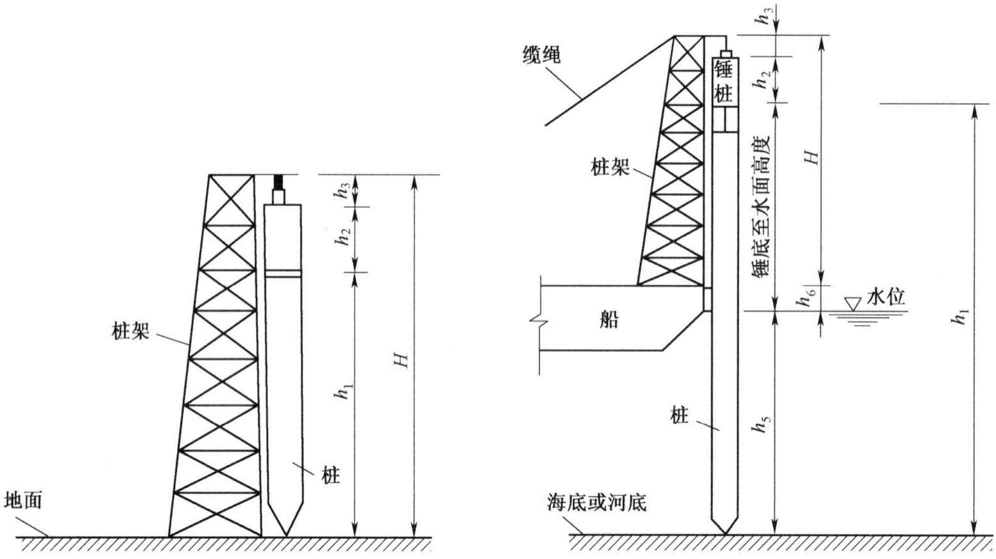

（a）陆上沉桩桩架高度计算图式　　（b）水上沉桩桩架高度计算图式

图 2-4-23　陆上、水上沉桩的桩架高度计算图式

导杆的长度应考虑最大单节桩长度，装锤高度和喂桩时桩尖离地的距离等，要略有富裕。对于柴油锤，桩架导杆长度与桩长的关系见表 2-4-13。

表 2-4-13　柴油锤沉桩导杆长度与桩长的关系

柴油锤型号	锤高度(m)	距地面高度(m)	导杆长度(m)		
			18	21	24
			允许桩长(m)		
35	5	0.3	12	15	18
45	5		11.5	14.5	17.5
60	6		10	13	16
72	6		10	13	16
80	6.5		9.5	12.5	15.5

如沉入承载力较小的木桩时，可采用以下简易打桩架方法：

①三角打桩架。三角打桩架结构简单，但稳定性较差，适用于 500 kg 以下的穿心锤。组立时，将三根等长的圆木并放地上，在小头顶端以下 0.4 m 左右处交叉重叠，用 $\phi12\sim\phi16$ 钢丝绳捆扎牢固，并用扒钉固定钢丝绳捆扎位置。然后将三圆木立起，安装相邻圆木间脚手横杆和顶部缆风绳。如图 2-4-24 所示。三角打桩架高度应大于或等于所需桩木长度加穿心锤高度再加 2 m。

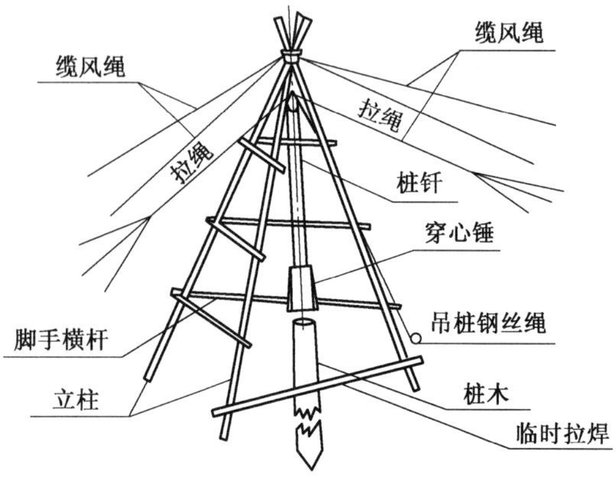

图 2-4-24　三角打桩架示意

②人字打桩架。人字打桩架结构简单较稳定，每移动一次桩架可打一排桩，适用于750 kg以上的穿心锤。组立时，先绑好人字杆，最少三个并立起相互拉好临时拉撑和缆风绳，然后用M19 螺栓或 8 号钢丝安装横杆和斜拉杆，最后安装横梁木，上拴滑车。如横梁跨度较大而横梁木料又较小时，可加设钢轨或其他合适的型钢（如工字钢或槽钢等），与横梁木一起捆扎加固使用，如图 2-4-25 所示。

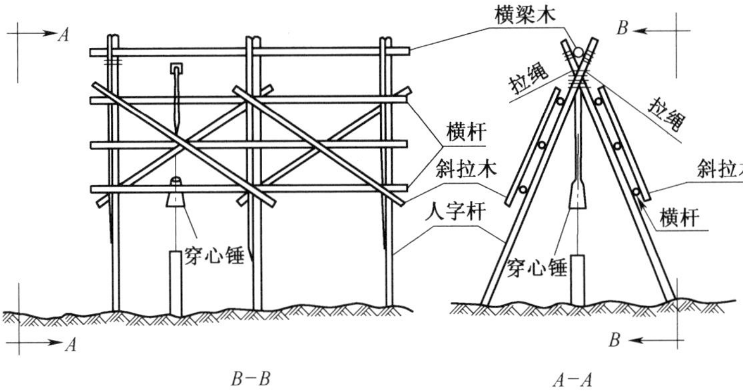

图 2-4-25　人字打桩架示意

4)沉入木桩的一般规定和注意事项。

①木桩一般用作摩擦桩，桩与桩的间距与地质有关，在砂土中桩间距不应小于桩径的 3 倍，在黏土中桩间距不应小于桩径的 3.5 倍。但最大桩间距不得大于桩径的 6 倍。

②沉入木桩容许偏差参见表 2-4-14。

表 2-4-14　沉入木桩容许偏差

上面盖有帽木的排桩	容许偏差	
	每根桩打完后	基坑开挖后
沿帽木的轴线	$\frac{1}{2}d$	d
垂直帽木的轴线	$\frac{1}{4}d$	在桩木轴线的前后每一边均为$\frac{1}{4}d$

注：d 为木桩中径。

③渡洪木桩入土深度一般规定：凡河床最大冲刷线深度大于 1 m 者，由最大冲刷线起入土深度不小于 3 m；无冲刷或冲刷深度小于 1 m 者，从河床面起入土深度不小于 4 m。

④不渡洪木桩仅计算木桩的设计承载力。在砂质土壤木桩一般入土 4 m 左右就可达到设计承载力，而在淤泥或地质松软的河床，木桩入土有时虽已达 8～10 m 但仍达不到设计承载力时，则应增加木桩或接长木桩继续沉桩，直到达到设计承载力为止。就地接长木桩时，力求上下节桩身顺直并使上下两节桩的中心轴线重合。

⑤如土质较硬，木桩沉入不易，且入土过浅时，可将锤落高度适当提高，以增加冲击能，或使用钢轨桩作导桩。

木桩顶部如被桩锤打毛、打裂或打歪时，应锯平加设桩箍后再打，如桩身在沉入过程中发生裂缝，应及时用钢丝缠绕多道加以捆扎加固牢固。如裂缝过多或过大，有断桩可能时，应即拔除另换新桩。

⑥为便于掌握木桩入土深度，沉桩前每根桩自桩尖向上每 10 cm 处划一标记尺寸。将桩吊起进入桩位，须待桩锤于桩顶就位，然后逐渐放松吊桩绳和吊锤绳，使桩逐渐地压入土中，将

桩标至正位稳定后，才轻轻起锤打桩；开始时低锤轻打，如用坠锤或单打汽锤，起锤高度不宜大于 0.3 m，如用复打汽锤应少量给汽，如用柴油打桩机应少量给油。

⑦沉桩过程中应有专职人员纪录每根桩的每一阶段的沉入度和沉桩最后阶段平均每一锤的沉入深度或平均每分钟的沉入深度及总沉入深度，作为检验每根桩承载力的原始依据。

5)木桩基础的抢修加固。木桩基础在现阶段大多用于抢修或修复既有桥梁的临时工程，应以最迅速、最安全的方法抢修加固。

①由于冻害将桩基鼓起，高差不超过 30 cm时，可拆开夹板顶起帽木，按原桩顶高程锯平桩头，再安装好帽木。如图 2-4-26 示意。

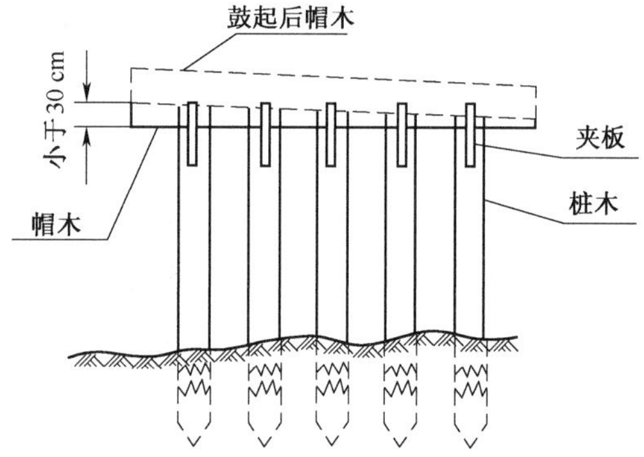

图 2-4-26 加固图一

②桩排如被破坏断裂一根时，锯去断坏部分，另用等长的新圆木接长锯留的桩木，为争取时间，并可先用扒钉临时固定接长桩木，通车后再用夹板和螺栓接桩加固。

桩排如被破坏断裂两根以上时，锯去各桩断坏部分，使锯留的桩木顶部等高，上安装小帽木，并于其上换接小排架，如图 2-4-27 所示。

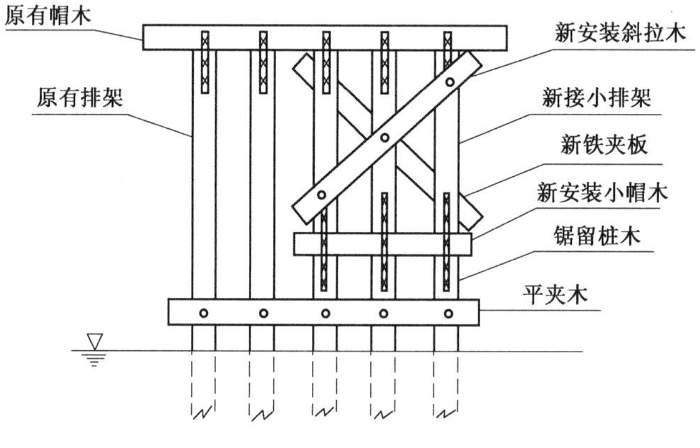

图 2-4-27 加固图二

③水下部分桩排被破坏断裂，无法接桩利用时，可在断桩前后(各距离断桩二倍桩径左右处)各沉入一根新桩，锯平使新桩顶部等高，上安装短托梁，托住原有帽木。如图 2-4-28 所示。

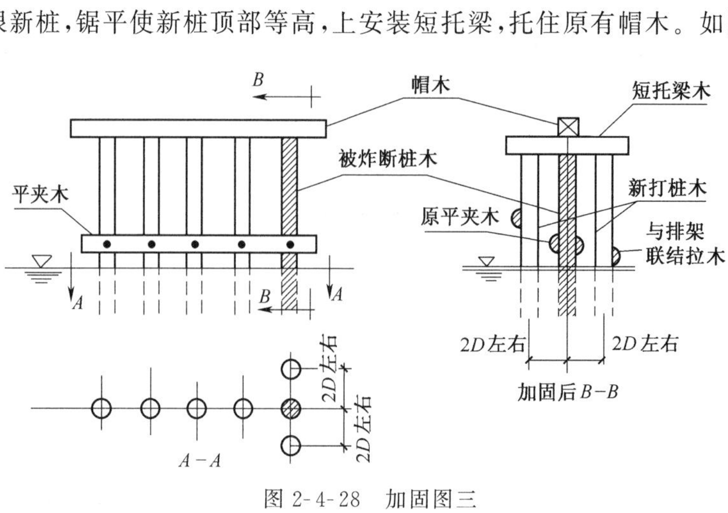

图 2-4-28 加固图三

2. 钢轨桩基础

(1)钢轨桩的制作和断面形式。在水深流急、砂卵石地层或较硬地层不能使用木桩时,可使用钢轨桩,或用钢轨桩作木桩的导桩。钢轨桩可用单根钢轨或两根以上的钢轨组成。钢轨桩尖的两边应用刨床加工切削成锐角,应急使用时,也可用乙炔切割成锐角,其断面形式如图 2-4-29。

1)单轨桩选择正直旧轨,将桩尖按照图 2-4-29(a)的形式加工成锐角即可。

2)双轨桩选择正直旧轨,按照图 2-4-29(b)的形式加工,组合时须选用与旧轨同类材质的联结钢板和高炭电焊条焊接。桩尖部分焊接板长度至少为 0.5 m,以上每间隔 0.5 m 再焊接一块长度为 0.3 m 的焊接板,直至桩顶为止。如没有与旧钢轨同类材质的联接钢板,亦可不用联接钢板而用高炭电焊条将钢轨底边的两边直接焊接,桩尖部分焊接长度至少为 0.6 m,以上每间隔 0.5 m 再继续焊接长度 0.5 m,直至桩顶为止。

3)三轨桩选择正直旧轨,按照图 2-4-29(c)加工,组合时先制作一个固定两根钢轨底边位置的模具支架,如图 2-4-30,先将两根钢轨定位,然后安置第三根钢轨,待检验三根钢轨位置均就绪无误后,即用高炭电焊条将各轨底边点焊联结使三根钢轨位置稳定不变,然后将各轨底边逐段焊接。桩尖部分焊接长度至少 0.6 m,以上每间隔 0.5 m 再继续焊接长度 0.5 m,直至桩顶为止。

在三轨桩的桩尖部形成空心的三角形内,可以用硬木塞堵,以防止砂石进入。

4)四轨桩选择正直旧轨,按照图 2-4-29(d)加工,组合时应先制作一个固定两根钢轨位置的模具支架,先将两根

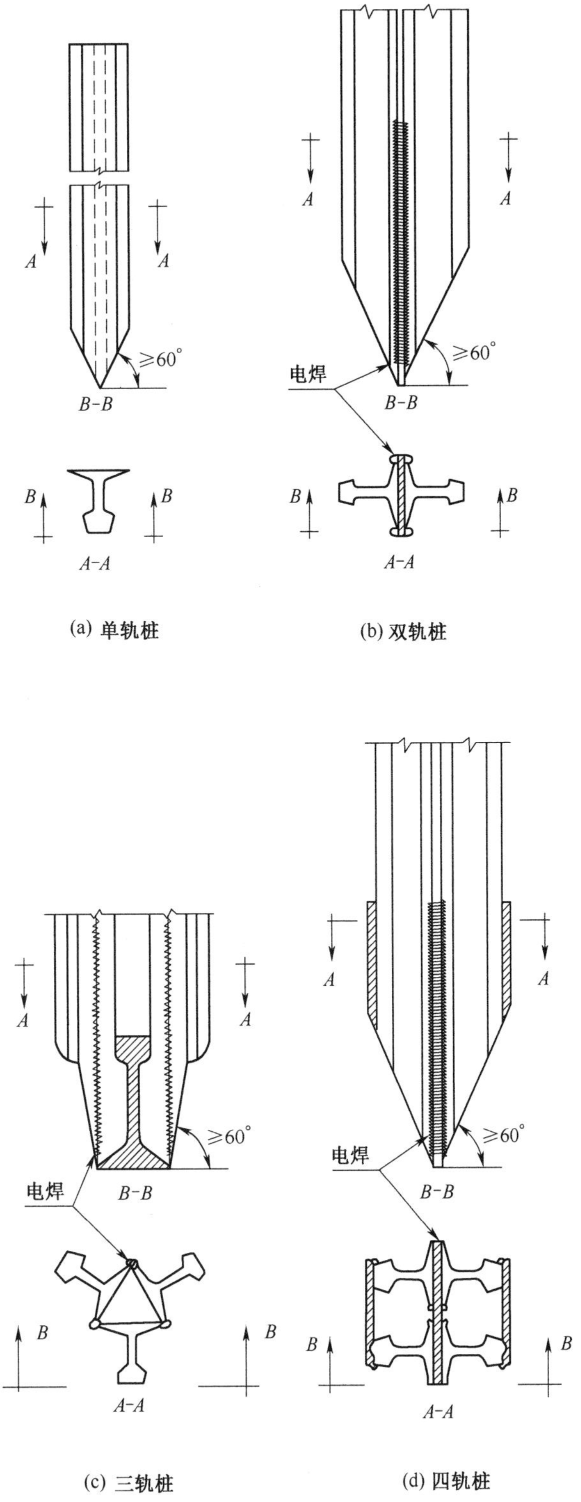

图 2-4-29　钢轨桩形式示意

钢轨定位，与旧轨同类材质的联结钢板用高炭电焊条点焊联结，然后再使第三、第四根钢轨定位点焊于联结钢板上，再逐段焊接，具体方法和工艺要求与双轨桩、三轨桩相同。如没有与旧钢轨同类材质的焊接钢板时，则不宜制作四轨桩，可改作三轨桩。

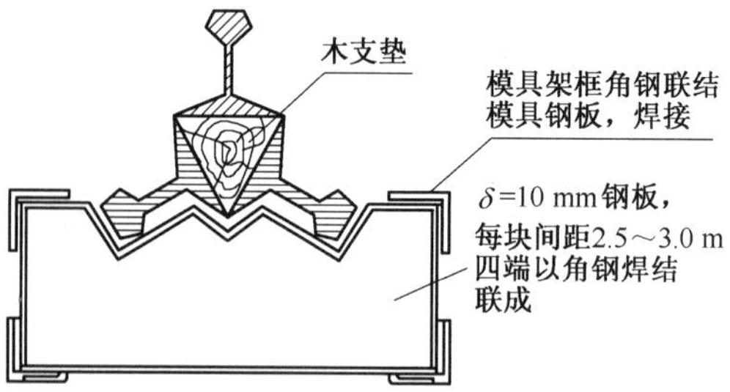

图 2-4-30　三轨桩模具支架示意

5)制作钢轨桩时应注意的几个事项：

a. 选择制作钢轨桩的轨料时，除应检查其外形正直状态外，还应探测有无内伤，以保证桩材质量良好。

b. 焊接钢轨应采用与钢轨材质近似的高炭电焊条，如焊接钢板时，应采用与旧钢轨同类材质的钢板。否则不宜采用，以防止焊缝裂脱。

c. 焊接钢轨时应在高于 15 ℃的气温下进行，如气温降低时，则焊接钢轨工作应在温度高于 15 ℃的暖棚内进行。为保证钢轨桩制作质量，加速制作焊接进度，钢轨自低温处运进暖棚后，应先将钢轨预热至 40 ℃左右，然后进行焊接工作。预热方法可采用汽油喷灯预热、地炉焦炭预热(以此预热方法为主)。

d. 钢轨桩在暖棚内焊接完成后，仍应暂存在暖棚内，待其逐渐降温后再运出暖棚。冬天室内外温差较大时，更不应将刚焊接完成的钢轨桩立即运出暖棚，以免造成冷缩焊缝开裂。

e. 任何断面形式的钢轨桩如需要接长时，应选用同类型钢轨，每根钢轨接头应顶紧、无缝隙，并用原钢轨鱼尾板和鱼尾螺栓夹紧，再将鱼尾板和钢轨焊接成整体。双轨桩、三轨桩、四轨桩的每根钢轨接头应错开，不应在同一平面上。

(2)钢轨桩的桩帽制作。沉入钢轨桩时，桩顶应设置桩帽。

1)单轨桩桩帽用直径 25 cm 左右圆木，下端连以 2 cm 厚钢板作垫，在钢板上焊接两根特制的角钢，角钢按钢轨头的鱼尾螺栓孔位置及孔径尺寸钻孔，沉桩前用角钢夹住钢轨头，并用螺栓联接牢固。如图 2-4-31 所示。

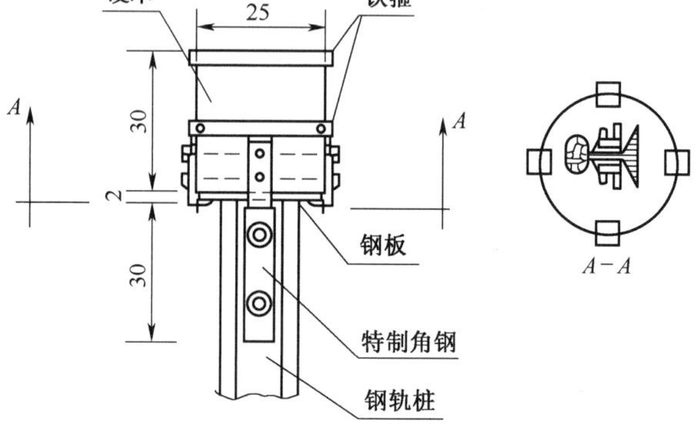

图 2-4-31　单轨桩桩帽(单位：cm)

2)双轨桩桩帽用直径 35 cm 左右圆木、长 50 cm,将其锯成两截,在其中间垫 20 mm 厚钢板(或两层 10 mm 厚钢板),将下截圆木中心按双轨桩的断面凿成槽,然后用四块铁夹板将上下两截圆木联结起来,上截部分用长螺栓联结,下截部分用穿钉和 8～10 号钢丝捆扎联结,并在上下截圆木的端部各安装一铁箍,如图 2-4-32 所示。

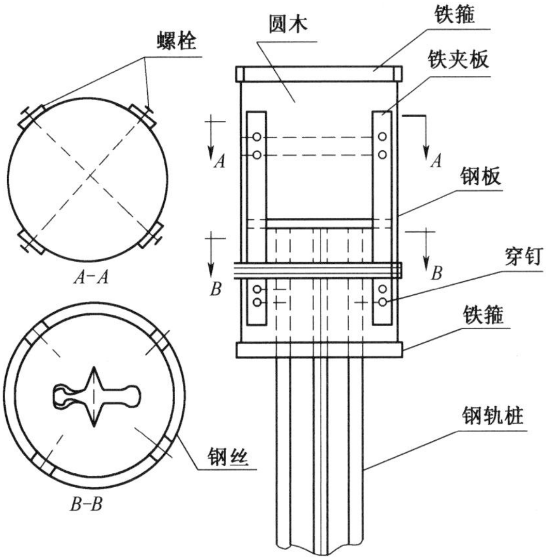

图 2-4-32　双轨桩桩帽

3)三轨桩桩帽用 10 mm 厚的钢板制作两个 ϕ40 cm 的圆桶形状体,各自在端部焊接一块 10 mm 厚、ϕ60 cm 的圆面形钢板,然后在两个圆面形钢板之间加填一层 10 mm 厚钢板并用螺栓将其联结,圆桶体内用硬木填塞,体外周围用钢板条作箍,电焊加固。如图 2-4-33 所示。

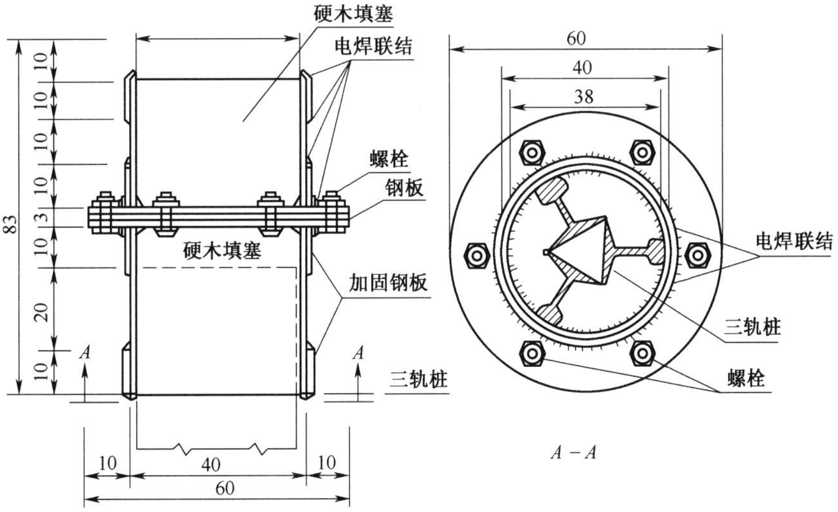

图 2-4-33　三轨桩桩帽(单位:cm)

4)四轨桩桩帽可参照三轨桩桩帽的形式,结合四轨桩的断面轮廓,适当调整钢板和圆桶体的尺寸制作。

(3)沉入钢轨桩应注意的事项。

1)由于钢轨柔度较大,在沉入单轨桩时,一般在单轨桩身的中部用较坚硬的木棍捆扎紧实,或在单轨桩身的中部用绳子四面对角栓接紧实,以缩短单轨桩的自由长度并防止被桩锤击弯。

2)用钢轨桩作高桩承台基础时,应加强桩与桩的联结,必要时应采取套木笼或抛填片石等措施,以缩短钢轨桩的自由长度。

3)由于钢轨桩的冷脆性和焊接制作而降低钢材本身材质的影响,故在气温低于－30 ℃时,不宜沉入钢轨桩。

(4)钢轨桩基础承台。

1)钢轨桩钢构架承台。完成沉入钢轨桩后,用槽钢和螺栓将钢轨桩的纵向排和横向排均夹紧,切齐(或接齐)桩顶后,在桩顶面上安装桩顶套并与桩体点焊联结,其上纵向和横向以工字钢作为分配梁,以螺栓栓接。如图 2-4-34 和图 2-4-35 所示为三轨桩基的钢构架承台。

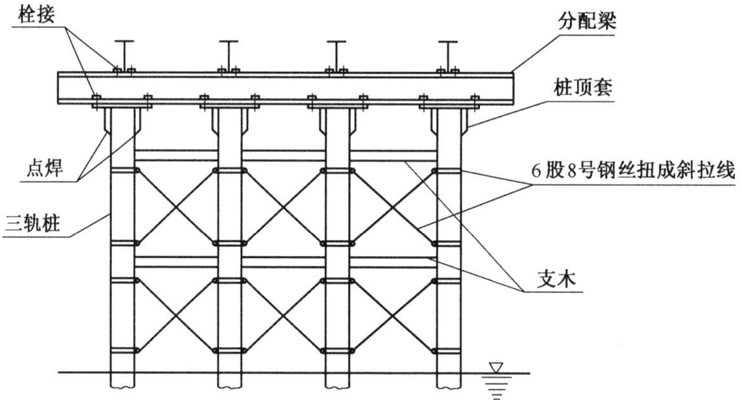

图 2-4-34　三轨桩钢构架承台

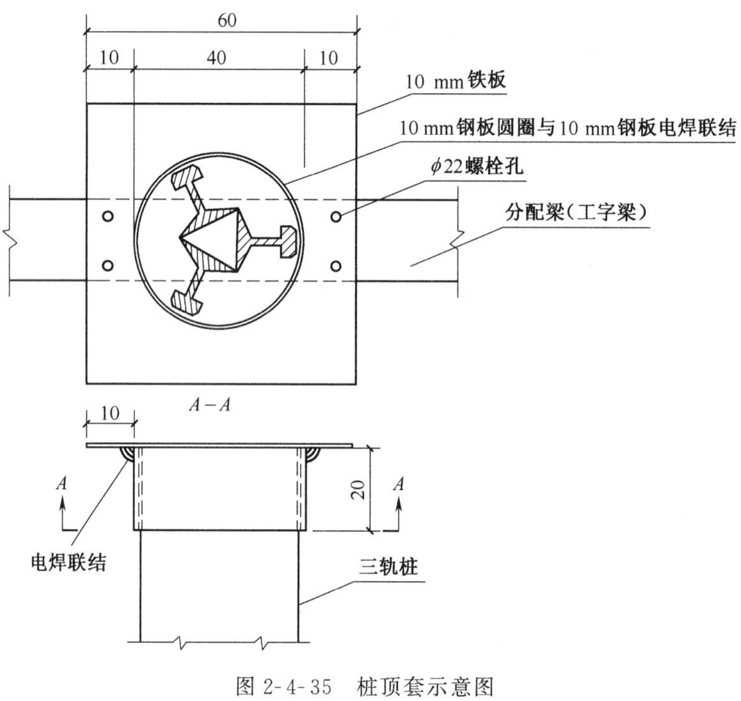

图 2-4-35　桩顶套示意图

2)钢轨桩钢筋混凝土承台。适用于土壤较硬或卵石河床抢建渡洪便桥。将河床下挖至适当深度(应事先调查研究该河床历年冲刷程度作为下挖深度的参考数据),竖立桩架、沉入钢轨桩、切齐(或接齐)桩顶后,随即立模灌筑钢筋混凝土作承台。如图 2-4-36。

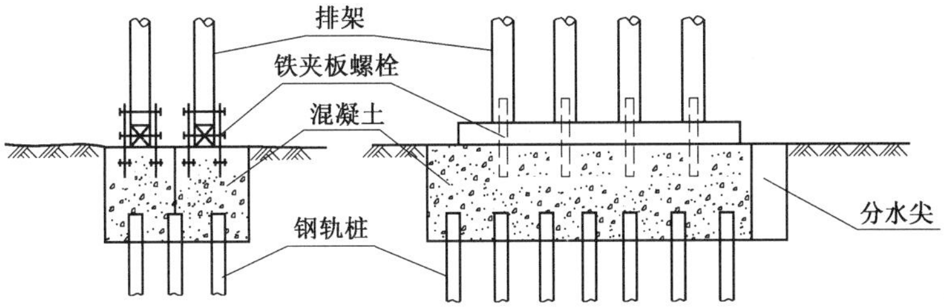

图 2-4-36　钢轨桩钢筋混凝土承台

4.2.7　常用临时性桥梁基础的比较

几种常用的临时性桥梁基础类别及其性能优缺点见表 2-4-15。

表 2-4-15　常用临时性桥梁基础比较表

名称		适用范围	优点	缺点
卧木基础		桥跨较小、桥墩较矮,不考虑防洪的砂或卵石河滩的小跨度桥	结构简单,施工方便,可应急使用	怕水流冲刷,不能渡洪
堆砌片石基础		桥跨较小、桥墩较矮的浅水基地(一般水深不超过 1.5 m)。土、砂、卵石河床	结构简单,施工方便,沉陷量较小	体积较大,妨碍流水量
草袋基础		同上	结构简单,施工方便,较堆砌片石基础工效高	不能渡洪,沉陷最较大
木笼基础		土砂、卵石河床;河水深度不宜超过 8.0 m	结构较简单而坚固,沉陷量较小,可兼作墩、台身,亦可作基础围护,可渡一般洪水	迎水面积较大。基底易被较大洪水冲刷,不能渡较大洪水
简易混凝土基础		砂石河床的防洪便桥基础	埋于河床以下,可以渡洪,抗炸性能较好,整体性亦较好	施工较复杂费时,不适于应急抢修
木桩		河床松软,不易修建其他基础;水较深、流较急、冲刷较大的河床;考虑渡洪或兼作半永久性的桥梁基础	阻水面积小、抗冲刷、利于渡洪,沉陷量小	施工准备工作量较大,机具设备需要较多。水中部分的连结较困难
沉入桩基础	钢轨桩	河深流急,夹有卵石、漂石、混凝土块等硬质河床。 加固残剩混凝土基础。 作木桩的导桩	可打入较坚硬的地基。 战争时期,它的抗炸性能较木桩好。 其他同木桩	使用钢材及机具设备较多;与木质的墩、台连接较困难;水中部分的连结较困难,由于钢轨柔性较大,如水中部分的桩体过长,需作围护措施
	钢筋混凝土桩	适于半永久性大跨度桥梁基础。 不宜使用木桩或钢轨桩的桥梁基础	承载力大。 其他同木桩	施工准备工作量较大,机具设备需要较多,较费工时。 不适于应急抢修

4.2.8　基础防护加固、修补和修复

1. 各类临时性基础防止洪水冲刷的措施

(1)冲刷不严重的河床,可用较大片石或装有砂石、石块的草袋投填在基础周围作防护

加固。

(2)冲刷严重的河床,可用钢丝或竹蔑作笼,内装片石或大卵石,投填在基础周围作防护加固。如为木笼基础,周围宜投填钢丝或竹蔑作的石笼,以防止木笼基础内的填石自木笼底部被冲走。

(3)在河滩地段新抢建的各类简易混凝土基础,为了防止洪水冲刷,可在基础周围挖 1 m 多深、2 m 多宽的坑,内作干砌片石或浆砌片石护底。如图 2-4-37 所示。

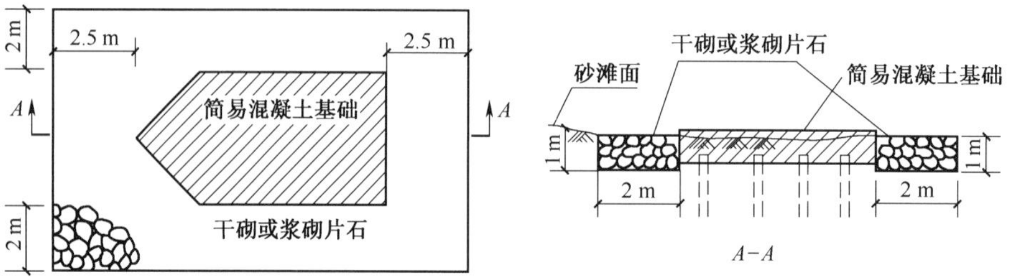

图 2-4-37 简易基础片石防护示意

2. 残剩钢筋混凝土桩基破坏后的加固修补

(1)钢筋混凝土桩如表面混凝土脱落,钢筋部分外露,桩身尚无弯曲及裂纹,可用不低于桩体强度等级的水泥砂浆抹补平整,不作其他处理。

(2)钢筋混凝土桩如破坏较严重,除部分混凝土脱落外,部分钢筋已弯曲或断裂,但桩体本身尚挺直,则应先凿去破碎混凝土,将钢筋调直或焊接,然后套模板灌筑不低于该桩同强度等级的混凝土(或水中混凝土)。

(3)钢筋混凝土桩如连同承台均遭破坏,则须先凿去破碎混凝土、清除各类障碍物,然后进行接桩或补桩并重新灌筑混凝土承台。如该桩基已完全不能利用,而在短期内又必须通车,正式修复时又必须利用原桩基位置时,则须根据现场具体情况在原桩基位置前或后部另选合适地基,先抢建适当类型的临时基础,待通车后再逐步恢复原状。

3. 残剩混凝土基础破坏后的加固、修补和修复

(1)混凝土基础的上部被破坏,水面下有轻微破坏或裂缝,其余尚完好时可先清除破碎的混凝土和各类障碍物,必要时可筑堰排水,并以短轨(或直径 20 mm 以上的短钢筋)作接榫,然后立模灌筑混凝土至原状。

(2)修复原混凝土基础如遇基底土壤承载力不够时,可参考如图 2-4-38 所示的形式,将原基底加宽处理。

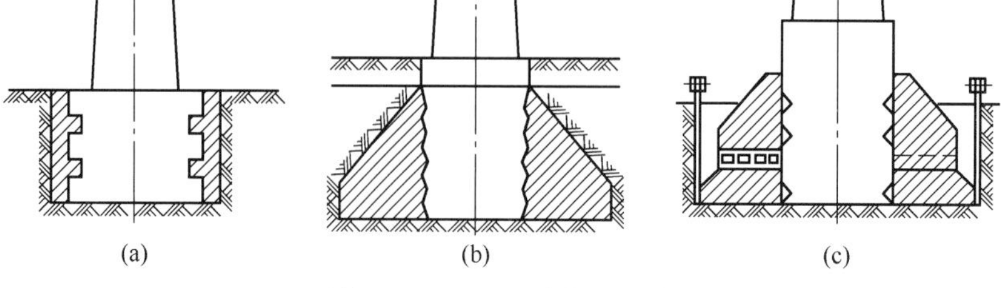

图 2-4-38 原基底加宽示意

基底加宽说明：

1)图2-4-38(a)是在原基础的全部高度上加宽，加宽处旧圬工应刻凿水平凹槽以加强新旧圬工联结，其他接触面均须凿毛。

2)图2-4-38(b)只在原基础底面部位加宽，底面以上部位的加度随基础高度而逐渐减小，加宽处旧圬工中的刻槽呈斜形，以加强新旧圬工联结。

3)用前两种方法加宽的基础，均可能发生若干沉陷。如不容许沉陷，则可参照图2-4-38(c)的办法施工：将加宽部分分为上下两部分，下部为钢筋混凝土底盘，它与旧基础之间留有空隙，上部与旧基础联结成整体，上下部之间预留适当空间，以备布置若干个液压千斤顶，待上下两部分混凝土均达到设计强度后，用千斤顶预加压力使下部底盘产生与旧基础底面相同的设计压力，使下部底盘相应地预沉陷，直至稳定不再沉陷的程度为止，然后用同等级混凝土填实千斤顶的左右空挡部位，待其凝固后，撤出千斤顶并仍用同等级混凝土填实千斤顶的空挡部位。底盘与旧基础间的空隙，可在填实上下加宽部分之间的空挡时，以同等级水泥砂浆填充捣实。加宽后的基础即可避免再沉陷。

4)加宽原基础的施工过程中，必要时可筑堰排水。

4.3　临时性墩台及墩台的修补和修复

以下为几种常用的临时性桥梁墩台。

4.3.1　枕木垛桥墩

枕木垛墩台结构简单，施工方便迅速，适用于无水处(或浅水河滩填片石出水面以上至少0.5 m)，且高度较矮的临时桥墩台以及在混凝土墩台或排架墩台的顶上作为接高之用。其缺点是使用木材多、不经济、受压后的下沉量大，容易发生火灾，枕木垛越高其缺点亦越明显，故一般尽量少采用。如采用枕木垛墩台，则必须指派专职人员经常检查维修，使垛体的垂直和水平状态正常，使各枕木不松动、不移位、上下层间密贴。

1. 枕木垛桥墩结构及形式

枕木垛桥墩结构、形式如图2-4-39所示。

2. 枕木垛搭设方法和用料数量

(1)枕木垛一般均与线路正交，若必须斜交时，交角不得超过200°。

(2)地基基础各边缘至少应宽出枕木垛底各边缘外0.5 m。

(3)每层应选用厚度相同、木材顺直的枕木搭设。各层枕木间的贴接面务使密贴，如有空隙，应以厚5～15 mm、长150 mm，宽100 mm的木片填塞紧密。

(4)枕木垛的底层枕木必须密铺(搭设在石质基础上时例外)，平面布置可根据枕木垛层数进行选择。搭设前，以枕木垛设计高度除以较厚枕木的厚度，算出枕木垛的层数，如为双数，底层枕木纵向铺设，如为单数，底层枕木横向铺设；并根据不同的基础和枕木垛的总层数预留沉落量(每层1～3 mm，层数越多，每层的沉落量越大)。

(5)枕木垛顶层枕木必须横向密铺；搭设接近顶层时，如发现高程不合，可将一层(或不相邻的两层)枕木立放，靠垛边的应双根并立；如发现纵横方向不符时，可将两层同向枕木叠成品字形以作调整，如图2-4-40所示。

(6)各枕木间以ϕ12 mm、长290 mm的扒钉连接，同一根枕木上的扒钉应互相钉成八字

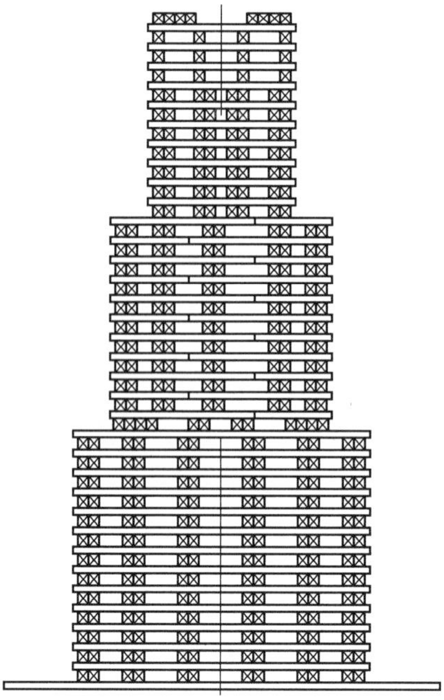

图 2-4-39　枕木垛结构(立面)

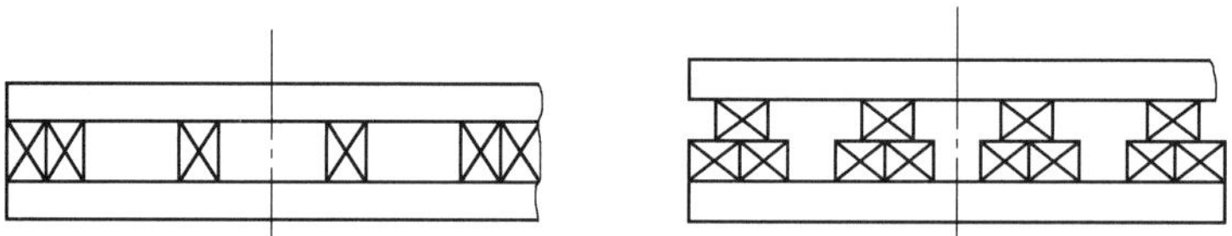

图 2-4-40　调整枕木垛顶高程、方向示意

形,以免错动。

(7)两根枕木顶头铺设时,顶头旁应加铺一根枕木加强,并用扒钉连接。

(8)枕木垛纵横两向各使一侧垂直面搭齐,以便检查枕木垛的垂直度。

(9)同一高度的枕木垛顶上运送枕木时,可在枕木垛顶上枕木孔中位置绑立小独脚扒杆,上栓滑车穿麻绳向上运送枕木(或利用汽车式起重机运送)。

(10)枕木垛过高时,应在四周加木斜撑撑支稳固。

(11)枕木垛墩台除保证其稳定性外,还应根据所架梁体的宽度选择顶层平面布置形式。

(12)枕木垛墩用料数量见表 2-4-16。

3. 枕木垛的加固措施

枕木垛除严重破坏必须重新搭设外,一般均应根据破坏情况进行加固继续使用。

(1)部分枕木受伤、断裂、移位时,可在破坏处加插枕木并加扒钉联结牢固,若原有扒钉松动,应将其重新打紧或补打扒钉。

表 2-4-16　枕木垛墩用料表

层数	枕木数(根)		扒钉数(个)		层数	枕木数(根)		扒钉数(个)	
	每层	累计	每层	累计		每层	累计	每层	累计
1	5	8	20	20	36	12	321	32	802
2	4	12	12	32	37	15	336	30	832
3	4	16	12	44	38	12	248	32	864
4	4	20	12	56	39	15	363	30	894
5	4	24	12	68	40	12	375	32	926
6	4	28	12	80	41	15	390	30	956
7	4	32	12	92	42	12	402	32	988
8	4	36	12	104	43	18	420	36	1 024
9	8	44	22	125	44	18	438	36	1 060
10	5	49	14	140	45	18	456	34	1 094
11	8	57	22	162	46	21	477	36	1 130
12	5	62	14	176	47	18	495	34	1 164
13	8	70	22	198	48	21	516	36	1 200
14	5	75	14	212	49	18	534	34	1 234
15	8	83	22	234	50	21	555	36	1 270
16	5	88	14	248	51	18	573	34	1 304
17	8	96	22	270	52	21	594	36	1 340
18	5	10	14	284	53	18	612	34	1 374
19	8	109	22	306	54	21	633	36	1 410
20	5	114	14	320	55	18	651	34	1 444
21	8	122	22	342	56	21	672	36	1 480
22	10	133	26	368	57	18	690	34	1 514
23	15	147	30	398	58	21	711	36	1 555
24	12	150	32	430	59	18	729	34	1 584
25	15	174	30	460	60	21	750	36	1 620
26	12	186	32	492	61	18	768	34	1 654
27	15	201	30	522	62	21	789	36	1 600
28	12	213	32	554	63	18	807	34	1 724
29	15	228	30	584	64	21	828	36	1 737
30	12	240	32	616	65	18	846	34	1 794
31	15	255	30	646	66	21	867	36	1 830
32	12	267	32	678	67	18	885	34	1 864
33	15	282	30	708	68	21	906	36	1 900
34	12	294	32	740	69	18	924	34	1 934
35	15	309	30	770	70	63	987	108	2 042

(2)枕木垛因搭设时部分不密贴而后发生垛体偏沉,应及时在偏沉侧边拆除部分扒钉,用撬棍将枕木逐根撬起塞填木板或木楔调整水平后,重新钉好扒钉。必要时可将枕木垛上端拆除部分或若干层枕木,加填木板调整水平后重新搭设恢复原垛。

4.3.2 木排架桥墩

木排架组成的临时性桥墩,适用于各类基础,一般适用高度 2.5～15.0 m,适用跨度不大于 32 m。通常是预先制成单个排架,安装时把单个排架组装成整体墩,若是高大排架可预先裁制好单根木料,经试拼后逐根编号,安装时逐根组立。低矮的排架墩可利用吊车或吊船整体安装。

1. 常用木排架

常用木排架有 4 柱、5 柱、8 柱等,高度在 8 m 以下可用单层排架,8 m 以上时应采用双层或多层排架。6 m 以下的单层排架应交叉设两根斜夹木,6～8 m 的单层排架中部加设两根横夹木,上下部分各设两根斜夹木,如图 2-4-41 所示。

排架高度低于 3 m 时,可利用桩基桩木加设横向联结系及帽木,直接作成桩式排架(俗称通天排架)。但桩式排架的桩木从入土地面至桩木顶不宜大于 5 m。

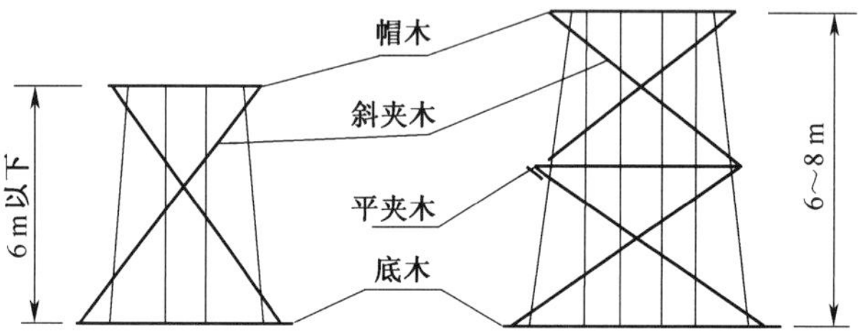

图 2-4-41 常用木排架示意

2. 木排架的制作方法

(1)选料:按设计尺寸选用木料,并把树皮全部剥掉,将树节凸出部分全部削砍平顺。排架的帽木、杆体木料、底木和起到梁部作用的杆件木料均不得选用白松。

(2)搭设制作平台:先搭设四个小木垛(亦可就地利用工地暂时不使用的木、石料搭设),垛上横放两根方木或半圆木,如图 2-4-42。

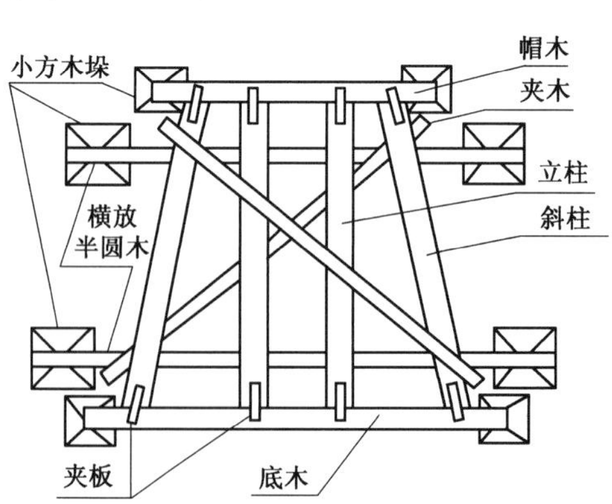

图 2-4-42 排架制作平台示意

(3)放样:按设计图将排架各立柱的位置在横放的方木或半圆木上画线标明,随即将各立柱安置于画线的设计位置用扒钉固定后按设计高度将立往截锯。

(4)安置帽木及底木:在排架帽木及底木的设计位置两端各搭设一个与制作平台等高的小木垛(可利用工地暂不使用的木、石料搭设),随即将帽木及底木安置于设计位置用扒钉与立柱联结固定密贴,然后按夹板孔钻眼、安装夹板、拧紧螺栓与立柱联结,而后安装斜夹木。

为适应紧急抢修或使用期很短以及较矮的直线桥上的排架,除排架两侧斜柱仍用夹板、螺栓与帽木、底木联结外,其他中间立柱均可用穿钉和扒钉与帽木、底木联结。高度 2 m 以下的排架可全部用穿钉和扒钉联结,如图 2-4-43 所示。

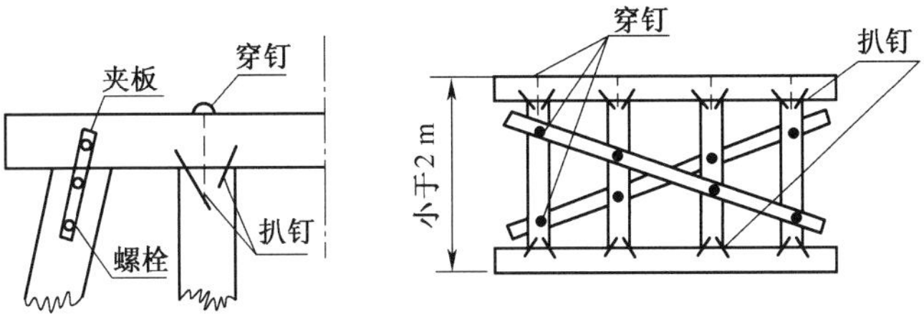

图 2-4-43　应急抢修排架用穿钉和扒钉联结示意

(5)安装夹木:排架设计有平夹木的,应先安装平夹木,后安装斜夹木。任何排架的平夹木和斜夹木,均需钻眼上螺栓与立柱联结,在应急抢修情况下,平夹木或斜夹木的两端除必须钻眼上螺栓与立柱联结外,夹木其他部位可暂用穿钉与立柱联结,通车后再逐个更换螺栓联结,如在基础旁组制排架时,可先只安装一面夹木,待将排架立好后,再安装另一面夹木。安装斜夹木前,应核对对角线使其相等。

3. 木排架墩的结构形式

木排架墩有单排、双排、多排等结构形式。桩式排架(通天排架)组成的桥墩,其结构与一般排架墩相同。单排排架墩,应每两墩用平拉木或斜拉木相联结,以增强各墩的稳定性。双排及多排的排架墩,除本墩各排排架用纵向拉木联结外,如梁跨较短,各墩之间还应按其高度状况适当安设纵向拉木相联结,以增强各墩的稳定性;如梁跨较长,各墩间无法安设纵向拉木,则各墩自身各排架之间,必须具有足够的纵向距离(具体尺寸应根据墩身高度而定)及纵横向夹木,以保证墩身的稳定。

高排架墩应组成多层塔式结构,排架式样需单独设计。

(1)单排排架墩适用于梁跨 5 m 以下、墩高 6 m 以下的便桥,其形式如图 2-4-44 所示。

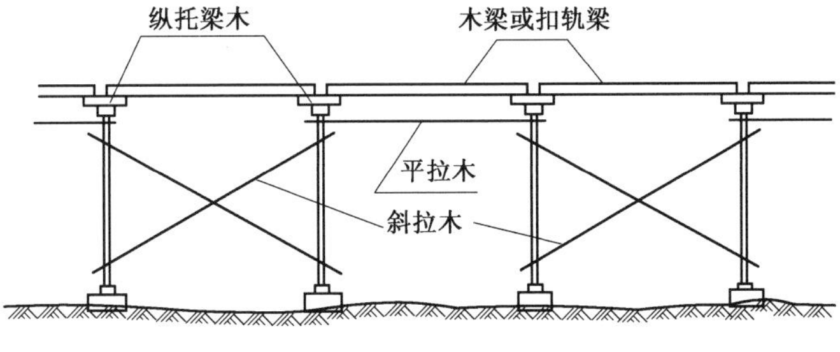

图 2-4-44　单排排架形式示意

(2)双排排架墩适用于梁跨 8 m 以下(特殊或应急情况下,亦可用于梁跨 10 m 以下)、墩高 6 m 以下的便桥。墩身排架距离根据墩高而定,一般为 1.5～2.0 m。除墩身排架自身用拉木联结牢固外,各墩之间应根据墩高实况,适当安设纵向拉木,以增加各墩的稳定性,其形式如图 2-4-45 所示。

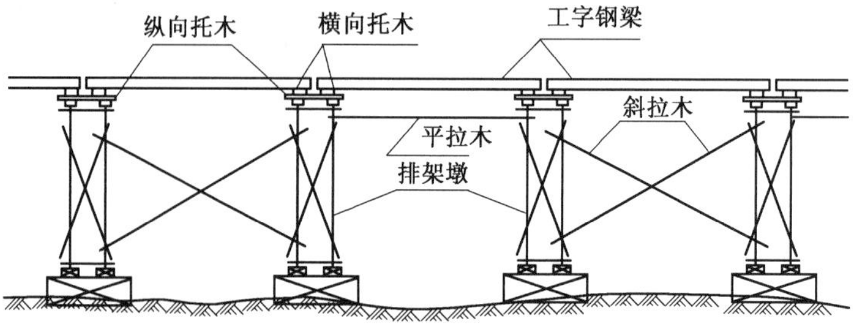

图 2-4-45 双排排架形式示意

(3)四排(或以上)排架墩适用于梁跨 8 m 以上、墩高 6 m 以上的便桥。排架的层次和距离均根据墩高而定,四排双层排架墩的形式如图 2-4-46 所示。

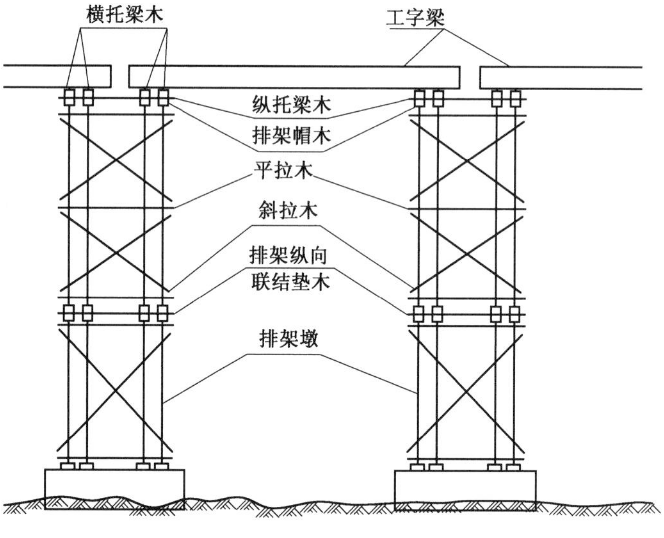

图 2-4-46 四排双层排架形式示意

长跨度梁的排架墩之间无法安设拉木。为保证排架墩墩身的稳定,根据梁跨和墩高,可根据如图 2-4-47 所示的尺寸和表 2-4-17 中的数据确定排架墩的各排架间的距离。

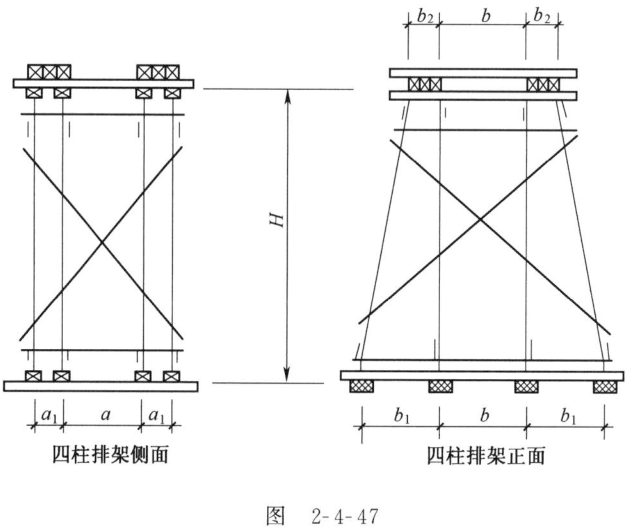

图 2-4-47

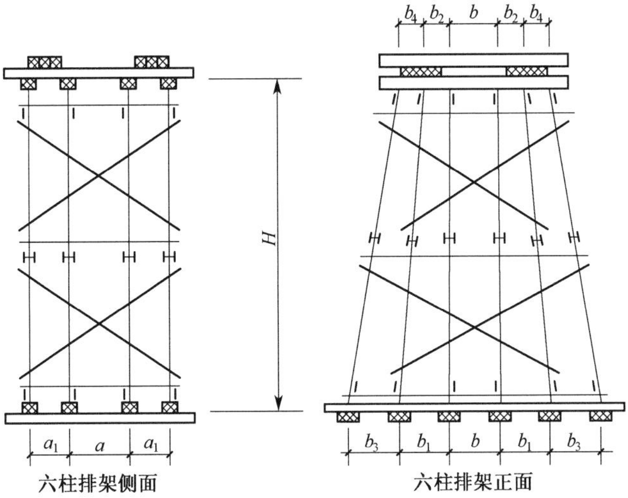

图 2-4-47　常用排架墩的排架间距示意

表 2-4-17　排架墩各排架之间距离表

梁跨(m)	排架高 H(m)	排架距离(cm)		排架立柱距离(cm)				
		a	a_1	b	b_1	b_2	b_3	b_4
8	4	150	50	160	120	40		
	6	200	50	160	140	40		
	8	200	50	160	180	40		
	10	300	50	160	220	40		
12	4	150	50	160	120	40		
	6	200	50	160	140	40		
	8	200	80	160	180	40		
	10	300	80	160	220	40		
16	7	200	50	160	175	40		
	8	230	50	160	200	40		
	10	220	80	160	250	40		
	12	290	80	160	300	40		
20～23	6.5	220	50	100	125	50	125	50
	8.5	250	50	100	150	50	150	50
	11.0	240	80	100	175	50	175	50
	12.0	300	80	100	190	50	190	50

4. 木排架墩的各部位结构

(1)在应急时间紧迫情况下，横向托梁木或纵向托梁木本身联结可改用扒钉，横向托梁木与纵向托梁木的联结可改用穿钉。

(2)底木与基础的联结结构如图 2-4-48 所示。

(3)多层排架的联结结构。

1)中底木的联结结构如图 2-4-49 所示。

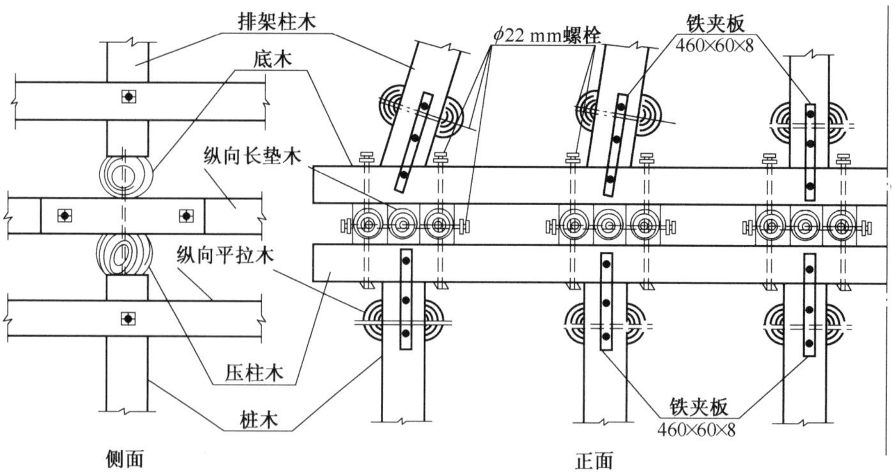

图 2-4-48 底木与基础联结示意

正面基桩与排架柱木之间加长垫木通过各个排架底木处在长垫木两侧加设短垫木，用螺栓联结成整体，并用螺栓将排架底木与压桩木通过短垫木联结成整体。

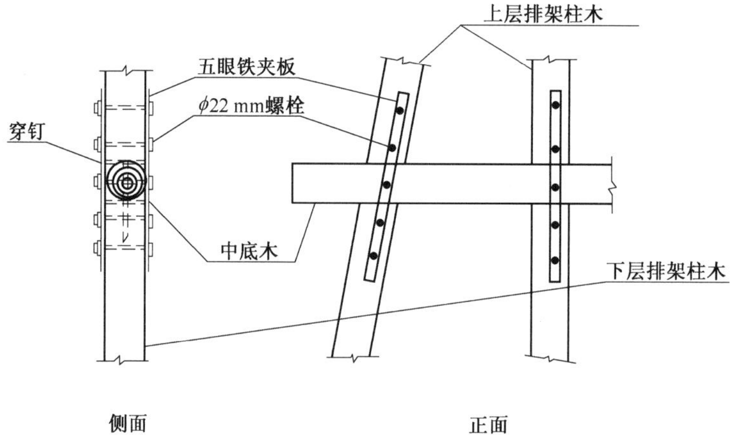

图 2-4-49 中底木联结示意

注：1. 先用穿钉将中底木钉在下层排架柱木上。

2. 吊立上层排架时，即可立在中底木上，正位后用五眼铁夹板和螺栓联结成整体。

2)上下层排架各有底、帽木的联结结构如图 2-4-50 所示。

3)加垫木的联结结构。即在上层排架底木与下层排架帽木之间加设垫木联结，其方法同上述上下层排架各有底、帽木的联结结构。此种加垫木联结方法的优点是：力的传播较均匀，安装时可容许少量误差，使用较广。但用料较多，安装较费时。

(4)拉木、夹木与柱木的联结结构。纵向拉木、横向夹木与柱木之间均用螺栓联结，螺栓端头和螺母与木料直接接触处，均应加设铁垫圈。

(5)排架墩的主要杆件截面尺寸及其用料量。根据排架墩各排架之间距离表(表 2-4-17)制作的各类排架墩，其各种主要杆件的截面尺寸及每个排架墩所需的木料和铁件数量，可参考表 2-4-18～表 2-4-27。

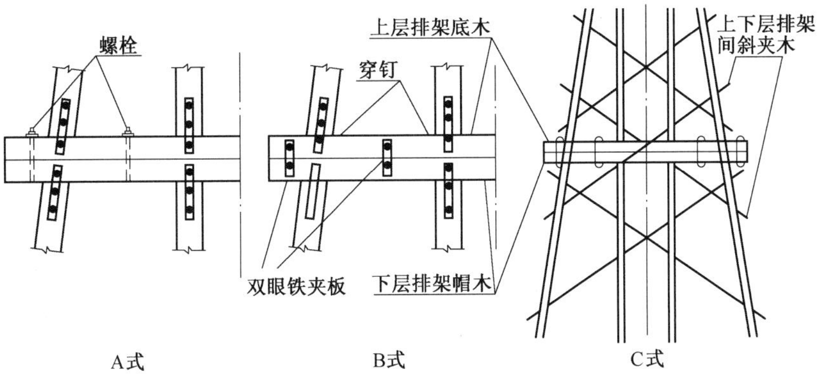

图 2-4-50　上下层排架各有底、帽木联结示意

注:1. 上下层排架分层整墩吊立或分层分排吊立均可,上层排架底木与下层排架帽木之间用螺栓联结,如 A 式。

2. 上层排架底木与下层排架帽木之间用穿钉和双眼铁夹板、螺栓联结,如 B 式。

3. 为了增加坚固性,在 A 式的基础上,再在上下层排架之间加设一对斜夹木用螺栓联结,如 C 式。

表 2-4-18　排架墩各种主要杆件截面详细尺寸表　(单位:mm)

跨　度		8 m、12 m	16 m、20 m、24 m	32 m
帽木	与纵托梁木接触面 与柱木接触面	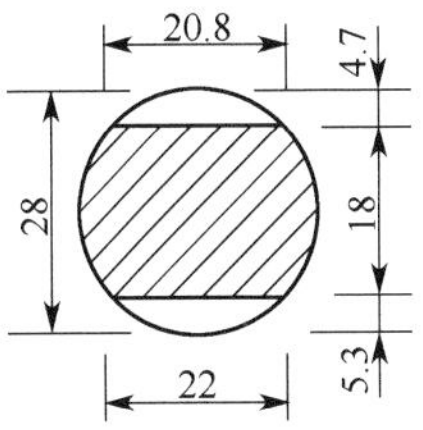	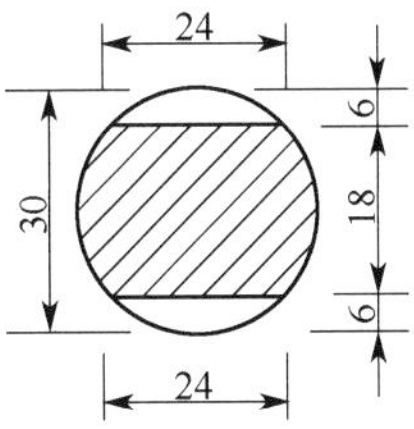	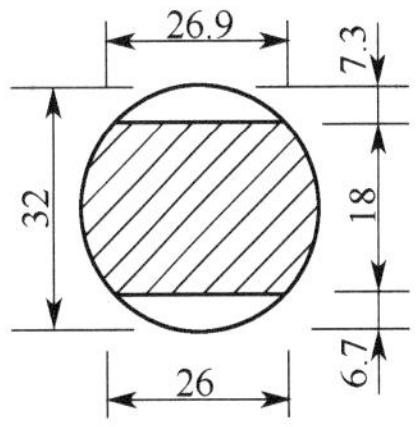
底木	与柱木接触面 与纵向垫木接触面	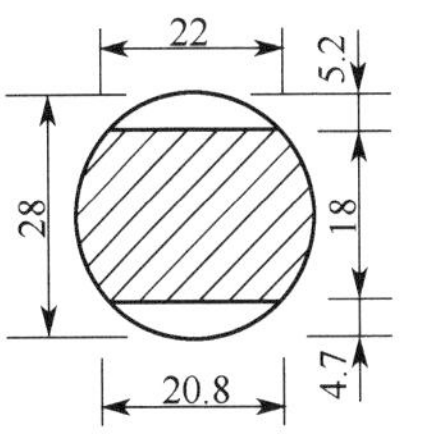	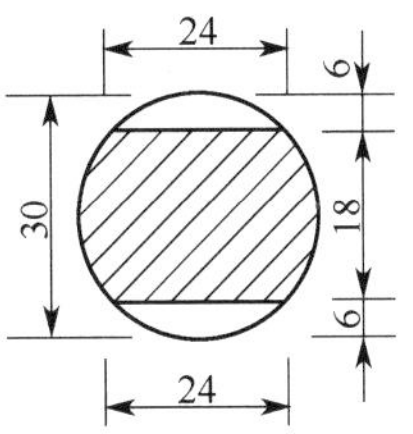	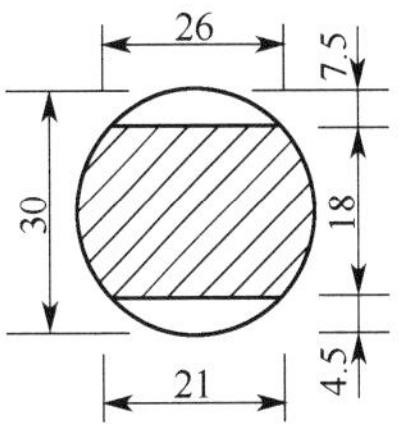
压柱木	与纵向垫木接触面 与木桩接触面	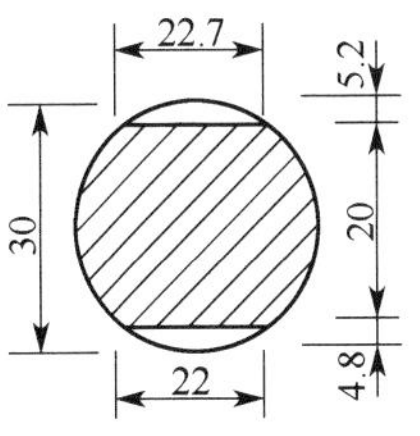	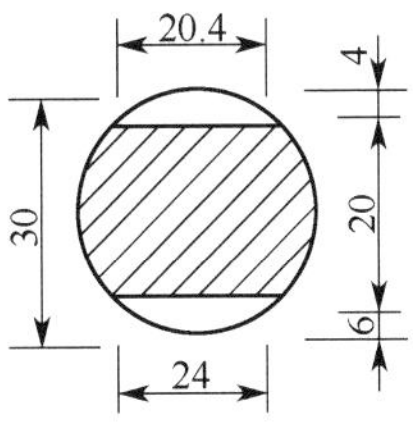	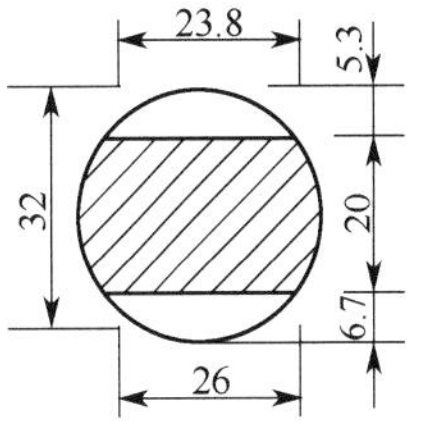
纵向垫木	与底木接触面 与压桩木接触面	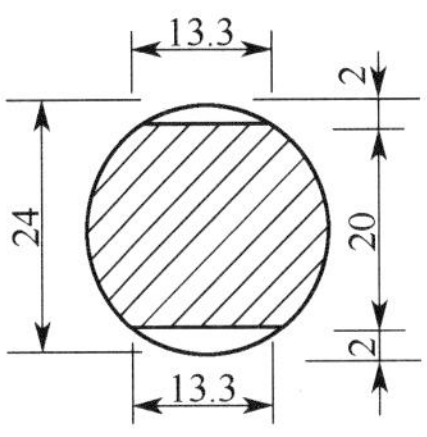	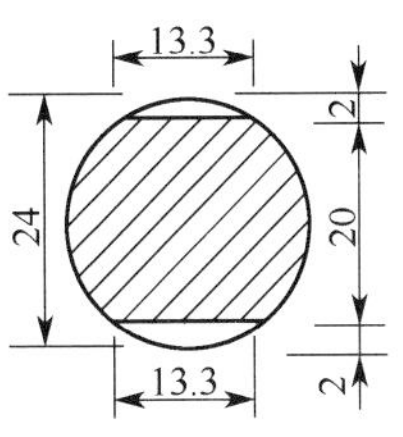	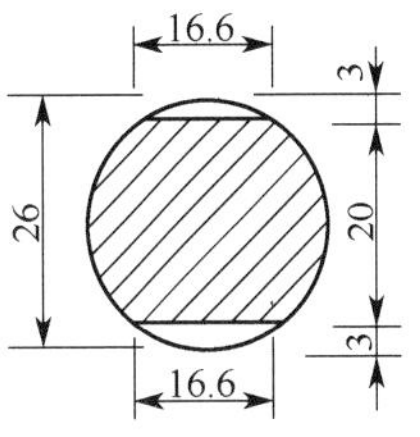

表 2-4-19 L_p=8 m 排架墩木料数量表

序号	杆件名称	截面或直径(cm)	H=4 m		H=6 m		H=8 m		H=10 m	
			长度(cm)	数量(根)	长度(cm)	数量(根)	长度(cm)	数量(根)	长度(cm)	数量(根)
1	帽木	d=28	320	4	320	4	320	4	320	4
2	柱木	d=22	324	8	524	8	724	8	400	8
3	柱木	d=22	—	—	—	—	—	—	524	8
4	斜柱木	d=22	339	8	538	8	742	8	413	8
5	斜柱木	d=22	—	—	—	—	—	—	539	8
6	平拉木	d/2=22/2	320	8	370	8	430	8	530	16
7	上平夹木	d/2=22/2	320	4	320	4	320	4	320	4
8	中平夹木	d/2=22/2	—	—	—	—	—	—	470	8
9	下平夹木	d/2=22/2	440	4	480	4	560	4	650	4
10	斜拉木	d/2=22/2	360	4	460	4	650	4	580	8
11	上斜夹木	d/2=22/2	410	8	480	8	650	8	460	8
12	下斜夹木	d/2=22/2	—	—	—	—	—	—	670	8
13	底木	d=28	500	4	540	4	620	4	700	4
14	纵向垫木	d=24	350	8	400	8	460	8	560	8
15	纵托梁木	20×20	320	6	370	6	430	6	530	6
16	横托梁木	24×24	290	4	290	4	290	4	290	4
每座排架墩木料合计(m^3)			10.26		12.74		16.98		21.60	

表 2-4-20 L_p=12 m 排架墩木料数量表

序号	杆件名称	截面或直径(cm)	H=4 m		H=6 m		H=8 m		H=10 m	
			长度(cm)	数量(根)	长度(cm)	数量(根)	长度(cm)	数量(根)	长度(cm)	数量(根)
1	帽木	d=28	320	4	320	4	320	4	320	4
2	柱木	d=22	324	8	524	8	724	8	400	8
3	柱木	d=22	—	—	—	—	—	—	524	8
4	斜柱木	d=22	339	8	538	8	742	8	413	8
5	斜柱木	d=22	—	—	—	—	—	—	539	8
6	平拉木	d/2=22/2	320	8	370	8	430	8	530	16
7	上平夹木	d/2=22/2	320	4	320	4	320	4	320	4
8	中平夹木	d/2=22/2	—	—	—	—	—	—	470	8
9	下平夹木	d/2=22/2	440	4	480	4	560	4	650	4
10	斜拉木	d/2=22/2	360	4	460	4	650	4	580	8
11	上斜夹木	d/2=22/2	410	8	480	8	650	8	460	8
12	下斜夹木	d/2=22/2	—	—	—	—	—	—	670	8
13	底木	d=28	500	4	540	4	620	4	700	4

续上表

序号	杆件名称	截面或直径(cm)	H=4 m		H=6 m		H=8 m		H=10 m	
			长度(cm)	数量(根)	长度(cm)	数量(根)	长度(cm)	数量(根)	长度(cm)	数量(根)
14	纵向垫木	d=24	350	8	400	8	460	8	560	8
15	纵托梁木	20×20	320	6	370	6	430	6	530	6
16	横托梁木	24×24	290	4	290	4	290	4	290	4
每座排架墩木料合计(m^3)			11.01		13.60		17.14		23.07	

表 2-4-21　L_p=16 m 排架墩木料数量表

序号	杆件名称	截面或直径(cm)	H=7 m		H=8 m		H=10 m		H=12 m	
			长度(cm)	数量(根)	长度(cm)	数量(根)	长度(cm)	数量(根)	长度(cm)	数量(根)
1	帽木	d=30	320	4	320	4	320	4	320	4
2	柱木	d=24	624	8	724	8	390	8	490	8
3	柱木	d=24	—	—	—	—	514	8	614	8
4	斜柱木	d=24	644	8	746	8	465	8	508	8
5	斜柱木	d=24	—	—	—	—	532	8	638	8
6	平拉木	d/2=24/2	370	8	400	8	450	16	520	16
7	上平夹木	d/2=24/2	320	4	320	4	320	4	320	4
8	中平夹木	d/2=24/2	—	—	—	—	530	8	570	8
9	下平夹木	d/2=24/2	650	4	610	4	700	4	800	4
10	斜拉木	d/2=24/2	530	4	640	4	500	8	620	8
11	上斜夹木	d/2=24/2	50	8	660	8	470	8	550	8
12	下斜夹木	d/2=24/2	—	—	—	—	650	8	760	8
13	底木	d=30	610	4	660	4	760	4	860	4
14	纵向垫木	d=24	400	12	430	12	480	12	550	12
15	纵托梁木	20×20	370	6	460	6	450	6	520	6
16	纵托梁木	20×20	—	—	—	—	150	12	150	12
17	横托梁木	24×24	290	4	290	4	290	4	290	4
每座排架墩木料合计(m^3)			16.91		18.97		25.728		30.232	

表 2-4-22　L_p=20 m、L_p=24 m 排架墩木料数量表

序号	杆件名称	截面或直径(cm)	H=6.5 m		H=8.5 m		H=11 m		H=12 m	
			长度(cm)	数量(根)	长度(cm)	数量(根)	长度(cm)	数量(根)	长度(cm)	数量(根)
1	帽木	d=30	370	4	370	4	370	4	370	4
2	上层柱木	d=24	574	8	774	8	440	8	490	8
3	上层斜柱	d=24	584	8	785	8	448	8	495	8

续上表

序号	杆件名称	截面或直径(cm)	H=6.5 m		H=8.5 m		H=11 m		H=12 m	
			长度(cm)	数量(根)	长度(cm)	数量(根)	长度(cm)	数量(根)	长度(cm)	数量(根)
4	上层斜柱	d=24	598	8	805	8	458	8	511	8
5	下层柱木	d=24	—	—	—	—	564	8	614	8
6	下层斜柱	d=24	—	—	—	—	574	8	623	8
7	下层斜柱	d=24	—	—	—	—	586	8	638	8
8	平拉木	d/2=24/2	370	12	400	12	450	24	510	24
9	上平夹木	d/2=24/2	380	4	380	4	380	4	380	4
10	中平夹木	d/2=24/2	—	—	—	—	620	8	650	8
11	下平夹木	d/2=24/2	650	4	740	4	840	4	910	4
12	斜拉木	d/2=24/2	510	6	680	6	550	12	630	12
13	上斜夹木	d/2=24/2	530	8	770	8	490	8	520	8
14	下斜夹木	d/2=24/2	—	—	—	—	640	8	690	8
15	底木	d=30	700	4	800	4	900	4	960	4
16	纵向垫木	d=24	440	18	470	18	520	18	580	18
17	纵托梁木	20×20	390	8	420	8	470	8	530	8
18	纵托梁木	20×20	—	—	—	—	150	16	150	16
19	横托梁木	24×20	350	6	350	6	350	6	350	6
每座排架墩木料合计(m^3)			22.56		28.26		36.97		40.69	

表 2-4-23　L_p=32 m 排架墩木料数量表

序号	杆件名称	截面或直径(cm)	H=6.5 m		H=8.5 m		H=11 m		H=12 m	
			长度(cm)	数量(根)	长度(cm)	数量(根)	长度(cm)	数量(根)	长度(cm)	数量(根)
1	帽木	d=32	370	4	370	4	370	4	370	4
2	上层柱木	d=26	574	8	774	8	440	8	490	8
3	上层斜柱	d=26	584	8	785	8	448	8	495	8
4	上层斜柱	d=26	598	8	805	8	458	8	511	8
5	下层柱木	d=26	—	—	—	—	564	8	614	8
6	下层斜柱	d=26	—	—	—	—	574	8	623	8
7	下层斜柱	d=26	—	—	—	—	586	8	638	8
8	平拉木	d/2=24/2	370	12	400	12	450	24	510	24
9	上平夹木	d/2=24/2	380	4	380	4	380	4	380	4
10	中平夹木	d/2=24/2	—	—	—	—	620	8	650	8
11	下平夹木	d/2=24/2	650	4	740	4	840	4	910	4
12	斜拉木	d/2=24/2	510	6	680	6	550	12	630	12
13	上斜夹木	d/2=24/2	530	8	770	8	490	8	520	8

续上表

序号	杆件名称	截面或直径（cm）	H=6.5 m 长度（cm）	H=6.5 m 数量（根）	H=8.5 m 长度（cm）	H=8.5 m 数量（根）	H=11 m 长度（cm）	H=11 m 数量（根）	H=12 m 长度（cm）	H=12 m 数量（根）
14	下斜夹木	$d/2$=24/2	—	—	—	—	640	8	690	8
15	底木	d=30	700	4	800	4	900	4	960	4
16	纵向垫木	d=26	440	18	470	18	520	18	580	18
17	纵托梁木	20×20	390	10	420	10	470	10	530	10
18	纵托梁木	20×20	—	—	—	—	150	20	150	20
19	横托梁木	24×20	350	2	350	2	350	2	350	2
20	横托梁木	24×24	350	4	350	4	350	4	350	4
每座排架墩木料合计（m^3）			25.34		31.65		41.25		45.39	

表 2-4-24　排架墩铁件数量表（一）

铁件名称	联结的杆件	截面或直径（mm）	长度（mm）	L_p=8 m H=4 m、6 m、8 m	L_p=8 m H=10 m	L_p=12 m H=4 m、6 m	L_p=12 m H=8 m	L_p=12 m H=10 m
螺栓	底木、帽木与柱木	ϕ19	300	96	96	96	96	96
	柱木拼接		300	—	128	—	—	128
	拉木、夹木与柱木		350	112	160	112	112	160
			400	—	32	—	—	32
	纵托梁木与帽木		450	8	8	8	8	8
	纵、横托梁木之间	ϕ22	550	16	16	16	16	16
	纵托梁木联结	ϕ19	800	4	4	4	—	—
			850	—	—	—	8	8
三眼铁夹板	底木、帽木与柱木	60×8	460	64	64	64	64	64
四眼铁夹板	柱木拼接	60×10	630	—	64	—	—	64
扒钉	底木与纵向垫木	ϕ16	250	64	64	64	64	64
螺栓	底木与压桩木	ϕ19	650	16	16	32	32	32
	纵向垫木联结		550	16	16			
			800	—	—	16	16	16

表 2-4-25　排架墩铁件数量表（二）

铁件名称	联结的杆件	截面或直径（mm）	长度（mm）	L_p=16 m H=7 m、8 m	L_p=16 m H=10 m、12 m	L_p=20 m、24 m H=6.5～8.5 m	L_p=20 m、24 m H=11 m、12 m
螺栓	底木、帽木与柱木	ϕ19	300	96	96	140	144
	柱木拼接		300	—	128	—	192
	拉木、夹木与柱木		400	112	160	160	216
			450	—	32	—	48

续上表

铁件名称	联结的杆件	截面或直径(mm)	长度(mm)	L_p=16 m		L_p=20 m、24 m	
				H=7 m、8 m	H=10 m、12 m	H=6.5～8.5 m	H=11 m、12 m
螺栓	纵托梁木与帽木	ϕ19	450	8	—	16	—
			650	—	8	—	16
	纵托梁木联结		800	4	16	—	—
			850	—	—	8	10
	纵横托梁木之间	ϕ22	550	16	—	16	—
			750	—	16	—	16
三眼铁夹板	底木、帽木与柱木	60×8	460	64	64	96	96
四眼铁夹板	柱木拼接	60×10	630	—	64	—	96
扒钉	底木与纵向垫木	ϕ16	250	64	64	96	96
螺栓	底木与压桩木	ϕ19	650	32	32	48	48
	纵向垫木联结		800	16	16	24	24

表 2-4-26 排架墩铁件数量表(三)

铁件名称	联结的杆件	截面或直径(mm)	长度(mm)	L_p=32 m	
				H=6.5～8.5 m	H=11～12 m
				件数	件数
螺栓	柱木拼接	ϕ19	300	—	192
	底木、帽木与柱木		350	144	144
	拉木、夹木与柱木		400	160	216
			500	—	48
	纵托梁木与帽木		450	16	—
			650	—	16
	纵托梁木联结		1 200	8	16
	纵、横托梁木之间	ϕ22	550	16	—
			750	—	16
扒钉	底木与纵向垫木	ϕ16	250	96	96
三眼铁夹板	底、帽木与柱木	60×8	460	96	96
四眼铁夹板	柱木拼接	60×10	630	—	96
螺栓	底木与压桩木	ϕ19	650	48	48
	纵向垫木联结		800	24	24

(6)排架墩顶间隔梁结构的设置。长跨度梁采用四排及以上的排架墩时,因墩身的排架间距较大形成两梁端之间的距离亦较大,因此两梁端之间需设置间隔梁。例如用于跨度16～32 m的拆装式梁、墩高6.5～12 m的间隔梁制作时可参考图2-4-51,图中A、B及梁高值,可

参考表 2-4-27 。

表 2-4-27　拆装式梁两梁端之间隔梁主要部分尺寸表

跨度(m)	$L_p=16$				$L_p=20$、24、32			
墩高(m)	7	8	10	12	6.5	8.5	11	12
A(cm)	250	280	300	370	270	300	320	380
B(cm)	160	190	210	280	180	210	230	290
梁高(cm)	280	280	280	280	280	280	280	280

注：1. 表中 A、B 及梁高值，应根据现场实际使用的梁体高度及支点位置调整。

2. 如桥墩较矮或排架间距不大时，或在抢修中制作间隔梁困难时，可以用枕木垛代替间隔梁，但应先检算墩顶纵托梁木的强度是否适应，如强度不够，应事先加强纵托梁木。

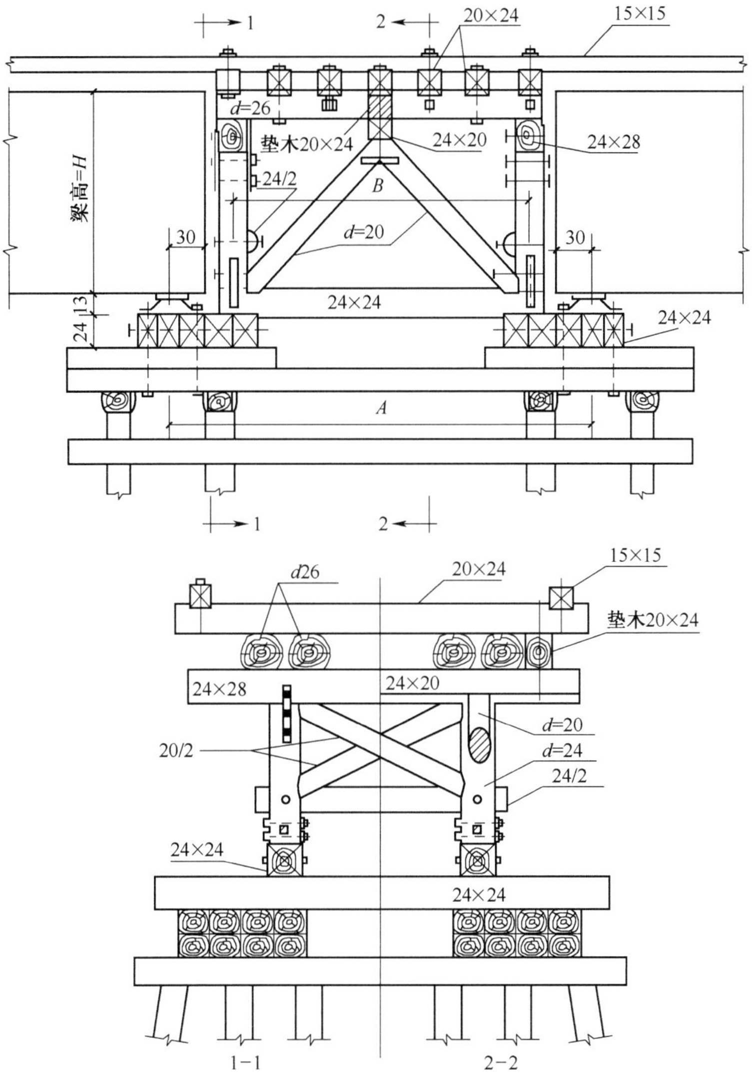

图 2-4-51　间隔梁示意

5. 木排架的组立方法

组立木排架的方法，应根据修建时现场的具体地形地貌、现有的机具设备、排架结构形式以及数量等具体条件，采用相应的组立方法，通常有如下几种组立方法。

(1)单根吊立法。在基础附近或桥孔间有障碍物短期内不易清除而影响整排架吊装时才使用单根吊立法。如在桥孔间有残梁等障碍物不但影响整排架吊装，甚至妨害按定型排架施工时，则应注意选择适应柱木、拉木等的位置，组立特制排架，先将不受阻碍的柱木、底木、帽木等组装好吊立安装，然后再安装其余柱木及夹木，必要时可就地单根组立。

(2)就地整排吊装法。该方法适用于无障碍物、无水的场地，施工时先在排架帽木前后两侧栓好缆风绳，用绊脚绳、撬棍或木杠将底木抵住不使其滑动，然后起吊安装正位，起吊方法可利用邻墩等已有的建筑物设立独脚扒杆或人字扒杆(如有条件可利用汽车式起重机或履带式起重机)吊立安装。具体参见图 2-4-52～图 2-4-56。

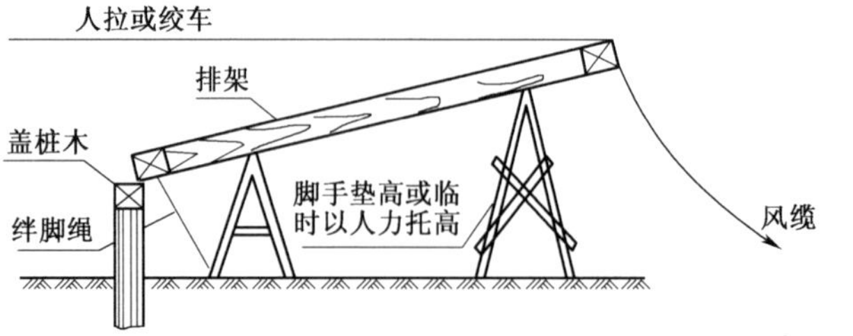

图 2-4-52 人力安装排架示意

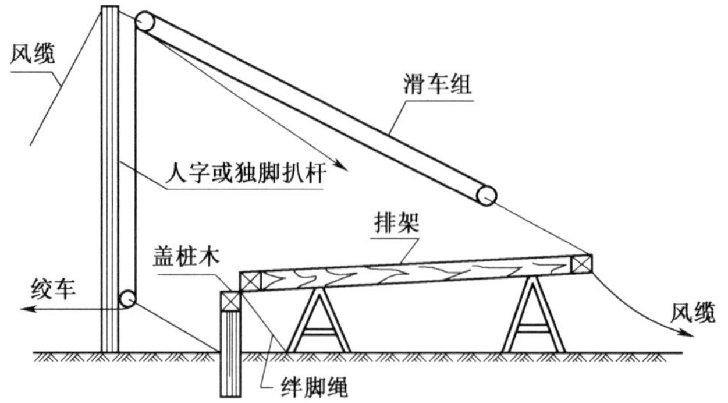

图 2-4-53 扒杆安装排架示意

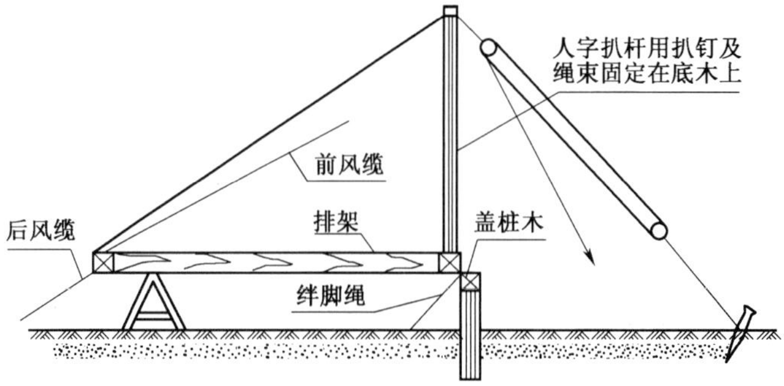

图 2-4-54 扒杆板立安装排架示意

(3)相对组立法。该方法适用于施工场地较大而无需过多起重设施。先在墩基两侧各搭设一枕木垛，垛稍高于墩基，然后将两个排架相对放在墩基与枕木垛上，中间用两根短木抵住底木，在两帽木上栓好钢丝绳、滑车和缆风绳，钢丝绳一端通向绞车，转动绞车将两排架徐徐相

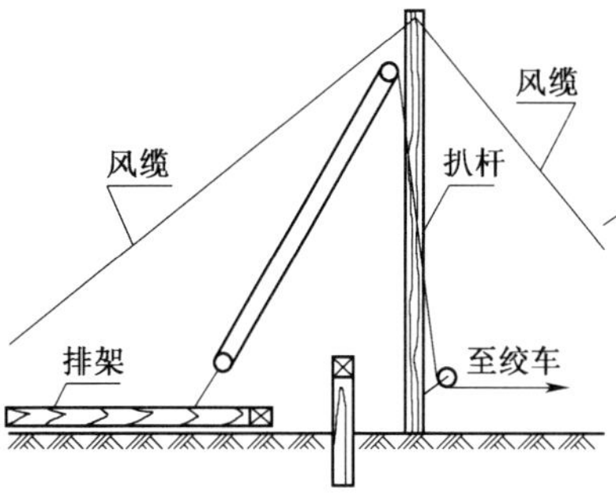

图 2-4-55　扒杆吊立安装排架示意

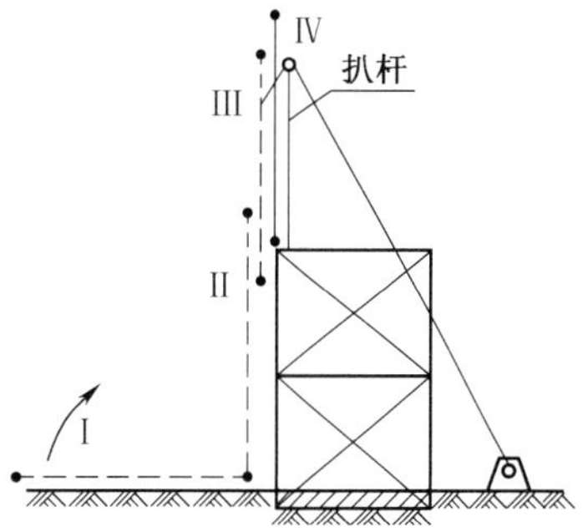

图 2-4-56　扒杆吊立安装上层排架示意

对拉起，拉起时将两排架帽木上缆风绳妥善边稍放松边稍栓紧，既控制两排架平衡地相对拉起，同时可防止两排架倾倒，如图 2-4-57 所示。

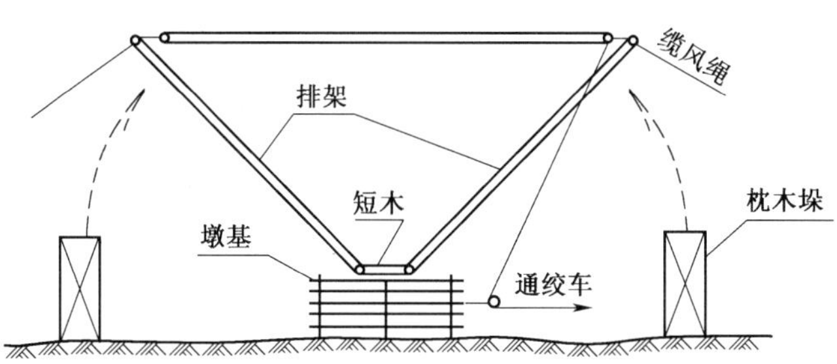

图 2-4-57　相对拉起安装排架示意

（4）吊船吊立法。水中墩基排架（或排架墩）可采用吊船吊立安装，用此法施工可不必搭设脚手架。排架（墩）可用船或直接浮在水面运至墩基旁，水上运输和吊立互不干扰。扎立吊船的高度及所需吊船的载重吨位，须根据排架（墩）的高度、吊重、吊船上的起重机具设备、船上原已有的载重量和全部工作人员等的总重量来确定。

也可利用打桩船改装成吊船吊立排架（墩），以节约人力、物力和工时，如图 2-4-58 所示。

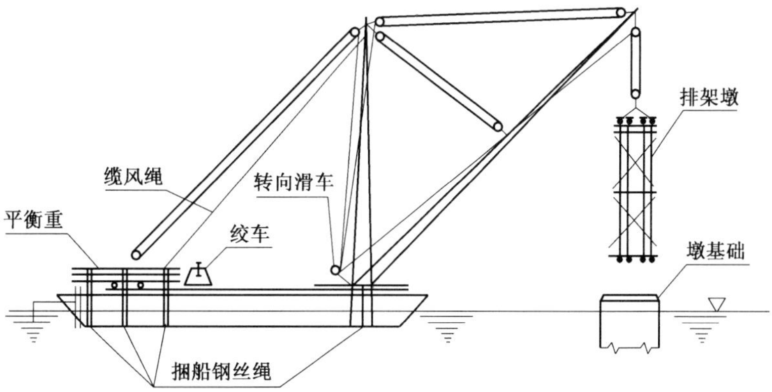

图 2-4-58　吊船吊立排架（墩）示意

（5）天线吊立法。该方法适用于两岸地势较高的高桥，且不受水深影响，使用方便，但准备工作量较大，参见图 2-4-59。

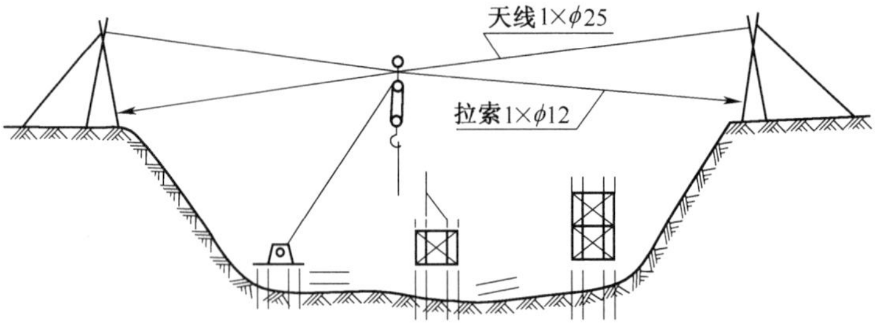

图 2-4-59 天线吊立排架示意(单位:mm)

6. 木排架的抢修加固

木排架(墩)如遭受破坏,除严重损坏、倒塌而必须拆除重建外,一般根据其损坏程度、抢修时间的限制、人力、器材等条件,确定抢修加固方法后继续使用。

(1)底木、帽木的加固方法。

1)增加短梁法:将底木或帽木断裂处相邻的两根桩木或桩木的端部截去与底木或帽木等厚的一段,然后填入一根与底木或帽木等厚的短方木梁,短梁由桩木或柱木承托,再用铁夹板、螺栓、扒钉等与损坏的底木或帽木及桩木或柱木联结牢固,如图 2-4-60(a)所示;桩木或柱木截去半边镶入方木,在垂直方向以铁夹板、螺栓联结牢固,如图 2-4-60(b)所示。

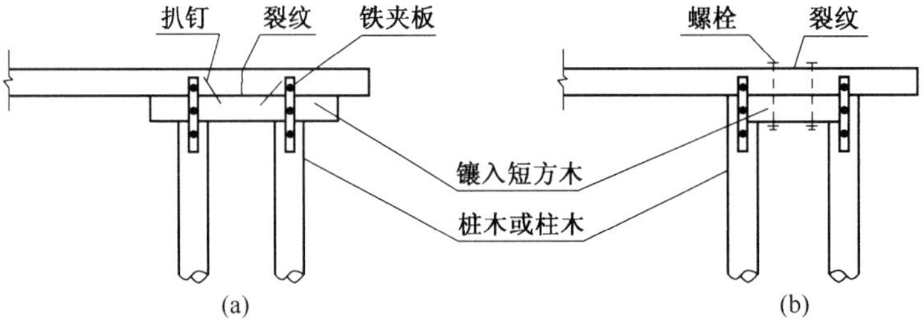

图 2-4-60 增加短梁法加固底木、帽木示意

2)铁夹板或木夹板补强法:底木或帽木仅有较浅裂纹时,可在裂纹处两侧用铁夹板或木夹板以螺栓联结加固。为缩短钻孔时间,也可用钢丝绑紧铁夹板或木夹板,并在铁夹板孔眼内钉入铁刺钉联结加固,如图 2-4-61 所示。

3)立柱支顶法:在帽木断裂位置下面垫一短方木,然后加设立柱支顶。垫木与帽木用螺栓或穿钉联结,新设立柱应与原排架的斜夹木用螺栓联结,使其与原排架组成一体,如图 2-4-62 所示。

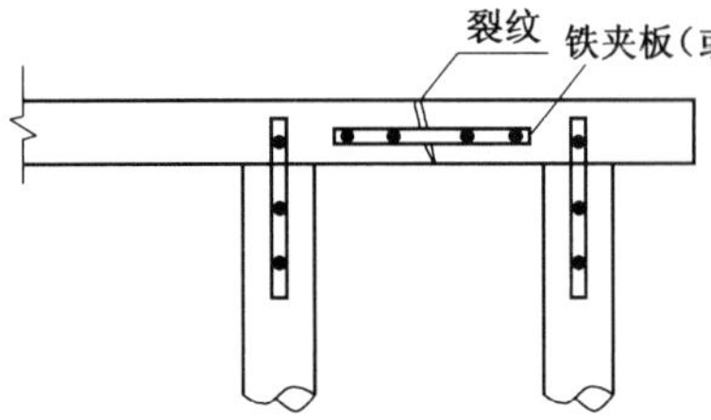

图 2-4-61 铁夹板或木夹板补强法加固底木、帽木示意

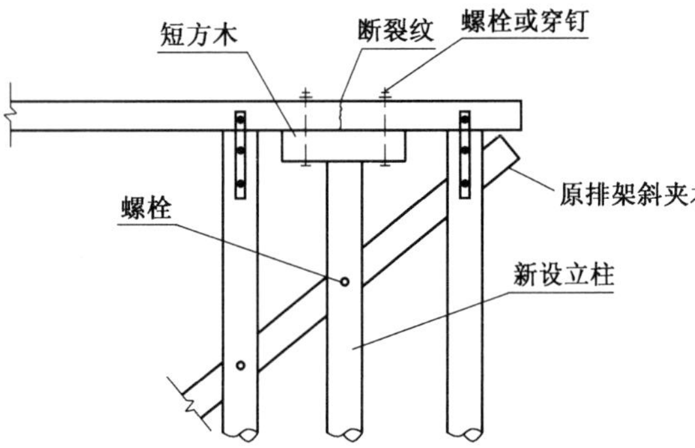

图 2-4-62 立柱支顶法加固帽木示意

4)抽换法:帽木或底木损坏严重不能利用时,应尽量抽换。抽换之前应先把梁上桥面拆开,然后将纵向托梁木一端和梁体一端用扒杆稍微吊起或用千斤顶稍微顶起,使帽木与纵托梁木之间稍有空隙,即可抽换帽木。抽换底木时,还需把纵向拉木螺栓拆除,连同排架稍微吊起或顶起,即可抽换底木。但此法仅适用于无水基础且不高于 6 m 的排架墩,如图 2-4-63 所示。

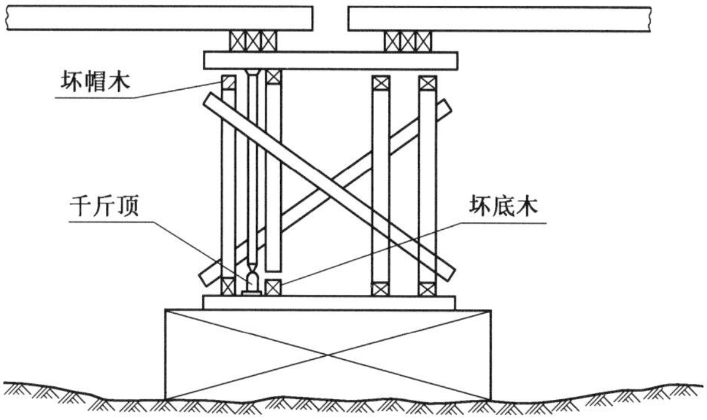

图 2-4-63　抽换帽木或底木示意

如抽换整根帽木或底木实有困难时,亦可采用前述增加短梁法将整根帽木或底木分段抽换,然后用同原帽木或底木等长的夹木将分段抽换好的帽木或底木两侧夹住,以螺栓联结成整体。

(2)立柱的加固方法。

1)帮林加固法:单根柱木遭损坏,可在已损坏的柱木旁帮立一新柱木,如新柱木与邻近旧柱木间距太大而危及帽木安全时,可在已损坏的柱木两旁各帮立一半圆新柱木。

2)补接小排架法:柱木遭受损坏两根以上时,可把已损坏部分据掉找平,其上加适当长度的帽木,并补接小排架与原排架联结成整体(具体方法与桩排架抢修加固相同)。

7. 木排架墩的防护措施

为了防止夏秋季洪水及漂流物或春融解冻的冰块冲击而将排架撞歪或将柱木撞断,除随时需打捞漂流物以减少对排架的冲击力外,还可采用以下防护措施:

(1)筑混凝土防撞尖。如设立在混凝土墩(或基础)上的排架墩,可在混凝土墩(或基础)的上游侧筑混凝土防撞尖,其顶部应高于洪水位 0.5 m。

1)将混凝土防撞尖与排架墩的一部分连成一体,如图 2-4-64 所示。

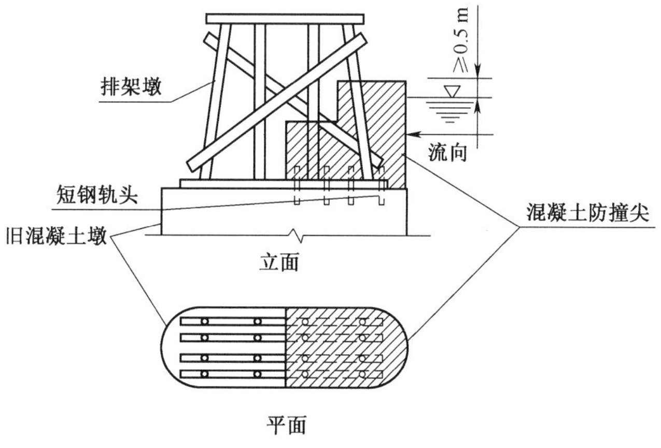

图 2-4-64　排架墩混凝土防撞尖示意

2)在混凝土基础上插入旧钢轨(或废旧型钢等),绑扎钢筋箍,筑成钢筋混凝土壁,围护排架墩,如图 2-4-65 所示。

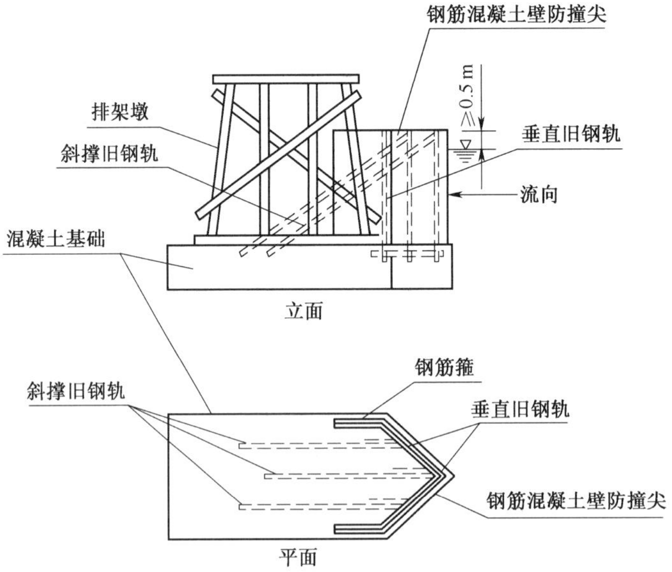

图 2-4-65 排架墩钢筋混凝土壁防撞尖示意

(2)设立木桩防撞尖。在排架墩基础上游约 2 m 处,根据排架墩的宽度,打入直径不小于 20 cm 的木桩做成近似等边三角形的防撞尖,各桩间用半圆木和螺栓联结成整体,木桩入土深度不宜小于 3 m,桩顶应高于洪水位 0.5 m。如水流过急,漂流物较多,可在三角形防撞尖内部和防撞尖端外侧抛投片石加强围护,如图 2-4-66 所示。

(3)设拉桩和支桩。如水浅水流不急、漂流物很少时,可在每个排架的上游位置打拉桩,下游位置打支桩,并用斜拉木、螺栓与排架联结,以增强排架的稳定性,如图 2-4-67 所示。

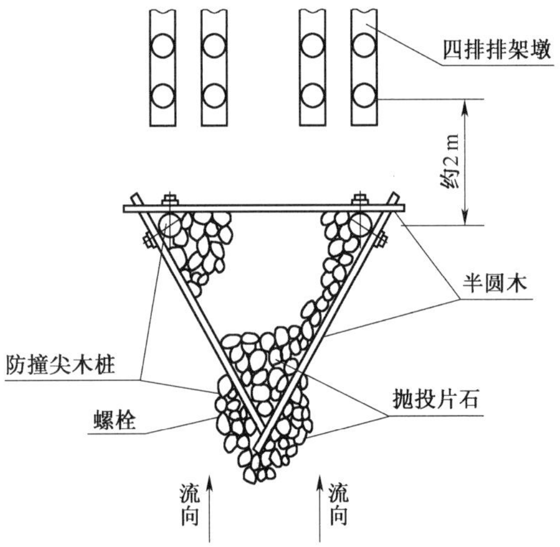

图 2-4-66 设立木桩防撞尖示意

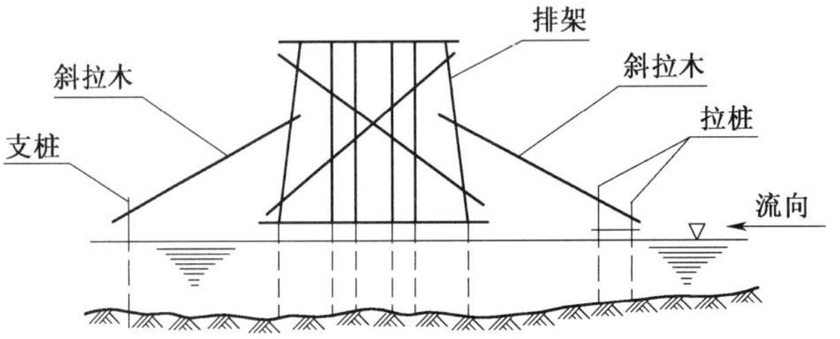

图 2-4-67 设立拉桩和支桩示意

4.3.3　枕木垛、木排架等桥台

1. 枕木垛桥台

枕木垛桥台高度在 3 m 以下，桥梁跨度在 12.5 m 以下时，其结构如图 2-4-68 所示。

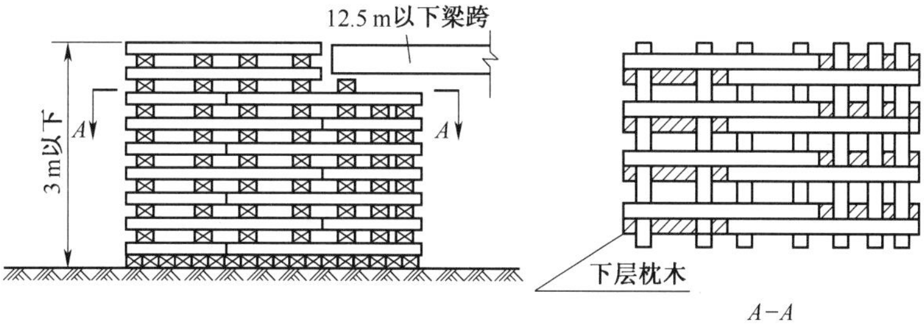

图 2-4-68　枕木垛桥台示意(一)

枕木垛桥台高度在 4 m 以下，桥梁跨度在 20 m 以下时，其结构如图 2-4-69 所示。

枕木垛桥台高度在 6 m 以下，桥梁跨度在 20 m 以下时，其结构应搭筑成台阶形，如图 2-4-70 所示。

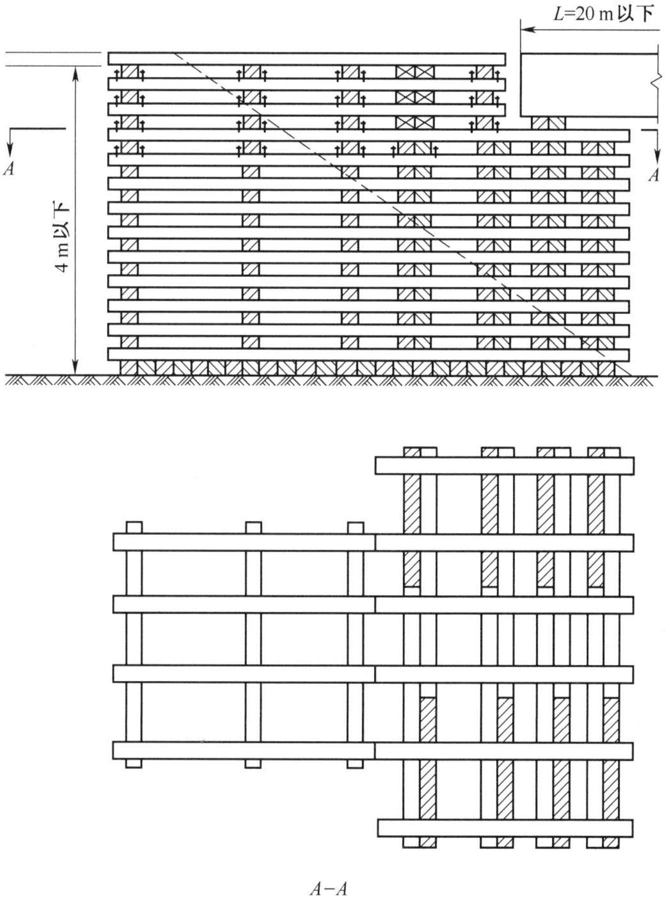

图 2-4-69　枕木垛桥台示意(二)

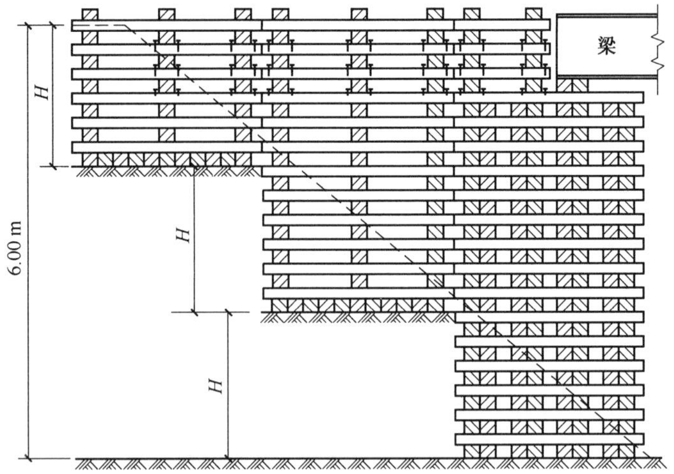

图 2-4-70 台阶形枕木垛桥台示意(三)

2. 卧木基础排架桥台

卧木基础排架桥台高度可达 12 m,适用桥梁跨度可达 24 m。

3. 桩排架桥台

桩排架桥台一般用于路堤高度不大于 3 m 处(高路堤如用桩排架桥台,因其结构复杂不适于抢修及临时修复)。

4. 木笼桥台

木笼桥台的挡砟墙部分也可用枕木垛代替,木笼桥台支承桥梁处,应在填片石面上加设卧木,卧木可用方木、鼓形圆木或枕木,至少应埋入木笼表面以下 0.5 m,卧木下面的片石表面应铺填碎石、粗砂等找平。如木笼上接枕木垛时,则不必另加卧木。

4.3.4 万能杆件塔架

1. 万能杆件塔架简介

万能杆件由角钢和联结板组成,用螺栓联结,除可组成各种脚手架、吊装及轻便梁跨外,还可组成铁路桥梁的临时桥墩。我国铁路目前使用的万能杆件种类有两种:M 型万能杆件,即苏式万能杆件;N 型万能杆件,即中式万能杆件。

2. M 型万能杆件(苏式万能杆件)

(1)设计图纸系 1944 年由前苏联交通部编制,共有 25 个杆件编号,经过实践总结,于 1953 年对原设计进行修改和补充后,将原杆件编号由 25 个增至 30 个。在编号 N_1、N_2、N_3、N_5、N_{10}、N_{14}及 N_{10} 中增加钉孔数,将编号 N_6、N_7 及 N_{15} 予以加长并增加钉孔数,修改编号 N_{11}、N_{12}及 N_{15} 节点板尺寸,增加补充编号 N_{26}、N_{27}、N_{28}、N_{29}及 N_{30}。修改后的杆件编号标以“H”字样。

M 型万能杆件规格见表 2-4-28。

(2)M 型万能杆件可组成高度 7.322～25.322 m(不包括顶帽托梁及基底承台高度)的桥梁临时桥墩。

(3)跨度为 27.0 m、33.6 m、55.0 m 的不同高度的钢塔架结构型式、质量见表 2-4-29。

表 2-4-28　M 型万能杆件规格表

编号	零件号	杆件名称	杆件截面尺寸（mm）	长度（mm）或面积 ω（m^2）	件数	质量（kg）	
						每件质量	编号质量
N_1H	1	弦杆或柱（长）	∟120×120×10	3 994	1	73.09	73.1
N_2H	1	弦杆或柱（短）	∟120×120×10	1 994	1	36.49	36.5
N_3H	1	斜杆	∟100×75×10	2 290	1	30.0	30.0
N_4	1	横撑或竖杆	∟75×75×8	1 730	1	15.62	15.6
N_5H	1	斜撑或对角支撑	∟75×75×8	2 418	1	21.83	21.8
N_6H	1	弦或柱的拼接角钢	∟100×100×10	780	1	11.79	11.8
N_7H	1	柱头（接 1 或接 2）支承角钢	∟120×120×10	594	1	10.87	10.9
N_8H	1	联结板	265×10×510	510	1	10.61	10.6
N_9	1	斜撑的连接角钢	∟75×75×8	690	1	6.23	62.3
$N_{10}H$	1	横撑或竖杆	∟75×75×8	5 730	1	51.8	51.8
$N_{11}H$	1	斜柱与弦或柱的节点板	$\delta=10$	$\omega=0.491$	1	38.54	47.3
$N_{11}H$	2		$\delta=10$	$\omega=0.056$	2	4.4	
$N_{12}H$	1	横撑，竖杆与弦或柱的节点板	$\delta=10$	$\omega=0.187$	1	14.68	14.7
$N_{13}H$	1	同上，在支承点处	$\delta=10$	$\omega=0.271$	1	21.27	21.3
$N_{14}H$	1	斜杆与竖杆和弦的节点板	$\delta=10$	$\omega=0.33$	1	26.0	26.0
$N_{15}H$	1	弦或柱拼接点的填板	80×10	580	1	3.64	3.64
$N_{16}H$	1	横撑或竖杆	∟75×75×8	3 730	1	33.68	33.7
N_{17}	1	斜撑与横撑竖杆的节点板	$\delta=10$	$\omega=0.234$	1	18.6	18.8
N_{18}	1		$\delta=10$	$\omega=0.075$	1	5.9	5.9
N_{19}	1	弦或柱用的缀板	180×10	220	1	3.11	3.11
N_{20}	1	横撑竖杆用的缀板	160×10	180	1	2.26	2.26
N_{21}	1	支座与柱帽	260×16	260	1	8.5	32.4
N_{21}	2		240×16	260	1	7.8	
N_{21}	3		90×16	260	1	2.03	
N_{21}	4		70×16	260	1	2.3	
N_{21}	5		195×10	260	2	4.0	
N_{21}	6		140×10	260	1	2.9	
N_{22}	1	斜撑与柱或弦及横撑竖杆的节点板	420×10	610	1	20.1	20.1
N_{23}	1	斜撑与竖杆的节点板	$\delta=10$	$\omega=0.166$	1	13.0	13.0
$N_{24}H$	1	普通螺栓带帽	$\phi22$	65	1	0.482	0.428
$N_{25}H$	1	普通螺栓带帽	$\phi27$	85	1	0.721	0.721
N_{26}	1	连结立杆、横支撑及斜杆用的节点板	610×10	610	1	29.21	29.21
N_{27}	1	立杆及斜杆端，缀板（双主桁）	160×10	260	1	3.27	3.27
N_{28}	1	斜杆长缀板（双主桁）	160×10	460	1	5.78	5.78
N_{29}	1	交叉斜杆节点板	$\delta=10$	$\omega=0.764$	1	59.97	77.6
N_{29}	2		$\delta=10$	$\omega=0.056$	4	4.4	
N_{30}	1	主杆缀板（双主桁）	160×10	260	1	3.27	3.27

注：1. 每件质量系指镶一个编号的一件杆件的质量。

2. 编号质量系指每一个编号包括若干零件号的全部杆件数量的总质量。

表 2-4-29 塔架结构型式及质量表

跨度 （m）	塔高 （m）	结构图式	稳定系数		每座质量 （t）
			横向	纵向	
27.00	7.322	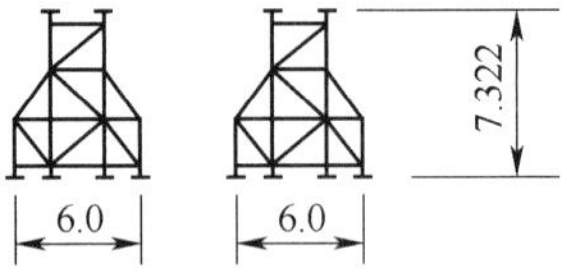	1.88	3.28	11.8
	9.322	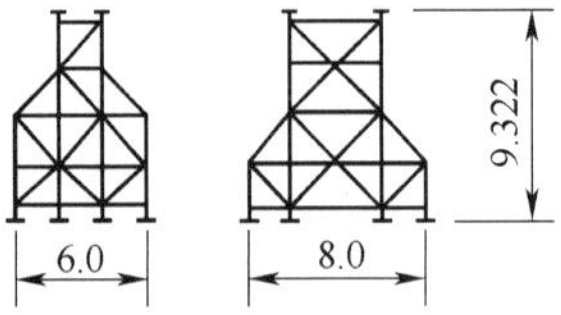	1.75	2.63	17.2
	11.322	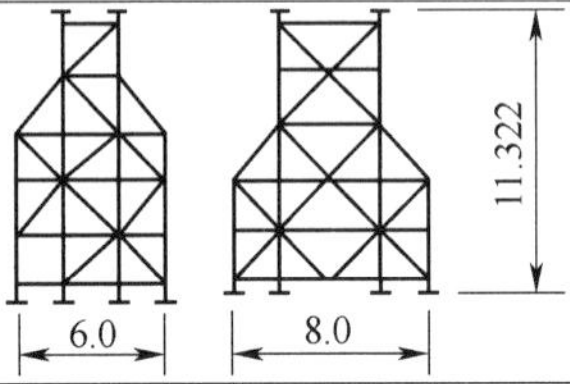	1.59	2.26	23.2
	13.322	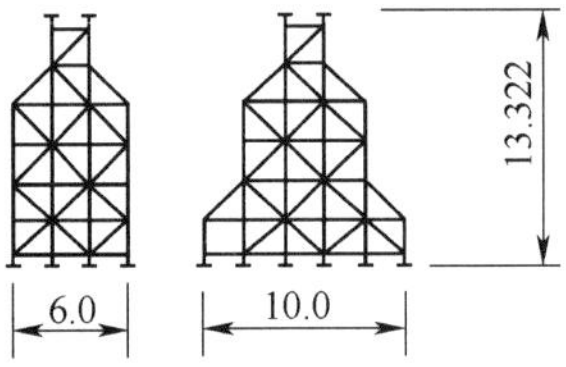	1.85	2.05	34.0
	15.322	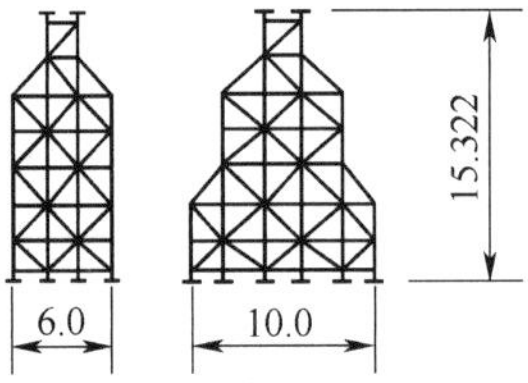	1.75	1.87	44.4
	17.322	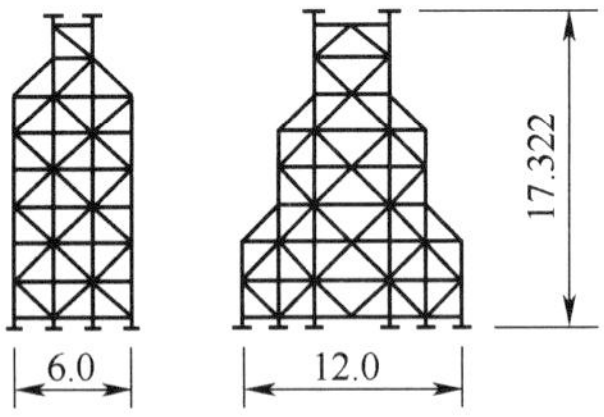	1.91	1.70	52.2
33.60	9.322	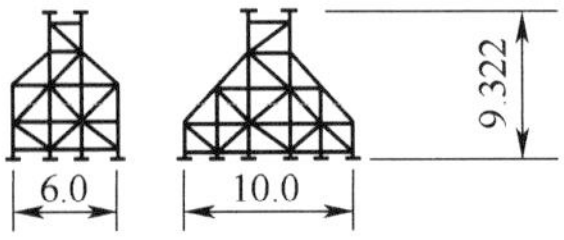	1.44	2.64	22.5
	15.322	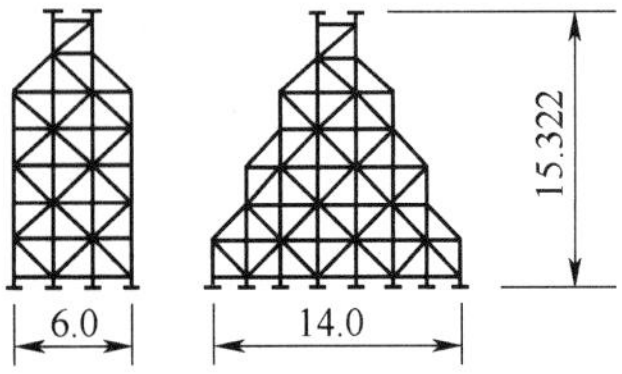	1.64	1.84	52.3

续上表

跨度（m）	塔高（m）	结构图式	稳定系数		每座质量（t）
			横向	纵向	
33.60	17.322	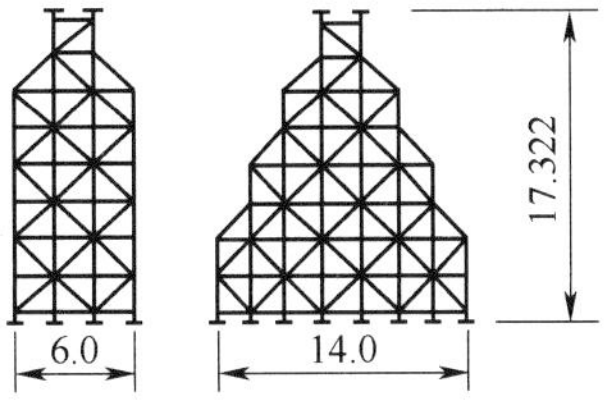	1.54	1.66	60.3
	21.322	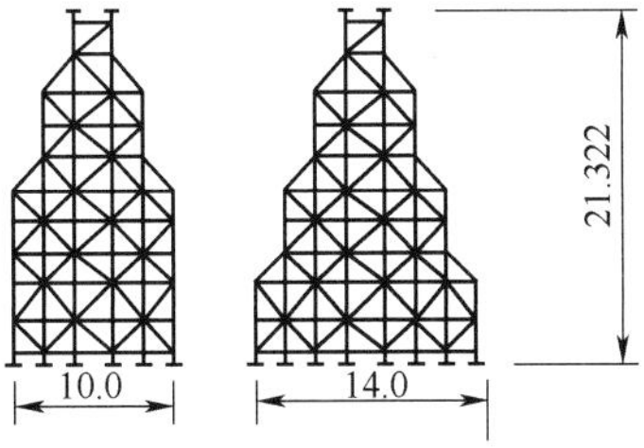	1.57	2.31	105.3
55.00	9.322	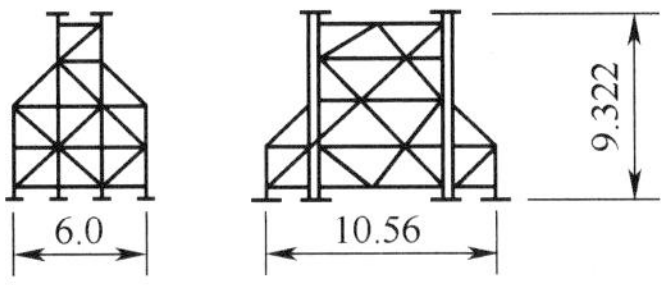	1.45	2.15	29.8
	15.322	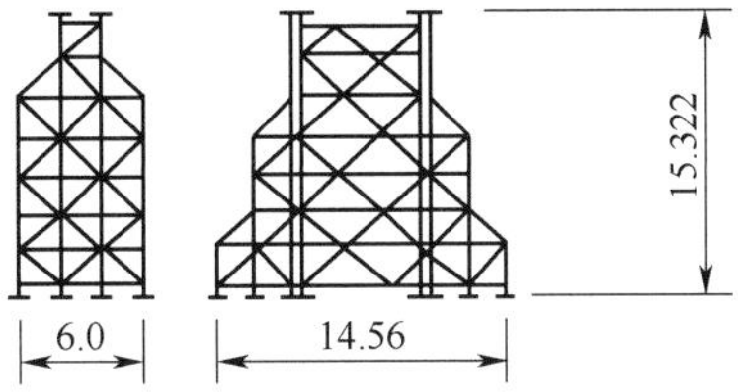	1.59	1.62	66.2
	21.322	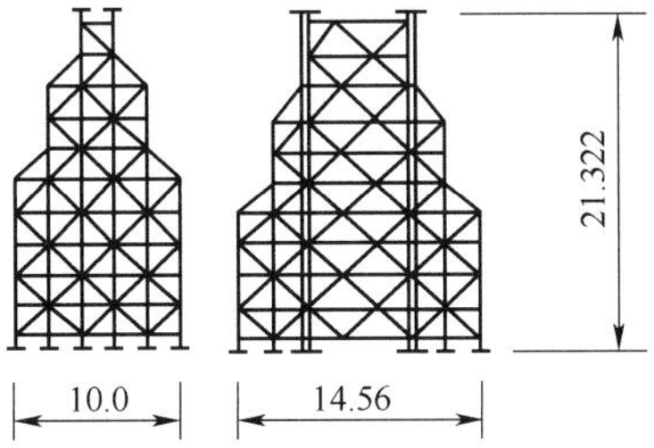	1.57	2.21	144.7
	25.322	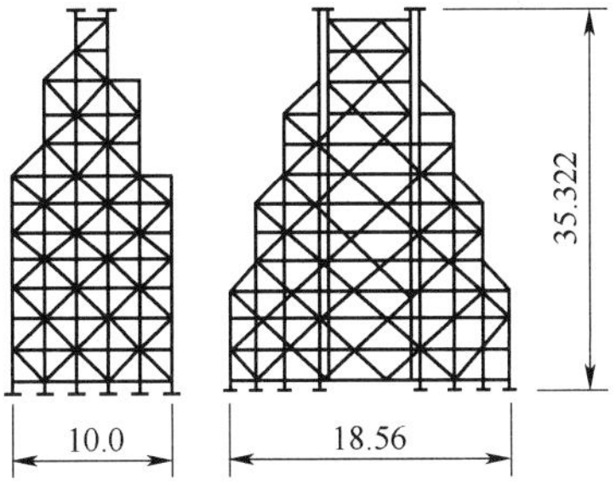	1.94	2.07	211.3

注:结构图式中尺寸以 m 计算。

(4)钢塔架结构布置原则见表2-4-30。

表2-4-30 钢塔架结构布置原则

项　目	单位	适用跨度(m)					
		18.2	23.0	27.0	33.6	44.0	55.0
承重立柱	根	4	4	4	4	8	8
横桥方向承重立柱中距	m	4	4	4	4	6.28	6.28
		2	2	2	2		
节间自由长度	m	4	4	2	2	2	2
附加立柱	根	由稳定计算控制					

(5)M型万能杆件钢塔架顶帽及配件数量。

M型万能杆件钢塔架顶帽承台共有三种型式,见表2-4-31。

表2-4-31 M型万能杆件钢塔架顶帽承台型式

结构图式	设计跨度(m)	承重立柱中距(m)	承重建筑高度(m)
甲	33.6	4.00	1.27
乙	33.6	2.00	0.81
丙	55.0	6.28	1.21

1)甲式顶帽示意如图2-4-71所示(立柱中距为4.0 m)。

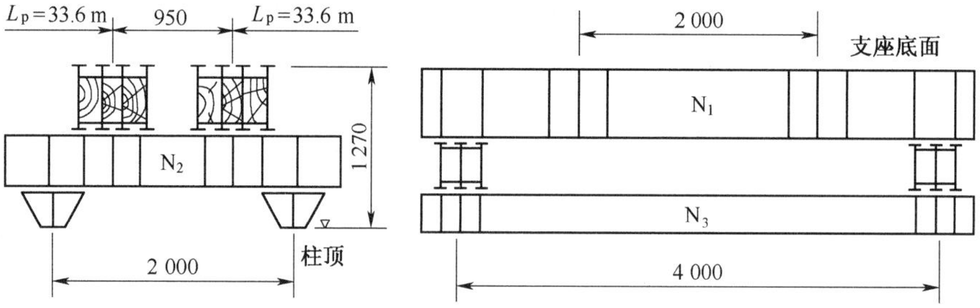

图2-4-71 甲式顶帽示意(尺寸未注明者以mm计)

L_P=33.6 m适用甲式顶帽承台配件数量,见表2-4-32。

表2-4-32 甲式顶帽承台配件数量

序号	配件名称	规格(mm)	每件质量(kg)	数量	备　注
N_1	托梁	I_{55a}×4 600	483.0	8	
N_2	托梁	I_{45a}×2 750	221.1	6	
N_3	托梁	I_{27a}×4 600	196.9	2	
N_4	加劲肋	厚10	2.8	160	焊于N_1上
N_5	加劲肋	厚10	2.2	96	焊于N_2上
N_6	加劲肋	厚10	4.1	24	焊于N_3上
N_7	镶边角钢	∟75×75×8×240	2.2	48	焊于N_3上

续上表

序号	配件名称	规格(mm)	每件质量(kg)	数量	备　注
N_8	螺栓带帽及斜垫圈	ϕ20×150	2.2	16	
N_9	螺栓带帽及垫圈	ϕ20×680	1.9	12	
N_{10}	螺栓带帽及垫圈	ϕ20×400	1.3	12	
每个顶帽承台总质量(kg)			6 840.0		

2)乙式顶帽示意如图 2-4-72 所示(立柱中距为 2.0 m)。

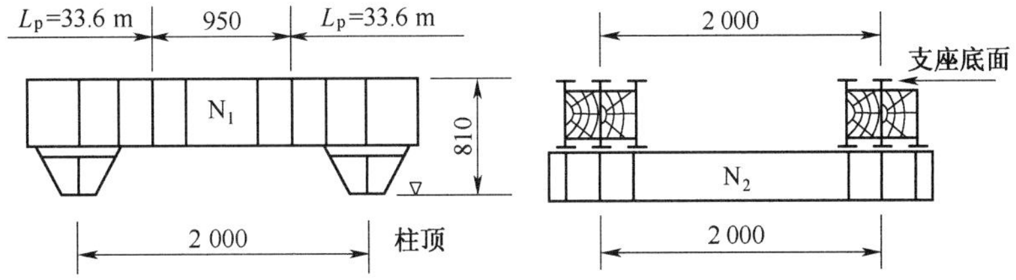

图 2-4-72　乙式顶帽示意(尺寸未注明者以 mm 计)

L_p=33.6 m 适用乙式顶帽承台配件数量，见表 2-4-33。

表 2-4-33　乙式顶帽承台配件数量

序号	配件名称	规格(mm)	每件质量(kg)	数量	备　注
N_1	托梁	I_{45a}×2 750	221.1	6	
N_2	托梁	I_{36a}×2 800	167.7	2	
N_3	加劲肋	厚 10	2.2	96	焊于 N_1 上
N_4	加劲肋	厚 10	5.5	84	焊于 N_2 上
N_5	镶边角钢	∟75×75×8×240	2.2	48	焊于 N_2 上
N_6	螺栓带帽及斜垫圈	ϕ20×150	2.2	144	
N_7	螺栓带帽及垫圈	ϕ20×550	1.59	12	
每个顶帽承台总质量(kg)			2 145.0		

3)丙式顶帽示意如图 2-4-73 所示(立柱中距为 6.28 m)。

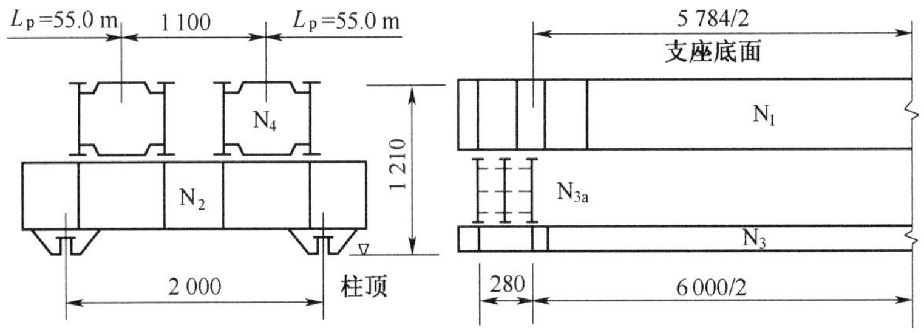

图 2-4-73　丙式顶帽示意(尺寸未注明者以 mm 计)

L_P=55.0 m适用丙式顶帽承台配件数量,见表2-4-34。

表2-4-34 丙式顶帽承台配件数量

序号	配件名称	规格(mm)	每件质量(kg)	数量	备 注
N_1	托梁	I_{55a}×7 000	735.0	4	
N_2	托梁	I_{55a}×2 600	273.0	6	
N_3	托梁	$[_{16a}$×7 000	120.6	2	
N_{3a}	托梁	$[_{16a}$×7 000	12.1	4	
N_4	隔梁	I_{55a}×627	65.8	8	焊于N_1上
N_5	加劲肋	厚10	2.8	96	焊于N_1、N_2上
N_6	加劲肋	厚10	2.6	16	焊于N_3、N_{3a}上
N_7	镶边角钢	∟75×75×8×170	1.5	32	焊于N_3、N_{3a}上
N_8	螺栓带槽及垫圈	ϕ20×400	1.3	12	
N_9	螺栓带帽及斜垫圈	ϕ20×150	2.2	96	
N_{10}	螺栓带帽及垫圈	ϕ20×50	0.4	8	
每个顶帽承台总质量(kg)			5 986		

4)其他跨度的M型钢塔架顶帽承台,可在表2-4-32~表2-4-34内的三种结构中选用。

5)使用表2-4-32~表2-4-34中所列的配件时,须注意以下三点:

①各表内所列配件名称,均不属于M型万能杆件的编号之内,而是专供M型钢塔架顶帽承台用的辅助钢材,须专门加工制作。

②各表中的序号,均是顺序号,所以各表中相同的序号,其配件并不相同。

③各表所列配件中的工字钢或槽钢,均可用相近似高度和惯性矩的工字钢或槽钢代用。

3.N型万能杆件(中式万能杆件)

我国于1953年参考前苏联交通部1944年设计的万能杆件图,由原铁道部新建铁路工程总局编制成中国的万能杆件设计图(原铁道部标准设计图53-004号)N型万能杆件,共有杆件26种(包括螺栓在内)。

N型万能杆件规格见表2-4-35。

表2-4-35 N型万能杆件规格表

编号	零件号	杆件名称	杆件截面尺寸	长度(mm)或面积ω(m^2)	件数	质量(kg)	
						每件质量	编号质量
①	1	弦杆或柱(长)	∟100×100×12	3 994	1	71.4	71.4
②	1	弦杆或柱(短)	∟100×100×12	1 994	1	35.7	35.7
③	1	斜杆(桁架腹部)	∟100×75×10	2 350	1	30.8	30.8
④	1	横撑(中至中2 m)立杆	∟75×75×8	1 770	1	16.0	16.0
⑤	1	斜撑或对角支撑	∟75×75×8	2 478	1	22.4	22.4
⑥	1	弦或柱的拼接角钢	∟90×90×10	580	1	7.8	7.8
⑦	1	柱头(接1或2)支承角钢	∟100×100×12	494	1	8.8	8.8
⑧	1	连接板(1、2或7)	250×10	480	1	9.6	9.6

续上表

编号	零件号	杆件名称	杆件截面尺寸	长度(mm)或面积 $\omega(m^2)$	件数	质量(kg)	
						每件质量	编号质量
⑨	1	斜撑的连接角钢(接 5)	∟75×75×8	630	1	5.7	5.7
⑩	1	墙撑(中至中 6 m)立杆	∟75×75×8	5 770	1	52.1	52.1
⑪	1	斜柱与弦或柱的节点板	$\delta=10$	$\omega=0.39$	1	31.2	39.2
⑪	2		2 000×10	$\omega=0.05$	2	4.0	
⑫	1	节点板(弦与柱)	$\delta=10$	$\omega=0.17$	1	13.6	
⑬	1	节点板(弦与柱)	$\delta=10$	$\omega=0.25$	1	20.0	20.0
⑭	1	节点板(各斜杆联结)	$\delta=10$	$\omega=0.31$	1	24.8	24.8
⑮	1	填板(弦或柱拼接点)	80×10	480	1	3.1	3.1
⑯	1	横撑(中至中 4 m)	∟75×75×8	3 770	1	34.0	34.0
⑰	1	节点板(横撑斜撑与立杆)	$\delta=10$	$\omega=0.20$	1	16.0	16.0
⑱	1	节点板(横撑斜撑与弦杆)	$\delta=10$	$\omega=0.061$	1	4.8	4.8
⑲	1	弦或柱用的缀板	180×10	210	1	3.0	3.0
⑳	1	横撑及斜杆用的缀板	160×10	170	1	2.2	2.2
㉑	1	支座或柱帽	220×16	220	1	6.2	25.6
㉑	2		200×16	220	1	5.6	
㉑	3		90×16	220	1	2.5	
㉑	4		70×16	220	1	2.0	
㉑	5		195×10	220	2	3.4	
㉑	6		140×10	220	1	2.5	
㉒	1	节点板(柱、横支撑、斜杆)	388×10	580	1	18.0	18.0
㉒	2	节点板(柱、横支撑、斜杆)	566×10	580	1	26.3	26.3
㉓	1	节点板(斜杆)	$\delta=10$	$\omega=0.13$	1	10.4	10.4
㉔	1	普通螺栓	$\phi 22$	50	1	0.40	0.82
㉔	2		$\phi 22$	60	1	0.42	
㉕	1	普通螺栓	$\phi 28$	60	1	0.65	2.79
㉕	2		$\phi 28$	70	1	0.70	
㉕	3		$\phi 28$	80	1	0.71	
㉕	4		$\phi 28$	90	1	0.73	

注:表注同表 2-4-28。

4. 万能杆件的安装方法

上述 M 型和 N 型两种万能杆件的主杆件角钢等尺寸不同,不得互相调换使用,但其组成轮廓尺寸则完全相同。组成塔架时,各塔柱之间,中距均为 2 m 或 4 m。

M 型或 N 型钢塔架临时桥墩的安装方法大致与 T 型钢塔架、六五式钢塔架相似,其特点在于:

(1)万能杆件塔架墩的塔柱是以 2 个或 4 个角钢组成,有时采用两个并联的塔柱,借以取得更大断面增强结构强度。

(2)安装前应将塔柱先在地面组装成成品柱节,并将纵横联结板及与上一节的接头角钢拼好(如为顶节或底节时,并应将柱头拼好)。

(3)塔柱可安装在扣轨、工字钢、方木或混凝土上,安装在方木上时,应加垫铁垫板以扩大承压面积。

(4)第一根塔柱立起时,四面应加设电缆,相邻塔柱立起后,应随即逐步将纵横平斜联结角钢及平面斜联安装好。

(5)安装上节塔柱时,下部宜播入事先拼装于下节塔柱上部的接头角钢间(也可以在安装上节塔柱时,现装接头角钢,但安装慢且不安全,一般不宜采用),故必须垂直吊起上节塔柱安装在下节塔柱顶上,为此应采用吊臂可以旋转的吊机(旋臂吊机)。

(6)例如安装一座 16 根塔柱的塔架,采用四组小扒杆各吊装其一个角的四根塔柱,示意图如图 2-4-74(图中只显示其中一个角)。

图 2-4-74 所示的工作顺序是:首先将扒杆的风缆联结在柱头 b、c 及 d 上,吊装塔柱 a;随即将 a 柱中腰至柱头 b、d 及其相反方向的纵横斜联安装好,并在扒杆顶与新立塔柱 a 的柱头间以滑车组联结,扒杆即成为摇头式扒杆,可用以垂直吊立 b、c、d 三柱。此法特点是不必多次移动扒杆,吊装也较安全。

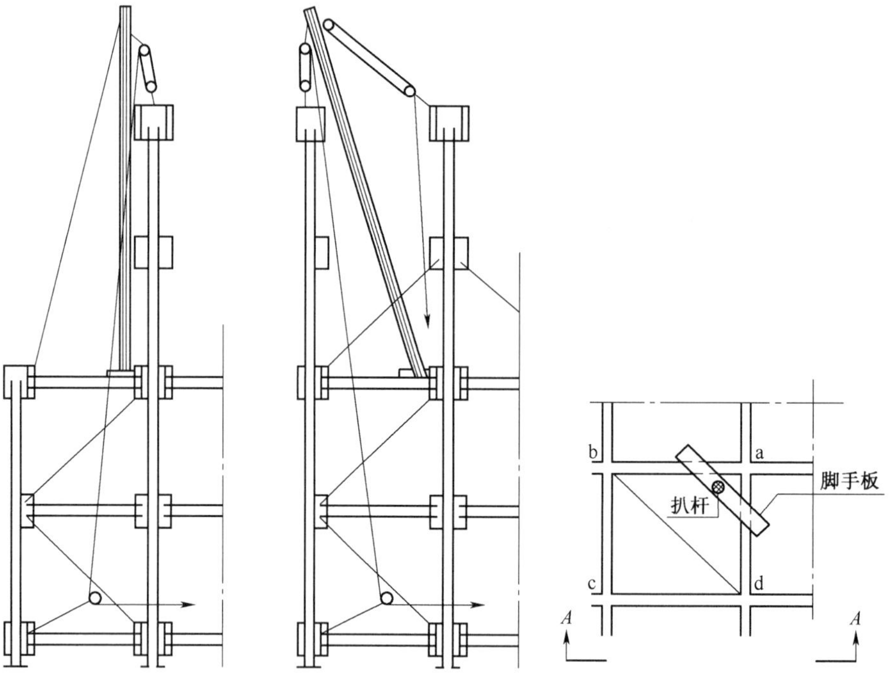

图 2-4-74 万能杆件塔架安装示意

4.3.5 墩台的修补、抢修加固和基本修复

一般混凝土墩台基础部分大多埋于地下,被损坏的可能性很小,较易遭受损坏的部分是墩身、台身,尤其是墩帽、台帽更易遭受损坏。修复时应尽量设法修补、加固原有墩台或利用原墩台的一部分,这比另建临时墩台坚固而又经济,即使原有墩台已全部损坏,但如果其基础未坏,

似应利用原基础修复原墩台。

1. 修补原墩台

原墩台身部分受损伤，应及时进行修补，损伤类别及修补方法如下：

(1)墩台身有浅裂纹，可按裂纹深度凿剔成 5～6 cm 宽的矩形槽沟，用水冲洗，在湿润状态下用水泥砂浆勾缝(填满槽沟刮平)。砂浆与旧混凝土的颜色尽可能做到一致。

(2)墩台身表面伤成凹痕或凹穴，可根据凹形深度用水泥砂浆、混凝土或钢筋混凝土进行填补，如凹形深度不大于 15 cm 时，应先清除松碎部分，清凿凹形边缘使其不浅于 3 cm，经清洗表层并充分湿润，然后用水泥砂浆以人工抹浆法或喷射水泥砂浆法分层填补抹平。人工抹浆厚度每层不大于 2 cm，每层砂浆凝结面以钢丝刷刷成毛面后，再继抹次层。喷射砂浆工艺、设备等与隧道喷射水泥砂浆或混凝土相同。如凹形深度虽大于 15 cm 但面积较小，形成孔洞时，应先清除松碎部分并清洗后，用干稠混凝土填补、捣实、抹平。如凹形深度大于 15 cm 而面积又较大时，则应用钢筋混凝土填补，示意如图 2-4-75 所示。其施工顺序为：

1)清理凹穴表面，除去松碎部分，凹穴的边缘应修凿使其不浅于 5 cm。

2)在凹穴范围内的旧圬工表面，打凿牵钉孔后，冲洗孔眼，孔内灌满水泥砂浆埋设直径 16～25 mm 的牵钉，牵钉的长度随凹穴深度而定，牵钉的间距在纵横方向均不得大于 50 cm。

3)待水泥砂浆凝固后，用直径 12 mm 的钢筋制成钢筋网(网孔约 20 mm×20 mm)定在牵钉上。

4)按墩台轮廓线立模。灌筑混凝土宜在压力下进行，凹穴较浅小时可用水泥砂浆压注，凹穴较深大时，应在模型上部外侧安装高架漏斗，用混凝土压填灌筑使之密实无隙。

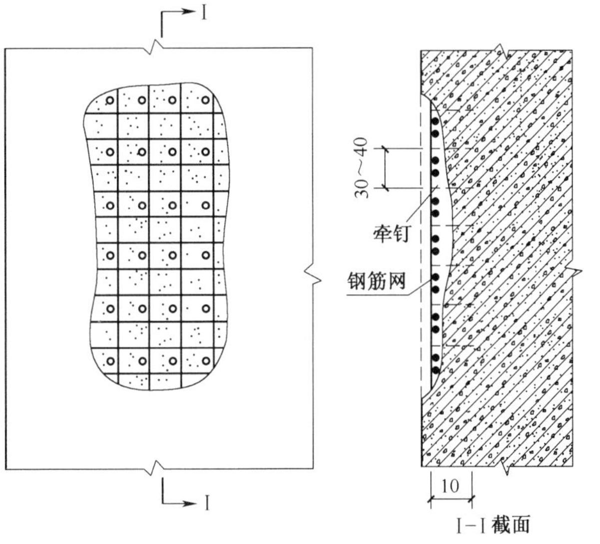

图 2-4-75　凹穴填补示意

2. 抢修加固原桥墩身

原桥墩身局部被炸裂或有较深裂纹危及行车安全时，可在墩身周围筑一层钢筋混凝土箍(灌筑钢筋混凝土箍以快硬水泥为宜)，围箍厚度主要根据墩身损裂程度而定(一般情况为25～40 cm)。为使围箍与墩身结合牢固，应在围箍范围内将墩身混凝土表面凿毛刷净，如无承托围箍的基础时，应在墩身表面上下左右每间隔 50～80 cm 凿成深度为 40 cm 的孔眼，将孔眼冲洗干净，灌满水泥砂浆，插入带钩钢筋或短钢轨做牵钉，与围箍的钢筋联结成整体，按围箍厚度线立模，分层灌筑混凝土。示意如图 2-4-76 所示。

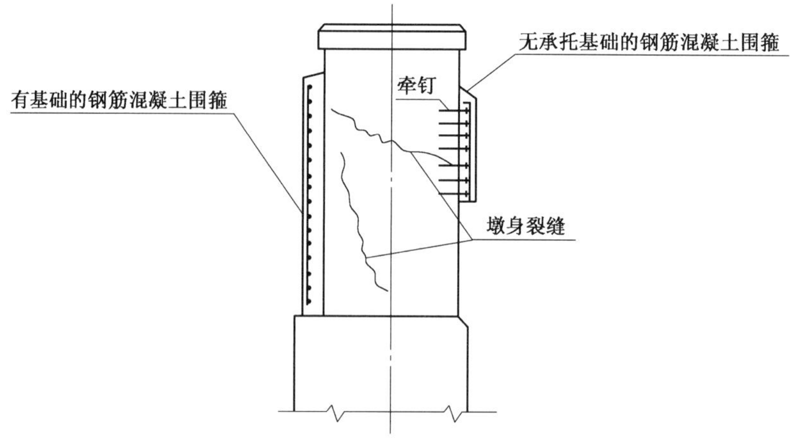

图 2-4-76 围箍加固桥墩身示意

3. 支顶原墩台身缺口

原墩台身有缺口时，可先把缺口四周破碎部分凿除，并把缺口的顶面及底面均凿成平面（或台阶型），用工字梁或钢轨束支顶牢固，即可暂行通车。并随即按原墩台身轮廓立模灌筑混凝土将缺口填满，灌筑混凝土之前，应预先埋设若干灌浆管，以备灌筑混凝土后压注水泥砂浆充满裂缝和空隙，使新旧混凝土牢固结合成整体，示意如图 2-4-77 所示。

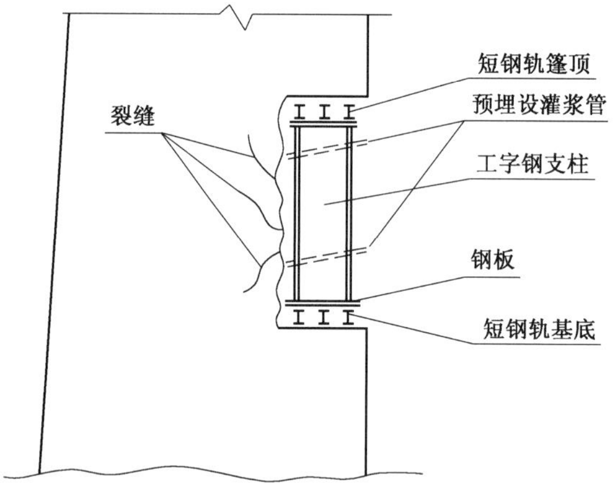

图 2-4-77 支顶修补加固桥墩台身示意

4. 修复原墩台

(1)原墩台身上部被损坏而下部尚完好时，可把损坏部分铲除干净，将保留完好的圬工顶面凿成水平面，也可凿成水平面的台阶并刷洗干净；每一台阶的水平面积不应小于该台阶处的墩台身水平面积的 1/4，台阶宽度为墩台的全宽，高度应小于墩台宽并大于 0.5 m。然后按原墩台轮廓立模灌筑混凝土，修复成原状。新旧混凝土的衔接面应相互埋筑带钩钢筋或短钢轨，如时间紧迫可采用快硬混凝土。示意如图 2-4-78 所示。

如保留的墩台身圬工有裂纹时，除应在旧圬工水平表面埋筑带钩钢筋或短轨外，还必须在旧圬工水平表面上加筑一层钢筋混凝土垫层，厚度为 0.7～1.2 m，并向裂纹部分压浆充实，在水平全平面上加筑钢筋混凝土的垫层，可用一层直径 12 mm 的钢筋组成钢筋网，网孔距为 20 cm，如在台阶形上加筑钢筋混凝土垫层时，则应根据具体形状加筑多层钢筋，或加筑一层小钢轨或由从废旧钢梁上拆下的构件组成刚性构体，如图 2-4-79 所示。

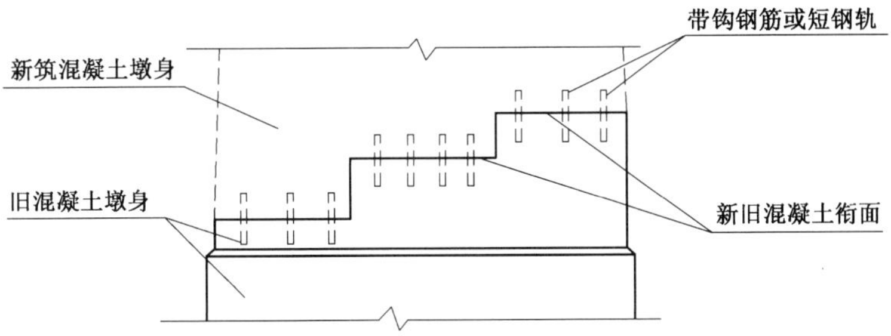

图 2-4-78　利用旧桥墩(台)身修复原状示意

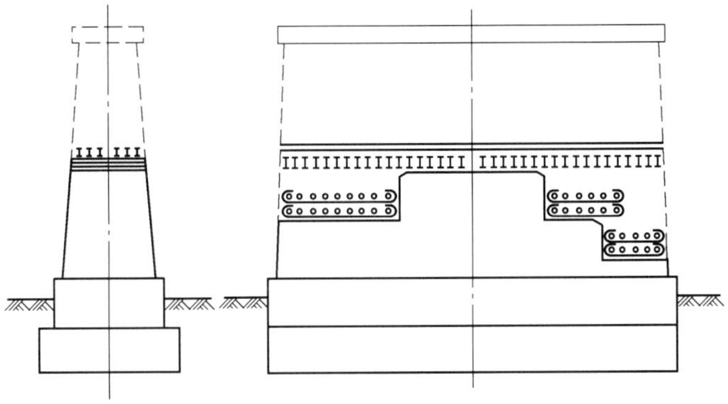

图 2-4-79　有刚性构体的垫层构造示意

立模、灌筑混凝土修复成原墩台施工与新建墩台施工相同。

(2)墩台身新旧混凝土的衔接面如在水面以下时，可采用一般围堰排水施工，如水深超过 3 m 或 4 m 时，可用木板桩或钢板桩围堰排水施工。但被损坏的墩台四周的河床上，往往堆置有大量破碎圬工石块等障碍物，施工时应考虑这些障碍物对围堰施工的干扰。故采用一般土堰时，应先探测并清除水下基础周围的碎块等障碍物或将围堰建设于碎块等障碍物范围之外。采用木板桩或钢板桩围堰时，应尽可能贴靠原墩台基础襟边打板桩，钢板桩可穿透一般混凝土碎块等障碍物。

5. 利用原桥墩基础重建新桥墩

桥墩身被严重损坏已不能利用，但基础完好，旧梁尚可利用或新旧梁等跨，墩位不变时，可利用原桥墩基础重建新桥墩。如工期紧迫，可在原桥墩基础前后适当位置，各先建枕木墩或排架墩(万能杆件桥墩或其他类型桥墩)，并预留将来重建新桥墩时所需的空间距离，架设桥梁。如梁端悬出过长影响行车安全时，可采用以下补强措施先通车，然后重建新桥墩。

(1)在原桥墩基础前后的临时桥墩上设置扣轨梁(木梁或工字梁)，梁上均匀铺设横向托梁木，以托住正桥悬出的梁端部分，示意如图 2-4-80 所示。

(2)在已架设的桥梁的桥枕上，直接扣轨做吊轨梁，用 U 形螺栓与桥枕联结，分担悬梁部分荷重，如图 2-4-81 所示。

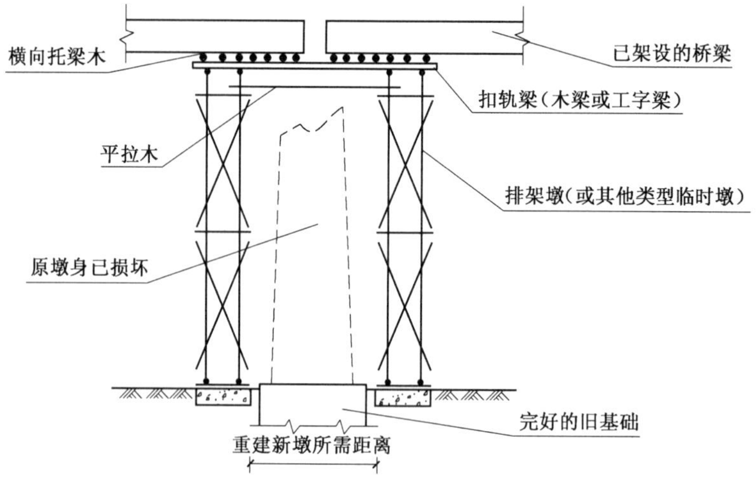

图 2-4-80 利用旧基础重建桥墩示意

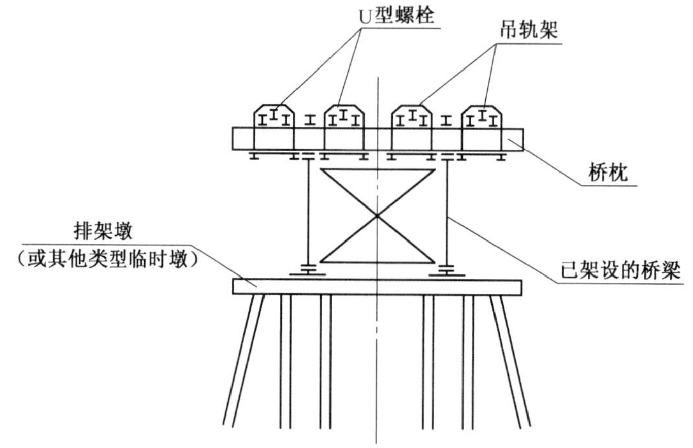

图 2-4-81 在桥枕上直接扣轨做吊轨梁示意

6. 利用原桥台基础重建新桥台

桥台身被严重损坏已不能利用,但基础完好,台位不变时,可利用原桥台基础重建新桥台(重建新桥台方法与重建新桥墩方法基本相似)。如工期紧迫,即在原桥台基础前后适当位置先建设临时桥墩与临时桥台,其上架设便梁先通车,然后重建新桥台,如图 2-4-82 所示。

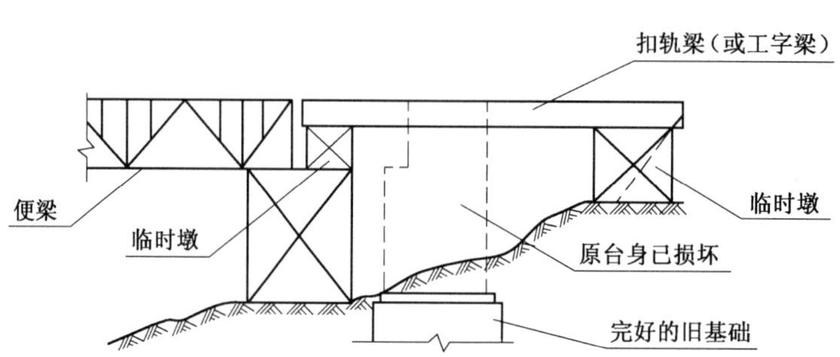

图 2-4-82 利用旧基础重建桥台示意

7. 先抢建正线便桥后修复正桥墩台

(1)为了争取时间尽快通车,可利用原桥墩台尚完好的残余部分先抢建正线便桥,通车后再修复正桥。

1)图 2-4-83(a)是在原桥墩旁的基础襟边上树立排架,这样可使原桥墩在修复时不妨碍行车。

2)图 2-4-83(b)是在原桥墩残体上清理并凿成平面后以排架接高(可根据原桥墩残体经清理凿成平面后的高度选用枕木垛或塔架等接高),这样虽施工较快,但修复原桥墩时,必须另建临时桥墩、另建便梁、拆除原桥墩残体上的排架或另建便线便桥,故一般只在紧急抢修通车时才采用此法。

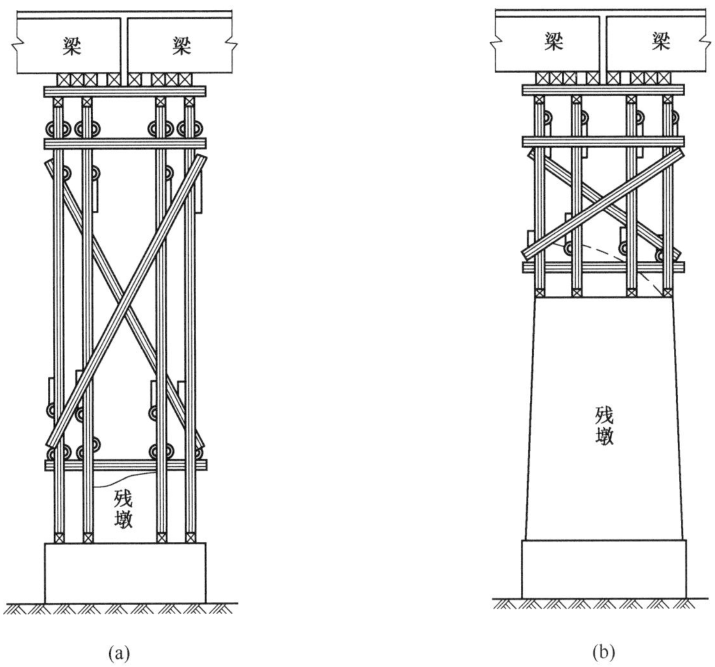

图 2-4-83　在残墩上建临时墩示意

(2)利用坠落梁跨(坠落的梁跨必须以枕木垛或片石等加以支垫牢固)及残余墩台身作为临时桥墩基础抢建正线便桥通车,但修复正桥时必须另建便线便桥,故亦只在紧急抢修通车时才采用此法。

(3)不利用残余墩台身抢建正线便桥,而在原墩台前后选择适当位置抢建临时桥墩(桥台),充分利用各类轻便梁跨架设通车后,亦不妨碍修复原墩台。

(4)在残余的墩台身上接筑临时钢结构墩台,架梁通车后,即在残余的墩台身上立模灌筑混凝土,将临时钢结构墩台包入混凝土中作为修复正桥墩台。

第5章　铁路桥涵顶进

5.1　概　　述

5.1.1　顶进法简介

顶进法施工是指在铁路、公路或其他建筑物下方，顶入预制的钢筋混凝土箱形或圆涵结构，建成各种地下通道或地下建筑物。这种方法的特点是：不开挖地面或不中断地面交通，用机械力量将预制的钢筋混凝土结构顶入地层中（图 2-5-1）。该方法适用于各种穿越铁路、公路、河道、建筑物或街道的桥涵、地道、管道等。

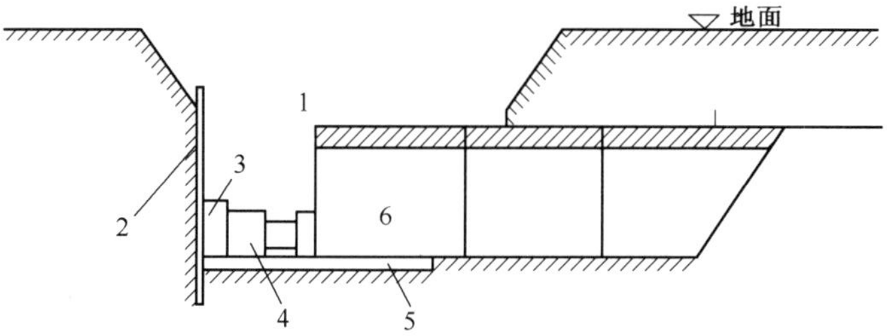

图 2-5-1　顶进法示意

1—工作坑；2—后背；3—后背梁；4—千斤顶；5—底板；6—箱体或管涵

顶进法可分为：一次顶入法、对顶法、对拉法、牵引法等。在顶进施工中应优先考虑整体顶进，因各方面的原因受限而不能整体顶进时，可考虑分节、分体顶进。采用整体顶进时，其长度宜小于 30 m，当大于 30 m 时，宜在纵向分节采用中继间分段顶进，纵向分节的接缝宜设在铁路线间。

按照顶进地下结构物的大小，通常可以分为箱涵顶进、管涵顶进及小口径管道顶进三大类。其中，箱涵结构尺寸较大，顶进工艺较复杂，顶进技术要求较高，是本章着重介绍的，至于顶管技术则针对其特点结合箱涵顶进做一般介绍。

在决定采用何种顶进施工方法之前，应对以下几个方面作充分调查：

(1)地形、地貌及工程地质、水文情况。

(2)是否有需要拆迁的建(构)筑物。

(3)既有铁路路基及工作坑施工范围内是否埋置有管路、电缆、光缆及其他障碍物等。

(4)施工场地的“三通一平”。

(5)现状平交道的交通运输状况及铁路运行情况。

(6)既有铁路的状况(线路平、纵、横断面，钢轨与接触网立柱的型号，无缝线路锁定温度，施工范围内的既有桥涵状况等)。

(7)周边地面及铁路排水现状及拟建泵房排水系统的布置。

(8)顶进施工期间的铁路行车限速要求等。

根据调查情况，结合所需顶进的结构形式、尺寸、施工技术条件、机具设备能力等综合研究，经过技术和经济比较后决定合适的施工方法。

5.1.2　箱涵顶进

箱涵顶进是指在铁路、公路或其他地面建筑物下方，顶入预制的钢筋混凝土箱形框架，建成各种地下通道或地下建筑物。

箱形框架的横断面按使用要求可以分为单孔、双孔和三孔，个别情况还可做成四孔。当用两孔或三孔框架断面时，根据施工现场设备能力，一般将两孔或三孔整体一次浇筑，一次顶进，这样整体性好，施工进度也快。也可以将两孔或三孔分别浇筑，分别顶进；可将三孔做成不等高，这样有利于模板倒用，减少顶进阻力且线路加固也比较容易，如图2-5-2所示。

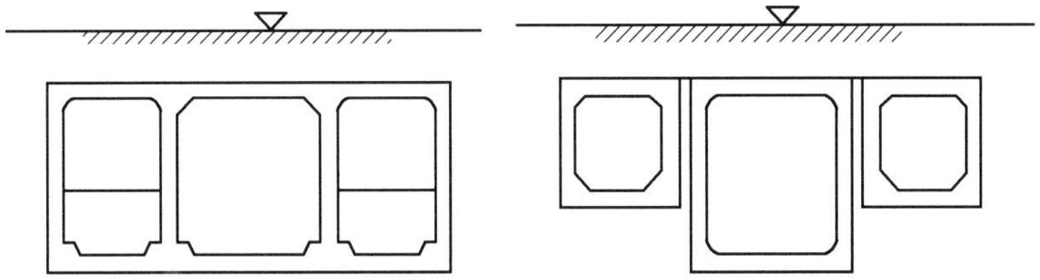

(a) 整体式　　(b) 分离式

图2-5-2　框架结构

由于框架结构截面尺寸较薄，配筋较密，增加了箱体制作的难度，因此应注意加强钢筋及混凝土的施工质量。为提高抗裂性、减轻自重、便于顶进，对跨度大的箱涵应考虑采用预应力钢筋混凝土结构。

5.1.3　管涵顶进

管涵顶进技术主要应用于城市污水排水管道，雨水排水管道，给水工程中的自来水管道，农田水利的引水渠道及输油(气)、热力、电力和通信电缆的外套管等。

管涵顶进是借助于主顶油缸及管道中继间等的推力，把工具管或掘进机从工作坑内穿过土层一直推到接收坑吊起。与此同时，把紧随工具管或掘进机后的管道埋设在工作坑和接收坑之间。它是一种非开挖的敷设地下管道的施工方法。

顶管施工的分类方法很多，以下介绍几种常见的分类方法：

(1)按顶管直径的大小可分为：大口径、中口径、小口径和微型顶管四种类型。其中，大口径顶管多指直径2 000 mm以上的顶管，其顶进设备比较庞大，管道自重也较大，顶进时比较复杂。最大口径可达5 000 mm，比小型盾构还大。中口径顶管的管径一般为1 200～1 800 mm，人在其中需要弯腰行走，大多数顶管为中口径顶管。小口径顶管的孔径一般为500～1 000 mm，人只能在其中爬行，甚至很难进入管道。微型顶管的管径通常在400 mm以下，最小的只有75 mm。

(2)按推进管前的作业形式可分为：工具管与机械顶管。推进管前只有一个钢制的带刃口的管子，具有挖土保护和纠偏功能的被称为工具管。人在工具管内挖土，这种顶管则被称作手掘式。如果工具管内的土是被挤进来再做处理的则称之为挤压式。

以上两种顶管方式在工具管内都没有掘进机械，如果在推进管前的钢制壳体内有机械，则称之为半机械或机械顶管。在钢制壳体中设有反铲之类的机械进行挖土的称为半机械式。为了稳定挖掘面，这类半机械式顶管往往需要采用降水、注浆或采用气压等辅助施工手段。

机械顶管中都可看到推进管前有一台掘进机，按掘进机的种类又可把机械顶管分为泥水式、泥浆式、土压式和岩石掘进机，而顶管也被区分为泥水式、泥浆式、土压式和岩石式顶管。上述四种机械式顶管中，又以泥水式和土压式使用最为普遍，掘进机的结构形式也最为多样。

(3)按推进管的管材可分为：钢筋混凝土顶管、钢管顶管以及其他管材的顶管。

(4)按顶进管道轨迹的曲直可分为：直线顶管和曲线顶管。曲线顶管技术相当复杂，是顶管施工的难点之一。

(5)按工作坑和接收坑之间的距离的长短可分为：普通顶管和长距离顶管。长距离顶管是随顶管技术不断发展而发展的。过去把 100 m 左右的顶管就称为长距离顶管，而现在随着注浆减摩技术水平的提高和设备的不断改进，百米已不成为长距离了。现在通常把一次顶进 300 m 以上距离的顶管才称为长距离顶管。

顶管施工是一门涉及知识面广、施工管理要求高、施工作业要求严的综合性施工技术。近年来，随着各国经济的不断发展、城市化进程的加速和下水管普及率的提高以及旧城区的改造、公用事业的发展，顶管施工也越来越普及。

顶管施工最突出的特点就是适应性问题。针对不同的土质、不同的施工条件和不同的要求，必须选用与之相适应的顶管施工方式。只有这样才能达到事半功倍的效果，反之则可能使顶管施工出现问题，严重的会使顶管施工失败，给工程造成巨大损失。

挤压式顶管只适用于软黏土中，而且覆土深度要求比较深。通常条件下，不用任何辅助施工措施。

手掘式只适用于能自立的土中，如果在含水量较大的砂土中，则需要采用降水等辅助施工措施。如果是比较软的黏土则可采用注浆以改善土质，或在工具管前加网格，以稳定挖掘面。手掘式的最大特点是在地下障碍较多且较大的条件下，排除障碍的可能性最大、最好。

半机械式的适应范围与手掘式差不多，如果采用局部气压的辅助施工措施，则适用范围会更广些。

泥水式顶管适用的范围较广，而且在许多条件下不需要采用辅助施工措施。

土压式的适应范围最广，尤其是加泥式土压平衡顶管掘进机的适用范围最为广泛，可以称得上全土质型，即从淤泥质土到砂砾层都能适应(标贯值 N 在 0～50 之间，含水率在 20%～150%之间的土都能适应)。而且，一般也不需要辅助施工措施。

5.1.4 小口径管道顶进

小口径管道顶进施工起源于日本，是指人不进入管内作业的遥控式顶管施工法，一般用于口径在 900 mm 以下的管道铺设。但实际上可以铺设更大直径的管道，最大可达 3 000 mm，甚至更大。小口径顶管不仅用于下水管施工中，而且还广泛用于自来水、石油、天然气、电缆、通信等各个领域的管道敷设工程中。以前由于这些管道埋深浅、口径小，所以大多采用开挖法施工。但随着城市建设规模的不断扩大，城市中道路的等级也越来越高，加上交通量的不断上升，许多建成区内已无法采用开挖法施工。另外，随着铁路网、公路网和高速公路网的建成，许多穿越路基的管道也不允许采用开挖法施工。

由于上述各种因素的制约，促使小口径顶管得到迅速发展和完善，同时也显示出其优良的施工性能和低廉的施工成本。

小口径顶管施工法主要适用于：

(1)管径 150～3 000 mm(甚至更大)。

(2)管线长度可达 500 m 或者更长,一般为 50～300 m。

(3)管材可以是混凝土管、陶土管、玻璃钢管、铸铁管、钢管、HDPE、MPP 管等。

(4)各种土层,包括含水土层,但最大卵、砾石块的粒径不大于切削头直径的 1/3。

非开挖技术措施按施工工艺可分为:导向钻进铺管技术、遁地穿梭矛铺管技术、顶管掘进机铺管技术、顶管铺管技术。主要的施工方法有:顶管法、微型隧道法、定向钻法、冲击矛法、夯管法等。

5.1.5　桥涵顶进技术标准

(1)钢筋混凝土框构应满足《铁路混凝土结构耐久性设计暂行规定》,混凝土强度等级不低于 C35;有抗渗要求时,应采用抗渗等级不低于 P8 的混凝土;轴长不应小于路基宽度。

(2)桥涵顶进施工需架空线路时,应采用可靠的加固体系。

(3)框构桥涵外形尺寸误差应符合下列规定:宽度为±50 mm;轴向长度为±50 mm;顶板、底板厚度为$^{+20}_{-5}$ mm,中、边墙厚度为$^{+20}_{-5}$ mm;梗肋为±3%。

(4)框构桥涵的顶进误差应符合下列规定:

1)中线:一端顶进时为 200 mm;两端顶进时为 100 mm。

2)高程:顶程的 1%,但偏高不得超过 150 mm,偏低不得超过 200 mm。

(5)圆涵的顶进误差应符合下列规定:

1)中线:50 mm。

2)高程:偏高 20 mm,偏低 50 mm。

3)管节错口:一端顶进时为 10 mm;对顶时为 30 mm。

(6)顶进桥涵的接口应采取可靠的防渗漏措施,并应具有良好的耐久性。地质不良地段,应进行地基加固;就位后应对边墙两侧路基进行加固处理。

(7)通行车辆、行人的立交桥涵,应有良好的防排水设施。

(8)框构主体顶面和侧墙外面应按规定作防水层,顶面防水层还应设有 C40 的纤维混凝土保护层;带土顶进时,顶部防水层的保护层厚度不得小于 8 cm。

5.2　顶进施工方法

5.2.1　一次顶入法

一次顶入法是最早使用的桥涵顶进施工方法,由于它工序简单,施工方便,因而也是目前用途最广的一种方法。其特点是:主体结构整体一次预制完成,只要顶力设备许可,不论桥涵位置正交、斜交、覆土厚薄,一般都能一次顶入就位,施工期较短,对既有铁路运输干扰时间短;但由于是铁路一侧整体顶进,因而后背大,所需传力设备也多。

5.2.2　对 顶 法

对顶法是在拟建桥位路基两侧各修筑一个工作坑,在工作坑的滑板上,各预制半段箱身,借助两侧修筑的后背,将箱身顶进就位。

对顶法一般在框架桥长度较长,一次顶入的顶程及顶力较大,顶进设备不足或工作坑长度因场地受限，而设置中继间也有困难时采用。若顶进设备够用，两侧箱身可同时对顶进入路基；若顶进设备不足，则可先顶入一侧箱身，然后将顶进设备移至铁路的另一侧，顶进另一侧的箱身，使之与先顶进的箱身对接。箱身对接位置应选择在两股线间距较大的位置。接缝处应采取可靠的止水措施，该措施既要止水防漏，确保箱身内干燥，方便行人和车辆的通行，又要满足接缝两侧结构可能产生不均匀沉降的要求。

该方法虽然具有分建后背和减小顶力的优点，但要修建两处后背并需最后“对接合龙”，故对顶进方向和高程有较高的要求，通常在地基较好又有切实纠偏措施时才考虑采用。

5.2.3 中继间法

将箱身轴向分节预制，在工作坑后端修建小型后背，各节箱身间设中继间，各节箱身之间和末节箱身与后背之间均安设千斤顶，然后由前至后依次逐节驱动千斤顶，逐节推动箱身。后背处的千斤顶回收后，安放顶铁，再开始第二次顶进，依次往复循环顶进，直至箱身顶进就位。由于逐节顶进箱身，故后背的最大反力仅为最后一节箱身的顶力，使后背工程大为简化。

此法的优点是后背小，顶进设备用量少，不需要拉锚设备，箱身预制简单，而且箱身的分节顶进比顶拉法自由，还可以克服因箱身过长而纵向配筋增多的问题。当受施工场地限制，不能沿箱身轴线分节预制时，还可以沿线路横向排列分节预制。例如箱身分 3 节预制，将中间沿顶进轴线排列的第 1 节箱身先顶入路基，然后将第 2 节横移至顶进轴线位置上，安装第 1 个中继间，待第 2 节箱身顶入路基后，再将第 3 节横移至顶进轴线位置上，安装第 2 个中继间，在继续顶入路基，直至全部箱身就位。

箱身横移的方法可采用顶进法，但需要设置横向后背，或在工作坑滑板上设置滑道，用卷扬机及滑轮组牵引；另外还可以在箱身内穿进桁梁进行横移。其中，采用拆装梁杆件组拼成桁梁，穿入箱身内，在支座处用千斤顶将箱身抬起，放在滑道上，用圆钢作为滚轮，由卷扬机拖拉就位，功效较快。

由于具有上述优点，故在箱身长、顶力大或受施工场地限制无法修建大型后背等情况下，中继间法被广泛采用。但该施工方法中箱身间的接缝处是今后使用过程中的病害隐患。接缝处理主要包括：防止错牙和止水防漏。前后节箱身在顶进中，其重心的运动轨迹不易重合，故产生垂直分力，使重心线高差增大，因此前后节箱身间会产生错牙。为使前后节箱身能互传剪力，并随时掌握顶进时的高程，不至于产生较大的高程误差，以减少剪力值，防止错牙，常在箱身间设置剪力销、传力钢筋及钢搭榫(图 2-5-3)。为不使土挤进箱身，两节间设钢接缝板，钢板面与箱身混凝土面齐平。为防止接缝处漏水，在顶进就位前，于中继间设橡胶止水带。

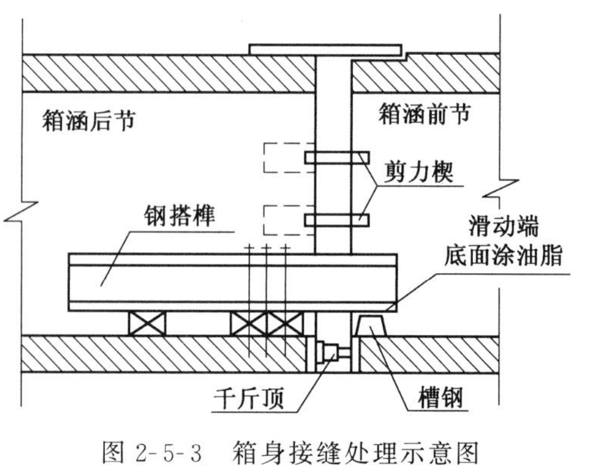

图 2-5-3 箱身接缝处理示意图

5.2.4 顶拉法

当桥涵穿越股道较多，箱身长度较长，箱顶无覆土或覆土不厚，在顶进时能将线路架空时，采用顶拉法是比较合适的。一般中小型箱涵采用顶拉法施工效果较好，对后背修筑困难时，顶拉法更显示出其优越性。

顶拉法施工是将整座箱涵分为若干节，用通长的钢筋束或用螺栓连接起来的型钢作为拉杆，将各节箱身串联起来，根据中继间的工作原理，利用其中两节或更多节箱身的摩阻力，借助于千斤顶克服另一节箱身顶进时的摩阻力，依次逐节顶拉前进，做到不设固定后背而将箱身顶入路基（图 2-5-4）。后节箱身对于前节箱身有顶的作用（靠千斤顶实现），而前节箱身对于后节箱身有拉的作用（亦靠千斤顶实现），故此法称之为对拉法。

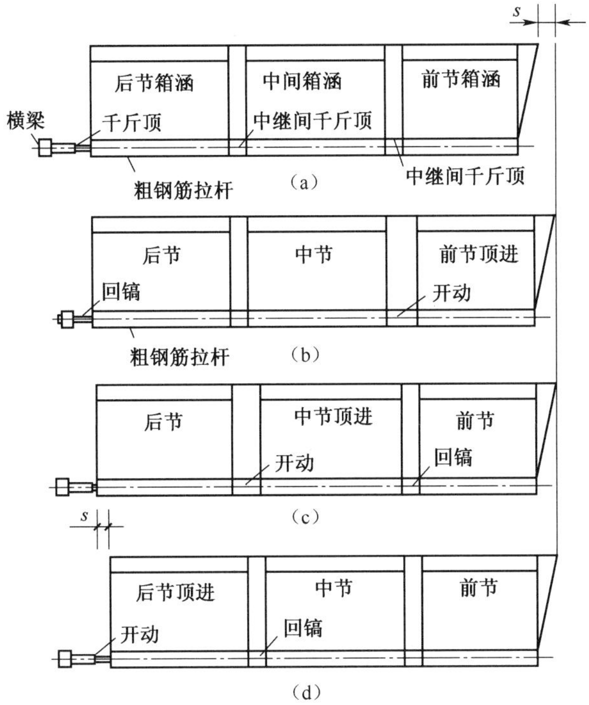

图 2-5-4　顶拉法示意图

顶拉法施工时，一般分节长度应不小于箱身高度，最好为箱身高度的 1.5 倍以上，使其具有一定的稳定性以避免倾覆。分节最少为 3 节，尽可能分为 4 节或 4 节以上，以防止顶进时静止摩阻力不够而产生倒退现象。若使用气垫减阻时最少分为 2 节，顶进节开气，后节闭气，交替进行。另外还要注意使铁路线路尽量位于同节箱身上，节缝位置最好设在两线间距的中间为宜。

箱身较长时，在满足顶拉法施工需要的节数和顶力许可的前提下，分节最好长些，以减少接头。在箱身分成 4 节的情况下，应注意后两节节长最好是前两节的 1.2～1.5 倍，以确保箱身顶进顺利入土。

顶拉法虽有可省去后背、传力设备少和顶进费用低等优点，但也有如下较明显的缺点：

(1)隔离层阻力大，启动困难，对滑板结构承载力和稳定性要求高。

(2)定向约束差，顶进时箱身易摆动，节间易错位，接缝多，防水处理工作量大。

(3)作为后背的各节当静止摩阻力偏小时，会产生倒退现象。

因此，顶拉法在软土地基施工中不宜采用。

5.2.5　对 拉 法

对拉法也是先在铁路两侧工作坑内各预制一节箱身，然后利用小口径顶管法，将高强钢丝束或其他拉杆穿过路基，使两节箱身连接上，互为地锚，对拉前进，直至对接合龙（图 2-5-5）。

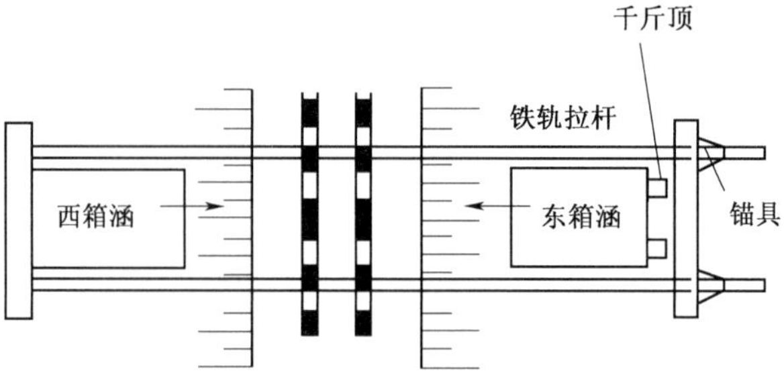

图 2-5-5　对拉法示意图

对拉法不需要后背，因此可在后背修筑困难或不经济时采用。目前主要用于箱身不长，且底板置于原地面附近的单孔小跨径箱涵。对拉法的缺点与对顶法大致相同，目前国内很少采用此法。

5.2.6　牵 引 法

牵引法是在计划埋设结构物位置的对面设置特殊的张拉千斤顶，用千斤顶拖动穿过水平钻孔的预应力钢绞线，通过钢绞线将置于对面的结构物拉入路基中的方法。由于顶入法是在埋设的结构物的后面设置千斤顶，而牵引法是将千斤顶设置在结构的前方，故人们常将牵引法称作“前置千斤顶法”。

牵引法的主要特点：

（1）不必修筑后背，可利用下一步待牵引的结构物或既有路基等作为后背。

（2）由于不必修筑后背，因而在修筑后背困难的松软地层地段也能顶入大型结构物。

（3）方向性较好。

（4）覆土极薄的地方也能施工。

（5）采用分段牵引法时，可用较小的牵引力进行大型结构物施工。

牵引法除了前置千斤顶法外，还有双向牵引法、分段牵引法及盾构法等。牵引设备包括张拉千斤顶、预应力钢绞线及夹具。

5.2.7　多孔分次顶入法

对穿越既有线路较宽的多孔框架桥，一般按孔数将框架桥横向分为 2～4 个单体箱身。每个单体箱身可以是单孔，也可以是双孔框架结构。孔跨大小和顶进顺序应根据线路加固条件来确定。箱身间净距一般控制在 10 cm 左右为宜。间距太小，若箱身预制偏差大就难以顶入；间距太大，由于后续箱身的顶进时仅一侧受土压力，间距难以控制。

多孔框架桥顶进顺序可根据 D 型施工便梁的型号、箱身孔径大小、施工安全、工期要求及经济效益等诸多因素综合对比后，择优选用。其顶进的顺序主要有三种形式：

（1）按顺序顶入法：从一端开始依次逐个顶入。优点是第一孔箱身顶进后，可作为第二孔便梁的支墩箱，顶进方向易控制。缺点是便梁支墩架设次数多，施工周期比较长，行车影响较大。

（2）先中孔后边孔顶入法：先把中间的一孔箱身顶入作为两侧边孔便梁支墩箱，然后顶入边孔。优点是中孔顶进就位后可先开通，两边孔可同时顶进，能加快施工进度。缺点是大跨的中孔先顶进势必增加便梁支墩的工程数量，工程成本较高。

(3)先边孔后中孔顶入法：先把两侧的边孔箱身顶进就位，然后利用边孔箱身作为便梁支墩箱，顶进中孔箱身。优点是边孔的跨径一般较小，顶进偏差易控制；两边孔作为便梁支墩箱，可节省支墩的工程数量，顶进比较稳妥。缺点是必须严格控制两边孔的顶进方向偏差，避免中孔无法顶入。

多孔分离框架结构(简称分离式)与多跨连续框架结构(简称连续式)的主要差异如下：

(1)箱身预制阶段：分离式较连续式的工期长，需周转材料多(指模板、支撑等)。

(2)顶进施工阶段：分离式较连续式的限速时间长，但加固范围和既有线的变形则前者较后者小。

(3)建成运营阶段：连续式整体美观，而分离式则不易做到，且箱身间隙的止水防漏是结构性弊端，在粉土地区显现的尤为严重。

5.2.8　开槽顶入法

顶入法修建框架桥时，因其箱身底板面积大，基底应力小，故在软土地区优势较为明显。但在地基坚硬的地区，则可充分利用地基的承载力，顶入门式刚架桥，使底板的工程量减小，顶力也相应降低。尤其在湿陷性大的地区，刚架桥的下部结构宜采用桩基穿透湿陷性土层，直接支撑在坚硬的土层上，顶入刚架桥则更为适宜。

在工作坑内预制钢筋混凝土门式刚架桥，在其中墙、边墙相应的铁路路基处，按中墙、边墙厚度开槽，为保证路基稳定需将路基开槽部分进行支撑加固。然后，将预先修筑好的基础和沟槽作为滑道，将刚架桥顶入。为减小顶力，可在基础顶面或刚架桥的边墙、中墙底部各预埋一钢板，并在其上涂油，顶进就位后将预埋的钢板焊死即可。

开槽顶入法的主要特点：所需顶力较小，可将刚架桥顶进就位后再挖出中间部分路基土，使施工进度大大加快，就位后偏差基本可以控制。但按此法基础施工困难，只适用于路基土质较好，地下水位低的地区。另外，采用该法施工时，还应注意路基土质，确保开槽不至于塌方。因此，为了保证施工安全，顶进施工前必须进行线路加固。

5.2.9　顶进框架桥和顶梁结合法

在既有桥改建中，为了在不中断铁路运输的情况下拆除旧桥修建跨度较大的新桥时，采用顶进框架桥和顶梁相结合的方法则比较适应。此法是先预制两座框架作为新建桥的桥台，按一般顶入法将桥台顶入旧桥的两侧，然后再顶入新桥主梁，或利用行车间隙短时间封锁线路，在箱形桥台上架设新桥主梁。随后挖除主梁下的路基土、拆除旧桥、修筑路面，即成为地道桥。

用顶进框架桥和顶梁相结合的方法修建地道桥，在顶进桥体的墩台时，需特别注意各墩台间的净距。对于除了需要顶入两侧桥台外，还需顶入桥墩时，宜先顶中墩，再顶边墩，以便根据中墩顶进时的方向偏差，在顶进边墩时进行方向调整。当墩台顶进完成后，即可进行架梁工作。梁体可以是钢结构，也可以是钢筋混凝土结构。顶梁工作可以在铁路封闭的情况下进行，若不能封闭，则应对线路进行加固处理。

5.2.10　斜交桥涵顶进法

道路与铁路的交叉角小于 90°者谓之斜交。对于这种斜交的框架设计和顶进工艺应根据其斜交角度、跨径大小、孔数多少及箱身长短等综合研究确定。

1. 斜交正做顶进

这种方式一般用于斜交角较小的多孔分离式小孔径框架桥的顶进,其出入口为阶梯形(图 2-5-6)。

2. 正交正做顶进

这种方式一般用于稍许斜交,亦即斜交角小于 90°不多,且箱身长度较短的大跨径框架桥。但是,道路斜交,箱身内净空未能完全利用(图 2-5-7)。

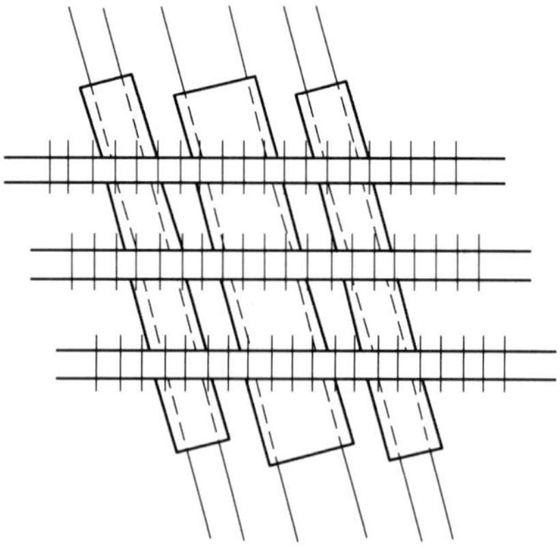

图 2-5-6 斜交正做顶进示意

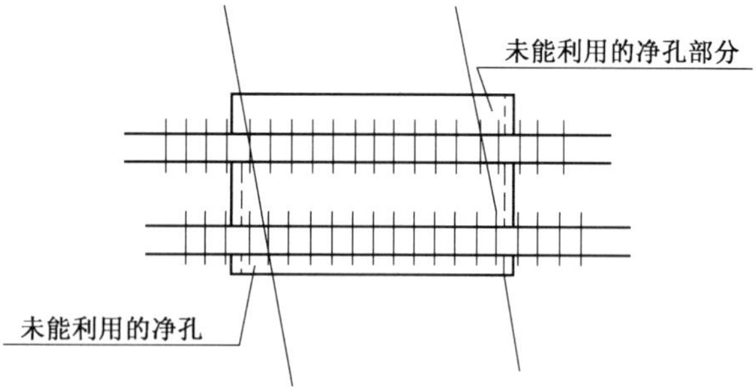

图 2-5-7 正交正做顶进示意

3. 斜交斜做顶进

这种方式主要用于斜交角较小,或箱身较长的大跨径框架桥。为了解决斜向顶进的千斤顶安装问题,需要将箱身尾部的底板浇筑成为一个与顶进方向垂直的支顶面。该部分只按构造配筋,不参与框架受力(图 2-5-8)。斜向顶进与正向顶进的不同点在于前者框架尾部的锐角端需要较大的顶力,才能使箱身沿正确方向顶进。箱身顶入土后,由于边墙两侧土压力作用,而土压力至箱身轴线间的力臂是不相等的,故产生一个逆时针力偶,因此箱体轴线明显向一侧偏移。此时,箱身上的千斤顶必须精心布置,确保顶进方向偏差不得超限。若按通常的对称布置则很难控制顶进方向。

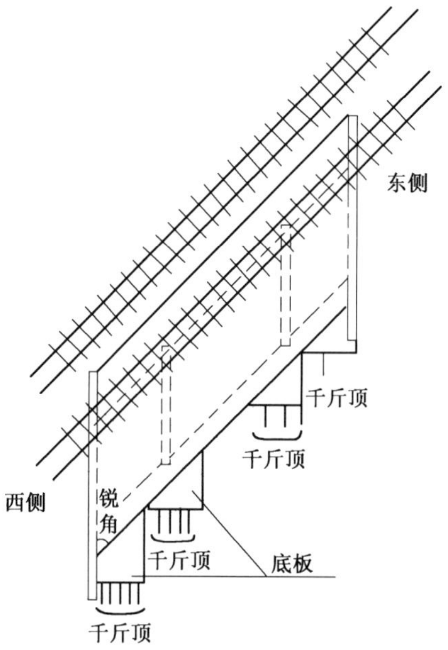

图 2-5-8 斜交斜做顶进示意图

由此看出,在斜交斜做顶进时,应注意锐角一侧的千斤顶要多布置一些,以确保箱身的正确就位。为了保证正常顶进,千斤顶台数应考虑一定的备用量。通常,备用台数为总台数的 25%左右。另外,采用千斤顶不对称布置还应注意如下事项:

(1)选用千斤顶的顶程应小些,以适应顶进不同阶段的要求。

(2)千斤顶的储备能力要比一般正交框架正向顶进时大,以满足纠偏的需要。

(3)顶进全程应信息化施工,随时测量了解框架桥顶进方向和高程,以便采取有效措施,保证框架桥正确就位。

5.3　顶进施工工艺

顶进桥涵施工前应做好现场调查，充分掌握施工现场的第一手资料。在此基础上，做好施工放样、工作坑支护、滑板及润滑层制作、预制箱身、顶力计算、后背验算、线路加固、地基加固、顶进作业、线路恢复、施工监测及应急预案等工序。

5.3.1　现场调查

顶进桥涵施工之前，应根据设计文件对工程进行周密的实地调查核对。这对正确选择施工方案、制定技术措施、合理安排施工顺序和施工进度等都是非常必要的。为了编制切实可行的施工组织设计并顺利施工，应对以下内容做好深入细致的调查工作。

1. 对施工场地的调查

(1)施工地点的地形、地貌、地基土类型及其物理力学指标。

(2)地下水位、各含水层的渗透系数及周边场地的排水现状。

(3)当地的气象资料，包括气温、降雨、冰冻、台风等季节变化情况。

(4)施工范围内的地上、地下各种设施及管线的种类、结构、位置、用途、产权单位的拆迁方案，以及必须采取的施工防护或临时过渡方案，并签订相关的协议，以利相互配合、监督和执行。

(5)顶进桥涵的泵站位置及其排水系统的布置等。

2. 对施工影响地段铁路和道路交通情况的调查

(1)既有铁路或站场股道设施状况，包括既有线的股道数、道岔、线间距、轨顶高程、无缝线路锁定温度、接触网立柱、信号机及既有桥涵等。

(2)既有线路的运行资料，包括行车速度、行车对数及间隔时间等；施工期间允许的慢行范围和限速值。

(3)现状若有平交道口时，还应调查其交通流量、施工期间的临时过渡方案、技术标准和管理方式等。

(4)既有线路的轨道电路、信号联锁和闭塞方式。

(5)既有线路的路基与排水状况以及影响顶进施工可能发生的地质不良现象等。

3. 对施工范围周边环境的调查

(1)视工程规模大小，应对施工用水、用电的供应情况进行调查，包括给水的水源、水质、水压及接管地点；供电能力、输电距离、用电负荷及变压器设置等。

(2)对各种材料的市场供应情况、价格、品种、运距等进行调查，尤其应对商品混凝土的供应做全面调查，以便及时落实供需要求。

(3)对交通道路和施工运输条件要认真调研，统筹安排好施工场地的总体布局，尽量减少场地内倒运和交通拥堵，充分考虑消防和抢险的应急要求等。

(4)对顶进施工期间产生的弃土(砟)、泥浆的外运路径和弃土场要详细调查并落实，避免因施工而影响周边的环境。

4. 对施工组织设计所需资料的调查

除上述有关资料外，还应完善机具设备、劳力情况、施工期限等方面的资料。

5.3.2 施工放样

1. 准备工作

(1)施工放样使用的全站仪、经纬仪、水准仪、钢尺等测量仪器使用前应检查校正,并应有相关的有效校验合格证。

(2)熟悉设计文件,在现场调查的基础上,根据设计技术交底,领会设计意图。

(3)对交付的中线桩、水准点进行复核(包括:道路中心线与铁路中心线的夹角、轨顶高程等),并加以保护,必要时应设置护桩。

2. 测量放样

(1)工作坑的中心线应与顶进箱身的轴线一致,这是施工全过程的基准线,并以此测出箱身预制端线和墙身位置线。

(2)在工作坑附近应设置临时水准点,工作坑开挖之后,在坑内两端也要设置1～2个临时水准点。

(3)桥涵顶进就位线应在路基开挖线以外的可靠位置设置控制桩。

3. 注意事项

(1)基线的水准点等控制桩必须在路基开挖线以外的可靠位置,并用混凝土保护,必要时加设护栏围护。

(2)工作坑围护结构中心线及工作坑开挖边线,可撒石灰线示意出来。

(3)各道工序放样都应建立交接台账制度,并详细做好测量记录,以备核查。

(4)测量精度必须符合现行国家标准《工程测量规范》中的相关要求。

5.3.3 工作坑支护

工作坑是顶进桥涵施工过程中的临时结构,应在确保行车安全和顶进施工质量的前提下,力求减少加固支撑材料,降低工程造价。工作坑施工主要包括选址、围护方案选型、围护方案验算、地下水控制、地基加固、挖土与回填、环境保护、施工监测及抢险加固等内容。

1. 工作坑选址

(1)工作坑应根据线路状况、现场地形地貌及施工需要,在保证排水和安全的前提下,选择施工场地宽敞、供料和出土方便的一侧。

(2)靠线路一侧的工作坑边坡的坡顶距离外侧线路中心线的最小距离不应小于5 m,边坡的坡度不小于1∶1,其余边坡的坡率宜为(1∶0.5)～(1∶1.25)。对不稳定土层或雨季施工的工作坑边坡应进行抗滑移稳定验算,若边坡不稳定,则应进行加固处理后再开挖。当坑边的建筑物基底压力线进入工作坑,或工作坑的边坡不能按规定开挖时,则应采取加固处理。

(3)工作坑的尺寸应根据顶进桥涵的长度、宽度、后背尺寸和施工作业的空间来确定。一般情况下,底板尾端和后背间应留出2～3 m布置顶进设备的位置;箱身两侧可视结构高度、模板支设方法、混凝土浇筑方案、排水情况等预留1～2 m左右的工作宽度;箱身前端应预留刃脚和箱身空顶的位置。

(4)工作坑基底的承载力应满足预制箱身及顶进施工之需,若地基土的工程性质较差,则应对其加固处理,具体的加固方案应结合出入口两侧引道工程的地基处理,以免产生交叉施工。

(5)工作坑的弃土坡道应避开后背土体顶进受力范围,若条件受限不能避开时,坡道边坡应进行支护处理。

(6)环境调查。

1)应查明工作坑周边 2～4 倍开挖深度范围内建(构)筑物的地上及地下结构类型、层数、基础类型及埋深、使用现状和质量情况。

2)应查明工作坑周边 2～3 倍开挖深度范围内的给排水、供电供气和通信等管线系统的分布、走向及其与工作坑边线的距离,管线系统的材质、接头类型、管内流体压力大小、埋设时间等。

3)应查明场地周围地表和地下水体的分布、水位高程、距工作坑距离、补给与排泄关系,估计其对工作坑工程可能造成的影响等。

4)应查明工作坑四周道路的距离、路宽、车流量及载重情况。

5)应查明土坡、河渠情况及其与工作坑的平面位置关系等。

2. 工作坑围护方案选型

围护结构应综合考虑工作坑周边环境和地质条件的复杂程度、基坑深度等因素,按表 2-5-1、表 2-5-2 采用合适的围护结构安全等级及对应的侧壁重要性系数。对应工作坑的不同部位,可采用不同的安全等级。

表 2-5-1　围护结构的安全等级

安全等级	破坏后果
一级	围护结构失效、土体过大变形对基坑周边环境或主体结构施工安全的影响很严重
二级	围护结构失效、土体过大变形对基坑周边环境或主体结构施工安全的影响严重
三级	围护结构失效、土体过大变形对基坑周边环境或主体结构施工安全的影响不严重

表 2-5-2　基坑侧壁重要性系数

安全等级	一级	二级	三级
重要性系数	1.10	1.00	0.90

工作坑可根据其坑边的周边环境、开挖深度、工程地质与水文地质、施工作业设备和施工季节等条件,按表 2-5-3、表 2-5-4 选用放坡、土钉墙、水泥土墙、排桩、地下连续墙或采用上述型式的组合。

表 2-5-3　围护适用条件和不宜使用条件表

结构形式	适用条件	不宜使用条件
放坡	(1)基坑周边开阔,满足放坡条件。 (2)允许基坑边土体有较大水平位移。 (3)开挖面以上一定范围内无地下水或已经采取降水处理。 (4)可独立或与其他结构组合使用	(1)淤泥和流塑土层。 (2)地下水位高于开挖面且未经降水处理
土钉墙	(1)允许土体有较大位移。 (2)岩土条件较好。 (3)地下水位以上为黏土、粉质黏土、粉土、砂土。 (4)已经采取降水或止水处理的岩土。 (5)开挖深度不宜大于 12 m	(1)土体为富含地下水的岩土层、含水砂土层,且未经降水、止水处理。 (2)膨胀土等特殊性土层。 (3)基坑周边有需严格控制土体位移的建(构)筑物和地下管线

续上表

结构形式		适用条件	不宜使用条件
水泥土墙		(1)开挖深度不宜大于 7 m,允许坑边土体有较大的位移。 (2)填土、可塑～流塑黏性土、粉土、粉细砂及松散的中、粗砂。 (3)墙顶超载不大于 20 kPa	(1)周边无足够的施工场地。 (2)周边建筑物、地下管线要求严格控制基坑位移变形。 (3)墙深范围内存在富含有机质淤泥
排桩	悬臂	开挖深度不宜大于 8 m	周边环境不允许基坑土体有较大水平位移
	桩锚	(1)场地狭小且需深开挖。 (2)周边环境对基坑土体的水平位移控制要求严格	(1)基坑周边不允许锚杆施工。 (2)锚杆锚固段只能设在淤泥或土质较差的软土层
	内撑	(1)场地狭小且需深开挖。 (2)周边环境对基坑土体的水平位移控制要求严格。 (3)基坑周边不允许锚杆施工	
地下连续墙		适用于所有止水要求严格以及各类复杂土层的支护工程;适用于任何复杂周边环境的基坑支护工程	悬臂或与锚杆联合使用的地下连续墙不宜使用,与排桩相同

表 2-5-4 围护结构选型参考表

基坑侧壁安全等级	支护方案	说　明
一级	(1)地下连续墙加锚杆。 (2)地下连续墙加内支撑。 (3)地下连续墙加逆作法。 (4)排桩加锚杆。 (5)排桩加内支撑。 (6)密排桩加逆作法。 (7)组合式支护结构	(1)排桩包括人工挖孔桩、冲钻孔灌注桩、预制桩(单排或双排)、板桩(钢板桩组合、异型钢组合、预制钢筋混凝土竖板组合)。 (2)排桩应有冠梁和腰梁结构。 (3)地下连续墙可兼作永久结构和承重结构。 (4)当基坑开挖面以上有地下水时,先用高压喷射注浆止水后,方可用挖孔排桩,且进行基坑内降水。 (5)采用逆作法时,应有可靠的施工通风和照明等条件
二级	(1)地下连续墙加锚杆。 (2)地下连续墙加内支撑。 (3)地下连续墙加逆作法。 (4)悬臂式桩墙结构。 (5)排桩加锚杆。 (6)排桩加内支撑。 (7)密排桩加逆作法。 (8)土钉墙或土钉墙加预应力锚杆。 (9)组合式支护结构	(1)基坑开挖面以上有地下水时,采用土钉墙宜进行基坑外降水;采用排桩支护,应采取高压喷射注浆、深层搅拌止水等措施,且基坑内降水。 (2)对土钉墙,可采用预制桩、板桩、微型钢管桩、微型灌注桩加预应力锚杆来控制土体水平位移;局部土体放坡段应喷射混凝土护面或堆压砂包
三级	(1)放坡。 (2)土钉墙。 (3)深层搅拌水泥土挡墙。 (4)悬臂式排桩或单层锚杆钢板桩	(1)高压喷射注浆、深层搅拌水泥土挡墙可采用壁式或格栅式。 (2)基坑开挖面以上有地下水时,应于基坑内或基坑外降水。 (3)开挖深度较大时,宜采用分级放坡,并在分级之间留平台

3. 工作坑围护方案验算

(1)支护结构水平荷载和抗力计算。

1)一般规定。基坑支护结构设计应考虑下列荷载:土压力及水压力,地面堆积荷载及大型车辆的动、静荷载,周边建(构)筑物的作用荷截,施工荷载等。其中土压力及水压力的计算应考虑土的物理力学性质及地下水位及其变化。

各类土宜按水土分算方法计算侧压力,有实际工程经验时,对黏性土、淤泥质土可按水土合算方法计算侧压力。土压力计算宜采用直接剪切试验的固结快剪粘聚力 c、内摩擦角 φ 值,有工程经验时可采用其他参数。

2)水平荷载标准值。

①对于碎石土、砂土,支护结构水平荷载标准值 e_{aik} 可按水土分算法计算,如图 2-5-9 所示。

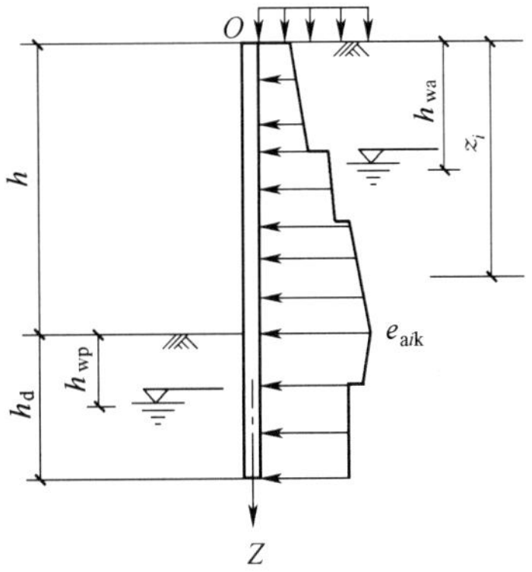

图 2-5-9　水平荷载标准值计算图

当计算点位于地下水位以上时:

$$e_{aik}=\sigma_{aik}K_{ai}-2c_i\sqrt{K_{ai}} \tag{2-5-1}$$

当计算点位于地下水位以下时:

$$e_{aik}=\sigma_{aik}K_{ai}-2c_i\sqrt{K_{ai}}+(z_i-h_{wa})(1-K_{ai})\gamma_w \tag{2-5-2}$$

式中　K_{ai}——第 i 层土的主动土压力系数;

σ_{aik}——作用于深度 z_i 处的竖向应力标准值;

c_i——第 i 层土的粘聚力标准值;

z_i——计算点深度;

h_{wa}——基坑外侧水位深度;

h_{wp}——基坑内侧水位深度;

γ_w——水的重度。

②对于黏性土、粉土、淤泥及淤泥质土,支护结构水平荷载标准值 e_{aik} 可采用水土合算,可按下式计算。

$$e_{aik}=\sigma_{aik}K_{ai}-2c_i\sqrt{K_{ai}} \tag{2-5-3}$$

注:当按以上式(2-5-1)～式(2-5-3)计算的基坑开挖面以上水平荷载标准值小于零时,应取零。

③基坑外侧竖向应力标准值 σ_{aik} 可按下式计算。

$$\sigma_{aik}=\sigma_{rk}+\sigma_{0k}+\sigma_{1k} \tag{2-5-4}$$

式中　σ_{rk}——土体自重产生的竖向应力;

σ_{0k}——地面均布荷载在土中产生的竖向应力;

σ_{1k}——地面局部荷载在土中产生的竖向应力。

a. 计算点深度 z_i 自重竖向应力 σ_{rk}。

计算点位于基坑开挖面以上时,用三角形分布模型计算,即

$$\sigma_{rk}=\gamma_{mi}z_i \tag{2-5-5}$$

式中　γ_{mi}——深度 z_i 以上土的加权平均天然重度。

计算点位于基坑开挖面以下时,用矩形分布模型计算,即

$$\sigma_{rk}=\gamma_{mh}h \tag{2-5-6}$$

式中 h——基坑开挖深度；

γ_{mh}——开挖面以上土的加权平均天然重度，$\gamma_{mh}=\dfrac{\sum\gamma_i h_i}{h}$；

γ_i——第 i 层土的平均天然重度；

h_i——第 i 层土的厚度。

b. 当支护结构外侧地面作用均布荷载 q_0 时，如图 2-5-10 所示，在基坑外侧任意深度产生的竖向应力标准值 σ_{0k} 可按下式计算：

$$\sigma_{0k}=q_0 \tag{2-5-7}$$

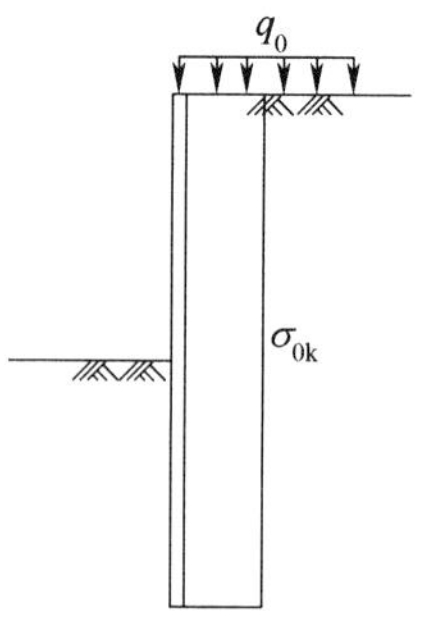

图 2-5-10 地面均布荷载产生的竖向应力计算图

c. 当距支护结构 b_1 外侧地面作用宽度为 b_0 的条形荷载 q_1 时，如图 2-5-11 所示，在基坑外侧任意深度范围内产生的竖向应力标准值 σ_{1k} 可按下式计算：

$$\sigma_{1k}=\begin{cases}0 & z_i<b_1\\ q_1\dfrac{b_0}{b_0+2b_1} & b_1\leqslant z_i\leqslant 3b_1+b_0\\ 0 & z_i>3b_1+b_0\end{cases} \tag{2-5-8}$$

d. 当距支护结构 b_1 外侧地面作用有均布荷载 q_0 时（图 2-5-12），在基坑外侧任意深度产生的竖向应力标准值 σ_{0k} 可按下式计算：

$$\sigma_{0k}=\begin{cases}0 & z_i<b_1\\ q_0 & z_i\geqslant b_1\end{cases} \tag{2-5-9}$$

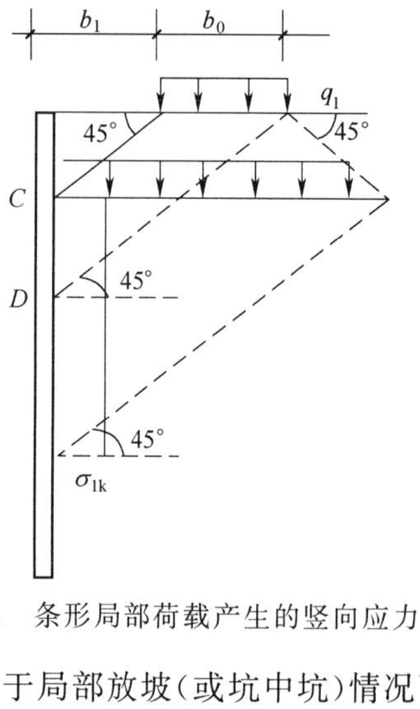

图 2-5-11 条形局部荷载产生的竖向应力计算图

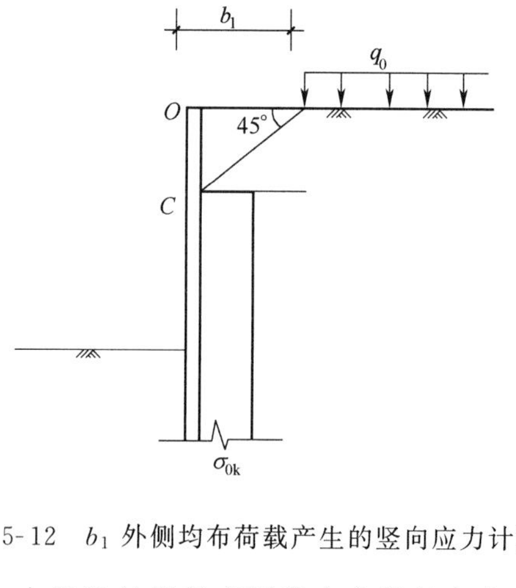

图 2-5-12 b_1 外侧均布荷载产生的竖向应力计算图

e. 对于局部放坡（或坑中坑）情况下（图 2-5-13），在基坑外侧任意深度产生的竖向应力标准值 σ_{0k} 可按下列规定计算：

$q_0=\gamma h_0$；

$z_i<a$ 时，可不考虑边坡荷载的影响，取 $\sigma_{0k}=0$；

$a\leqslant z_i<(a+b)$ 时，$\sigma_{0k}=q_0\dfrac{z_i-a}{b}$；

当 $z_i\geqslant(a+b)$ 时，$\sigma_{0k}=q_0$。

f. 距支护结构距离 a 有与支护结构平行的条形基础分布时，如图 2-5-14 所示，其附加压力在基坑外侧任意深度范围内产生的竖向应力标准值 σ_{1k} 可按下列规定计算：

当 $z_i < a + d_h$ 时，可不考虑基础底面附加应力对支护结构的影响，$\sigma_{1k} = 0$；

当 $a + d_h \leqslant z_i \leqslant 3a + b + d_h$ 时，$\sigma_{1k} = \dfrac{(p - \gamma d_h)b}{b + 2a}$ ；

式中　p——基础底面处附加压力标准值；

d_h——基础埋置深度；

b——基础底面宽度；

a——基础边距支护结构的距离。

当 $z_i > 3a + b + d_h$ 时，$\sigma_{1k} = 0$。

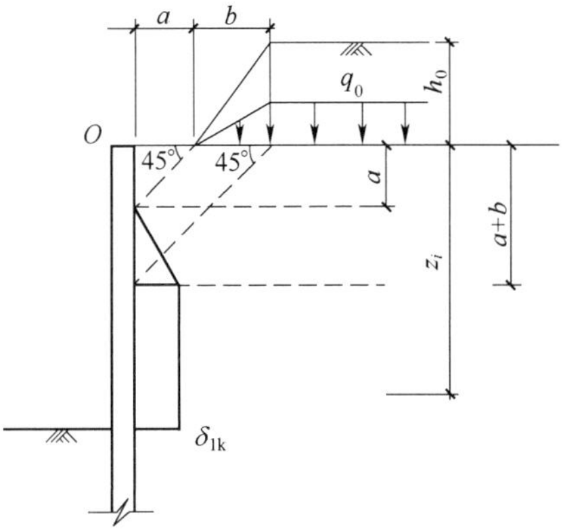

图 2-5-13　上部有放坡时产生的竖向应力计算图

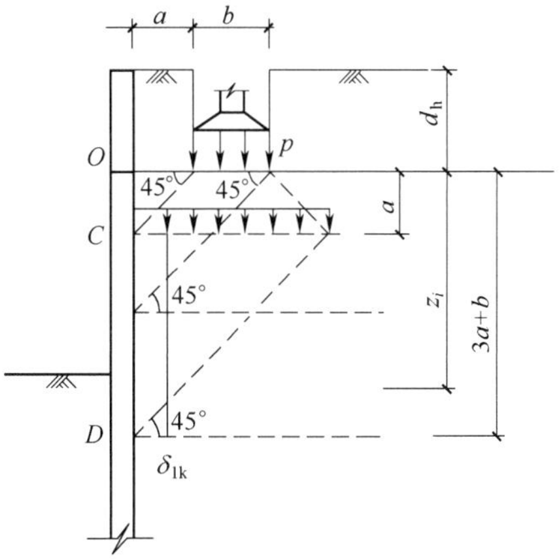

图 2-5-14　条形基础产生的竖向应力计算图

g. 距支护结构距离 a 有与支护结构平行的矩形基础时，其附加压力在基坑外侧任意深度范围内产生的竖向应力标准值 σ_{1k} 可按下列规定计算：

当 $z_i < (a + d_h)$ 时，$\sigma_{1k} = 0$；

当 $(a + d_h) < z_i \leqslant (d_h + 3a + b)$ 时，$\sigma_{1k} = \dfrac{(p - \gamma d_h)bl}{(b + 2a)(l + 2a)}$ ；

当 $z_i > 3a + b + d_h$ 时，$\sigma_{1k} = 0$。

式中　l——基础底面长度。

h. 基坑外侧土体有大面积开挖时（图 2-5-15），在基坑外侧计算深度处竖向应力标准值 σ_{aik} 可按下列规定计算：

当 $z_i < d_0$ 时，$\sigma_{aik} = \gamma_{mi} z_i$

式中　γ_{mi}——深度 z_i 以上土的加权平均天然重度。

当 $d_0 \leqslant z_i < \dfrac{(a + b)}{2} + d_0$ 时，$\sigma_{aik} = \gamma_{md} d_0 + \gamma_{mi}(z_i - d_0)$

式中　γ_{md}——墙后开挖面以上土的加权平均天然重度；

γ_{mi}——墙后开挖面以下至计算点深度范围

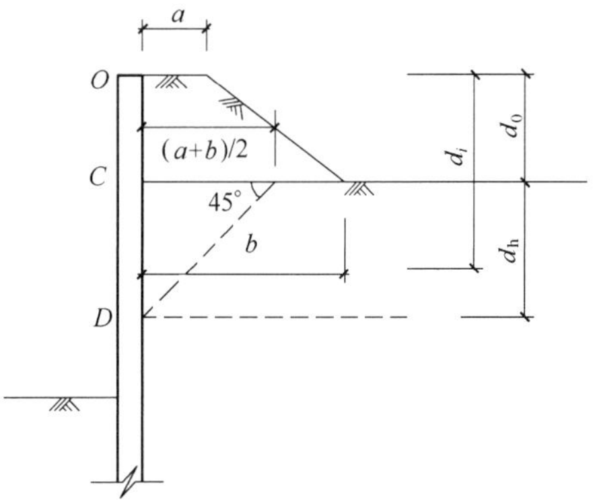

图 2-5-15　墙背开挖竖向应力计算图

内土的加权平均天然重度。

当 $z_i \geqslant \frac{(a+b)}{2}+d_0$ 时，$\sigma_{aik}=\gamma_{mi}(z_i-d_0)$ 。

i. 对于局部开挖或墙后土体有防空洞等复杂情况，在基坑外侧产生的竖向应力标准值 σ_{aik}，可根据以上各种应力进行迭加计算。

j. 第层土的主动土压力系数 K_{ai}，应按下式计算：

$$K_{ai}=\tan^2\left(45°-\frac{\varphi_i}{2}\right) \tag{2-5-10}$$

式中 φ_i——第 i 层土的内摩擦角标准值。

3)水平抗力。基坑内侧水平抗力标准值 e_{pik} 可按下列规定计算(图 2-5-16)。

①对于砂土及碎石土，基坑内侧水平抗力标准值可按下列规定计算。

当计算点位于地下水位以上时：$e_{pik}=\sigma_{pik}K_{pi}$

当计算点位于地下水位以下时：$e_{pik}=\sigma_{pik}K_{pi}+(z_i-h_{wp})(1-K_{pi})\gamma_w$

式中 σ_{pik}——作用于基坑底面以下深度 z_i 处的第 i 层土的竖向应力标准值；

K_{pi}——第 i 层土的被动土压力系数。

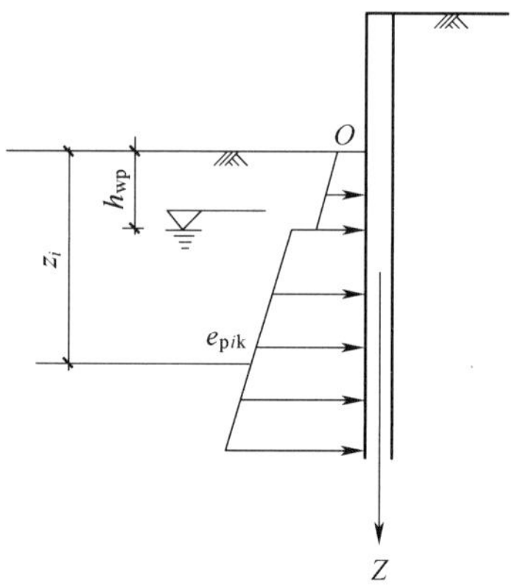

图 2-5-16 水平抗力标准值计算图

②对于黏性土及粉土，基坑内侧水平抗力标准值可按下式计算：

$$e_{pik}=\sigma_{pik}K_{pi}+2c\sqrt{K_{pi}} \tag{2-5-11}$$

③作用于基坑底面以下深度 z_i 处的竖向应力标准 σ_{pik} 值可按下式计算：

$$\sigma_{pik}=\gamma_{mi}z_i \tag{2-5-12}$$

式中 γ_{mi}——深度 z_i 以上土加权平均天然重度。

④第 i 层土的被动土压力系数应按下式计算：

$$K_{pi}=\tan^2\left(45°+\frac{\varphi_i}{2}\right) \tag{2-5-13}$$

(2)放坡开挖。

1)放坡应控制边坡高度和坡度，当土(岩)质比较均匀且坡底无地下水时，可根据工程经验或参照同类土(岩)体的稳定坡高和坡度确定，当无工程经验时可参照表 2-5-5 确定。

表 2-5-5 放坡开挖允许高度及坡度

场地岩土名称	状态或风化程度	允许坡高(m)	允许坡度
硬质岩石	微风化	12	(1∶10)～(1∶0.20)
	中等风化	10	(1∶0.20)～(1∶0.35)
	强风化	8	(1∶0.35)～(1∶0.50)
软质岩石	微风化	8	(1∶0.35)～(1∶0.50)
	中等风化	8	(1∶0.50)～(1∶0.75)
	强风化	8	(1∶0.75)～(1∶1.00)

续上表

场地岩土名称	状态或风化程度	允许坡高(m)	允许坡度
砂土		5	1∶1.00(基顶面无载重) 1∶1.25(基顶面有静载) 1∶1.50(基顶面有动载)
粉土	稍湿	5	1∶0.75(基顶面无载重) 1∶1.00(基顶面有静载) 1∶1.25(基顶面有动载)
粉质黏土	坚硬	5	1∶0.33(基顶面无载重) 1∶0.50(基顶面有静载) 1∶0.75(基顶面有动载)
	硬塑	5	(1∶1.00)～(1∶1.25)(基顶面无载重)
	可塑	4	(1∶1.25)～(1∶1.50)(基顶面无载重)
黏土	坚硬	5	(1∶0.33)～(1∶0.75)
	硬塑	5	(1∶1.00)～(1∶1.25)
	可塑	4	(1∶1.25)～(1∶1.50)
杂填土	中密、密实的建筑垃圾土	5	(1∶0.75)～(1∶1.00)

注:1. 硬质岩石:新鲜岩石饱和单轴抗压强度大于或等于 30 MPa,如花岗岩、片麻岩等。
2. 软质岩石:新鲜岩石饱和单轴抗压强度小于 30 MPa,如泥岩、页岩等。
3. 当基顶面作用静载或动载时,土质边坡宜按圆弧滑动简单条分法验算;岩质边坡宜按由软弱夹层或结构面控制的可能滑动面进行验算,验算坡度大于表中数值时,应按表中数值确定坡度。

2)当放坡高度大于表 2-5-5 允许值时,应采用分级放坡并设置过渡平台。土质边坡的过渡平台宽度宜为 1.0～2.0 m,岩石边坡的过渡平台宽度不宜小于 0.5 m。

3)当基坑周边为密实的黏性土、风化岩以及其他良好土质,且基坑深度小于 2 m 时,可采用垂直开挖。

4)遇到下列情况之一时,土质边坡宜按圆弧滑动简单条分法验算;岩质边坡宜按由软弱夹层或结构面控制的可能滑动面进行验算。

①坡顶有堆积荷载和动载。

②边坡高度和坡度超过表 2-5-5 允许值。

③有软弱结构面的倾斜地层。

④岩层和主要结构层面的倾斜方向与边坡开挖面倾斜方向一致,且二者走向的夹角小于 45°。

(3)土钉墙。

1)土钉墙应根据施工期间不同开挖深度及基坑底面以下最危险滑动面采用圆弧滑动简单条分法(图 2-5-17),按下式进行整体稳定性验算:

$$\sum_{i=1}^{n} c_i l_i s + \sum_{i=1}^{n} (w_i + q_0 b_i)\cos\theta_i \tan\varphi_i s + \sum_{i=1}^{n}\sum_{j=1}^{m} T_{nj}\left[\cos(\alpha_j + \theta_i) + \frac{1}{2}\sin(\alpha_j + \theta_i)\tan\varphi_i\right] - 1.3\gamma_0\left[\sum_{i=1}^{n}(q_0 b_i + w_i)\sin\theta_i s\right] \geqslant 0 \tag{2-5-14}$$

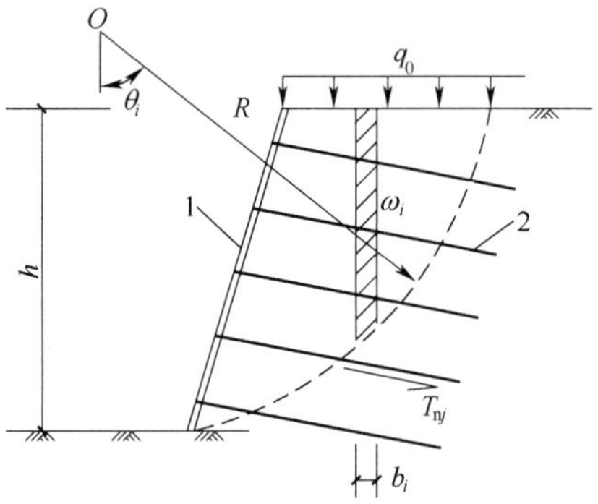

图 2-5-17 稳定性分析计算简图
1—喷射混凝土面层；2—土钉

式中 n——滑动体分条数；

m——滑动体内土钉数；

γ_0——基坑侧壁重要性系数；

w_i——第 i 分条土重，滑裂面位于黏性土或粉土中时，按上覆土层的饱和土重计算；滑裂面位于砂土或碎石类土中时，按上覆土层的浮重度计算；

b_i——第 i 分条宽度；

c_i——第 i 分条滑裂面处土体不固结快剪粘聚力标准值；

φ_i——第 i 分条滑裂面处土体不固结快剪内摩擦角标准值；

θ_i——第 i 分条滑裂面中点切线与水平面夹角；

α_j——土钉与水平面之间的夹角；

l_i——第 i 分条滑裂面弧长；

s——计算滑动体单元厚度；

T_{nj}——第 j 根土钉在圆弧滑裂面外锚固体与土体的极限抗拔力。

2)在下列情况下，土钉墙应进行整体稳定性验算。

①基坑开挖到各作业面深度时，还未设置该层作业面土钉时的稳定性分析。

②支护完成后，最危险滑裂面通过基坑底部的整体稳定性分析。

③当基坑开挖深度范围内存在软弱夹层时，沿软弱夹层进行稳定性分析。

3)土钉墙的坡面设计与构造应符合下列规定：

①土钉墙墙面坡角不宜大于 85°。

②土钉与水平面之间的夹角宜为 5°～25°。

③沿筋体每隔 2～3 m 宜设一个对中支架。

④顶层土钉长度与基坑深度之比宜为 1.0～1.5。

⑤土钉的间距宜为 1.0～2.0 m，可采用网格或梅花形布置。

⑥土钉筋体材料宜采用单根直径为 16～32 mm 的 HRB335 级或 HRB400 级钢筋，也可采用多根钢筋，直径宜为 12～16 mm。

⑦对成孔困难的地层，土钉筋体宜用锚管代替钢筋：

a. 锚管可采用普通钢管，外径不宜小于 48 mm，壁厚不宜小于 3.5 mm。

b. 锚管内端头宜制成锥形。

c. 锚管连按宜采用对焊，接头处应拼焊不少于 3 根 $\phi 6$ 的加强筋。

d. 锚管管壁应设置出浆孔，间距为 200～500 mm，直径为 7～10 mm，出浆孔处可加焊倒刺形等边角钢，靠近锚管外端头 1.0～2.0 m 距离内不应设出浆孔。

⑧土钉钻孔直径宜为 70～150 mm。

⑨注浆材料宜采用水泥净浆或水泥砂浆，强度不宜低于 15 MPa。

⑩土钉应与面层有效连接，可采用以下几种连接方法：

a. 对重要工程或面层受力较大时，土钉筋体头部应加工螺纹，通过螺母、垫板施加预应力，如图 2-5-18(a)所示。预应力大小可为土钉拉力设计值的 10%～20%。

b. 将土钉筋体通过井字形钢筋网(长 300 mm,直径不小于 16 mm)焊接固定到面层钢筋网上[图 2-5-18(b)],再在土钉筋体端部两侧分别沿长度方向焊上 100 mm 长与筋体同直径的锁定筋。

c. 面层受力不大时,图 2-5-18(b)中的连接方式可不加锁定筋。

d. 锚管头部应通过加焊加强筋与面层有效连接。

e. 土钉筋体采用钢筋束时,钢筋束伸出面层长度不宜小于 500 mm,然后将钢筋束向四周弯曲,并绑扎在钢筋网上。

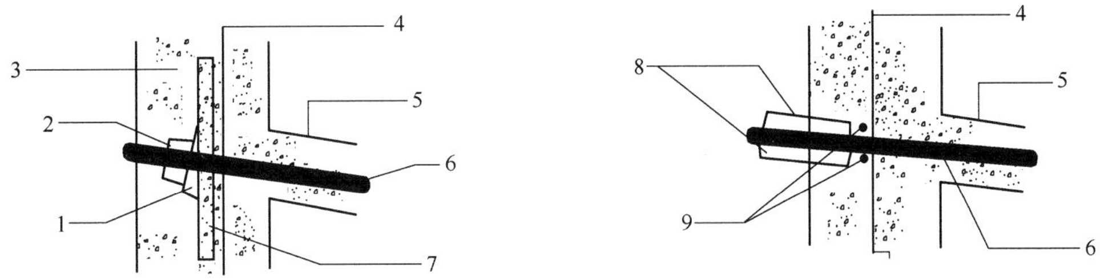

图 2-5-18　土钉与面层的连接

1—垫块;2—螺母;3—喷射混凝土;4—钢筋网;5—土钉钻孔;
6—土钉钢筋;7—钢垫板;8—锁定筋;9—井字形钢筋

⑪喷射混凝土面层厚度不宜小于 80 mm,设计强度等级不宜小于 C20。

⑫喷射混凝土面层中应配置钢筋网,钢筋直径宜为 6～10 mm,间距宜为 150～300 mm。

⑬坡面上下钢筋网搭接长度应大于 300 mm,加强筋宜采用 ϕ16 螺纹钢筋,间距与土钉间距同,加强钢筋应采用焊接连接。

⑭土钉墙墙顶应做砂浆或混凝土护面,墙顶和墙脚应采取排水措施,在面层上可根据具体情况设置泄水孔。

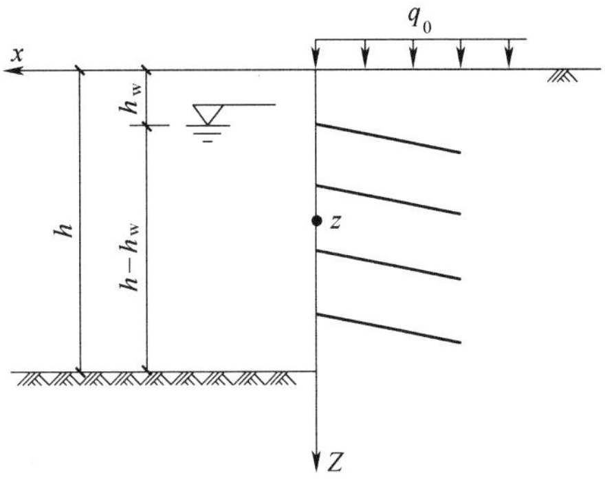

图 2-5-19　土钉墙水平位移计算图

4)土钉墙水平位移宜根据数值计算方法结合可靠的经验进行估算。当无工程经验时,对简单情况可用下式估算土钉墙面任意深度 z 处(图 2-5-19)的水平位移 u:

$$u=\sum_i \frac{K_0(r_i h_i+q_0)h}{E_i}+\sum_i \frac{\mu(\gamma_i h_i+q_0)z}{E_i}+\sum_i \frac{\frac{1}{2}\mu\gamma_w(z-h_w)}{E_i} \tag{2-5-15}$$

式中　μ——深度 z 处所对应土层的泊松比,$K_0=\dfrac{\mu}{1-\mu}$;

K_0——土的侧压力系数,指侧限条件下土中侧向应力与竖向应力之比;

γ_w——土的浮容重;

γ_i、h_i——深度 z 处以上第 i 层土的重度及对应土层厚度;

q_0——基坑顶面超载;

E_i——深度 z 以上第 i 层土的变形模量;

h——基坑开挖深度;

h_w——开挖前地下稳定水位。

土的变形模量 E_i 按下列公式计算：

$$E_i=2.27N \qquad (2\text{-}5\text{-}16)$$

式中 N——标准贯入试验击数。

(4)水泥土重力式挡墙。水泥土重力式挡墙一般采用深层搅拌桩或高压旋喷桩结构型式，其可用于挡土、止水或仅用作支护结构，也可与其他支护形式组合使用。根据土质条件、地下水情况、周边环境、施工条件等因素，选择壁式、格栅式或拱式等结构型式。重力式挡墙的验算应包括：挡墙结构的嵌固深度和墙体厚度计算，墙身承载力验算及构造验算。计算图示如图 2-5-20 所示。

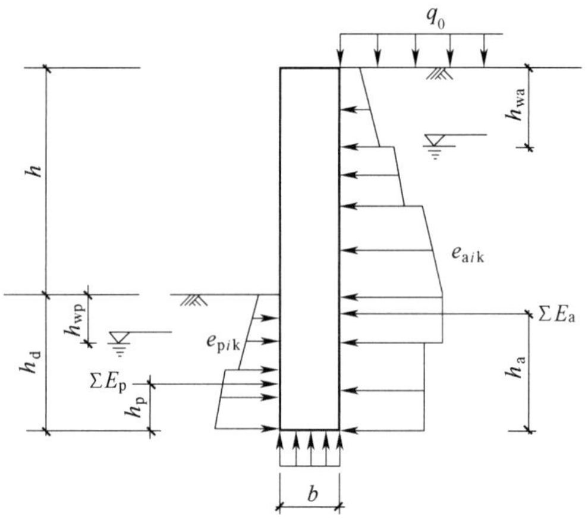

图 2-5-20 重力式挡墙计算简图

1)重力式挡墙嵌固深度计算值宜采用圆弧滑动简单条分法确定，嵌固深度设计值应按下式确定：

$$h_d \geqslant 1.2\gamma_0(h-h_{wa}) \qquad (2\text{-}5\text{-}17)$$

当嵌固深度设计值 h_d 小于 $0.4h$ 时，取 $0.4h$。

2)重力式挡墙厚度宜根据抗倾覆和抗滑移稳定条件按下列规定计算：

①抗倾覆条件：

$$h_a\sum E_a-\left(h_p\sum E_p+W_w\cdot b_0/2\right)/1.3\leqslant 0 \qquad (2\text{-}5\text{-}18)$$

式中 $\sum E_a$——水泥土墙底以上基坑外侧水平荷载标准值合力；

h_a——合力 ΣE_a 至水泥土墙底的距离；

$\sum E_p$——水泥土墙底以上基坑内侧水平荷载标准值合力；

h_p——合力 ΣE_p 至水泥土墙底的距离；

W_w——水泥土墙的重量；

b_0——水泥土墙的厚度计算值。

②抗滑移条件：

$$\sum E_a-(\sum E_p+W_w\mu)/1.4\leqslant 0 \qquad (2\text{-}5\text{-}19)$$

式中 μ——墙体基底与土的摩擦系数，宜根据试验资料确定。当无试验资料时，可参考下列取值：

淤泥质土：$\mu=0.20\sim0.25$；

黏性土：$\mu=0.25\sim0.40$；

砂土：$\mu=0.40\sim0.50$。

③根据上述两式计算结果取大值，确定水泥土墙的厚度计算值 b_0。水泥土墙的厚度设计值宜按下式确定：

$$b=\gamma_0 b_0 \qquad (2\text{-}5\text{-}20)$$

当 $b<0.4h$，墙厚设计值宜为 $0.4h$。

3)根据确定墙厚设计值的水泥土挡墙，尚应按下列规定进行正截面承载力验算。

①压应力验算：

$$1.25\gamma_0\gamma_{cs}z+\frac{M}{W}\leqslant f_{cs} \tag{2-5-21}$$

式中　γ_{cs}——水泥土墙平均重度；

z——由墙顶至计算截面的深度；

M——单位长度水泥土墙截面组合弯矩设计值；

W——单位长度水泥土墙截面模量；

f_{cs}——基坑开挖时，水泥土抗压强度设计值。

②拉应力验算：

$$\frac{M}{W}-\gamma_{cs}z\leqslant 0.06f_{cs} \tag{2-5-22}$$

4)重力式挡墙的平面布置和构造应符合下列规定。

①当水泥土墙采用格栅布置时，水泥土的置换率，对淤泥不宜小于 0.8，对淤泥质土不宜小于 0.7，对黏土及砂土不宜小于 0.6；格栅长宽比不宜大于 2，横向墙肋的净距不宜大于 2.0 m。

②水泥土桩与桩之间的搭接宽度应根据挡土及止水要求确定，当考虑抗渗作用时，桩的搭接宽度应符合有关规定；当不考虑止水作用时，搭接宽度不宜小于 100 mm。

③用于水泥土重力式挡墙结构的水泥强度等级不低于 42.5 级，水泥掺量应根据水泥土强度设计要求确定，当采用深层搅拌桩作重力式挡墙时，水泥掺入比不宜小于 12%，当采用高压旋喷桩作重力式挡墙时，水泥掺入比不宜小于 30%。

④水泥土重力式挡墙宜在墙顶面设置钢筋混凝土盖板，盖板高不宜小于 200 mm，盖板宽不宜小于墙宽，盖板宜用混凝土与桩体连接，混凝土强度等级不宜低于 C15。

5)当重力式挡墙墙体强度和变形不能满足要求时，可采取下列措施。

①加固基坑内、外侧土体。

②在墙体两侧插入型钢或设置钢筋混凝土桩(图 2-5-21)。

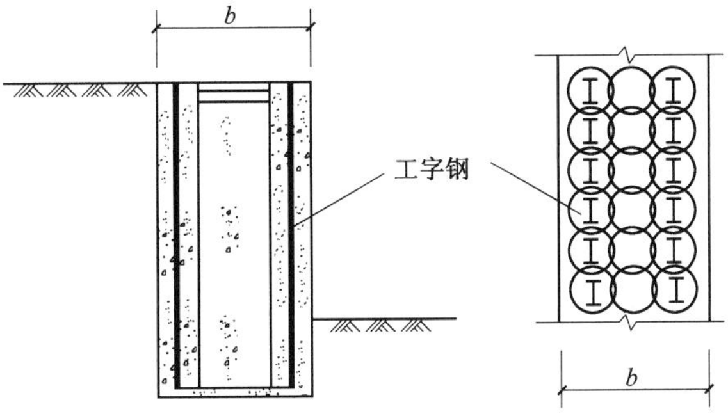

图 2-5-21　重力式挡墙设置型钢或混凝土桩图

③在水泥土挡墙内设置竹筋，加混凝土盖板；在挖孔填料式挡墙的护壁内增加竖向钢筋。

④采用变截面形式，加大挡土结构自重力臂。

⑤增加重力式挡墙的宽度。

6)水泥掺量为15%的深层搅拌桩支护结构，其水泥土28天龄期的单轴无侧限抗压强度设计值宜通过试验确定。如无试验数据，可参照下列数据取值：

砂　　土：1.1～2.0 MPa

粉　　土：0.6～1.1 MPa

黏 性 土：0.5～1.0 MPa

淤泥质土：0.4～0.7 MPa

淤　　泥：0.3～0.5 MPa

7)采用搅拌桩处理疏松粗砂、砾砂时，宜适当提高水泥掺量，减慢搅拌轴提升速度或增多搅拌回次。

8)水泥土搅拌桩的水泥掺量宜按下列规定取值。

①搅拌桩用于止水时，水泥掺量可适当降低；用于粉砂、中砂、粗砂、砾砂(疏松)、填土时，水泥掺量宜为12%～15%；用于可塑～流塑黏性土及粉土时，水泥掺量宜为12%～13%。

②搅拌桩用于挡土时，对粉砂、中砂、疏松粗砂或砾砂及填土宜为12%～14%；对粉土、粉质黏土宜为13%～14%；对流塑～可塑淤泥、淤泥质土宜为15%～18%。

9)搅拌桩或高压旋喷桩注浆施工时，邻近不得进行抽水作业。对砂土、粉土、黏性土，在水泥土墙施工完成3天后，方可进行抽水作业，对淤泥或淤泥质土，在水泥土墙施工完成4天后，方可进行抽水作业。需提前抽水作业的，注浆施工时要使用速凝或早强浆材。

10)在动水情况下施工，水泥土搅拌桩应考虑使用速凝浆材。

(5)排桩。排桩支护结构设计内容应包括：确定桩的嵌固深度和截面尺寸、桩的内力与变形计算、桩的承载力计算及构件和节点的构造设计、验算等。

1)悬臂式排桩嵌固深度计算值 h_0 可按下式条件确定(图2-5-22)。

$$\sum_{j=1}^{m} E_{pj} y_{pj} - \sum_{i=1}^{n} E_{ai} y_{ai} = 0 \tag{2-5-23}$$

式中　E_{ai}——基坑外侧第 i 层土水平荷载标准值的合力；

E_{pj}——基坑内侧第 j 层土水平抗力标准值的合力；

y_{ai}、y_{pj}——分别为 E_{ai}、E_{pj} 作用点至桩底的距离。

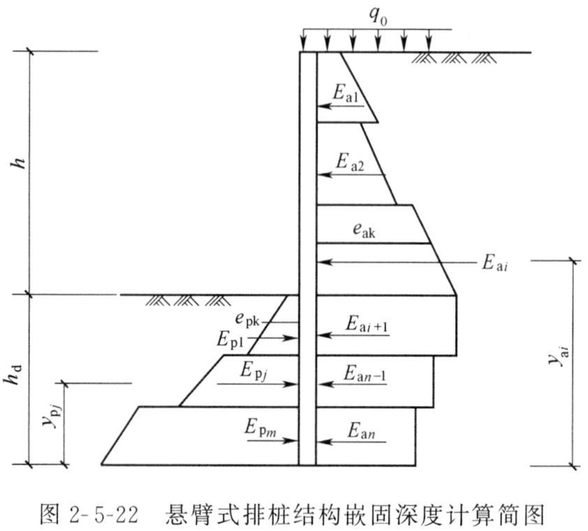

图2-5-22　悬臂式排桩结构嵌固深度计算简图

2)单层支点排桩结构支点力及嵌固深度计算值 h_0 可按下列步骤确定(图 2-5-23)。

①基坑底面以下支护结构设定弯矩零点位置至基坑底面的距离 h_c 可按下条件式确定：

$$e_{ak}=e_{pk} \tag{2-5-24}$$

②支点力 T_k 可按下式计算：

$$T_k=\frac{\sum_{i=1}^{n}E_{ai}h_{ai}-\sum_{j=1}^{m}E_{pj}h_{pj}}{h_T+h_c} \tag{2-5-25}$$

式中　e_{ak}——水平荷载标准值；

e_{pk}——水平抗力标准值；

E_{ai}——设定弯矩零点位置以上基坑外侧土第 i 层水平荷载标准值的合力；

h_{ai}——合力 E_{ai} 作用点至设定弯矩零点的距离；

E_{pj}——设定弯矩零点位置以上基坑内侧土第 j 层水平抗力标准值的合力；

h_{pj}——合力 E_{pj} 作用点至设定弯矩零点的距离；

h_T——支点至基坑底面的距离；

h_c——基坑底面至设定弯矩零点位置的距离。

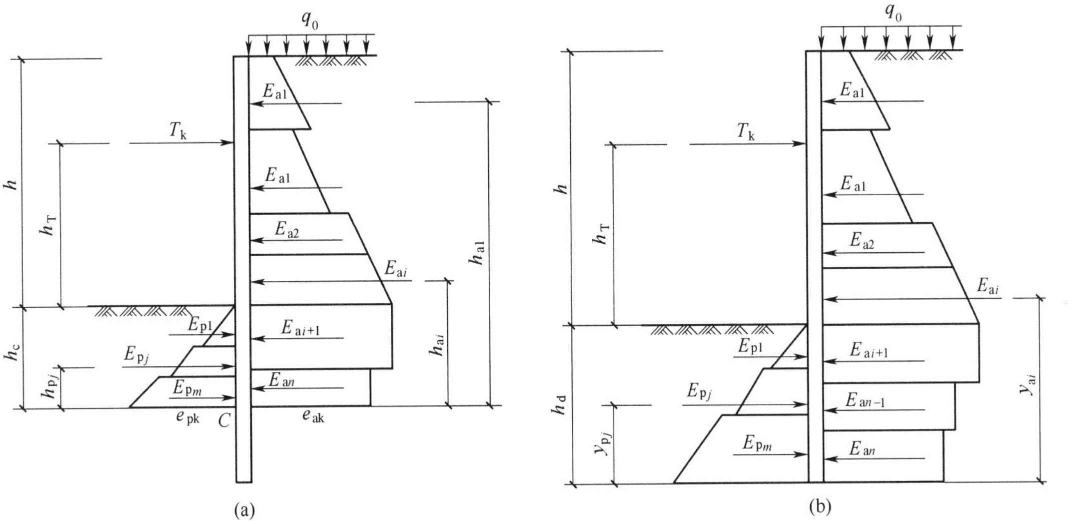

图 2-5-23　单层支点排桩结构支点力及嵌固深度计算简图

③嵌固深度计算值 h_0 可按下式确定：

$$\sum_{j=1}^{m}E_{pj}y_{pj}+T_k(h_T+h_d)-\sum_{i=1}^{n}E_{ai}y_{ai}=0 \tag{2-5-26}$$

3)多层支点排桩支点力及嵌固深度计算值 h_0 宜按圆弧滑动简单条分法确定。

4)按上述方法确定嵌固深度计算值 h_0 后,嵌固深度设计值 h_d 宜按下式确定：

$$h_d=1.2\gamma_0h_0 \tag{2-5-27}$$

当按上述方法确定的悬臂式及单支点式排桩嵌固深度设计值小于 $0.4h$ 时,宜取 $h_d=0.4h$；多支点支护结构嵌固深度设计值小于时 $0.2h$,宜取 $h_d=0.2h$。

5)当基坑底为碎石土或砂土,基坑内排水且有渗透水压力作用时,侧向止水的排桩除应满足本章上述规定外,嵌固深度设计值尚应按下式抗渗透稳定条件确定(图 2-5-24)。

$$h_d \geqslant 1.15\gamma_0(h - h_{wa}) \quad (2\text{-}5\text{-}28)$$

6)当基坑底以下为坚硬土层或岩层时，排桩的嵌固深度设计值 h_d 可按以下经验公式确定：

$$h_d \geqslant \alpha\gamma_0 h \quad (2\text{-}5\text{-}29)$$

式中 α——土、岩层系数，可按表 2-5-6 确定；

h——基坑开挖深度。

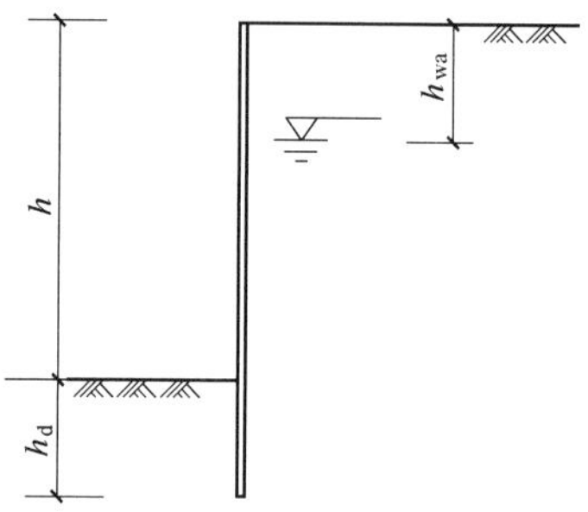

图 2-5-24 渗透稳定计算简图

7)排桩可根据受力条件分段按平面问题进行结构计算，排桩水平荷载计算宽度可取桩的中心距。

8)结构内力及支点力的设计值应按下列规定计算。

截面组合弯矩设计值 M：

$$M = 1.25\gamma_0 M_k \quad (2\text{-}5\text{-}30)$$

式中 M_k——截面弯矩标准值。

截面组合剪力设计值 V：

$$V = 1.25\gamma_0 V_k \quad (2\text{-}5\text{-}31)$$

式中 V_k——截面剪力标准值。

支点结构第 j 层支点力设计值 T_{dj}：

$$T_{dj} = 1.25\gamma_0 T_{kj} \quad (2\text{-}5\text{-}32)$$

式中 T_{kj}——第 j 层支点力标准值。

表 2-5-6 排桩嵌固深度设计土层、岩层系数

岩层类别	支护型式	
	悬臂排桩	单支点排桩
硬塑～坚硬土层	0.7～0.8	0.5～0.6
强风化软质岩	0.6～0.7	0.4～0.5
强风化硬质岩	0.5～0.6	0.3～0.4
中风化软质岩	0.4～0.5	0.3～0.4
中风化硬质岩	0.3～0.4	0.2～0.3
微风化岩	0.2～0.3	0.1～0.2

9)排桩结构的构件，应按其在施工和使用的不同阶段可能出现的最大内力进行截面设计。构件的截面强度计算应遵照现行国家标准《混凝土结构设计规范》及行业标准《建筑桩基技术规范》等有关规定执行。

10)排桩配筋宜按弯矩设计值包络图分段配置，应考虑不同计算模型产生的内力弯矩设计值包络图最大弯矩值位置的偏移，适当调整包络图，并使截面抗弯承载力的图形覆盖住弯矩设计值包络图。

11)悬臂式排桩结构的桩径不宜小于 600 mm，桩间距应根据排桩受力及桩间土稳定条件确定。钻、冲孔桩最小桩间距不宜小于 150 mm。当场地土质较好，地下水位较低时，可利用土拱作用稳定桩间的土体，否则应采取措施维护桩间土的稳定，如采用横向挡板、砖墙、钢丝网水泥砂浆或喷射混凝土等。

12)排桩支护结构应采取可靠的地下水控制措施，当基坑周边环境不允许降低地下水位时，应采取止水措施，可按要求选用高压旋喷、压力注浆、深层搅拌等。

13)灌注桩的混凝土强度等级不应低于 C25。

14)排桩顶部应设钢筋混凝土冠梁,冠梁应将相邻的排桩连接起来,桩顶纵向钢筋应锚入冠梁内。锚固长度不小于 30 倍的纵向钢筋直径。冠梁混凝土强度等级不应低于 C20。对处于转角及高差变化部位的冠梁应予以加强。

15)桩顶冠梁分为构造型和支撑型两种。

①构造型冠梁宽度(水平方向)宜与排桩桩径相同,冠梁高度(竖向方向)不宜小于 400 mm。配筋应不少于最小配筋率。

②支撑型冠梁的尺寸应根据计算需要确定,但冠梁宽度(水平方向)不宜小于桩径,冠梁高度(竖向方向)不应小于 500 mm。

③支撑型冠梁的内力可按连续梁(或简支梁)计算:

$$M=\alpha q l^2 \tag{2-5-33}$$

式中　M——冠梁最大弯矩设计值;

q——支护结构作用在冠梁上的水平力;

l——作用在冠梁上两支撑之间的距离;

α——内力系数,等跨连续梁 α 取$\frac{1}{16}$;简支梁 α 取$\frac{1}{8}$。

④支撑型冠梁必须进行抗弯及抗剪验算。

(6)地下连续墙。地下连续墙设计的内容包括:确定墙体嵌固深度、结构内力与变形计算、截面承载力计算及构造要求等。当地下连续墙用作基坑支护结构时,宜同时考虑兼作主体结构的一部分。

1)对同时承受水平和竖向荷载的地下连续墙,嵌固深度设计值应取下列三者中的最大值。

①按水平荷载要求计算的支护结构嵌固深度设计值。

②按竖向荷载要求计算的支护结构嵌固深度设计值。

③考虑墙底止水要求的入土深度设计值。

2)内力与变形应按下列规定进行计算:

①地下连续墙结构应根据开挖及地下结构施工过程的不同阶段进行内力与变形计算,计算宽度可取单位宽度。

②地下连续墙结构的合理计算模式应根据经验选取。

③应根据计算的内力设计值,按现行混凝土结构设计规范验算墙的截面承载力及裂缝宽度,其裂缝宽度在基坑外侧不应大于 0.2 mm,在基坑内侧不应大于 0.3 mm;如仅作为临时性支护结构可不作裂缝宽度验算。

3)地下连续墙的构造应符合下列规定。

①单元槽段的平面形状应根据基坑的开挖深度、支撑条件以及周边环境状况等因素选用"—"、"U"、"T"、"Π"等形状。

②墙厚应根据计算并结合成槽机械的规格确定,但不宜小于 600 mm。

③墙体混凝土的强度等级不宜低于 C20。

④受力钢筋应采用 HRB335 级钢筋,直径不宜小于 20 mm,构造钢筋可采用 HPB235 级钢筋,也可采用 HRB335 级钢筋,直径不宜小于 14 mm;纵向钢筋的净距不宜小于 75 mm,构造钢筋的间距不应超过 300 mm。

⑤钢筋的保护层厚度,对临时性支护结构不宜小于 50 mm,对永久性支护结构不宜小于

70 mm。

⑥纵向受力钢筋中至少应有一半数量的钢筋通长配置，钢筋笼下端 500 mm 长度范围内宜按 1∶10 收拢。

⑦当地下连续墙与主体结构连接时，预埋在墙内的受拉、受剪钢筋、连接螺栓或连接钢板，均应满足受力计算要求，锚固长度应满足混凝土结构规范要求；预埋钢筋直径不宜大于 20 mm，并应采用 HPB235 级钢筋，直径大于 20 mm 时，宜采用预埋套筒连接。

⑧地下连续墙顶部宜设置刚度足够大的钢筋混凝土冠梁，梁宽不宜小于墙宽，梁高不宜小于 500 mm，配筋率不应小于 0.4%，墙的纵向主筋应锚入梁内。

⑨地下连续墙的混凝土抗渗等级不宜小于 P6。

⑩地下连续墙槽段之间的连接接头可用抽拔接头管接头、工字形钢板接头及冲孔桩接头。在槽段间如对整体刚度或防渗有特殊要求时，应采用带单"十"字或双"十"字型钢板的刚性防水接头(图 2-5-25)。

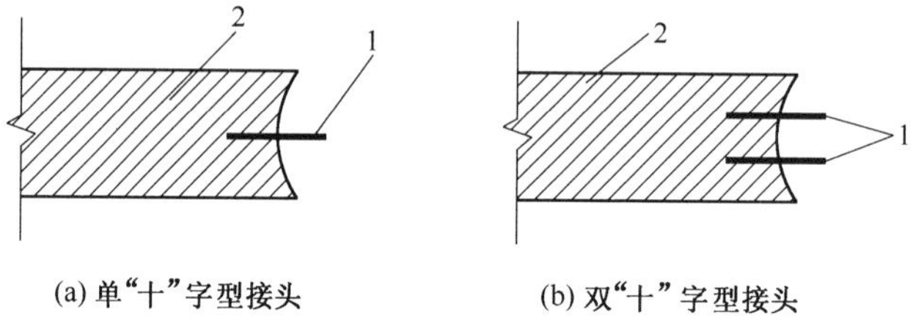

图 2-5-25 接头形式

1—"十"字接头；2—连续墙槽段

4. 地下水控制

(1)一般要求。

1)基坑支护地下水控制设计和施工首先应对周边环境进行调查，查明基坑周边可能与之发生水力联系的水文地质条件，查明地下水位变化对周边建筑物可能产生的影响。

2)在基坑工程地下水控制设计前，应详细了解基坑支护结构体系及周围环境对地下水控制的技术要求。

3)地下水控制可采用集水明排、井点降水和基坑周边止水防渗等措施。

4)地下水控制宜优先考虑降低地下水位(集水明排、井点降水)。若降低地下水位将引起周边建筑物产生过大的(差异)沉降、倾斜，影响地下管道的正常使用，应在基坑周边做止水帷幕。止水防渗方案可采用高压喷射注浆法、深层搅拌法及压力注浆法。

5)止水帷幕的排数和厚度应根据防渗要求进行设计。水泥土止水帷幕的渗透系数不宜大于 10^{-6} cm/s。

6)在地下水控制设计中，应对基坑周边环境控制过程中地下水位的变化做出预测，并在施工时进行监测。如发现其影响超过有关规定时，应在设计施工中采取有效的防范措施(如在基坑外围回灌地下水等)。

(2)集水明排。当基坑不深、涌水量不大、坑壁土体比较稳定、不易产生流砂、管涌和坍塌时，可采用集水明排疏干地下水。排水沟边缘离开坑壁边脚应不小于 0.3 m，排水沟底面应比相应的基坑开挖面低 0.3～0.5 m，沟底宽为 0.3 m，纵向坡度为 0.2%～0.5%。在基坑四角或坑边应每隔 30～40 m 布设集水井，集水井底应比相应的排水沟低 0.5～1.0 m，集水井直径宜为 0.7～1.0 m，井壁可砌干砖，插竹片、木板，或用水泥管等临时支护，井底宜铺一层 0.3 m 厚碎石作反滤层。地下水位有一定的水力坡度时，集水井宜优先考虑布置于地下水的补给侧。

当基坑开挖深度较大且不同高程存在不同的含水层或透水层时，可在边坡不同高度分段放坡的平台上设置多层明沟。

如地表水量较大，应在基坑外采取截流、导流等措施。

水沟或集水井的截面应根据基坑涌水量的大小确定，其排水量应满足下式要求：

$$V \geqslant 1.5Q \tag{2-5-34}$$

式中　V——排水量(m^3/d)；

Q——基坑涌水量(m^3/d)。

基坑涌水量可根据经验或参照邻近工程排水情况确定，在没有经验的情况下，可根据大井法估算。

(3)基坑降水。降水井点类型应根据基坑含水层的土层性质、渗透系数、厚度及要求降低水位的高度选用。井点类型包括真空井点、喷射井点、管井井点、电渗井点等。

当含水层的渗透系数为 2～50 m/d、需要降低水位高度在 4～8 m 时，可选用真空井点，如降深要求大于 4.5 m 时，可选用二级或多级真空井点；当含水层的渗透系数为 0.1～50 m/d，要求水位降深为 8～20 m，可选用喷射井点法；当含水层的渗透系数大于 20 m/d，水量丰富时，可采用管井井点法；当含水层为渗透系数小于 0.1 m/d 的黏性土、淤泥或淤泥质黏性土时可采用电渗井点法。当基坑及其周边一定范围内不同部位的水文地质条件相差较大时，可同时采用两种或多种井点类型。

1)井点设计时基坑涌水量可按下列方法估算。

①对于窄长形基坑(长宽比大于 10)，当含水层为潜水时，流向完整基坑的涌水量可按下式估算：

$$Q = \frac{kL(2H - s)s}{R} + \frac{1.366k(2H - s)s}{\lg R - \lg\left(\frac{B}{2}\right)} \tag{2-5-35}$$

式中　Q——基坑涌水量(m^3/d)；

k——含水层渗透系数(m/d)；

L——基坑长度(m)；

B——基坑宽度(m)；

H——潜水含水层厚度(m)；

s——地下水位降深(m)；

R——降水影响半径(m)。

当含水层为承压水时，流向完整基坑的涌水量可按下式估算：

$$Q = \frac{2kMLs}{R} + \frac{2.73kMs}{\lg R - \lg\left(\frac{B}{2}\right)} \tag{2-5-36}$$

式中　M——承压含水层厚度(m)。

对于非完整基坑，可按完整基坑的涌水量予以折减的办法进行粗略估算。

②对于块状基坑(长宽比小于 10)，可将不同形状的基坑简化为圆形基坑，其涌水量可按大井法估算。

块状基坑简化为圆形基坑，其等效半径 r_0 按下式计算：

$$r_0=\eta\frac{L+B}{4}\tag{2-5-37}$$

式中 r_0——等效半径(m);

η——简化系数,当 $B/L\leqslant 0.3$ 时,取 1.14;当 $B/L>0.3$ 时,取 1.16。

当块状基坑形状不规则时,其等效半径可按下列方法计算:

对于不规则近似圆形基坑:

$$\frac{L}{B}>2.5\text{ 时},r_0=\sqrt{\frac{F}{\pi}}\tag{2-5-38}$$

$$\frac{L}{B}<2.5\text{ 时},r_0=\frac{L_c}{2\pi}\tag{2-5-39}$$

式中 F——基坑面积(m^2);

L_c——基坑周长(m)。

③对于不规则多边形基坑:

$$r_0=\sqrt[n]{r_1r_2\cdots r_n}\tag{2-5-40}$$

式中 r_1、r_2、…、r_n——多边形顶点至多边形中心点的距离(m)。

④估算降水系统单井出水量时,在井径相同条件下,可取用抽水试验的单井出水量;在无抽水试验的条件下,可采用下列方法计算:

对于完整承压水井:

$$q=2.73\frac{kMs}{\lg R-\lg r_w}\tag{2-5-41}$$

式中 M——承压含水层厚度(m);

s——地下水位降深(m);

R——降水影响半径(m);

r_w——井半径(m);

q——单井允许涌水量(m^3/d)。

对于完整潜水井:

$$q=1.366k\frac{(2H-s)s}{\lg R-\lg r_w}\tag{2-5-42}$$

对于非完整承压水井($l>5r$):

$$q=2.73\frac{kls}{\lg\left(\frac{1.6l}{r_w}\right)}\tag{2-5-43}$$

式中 l——过滤器工作部分长度(m)。

对于非完整潜水井:

$$q=1.366ks\left[\frac{l+s}{\lg R-\lg r_w}+\frac{l}{\lg\left(\frac{0.66l}{r_w}\right)}\right]\tag{2-5-44}$$

2)井点数量与井点间距可按下式计算:

$$n=1.1\frac{Q}{q}\tag{2-5-45}$$

$$a=\frac{L_1}{n}\tag{2-5-46}$$

式中　n——井点个数；

a——井点间距(m)，取值应大于 $15d$（d 为井管直径）；

L_1——基坑四周井点布置的总长度(m)。

按上述计算井点数(n)及井点间距(a)后，尚应在满足降水深度的条件下，对群井抽水时各井点出水量进行验算，并以此来复核井点数。

对于潜水完整井应满足下式要求：

$$y_0 > 1.1\frac{Q}{n\psi} \tag{2-5-47}$$

$$y_0 = \sqrt{H^2 - \frac{0.732Q}{k}\left(\lg R_0 - \frac{1}{n}\lg n r_0^{n-1} r_w\right)} \tag{2-5-48}$$

$$\psi = \frac{q}{l} \tag{2-5-49}$$

$$R_0 = r_w + R \tag{2-5-50}$$

式中　y_0——降水要求的单井井管进水部分长度(m)；

ψ——管井进水段单位长度进水量(m^3/d)；

R_0——井群中心至补给边界的距离(m)；

r_0——圆周布井时各井至井群中心的距离(m)。

对于承压完整井，y_0 按下式计算：

$$y_0 = H' - \frac{0.366Q}{kM}\left(\lg R_0 - \frac{1}{n}\lg n r_0^{n-1} r_w\right) \tag{2-5-51}$$

式中　H'——承压水头至该含水层底板的距离(m)；

M——承压含水层厚度(m)。

当过滤器工作部分长度小于 2/3 含水层厚度时，应采用非完整井公式计算。若求出的 y_0、ψ 不满足上述要求时，应调整井点数量和井点间距，再进行上式验算，直至满足上述条件后，再进行基坑降水深度验算。

3)利用干扰井群抽水公式计算，检验基坑中心处水位降深值，确定其是否满足设计水位降深的要求，并以此调整井点数及井点间距。

对于潜水含水层：

$$s = H - \sqrt{H^2 - \frac{Q_0}{1.366k}\left[\lg R_0 - \frac{1}{n}\lg(x_1 x_2 \cdots x_n)\right]} \tag{2-5-52}$$

对于承压含水层：

$$s = \frac{0.366Q_0}{kM}\left[\lg R_0 - \frac{1}{n}\lg(x_1 x_2 \cdots x_n)\right] \tag{2-5-53}$$

式中　s——基坑中心处地下水位(头)降深值(m)；

Q_0——由 $ny_0\psi$ 的乘积得出的基坑抽水总流量(m^3/d)；

$x_1, x_2, \cdots, x_n$——从基坑中心距各井点中心的距离(m)；

H——含水层的水位高度(m)。

4)井点出水滤管长度可按下式设计：

$$l = \frac{Q}{\pi d n v} \tag{2-5-54}$$

式中 Q——流入每根井管的流量(m^3/d)；

d——滤网外径(m)；

n——滤网孔隙比，宜为30%以上；

v——地下水进入滤网的速度(m/d)，与含水层的渗透系数k有关，可取经验值$\sqrt{k}/15$。

5)在条件许可的情况下，可采用非稳定流理论的解析法或数值法来进行上述计算。

(4)基坑隔水。工作坑隔水可采用高压旋喷注浆、水泥搅拌桩、压力注浆、地下连续墙、钢板桩等。当地质条件、环境条件复杂时，可联合采用多种隔水措施。当有可靠工程经验时，可采用地层冻结技术(冻结法)阻隔地下水。下面分别就高压旋喷注浆、水泥搅拌桩、注浆隔水的验算及施工注意事项介绍如下。

1)高压喷射注浆止水设计。

①高压喷射注浆止水帷幕适用于淤泥、淤泥质土、黏性土、粉土、砂土、人工填土。但对于含有地下障碍物如大粒径块石、过多的植物根茎、旧基础(如木桩或直径小于600 mm的小桩及其承台)的地层不宜采用；开挖深度内存在厚度大于4 m或水头高度大于5 m的砂层时不宜采用，特别是临近对沉降变形较敏感的建(构)筑物时严禁采用；存在地下动水(潮水涨落及与河涌相补给的砂层暗涌)时不宜采用。对于坚硬的黏性土、有机质土或泥炭类土，则应根据现场试验结果确定是否采用。

②高压喷射注浆可根据形成注浆体的形态采用旋喷、摆喷或定喷等施工工艺。根据对注浆体的尺寸要求和设备条件，可选用单管法、二重管法或三重管法。可用于各种桩、板墙间注浆，与桩、板墙形成一个封水挡土结构，也可单独作为基坑外设止水帷幕。

③基坑外设置止水帷幕，按其底部土体的透水性可分为：落底式止水帷幕和悬挂式止水帷幕。

采用落底式止水帷幕时，基坑止水帷幕的渗流量可按下式估算(图2-5-26)：

$$Q=\frac{kL(H_0^2-h_0^2)}{2D} \tag{2-5-55}$$

式中 Q——止水帷幕的渗流量(m^3/d)；

k——帷幕渗透系数(m/d)；

H_0——帷幕外侧基坑底面处水头(m)；

h_0——帷幕内侧基坑底面处水头(m)；

D——止水帷幕厚度(m)；

L——基坑止水帷幕周长(m)。

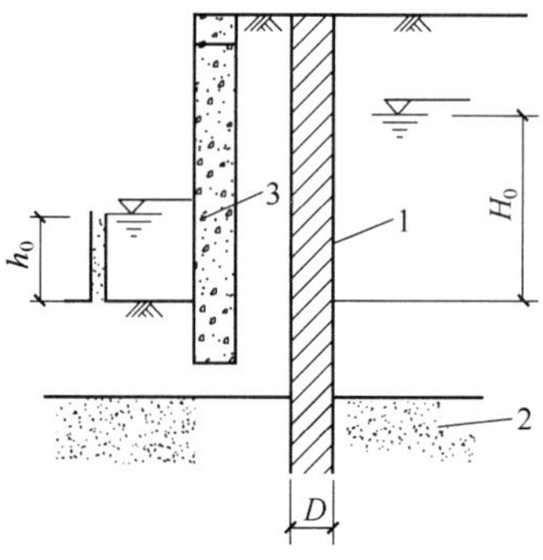

图2-5-26 落底式帷幕基坑涌水量计算示意图

1—止水帷幕；2—隔水层；3—桩墙

对帷幕底部为透水层的悬挂式帷幕或在黏性土不透水层下面含有承压水的砂层时，应进行抗管涌验算。如不能满足抗管涌要求时，可增加止水帷幕的插入深度或在基坑底部采取加固措施。

砂质地基土产生管涌的极限动水力坡度按下式计算：

$$i_0=\frac{G_s-1}{1+e} \tag{2-5-56}$$

式中 i_0——极限动水力坡度；

G_s——土颗粒密度；

e——土的孔隙比。

高压喷射注浆止水帷幕插入相对不透水层的深度可按下式计算：

$$d=\frac{h-bi_c}{2i_c} \tag{2-5-57}$$

式中　d——帷幕插入相对不透水层的深度(m)；

h——作用于墙体底部的水头(m)；

i_c——接触面允许水力坡度，取3～5；

b——帷幕平均厚度(m)。

若计算结果 d 小于1.0 m时，应取1.0 m。当在不透水层下面埋置带有承压水头的砂层时，应验算抗管涌要求。

④旋喷桩作挡土桩间止水时，旋喷桩与挡土桩的交圈厚度不应小于150 mm。若旋喷桩相互交圈搭接时，孔距宜为 $1.732R_0$（R_0 旋喷桩设计半径）；当采用二排或三排布桩时，排距宜为 $1.5R_0$。旋喷桩宜位于桩间轴线靠主动侧处。交圈厚度可按下式计算：

$$S=2\sqrt{R_0^2-\left(\frac{L}{2}\right)^2} \tag{2-5-58}$$

式中　S——旋喷桩的交圈厚度(m)；

R_0——旋喷桩的半径(m)；

L——旋喷桩孔位的间距(m)。

⑤高压喷射注浆(旋喷)除可应用于竖直方向的止水防渗外，还可应用于水平方向上的防渗处理(防止基坑底管涌或隆起)，其厚度和承载力可根据地下水的浮托力的大小、防渗要求确定。当地下含水层渗透性较好、水头较大时，可采用悬吊式垂直止水与水平封底相结合，或采用悬吊式垂直止水与基坑内井点降水相结合的方案。在动水条件下施工，宜使用速凝浆材。

2)深层搅拌法止水设计。

止水帷幕可采用深层搅拌桩相互搭接形成，并应按下列要求执行：

①当用单排搅拌桩作外围止水帷幕时，帷幕深度在10 m内，搅拌桩间相互搭接长度不宜小于150 mm；帷幕深度超过10 m，搭接长度不宜小于200 mm；当采用多排桩时，排间距离不宜大于0.8倍桩径。

②搅拌桩的水泥掺入比应根据基坑侧壁内外侧的水头压力大小及土体性质和基坑开挖深度而确定，宜为被加固土体质量的12%～15%或符合相关要求。

③止水帷幕插入深度应根据高压喷射注浆确定。

④当基坑开挖面以上强透水层厚度大于4 m时，不宜采用深层搅拌法止水。

3)压力注浆止水设计

①压力注浆止水适用于地下裂隙、破碎带、中粗砂层、卵石层、砾砂层、淤泥及淤泥质土层。

②压力注浆可根据工程需要选用水泥浆液系列或化学浆液系列；选用化学浆液应注意对环境的污染。

③压力注浆的扩散半径应根据试验确定。在没有试验数据的情况下，可按下列公式计算：

对于冲积层松散介质：

$$R=\sqrt{\frac{0.64ktP_0\dfrac{\gamma_1}{\gamma_2}}{n\lambda\gamma_w}} \tag{2-5-59}$$

式中 R——扩散半径(m)；
k——地基土渗透系数(cm/s)；
t——注浆持续时间(s)；
P_0——实际容许注浆压力(kPa)；
γ_w——水的重度(kN/m³)；
γ_1、γ_2——水、浆液的动力粘度(cP)；
λ——浆液充填系数；
n——孔隙率。

对于岩石裂隙

$$R=6.55\left[\sqrt[2.21]{\frac{(P_a-P_0)tb^2\gamma_c^{0.21}}{\eta}}\right]+\gamma_c \tag{2-5-60}$$

式中 R——扩散半径(m)；
P_a——实际容许注浆孔内压力(kPa)；
P_0——受注浆缝的地下水压力(kPa)；
t——注浆持续时间(s)；
b——裂缝宽度(m)；
γ_c——注浆孔半径(m)；
η——浆液粘度(cP)。

④压力注浆的孔距宜小于或等于1.4R；孔深宜进入不透水层2～3 m。单独形成止水帷幕时，注浆孔至少应设计三排。

帷幕厚度可按下式计算：

$$\delta=\frac{\Delta H}{i_z} \tag{2-5-61}$$

式中 δ——帷幕厚度(m)；
ΔH——帷幕两侧的水头差(m)；
i_z——帷幕容许水力坡度。

⑤根据不同土层的要求，可选用如下注浆方法：全孔注浆法、套管护壁注浆法、袖阀管注浆法、双液注浆法。

⑥注浆顺序应按跳孔间隔的方式进行，以防止串浆。对有地下动水流的特殊情况，应考虑浆液的迁移效应，从水头高的一端开始注浆。若无高压注浆条件时，压力注浆也可以在排桩间进行，注浆体与排桩共同形成止水隔墙；也可以在排桩外侧进行，注浆体相互交圈形成止水帷幕，帷幕厚度应符合相关规定。

(5)回灌措施。当基坑降水对周边建筑物或地下管线产生过大影响时，除可采用在基坑周边止水方法外，还可在被保护物的相应位置回灌地下水。回灌的方式有：回灌井点、回灌砂井及回灌水沟等。

其中，回灌井点(砂井)在平面布置上与降水井点的距离不宜小于6 m，相邻回灌井点间距应根据降水井的间距和被保护物的平面位置确定。回灌井点(砂井)的设计深度应根据基坑降水漏斗的形状和降深确定，宜设在长期降水曲面以下1 m处。回灌井点(砂井)井底应位于渗透性较好的土层中，过滤器的长度应大于降水井过滤器的长度。回灌水量应根据观测到的水位变化情况进行控制，以不在基坑降水范围内形成反漏斗为宜。

5. 地基加固

基坑地基处理的设计应与支护结构的设计统一考虑。当基坑地基不能满足基坑侧壁的稳定要求，对周围环境的预计影响程度超出有关标准，现有地基条件不能满足开挖、放坡、底板施工等正常施工要求，基坑开挖过程中暴露出的质量问题严重影响基坑施工及基坑安全时，应采取适当的地基处理措施。

(1)地基加固的类型。

1)坑内地基处理。当软土地基上的支护结构嵌入深度不足时，可在基坑内侧进行加固，加固宽度可取基坑深度的 0.5～1.0 倍，加固深度不宜小于嵌入深度的 0.7 倍，且尚应满足抗管涌的要求。

当坑底抗隆起、抗管涌不足或存在大面积承压水难以用帷幕隔断时，基坑底面可采用满堂加固。

当重力式挡墙地基产生的沉降影响支护结构稳定及周围环境安全时，应对墙趾部分的地基土加固。

2)坑外地基处理。在基坑施工影响范围内，必须加以保护的建(构)筑物，地面交通、消防设施，道路、地下水管、地下水池、排污管、化粪池以及煤气管、通讯管线等设施，必须根据施工对其的影响程度及其对变形敏感程度进行预加固或托换处理。

作用于支护结构的侧压力过大，影响支护结构的稳定时，可对基坑外侧土体进行加固，提高其、值，亦可内外同时加固；止水、防渗的地基处理布置在基坑外侧。

(2)地基加固的方法。

1)深层搅拌法。

①深层搅拌法处理地基适用于淤泥、淤泥质土、黏土、粉质黏土、粉土等标贯击数不超过 10 击的软土地基。

②对采用板桩墙作为支护结构的基坑，用深层搅拌法提高被动区抗力时，宜在板桩墙施工前进行施工，若在板桩墙结构完成后再施工，则必须对墙与搅拌桩之间的土体进行加固。加固方法可采用注浆、旋喷等措施。

③采用深层搅拌法加固基坑内侧坑底地基时，因上部土体受到施工扰动，在基坑开挖时，支护结构可能发生过大位移，可采用低掺入比的水泥浆液以保证上部土体强度不低于原状土强度。

④深层搅拌法设计及施工还应符合我国现行标准《软土地基深层搅拌加固法技术规程》及《建筑地基处理技术规范》的有关要求。

2)注浆法。

①注浆法适用于处理砂土、粉土和填土层。

②注浆法分为单管注浆和袖阀管注浆。封闭泥浆护孔的阀管注浆，有利于浆体在土体中均匀分布。

③注浆设计应包括下述内容：注浆有效范围；注浆材料的选择、初凝时间、注浆量和压力；注浆压力的保证措施；注浆孔布置和注浆顺序。

④用作防渗的注浆至少应设置三排注浆孔，注浆液应选用水玻璃或水玻璃与水泥的混合液，注浆孔间距可在 1.0～1.6 m 范围选择，动水情况下的堵漏注浆宜采用双液注浆或初凝时间短的速凝配方；用作提高土体强度的注浆液可选用以水泥为主剂的悬浊液，注浆孔间距可在 1.0～2.0 m 范围选择。

⑤初凝时间应根据地基土质条件、地下动水流情况和注浆目的决定。在砂土地基中注浆时，浆液初凝时间宜为2～3 min；在粉土地基中注浆时，浆液初凝时间宜为5～6 min；在黏性土中进行劈裂注浆时，浆液初凝时间宜为1～2 h。

⑥在砂性土中注浆，若以防渗为主要目的，则应进行二次注浆。第二次注浆的时间宜在第一次注入的水泥浆初凝后进行，注浆材料应采用水玻璃等低黏度的化学注浆材料。

⑦注浆不宜自某一端单向推进压注，应采用跳孔间隔注浆方式。对有地下动水流的特殊情况，应考虑浆液在动水流下的迁移效应，自水头高的一端开始注浆。

3)高压喷射注浆法。

①高压喷射注浆法适用于处理软土、砂土、填土和碎石地层。对于有机质土和含大量草茎、大块石的地层及对地下水流速过大和大量涌水的地层要慎用。

②高压喷射注浆法的注浆形式分旋喷注浆、定喷注浆和摆喷注浆三种类型。根据工程需要和机具设备条件，可分别采用单管、二重管和三重管三种方法。

③高压喷射注浆方案确定后，应进行现场试验或试验性施工，以确定施工参数及工艺；施工过程中产生的扩浆应妥善处理。

6. 挖土与回填

土方开挖前，应根据基坑支护设计要求编制土方施工方案，其内容应包括：挖土机械的选择，开挖顺序，开挖路线，机械下基坑斜道的设置，车辆进出场道路，冬季、雨季、汛期施工措施及环境保护措施等。基坑周围地表应做排水沟，避免水流入基坑内。基坑周边严禁超堆荷载。当重型机械要在基坑边作业时，应采取设置专门的平台或深基础等措施。土方开挖过程中，应在基坑内分级设置排水沟，利用集水井将地下水及时排出坑外。

(1)放坡开挖的原则。

1)地下水位较高的地区，对有软弱下卧层或有产生流砂的土层应做好排除积水的工作。

2)土体边坡若有地下水渗出，不可强行封堵，应在挂网喷浆时留出泄水通道。

3)对采用多道土钉支护的边坡，应按设计的土钉位置分层开挖，严禁超挖。

(2)采用钢斜撑的基坑应在支护结构内侧留出一定高度和宽度的护壁土，将基坑中部或斜撑坑底支撑处挖至设计高程，浇灌加厚垫层或承台，然后采用分段间隔开挖的方式挖出斜撑位置，安好斜撑后再挖该斜撑所在段的护壁土，浇灌垫层。

(3)采用内支撑的基坑应按“分层开挖，先撑后挖”的原则施工，尽可能对称开挖，严禁超挖。

(4)机械挖土时，应在基坑底及护壁留300～500 mm厚的土层用人工挖掘修整。

(5)施工注意事项。

1)土方开挖过程中，严禁碰撞工程桩。若遇工程桩露出坑底过高，应截桩后再继续开挖。

2)土方开挖至设计高程后，应及时浇捣垫层，做到坑底满封闭，并及时进行地下结构施工。

3)基坑土方开挖过程中，特别是冬季、雨季、汛期施工时，若发生异常情况，应立即采取处理措施。

4)引道工程的主体结构施工完后，应及时回填土方，回填土应分层夯实。

7. 环境影响分析

(1)地基与基础的允许变形值。顶进桥涵工程在城镇市区进行基坑开挖时，支护结构体系除应满足自身稳定性外，还应考虑支护结构的变形对周围环境的影响。基坑开挖对周围环境的影响是基坑工程设计的重要内容之一，设计应对环境影响做出预估，并提出相应的控制措施。

信息化施工是保证基坑安全和对周围环境影响进行报警的重要手段。监测单位应根据设计要求对基坑工程做出详细的监测方案，应明确提出具体的监测项目和要求，监测仪器的精度必须达到设计要求。邻近地铁、隧道、高架桥基础、地下渠箱等大型地下构筑物的基坑工程，除设计应对环境影响作出较为可靠的预估外，施工时还应进行多种手段的综合监测。

各类建筑物对差异沉降的承受能力相差较大，因基坑开挖造成对环境的影响其允许变形可参考表 2-5-7 和表 2-5-8 进行控制。桩基础建筑物允许最大沉降值不应大于 10 mm，天然地基建筑物允许最大沉降值不应大于 30 mm。对邻近的破旧建筑物，其允许变形值应根据实际情况由设计确定。

表 2-5-7　单层和多层建筑物的地基变形允许值

变形特征	地基变形允许值	
	中、低压缩性土	高压缩性土
砌体承重结构基础的局部倾斜	0.002	0.003
工业与民用建筑相邻柱基的沉降差		
(1)框架结构	$0.002l$	$0.003l$
(2)砌石墙填充的边排柱	$0.000\,7l$	$0.001l$
(3)当基础不均匀沉降时不产生附加应力的结构	$0.005l$	$0.005l$
桥式吊车轨面的倾斜(按不调整轨道考虑)		
纵向	0.004	
横向	0.003	

注：1. l 为相邻桩基的中心距离(mm)。

2. 倾斜指基础倾斜方向两端点的沉降差与其距离的比值。

3. 局部倾斜指砌体承重结构沿纵向 6～8 m 内基础两点的沉降差与其距离的比值。

表 2-5-8　高层建筑和高耸结构基础变形允许值

变形特征		地基变形允许值
多层和高层建筑基础的倾斜	$H_g \leqslant 24$	0.004
	$24 < H_g \leqslant 60$	0.003
	$60 < H_g \leqslant 100$	0.002
	$H_g > 100$	0.001 5
高耸结构基础的倾斜	$H_g \leqslant 20$	0.008
	$20 < H_g \leqslant 50$	0.006
	$50 < H_g \leqslant 100$	0.005
	$100 < H_g \leqslant 150$	0.004
	$150 < H_g \leqslant 200$	0.003
	$200 < H_g \leqslant 250$	0.002

注：H_g 为自室外地面起算的建筑物高度(m)。

采用承插式接头的铸铁水管、钢筋混凝土水管两个接头之间的局部倾斜值不应大于 0.002 5；采用焊接接头的水管两个接头之间的局部倾斜值不应大于 0.006；采用焊接接头的燃气管两个接头之间的局部倾斜值不应大于 0.002。

(2)基坑降水对环境影响的预估。降水引起基坑周围地下水位下降，形成以各抽水井点或泄水孔为中心的地下水降水漏斗，在漏斗范围内的建筑物，将产生不均匀沉降。

1）地下水位下降引起的土层有效应力增量（$\Delta\sigma'$）可参照下式计算：

$$\Delta\sigma' = \gamma_w(h_1 - h_2) \tag{2-5-62}$$

式中 γ_w——水的重度（kN/m^3）；

h_1——降水前土体的水头高度（m）；

h_2——降水后土体的水头高度（m）。

2）基础下某单层土体产生的附加沉降可参照下式计算：

$$S_i = \Delta\sigma_i' h_i / E_{si} \tag{2-5-63}$$

式中 $\Delta\sigma_i'$——基础下第 i 层土的有效应力增量（kPa）；

S_i——基础下第 i 层土的沉降（m）；

E_{si}——基础下第 i 层土的变形模量（kPa）；

h_i——基础下第 i 层土的厚度（m）。

3）基础下由多个含水层组成，对地面以下 n 个含水层进行降水处理时，产生的附加沉降 S 可参照下式计算：

$$S = \sum_{i=1}^{n} S_i \tag{2-5-64}$$

（3）重力式挡墙墙顶最大水平位移 δ_H 的预估。重力式挡墙后地面最大沉降 S_{max} 一般发生在紧靠墙后地面处，其大小与墙顶最大水平位移 δ_H 相近，地面变形区的范围及其沉降量可参考图 2-5-27 查得。

（4）采用内支撑的基坑周围地面变形的预估。采用内支撑的基坑周围地面变形与支护结构刚度、支撑刚度及周围土质有关。一般情况下墙体与地表变形曲线形态如图 2-5-28 所示。

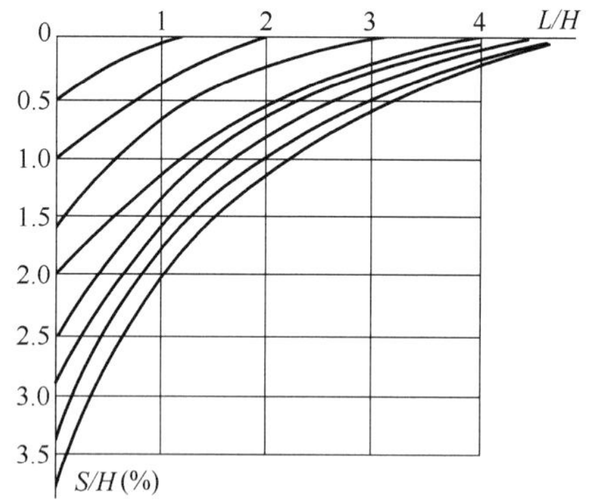

图 2-5-27 相对距离与相对沉降的关系

S—地面沉降（m）；H—基坑开挖深度（m）；L—离墙顶水平距离（m）

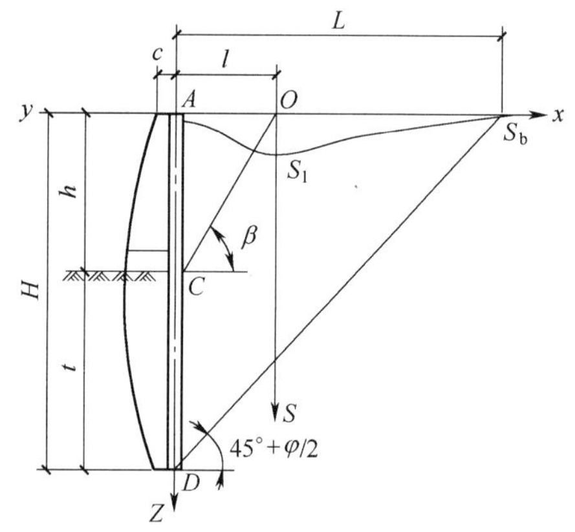

图 2-5-28 墙体与地表变形曲线

基坑开挖对周围地表的影响范围可参照下式计算：

$$L = H\tan(45° - \varphi/2) \tag{2-5-65}$$

式中 L——地表下沉范围；

H——支护结构深度；

φ——土体内摩擦角，取 H 深度范围内各土层的加权平均值。

1)最大下沉点离支护结构顶部的距离可参照下式计算：

$$l=h/\tan\beta \tag{2-5-66}$$

式中　l——最大下沉点离支护结构顶部的距离(m)；

h——基坑开挖深度(m)；

β——地基土最大下沉角，可按式(2-5-67)计算取值。

2)地基土最大下沉角计算：

$$\beta=82^\circ-2.36\varphi \tag{2-5-67}$$

3)支护结构后部某一剖面任意点的沉降 $S(x)$ 可参照下式计算：

$$S(x)=S_1e^{-\pi(x/r)^2} \tag{2-5-68}$$

式中　S_1——最大下沉值(m)；

r——下沉盆地主要影响半径(m)。

4)下沉盆地主要影响半径可参照下式取值：

$$r=\eta(L-l) \tag{2-5-69}$$

式中　η——主要影响半径系数，其变化范围为 1.01～1.25，$\varphi\leqslant10^\circ$时，取值为 1.1，$\varphi>10^\circ$时，取值为 1.2。

8. 施工监测

(1)施工监测概述。基坑开挖过程中建设单位应委托专业的监测单位开展各项监测工作。基坑开挖前必须作出系统的监测方案，监测方案包括：监测项目、监测方法及精度要求、监测点的布置、观测周期、监控时间、工序管理和记录制度、报警标准以及信息反馈系统等。

基坑开挖过程中应根据监测数据进行信息化施工，及时对开挖方案进行调整，当监测数据超过报警值时，应及时通报有关部门。基坑监测应以获得定量数据的专门仪器测量或专用测试元件监测为主，以现场目测检查为辅。观测点的布置应能满足监测要求。基坑开挖影响的范围随开挖深度的增加而增大，一般从基坑边缘向外 2～4 倍开挖深度范围内的建(构)筑物均为监测对象，邻近重要建(构)筑物，尤其是古文物保护区应列入监测范围内。

(2)施工监测的项目可根据基坑侧壁安全等级按表 2-5-9 进行选择。

表 2-5-9　基坑监测项目表

监测项目 / 基坑侧壁安全等级	支护结构水平位移	周围建(构)筑物、地下管线变形	地下水位	锚杆拉力	支撑轴力或变形	立柱变形	桩墙内力	土体侧向变形	孔隙水压力	土压力
一级	√	√	√	√	√	√	√	√	△	△
二级	√	√	√	△	△	△	△	△	○	○
三级	√	√	△	○	○	○	○	○	○	○

注：√为必测项目，△为应测项目，○为宜测项目。

(3)施工监测的布置与精度：各监测项目的布置和精度要求可参照表 2-5-10 执行。

表 2-5-10 监测项目、测点布置和监测精度

监测项目	位置或监测对象	仪　器	监测精度	测点布置
支护结构水平位移	支护结构上端部	经纬仪	1.0 mm	间距 10～15 m
孔隙水压力	周围土体	孔隙水压力计	≤1 Pa	2～4 孔，同一孔测点间距 2～3 m
土体侧向变形	靠近支护结构的周边土体	测斜管、测斜仪	1.0 mm	2～4 孔，同一孔测点间距 0.5 m
支护结构变形	支护结构内	测斜管、测斜仪	1.0 mm	孔间距 15～20 m，测点间距 0.5 m
支护结构侧土压力	支护结构后和入土段支护结构前	土压力计	≤1/100 F.s	3～4 孔，同一孔测点间距 2～3 m
支撑轴力	支撑中部或端部	轴力计或应变仪	≤1/100 F.s	每层 8～12 点
地下水位	基坑周边	水位管、水位仪	1.0 mm	3～5 个孔
锚杆拉力	锚杆位置或锚头	钢筋计、压力传感器	≤1/100 F.s	不少于锚杆总数的 5%，且不少于 5 根
沉降、倾斜	需保护的建（构）筑物	经纬仪、水准仪	1.0 mm	间距 15～20 m
地下管线沉降和位移	管线接头	经纬仪、水准仪	1.0 mm	间距 5～10 m
支撑立柱沉降观测	支撑立柱顶上	水准仪	1.0 mm	不少于立柱总数的 20%，且不少于 5 根

注：1. 测点间距和数量根据基坑侧壁安全等级而定。三级基坑侧壁的测点间距可疏一些，测点数可少一些。

2. 有特殊要求的基坑侧壁的测点布置和精度要求可根据实际需要而定。

(4)施工监测的频率。施工监测的频率可参考表 2-5-11。

表 2-5-11 施工监测时间间隔表

基坑等级 / 施工工况	一级	二级	三级
施工前	至少测 2 次初值	至少测 2 次初值	至少测 2 次初值
桩基施工	3 d	7 d	7 d
围护结构施工	1 d	2 d	7 d
地基加固和降水	3 d	7 d	7 d
开挖 0～5 m	1 d	2 d	2 d
开挖 5～10 m	1 d	1 d	1 d
开挖大于 10 m～浇筑滑板	0.5 d	0.5 d	1 d
浇筑滑板	1 d	2 d	3 d
浇筑滑板后 7 d 内	1 d	2 d	3 d
浇筑滑板后 7～30 d 内	2 d	7 d	15 d
浇筑滑板 30～180 d	7 d	15 d	—

注：1. "d"表示"天"。

2. 本表宜用于制定坑周建(构)筑物变形、邻近管线变形、坑周地表沉降以及基坑挡墙水平位移的监测频率。对其余监测项目的监测频率，尚应根据设计要求和现场实际情况选定。

3. 若施工中出现变形速率超过警戒值的情况，应进一步加强监测，缩短监测时间间隔，为改进施工参数和实施变形控制措施提供必要的实测数据。

(5)施工监测的注意事项。

1)各监测项目在基坑施工影响前应测得稳定的初始值,且不应少于两次。

2)各项监测工作的时间间隔根据施工进程确定,在开挖卸载急剧阶段,间隔时间不宜超过3 d,其余情况下可延至5～10 d。

3)当变形超过有关标准或场地条件变化较大时,应加密观测。当有危险事故征兆时,则需进行连续监测。每次监测工作结束后,应及时提交监测简报及处理意见。

(6)施工监测报告的编制。工程结束时提交完整的监测报告,其内容包括:基坑概况和监测目的;监测项目和测点布置;采用仪器的型号、规格和标定资料;监测资料的分析处理;监测值全过程变化曲线及监测结果评述。

9. 基坑抢险加固

基坑开挖前,应做好基坑抢险加固准备工作,包括:坑底降水应有充分的时间保证;储备止水堵漏的必要器材;基坑的位移和沉降监测措施;加固用的钢材、水泥、草袋等。

(1)当地面有裂缝出现时,必须及时用黏土或水泥砂浆封堵。

(2)当支护结构后土体出现渗漏水的情况时,应及时采取有效堵漏止水措施。

(3)基坑未设止水帷幕或止水帷幕漏水、流土,坑内降水及开挖使坑外地面或道路下沉、建筑物倾斜、管道断裂时,应立即停止坑内降水和挖土,并立即用黏土或水泥土阻塞夯实再加混凝土封砌渗漏或用化学浆液、树脂等材料处理止水帷幕的渗漏,必要时重新补做止水帷幕。

(4)基坑开挖引起流砂、涌土或坑底隆起失稳时,应立即停止基坑内降水或挖土,进行堆料反压,周围环境允许时,也可配合坑外降水。

(5)当基坑支护结构变形超过允许值或有失稳前兆时,应立即采取加固措施,加固的方法有撑、拉、压、灌、堵、减等,加固原则如下:

1)当支护结构变形过大,明显倾斜时,可在坑底与坑壁之间加设斜撑。如基坑周边场地允许,可设置拉锚。

2)当坑边土体严重变形,且变形速率持续增加时,可视为基坑整体滑移失稳的前兆,应立即采用砂包或其他材料回填基坑,待基坑稳定后再作妥善处理。

3)坡顶或桩墙后卸载,坑内停止挖土作业,适当增加内撑或锚杆,增大内撑预应力或预应力锚杆的锚固力。

(6)支护结构桩墙嵌固深度不足,使支护桩墙内倾或踢脚失稳,应立即停止土方开挖,在桩墙前堆砂包反压,也可在基坑外侧挖土卸载,在挡土桩被动区打入短桩加固。

(7)基坑开挖回弹,箱身或 U 形槽上浮甚至开裂时,应及时进行基坑内外降水。

(8)锚杆侵入相邻建设场地,相邻基坑施工对本基坑支护结构安全构成威胁时,在锚杆被拆除剪断前,应在两基坑挡土桩墙之间注浆,或采用混凝土梁板结构将相邻挡土桩墙连接成整体。

(9)土钉墙发生滑塌失稳时,应立即停止坑内降水,并在坑内堆砂包反压,周围环境允许时,进行坑外降水。

(10)当基坑周围建筑物严重开裂、倾斜时,应立即组织人员紧急疏散,并补强加固或拆除,同时上报上级主管部门。

5.3.4　滑板与润滑隔离层制作

1. 滑板制作要求

(1)应满足预制箱身所需的强度和刚度,以及顶进时稳定性的要求。可根据地基承载力、箱身自重和顶进方法选用钢筋混凝土滑板、混凝土滑板、砌筑片石滑板和灰土滑板等。根据土质情况，滑板底部可设碎石和灰土垫层。当单宽顶力大于 30 t/m 时，需要在滑板中设置钢筋等抗拉材料，滑板混凝土的等级为 C15 或 C20，滑板的厚度不小于 20 cm。

(2)滑板中心线要与箱身顶进中心线一致，并有较高的平整度，表面用 1∶3 水泥砂浆压实抹光，以减小顶进阻力。

(3)钢筋混凝土滑板在箱身启动适当抗滑稳定必须进行验算。软土地基为提高滑板的抗滑能力，以保证箱身顶进时不被带走，应直接在滑板下设置地锚梁。地锚梁的截面一般为 0.3 m×0.5 m 的矩形或上宽 0.5 m，下宽 0.3 m 的梯形；深度为滑板下 0.5 m 左右。

(4)为防止箱身顶进"扎头"和偏移，一般在浇筑滑板时设有 1%～3%前高后低的仰坡；在滑板两侧设置钢筋混凝土或钢制导向墩，间隔 3～4 m(一般与地锚梁的位置相对应)，并深入滑板以下 0.5～0.8 m，外露 0.2 m，与箱身间预留 5～10 cm 导梁垫片。

(5)当顶程较长时，可在滑板的适当位置设预埋件，以便与扣压在顶杆上的横梁连接，防止顶杆受压后向上拱翘。

(6)若采用水垫减阻启动，应在箱身底板或滑板中预留输水管。

(7)以往软土地基的桥涵顶进施工时，常常在滑板设预留抬坡量，一般为 1%～3%，设想顶进过程中的下沉量与预留抬坡量相互抵消，正好达到设计高程。但是设想与实际仍有很大的差距，若箱身跨径较大、地基承载力较低、含水量较高、顶进速度控制不好时，往往在顶进施工中会发生"扎头"现象。为此，产生了增设"门槛"和接长滑板的改进方法。

所谓的"门槛"，也就是在滑板和箱身顶进就位的后端 20～50 cm 处，沿路基方向设置一道桩基，其形式可以为钻孔桩、深层搅拌桩、钢板桩等，也可以布置一排或多排桩基。通常结合工作坑靠线路侧的路基边坡加固而采用格栅状布置的深层搅拌桩最为合适。

箱身顶进前架设施工便梁卸载，拉槽挖除便梁下部分路基，将"门槛"桩顶部分切除至该处箱身顶进过程的设计高程。接长滑板处挖除土方，铺设 5～10 cm 厚的碎石，绑扎钢筋。纵向钢筋应与原滑板端预留钢筋及"门槛"连接，浇筑 15～20 cm 厚的速凝混凝土，表明顺坡抹光。养生 24 h 以上，待混凝土强度达到 C20 时，即可进行顶进作用。

增设"门槛"接长滑板后基本可以避免"扎头"现象的发生，但施工时必须注意接长滑板的混凝土强度、表面的光洁度和坡度及其结构的抗滑移能力等，切勿将接长的滑板与箱身粘连顶进，导致后背破损，甚至造成更大的困难。

2. 润滑隔离层制作要求

润滑隔离层是由润滑剂和隔离层两部分组成，其主要作用是使箱身不与滑板粘连，便于箱身启动顶进。

润滑剂常用的材料有：石蜡、滑石粉、机油和凡士林等。其中石蜡效果较好，但其成本较高，且施工时受气温影响较大。

常用润滑剂配方有：

(1) 石蜡掺机油(机油用量为 10%～25%)：将石蜡加热至 150 ℃，再掺入机油搅拌均匀。

(2) 滑石粉浆：滑石粉：机油＝1.5：(1～3)：1。

隔离层常用的材料有：塑料薄膜、油毡纸、油毡布等。

在顶进过程中，为避免出现隔离层被拉开或推拥现象，应顺着顶进方向铺设。为了使塑料薄膜隔离层成为一体，可用塑料胶带(宽 5 cm)粘结接缝处，避免搭接时出现错动现象。为了避免焊接箱身底板钢筋烧坏塑料薄膜，要求在塑料薄膜上经常浇水，在施焊处的塑料薄膜上铺设一块钢板或石棉布。

根据箱身自重确定铺设层数，一般情况下，2 000 t 以上的箱身应采用“两油两毡”，并增设水垫等措施，最大限度的减少启动阻力。在使用气垫减阻顶进时，箱身两侧距各外缘 0.5 m 范围内，要求平整光滑，便于气垫裙随箱身滑动，以增强密封效果。

5.3.5 箱身预制

顶进桥涵施工的箱身预制一般都在工作坑内进行。箱身预制的工作流程为：在工作坑内的滑板上支立箱身底板模板；绑扎底板钢筋；浇筑底板混凝土；支立箱身内模；绑扎箱身侧墙及顶板钢筋；支立箱身外模板；浇筑箱身侧墙及顶板混凝土；养护；拆模；制作防水层。

箱身预制过程中的模板安装、钢筋加工及绑扎、混凝土浇筑、养护等，直接关系到工程质量。在预制过程中应避免跑模漏浆、钢筋错位、结构裂缝等情况的发生，应保证混凝土强度等级达到设计要求。顶进施工中的预埋件、箱底的船头坡、箱身表面防水等，都必须在预制过程中进行处理。

1. 箱身预制长度的确定

箱身预制是顶进桥涵工程中重要的工序之一，箱身预制长度是设计按照结构受力及构造要求确定的，预制长度 L、箱身高度 H 及箱身宽度 B 一般应满足 $L/H \geqslant 1.0$ 及 $L/B \geqslant 1.0$。但在一定的施工条件下，预制箱身超过一定长度后，混凝土箱身就会出现明显的竖向裂缝，严重时会贯穿箱身。

(1)箱身预制长度的理论计算。箱身预制阶段，不存在外荷作用，影响箱身预制长度的主要因素为混凝土水化热、混凝土自身干缩和环境温差。混凝土水化热主要与水泥品种、配合比及模板条件等有关。

箱身混凝土浇筑后产生水化热，并且温度逐渐升至最高；随着时间的推移，箱身混凝土温度下降并开始收缩。由于先期浇筑的底板混凝土对箱身边墙的约束作用，使得箱身边墙内产生拉应力。当箱身边墙内的拉应力超过其容许抗拉强度时，箱身边墙就会产生裂缝。

混凝土自身干缩是混凝土所具有的一种特性，主要与配合比、振捣、养护、配筋等有关。

环境温度差是指混凝土入模温度与环境温度相对稳定时的温度差，它对箱身混凝土同样产生收缩影响。

混凝土水化热、自身干缩和环境温度差的共同作用是箱身混凝土产生裂缝的主要因素。这种竖向裂缝一般都发生在接近箱身总长 1/2、1/4、1/8 等处。

箱身预制长度的理论计算公式(其推导过程略)：

$$[L]=1.5\sqrt{\frac{E(t)\left(H+\dfrac{B}{2}\right)}{c_{\mathrm{x}}}}\operatorname{arch}\frac{\alpha T}{\alpha T+\varepsilon_{\mathrm{p}}} \tag{2-5-70}$$

式中 $[L]$——合理预制长度；

$E(t)$——$E(t)=E_0(1-e^{-0.091})$；

H——框架桥第二次浇筑高度；

B——框架桥宽度；

t——浇筑养护时间，取 $t=1.5$；

c_{x}——水平阻力系数；

α——收缩变形系数；

T——总温差 34.5 ℃，水化温差 17 ℃，环境温差 10 ℃，当量温差 7.5 ℃；

ε_p——极限拉伸。

(2)箱身预制长度的变化规律。对于不同壁厚、不同强度等级的箱身，其预制长度是不同的。箱身预制长度主要取决于其混凝土等级、混凝土自身收缩和环境温度差三大因素。

1)对于混凝土强度等级相同的箱身，其预制长度随着箱身壁厚增大而减小。这主要是因为在环境温度不变的情况下，混凝土水化热与混凝土干缩作用均随厚度增加而趋强，在混凝土抗裂强度未提高的情况下，使得箱身预制长度减小。

2)对于壁厚相同的箱身，其预制长度随着箱身混凝土等级提高而增大。这主要是因为混凝土强度等级的提高，水化热有所增强，但混凝土的抗裂强度也同时得到提高，并且其提高所带来的效果超过了水化热增强所带来的不利作用，因此使得箱身预制长度增大。

2. 模板工程

模板是保证箱身混凝土成型的模型，模板系统是由模板、支撑及紧固件等组成。在现浇钢筋混凝土结构施工中，要保证箱身各部分的形状、尺寸及相互位置的准确；具有足够的强度、刚度及稳定性；构造要简单、装拆方便、能多次周转使用；接缝严密，不得漏浆。

箱身的侧模可用对销螺栓拉紧，对销螺栓的直径与两端垫板均需根据浇注混凝土方法、速度、捣固的机具性能与浇筑本身的厚度等决定。

箱身的内模可采用三铰拱式桁架，不仅方便装拆，而且节约材料。在安装箱身外模时，为避免边墙浇筑过程中留下施工缝，一般采用插模法，即将工字钢的下端利用底板侧面预留螺栓固定，工字钢上端用钢筋拉杆对拉，在两工字钢之间插入外模，随混凝土的浇筑速度向上提升。

对于多孔连续的箱身结构，其模板的施工顺序是：先立两边墙的内模及中墙一侧的侧模和中孔顶模。浇筑混凝土时，用插模法边浇边插两边墙的外模和中墙靠边孔一侧的侧模，分层向上浇筑。

模板板面常用钢模或竹模板，使用前应设置隔离层便于脱模。为了使混凝土外露面光滑，可采用塑料薄膜作隔离层，也可以采用胶带纸把拼缝封住。为了预防混凝土表面出现气泡和色差，使用的模板表面要清洗干净。选用合适的脱模剂(严禁采用废机油作隔离层)，涂抹要均匀，并用棉纱布轻抹去涂刷不均或多余的脱模剂。

3. 钢筋工程

顶进桥涵的钢筋数量多，绑扎比较困难，所以必须精心制作，确保钢筋与混凝土共同作用，使箱身结构在强度和抗裂方便都有比较好的性能。

(1)钢筋表面应洁净，粘着的油污、泥土、浮锈等在使用前必须清理干净，经调直的钢筋不得有局部弯曲、残弯、小波浪形。

(2)严格按照配料单下料焊接，弯制成型，分类挂牌，堆放整齐。

(3)按照滑板顶面放出箱身底板及墙身位置线，在控制位置应先设定位钢筋。在定位钢筋上应按设计尺寸依次标出下层钢筋位置，由端部按顺序绑扎。下层钢筋绑扎完后，可安装上层定位架主钢筋，在其下部设砂浆垫块，其纵横向间距宜大于 1 m，并用同样方法绑扎上层钢筋。最后绑扎上行层拉结钢筋，要求其位置准确、绑扎牢固，浇筑时应无变形。

(4)墙体竖筋可采用定位支架由端部依次安装，随后绑扎水平及中间拉结钢筋。用斜撑或拉线将竖筋稳固后方可绑扎上面水平钢筋，最后绑扎上梗肋钢筋。

(5)顶模安装后，顶板钢筋采用上述(3)中的办法绑扎即可。

4. 混凝土工程

顶进桥涵的混凝土浇筑不仅要求其“内实外美”，关键是预防箱身裂纹和渗漏的发生。按照预制箱身设计工艺采取诱导缝、后浇带等防裂措施外，对浇筑混凝土原材料、配合比、施工养护等都有严格的要求，具体应按照现行的的施工规范要求执行。此处仅就箱身预制混凝土浇筑过程中需注意的几个问题叙述如下：

(1)箱身预制划分阶段施工时，施工缝的位置宜留在侧墙下梗肋的上部或上梗肋的下部。施工缝接茬应先凿除表层浮浆，用水冲刷干净，然后刷一层水泥素浆，随即灌以原混凝土强度的砂浆 3～5 cm，再浇筑新的混凝土。

(2)箱身混凝土分段施工时，结构的底板、顶板混凝土应一次浇筑。浇筑底板混凝土时，应严格控制振捣深度，防止振坏滑板上面的隔离层。

(3)高温或寒冷季节浇筑混凝土应采用内部降温或外部保暖措施，使混凝土内外温差不超过 25℃，预防温度裂缝的产生。

(4)混凝土浇筑完毕后，应根据环境气温条件，采取合理的养护方法，如箱顶储水、内外侧墙采取遮盖、自动喷淋等缓慢升温或降温的措施。

(5)箱身混凝土强度达到设计强度的 70%以上时可拆内模，达到 100%后允许顶进作业，以试块自然养生强度为依据。

(6)侧墙厚度 1 m 及以上即属于大体积混凝土，应按大体积混凝土工艺操作。

5. 接缝处理

箱身预制分阶段施工时，施工缝的位置宜留在墙体梗肋的上部或上梗肋的下部。各边墙施工缝不得在同一水平面上，并应增加连接短钢筋为宜。

箱身分节接缝防水应按要求施工。止水带可结合箱身预制和顶进施工机械安装，要求其位置准确、安装牢固。顶进过程中必须采取措施确保止水带的完好，一般可采用槽钢桩防护。箱身顶进就位后，接缝应采用弹性防水材料密封抹平，接缝不应渗水。

6. 钢筋混凝土刃脚

刃脚是切土掘进作业空间的工具，安设在箱身前端，其主要作用时切土、导向、支护掘进作业空间及防止墙身两侧的路基坍塌，它是维持便梁支墩稳定必不可少的措施。

以往在桥涵顶进中多采用钢刃脚，一般用 10～20 mm 厚的钢板焊接而成，伸出长度为 0.5～0.8 m，与箱身前端预埋螺栓进行拼装固定，箱身结构净空大于 4 m 时还应设置中平台。

随着我国既有线的不断提速，不仅要求保证顶进施工时的行车安全，而且要求顶进施工的慢行时间尽量的短。因此，国内在顶进桥涵线路加固上普遍采用施工便梁，刃脚一般也采用钢筋混凝土结构，直接与预制箱身一并浇筑。

若将钢筋混凝土在顶进就位后凿除，则其厚度应取墙身厚度的一半为宜，挑出的长度为 1～2 m，内设钢筋网与箱身边墙连接。

为了确保施工过程中便梁支墩和箱身两侧路基的稳定，避免钢筋混凝土刃脚凿除造成的浪费，在顶力允许的情况下，可将箱身两端的 U 形槽作为箱身顶进的刃脚。这样既可以保证顶进施工的安全，又可以加快出入口两侧引道结构的施工进度，这种结构在软土地基的桥涵顶进工程中应用的比较广泛。

7. 顶进转正块

顶进桥涵的箱身轴线与铁路中心线一般都不是正交的，或多或少存在一定的夹角。而顶进方向则必须与箱身轴线一致，故斜交箱身后端的底板必须设置顶进转正块。通常，转正块根据斜交角度的大小分为三角形或阶梯型。

根据顶进桥涵引道工程的设计，决定转正块是否需要拆除。若需凿除，则箱身底板与转正块应分开浇筑；若作为引道底板结构的一部分，则可与箱身同时浇筑。

8. 诱导缝

顶进桥涵的箱身超过一定长度，混凝土收缩产生的“温度裂纹”便是客观存在的。与其让它无规则的产生，还不如人为地把它控制起来。诱导缝的设置就是“控”、“放”结合，把无规则变为有规则，人为控制的一种改进施工工艺。

9. 后浇带

后浇带是人为地把整个箱身侧墙分成若干段，每段之间留 1 m 左右待浇段。待先浇筑的混凝土水化热释放完毕并收缩停止后，再在预留的待浇段补浇混凝土。它是使得整个箱身避免产生裂纹的一种改进施工工艺，如图 2-5-29 所示。

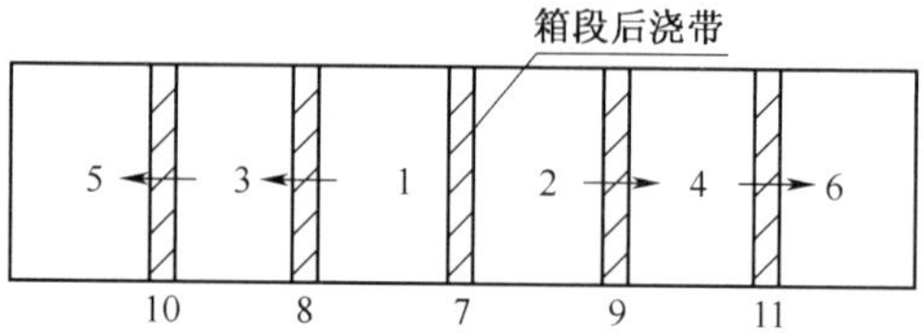

图 2-5-29　箱段后浇带制作流程示意

施工作业的重点：

(1)预制箱身裂纹主要产生于侧墙，所以仅在侧墙混凝土浇筑时设后浇带，分段长度为 12～15 m，后浇带长度为 1 m。

(2)先浇筑的混凝土进行养护，待其水化热释放完毕，各种收缩停止后再进行后浇带施工。间隔时间根据当时的气温、养护方法而定，一般需要 10 d，最短也不得少于 7 d，否则效果不好。

(3)后浇带施工前应将先浇段混凝土面凿毛，冲洗并按施工缝规定处理；立模要密贴，模板与先浇混凝土的间隙用海绵堵塞，防止漏浆。

(4)后浇带的混凝土要采用与先浇混凝土相同的水泥材料配合比，但要加入适量的微膨胀剂，预防混凝土收缩后在新老混凝土建产生新的裂纹。

(5)进行混凝土养护，并可接着施工箱身顶板混凝土。

10. 箱身防水层

顶进桥涵一般都属于地下防水建筑物，尤其在城镇市区内，往往都是重要的市政设施。箱身若产生渗漏水现象，则直接影响城市景观和交通安全。因此，必须严肃对待，认真施工箱身结构的防水层。施工前，按工业标准和设计要求，编制相应的施工方案；施工期间应做好各工种之间的协调配合；使用期间应注意养护保修。箱身防水层施工过程中应注意如下事项：

(1)加强箱身混凝土结构的自防水作用。

1)模板牢固、密贴，并保持湿润，控制分层灌注时间间隔，合理加强振捣，避免过早脱模，克服蜂窝、麻面、漏浆等工程质量通病。

2)在管道、预埋件和钢筋过密处浇筑混凝土有困难时，应采用相同抗渗等级的细石混凝土，预防漏捣造成孔洞。

3)施工缝、变形缝、止水带、穿墙管件、支模块件等处是造成渗漏水的薄弱环节，应认真执行设计和施工规范，严格操作工艺，振实捣严。

(2)做好面层处理。

1)在浇筑箱身顶板混凝土时,应按设计要求做好泄水坡,并用水泥砂浆抹光。

2)做防水层前应清楚污垢、浮土等杂物,并保持干燥。

(3)防水层铺设的通病。

1)空鼓:基层不干燥、卷材潮湿或沥青脱水不完全、沥青卷材施工浇油不足或油层太厚、粘结不严等。

2)翘边:浇铺温度太低、沥青胶稠度太稠,油层厚,刮油刮边不及时或不均匀,搭接边清理不干净等。

(4)首次采用的防水新材料、新工艺,在施工前应仔细阅读说明书,必要时应请生产单位到现场帮助指导。

(5)加强施工安全措施。

1)防水材料中有机溶剂和高分子聚合物等均为易燃品,应储存在干燥、远离火源的地方,储存及施工现场禁止烟火,并备有灭火防火用品。

2)施工操作中要注意风向,在通风不良的地方作业应加强通风排气措施,施工作业人员每隔 1～2 h 应到通风处间休,防止中毒。

3)掌握好作业顺序,减少在已施工的涂层上走动,也不能在其上面堆放物品。

4)已铺贴好的防水层应及时采取保护措施,操作人员不得穿带钉鞋作业。

5)排水口应保持畅通,防止堵塞积水。

6)防水层施工完毕后应及时做好保护层,并及时铺垫砂层。

5.3.6 顶力计算

桥涵顶进时,必须克服箱身与土层间的摩阻力、端部刃脚切土的抗力等,这些阻力的总和即为桥涵顶力。顶力的大小与箱身自重、润滑隔离层的力学性能、路基土质、施工方法等因素有关。预先估算出最大顶力对后背设计与顶进设备的选型都极其重要。

1. 顶力的组成与分类

(1)起动顶力,即克服箱身自重产生于滑板上的粘结力、真空吸附力及静摩阻力。起动顶力系数可取 0.6～1.0;在滑板上空顶的顶力系数为 0.2～0.6;采用气垫或水垫顶力系数可降低 0.3～0.4。

(2)箱身底板与基底土的摩擦力,其摩擦系数视其基底土的性质经试验确定,当无试验资料时,可取为 0.6～0.8。

(3)箱身侧面水平压力引起的摩擦力,其侧面摩擦系数视土的性质经试验确定,当无试验资料时,亦可取为 0.6～0.8。若箱身外壁与土层间的间隙采用注入触变泥浆进行减少顶进摩阻力时,侧面的摩擦力可以减少 50%以上。

(4)箱身顶部以上垂直压力引起的摩擦力,若采用施工便梁加固线路架空顶进时亦可不计。

2. 箱身最大顶力的计算

$$P_{max}=K[N_1f_1+(N_1+N_2)f_2+2Ef_2+RA] \qquad (2\text{-}5\text{-}71)$$

式中　P_{max}——最大顶力(kN);

N_1——箱身顶上荷载(包括线路加固材料的重量)(kN);

N_2——箱身自重(kN);

f_1——箱顶上表面与顶上荷载的摩阻系数；

f_2——箱底下表面与基底土的摩阻系数；

f_3——箱身侧摩阻系数；

E——箱身两侧的土压力(kN)；

R——刃脚正面阻力，视刃脚的构造、挖土的方法、土的性质不同，同样需要经过试验而定；无试验资料时，黏性土为 500～550 kN/m^2，卵石为 1 500～1 700 kN/m^2(箱身前允许超挖时可不计)；

A——刃脚正面的面积(m^2)；

K——系数，一般取 1.2。

采用上式计算应注意几个问题：摩阻系数 f 是个综合值，它不仅反映箱身表面与土的摩阻情况，而且同时反映了由于箱身顶进过程中不可避免的上下左右的偏移、倾斜而引起的分阻力；当土与箱身侧墙混凝土间的附着力大于土的抗剪强度时，土会因局部受剪破坏而随箱身移动；采用气垫、水垫、接长滑板、注入触变泥浆等措施都能达到直接减少摩阻系数的作用；挖土质量、降水效果、顶进速度等情况都会影响 f 值的大小，因此在选择是应细致周密地予以综合考虑。

上述公式仅适用于箱顶覆土不厚时的顶力计算。实践证明当箱身跨径较小时，顶部覆土稍厚时，由于既有路基已经压实，卸荷拱的作用较明显，N_1 值较计算的土柱要小得多。卸荷拱的计算简图如图 2-5-30 所示。

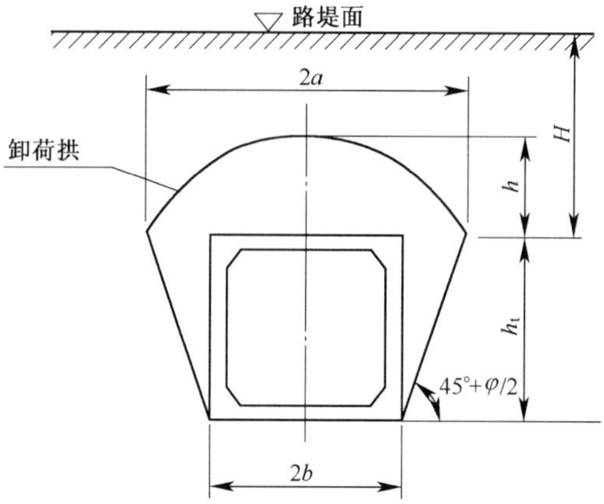

图 2-5-30 卸荷拱计算简图

$$h = a/f_{kp} \qquad (2\text{-}5\text{-}72)$$

$$a = b + h_t \tan(45° - \psi/2) \qquad (2\text{-}5\text{-}73)$$

式中 f_{kp}——填土的坚固性系数，视填土的种类取 0.6～1.0。

一般认为，当 H 大于等于 $2h$ 时应考虑卸荷拱的作用，亦即箱顶的土重仅为：

$$q = 1.34ah\gamma \ (\text{kN/m}) \qquad (2\text{-}5\text{-}74)$$

3. 箱身最大顶力的估算

采用施工便梁架空线路顶进时，箱身两侧土压力较小，则顶力主要来自箱身底部土的摩阻力，通常采用以下简化公式计算：

$$P = \mu N \qquad (2\text{-}5\text{-}75)$$

式中 P——顶力(kN)；

μ——顶力系数；

N——箱身自重(kN)。

在正常地基条件下，无覆盖土的桥涵顶进，其顶力系数一般为：

(1) 在滑板启动时，$\mu=0.8$。

(2) 在滑板上滑动时，$\mu=0.5$。

(3) 箱身切土顶进后，$\mu=1.5$。

顶力系数的变化范围是很大的，受诸多因素的影响。通常在砂土、砾石、卵石、砂黏土等地层中的顶力系数一般都不超过 2.0；但在南方的软土条件下，箱身切土顶进时的顶力系数为 2.1～3.1，一般宜取 2.5。

4. 顶力随顶进过程的变化规律

根据测试统计整理的规律，顶力的变化大致如图 2-5-31 所示。箱身起动时，要克服箱底与滑板的粘结力，其起动阻力较大。起动后属空顶阶段，顶力较小。以后随着箱身切入土层，顶力逐渐增加，最大顶力一般发生在箱身脱离滑板后，随后顶力又逐渐略微下降。

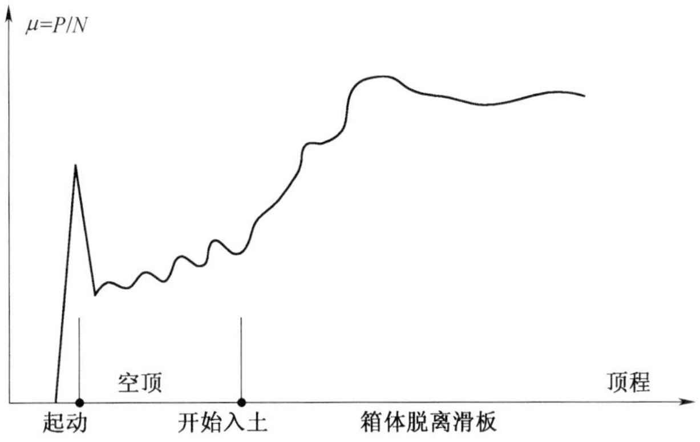

图 2-5-31　顶力变化曲线

5.3.7　后背验算

后背位于工作坑后端，是顶进施工时千斤顶的受力面，承受顶进的水平反力作用。尽管后背是顶进施工的临时结构，但其对于顶进施工的意义是十分重要的。应根据顶力大小、地形地貌、工程地质、顶进设备及顶进挖、弃土的方式等综合考虑，必须安全可靠，方能确保顶进作业的顺利进行。

1. 后背的功能要求

(1)具有一定的刚度，压缩变形要小。

(2)具有足够的承载力和稳定性，不致因顶力大而坍塌。顶进前，后背承受背后土体的水平推力。

(3)后背立面应平整，垂直于箱身轴线，便于安装顶进设备。其宽度应根据单位宽度提供的土抗力和最大顶力确定(包括斜交框架顶进所需的纠偏顶力)，其位置应与千斤顶布置相对应。

(4)后背应预留补强的余地，一旦后背的水平反力不足时，可将滑板与后背联成整体或采用串联式后背，使其整体反力满足最大顶力的要求。

2. 后背的常见类型

根据地形地貌、工程地质，施工时选择后背类型的原则是“因地制宜、就地取材、安全经济、便于施工”。常见的后背类型有：

(1)重力式后背。重力式后背的优点是可以就地取材，砌筑方便，稳定性强，压缩变形小，适用于土质比较坚硬、后背单宽顶力在 500 kN/m^2 及以下，可用浆砌片石重力式挡墙或预制块拼装而成。

(2)板桩式后背。单宽顶力在 500～1 000 kN/m^2 之间宜采用钢板(轨)桩，单宽顶力在 1 000～1 500 kN/m^2 之间宜采用钻孔桩、挖孔桩等形式。其优点在于先成桩后开挖，既可以减少土方的开挖量，又可以保证桩后土的密实度。此种板桩式后背一般适用于地质较差的情况，主要由板桩、后背梁和后背填土三部分组成。

(3)整体浇筑式后背。由于受施工场地的制约，譬如后背侧为河塘、道路、建筑物时，可采用滑板与后背连成一起的整体浇筑式后背。但其耗用材料较多，一般箱身跨径不大，单宽顶力不大的情况下，应经技术、经济综合比较后使用。

单宽顶力大于 1 500 kN/m^2 时，后背造价较高，应考虑将箱身结构分节处理，采用中继间法或加设气垫、水垫、触变泥浆等减阻辅助措施为宜。

3. 后背的变形特点

后背受到顶力作用时反作用于其后的土层，土层因此产生被动土压力，被动土压力的计算通常按照朗金理论计算。由于朗金公式中忽略了后背与土的摩擦作用，故计算结果已包括1.4～1.6 的安全系数。因此，只要满足最大顶力等于后背被动土压的合力即可。

在顶进施工中应注意监测后背的位移，控制后背的残余变形。根据试验研究和实地测试，后背受到顶力作用后的位移变化规律如图 2-5-32 所示。

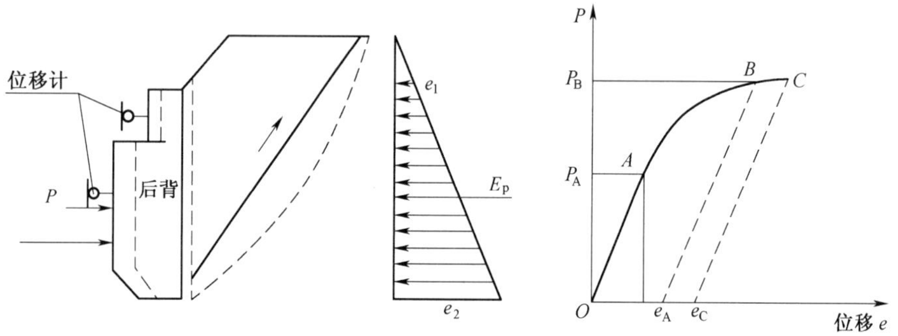

(a) (b)

图 2-5-32 后背位移变化规律示意图

其中，A 点以前呈线弹性状态，相应的顶力为 P_A。超过 P_A，顶力卸载时后背会回弹，但有残余变形产生。到 B 点后位移显著增加，表明土体塑性破坏，因此 P_B 即为极限抗力，也就是被动土压力。通常要求设计的最大顶力 P 满足下式：

$$P = P_B/K \quad (K = 1.2 \sim 1.5) \tag{2-5-76}$$

前已述及，按朗金公式算出的被动土压力值比实测值小 1.4～1.6 倍，故能满足上述关系。有试验测得 A 点的位移值在 2.0 cm 以内，故有的施工规则中要求控制后背变形不超过 2 cm，即要求后背保持弹性工作状态；还有的规则要求后背的残余变形不超过 2 cm，这是控制最大顶力不要接近 P_B 值。对于不同的后背类型，其设计验算过程稍有不同，下面的内容将分别介绍。

4. 后背的验算

(1)重力式后背。重力式后背由于刚度较大，后背土压力通常按直线分布，由朗金理论极限平衡校核其稳定性。

1)浆砌片石后背。其尺寸及受力关系如图 2-5-33 所示。拟定尺寸时要保证压力在圬工中，传递范围在 h_1 高度以内。通常 h_1＝2～5 m，视工作坑高低及顶力大小而定，需先初步拟定再经过验算修正。

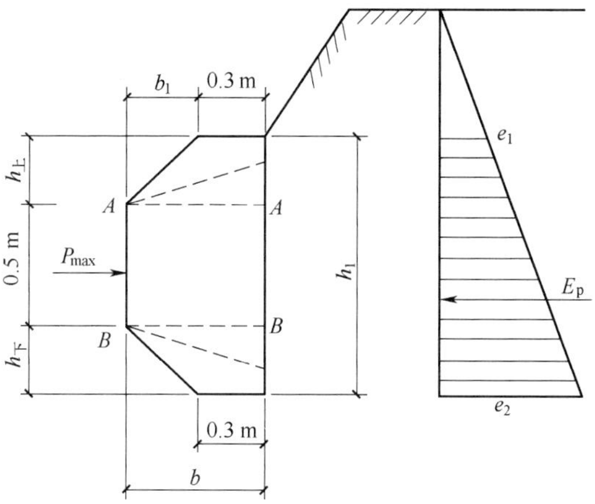

图 2-5-33　浆砌片石后背

根据图 2-5-40 可知：　　$h_上 = 1.1b_1$；$h_下 = 0.75b_1$

故　　$h_1 = 1.85b_1 + 0.5$

则　　$b_1 = (h_1 - 0.5)/1.85$

初步拟定一 h_1 值，即可得 b_1 值。亦可以绘出圬工断面图，据此进行校核：

$$P_{max} \leqslant E_p \tag{2-5-77}$$

另外还有校核 A-A 及 B-B 截面圬工的抗弯、抗剪强度，使得：

$$\sigma = M/W \leqslant [\sigma] \tag{2-5-78}$$

$$\tau = Q/F \leqslant [\tau] \tag{2-5-79}$$

式中　$[\sigma]$、$[\tau]$——圬工材料的抗弯和抗剪容许应力。

M——截面弯矩；

W——抗弯截面系数；

Q——截面剪力；

F——截面积。

2)钢筋混凝土后背。其尺寸及受力关系如图 2-5-34 所示。可按悬臂梁校核 A-A 及 B-B 截面。后背高度 h_1 视工作坑深度及顶力大小，可取 2.5～5.0 m，厚度 b 可取 25～50 cm。

仍然要满足 $P_{max} \leqslant E_p$ 的条件，并按钢筋混凝土受弯构件计算竖向受力筋的面积。为简化钢筋类型，可取两种长度竖向钢筋，一种过 A-A 截面直到顶部，其面积由 M_A 计算；另一种到 A-A 截面下方即截止，两种钢筋的总面积由 M_B 计算得到。

(2)钢板桩后背。钢板桩后背验算的一般顺序：计算土压力、桩的最小入土深度、最大弯矩、锚固力、桩和锚杆的选型、验算其稳定性。

1)钢板桩打入坑底最小深度的计算。在工作坑开挖好后，分配梁尚未浇筑和开始顶进之前钢板桩后背相当于基坑壁的板桩支撑。这时应计算桩的入土深度和锚杆强度，以免在坑壁主动土压力作用下将板桩推到。

在未施加顶力之前，在坑壁一侧的板桩受到主动土压力作用时，桩底主动土压力的强度为：

$$e_a = \gamma(H_t + t)\tan^2(45° - \varphi/2) \tag{2-5-80}$$

式中　γ——土的重度(kN/m³)，地下水位以上取天然重度；地下水以下若水土分算则取有效重度，若水土合算则取饱和重度；

H_t——基坑开挖深度(m)；

t——支护结构插入土的深度(m)；

φ——土的内摩擦角标准值(°)，按三轴固结不排水剪切试验测定的峰值强度指标 φ_{cu} 或直剪固结快剪试验峰值强度指标 φ_{cq} 取用。

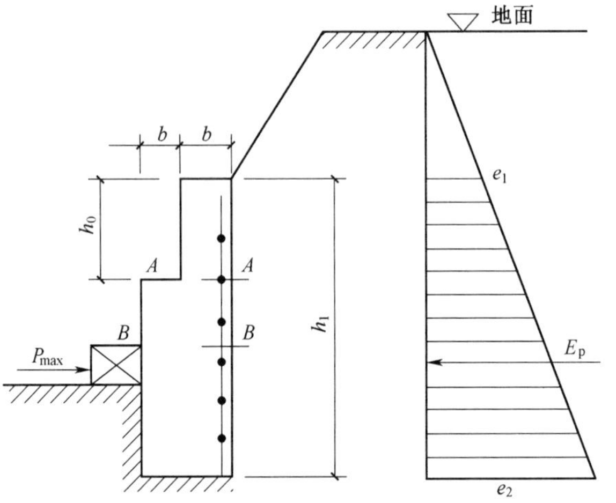

图 2-5-34　钢筋混凝土后背

在基坑一侧，板桩受到被动土压力作用时的桩底强度为：

$$e_p = \gamma t \tan^2(45° + \varphi/2) \tag{2-5-81}$$

主动土压力的合力 E_a 为：

$$E_a = \frac{1}{2}\gamma(H_t + t)^2 \tan^2(45° - \varphi/2) \tag{2-5-82}$$

被动土压力的合力 E_p 为：

$$E_p = \frac{1}{2}\gamma t^2 \tan^2(45° + \varphi/2) \tag{2-5-83}$$

设桩顶锚固力为 R_A，桩的受力必须平衡，则：

$$\sum M_A = 0 \tag{2-5-84}$$

$$E_a \cdot \frac{2}{3}(H_t + t) - E_p\left(\frac{2t}{3} + H_t\right) = 0 \tag{2-5-85}$$

将 E_a、E_p 及 H_t 数据代入，解此方程即得 t 值。实际打入深度应为(1.2～1.5)t，以保证安全。

再根据 $\sum H = 0$，即可得 R_A 值，据此设计临时锚杆的尺寸。

2)最大顶力作用下的后背土体稳定性及桩身强度校核。在最大顶力作用下要校核后背土体的稳定性和板桩的强度，此时有两种方法：

①按刚性墙验算。如图 2-5-35 所示，架设板桩后背是刚性的，亦即顶进时，保持直线

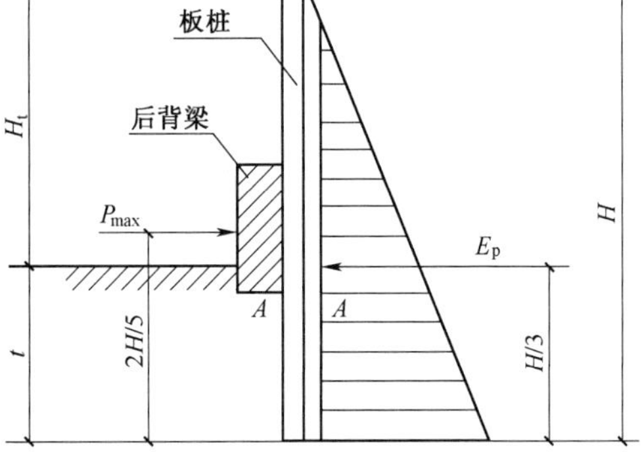

图 2-5-35　刚性板桩后背

形状压向土层，土体被动抗力呈三角形，桩底被动土压力为：

$$e_p=\gamma H\tan^2(45°+\varphi/2) \tag{2-5-86}$$

其合力 E_p 为：

$$E_p=\frac{1}{2}He_p \tag{2-5-87}$$

只要满足 $P_{max}\leqslant E_p$ 即可保持后背土体的稳定。

从理论上讲，顶力作用线应与 E_p 作用线重合。实践表明，此时常会发生桩底向填土侧倾斜。但如果在(0.4～0.42)H 处施加顶力，则无此现象发生。

按刚性墙假设核算板桩强度，最不利截面位于后背梁底的 A-A 截面处，此截面受到 A-A以下被动土压产生的弯矩。据此校核板桩截面强度，若桩较长，顶力较大时，此弯矩值很大，所设计出的桩截面不太合理。由于该法较简便，因此只有顶力不大，板桩不长时才使用。

②按弹性墙验算。由于钢板桩后背的刚度大大低于圬工结构，它的工作状态相当于弹性地基梁，后背土壤的实际抗力不可能是按直线分布的，而与板桩的编写曲线有关。板桩后背在顶力作用下的变形曲线大致如图 2-5-36 中虚线所示，实际则比较复杂，被动土压分布形状则与之相仿。为了简化计算，将被动土的压力分布形状取为上下两个三角形及中间为矩形。

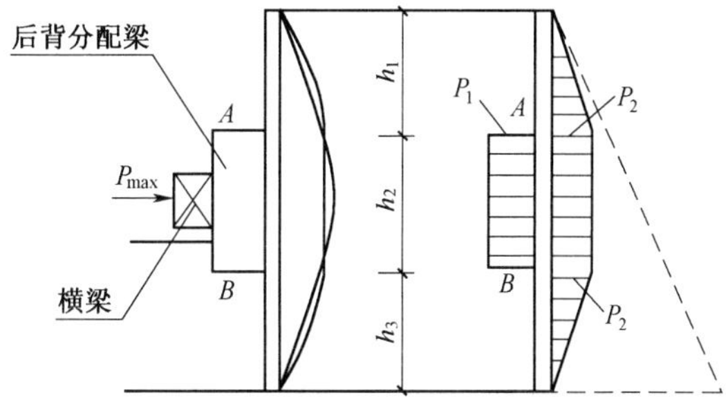

图 2-5-36　弹性板桩后背

这样，取单位宽度后背板桩作为分离体，板桩一侧受到后背分配梁传来的均布作用力 P_1：

$$P_1=P_{max}/(B\cdot h_2) \tag{2-5-88}$$

式中　B、h_2——后背分配梁的宽度和高度。

板桩另一侧所受的被动土压按$(0-P_2-P_2-0)$呈直线变化。根据板桩体的静力平衡，则有：

$$P_1\cdot h_2=P_2\cdot(h_1/2+h_2+h_3/2) \tag{2-5-89}$$

解得　$P_2=2h_2\cdot P_1/(h_1+2h_2+h_3)=2P_{max}/[(h_1+2h_2+h_3)\cdot B]$

当后背土体达到极限平衡时，A 点的被动土压：

$$e_A=\gamma h_1\tan^2(45°+\varphi/2) \tag{2-5-90}$$

假设：　$K=e_A/P_2$

则：$K>1$ 为稳定状态、$K=1$ 为临界状态、$K<1$ 为不稳定状态。即可通过 A 点的 K 值来校核土体的稳定性。

校核桩截面，最不利截面在 A 或 B 处，视 h_1 及 h_3 中大者而定。假设为 h_1，则

$$M_{max}=\frac{h_1}{2}\cdot P_2\cdot\frac{h_1}{3}=\frac{1}{6}h_1{}^2\cdot P_2$$

截面模量：　$W=M_{max}/[\sigma]$　(2-5-91)

式中　$[\sigma]$——板桩材料的抗弯容许应力。

3)后背分配梁的验算。在后背板桩和千斤顶横梁之间还有一道后背分配梁，用以将顶力

适当扩散，使其均匀地传递到板桩上，避免集中应力，如图 2-5-37 所示。将横梁与后背分配梁分开做，主要是为了今后拆除搬运方便，有时也可使二者做成一体。

分配梁在水平方向相当于连续梁，受力较复杂，为简化布筋便于拆除，常分为若干段。在竖直方向则相当于悬臂梁：

$$M_{max}=\frac{1}{2}P_1h_0^2 \qquad (2\text{-}5\text{-}92)$$

以此计算而得的钢筋混凝土截面配筋即可。

(3)整体浇筑式后背。当顶力过大，后背抗力不够时，可将后背与滑板连成一体，滑板的钢筋一直伸到后背中。这样一部分顶力由滑板底部摩擦来承受，如图 2-5-38 所示。

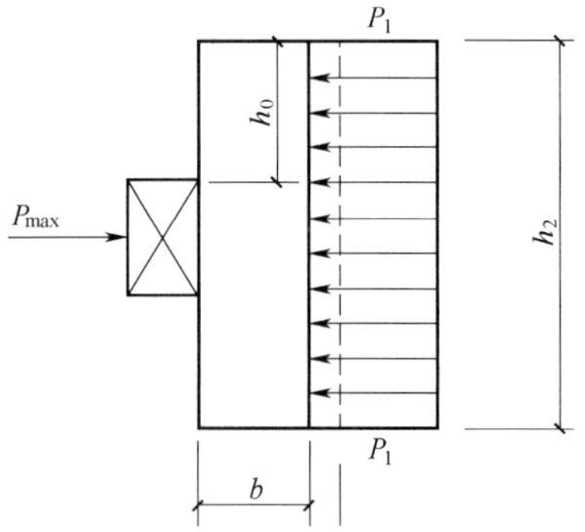

图 2-5-37　后背分配梁受力示意图

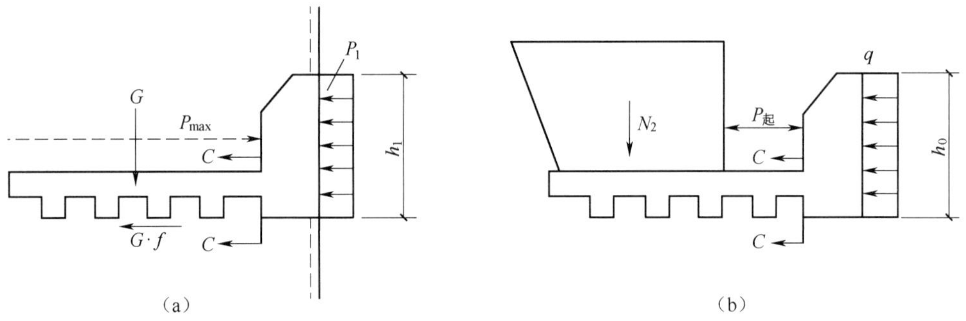

图 2-5-38　整体浇筑式后背

当最大顶力作用时，通常箱身已离开滑板，若此时后背受到的压力为 P_1，则此时有：

$$P_1\cdot h_1\cdot B=P_{max}-G\cdot f \qquad (2\text{-}5\text{-}93)$$

式中　G——滑板及其上设备的重量(kN)；

f——滑板与基底的摩擦系数。

其余符合同前。滑板与后背连接截面 C-C 按 $G\cdot f$ 校核。

此种连接的另一最不利状况就是起动时。当顶力 $P_{起}\geqslant N_2\cdot f_0$($f_0$ 为箱身底板与滑板表面间的摩擦系数)时，箱身即可起动。当后背与填土紧密接触，并且滑板有拉伸变形时，在起动顶力 $P_{起}$ 作用下，后背土壤可承受一部分顶力，假设为 q，一般认为 $q=60\sim70\ \text{kN/m}^2$。此时 C-C 截面受到的拉力为 T，则有：

$$T=P_{起}-P_{抗}=N_2\cdot f_0-q(h_0\cdot B) \qquad (2\text{-}5\text{-}94)$$

按此值设计滑板与后背的连接钢筋。因滑板是临时结构，钢筋的抗拉强度可取高限，而安全系数取 1.1～1.2 即可。

5.3.8　线路加固

在桥涵顶进施工中，为确保行车及施工安全必须对既有铁路进行加固。选择线路加固方式应以对运输干扰少，而又能确保铁路运输安全，同时便于施工为原则。此外，还应根据路基地质、桥涵的跨径、箱顶覆土厚度以及施工季节和地下水位变化等综合考虑。

1. 线路加固形式

(1)吊轨、扣轨梁加固:当顶进箱涵或圆涵的结构尺寸较小(孔径在 2 m 及以下者),且处于直线地段,运输亦不繁忙,路基填土密实,涵顶覆土厚度在 3 m 以上时,可不进行线路加固,但需限速通行,并有专人监视线路,如有异常应及时进行整修。当路基土质不良,有塌方可能时,可用 3-3-3-3、3-5-3 或 3-7-3 组合成轨束梁采取线上吊轨或线下扣轨的形式进行线路加固。一般慢行限速不超过 25 km/h,施工前必须对其强度、刚度及稳定性进行验算。

(2)纵挑横抬加固:当顶进大型桥涵(净跨>16 m),覆土较薄或无覆盖土时,若路基填土密实,土质较好时,则可采用轨束梁与 300 mm 工字抬梁进行线路加固。抬梁一端设置在箱顶上,另一端设置于路基上。顶进时为防止线路横移,各束扣轨梁之间应加设枕木支撑,抬梁的终端加立枕木挡墙,抬梁与扣轨梁用 U 形卡子连结成整体,其抬梁尺寸和间距应经计算确定。施工期间,慢行限速为 25~35 km/h。

(3)对于软土地基,较大型的桥涵顶进工程,铁路干线地段一般均采用 D 型施工便梁进行加固。常用的施工便梁有 D12、D16、D20 和 D24 四种型号,其中以 D16、D24 型使用的较为普遍。施工期间,慢行限速一般为 45 km/h。

2. 施工便梁架设的计算

施工便梁的架设主要受铁路限界、线间距、曲线半径、超高及行车限速等因素影响。通常采用调节轨顶至便梁顶距离(H)的方法以满足施工便梁的架设要求。

其中,D12、D16 型便梁有低位、高位两种布置方式,即 $H=185$ mm 和 $H=335$ mm;而 D20、D24 型便梁则有最低位、低位、中位、高位四种布置方式,即 $H=335$ mm、$H=485$ mm、$H=635$ mm、$H=785$ mm。很显然 H 越大,D 型便梁的架设则越容易,反之则较难。D 型施工便梁在曲线上架设的平面布置、横断布置如图 2-5-39、图 2-5-40 所示。

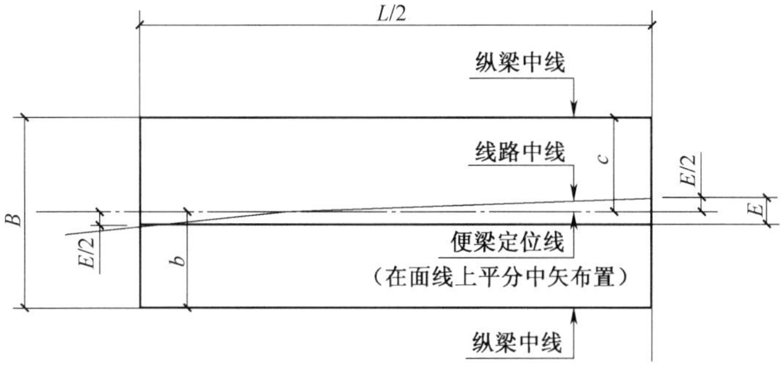

图 2-5-39 施工便梁的平面布置图

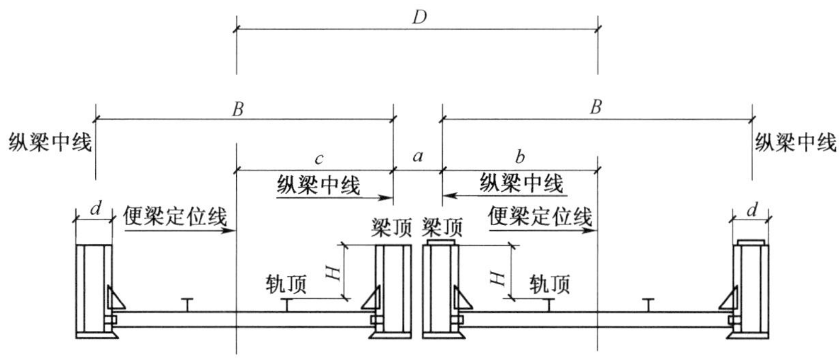

图 2-5-40 施工便梁的横断面布置图

D 型便梁架设的计算过程如下：

(1)根据初步选择的 H 值可从“建限－1”中查得相应的限界值。

(2)根据曲线半径 R、行车限速 V 求得外轨超高 h。

$$h=11.8\times V^2/R \tag{2-5-95}$$

(3)根据曲线半径 R 和 D 型便梁的全长 L 可计算得中矢 E。

$$E=R-[R^2-(L/2)^2]^{1/2} \tag{2-5-96}$$

(4)根据曲线半径 R、外轨超高 h 和 H 值可求得曲线内、外侧加宽 $W_{内}$、$W_{外}$。

$$W_{内}=\frac{40\ 500}{R}+\frac{H}{1\ 500}h \tag{2-5-97}$$

$$W_{外}=44\ 000/R \tag{2-5-98}$$

(5)由限界值、E、$W_{内}$、$W_{外}$ 可得 b、c 值。

$$b=限界值+E/2+d/2+W_{内} \tag{2-5-99}$$

$$c=限界值+E/2+d/2+W_{外} \tag{2-5-100}$$

(6)判断施工便梁是否可以架设则必须满足如下三条要求。

1)施工便梁本身构造尺寸的要求，即：$b+c+50\ \text{mm}\leqslant B$。

2)线间距的要求，即：$b+c+a\leqslant D$(其中：$a=d+100\ \text{mm}$)。

3)曲线外轨超高要求，即：$h\leqslant 100\ \text{mm}$。

注：其中 1)、2)中的 50 mm、100 mm 是考虑实际施工中的架设误差。

(7)只有同时符合上述(6)中的三条要求时才可以使用该型号、在该位置进行架设便梁；否则应减少 H 值、选用跨径(L)较小的施工便梁，以及其他如既有线拨道、降低行车限速或将施工便梁的横梁长度(B)加长等施工措施以确保同时满足上述架设要求。

上述 D 型便梁架设计算公式中的有关符号说明如下：

E——曲线中矢(mm)；

R——曲线半径(m)；

L——D 型便梁的全长(m)；

H——轨顶至 D 型便梁顶的距离(mm)；

d——D 型便梁的纵梁宽度(mm)；

h——曲线超高(mm)，$h\leqslant 100$ mm；

V——铁路行车限速(按 45 km/h 考虑)；

$W_{内}$——曲线内侧加宽(mm)；

$W_{外}$——曲线外侧加宽(mm)；

c——曲线外侧纵梁中心线至便梁定位线的距离(mm)；

b——曲线内侧纵梁中心线至便梁定位线的距离(mm)；

a——相邻两孔便梁纵梁中心线间的距离(mm)；

D——铁路的线间距(mm)；

建筑接近限界——“建限－1”。

3. 施工便梁架设小结

(1)施工便梁在某一具体的便梁架设位置($H=$常量)，最小线间距(D_{min})随着 R 的增加而减少，当 R 趋向∞(即直线)时，$D_{min}=$(限界值$+d$)$\times 2+100$ mm，该 D_{min} 就是在该 H 条件下建筑限界允许的线间距(D)极小值。

(2)施工便梁在某一具体的便梁架设位置(H=常量),最小曲线半径(R_{min})是受施工便梁结构尺寸 B 的限制。当 $b+c+50$ mm$=B$ 时,对应的曲线半径 R_{min}即为该 H 条件下,施工便梁结构允许的曲线半径(R)极小值。

(3)实际施工中 H 越大,则便梁的架设施工越容易,而 H 越小则可适用的曲线半径 R 越小,但对线间距 D 则要求越大且施工的难度越大。因此,在实际施工过程中必须同时考虑架设位置 H、线间距 D 及曲线半径 R 的影响,使得 D 型施工便梁得以安全、顺利地架设。从而保证在整个顶进施工过程中的人身和行车安全。

5.3.9　地基加固

随着地基加固技术的不断发展,一些新技术已广泛应用到软土地基桥涵顶进施工的各个方面。其中包括:工作坑基底加固、设置门槛及路基边坡加固、便梁支墩基底加固以及箱身基底加固等施工环节。

1. 工作坑基底加固

软土地基承载力不能满足箱身预制的基底应力时,滑板下的地基应进行加固处理。加固的方法有:换填法、注浆法、挤密桩法(木桩、钢筋混凝土方桩或 PHC 桩等)、复合地基加固法(水泥搅拌桩、高压旋喷桩)等。其中采用水泥搅拌桩加固处理的比较普遍。搅拌桩的直径为 50～70 cm,加固深度为 8～15 m,间距为 1.0～1.5 m,矩形布置或梅花形布置。如果箱身两侧的引道采用 U 形槽结构,可结合抗浮的要求,按一定的间隔布置钻孔桩,钻孔桩的上部钢筋与 U 形槽钢筋相连结。

2. 门槛设置及路基边坡加固

工作坑开挖时,通常对线路侧边坡也进行加固处理,以防止工作坑开挖和雨水冲刷引起的边坡坍塌。门槛设置应与路基边坡加固同时考虑,并在工作坑开挖前一并施工。

(1)门槛的设置要求。

1)门槛应设在箱身顶进就位的箱身后端 0.2～0.5 m 为宜,这样就可以避免箱身两端因受力不一致而产生不均沉降。当采用钢板桩作为门槛时,顶进就位后还可以拔出来再次使用。

2)门槛设置主要是为了防止箱身顶进时出现"扎头",考虑到要承受箱身较大的顶压力而不发生倾斜、下沉,一般施工的桩体较深、较密,大跨径箱身应考虑多设置几排。

3)门槛设置高程应与箱身顶进深度设计高程一致,并与接长滑板牢固地连接成为一体。

(2)门槛设置的类型:通常可采用钻孔桩、搅拌桩、钢板桩等各种形式。

3. 便梁支墩基底加固

软土地基支墩加固可采用高压旋喷桩。旋喷桩的加固宽度为 4～5 m,深度为 15～20 m,采用搭接密排或格栅桩布置的形式。旋喷桩与钢筋混凝土支墩间应设一层扩大基础承台。旋喷桩顶部应插入适量的钢筋或钢管,以提高便梁支墩与旋喷桩之间的抗剪能力。

4. 箱身基底加固

箱身基底加固的方法主要有:换填法、注浆法、挤密桩法(压入预制钢筋混凝土方桩或预应力混凝土管桩)和旋喷桩法等。以往顶进桥涵在软土地区采用压入预制钢筋混凝土方桩为多,由于其施工效果不佳且施工期间的行车安全风险较大,近年来,随着铁路提速的需要,软土地基的顶进桥涵一般都采用高压旋喷桩进行加固。由于工程地质、既有线状况不尽一致,故需因地制宜,区别对待。

(1)不需要加固处理的条件。箱身基底的地基土承载力大于 80 kPa 以上的老路基,经多年列车荷载作用已充分固结。顶进桥涵的箱身结构重量远比挖出来的土体重量要轻,这种情况下可不进行加固处理。若地下水位比较高时,应在箱身两端设置封头桩(墙),以确保箱身的稳定。

(2)箱身基底高压旋喷桩的加固形式。

1)顶进前先两侧加固,顶进就位后补桩。架设施工便梁,先对箱身两侧边墙下的地基进行加固,形成 2～3 m 宽的带状高压旋喷桩墙,在满足侧向压力检算的条件下可以优化布置为格栅状。待高压旋喷桩墙达到设计强度后即可进行箱身的顶进作业。箱身顶进就位后,利用在箱身底板预留的注浆孔进行点状补桩,以满足箱身基底应力的要求。

在运输紧张、慢行时间受限时可以采用此种加固形式,这种方法可较大地缩短慢行时间,但工程造价较高。

2)顶进前先进行箱身基底的地基加固。加固的高压旋喷桩,纵排与顶进方向一致,横排与顶进方向垂直。旋喷桩间应互相搭接形成整体网状为宜,这不仅使其受力分布比较均匀,而且有利于提高承受箱体的顶压能力。

由于旋喷桩施工和养生的要求,施工所需的慢行时间较长,对铁路运输干扰较大。

5.3.10 顶进作业

桥涵顶进作业是整个工程的关键步骤,务必集中力量、精心组织。顶进作业的施工过程为:试顶、调整、挖土顶进、换顶铁、顶进就位。在确保安全、质量的前提下,必须连续顶进作业,直至箱身就位;切勿随意中途停止顶进作业,否则二次启动时的顶力很可能将后背顶坏。

1. 准备工作

(1)顶进工作的顺利进行,首要条件是保证铁路行车的安全。因此,在开顶前必须对线路的加固质量进行检查。核实加固是否符合设计图纸的要求,加固部件有无侵入限界,加固扣件是否有松动脱落,施工便梁的绝缘是否良好等。

(2)对顶进设备的检查包括:安装顶进设备前应做压力试验,油压管路安装完毕之后要进行试运行,检查压力是否达到规定标准、油管是否漏油,顶铁的长短规格、数量配置是否满足施工要求。

(3)箱身和后背的混凝土强度必须达到设计要求方可顶进。另外,箱身外侧应涂石蜡与机油熬制而成的润滑剂以减少摩阻力,并加强混凝土的防水性能。

(4)地下水处理不当必然给施工增加困难,因此,当箱身底板处于地下水位以下时,必须采取降水措施,按规定地下水位应降至箱身基底以下 0.5～1.0 m,严禁带水作业。

(5)应急处理措施及材料的准备。"扎头"是顶进桥涵施工中较普遍的问题,在软土地基中尤为严重,因此顶进前应制定详细的应急处理措施,并准备相应的材料。

(6)为了确保顶进偏差在允许范围内,千斤顶每行进一个顶程都应用仪器测量箱身的中线位置与水平高差,以便及时采取调整措施。

2. 顶进施工

开镐顶进是现场顶进工作的中心环节,每次开镐前应检查油泵等液压系统有无故障,挖土部位及尺寸是否符合要求,顶铁安放是否合格,后背变形情况有无发展等。这些方面倘若有一个环节发生问题,都会给顶进带来困难,甚至造成事故。

顶进应利用列车行车间隙进行。为确保安全,应在顶进施工人员和线路防护人员之间,临时安置电话、电铃和信号灯等,保证彼此间密切联系,步调一致。

(1)桥涵启动是使其与滑板分离,也是对顶进设备及后背的一次校验。通常情况下,桥涵启动阻力约为箱身自重的 20%～40%。启动时，油泵应逐渐加压，每次升压后还要稳定 10 min，并对设备及滑板、后背等产生的裂缝情况进行检查。

在加压过程中，如发现油压突然下降，则说明箱身已经与滑板脱离。倘若在启动顶力的作用下，后背的变形和设计顶力出入较大，则应立即采取加强措施，以免在顶进过程中后背破坏而造成施工困难。

箱身启动后，开始为不切土的空顶，但此时需要注意控制好箱身顶进的方向，切忌麻痹大意，以免发生较大偏差造成纠偏困难。

(2)顶进挖土。桥涵顶进的进度主要取决于箱身内的挖土、运土速度。故应尽可能为挖、运土创造条件，提高效率。通常，箱身高度在 6 m 左右，若采用人工开挖则宜分成上下两层进行，即在箱身内设置挖土平台。其结构可以采用钢质和木质两种。挖土平台的荷载为：在平台上的作业人员和工具重量，并考虑堆放少量弃土等，可按简支梁结构进行检算。当箱身跨度较大时，平台应设置中柱或支架。若使用机械挖土，则不必设置挖土平台。

每次掘进尺寸应根据土质情况而定，一般为 20～50 cm，在松散或软塑状的土层中顶进时严禁超挖，必须保证刃脚切土深度不小于 10 cm。切土顶进有利于保证顶进方向的控制。

开挖面的坡度不得大于 1∶0.75，并严禁逆坡挖土，严禁扰动基底原状土。

开挖箱身上方土时，工具和机械不得解除钢轨，防止产生“红光带”。

(3)安放顶铁。

1)为保证顶铁的受压稳定，一般在顶铁与横梁间用螺栓栓牢，并每隔 8 m 设横梁一道，使传力较均匀。

2)每行顶铁与千斤顶应相互平行，并与后背垂直，各行长度要力求一致，有缝隙时要用铁片塞紧，预防因受力不均而损坏失稳。

3)顶铁数量取决于总顶力与顶铁的容许顶力，必须考虑一定的安全储备。

(4)多孔箱身顶进处理。

1)按照预先设计的顺序依次进行箱身顶进作业。

2)首孔箱身顶进就位后要纵拖施工便梁，往往利用该孔箱身作为箱身支墩。因此，在箱顶便梁支承处浇筑箱身混凝土时，应预先按设计要求增加分布钢筋，并在箱身内设置钢支柱进行传力。钢支柱与箱身顶、底板接触处应设置枕木垫块，以免应力集中破坏箱身结构。

3)要结合顶进作业，补做箱身两侧的防水层。

4)由于顶进路基后，箱身单侧承受压力，相邻箱身会贴紧甚至会顶裂箱身，应及时增设隔离圆钢棒，其直径为设计的箱身间隙，放置在两箱身之间顶进方向自行滚动。

(5)顶进注意事项。

1)当箱身底板挖土完成一进尺长度时，开动高压油泵使千斤顶受液压力而产生顶力，推动箱身前进，通常每一冲程为 20～50 cm。当千斤顶已到限位时，控制操作系统把活塞退回原位，在空挡处增设顶铁，以待下次开镐。循环往复，直至箱身顶进就位。

2)开始顶进应连续作业，不能中途停顿间歇。每次开镐前及交接班时都应检查油泵等液压系统有无故障，挖土是否符合要求，顶铁、顶柱、横梁安放是否合格，后背变形等情况。无论哪一环节出问题都会影响顶进作业。

3)根据土质情况和顶力增加趋势来控制刃脚切土深度，正常情况下底板上部要保留 30～50 cm 的原状土。

4)顶进时，顶柱和后背处严禁站人，以防顶柱崩出或后背发生意外危及安全。

5)顶进时,每镐都要测定箱身高程和方向偏差,并与设计值比较,画出偏差曲线,判定偏差趋势,及时采取措施进行调整,避免盲目顶进,大起大落,造成无法挽回的缺陷。

6)顶进过程中应做好记录,并根据记录绘制顶力和箱身偏差,以利分析总结,不断改进和提高。

5.3.11 线路恢复

通常桥涵顶进就位后,要做好如下各项附属工作,才能恢复线路、办理交接。

1. 填塞箱身间隙

多孔框架顶进就位后,箱身间隙应采用C15细石混凝土灌注捣实。顶面应高出箱顶3～5 cm,并向两侧做泄水坡,这样可以避免箱身间积水,预防出现端墙渗漏、冒吐白浆现象。

2. 斜交时设置过渡段

箱身轴线与线路中心斜交时,线路上铺设的轨枕一端受力于箱身,另一端受力于回填的碎土上,由于轨枕两端接触的介质压缩模量不同,线路开通之后极易产生三角坑导致列车摇晃,影响行车舒适度并将造成路基病害。为此应在施工便梁拆除之前,用浆砌片石修筑台阶式过渡段。一般其顶面与箱顶齐平,深度不小于2 m,坡度不陡于1∶1.5,台阶形布置。

3. 拆除施工便梁

在箱顶先铺设底砂,再铺设石砟,串镐捣实。按拆除作业顺序:卸螺栓扣件、解体便梁抽出横梁、吊装纵梁,然后恢复线路至既有标准。

4. 铺设护轮轨

根据顶进框架桥的规模,按照设计规范的相关要求确定是否铺设护轮轨。若需铺设护轮轨,则先将既有轨枕抽换为带有护轮轨孔的钢筋混凝土桥枕,铺设护轮轨及梭。

5. 浇筑电缆槽

桥涵顶进前,铁路路基及坡脚下埋设的各种管线、电缆都将被开挖出来,通常的防护方案是将其绑扎在施工便梁或临时支架上。桥涵顶进就位后,应及时浇筑箱顶电缆槽,将各种电缆归位,以免损坏。

6. 箱顶栏杆

顶进框架桥的箱顶应设置栏杆,为了确保铁路作业人员和下穿道路的通行安全,通常要求栏杆采用板式全封闭结构,以免道砟、杂物等跌落至路面影响道路通行安全。

7. 箱顶隔离栅栏

随着铁路行车速度的提升,顶进框架桥的箱顶要求设置隔离栅栏,以免行人随意翻爬线路而造成路外人身安全事故。箱顶隔离栅栏的高度不小于2.5 m。

8. 验收交接

桥上线路经验收合格,取消慢行,恢复正常速度,移交竣工文件,与工务部门办理交接手续。

5.3.12 施工监测

桥涵顶进施工是不中断铁路行车的施工方法,施工安全风险较大,尤其在软土地基的施工,往往缺少成熟的经验和切实的定量分析方法。工程地质和周边环境调查不实或疏忽很容易导致施工事故发生。另外,受气候变化的影响,路基边坡坍塌、便梁支墩沉降、工作坑围护失稳、箱身顶进偏差超限等现象时有发生。故加强顶进施工监测,有利于问题的及时发现、及时处理,这将大大减少出现事故的可能性。对确保行车安全，提高工程质量都有着极其重要的意义。

1. 施工监测的目的

(1)根据施工监测结果发现可能发生危险的预兆，判断工程的安全性，防止工程事故和环境事故的发生，采取必要的工程措施。

(2)根据施工监测结果指导施工，进行信息反馈优化设计，达到优质、安全、经济合理、施工快速的目的。

(3)将现场监测的数据与理论预测值进行比较，用反分析法求得更准确的设计参数，以指导下阶段施工。

2. 施工监测的内容

(1)施工范围的路基边坡沉降、位移的监测。

(2)施工范围的线路轨距、方向、水平的监测。

(3)工作坑围护工程的监测。

(4)便梁支墩的沉降与位移监测。

(5)施工慢行区段的列车限速监测。

(6)顶进作业的方向、高程及顶力系统的监测。

5.3.13　应急预案

桥涵顶进施工与日常的铁路行车直接有关，确保施工安全责任重大。安全施工应贯彻“安全第一、预防为主”的原则，防患于未然，优化施工方案。将安全技术措施纳入施工组织设计，并严格落实到顶进施工全过程。

1. 应急预案编制的目的

桥涵顶进施工是在不中断既有铁路行车的条件下进行的立体交叉作业，施工过程中受工程地质、水文地质和风雨雪等自然灾害的影响，具有相当多的不确定因素，故突发事故率比通常的建筑施工要高一些。因此必须制定应急预案，把事故控制在萌芽阶段，使灾害损失尽可能降到最低程度。

2. 应急预案的主要内容

(1)行车安全方面：主要包括封锁线路、便梁吊装、路基坍塌、便梁支墩失稳、挖断光电缆、轨道电路短路等方面的应急预案，尤其在台风、暴雨、洪水、风沙、高温、冰冻等特殊环境下更要加强现场监控检查。

(2)人身安全方面：主要包括线路施工、起重吊装、高空作业、触电等易发生的人身伤亡事故的应急预案。

(3)环境安全方面：主要包括工作坑开挖或顶进作业引发的地表沉陷、建筑物倾斜与裂缝、弃土与泥浆的堆放、外运等方面的应急预案。

3. 应急预案的审核与响应

根据对危险源与不利环境因素的识别和确认，对可能产生的事故或紧急情况采取相应的控制措施，一旦失效时应采取的补救措施和抢救行动。

(1)应急预案应与施工组织设计同时编制，并经上级有关部门审核确认。

(2)应急预案应明确应急救援组织、职责、人员安排，并准备足够的应急抢险器具、设备和材料等。

(3)应急预案应明确施工过程中监测报警值和事件发生时内部和外部的联系方法、渠道，制定在多少时间内由谁、如何向企业上级、运输主管部门、既有铁路设施产权单位以及需要通知临近消防、医疗等单位的联系方式等。

(4)应急预案应明确抢险的实施方案,项目部根据实际情况应进行必要的演练。

5.4 顶进施工设备

顶进设备分为液压系统和传力设备两大部分。其中,以高压油泵作为动力,通过控制阀、调节阀、电气集中控制台组成液压系统,使千斤顶产生顶力;传力设备一般由顶铁、顶柱、横梁组成,但在牵引法及顶拉法施工中,其顶力的传递则要借助粗钢筋拉杆或预应力钢绞线来完成。

5.4.1 液压系统

1. 千斤顶

千斤顶即带活塞杆的油缸,常见的有单作用油缸千斤顶和双作用油缸千斤顶两种。

单作用油缸千斤顶的活塞杆仅做单向顶进运动,而反向运动需要借助外力进行,常常是靠配置拉镐来实现活塞杆的反向运动以代替人工回镐(图 2-5-41)。

由于拉镐与横梁连接,当开动千斤顶顶进时,拉镐的活塞杆同时被拉出。待千斤顶顶进一个顶程后,再开动拉镐,将横梁拉回,与此同时千斤顶随之复原。如缺乏拉镐,也可用小型千斤顶(约 100 kN)代替,设置方法是将小型千斤顶放在拉锚上(图 2-5-42)。

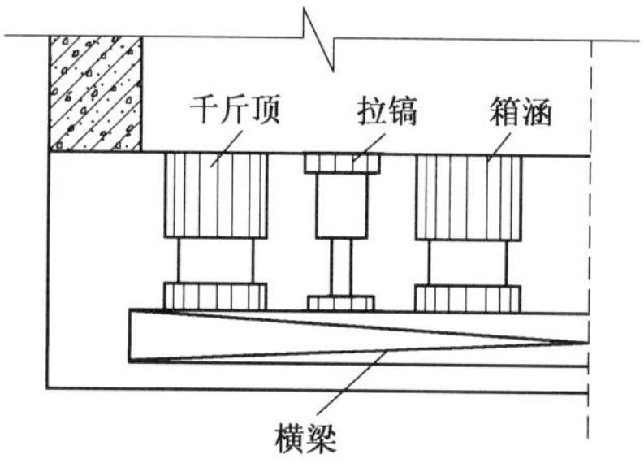

图 2-5-41　单作用油缸千斤顶与拉镐

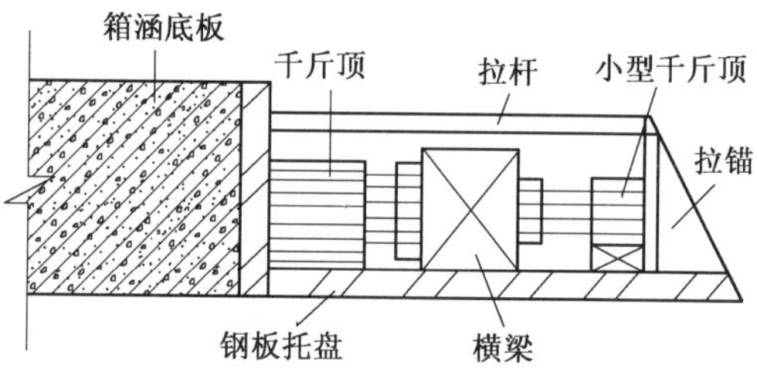

图 2-5-42　小型千斤顶代替拉镐

拉锚用钢板托盘、拉杆与箱涵底板连接,在千斤顶与小型千斤顶之间设置横梁,横梁由顶铁支承,拉锚与顶铁应错开其位置。顶进时千斤顶由横梁作支承顶面使箱涵顶进,由于拉锚与箱涵连接,在箱涵顶进时拉锚亦随之前进。这样小型千斤顶亦逐渐接近横梁,待千斤顶顶进一个顶程后,可开动小型千斤顶将横梁顶回。这时千斤顶亦随之复原,然后再接长顶铁重复下一个顶程。

由于单作用油缸千斤顶存在着需借助外力来帮助回镐的缺点,近来各施工单位多采用双作用油缸千斤顶,使其能自动回镐,其构造如图 2-5-43 所示。

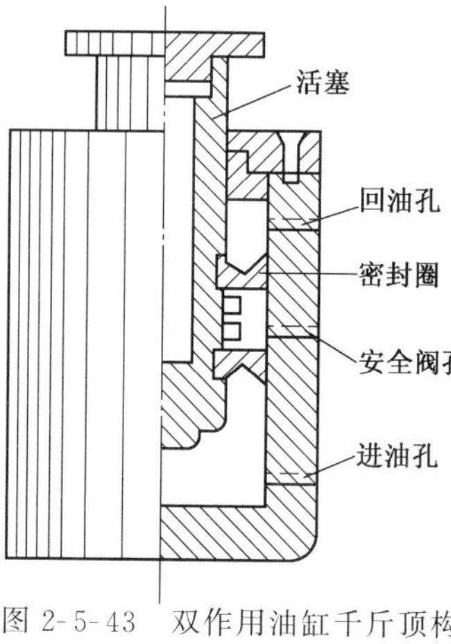

图 2-5-43　双作用油缸千斤顶构造

双作用油缸千斤顶有进、回两个油路,顶进时高压油泵向进油孔送油,推动活塞杆,使顶头向前移动,待活塞杆伸出长度达到规定限值之后，变换高压油泵手柄位置，使其置于回油部位，则高压油从缸体的另一端进入，即从回油孔进入，使活塞杆退回原位。

配备千斤顶应根据顶力大小、活塞面积、工作压力及顶进方法等综合考虑。宜选用活塞面积大、工作压力小、顶程较大的千斤顶。有条件时应选用顶程为 50 cm 以上的双作用卧式千斤顶，这样使用比较方便。计算千斤顶的台数是按顶进时油泵及连接油管能够承受的压力值来确定每台千斤顶的实际顶力，然后以此实际顶力再计算千斤顶的最少台数，并配置若干台作为备用。通常千斤顶的台数可按额定顶力的 70%进行估算。

千斤顶一般都设置在箱涵底板处的钢板托盘处，以避免千斤顶与土接触造成刮土现象。千斤顶的布置应以箱涵中心线为轴，对称设置。当使用千斤顶的型号不同时最好对称组合。箱涵斜交不对称时则需计算阻力的合力位置，按合力作用线对称布置。为了保证正常顶进，千斤顶配置需考虑一定的储备量，一般为总台数的 25%～30%。

2. 高压油泵

高压油泵是液压传动的动力机构。由于柱塞式高压油泵具有效率高、压力和功率都大的特点，故在顶进桥涵中得到广泛的使用。目前常用的柱塞泵的设计压力为 32 MPa，使用时最好维持在 20 MPa 左右，以适应连接高压油泵与千斤顶的紫铜油管接头的焊接耐压力，避免油管开裂及漏油，并按 20 MPa 工作压力来配置千斤顶所需数量。

高压油泵输出流量大小需适应顶进速度的要求。为避免桥涵顶进的速度过快造成线路的急骤变形，并减少线路养护困难，保证行车安全，一般配备油泵的流量大于 10 L/min 即可，必要时也可用小流量油泵并联使用。

高压油泵的工作液体，要根据施工气温选择。冬季施工常用黏度较低的锭子油，夏季可用低标号机械油。顶进工作完成后，需要将全部设备用油排净并擦洗干净。

高压油泵的工作液体一般采用 20 号机械油或 22 号透平油，其工作温度为 15～60 ℃。为了保持油液的清洁，在油箱里的吸、排油管的隔挡之间，须安装 100～200 目的滤油网。在顶进工作完成后，需将全部设备用油纸擦洗干净。

5.4.2　液压回路

1. 采用单作用油管千斤顶

用于顶进桥涵的液压系统比较简单，一般的回路形式如图 2-5-44 所示。

当油泵数量较多时，宜将千斤顶与拉镐分别安装成两个单独的回路。这样，由于拉镐负荷较小，可采用压力较低的油泵。

2. 采用双作用油缸千斤顶

双作用油缸千斤顶的进退动作是依靠三位四通 O 形滑阀的电磁换向阀，用电磁铁通电后推动阀芯改变油路通向来实现的。在电磁换向阀芯换向时，往往会产生瞬时的冲击压力，这种冲击压力会引起管路抖动，甚至造成爆管现象。为了消除冲击压力，在进、回油管之间设置一只常闭式的电磁溢流阀。当需要换向时，开启电磁溢流阀溢流卸荷，使整个油压系统压力下降。待电磁换向阀换向之后，关闭电磁溢流阀，则油路压力逐渐回升。此外，还需设置旁通油路，以保证油泵能在无负荷的情况下启动。

因此，双作用油缸千斤顶的液压回路比较复杂，其液压系统原理如图 2-5-45 所示。

图 2-5-52 中的电接点压力表和压力继电器是过压保护电路的油压电信号转换件，专门控制小型继电器电源的通断。当油路故障或操作失误、油路压力超过电接点压力表或压力继电

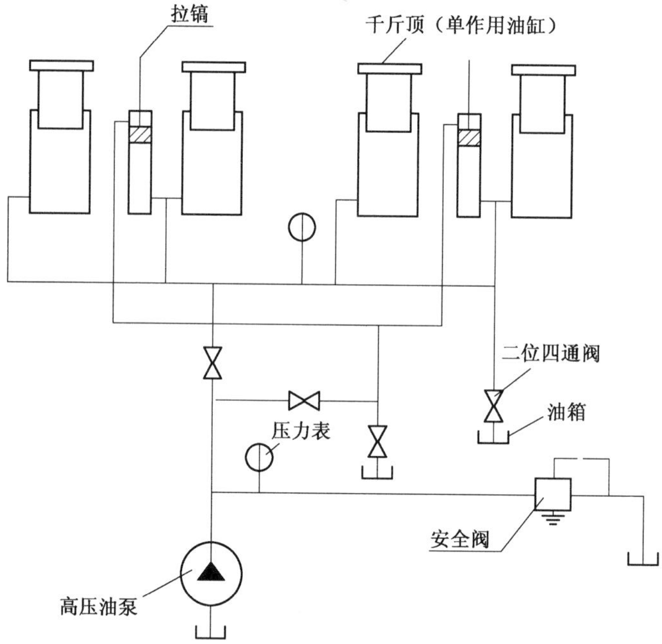

图 2-5-44　单作用油缸千斤顶液压回路

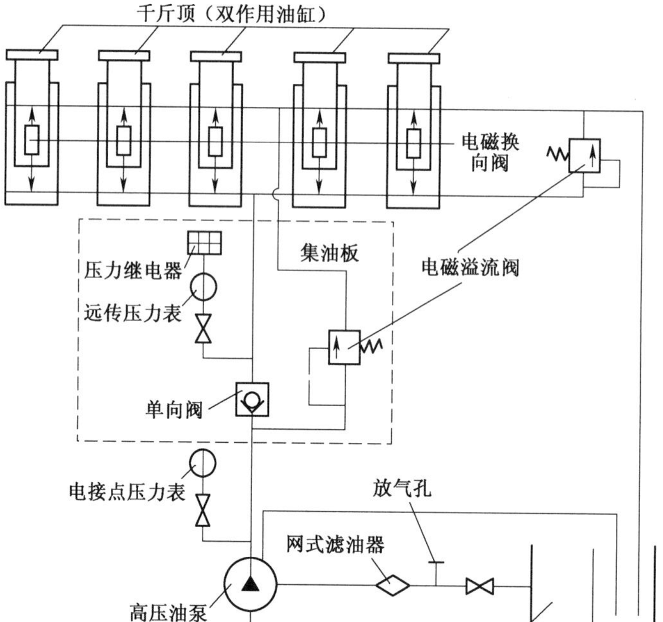

图 2-5-45　双作用油缸千斤顶液压回路

器的压力调定值时，小型继电器通电，则油泵电动机停止，起到保护电路的作用。

液压回路用的油管有铜管、钢管和橡胶软管。管道接头常采用焊接式和卡套式，采用法兰盘连接时，需垫 1～2 mm 的紫铜板或铝板。管道内径应按流量确定，通常情况下，吸油管道的最大流速为 1 m/s，压力管道的最大流速为 5 m/s，回油管道的最大流速为 2 m/s。

3. 安装注意事项

(1)检查液压元件质量状况，必要时需进行压力和密封性试验。

(2)紫铜管安装前要进行退火。

(3)安装前后，必须清洗管道，使管道内保持洁净无杂物是液压系统正常工作的重要条件。

(4)油箱一般安放在顶进桥涵内边墙的支架上。油箱出口位置要高于油泵进油口 0.5 m 以上，以形成良好的进油条件。

(5)油路以及各种压力表、阀门安装完毕后，要进行全面检查和核对，以保证安装正确。

(6)放入油箱的液压机油要求无水分、无杂质。除在放入油箱前进行过滤外，在油箱出油口仍需设置过滤器，以保证液压系统流通正常。

5.4.3　传力设备

顶入法是依靠后背来实现顶进的。随着箱涵逐渐顶进，在千斤顶至后背间，距离愈来愈大，需设置大量传力设备以保证箱涵的继续顶进。这些传力设备按顶进箱涵的大小、顶程的长短，一般包括顶铁、顶柱、横梁。

1. 顶铁

根据千斤顶的顶程来更换不同尺寸的顶铁。以使用顶程 20 cm 的千斤顶为例，顶铁长度一般分为 10 cm、15 cm、20 cm、30 cm、60 cm、80 cm 六种规格，还有不同厚度的的补空铁垫板用以填充空隙。顶铁的材料可用铸铁或型钢。

2. 顶柱

顶柱可用钢轨钢板组焊而成，或型钢钢板组焊而成，横截面为方形，常用长度为 1 m、2 m、4 m 等，在起吊设备方便的情况下，也可以制成 8m 长的顶柱。此外，也可结合利用其他工程制作的钢筋混凝土构件，例如直径为 40～50cm 的钢筋混凝土管桩。

3. 横梁

横梁分为活动横梁和固定横梁两种。

(1)活动横梁。活动横梁常用工字钢及钢板焊接而成。活动横梁能随着箱涵顶进而向前移动，置于千斤顶前后各一根，其作用为均匀传递顶力。千斤顶前端的横梁还可分布压力，防止箱涵底板因直接承受顶力而顶碎。施工现场常用一块 20 mm 厚的钢板置于箱涵底板后端以直接承受顶力。

(2)固定横梁。固定横梁其位置固定后，不能移动。它是顶柱的横向连接梁。通常每隔 8 m顶柱长设置一道，顶柱与横梁之间用螺栓联结牢固，其作用为均匀传递顶力，保证顶柱的受压稳定。

5.5　顶进施工常见问题与处理

5.5.1　挖断损坏光电缆

既有铁路路基及坡脚两侧一般都埋设有各种管线，桥涵顶进施工和工作坑开挖过程中，稍有疏忽就会挖断损坏光电缆，严重地影响列车正常运输，成为既有线顶进施工作业造成行车事故的隐患，也是顶进施工安全上的一项通病。

1. 挖断损坏光电缆的原因分析

(1)设计单位对施工现场没有进行详细的勘测、调查施工范围内埋设的管线,包括埋设管线的类型、管径、埋深、径路及产权单位等。

(2)既有管线的相关单位提供不出详细的埋设径路、深度等台账资料,有时提供的资料与现场实际不符。

(3)施工单位在没有搞清管线的情况下,臆测行事,盲目施工。

(4)对开挖出来的光电缆维护不当造成损坏。

2. 挖断损坏光电缆的防治措施

(1)详细阅读设计文件,当地下管线设计文件交待不清时,应在设计交底时提出,由设计部门补充该项工作。

(2)根据施工所处铁路地段,联系铁路工务、电务、水电及地方市政等管理部门,搞清管线埋设情况,必要时可用管线探测仪进行探测。

(3)施工前应先组织人工挖探,在施工范围内垂直线路方向每隔 30 m 左右挖 1.0～1.5 m 深的探沟,搞清地下管线状况。

(4)施工期间应加强管理,严格监控,动用机械开挖前必须全部探摸清楚,施工作业范围内的管线拆迁完毕。

(5)光电缆挖出来后,应在产权单位人员的指导下,及时采用毛竹、PVC 或钢管把挖出来的光电缆保护起来,并派人巡护看守。

(6)箱身顶进就位后应尽快浇筑电缆槽及盖板,及时把光电缆移入电缆槽内,并请相关产权单位检查验收,做好交接事宜。

(7)一旦挖断或损坏光电缆,应立即向上级和铁路运输部门报告,并以最快的速度联系管线产权单位组织抢修,施工单位应尽力配合,及时修复,减少损失。

(8)挖断或损坏光电缆在抢修之后,应分析事故原因,查清事故责任,改进防治措施,避免再次发生。

5.5.2 轨道电路短路

在自动或半自动闭塞铁路区段,线路上的两根钢轨起着导电的作用。在桥涵顶进施工过程中,尤其是架设施工便梁时,很容易发生两根钢轨串电,造成轨道电路短路,出现通常说的“红光带”,使正常开行的列车停下来,严重地干扰了铁路正常的运输组织。

1. 轨道电路短路的原因分析

(1)跨线拉钢尺测距离,钢尺直接碰到钢轨面造成轨道电路短路。

(2)搬运钢筋、金属构件,沿地拖行,接触两根钢轨造成短路。

(3)起拔道钉撬棍没有戴绝缘套,作业时碰到另一股钢轨造成短路。

(4)架拆施工便梁,穿入或拉出横梁钢枕,横梁上面没有垫好木板,同时接触钢轨底部,造成短路。

(5)施工便梁装卸螺栓扣件,同一根横梁两股钢轨同时作业,扳手接触造成短路。

(6)施工便梁拖拉纵梁,卷扬机钢丝绳松弛接触钢轨造成短路。

(7)施工便梁钢轨尼龙垫磨耗损坏,失去绝缘性能而造成短路。

(8)阴雨天气、不洁道路污染也会引起导电。

2. 轨道电路短路的防治措施

(1)对产生轨道电路短路的施工作业应编制防传电施工作业指导书,明确其施工工序、作业程序、预防措施和监控职责等。

(2)对容易造成轨道电路短路的施工工具、绝缘垫片等器材要进行检测,并把好进货质量关,发现损坏及时更换。

(3)对参与施工的作业人员应进行轨道电路有关知识的岗前培训,经考试合格后才能上岗作业,施工作业时派专人进行监控指导。

(4)经常清除施工便梁横梁、轨枕及扣件上的泥渣杂物,保持其清洁,防止污染。

(5)一旦发现轨道电路短路事故,应立即停止作业,会同电务专业人员共同查找原因,采取改进措施,消除事故隐患。

5.5.3　箱身裂纹

箱身预制是桥涵顶进工程中关键的工序之一,如何预防箱身产生裂纹是近年来都在关注的重要课题。箱身长度是产生裂纹的重要参数,而其长度主要取决于箱体混凝土的水化热、干缩和环境温度差三大因素。

1. 箱身裂纹产生的原因分析

(1)产生箱身裂纹主要取决于混凝土的水化热、干缩和环境温度差,尽管施工期间采取了相应的措施进行改善,但总是有一个控制限度,因此也就决定了单节箱身的长度。设计必须考虑这个限度,否则就会产生裂纹。另外,箱身边墙配筋数量过少,钢筋间距过大,甚至不能满足钢筋混凝土结构截面最小配筋率 0.2%的要求,也是产生箱身裂纹的又一原因。

(2)随着我国实行水泥 ISO 国际新标准和商品混凝土的广泛应用,对预防箱身产生裂纹是不利的,若配料上不加以改进,则势必加重裂纹的产生。

(3)施工作业人员通常缺乏温度应力的概念,没有采取混凝土“内降外保”的施工和养护方法,为抢工期盲目提高混凝土等级,增加外加剂等也相应增加了产生裂纹的几率。

2. 箱身裂纹的防治措施

(1)增设诱导缝或后浇带,控制箱身分段长度,通过理论计算和实践经验确定其分段长度。一般情况控制在 12～15 m,分段缝应设在铁路股道之间。

(2)箱身边墙是最容易产生裂纹的薄弱环节,对设计图上的配筋率进行核对,若少于钢筋混凝土结构截面最小配筋率 0.2%的应增加,并应采取钢筋“细而密”的布置原则进行增加,其分布钢筋间距控制在 15 cm 范围内。

(3)选用水化热较低的水泥,用量控制在 330 kg/m^3 以下。

(4)粗细骨料选用 5～40 mm 的石子,中砂的含泥率小于 2%。

(5)优化配合比,降低砂率,控制在 40%～45 %之间,加入适量的减水剂,减少用水量,控制坍落度。

(6)夏季施工时,砂石料可采取降温防晒措施或在夜间气温低时施工;冬季施工时,一般控制在 5 ℃～7 ℃入模,灌注后应注意抑制混凝土中水化热的增长速度,在 24 h 内不宜加温。

(7)属大体积混凝土的,应按大体积混凝土工艺要求,进行循环降温控制内外温差。

(8)采取保湿保温的养护方法,尽量避免低温施工。温差低于 10 ℃施工时应采取相应措施,外保内降使混凝土内外温差控制在 25 ℃之内,中心到表面降温率小于 1.5 ℃/d。拆模时间宜晚不宜早,可采取塑料膜保湿、草袋保温,有条件的采用喷淋或蓄水养护。

(9)箱身顶进前应对混凝土面全面检查一遍,若发现有裂纹则应用带刻度的放大镜测量裂纹宽度。裂纹宽度超过 0.2 mm,其延伸长度超过 0.5 mm 以上的,应进行修补。若裂纹为贯通式,则应委托有资质的单位对箱身结构进行检测,根据检测报告采取相应的修补方案。

5.5.4 箱身与滑板粘连

箱涵顶进施工中,有时会发生箱涵与滑板粘连而顶不动箱涵或滑板与箱涵一起向前移动的情况。处理不当,不但会影响工程质量,而且还要延长列车慢行时间,干扰铁路运输组织。

1. 箱身与滑板粘连的原因分析

(1)工程施工地点的地下水位过高,使滑板底的土呈软塑状。滑板下的地锚梁达不到防爬要求,造成顶进时箱涵与滑板一起向前移动。

(2)滑板抹面时,其顶面凹凸不平。箱涵顶进时,摩阻力增大,造成粘连。

(3)滑板顶面的润滑隔离层,主要采用石蜡、塑料薄膜材料。施工时由于石蜡厚薄不一,塑料薄膜破裂,造成箱涵和滑板的粘连。

2. 箱身与滑板粘连的防治措施

(1)顶进桥涵时,降低地下水位是顶进能否顺利的关键工序。一般应使地下水降至滑板基底以下 0.5～1.0 m。降水方法应根据地质情况采用集水井降水、井点降水。

(2)滑板尽管是顶进桥涵工程中的临时性构件,但如果其施工质量不好,则对桥涵顶进影响很大。滑板表面应平整光滑,在 2 m 长范围内高度误差不得大于 5 mm。

(3)滑板上的隔离层是为了防止桥涵与滑板粘连,并在顶进时起到润滑作用,以减少摩阻力。喷洒石蜡时,其有效厚度不宜小于 3 mm。铺设塑料薄膜时接缝处应搭接 20 cm 以上,并使搭接口与桥涵顶进方向一致。

(4)顶进的框架桥跨径较大时,可用风钻在箱身底板钻出 32 mm 直径的临时钻孔,埋入 25 mm圆钢管,用硫磺砂浆锚固后接通管路供风,这样就形成了一个简易的气垫系统。采用此法可以解决箱涵与滑板的粘连,但需重新设置空压机及风管,造价比较高。

5.5.5 便梁支墩变形

桥涵顶进采用 D 型施工便梁加固既有线路是常规的施工方法,保持便梁支墩稳定是确保铁路行车安全和顶进施工顺利实施的关键。因此,必须高度重视便梁支墩在施工全过程中的变形监测(水平滑移、竖向沉降),并编制相关的应急预案。

1. 便梁支墩变形的原因分析

(1)便梁支墩的设计选型应结合施工现场的工程地质、水位地质、线路等级、行车密度、顶进顺序、施工周期及当地气候环境等因素,综合考虑后可选用钢木或混凝土结构的条形支墩、高压旋喷桩支墩及钻孔灌注桩基础的钢筋混凝土支墩等几种类型。若忽视施工现场的实际情况,支墩结构过于简易,承压面积不能满足地基应力时,往往就产生水平滑移、竖向沉降等变形。

(2)采取 D 型施工便梁加固线路是临时桥跨结构,桥涵顶进时应“切土”顶进,在软土地区尤其要控制线路下拉槽的深度,否则极易引起便梁支墩滑移,甚至造成中断铁路运输的事故。

(3)当箱身结构高度较高或路基为高填方区段时,箱身两侧边墙应设置刃脚,以免顶进过程中路基土方坍塌。若不设置刃脚,再加上深挖、超挖,很容易造成箱前路基土方坍塌而引起便梁支墩失稳,甚至破坏。

(4)便梁支墩下进行高压旋喷桩复合地基加固施工时,由于开挖面暴露时间长、边坡过陡、地下水位高或遇降雨冲刷则容易发生路基坍塌而造成便梁支墩失稳。

(5)多孔分次顶进框架桥时,由于后续框架顶进过程中需将前期架设便梁的支墩凿除。若盲目施工,采取单侧挖土,会造成既有便梁支墩向挖土侧整体倾倒,便梁支墩在远离挖土侧翘起来极易碰到施工便梁而造成线路变形严重。

2. 便梁支墩变形的防治措施

(1)便梁支墩的设计选型一定要进过周密调查、收集相关资料,结合顶进施工顺序,综合分析考虑后采取切实可靠的方案。不管采用何种形式的便梁支墩类型,支墩基底应力必须进行验算。

(2)桥涵顶进时必须遵循"切土"顶进的原则,在软土地区顶进时则更应严格遵守该原则。为了加快挖土进度,便于机械化施工,可以在顶进前便梁下进行"拉槽"挖土,大拉槽上口宽度不宜大于箱身外宽,槽口两侧边坡的坡率不小于 1∶1,便梁下最大拉槽深度不得大于 3 m。

(3)若箱身长度有限而不能保证顶进过程中路基坡脚稳定时,应在箱身两侧路基边坡上加设一排支护桩。若箱身前端设置钢筋混凝土刃脚,则宜结合出入口加以利用,可形成 U 形槽结构进行支护箱身两侧路基。总之,在确保行车安全、便于施工的前提下,尽量减少过渡工程并为出入口两侧的引道工程施工创造条件。

(4)便梁下进行拉槽或拆除既有便梁支墩等均要编制实施性的施工组织设计。在施工工程中加强监控,确保认真执行。

(5)多孔分次顶进框架桥时,往往需要利用部分已经顶进就位的箱身作为便梁支墩。故事先设计应明确支墩在箱身的位置,箱身预制时应加设分布钢筋,预防局部受压应力过大而损坏结构。便梁架设期间,箱顶支撑点处可铺设枕木垛来应力扩散,箱身内则应设置钢支柱,以免箱身压裂。

5.5.6　工作坑边坡失稳

软土地基的桥涵顶进工作坑一般采用钢板(轨)桩、重力式水泥土墙、SMW 工法桩、钻孔桩等围护结构,支撑则采用拉锚体系。无支撑(悬臂式)的围护结构在靠近既有路基侧的边坡失稳是比较容易产生的,故施工中更应引起重视。

1. 围护结构失稳的原因分析

(1)围护结构设计方案不合理。

(2)围护结构失稳的主要诱因通常为"水"的问题,包括地表的明排水、地下水的降排与回灌及止水帷幕的设置等。在城区的基坑则更应重视上层滞水的影响,尤其是自来水、污水、雨水等各类管道的渗漏要高度重视。对于局部采用放坡开挖的基坑坡面应进行"硬面化"处理,以免雨水冲刷而导致局部边坡失稳。

(3)工作坑挖土顺序、方法必须与设计工况一致,若违反"开槽支撑、先撑后挖、分层开挖、严禁超挖"的原则,或在围护桩强度没有达到设计值而提前开挖等违章作业均会造成围护结构失稳。

(4)临近围护结构的施工荷载应与设计一致,尤其是临近堆放弃土与料具、施工通道、塔吊及搭设临时工棚等都会造成围护结构变形失稳。

2. 围护结构失稳的防治措施

(1)软土地基的工作坑深度若超过 4 m 则应采用支撑形式。为了不影响箱身预制和顶进施工,可将围护桩提高支撑位置,或设临时支撑开挖至坑底,使滑板与围护桩结构连为一体,即将滑板作为一道支撑。另外,为了更有效地控制软土工作坑变形,通常在围护桩前的“被动区”进行地基加固处理,加固的水平范围一般不小于 0.4 倍工作坑深度且不宜小于 4 m;加固的深度为 3～6 m。

(2)提前做好工作坑的降、排水,不仅方便施工而且可以提高土体抗剪强度有利于工作坑的稳定。另外,施工期间应严格遵循“开槽支撑、先撑后挖、分层开挖、严禁超挖”的原则,按照规定的施工工序进行作业。

(3)严禁临近工作坑堆放弃土与料具或通行重载机械。凡是施工荷载与原设计工况不一致的必须按照相关变更程序由设计部门验算后方可实施,切勿盲目施工。

(4)工作坑施工必须实行第三方全程监测,信息化施工。一旦工作坑变形超过报警值应立即报告,并采取卸载、增设拉锚或回填等应急处置措施,以确保围护结构的安全稳定和施工的正常进行。

5.5.7 后背变形与开裂

后背虽是桥涵顶进施工中的临时设施,但却是整个桥涵顶进施工的重要组成部分。后背的施工质量好坏对桥涵顶进施工顺利与否关系极大。当顶进中发现桥涵不能前进,后背压缩位移或纵向传力柱向上隆起外崩等现象都是后背破坏的征兆。

为减轻顶进时对后背的压力,可将滑板与后背分配梁连在一起,以增加后背的抗力。通常在滑板内设置一定数量的钢筋以承受拉应力,并将这些钢筋深入后背内焊接锚固。后背填土应分层夯实,填土内摩擦角应大于 30°。在施工中有时因地质情况不佳,后背强度不够而需要加固时,可采用钢轨桩、钻孔桩或挖孔桩进行加强处理。对于大跨径的框架桥的顶进后背必须进行验算,并保证有一定的富余量。

5.5.8 顶进偏差分析与控制

软土地基顶进桥涵施工中控制箱身高程和方向是整个施工成功与否的关键。施工中往往由于缺乏相应的加固措施而导致顶进偏差时有发生。这也制约了软土地基顶进桥涵工程的推广和发展。近年来随着地基加固技术的不断改进,对顶进桥涵的施工工艺也有所创新和完善。施工期间应做好充分的偏差控制措施,确保满足相关规范的要求。下面着重介绍顶进过程各偏差的受力状况分析及控制偏差所采取的措施。

1. 产生“扎头”和“抬头”偏差的受力分析

(1)在滑板上空顶时,当顶力克服结构自重的静止摩阻力后即可启动,保持顶力大于摩阻力即可推动前进。

(2)当结构前端入土,结构重心离开滑板后,其受力状态如图 2-5-46 所示。

滑板前缘“O”点是力矩中心,p、q、r、e、f、g、n、h 分别为相应各力对“O”点的力臂。底板摩擦力 $F_{下}$ 对“O”点之力臂按零考虑。

顶进时框架结构由刚性滑板进入弹性地基,就会使结构发生“扎头”。当结构重心离开滑板后,按照弹性地基反力的分布规律,结构前缘地基反力的集度值最大,因而引起地基的压缩沉陷,导致结构前倾。此时滑板前缘变成了力矩中心,构成了相反的两种力矩,即:

1)“扎头”力矩:$M_z = P \cdot p + Q \cdot q + R \cdot r$

2)“抬头”力矩:$M_t = F_{上} \cdot f + E \cdot e + G \cdot g + N \cdot n + H \cdot h$

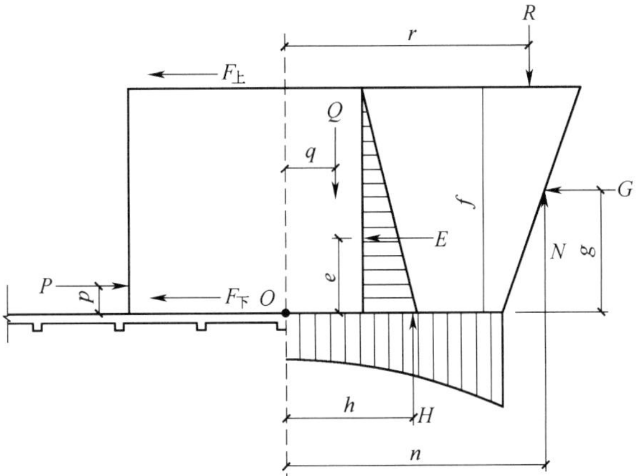

图 2-5-46　箱体结构重心离开滑板后的受力状态

P—顶力；Q—结构自重；R—线路重(包括加固)及列车活载；E—边墙摩阻力；$F_{上}$—顶板摩阻力；$F_{下}$——底板摩阻力；G—刃脚正面阻力；N—刃脚竖直分力；H—地基反力

若 $M_z > M_t$ 则会引起“扎头”；若 $M_z < M_t$ 则会引起“抬头”。

随着顶进，力偶臂 q、r 在逐渐增大，则 Q、R 构成的力矩对结构的影响也在逐步增大。一旦“抬头”力矩不足以抵消这些影响时，就会引起“扎头”。

(3)当结构尾端离开滑板后，其受力状态如图 2-5-47 所示。

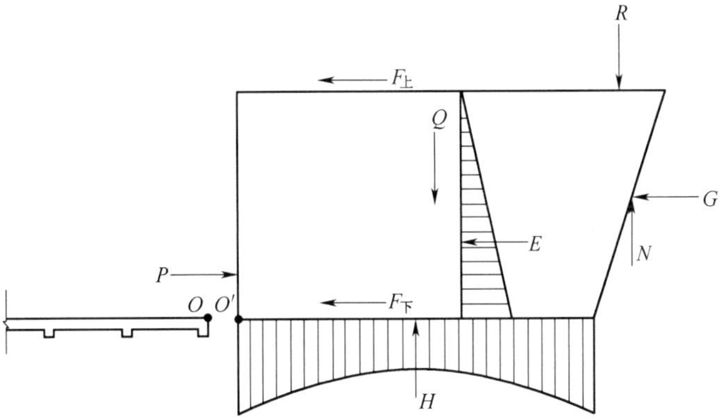

图 2-5-47　箱体结构离开滑板后的受力状态

框架结构离开滑板后，虽然构成 M_z、M_t 的基本因素没有变化，但由于力矩中心“O”点移至结构尾端(即“O'”点)。从而会引起外力矩对结构作用的结果也产生了变化。

2. 产生“方向”偏差的受力分析

顶进桥涵箱身轴线与线路中心线间的夹角在 60°以上(俗称“大斜交”)时，施工过程中产生的偏差主要以上述的“扎头”、“抬头”为主。顶进时产生的偏转作用力与“正交”桥涵顶进时产生的偏转作用力基本相似。但是夹角在 60°以下(俗称“小斜交”)时，其“方向”偏差则较难控制，其受力状态如图 2-5-48 所示。

小斜交桥涵顶进的受力分析是比较复杂的，当箱身顶入土层后，施加顶力 P，则有刃脚阻力 R_1 和 R_2 相对抗，当 P 略大于 R_1+R_2 时，箱体前进。

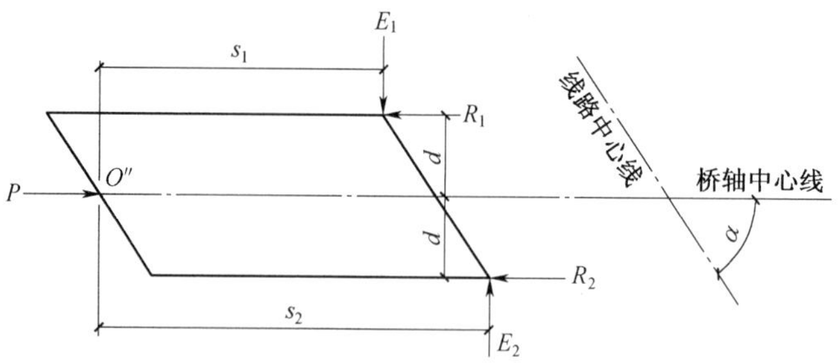

图 2-5-48　小斜交桥涵顶进受力状态

如果 $R_1=R_2$，$E_1=E_2$，则 $E_1 \cdot s_1<E_2 \cdot s_2$，使得箱体向左旋转。

如果 $R_1<R_2$，$E_1=E_2$，则 $R_1 \cdot d<R_2 \cdot d$，使得箱体向右旋转。

如果 $R_1=R_2$，$E_1>E_2$，则 $E_1 \cdot s_1>E_2 \cdot s_2$，使得箱体向右旋转。

因此，要使箱身沿设计的方向顶进，与前端的刃脚阻力 R_1、R_2 及土的侧压力 E_1、E_2 有着密切的关系。对于小斜交桥涵，还与 s_1、s_2 之差有很大关系。

3."扎头"和"抬头"偏差的控制

(1)"扎头"偏差的控制。

1)加大刃脚阻力，尤其是上部刃脚的阻力是避免桥涵顶进"扎头"的有效措施。因此，宜减小路基坡率，缩短框架距路基上角的距离，使得刃脚及早"吃土"。

加大刃脚阻力最方便的办法是"切土"顶进，即不挖除刃脚处的土壤，采取强力顶进。当然"切土"顶进会发生箱体回弹的特殊现象，其原因是"切土"顶进引起土壤压缩，当回镐时箱体即被土壤弹力推动后移。另外，"切土"顶进时，由于刃脚阻力较大，会对既有路基产生较大的变形。故"切土"顶进时，必须加强对既有线路的加固措施。

设置门槛接长滑板也是缩短框架路基上角距离的有效途径。尤其是在顶进箱身较短的框架时，若处理不得当，开顶不久就会出现严重"扎头"。

2)滑板预留"船头坡"，其目的是设想在出现"扎头"时能落到预期位置，一般其坡率为3%～5%，坡长1.0～1.5 m。主要视土质情况而定，土质密实，坡率可小些；土质松软，含水量大则坡率应大一些。必要时也可以垫混凝土或钢筋混凝土预制块强制上坡。

3)合理布置千斤顶的位置，尽量减少由于顶力 P 而产生的"扎头"力矩，即降低油顶轴线高度 p。

4)顶进箱体过程中亦可以结合箱身基底的软基加固处理，可采用"边顶边压"预制钢筋混凝土方桩。常用的预制钢筋混凝土方桩的截面尺寸为(25 cm×25 cm)～(35 cm×35 cm)，若受箱体内净空的制约则可分节顶进，节间采用法兰接头或硫磺胶泥接头处理。

5)软土地基宜在整个顶程范围内进行全断面的复合地基加固，目前常采用水泥搅拌桩或高压旋喷桩等处理。这样可以有效避免滑板前端部至就位后的箱体尾部间的顶程段由于地基未处理而产生较大的"扎头"。

6)一旦发现箱体有"扎头"趋势而又尚未超限时，可进一步强化降水；并在箱身前进行高压旋喷桩或抛片石；增设混凝土或钢筋混凝土垫梁，必要时可在垫梁底增打钢板桩。

(2)"抬头"偏差的控制。一旦发现箱体有"抬头"现象时，应在刃脚处适当超挖，以增加"扎头"力矩。一般，当箱身重心行进到开始超挖点的附近时，其高程的顶进记录才逐渐显现。切忌急速大量超挖，急于求成反而易出事故。

近年来，在软土地区的顶进桥涵箱身基底常采用高压旋喷桩进行复合地基加固处理。箱体顶进过程中一定要将前面的高压旋喷桩挖至设计高程，若有条件建议设置 10～20 cm 厚的砂夹碎石垫层为宜。若顶进过程中不对桩顶高程进行量测，则极易引起"抬头"超限。

4."方向"偏差的控制

顶进过程中的"方向"偏差的控制可分如下几个方面：

(1)箱体在滑板上顶进。此时极易发生"方向"偏差，应该依靠箱体内侧设置在滑板上的导向墩，以及改变两侧顶镐数量的办法进行控制。箱体在入土初期，"方向"的控制最为重要，因为一旦箱体大部分顶入路基后，已形成孔道，再进行纠正比较困难。因此，必须在箱体入土前后，把正"方向"。

(2)箱体顶出滑板后。一般可用调整两侧顶力或增减侧刃脚阻力进行控制。

(3)箱体顶进过程中，箱身两侧的土体要尽可能的保持均等一致，避免一侧紧一侧松。建议相邻箱体间的距离控制在 10 cm 左右为宜。

5.5.9　箱身防水失效

既有线下顶进的框架桥通常都是地下防水建筑物，尤其是位于城镇市区的地道桥，往往是人流或车流量较大的交通要道。若箱身防水失效，则不仅影响市容外观，缩短建筑物的使用寿命，而且直接影响行人和车辆的通行安全。有的地道桥修建好不久，由于防水处理不好，地下水长期渗漏，冬天路面结冰，非机动车和行人跌倒的事件常有发生。尽管防水处理只是箱身的附属工程，但在使用过程中却十分重要。施工期间必须严肃认真对待，切勿留下隐患。

1. 箱身防水失效的原因分析

(1)地基未进行加固处理，产生不均匀沉降，造成箱身开裂，以至于箱身渗漏。

(2)箱身混凝土浇筑时，捣固不实，造成蜂窝、麻面；分层灌注时间间隔太长，造成冷缝容易渗漏白浆；施工缝、变形缝、止水带、穿墙管件、支模铁件等没有按照施工规范要求操作，造成箱身渗漏。

(3)单节箱身长度过长，且没有采取诱导缝、后浇带等分段浇筑措施，箱身产生温度裂缝。

(4)防水层施工作业简化，卷材、涂料与箱身混凝土结合不密贴，泄水坡、排水管设置不妥，起不到防水作用。

(5)多孔箱身顶进的箱身间隙没有用水泥砂浆填塞，雨后存在积水槽，水从端墙渗漏流淌到路面上。

2. 箱身防水失效的防治措施

(1)顶进桥涵箱身基底土的承载力无法满足基底应力时，必须对地基进行加固处理，以免使用过程中产生不均匀沉降而导致箱身产生裂缝。通常的加固方式是：换填、注浆、静压预制钢筋混凝土方桩或 PHC 管桩及高压旋喷桩等。

(2)处于地下水位较高的顶进桥涵在浇筑箱身时，应选用抗渗混凝土，加强振捣，避免过早拆模，克服混凝土施工质量通病，加强混凝土施工质量是提高箱身结构自防水能力的关键。

(3)严格控制施工工艺，强化薄弱环节的质量监控。

(4)根据现场环境条件，合理分段采取诱导缝、后浇带等方法，优化混凝土配比，避免温度裂缝的产生。

(5)多孔箱身顶进的箱身间隙要用水泥砂浆填塞，并适当高出临近箱身顶部，防止形成积水槽。

(6)顶进桥涵在使用过程中若发生渗漏,应及时采取“排堵结合”的方法进行整治,以免渗漏水横溢路面,影响通行安全。

5.5.10 出入口翼墙滑移

顶进桥涵出入口翼墙是箱身主体结构和市政道路间的过渡段,其主要作用是保护既有路基的稳定。通常由于投资主体、产权归属的原因,往往因缺乏整体规划和统筹考虑,使其成为顶进桥涵的安全隐患。

1. 出入口翼墙滑移的原因分析

(1)为了片面的降低造价,缩短顶进箱身的长度,忽视当箱身顶进就位后,施工第一节挡墙(翼墙)基底时对既有路基边坡的稳定。

(2)软土地基的顶进箱涵出入口采用重力式挡墙结构,若地基加固处理不到位或因雨水浸泡时,则极易因出入口翼墙滑移而导致路基边坡失稳。

(3)顶进桥涵出入口翼墙的墙后回填材料、密实度及泄水管的设置不妥均会导致其滑移失稳。

2. 出入口翼墙滑移的防治措施

(1)适当增加箱身长度,可将顶进桥涵出入口两侧分离式的翼墙结构改为与箱身一并浇筑的U形槽结构,这样既有利于顶进施工和形成安全,也有利于两侧引道的整体连接、抗浮及防水处理。

(2)在顶进箱身就位处出入口的两侧,沿着线路方向设置钢板(轨)桩、挖孔桩或钻孔桩进行支护。

5.5.11 排水系统病害

顶进桥涵工程通常由箱身主体、引道及排水泵站三部分组成。此类立交桥建成之后,主要的隐患即为排水系统的病害,俗称为“水害”,特别是南方地区尤为严重。一旦进入汛期或遭遇台风等强对流天气,顶进桥涵往往就会因为被水淹而中断铁路通行,甚至造成行人与车辆的安全事故。另外,顶进桥涵若长时间浸泡,则易引发铁路路基边坡失稳。故必须加强顶进桥涵的排水系统设计。

1. 排水系统病害产生的原因分析

(1)排水泵站的设计标准较低,目前国家和相关行业的设计标准中的暴雨重现期一般为2~3年。由于全球气候变暖,极端天气时常发生,故有必要提高其设计标准。

(2)箱身沉降引起埋设在箱身内的排水管与箱身外侧的排水管产生错缝。

(3)泵房沉井与连接的排水管间的差异沉降,引起排水管产生错缝。

(4)施工时由于超挖回填,造成新老地基土的不均匀沉降,引起排水管产生错缝。

2. 排水系统病害产生的防治措施

(1)提高排水泵站的设计标准是关键,目前上海铁路局管内的顶进桥涵工程中,要求设计采用的暴雨重现期不小于5年。另外,在城镇市区范围的排水泵站一般都要求“双路供电、远程实时监控”。

(2)为避免箱身主体、沉井及排水管间的差异沉降,首先应对软土地基进行加固处理,其次排水管的管材应采用钢管,并应采用柔性接头。

(3)泵站沉井施工应尽量避免超挖,集水井至泵房沉井间的排水管应以顶管法施工为宜。

(4)泵站抽水应注意观察,若有泥浆水抽出,则说明排水系统的管道有开裂可能,应及时查清部位并尽早加固处理。

5.5.12　引道 U 形槽抗浮失稳

顶进桥涵在软土地基或地下水位较高的地区,箱身两侧的引道工程往往采用 U 形槽结构进行全封闭。这种结构的优点是:对地基承载力要求较低、结构整体性较好,便于施工衔接和防水处理,另外结构自防水性能较好,故排水泵站不需考虑引道范围内的地下水影响。但是这种结构若设计、施工不当,则会产生“上浮”现象,即引道 U 形槽抗浮失稳。这将破坏防排水系统,甚至造成引道工程严重破损。

1. 引道 U 形槽抗浮失稳的原因分析

(1)设计时没有认真考虑结构的抗浮检算。

(2)施工时基坑内外的降排水措施不到位,一旦遇到强降雨天气,浇筑好的 U 形槽因基坑内外的水头差而“上浮”。

(3)顶进桥涵建成之后,若紧临 U 形槽外侧开挖水沟、渠道或埋设管道,由于产生新的水头差可能超过原设计工况,因此也会产生“上浮”现象。

2. 引道 U 形槽抗浮失稳的防治措施

(1)设计时必须认真考虑结构的抗浮检算,并要根据工程地质水文、铁路的洪水位高程及铁路等级等诸多因素综合考虑最不利的检算工况,必要可以采取加大结构自重或设置抗浮桩以满足抗浮要求。

(2)U 形槽基坑内外的降排水措施必须按照规范要求实施,一旦遇到强降雨天气,应加强对 U 形槽结构的监测,采取必要的措施防止结构因内外水头差而“上浮”。

(3)顶进桥涵建成之后,应做好日常的巡查养护。一旦发现在临近 U 形槽外侧开挖水沟、渠道或埋设管道等工程时,必须由相关单位对可能产生的水头差进行抗浮验算,以免产生“上浮”现象。

5.6　顶进施工新技术

近几年顶进技术有了更快的发展,国内外在提高顶进精度,改善顶进条件并创造新的施工方法等方面都有了不少成就和经验。

5.6.1　顶进方向控制

德国采用“挖向切削环”来导向。切削环上下左右安装四个螺杆来控制切进距离,能调整方向偏角 5°。我国广州铁路集团采用激光导向纠偏,在箱涵后方装激光仪,箱涵前端装光靶,当箱涵偏位时,激光照到左右光电管上,通过硅三极管传继电器发生动作,开动相应的纠偏千斤顶纠偏。当激光离开光电管,继电器复原,千斤顶正常工作。

5.6.2　减少顶进阻力

这是目前很受重视的问题之一,特别是长距离大断面顶进,减少阻力的意义更大。目前除了用得较多的钢刃脚,中继间接力顶进外,向四壁压注膨润土泥浆可减少表面阻力 50%,甚至只有一般顶力的 1/4～1/6。运用气垫技术减少摩擦,我国上海铁路局有较成功的经验,启动阻力可降低到0.289(一般为0.8),入土后最大顶力系数降到0.39～0.77(一般为1.2～1.4)。

5.6.3 顶进施工新工艺

1. 管幕法

管幕法又称为排管顶进法,其施工原理与管棚法施工原理相似。首先在始发井与接收井之间利用小型顶管机顶进钢管到土体中,各单管间依靠锁口在钢管侧面相接形成管排,并在锁口空隙注入止水剂以达到止水要求,形成超前支护。然后再采用开挖方案或箱涵顶进方案进行地下构筑物的施工。这是一种新型暗挖法(图2-5-49)。该工法不需开挖,无振动和噪声,地表变形易于控制,尤其适合于软土地基修建大断面浅埋式地下通道。

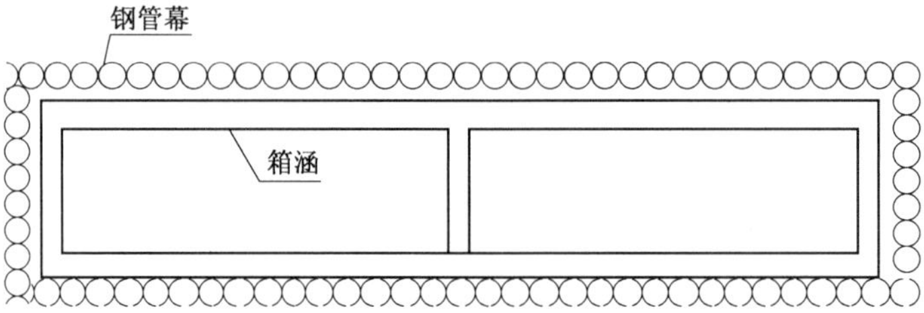

图2-5-49 管幕法

软土地层管幕内大断面箱涵顶进施工中,如水平控制不当,偏离轴线后易于碰上管幕而导致顶进困难甚至无法顶进。竖向偏差过大则影响轴线坡度,进而影响地下通道的通行净空,也会造成地表变形过大。因此,在顶进过程中必须对水平方向、竖向高程及地表变形采取有效的控制措施。

(1)水平方向控制。箱涵在顶进高程中水平方向极易发生方向偏差。因此对于水平姿态控制而言,开始顶进段的姿态控制极为重要,对后续箱涵顶进起决定作用,必须在箱涵入洞前控制好顶进方向,避免发生偏差。箱涵顶入土体后,水平方向的控制通过调整左右两侧顶力或调整网格挖土的方法实现。根据对首节箱涵切口及尾部平面偏差的测量结果可以计算出箱涵中线的平面偏差及转角,据此结果进行纠偏。如使左侧顶进量增大,可使左边的油缸伸长量加大或左侧适量挖土,纠偏的原则是"勤测、勤纠、微量纠偏"。可采用以下三种措施减小水平方向的偏差,即设置导向墩、采用计算机液压同步顶进系统和通过实测成果实时修正顶进参数。

(2)竖向高程控制。箱涵高程控制包括箱涵的"低头"、"抬头"两个方面的控制。在设有管幕的箱涵顶进高程中,箱涵一般不会"低头"。但对于软土地基,由于管幕的存在,箱涵顶进会发生很大不同。当箱涵进入管幕内部时,由于管幕的作用,只要箱涵切口处没有集中力作用,底排管幕不产生沉降,箱涵"低头"的可能性是很小的。因此,主要是计算和控制箱涵顶进中"抬头"现象的发生,尤其是第一节箱涵易于发生"抬头"现象。

箱涵是贴着底排管幕前进,但在挤土状态下,箱涵切口易上抬。实际施工表明,如果适当挖除部分底排网格内的土体,可以有效遏制切口上抬趋势,并能达到箱涵竖向高程控制的目的。

(3)地表变形控制。管幕法施工中由于开挖面多为饱和的淤泥质黏土,自由水的压力有可能使开挖面失稳引起土体坍塌而产生过大的地表变形。针对该类现象的预防性措施有:合理设计网格工具头,满足开挖面的稳定要求;当前一节箱涵顶进后把网格内的封门板全部插上,待下一节箱涵顶进时再开启封门板。另外,通过信息化施工(地表变形监测、管幕变形监测等)来不断修正顶进参数,控制地表变形。此外,箱涵顶进完成后,立即在箱涵和管幕间压注固化泥浆材料,使得箱涵与管幕之间的触变泥浆及时固化,亦可明显减小地表的后期沉降。

2. PCR 法即预应力管棚法

PCR 法是在既有线下路基中沿垂直线路方向,利用水平钻机依次密排顶入预应力混凝土管棚构件。顶完顶部构件后再依次顶两边墙构件。然后在线路两侧工作坑内建造两端的钢筋混凝土 U 形端墙。利用端墙作支撑在其上建主梁。管棚构件的两端分别和端墙或主梁连起来,对管棚进行预应力施工时,将钢筋穿入管棚构件中,然后张拉钢筋并锚固在主梁和端墙上。上述工作完毕即可在管棚保护下全面开挖土体并修筑通道路面。此法的结构外貌及管棚构件断面如图 2-5-50 所示。该工法不必加固线路还可保证行车安全,也不需要大型顶进设备,结构的完整性也得到保证。

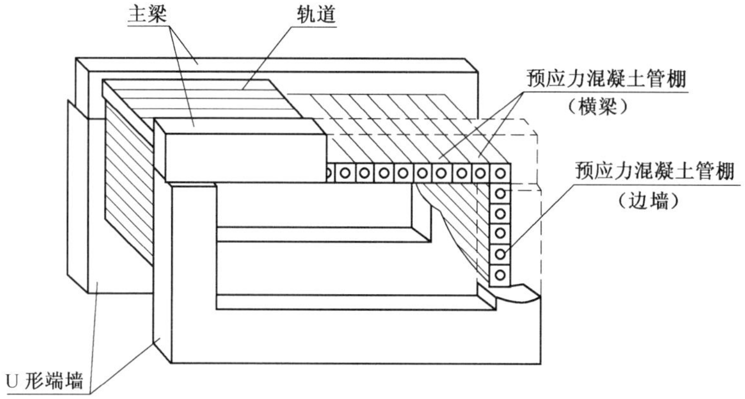

(a) PCR 法结构外貌

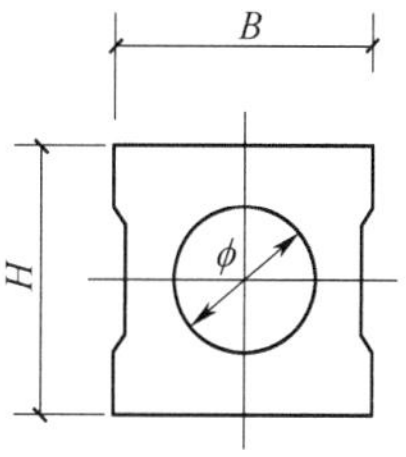

(b) 管棚构件规格

图 2-5-50　PCR 法

3. 桥式盾构法

顶进法施工至今已经有 40 多年的历史,在行车限速 45 km/h 下的桥涵顶进施工技术已经比较成熟。我国铁路经过 6 次提速后,既有线的行车速度越来越高;另外,近年来迅猛发展的城际铁路和高速铁路使得传统的顶进法施工工艺很难满足要求。同时,高速运行的列车对施工的安全也提出了更高的要求,即在施工过程及今后的运营中对线路的沉降等影响达到最小的程度。近几年发展起来的桥式盾构也是桥涵顶进施工的一种新方法,其特点是在桥涵顶进施工前先预制好与桥涵结构类似的桥式盾构,将桥式盾构分次顶进路基内,在顶进桥式盾构的同时把桥涵也分次顶进路基内。桥式盾构法将常规的明挖开槽改为地下暗挖盾构支护,这将大大的降低了顶进施工对既有线的行车影响。

桥式盾构由钢柱、钢梁、盾壳、子盾构、液压推进系统和辅助机构六大部分组成(图 2-5-51、图 2-5-52)。装配在第一节框架桥前端的盾构,作为带土顶进时掘进面与路基的施工支护,同时也担负顶推导向。

根据不同地质情况设计盾构长度,以确保中心土天然支护作用是桥式盾构法的关键。盾构的横向截面成简支梁桥型,其外廓尺寸与框架桥外廓尺寸基本相同。桥型梁跨中滞后挖掘的大断面土体中心土从盾构入土到出土前均保持 1∶0.75 坡度,并滞后子盾构掘进面一段距离开挖。它与盾构共同平衡周边土压,成为掘进面的强大支护体系。

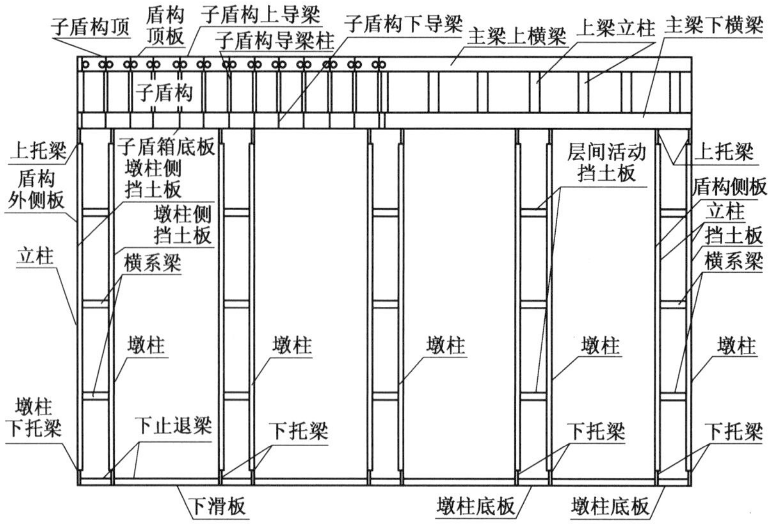

图 2-5-51　半盾构正立面图

盾构母体中的子盾构由液压系统控制，单台组错开推进，担负减阻板的牵引及掘进面的小断面化。增强了开挖面的稳定性，被牵引的减阻板则将上部摩擦力分散。框架桥推进前顺坡清除底板前方部分中心土体，盾构母体随框架桥同步推进时，子盾构原推出部分被掘进面土体阻挡与子盾构箱体作相对运动套回箱内，这样即完成一盾构掘进工作循环。

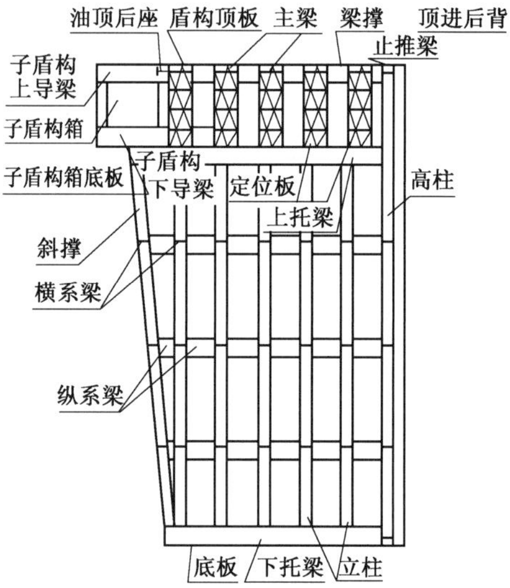

图 2-5-52　盾构墩柱剖面图

(1)桥式盾构法施工的主要特点如下：

1)钢箱棚断面加大，增强其承载力(能承受列车和土压荷载及挖土的施工荷载)，从而省去注浆，同样能保持土体的稳定。另外，箱棚采用组合拼式，各自独立，能适应各种框架断面。安拆运输方便，并可以回收再利用。

2)撑子面采用人工开挖，虽箱棚内作用面较小，掘进速度较慢，但若遇障碍物，则可及时发现，并进行处理。

3)不扰动线路，故线路稳定性好，便于养护。施工期间列车通过速度可大大提高，满足了铁路提速的需要。

4)无需设置挖孔桩支墩，无道砟损失，可减少既有铁路“三电”设施的拆迁工作量，显著的降低了工程造价。

5)适应于无水或一般水流条件下地层的框架桥顶进，在富水地层应采取降水、止水处理后亦可适应，且不受线路平面(如架空跨度、道岔曲线、限界等)的限制。顶进穿越线路股道越多、孔径越大、线路平面越复杂，则越能彰显其优越性。

6)对于沉降要求较高处，桥式盾构法可结合超前长大管棚支护，以满足城际铁路和高速铁路对路基沉降的高要求。

(2)桥式盾构施工的注意事项如下：

1)盾构设计与制作：盾构体是框架桥顶推期间路基掘进的临时支护及导向装置，设计时不可违背其中心土平衡原理。盾构长度应不小于框架桥断面总高，宽度大于框架桥断面总宽，主梁间分跨一般为 3～4 m。

2)滑板质量控制：工作坑开挖如采用机械则应保留人工修整层，切忌破坏基底。滑板厚度应结合地基实际承载力考虑，其平整度要满足相关施工规范的要求。不平整的框架桥底板，顶推过程将会不同程度地破坏地基，滑板的任何不足都将给顶进作业埋下隐患。

3)后座：桥式盾构法为保证大型运输车辆出入框架桥，液压油顶均按桥底部两侧布置。后座两侧应力较中部大，故后座设计宽应为桥宽的 1.2 倍以上方能满足宽限要求。

4)严格控制子盾构掘进面的挖土作业，错误的开挖将导致路基沉降量增大。

5)中心土的滞留长度及挖掘量应根据土层性质而定，任何情况下放坡量不得小于 1∶0.5，盾构墩柱两侧均设有剪力墙板，其斜边按 1∶0.75 设置，视土质情况而定，通常应以此标线向前延伸 30～40 cm 长，为中心土掘进控制线。为确保中心土的土压平衡能力，掘进时严禁超挖。

6)盾构为刚性焊接体，在推进中有可能因局部应力集中造成焊缝炸裂，故顶推作业时机械应停止。作业人员不得高声喧哗及发出金属敲击声以利声响判断。另外，高应力顶推易产生强大破坏力，顶推时有条件远离液压装置及传力柱的人员必须撤离，以防意外事故发生。

4. 箱涵顶进双重置换工法

箱涵顶进双重置换工法是一种创新的施工工艺，它根据要设置的箱涵外包尺寸，直接采用全断面矩形管幕来支撑外部载荷。即施工时先采用顶管机将矩形管幕按一定顺序依次逐个顶进，该矩形管幕总的施工横截面与准备设置的箱涵外缘吻合并贯通施工区间全程，然后在矩形管幕后侧设置箱涵，再通过顶进箱涵，推动管幕，之后在接收井内逐节回收矩形管幕。箱涵顶进双重置换施工技术流程如图 2-5-53 所示。

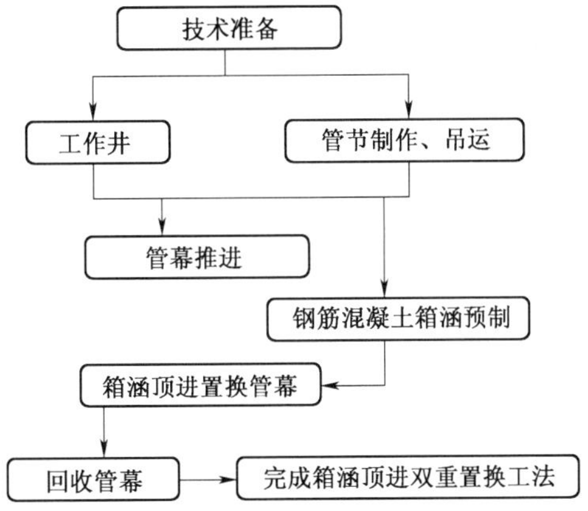

图 2-5-53　箱涵顶进双重置换施工技术主要流程

采用箱涵顶进双重置换工法施工时，其管幕按不同的模数组合可适应不同尺寸的箱涵顶进施工。管幕模数化后，又可将施工设备小型化，从而降低对施工场地要求，实现在有地下室等特殊情况下的地下通道施工；利用减摩钢板还可以防止箱涵上部土体产生背土效应；由于在顶进管幕时，已将箱涵顶进断面上的土体基本全部挖除，已推进管幕完全填充了施工空间，所以在顶进箱涵时，基本上就是以顶进箱涵来置换管幕，不用开挖土体，省去了以往箱涵顶进时还要开挖箱涵前方土体的工序。

因此，与传统的管幕法施工相比，新的箱涵顶进双重置换工法不需要推进箱涵时的切削装置，而且推进阻力减小，降低了对反力装置和推进装置的要求，因而大大减少了设备的投入费用；且由于矩形管幕可回收再用，因此又可减少施工费用，降低工程造价。当然，由于要待一根一根管幕施工完再施工箱涵，如果管幕数量过多的话，施工周期会较长，这对于有一定工期要求的工程就不宜采用。

5.7 顶进施工组织设计

5.7.1 编制说明

1. 编制依据

一般包括：铁路总公司、铁路局现行的铁路营业线施工安全管理办法、实施细则；通过施工图审查后的设计文件；现行的各类施工及验收规范及项目前期的各类会议纪要等。

2. 编制范围

根据施工合同，结合审查后的施工图文件进行具体量化。

3. 工程概况

根据审查后的施工图文件结合现场实际，分别就工程的项目背景、铁路现状、工程规模、工程地质、水文地质、现场周边环境等进行详细叙述。

4. 主要技术标准

根据审查后的施工图文件进行具体描述。一般包括：道路规划红线宽度；路幅布置；道路等级、设计行车速度；荷载标准；通行净空要求及最大设计纵坡等。

5. 编制原则

(1)因地制宜、扬长避短：在施工中充分利用当地的自然资源优势，贯彻经济适用的原则，就地取材、因地制宜，尽量减少临时设施建设及占用临时施工用地。

(2)科学组织安排施工进度计划，组织连续、均衡的施工：对工程总体作业进行科学、综合地判断，优化工程施工进度安排。一方面避免施工不连续，人力、机械等资源利用不足；另一方面，又要防止出现突击赶工的现象。尽可能做到在总的工期内连续、均衡地施工，并使各项工作有秩序、有节奏地进行。

(3)严格遵守施工规范、规程和制度，保证施工安全：在工程施工中，根据各类工程技术规范的要求，制定各项工程的施工控制手段，并编制相应的操作规程、规章制度，确保工程质量和作业安全。特别是工作坑开挖、线路加固、桥涵顶进施工时，应特别注意施工安全，必须确保铁路行车运输和道路交通安全。

5.7.2 工程目标

1. 安全目标

消灭责任一般D类及以上铁路交通事故和程度相当的责任非铁路交通事故，消灭责任从业人员轻伤及以上事故；减少严重影响行车安全事件的发生；控制严重违章作业的发生；提高安全管理综合能力，实现安全年，实现“二消灭、一减少、一控制、一提高”。

2. 质量目标

必须按照设计文件，执行国家、行业现行的施工技术标准及规范，满足国家、行业现行的工程质量验收标准，确保工程一次性验收合格。

牢固树立“百年大计，质量第一”的品牌意识，建立健全质量管理体系和制度以及质量专职监督检查机构和质量监督检查人员。严格质量奖惩制度，对质量事故一查到底，处罚到责任人；主动接受质量监督部门、监理及建设单位的质量监督检查。

3. 工期目标

依据施工合同，结合审查后的施工图文件及工程所处区段的既有铁路运行图资料等，编制工程的总工期和计划的慢行工期。

其中，无缝线路应力放散和电气化立柱调整等应由相应的设备管理单位根据其施工进度向铁路局申请施工计划，实际的慢行施工计划以铁路局运输处下发的月份施工计划为准。施工组织设计中应附具体的施工计划表，包括：无缝线路应力放散；电气化立柱调整；便梁支墩制作、凿除；D型施工便梁的运输、安装、拆卸；桥涵顶进直至既有线路恢复常速。

4. 文明施工目标

按照铁路局文明标准化工地要求，加强现场管理，做到“少破坏、多保护；少扰动、多防护；少污染、多防治”。现场管理整体有条不紊，工程竣工后“料尽场清”。

5.7.3　施工组织机构

1. 项目经理部的组成

一般工程的项目经理部设项目经理1名、项目副经理若干名、项目总工程师1名。项目经理部下可分设：工程技术部、计划经营部、物资设备部、安全质量部、财务部、保障部等。项目经理部对本工程的施工、竣工和修复缺陷全面负责，并与业主、安监、质检、监理、设计等单位密切配合，确保优质高效地完成所承建的工程施工任务。（注：应附“施工组织机构框图”）

2. 项目经理部的责任与权利

项目经理部的责任：在项目经理领导下，运用现代管理方法、手段及先进的科学技术，对本合同段的工程施工全面负责，对项目进行计划、组织、指导、协调、控制，实现项目的安全、质量、工期、环保、成本和现场文明等目标。

项目经理部的权利：对外（如业主、监理及相关部门）处理、安排与本项目有关的事宜；对内组织指挥本项目的生产经营活动，调配、管理本项目的人力、资金、物资、机械设备等生产要素；有权选择内部劳务人员和外部劳务单位，有权选择内部承包方式，在符合上级有关文件规定条件下决定其分配方案和分配形式，按合同和有关规定对进入项目部的人员进行奖惩或辞退。

3. 项目部各部门的职责

工程技术部：负责施工技术管理、工程调度，并设专人密切配合做好征地拆迁、环保等工作，满足工程需要。

计划经营部：负责工程施工计划、统计报表、验工计价及合同管理，确保工程按计划完成。

安全质量部：负责检查、监督工程质量和安全，确保各项工程优良，确保施工安全。

物资设备部：负责调度施工机械设备，保证施工所需机械及时到位，负责设备、材料的采购供应。

财务部：负责工程用款计划，确保工程资金到位，做好工程成本核算。

保障部：负责项目部对内对外的各项协调工作，负责文明工地建设，负责治安消防工作，杜绝火灾、爆炸、盗窃、破坏建设和设施等的重大案件的发生，保证工程施工顺利进行。

4. 作业层的组成

选派技术过硬、作风顽强、具有丰富施工经验的人员参加，并在调往工地前进行严格的安全技术培训，确保人人持证上岗。为确保工程安全、优质、按期地完成施工，根据顶进桥涵工程的特点，项目部下一般可分设：地基加固处理作业队、工作坑支护作业队、框架桥主体工程作业队、引道工程施工作业队及泵房工程施工作业队等。

5.7.4 施工准备

1. 施工前期准备

派遣技术人员立即进场，由项目总工程师牵头，与建设单位联系，收集施工图设计文件及有关施工资料；组织技术人员进行图纸复核及现场核对，认真学习和领会相关技术规范及设计文件，做好施工前的技术准备工作。编制实施性施工组织设计后上报建设单位、监理单位，组织施工方案审查。施工方案经审查通过后，作为指导施工的依据。同时进行施工安全报审，安全报审通过后方可进行施工。另外，必须与各设备管理单位(工务、电务、供电、维管、车务、铁通等)和铁路派出所签订施工安全协议。最后向建设、监理单位申请开工。

2. 施工场地清理

施工人员进驻现场后，立即开始施工场地清理工作。按照设计征地范围清除工地内建筑垃圾、电线杆等空间障碍物；平整施工场地，拟构筑施工道路的地基用压路机压实或人工夯实；积极配合业主迁移管线或拆除构筑物，及时做好施工区域范围内四周的安全围护，同时处理好与当地政府和居民的关系，为主体工程施工创造条件。

3. 施工技术准备

开工前，组织技术人员对全体参建人员进行施工方案、施工方法与工艺、质量、安全保证措施等技术交底，同时对特殊工种的人员进行岗前培训。及时与建设单位、设计单位及监理单位取得联系，办理好设计桩位和水准点的交接工作。

4. 施工队伍准备

本着高效精干、一专多能的原则，选派有丰富营业线施工经验，综合素质高的管理干部、专业技术人员和技术工人投入工程施工中。施工队伍按不同工种、不同工序及进度陆续安排进场，将分别进行专业技能培训和安全文明施工教育，确保特殊工种持证上岗。(注：应附“项目部人员配备表”)

5. 施工材料准备

对工程所需的材料，做好材质、产量调查及询价，签订供货合同；按规定做好材质试验及配合比选定等工作，保证物资计划供应。(注：应附“主要施工材料数量表”)

6. 施工机械准备

根据工程的需要配备性能先进、状态良好、可靠性高的施工机械，同时选调经验丰富的管理人员，选择合适的机械型号参与工程的施工。(注：应附“主要施工机具设备表”)

7. 工地试验准备

配足与工地施工相关的试验检测人员，配合业主及质监部门指定的实验室完成制定严格、完善的试验检测工作制度，指派具有丰富施工经验的工程师负责工程的质量检测工作。(注：应附“主要材料试验、测量、质检仪器设备表”)

8. 临时工程建设

在工作坑及后背四周施工生产营地采取全封闭隔离措施，即凡与居民区交接的工地围墙均采用 30 cm 高的砖墙，上接 1.8 m 高彩色瓦楞钢板围护，形成封闭式施工场地。为防止工地内的污水、泥浆溢出工地，工地围墙外侧地面以上的砖墙用水泥砂浆粉刷；并进行醒目标识，如工程概况牌、施工人员概要牌、安全纪律牌、防火须知牌、卫生须知牌和现场平面布置图等。

9. 文明工地建设

按业主指定的弃土(砟)场弃土，必要时按设计要求进行挡护，修建永久排水设施，平整弃土(砟)场顶面，并填铺一层耕植土植草绿化等，避免弃土流失对环境的污染。施工废水主要有泥污水和少量油污水。其中，泥污水采用沉淀的办法进行处理，油污水采用过滤的办法进行处理，处理后的水可以循环使用或排放。生活垃圾用汽车拉运至指定地点深埋。

10. 通信保证措施

为了便于施工期间通信联络，项目部及作业队有关负责人应配备手机、对讲机等通信设备，构成施工通信网络。关键施工阶段各类通信工具必须保持 24 小时开机，确保信息畅通。(注：应附"项目部通讯录")

11. 施工场地总平面布置

施工场地总平面布置的原则：尽量减少施工用地，使平面布置紧凑合理；考虑组织运输需要，保证运输方便、合理、通畅；尽量减少各工种、工序之间的干扰；充分利用原有建筑物等设施为施工服务，降低临时设施的费用；各生产生活设施应便于工人的生产、生活；满足环保、安全、防火、劳动保护等要求。(注：应附"施工场地总平面布置图")

5.7.5 施工方案

1. 施工准备

配合建设单位做好工程前期的"三通一平"工作，确保工地全封闭施工。在设备管理单位人员现场配合下，做好地下管线的挖探和迁改工作。配合地方管线设备管理单位，做好电缆、光缆的探明及迁改工作。

2. 项目施工方案

顶进桥涵的主要施工内容包括：工作坑支护加固、开挖及降排水；地基加固处理；既有线路加固；滑床板、后背梁、润滑层的制作；箱身结构的浇筑；箱身顶进；引道工程、排水泵站工程及其他附属工程等。上述工程内容应结合工程现场实际，依据国家及行业现行的施工技术标准及规范等，编制具体的实施方案，具体的施工工艺可参阅相关的施工手册。

5.7.6 安全、质量、工期保证体系及措施

依据现行的铁路营业线施工安全管理办法、实施细则，结合工程现场实际，编制具体的安全、质量、工期保证体系及措施。

5.7.7 季节性施工措施

结合工程施工的具体情况，可编制冬季施工措施、夏季施工错、雨季施工措施及防汛抗台措施等。

5.7.8 工程应急预案

1. 成立应急领导小组

应急领导小组中留守工地值班的人员不得少于 4 人，并保证手机 24 小时开机。(注：应附

“应急领导小组成员表”)

2. 应急工、料、机准备

人工:工地常驻人员不少于40人(其中,应含电工1名,挖掘机司机1名,起道机手4名,汽车司机2名)。

材料:枕木、草袋、钢轨桩、硬木板、道砟、响墩、火炬、红黄旗、手提信号灯、土箕、铁锹、三齿耙等应备置若干。

机具:发电机组及电箱线路、照明小太阳灯、内燃捣固棒、挖掘机、千斤顶、油压起道机、油压拨道机、道尺、汽车、轨温计、水泵及水管等若干。

上述备料应由应急领导小组定期检查并记录,根据不同时期应适当增加或减少备料,做到紧急情况发生时急而不乱,在最短的时间内处理紧急情况,确保铁路行车安全。

3. 专项应急方案

顶进桥涵施工中,一般应编制如下的专项应急方案:工作坑边坡失稳、便梁支墩变形、轨道电路短路、钢轨折断、管线损坏、人身伤害事故、火灾应急、自然灾害(洪水、台风、雷暴、暴雪等)。

5.7.9 文明施工措施

文明施工是一个施工企业管理水平的标志,是工程顺利进展的保证,并直接影响着企业的整体形象。为此应建立文明施工的管理体系,全面负责施工现场的文明。实行“责、权、利”相结合,责任落实到人,使整个施工现场有一个干净整齐的工作环境,争创文明施工单位。

施工现场周围设置文明施工标语和施工标语牌。施工场地干净整齐。材料、机具、分类堆放整齐,各类生活设施齐全。每日应对文明施工进行检查,发现问题及时纠正整改,记录在案。

搞好工地内的饮水卫生和灭除害虫工作,杜绝传染病的发生。做好办公室、宿舍、食堂、厕所的清扫工作,让广大施工人员有一个干净的生活环境。利用黑板报、录像等做好文明施工的宣传工作,提高职工的文明意识。开展文明施工现场竞赛活动,规范现场管理。建立奖惩制度,对管理好的部门进行奖励,不好的部门进行处罚。

施工现场必须设置“五牌一图”(施工现场总平面布置图、工程概况牌、安全生产六大纪律牌和安全技术措施牌、安全生产记录牌、防火责任牌)。

开工前,与工程所在地的街道、城管、派出所召开专题招呼会,介绍工程概况、施工安排、施工组织等情况,争取各单位及群众的支持,配合谅解。严格按规范施工,全面推行现场施工标准化作业。施工便道,要经常洒水,防止尘土飞扬;各工点严格执行“工完场清”制度。

施工中如发现古文化遗址、文物等,应立即停止施工,保护好现场,积极与业主及有关文物研究所取得联系,并大力配合,妥善处理后再进行施工。

5.7.10 资料管理措施

为了确保工程的声像材料的质量,实现客观地记录工程建设每一环节,认真做好工程的录像、照片的拍摄、收集、归档工作及竣工文件的编制。按照《建设工程文件归档整理规范》收集整理工程资料,桥涵工程施工质量验收应划分为单位工程、分部工程、分项工程和检验批。

1. 开工前的必备条件

(1)做好对作业人员的三级教育安全培训并登记在册。

(2)合格供应商资质的落实及报审。

(3)主要原材料、成品、半成品的取样复试和质保单的收集。

(4)主要机械设备的进场及主要人员操作的报审。

(5)测量设备的检测报审及临时水准点、基准轴线和控制点的放样复测报审。

(6)施工组织设计及开工报告的报审。

2. 单位工程资料

包括单位工程质量验收记录表、单位工程质量控制资料核查表、单位工程安全和功能检验资料核查及主要功能抽查记录表、单位工程观感质量检查记录表等。

3. 分部工程资料

包括明挖基础分部工程质量验收记录表、顶进涵分部工程质量验收记录表、端翼墙及附属工程分部工程质量验收记录表等。

4. 分项工程资料

包括基坑分项工程质量验收记录表、混凝土分项工程质量验收记录表、钢筋分项工程记录表、模板分项工程质量、顶进分项工程质量验收记录表、防水层分项工程质量验收记录表、沉降缝分项工程质量验收记录表、栏杆、电缆槽分项工程质量验收记录表等。

5. 检验批工程资料

根据分项工程所检查的内容既包括原材料、构配件和设备的合格证和其他质量证明文件，又包括施工过程中的自检、交接检验记录、隐蔽工程验收记录以及各种检验、检测报告。

第 6 章 铁路桥梁改造与加固

本章仅介绍铁路圬工桥梁的梁、拱及墩台的加固与改造技术，不介绍支座、桥面等部分。由于铁路钢桥的结构型式非常复杂，本章不做介绍。

6.1 铁路桥梁改造与加固的适用情形

圬工梁、拱及墩台应具有要求的强度、刚度、抗渗性、耐久性和整体稳定性，并经常保持状态良好。如发现下列情况，应及时处理：

（1）防排水设施失效，梁体表面泛白浆。

（2）混凝土保护层中性化大于 25 mm。

（3）钢筋混凝土梁沿主筋裂纹流锈水。

（4）混凝土梁碱—集料反应导致梁体产生裂纹。

（5）圬工梁、拱及墩台恒载裂缝宽度大于表 2-6-1 规定的限值。

表 2-6-1 圬工梁、拱及墩台恒载裂缝宽度限值

<table>
<tr><th>梁 类 别</th><th colspan="2">裂 缝 部 位</th><th>最大裂缝限值(mm)</th></tr>
<tr><td rowspan="3">预应力混凝土梁</td><td rowspan="3">梁体</td><td>下缘竖向及腹板主拉应力方向</td><td>不允许</td></tr>
<tr><td>纵向及斜向</td><td>0.2</td></tr>
<tr><td>横隔板</td><td>0.3</td></tr>
<tr><td rowspan="2">钢筋混凝土梁及框构</td><td colspan="2">主筋附近竖向</td><td>0.25</td></tr>
<tr><td colspan="2">腹板竖向及斜向</td><td>0.3</td></tr>
<tr><td rowspan="2">石拱、混凝土拱</td><td colspan="2">拱圈横向及斜向</td><td>0.3</td></tr>
<tr><td colspan="2">拱圈纵向</td><td>0.5</td></tr>
<tr><td rowspan="5">墩 台</td><td colspan="2">顶 帽</td><td>0.3</td></tr>
<tr><td rowspan="3">墩身</td><td>经常受侵蚀性环境水影响</td><td>有筋 0.2，无筋 0.30</td></tr>
<tr><td>常年有水但无侵蚀性</td><td>有筋 0.25，无筋 0.35</td></tr>
<tr><td>干沟或季节性有水河流</td><td>0.4</td></tr>
<tr><td colspan="2">有冻结作用部分</td><td>0.2</td></tr>
</table>

（6）预应力混凝土梁跨中道砟厚度不足 20 cm。

（7）相邻跨梁端或梁端与桥台胸墙间顶紧，或相邻跨人行道栏杆顶紧，影响梁跨自由伸缩。

（8）意外事故造成梁体或墩台混凝土局部溃碎或钢筋变形、折断。

圬工梁、拱及墩台严重裂损，可采用修补、灌浆、表面封闭、加固等办法处理。墩台发生倾斜、下沉、冻害等病害，可采用地基加固、加深或扩大基础、台后换填、卸载等办法处理。对于病害严重、危及行车安全、整治处理不经济的梁拱及墩台，应进行更换或改建。

更换或改建的混凝土梁或预应力混凝土梁跨宜采用整体结构，不得采用无联结的双主梁、多主梁结构。预应力混凝土桥跨结构的混凝土强度等级不应低于 C40，钢筋混凝土桥跨结构的混凝土强度等级不应低于 C30。预应力及钢筋混凝土梁采用的钢材应符合国家有关标准。既有无砟无枕、无砟有枕小跨度结合梁，应根据实际情况进行逐步更换或改造；横向无连接的混凝土并置梁应逐步增设横向连接。

墩台上相邻钢筋混凝土梁间、梁端与墩台挡砟墙间的间距，应能保证梁体自由伸缩，一般梁跨小于等于 16 m 时为 6 cm，梁跨大于 16 m 时为 10 cm。梁端及两片主梁中间的缝隙均应设有挡砟盖板，防止道砟流失。拱桥跨度大于 10 m 的混凝土边墙或跨度大于 15 m 的石砌边墙，应在拱脚附近设置温度伸缩缝，相邻孔的拱上刚架及刚架与墩台间也应设伸缩缝，缝宽一般为 1.0～2.0 cm。

桥面及梁端应加强防排水设施。桥面排水坡应不小于 2%，泄水管内径不宜小于 15 cm，泄水管向下设置，出水端须伸出梁体不少于 15 cm。泄水管顶端应采取可靠的防渗漏措施。道砟槽板内、外侧下缘宜设置通长滴水檐（槽）。框构桥涵顶面应沿轴向设置人字形排水坡，雨水不应排向路基内。

圬工梁拱、框构桥及桥台顶面可能被积水渗入的处所，均应铺设防水层。若发现与圬工体表面有湿润渗水、流锈水白浆时，应查明防水层状态，如有破损应进行修理，必要时予以更换或增设。防水层应采用耐久性好的新型材料和 C40 级纤维混凝土保护层，厚度不小于 4 cm。

桥墩台受船、筏、漂流物撞击、磨损或受冰压力等作用时，不宜采用空心墩。墩台承受船只或排筏的撞击力可按下式估算：

$$F = \gamma v \sin\alpha \sqrt{\frac{W}{C_1 + C_2}} \tag{2-6-1}$$

式中　F——撞击力（kN）；

γ——动能折减系数，当船只或排筏斜向撞击墩台（指船只或排筏驶近方向与撞击点处墩台面法线方向不一致）时，可采用 0.2，正向撞击时，可采用 0.3；

v——船只或排筏撞击墩台时的速度（m/s），此项速度对于船只采用航运部门提供的数据，对于自放排筏则采用水流速度；

α——船只（或排筏）驶近方向与墩台撞击的夹角；

W——船只（或排筏）的重量（kN）；

C_1+C_2——船只或排筏的弹性变形系数和墩台圬工的弹性变形系数（m/kN），缺乏资料时，一般假定为 0.000 5 m/kN。

桥墩有可能受到汽车撞击且影响行车安全时，应对桥墩采取加固等措施。

桥涵结构中的混凝土、石料及其砌筑用的水泥砂浆的最低强度等级和使用范围应符合表 2-6-2 的规定。

表 2-6-2　混凝土和石砌圬工使用范围

圬工种类	最低强度等级			使用范围
	水泥砂浆	石料	混凝土	
片石砌体	M10	MU50	—	涵洞的翼墙及其基础
		MU30		沉井填心，拱桥填腹及铺砌防护工程
块石砌体		MU50		拱涵的拱圈
粗料石砌体		MU60		拱桥和拱涵的拱圈

续上表

圬工种类	最低强度等级			使用范围
	水泥砂浆	石料	混凝土	
混凝土块砌体	M20	—	C30	拱桥及涵洞的拱圈、帽石
			C30	桥墩台身
			C25	桥墩台基础
			C20	涵洞的边墙、端墙、翼墙、基础
混凝土	—	—	C30	拱桥及涵洞的拱圈、帽石
			C30	桥墩台身
			C25	桥墩台基础
			C15	涵洞的边墙、端墙、翼墙、基础

在寒冷地区采用石砌体时，主体工程所用石料应符合抗冻试验要求。

严寒地区，宜采用整体灌筑混凝土墩台，其混凝土强度等级不应低于C30。对于涵洞的帽石、翼墙及其基础，如采用砌体，其水泥砂浆等级不应低于M20，并应做好勾缝。

石砌体应采用不易风化的石料。处于浸水和潮湿地区的石砌体，主体工程用石料的软化系数应不低于0.8。

位于水库、江河中的桥梁，其墩台不足以承受冰压力时，应在冬季结冰期进行破冰工作。

6.2 桥梁加固改造的技术途径

6.2.1 旧桥的维修、整治及加固与技术改造

(1)凡是需要进行维修、检测、加固及技术改造的桥梁，都可认为是“旧桥”。在一般情况下，旧桥不外乎要解决三大问题：维修、整治、加固和技术改造。

1)维修。旧桥正常维护和修缮工作内容包括：常规的排、堵、防水设施维修，桥面伸缩缝中的异物清理、破损围栏的修复，支座的防护等。

2)整治。对桥梁(不影响桥梁受力的构件部位)常见的缺损和缺陷进行整治和处理，如：桥面铺装层、防水设施、轻微的结构破碎等的常规维护和修复工作。

3)桥梁加固与技术改造。对桥梁构件补强、改善结构性能，提高桥梁的承载能力和通行能力，延长桥梁的使用寿命，以满足铁路运输的要求。桥梁维修加固和改造一般分为永久性加固和临时性加固，前者加固的结构需要长期的保留在桥梁的结构之中；后者是为了通行超重车而采用的临时性加固措施。

(2)旧桥加固与技术改造的主要工作内容：

1)加固与技术改造。

①桥梁上部结构加固。

②桥梁下部结构加固。

③桥梁基础处理。

④提升桥梁上部结构。

⑤更换桥梁结构。

2)桥梁维护、整治。

①桥梁结构维修和保养。主要包括:排水系统处理;裂缝、剥落、缺角、钢筋外露处理(在不影响桥梁承载力情况下);支座维护处理;防锈、防腐处理。

②桥梁的定期检查。

③桥梁技术资料的管理和保存。

6.2.2 目前桥梁加固改造的技术途径

桥梁加固一般是指:通过对结构的补强和结构的性能改善,以恢复或提高现有桥梁的承载能力,延长其使用寿命,以适应铁路运输的要求。目前,国内外对桥梁进行加固改造的技术途径主要有以下五种:

1. 加强薄弱构件

在桥梁上,对于有严重缺陷的部位,如:梁桥的跨中部位、支座部位、承受负弯矩的部位;拱桥的拱顶、拱脚、1/4 拱跨部位;以及其他变截面处等,应采取加强措施。在桥梁结构中,特别要注意的是:桥梁的薄弱处一般在受拉区范围内,受压区的情况则比较少。所以,对于薄弱处补强方法,往往采用喷射混凝土、粘贴钢板、玻璃钢,增大主梁或主拱圈截面的方法,增加其强度,以及采用高等强度混凝土或环氧混凝土砂浆封填裂缝,增设预应力钢筋或粘贴附加构件对缺陷进行处理。

2. 增加辅助构件

在桥梁承载力不足或因为某种原因致使桥梁遭受破损时,可以在原有的结构上增加新的受力构件,如:梁桥中增设主梁、横隔梁;简支梁之间加设辅助构件,使其成为连续梁的工作状态;梁下部采用八字支撑方式,增加跨孔改变受力状态;拱桥中采用梁式结构替代回填料等。特别注意的是:在更换原有结构上的有严重缺陷、又不能修复的构件时,必须设置足够的临时支撑,或采取可靠的措施,以保证整个结构在施工中的安全。

3. 改变结构体系

根据桥梁的实际状况,采用梁式结构改为拱式结构,拱式结构改为梁式结构,简支梁改为连续梁,单跨结构改为多跨结构,增加支点,铰接支撑改为刚性连接等,通过这些手段达到改善结构薄弱处的受力状态,提高整体桥梁的承载能力。

4. 减轻恒载

减轻桥梁上部结构的恒载,改善原桥梁的受力状态,提高桥梁的承载能力,特别是在桥梁基础承载力受到限制,不能满足加固上部结构和提高活载承载力时,通过减轻桥梁恒载的办法来提高承受活载的能力,是一种经济有效的措施。如:将实腹式拱桥改建为空腹式拱桥,或更换拱上填料的办法,对提高拱桥承载力,具有十分显著的效果。

5. 加固桥墩、台及基础

在桥梁结构中,有相当的一些缺陷是由桥梁墩、台和基础的病害引起的,因此,需要对其进行加固处理。通常采用的办法是:用钢筋混凝土套箍并施加外部预应力加固墩身。对于基础加固,则常采用加桩法和扩大基础法进行处理。

6.3 桥梁常见的缺陷、病害及其成因

面对国民经济现代化建设的需要,交通运输任务日益繁重,交通量剧增,行车荷载加大。

由于过去设计受到时代限制以及施工材料的局限性，随着桥梁负荷日益加重，桥梁结构显现出各种各样的缺陷。随着时间的推移，桥梁病害不断扩展，桥梁维修、加固和改造工作，已成为一项重要而长期的任务。因此，了解和掌握桥梁常见的缺陷和病害及其成因，以便于对桥梁的维修、养护、加固和改造进行分析和研究。

6.3.1 桥梁承载能力不足

造成桥梁承载能力不足的原因归纳起来主要有以下几个方面：

1. 设计原因

设计上存在的问题主要是：结构不合理、计算错误、施工图不完善。

(1)结构不合理。桥梁设计方案的选择，是由当地的水文地质条件、施工技术和方法、经济指标和使用要求等诸多因素所决定的。这里涉及到桥梁结构形式、构件的施工方式、桥梁截面形式，还有桥梁跨径的划分或墩高的处理等，如果这些结构选择或布局不合理，都会使桥梁在运营过程中出现各种缺陷。

(2)计算错误。在桥梁设计计算中，由于计算错误等原因，可能会给桥梁带来先天不足问题。例如：在预应力混凝土构件的二次应力、干燥收缩、徐变、拱桥卸载问题等计算时，由于设计人员的技术水平不高、经验不足、错误套用规范，或对特殊部位的处理不当，都会给桥梁的后期运营埋下隐患。

(3)施工图纸不完善。施工图不完善，主要表现在一些结构的细致部位，例如：钢筋的接头、钢筋布置等细节标注不清楚，使得在施工中出现把接头安置在弯矩最大处的不正确做法，支座钢筋预埋深度不足等，这些都会成为日后发生缺陷的因素。

2. 施工原因

施工是设计的实现过程，设计正确与否，是否完善，在施工中都会得到检验。同时，施工质量的优劣，也将影响桥梁的整体性能。在桥梁建设中，尽管设计正确，但施工方法不当，施工质量控制不严，施工过程中遇到一些非预见性灾害，如洪水、地震等，也常常会导致桥梁承载能力降低，不能达到设计的预期目的。

由于施工原因，致使桥梁承载能力不足，具体体现在有以下几个方面：

(1)材料质量问题。施工中所使用的水泥、砂、钢筋、预应力筋、预应力钢绞线等材料，其质量达不到规定要求，是导致桥梁结构产生各种质量缺陷的内在因素。

(2)施工质量问题。在铁路桥梁施工过程中，由于工种工序多，加之现场施工，每位施工人员往往要担负多方面的工作，如钢筋工、起重工、架子工和混凝土工等，稍有疏忽，就会出错，就有可能使结构产生缺陷。

(3)施工中的质量事故。由于施工方法不当、施工质量控制不严，在施工过程中遇到非预见性的灾害，往往影响到工程质量，导致桥梁的承载能力下降。

3. 外界因素

主要包括：历史的局限性、设计规范不完善；铁路提速、轴重增加、行车密度增大；桥梁基础附近非法采砂或堆积大吨位的物件；桥梁跨越公路或城市道路时，桥墩受到汽车交通事故的撞击；桥梁跨越江河湖海时，桥墩受到轮船碰撞事故中的撞击；地震、洪水的破坏；环境恶劣、化学腐蚀；周边出现不均匀沉降等。这些外界因素都可能使桥梁承载能力下降。

6.3.2 桥梁裂缝

裂缝是桥梁最常见的缺陷和主要病害，而病害往往是从裂缝形成而始，裂缝是结构变形的结果，是桥梁状况的外在表现。因此，重视裂缝研究，找出裂缝产生的原因，对于桥梁维修和加固有着重要的意义。

1. 裂缝的类型

裂缝形式多种多样，大致可归纳为：表面裂缝、贯穿裂缝、深层裂缝、纵向裂缝、横向裂缝、对角线裂缝、斜向裂缝、上宽下窄、下宽上窄、枣核形裂缝等。根据其危害性，具体可分为以下三种类型。

(1)贯穿裂缝。裂缝延伸至整个结构断面，将结构分离，破坏了结构的整体性。

原因：当结构受拉、弯曲受拉、偏心受拉时，导致结构表面开裂，从而形成了贯穿裂缝。大体积混凝土的水化热形成的裂缝，多为贯穿性裂缝。

对于贯穿性裂缝，必须采取措施，防止结构进一步恶化。

(2)深层裂缝。裂缝延至结构深层，危害着结构整体性能。

原因：结构老化；结构的不规则变化、约束；混凝土等级低、配筋不当。

当受到超重荷载、地震、冲击突然作用，裂缝会向深层延伸。

(3)表面裂缝。在结构表面浅层上，出现的龟纹状裂缝、竖向裂缝、水平裂缝和干缩裂缝等，称表面裂缝。这种裂缝常常是因为混凝土等级低、施工方法不当、养护不到位等原因而致。

2. 桥梁结构常见裂缝及裂缝形式

(1)梁式结构裂缝。

1)梁(板)受拉区出现弯曲裂缝。

①位置和方向。

a. 弯曲裂缝出现在梁的侧面，从梁底向上开裂，并与主钢筋垂直；在长裂缝之间，往往夹着数根短裂缝，如图 2-6-1 所示。

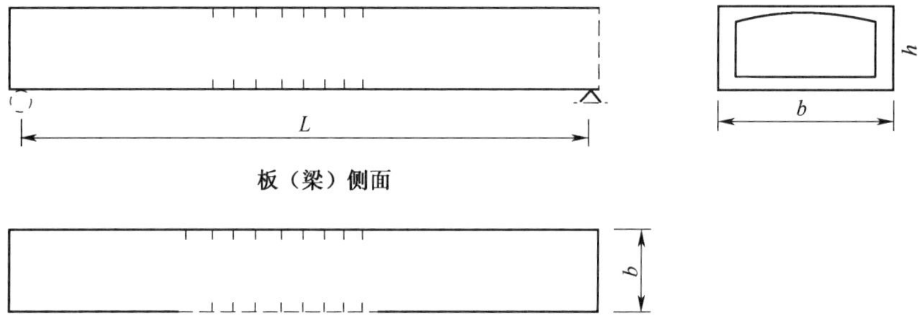

图 2-6-1　梁(板)受拉区的弯曲裂缝

b. 梁底面出现的弯曲裂缝，时常垂直于主钢筋。

②裂缝的性质。当梁(板)受荷时，已有裂缝的长度会缓慢地延长，缝宽也会变宽，同时，又会出现一些新的短裂缝；卸载时，裂缝一般可恢复原状。这样的裂缝是属于弹性范围的裂缝，其性质比较稳定。但是，有个别裂缝为深层裂缝，也有部分贯穿裂缝。

2)沿梁腹板梁高度上的表面裂缝。常见于 T 型梁的腹板侧面上，在半梁高度处常出现枣核形裂缝，间距无规律。

位置和方向：腹板裂缝，常出现在梁的跨中，并垂直于主钢筋；在支座到 1/4 跨径之间，裂缝与主钢筋形成 60°斜角。

原因:混凝土质量不均匀,在受到较大荷载,易沿腹板产生表面裂缝。这种类型的裂缝,最大宽度一般变化不大,但是,容易与受拉区裂缝相连接,如图 2-6-2 所示。

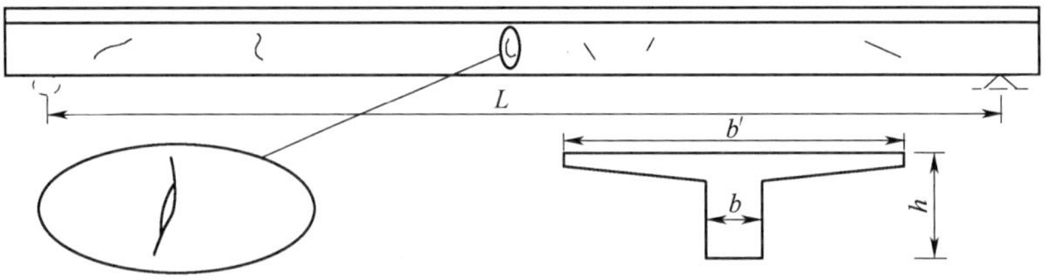

图 2-6-2 梁腹板板梁高处的表面裂缝

3)梁腹板的斜裂缝。斜裂缝常见于跨径大于 10 m 的钢筋混凝土梁桥。

位置和方向:斜裂缝常发生在支座到 1/4 跨径之间,出现在梁的侧面,并与梁形成 45°～60°左右的夹角。

原因:梁在弯剪力作用下,在 0～$L/4$ 区域产生的主拉应力,超过了该部位的材料抗拉强度。随着荷载增加,斜裂缝也逐渐增大。在 0～$L/4$ 梁段内,外力主要以剪力形式出现,因此,裂缝形成角度大于 45°;随着弯矩增加,梁腹板在剪-弯作用下,发生剪-弯裂缝,裂缝则与梁纵向成为 30°～45°角,裂缝条数为 1～2 条。这种裂缝的发生过程:先出现垂直于梁轴的弯曲裂缝,再发生倾斜裂缝,如图 2-6-3 所示。

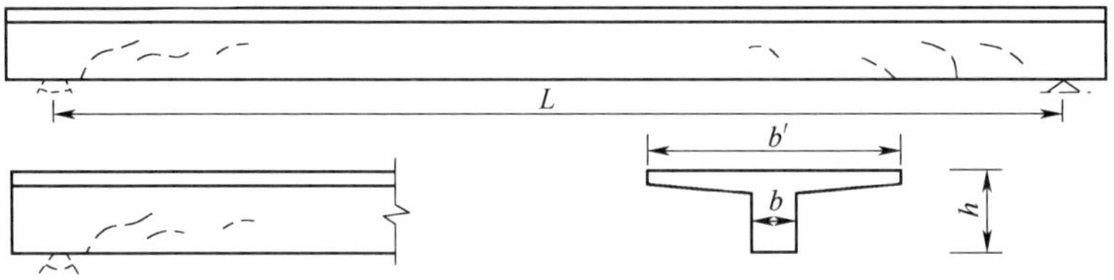

图 2-6-3 梁腹板斜裂缝

4)梁(板)结构的主筋部分水平纵向裂缝。

位置和方向:在主筋位置附近,沿着主筋延伸方向,出现的水平纵向裂缝;裂缝严重时其长度可达半跨。伴随着裂缝扩展,混凝土保护层剥离,钢筋外露而锈蚀。

原因:这种裂缝产生的原因比较复杂,可以是混凝土先出现裂缝,引起钢筋的锈蚀;也可能是钢筋锈蚀膨胀引起混凝土开裂。发生这种病害往往是由于施工质量较差,保护层过薄;混凝土内的添加剂过量,导致混凝土碳化、钢筋锈蚀胀裂混凝土。

5)混凝土梁上的网状裂缝。

位置和方向:混凝土梁上网状裂缝没有规律。

原因:混凝土所受外界不均匀的非荷载作用所致。

6)梁体支座处裂缝。

位置与方向:在简支梁支座的垫板处的梁体上,支座上的垫板与混凝土交界处,时常发生斜向裂缝。这种裂缝往往只有一两条大缝,如图 2-6-4 所示。

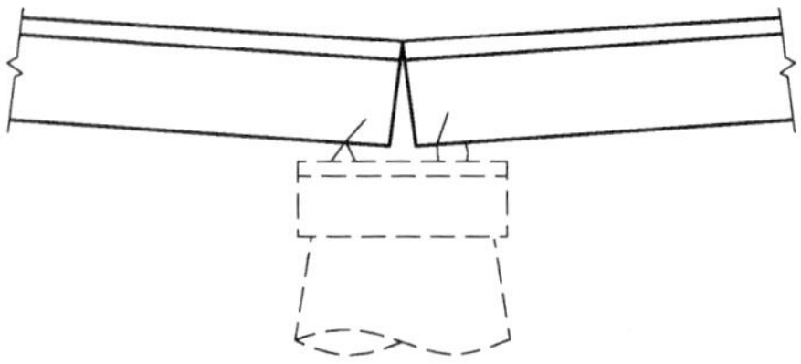

图 2-6-4 梁体在钢板支座处的裂缝

原因:桥墩发生不均匀沉降、歪斜;局部混凝土承压力不够;支座倾斜或者活动支座失灵等。

(2)拱式结构裂缝。

1)跨中部位的裂缝。

位置与方向:在跨中 2～3 m 范围内,或 1/4～ 3/4 范围内,从拱肋(板)底部下边缘向上延伸。

原因:拱圈截面太薄,正弯矩作用导致拱肋(板)下缘开裂;桥(墩)台水平位移;施工时吊装不当。

2)拱脚附近径向裂缝。

位置与方向:拱座与拱脚之间交接处,时常发生 1～2 条较宽的裂缝,从上缘向下发展。

原因:拱圈截面太薄,负弯矩大;桥台产生水平位移,负弯矩增加;拱肋、拱扳或者各个箱形肋连接处的混凝土处理不当、收缩大等,如图 2-6-5 所示。

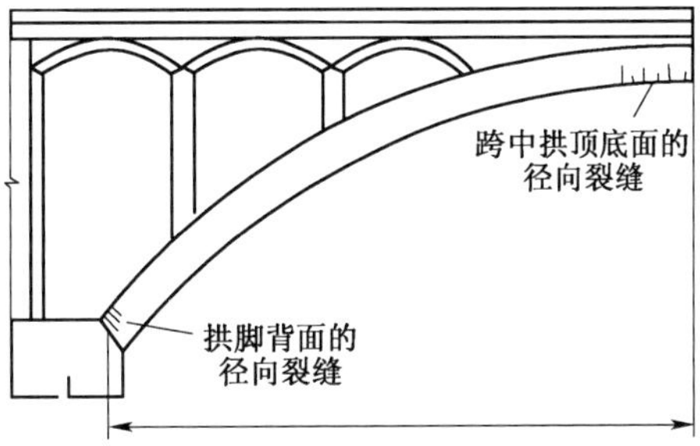

图 2-6-5　拱圈跨中和拱脚径向裂缝

3)双曲拱拱波纵向裂缝。这类桥梁多建于 20 世纪六七十年代。

位置与方向:在主拱圈的拱波顶上,裂缝沿跨径方向延伸,在桥宽方向往往有数条裂缝。

原因:主拱圈横向刚度不够,使主拱圈产生横向位移和连拱效应;拱板顶部浇筑的混凝土收缩大而引起开裂,如图 2-6-6 所示。

4)双曲拱桥的拱肋与拱波结合面的裂缝。

位置与方向:拱肋与拱波交界处沿桥跨方向的裂缝。

原因:未设专门的结合设施或者采取措施,拱波过于单薄,拱肋与拱波之间也存在施工缝,桥台发生水平位移,使肋和波之间的结合面剪力、拉力增大,导致裂缝产生;拱波坐浆不良;拱波脚的斜面脚较大;砂浆质量差,含水量较大,沿肋波结合面形成裂缝,如图 2-6-7 所示。

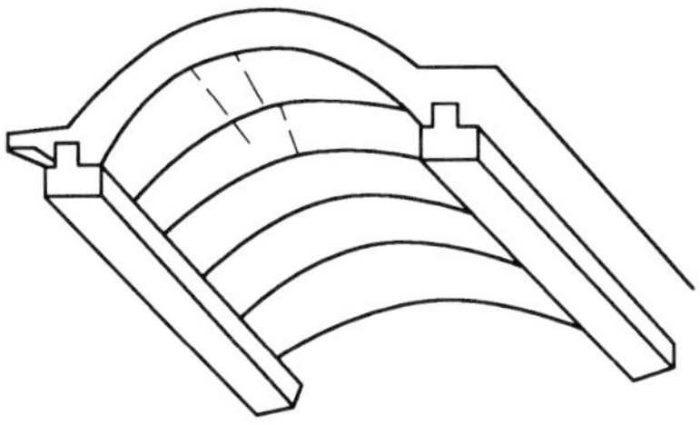
图 2-6-6　拱波顶纵向裂缝

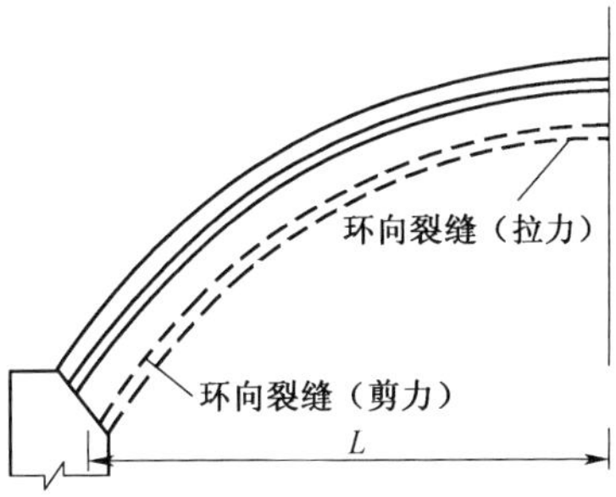

图 2-6-7　拱肋与拱波结合面的环缝

5)拱上建筑裂缝。

位置与方向:

①腹拱开裂,腹拱分为重力式型腹拱和轻型腹拱。重力式型腹拱(圆弧形拱)裂缝,大多数在单位长度的块件处开裂,往往发生在拱脚和拱顶;在短墩腹拱或者靠近跨中实腹段,一般在腹拱墩处发生开裂,而且第一个腹拱裂缝为多见。轻型腹拱以双曲拱为例,裂缝出现在拱顶、拱波、拱脚以及结合缝等处。

②立柱开裂:常见于盖梁与立柱连接处、盖梁与柱座交接处等。

③侧墙及其他：侧墙体开裂、侧墙与主拱圈脱开。

原因：侧墙与主拱圈共同承重，引起变形导致开裂；填料膨胀，防水性能失效；桥台位移；大气温度引起整体拱圈变形等。

6.3.3 墩台及其他病害

1. 桥梁墩台缺陷及病害

桥梁墩台位于桥梁上部结构和基础之间，它关系到桥跨结构在平面和高程上的位置。墩台结构将上部结构的荷载传递给基础；桥台使桥梁与路堤相连接，并承受桥头填土的水平土压力，起着挡土墙的作用；桥墩则将相邻两孔的桥跨结构连接起来。因此，桥梁上部结构及基础以下结构的变化，都将会对墩台产生影响和损坏。桥墩的强度和稳定性在很大程度上也决定了桥梁的耐久性。墩台承载能力不足，或出现沉降、倾斜、位移及转动，将会使其上部结构损坏，严重时会导致整座桥梁的坍塌。多数桥梁的墩台是由砌石砌体、混凝土和钢筋混凝土构件组成，它的缺陷与病害主要是承载能力不足、沉降、倾斜、易动、转动及开裂等。而裂缝又是这些病害的主要表现形式。

(1)裂缝。

1)网状裂缝(图 2-6-8)：多出现在桥墩的向阳面，水位线以上；裂缝宽度 0.1～1 mm，深度 1～1.5 cm 不等。

原因：混凝土内部水化热、外部温差、日照影响产生的温度拉应力、混凝土干缩，是墩台向阳面产生裂缝的主要原因。

2)墩台竖直裂缝，多为下宽上窄状况；系基础不均匀沉陷所致，如图 2-6-9 所示。

墩台水平裂缝，呈水平层状，多为混凝土接缝不良所致，如图 2-6-10 所示。

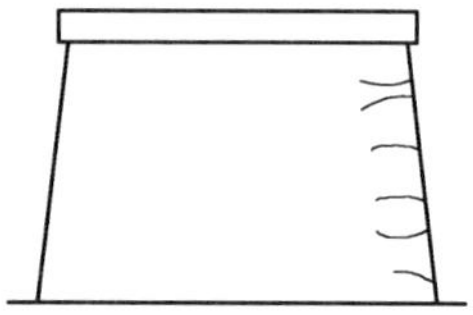

图 2-6-8 桥梁墩台网状裂缝

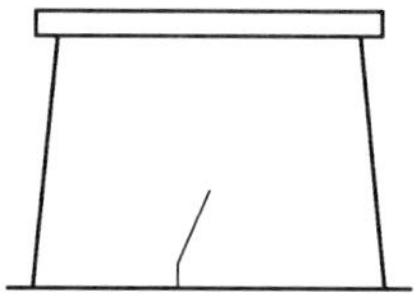

图 2-6-9 桥墩台竖直裂缝图

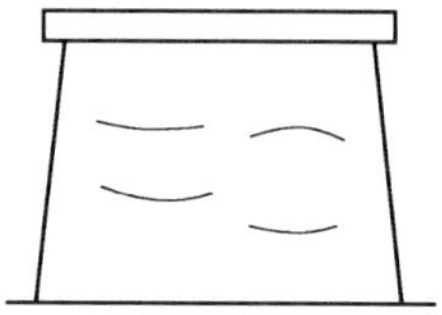

图 2-6-10 桥墩水平裂缝

3)桥台侧墙、前胸、翼墙开裂(图 2-6-11)，其原因是：填土、胀冻或地基承载力不足，引起墩台下沉或外倾，而致其开裂。

支承垫石从上向下发展的裂缝，其发生的原因：支承处钢筋不足，当受到荷载的冲击时，诱发出这种病害，如图 2-6-12 所示。

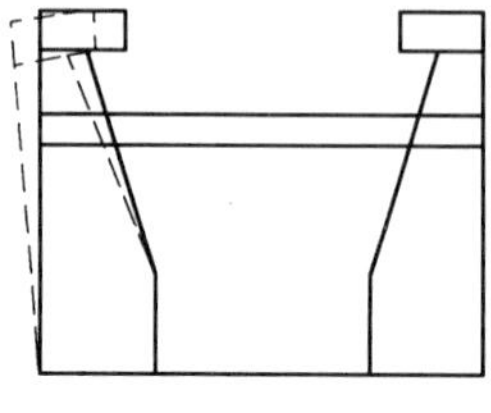

图 2-6-11 桥台侧墙、前胸、翼墙开裂

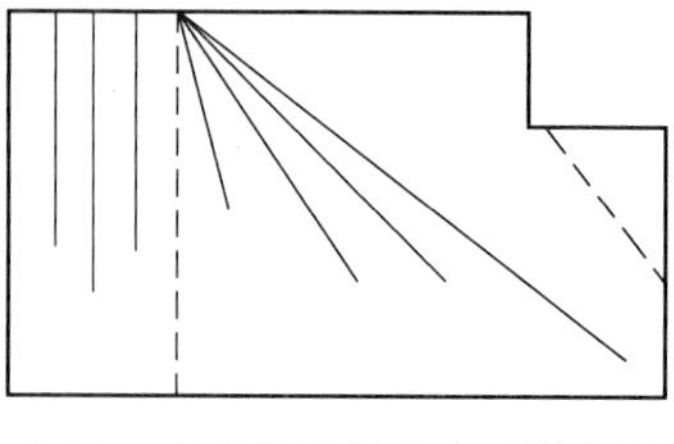

图 2-6-12 支承垫石从上向下发展的裂缝

4)在桥墩、台帽顺桥轴线上，易出现横贯桥墩台帽的裂缝，是由于局部应力集中所致。如图 2-6-13 所示。

5)裂缝由桥墩顶帽上施工预留孔开始,向两侧和下方延伸。实际上是相同部位混凝土特性的不稳定、混凝土内在质量变异,易引起混凝土毛细裂缝加宽;加之在气候寒冷地区,雪水渗入其中,水冰反复作用,早先发生的毛细裂缝逐渐变宽、变深,最后形成破坏。如图2-6-14所示。

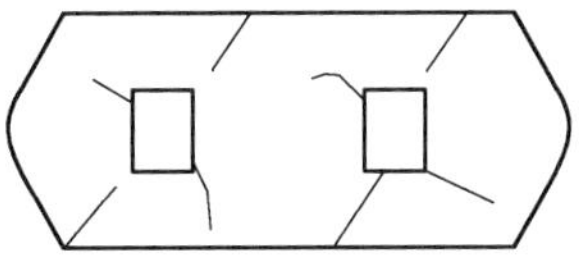

图2-6-13　桥墩台帽顺桥轴线横贯桥墩帽的裂缝

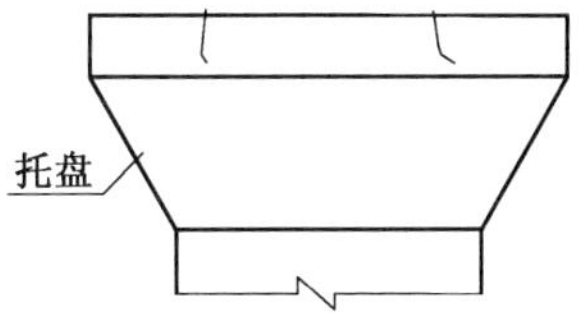

图2-6-14　桥墩台帽竖向裂缝

(2)撞击破坏。桥梁墩台在船只、漂流物的碰撞下,或跨线桥墩受到车辆的撞击下,墩台会产生局部破坏,混凝土会产生剥离与脱落。

(3)砌石墩台结构损坏。石砌墩台的表面损坏,主要表现为抹灰层、勾缝脱落,砌体表面麻面、起皮、起鼓、粉化、剥落等,逐渐向深处发展,也可造成内部材料质量变质、酥化,使强度降低。石砌体构件受力不均、基础沉降不均、受热不均及外界因素的影响,是造成砌缝脱落的主要因素。

石砌体或钢筋混凝土墩台,常年受到干燥、潮湿、寒暑、冻结冰融等气候条件的影响,还受到水、海水、工业废水、废气、酸、碱、热源等作用,这是产生裂缝、砌体剥落、钢筋锈蚀等病害的主要因素。

总之,桥梁墩(台)身的主要缺陷有:裂缝、剥落、空洞、钢筋外露和锈蚀、材料老化、结构变形或位移,久而久之,如不及时维修或加固,小病害酿成大病害,逐步失去其使用功能。

2. 墩台基础病害

(1)基础沉降和不均匀沉降。桥梁墩台深基础,一般来说,不是嵌入岩层中,就是深入到地层深层。深基础其所出现的沉降或位移,在施工过程逐渐发生,经1～2年使用后开始稳定,除地震、滑坡等作用外,其强度、变形和稳定性都能满足工程要求。

浅基础埋设浅、结构简单、施工方便、造价较低,是建筑物最为常见的基础形式。在软土地基上的浅基础随着地基被压密,往往出现沉降,特别是不均匀沉降,对桥梁结构来说,这是极其危险的,应加以观察、分析,做好设防工作。

(2)基础滑移和倾斜。

1)由于受到洪水的冲刷,墩台基础时常发生滑移病害,其病害程度,与洪水的冲刷深度密切相关。因此,桥梁基础维修和加固工作,应当采取措施,重点防治桥下河床冲刷。

2)河床受到洪水冲刷后,首先桥墩前临水面地基土层被冲走,导致墩台基础侧向压力减小,使其产生侧向滑移。

3)位于软弱地基上的桥梁,遇到台背高填方路堤时,如果台背填土处理不当,往往会造成过大的主动土压力,导致桥台前倾,或土体下层向前滑移,使台顶后仰、倾斜。

4)沉井基础和桩基础的地基也有一定的滑移,但桩基础比沉井基础的抗滑移效果好。

(3)基础滑移或倾斜造成桥台破坏的形式。

1)支座和墩台支承面被破坏。

2)梁体从支承面上滑落;拱桥的拱圈开裂,跨顶下陷,甚至倒塌。

3)伸缩缝装置破坏,或使接缝减小、伸缩机能受损。

4)滑移量过大,梁端与胸墙紧贴,甚至导致胸墙破坏或梁局部压屈。

(4)基础应力异常和开裂病害。对于刚性基础,在中心荷载作用下,基础压力呈马鞍形分布。当基础难以承受强大的中心荷载作用时,基础应力发生异常情况,出现开裂病害,表明基础进入初期剪切破坏阶段,随之墩台刺入土体。

(5)常见的基础缺陷类型见表 2-6-3。

表 2-6-3 桥梁基础的类型与常见缺陷

基础类型		常见缺陷
浅基础	天然地基上的浅基础	(1)埋置深度浅,易受冲刷、掏空。 (2)埋置深度不够,受冻害影响。 (3)地基不稳定,易产生滑移或倾斜
	岩石基础	(1)基础置于风化石层上,风化部分未处理好,经水流的冲刷、掏空、悬空。 (2)受地震时的剪切作用,产生裂缝
	人工地基基础	处于软土地基上,在竖向荷载作用下压实沉陷,使地基下沉
深基础	钢筋混凝土预制桩	(1)打桩时,桩身受损。 (2)受水冲刷、侵蚀,产生空洞、剥落等。 (3)受船只或其他漂流物的撞击而损坏
	钻(挖)孔桩	(1)施工时淤泥未完全清除,使形成后的桩基下沉。 (2)施工不当,或受洪水冲刷、侵蚀,产生空洞、剥落、钢筋外露等。 (3)灌注混凝土过程中发生塌孔未作处理,桩身部分脱空。 (4)受外力冲击而产生损坏
	管桩基础	承载力不足而使基础产生下沉
沉井基础		(1)基础下沉时,地基也常发生一些下沉。 (2)地基下沉不均匀,或桥台台背高填土、地基侧向流动,基础产生滑移、倾斜

6.4 桥梁结构缺陷与裂缝修复

混凝土桥梁结构,由于设计考虑不周、施工不当、养护不善及混凝土老化等多方面原因,导致桥梁结构出现不同程度的缺陷。桥梁缺陷种类虽然繁多,但是,按照其表现形式,可分为表层缺陷和内部缺陷两大类。

6.4.1 混凝土桥梁表层缺陷的修复

混凝土结构表层缺陷主要有:蜂窝、麻面、露筋、孔洞、层隙、磨损、表面腐蚀、老化、剥落、表面裂缝、掉角、模扳走样、接缝不平、构件变形等。

1. 缺陷产生的原因

(1)混凝土表层缺陷产生的原因详见表 2-6-4。

表 2-6-4 混凝土桥梁结构表层缺陷产生的原因

缺陷名称	产生原因	发生的部位
蜂窝	(1)混凝土浇筑时振捣不密实,分层浇筑违反操作规则,混凝土离析、水泥浆流失等。 (2)结构不合理、钢筋设置的不当,混凝土骨料粒径大,坍落度不正确等	结构各个部位都可能发生

续上表

缺陷名称	产生原因	发生的部位
露筋	钢筋保护层太薄、不密实等	结构各个部位都可能发生
麻面	模板表面不光滑、模板湿润不充分导致混凝土表面失浆	结构各个部位都可能发生
空洞	钢筋布置太密或者漏浆、振捣不密实等	结构各个部位都可能发生
磨损	混凝土强度不够、表面细骨料太多；车轮磨耗、水流夹杂物冲刷等	桥面和桥墩冲刷处
腐蚀、老化、剥落	保护层太薄、结构出现裂缝、钢筋锈蚀膨胀引起剥落、融冻影响、化学腐蚀等	结构各个部位都可能发生
表层成块脱落	外界冲击作用的结果	桥面、栏杆、墩柱、主梁面
构件变形	施工事故、荷载作用	主梁及墩台

（2）混凝土桥梁结构缺陷的危害。混凝土桥梁总是常年累月地受到外界各种因素的影响，随着年长日久，缺陷不断扩大。由于表层损坏，使保护层减薄或钢筋外露，导致钢筋锈蚀，严重时就会削弱结构的强度和刚度，致使桥梁结构破坏；有些表层损坏还会向深度发展，造成混凝土强度逐渐降低，危及结构安全使用，从而缩短桥梁的寿命。

2. 混凝土桥梁结构表层缺陷检查和修补材料

为了保证桥梁结构具有足够的承载能力，延长其使用寿命，就必须及时检查出结构的各种缺陷并进行维修。

（1）表层缺陷检查及分析。

1）表层缺陷检查。在发现混凝土桥梁结构表层产生缺陷时，应对其进一步检查，观测其发展变化，以便区别情况进行处理。实施修补前，应对缺陷做实地检查，收集材料、进行材料取样；对缺陷产生的原因、现状、发展趋势等进行周密的调查研究，确定缺陷的程度和性质。量测构件的截面，调查周围环境、影响因素及其特殊要求，做好施工前的资料汇集、整理工作。确定缺陷部位、位置、形式、走向、深度、宽度（或面积）及发生的时间。了解构件的施工时间，查看施工记录，分析原材料组成、物理力学性能，考查交通量状况、养护措施、维修方法等。

2）表层缺陷分析。根据结构受力状况、缺陷产生原因与发展趋势，用以分析缺陷对结构的影响程度。特别要注意缺陷的存在是仅对结构表面产生了影响，对功能无大碍，还是结构受到了损失，同时也不同程度地降低了其使用功能。修补方案应在分析比较的基础上，认真选择。方案一经确定，应做好各项有关准备工作，做好施工组织和施工计划。

（2）表层损坏混凝土的清除。在对缺陷进行修补前，先必须把已损坏的混凝土清除掉，直到露出完好的混凝土，并除去钢筋上铁锈。常用的方法：

1）人工凿除。对于浅层或损坏面积较小的构件，一般可采用手工工具凿除。

2）气动工具凿除。对于损坏面积较大，且有一定深度的缺陷，如内部蜂窝、空洞，一般可采用气动工具凿除，对于个别部位不能使用气动工具的，再用手工工具补凿。

3）高速射水清除法。对于浅显损坏层，且面积较大的缺陷，可用高速水流冲射法除去混凝土损坏部分。

（3）表层缺陷修补的常用材料。修补混凝土桥梁缺陷，首先选用与原结构相同的水泥混凝土和水泥砂浆，其水泥和骨料的品种应与原混凝土相同。但是，常常见到修补的结构往往再次破坏，大多数情况下都是由于新旧混凝土之间粘接效果差，或者新旧混凝土之间产生的收缩不均,因而导致界面产生应力,使得新旧结构发生脱离。因此,粘接技术和粘接材料的选用在修补混凝土结构中尤为重要。

1)混凝土材料。一般采用与原结构混凝土级配相同的材料,或者比原结构更高一等级的细石混凝土材料;水泥取 42.5 级以上等级,水胶比尽量取小值,并且通过试验来确定,必要时可以加入减水剂来调节和易性。

2)水泥砂浆。最好采用与原混凝土相同品种的水泥拌制的水泥砂浆,配合比一般要通过试验求得,水泥砂浆的修补,可以人工涂抹填压或采用喷浆修补法。

3)混凝土胶粘剂。有些科研院校研制出不同的混凝土胶结材料,可以根据不同要求拌制成净浆、砂浆剂混凝土几种形式,采用表面封涂、灌浆、粘结、浇筑等方法,对缺陷进行修补,其效果较为满意。常用的胶液是硅酸钠,固化剂可用氟硅酸钠进行配制。

4)环氧树脂类有机粘结材料、环氧树脂类材料,对于修补混凝土结构表层缺陷,有较理想效果。常用的修补材料有有机环氧胶液、环氧砂浆、环氧混凝土等。由于环氧材料的价格比较责,因此,只有在修补质量要求比较高的部位,或其他材料无法满足要求时,才考虑使用。

环氧树脂类别很多,最常用的是双酚 A 型环氧树脂,它的分子量为 340~7 000,低分子量在常温下流动性较好,适宜作粘结剂;高分子量的机械性能大,但是较脆,它们可溶于丙酮、二甲苯、酒精等有机溶液。常用环氧树脂见表 2-6-5。

表 2-6-5 常用环氧树脂

型号	牌号	外 观	粘度(Pa·s)	软化点(℃)	环氧值(当量/100 g)
E-44	6101	黄色至琥珀色高粘度液体	20~40	12~20	0.41~0.47
E-42	634			21~27	0.38~0.45
E-35	637			20~35	0.30~0.40

环氧树脂在硬化后有较高的机械强度,其抗压强度为 167~174 MPa,抗弯强度为 90~120 MPa,抗拉强度为 46~70 MPa,粘结强度也可达 10 MPa 以上,均大大超过混凝土的相应的强度。收缩率较小,只有 0.1~0.05,热膨胀系数小;抗磨性好,耐受一般酸、碱、盐的腐蚀,可以在常温下固化;是一种质量可靠、稳定性好、强度高的建筑材料。

环氧树脂由主剂环氧树脂、固化剂、固化促进剂、增韧剂、稀释剂、填料、偶联剂等组成。

①固化剂。双酚环氧树脂本身很稳定,即使加热到 200 ℃以上也不会发生变化,因此,需加入固化剂,而且,环氧树脂胶的性能在很大程度上取决于固化剂的性质。常用的固化剂有多元胺类、酸酐类、聚酰胺类等,其用量根据环氧树脂种类、型号及不同用处而定,称量要准确。注意:过多地使用固化剂易引起环氧浆液的暴聚,过少则会使环氧树脂强度降低或导致其他不良后果。常见固化剂的一般用量和性能见表 2-6-6。

表 2-6-6 脂肪族胺类、芳香族胺类固化剂

名称	简称	外 观	用量(g/100 g 树脂)	固化条件	性 能
乙二胺	DEA	无色、刺激臭味液体	12	115 ℃,1.5 h	挥发性大、毒性较大、使用期短
三乙烯四胺	TTA	无色黏稠液体	10~12	室温,48 h 或 100 ℃,2 h	毒性较小,使用期较长
四乙烯五胺	TPA	棕色黏稠液体	11~15	同 TTA	
多乙烯多胺	PEPA	浅黄色透明液体	14~15	同 TTA	

续上表

名称	简称	外　观	用量(g/100 g 树脂)	固化条件	性　能
间苯二胺	MPD	白色晶体	14～15	80 ℃,2 h;150 ℃,2 h	预热方法溶解,使用期长
间苯二甲胺	MXDA	透明液体	16～20	室温,24 h;70 ℃,3 h	

②固化促进剂。它的主要作用是加速固化反应,降低固化温度、缩短固化时间,通常与固化剂合并使用。固化促进剂用量应严格控制,一般应不超过双酚 A 型环氧树脂的 5%,用量过多会降低胶粘剂的耐高温性能。常用的固化促进剂是酚类、氮杂环化合物、硫化二甘醇、硼的络化物等。改性胺类固化剂见表 2-6-7。

表 2-6-7　改性胺类固化剂

名　称	状　态	一般用量(g/100 g 树脂)	性　能
590 固化剂 591 固化剂 593 固化剂	黄至棕黑色黏稠体	15～20	

③增韧剂。为了改善双酚 A 环氧树脂胶粘剂的脆性,通常要加入非活性或活性增韧剂。活性增韧剂要参与反应,非活性则不参与反应,增韧剂挥发后易造成胶的老化,使用时应严格控制其用量。常用的增韧剂见表 2-6-8。

表 2-6-8　常用增韧剂

类别	名　称	简称	外　观	密度 g/cm^3	用量(%)	性　能
非活性	邻苯二甲酸二丁酯	DBP	无色液体	1.05	5～20	固化时会游离出来,造成老化,加入量过多会降低强度
	邻苯二甲酸二辛酯	DOP	无色液体	0.987	5～20	
	磷酸三苯酯	TPP	白色晶体	1.185	5～20	
	磷酸三甲酚酯	TCP	无色液体	1.167	5～20	
活性	聚酰胺树脂	200	棕红黏稠状	—	20～30	常温下可以与环氧树脂反应,有较好弹性和附着力
		304	深棕黄色黏稠状		30	
		650	棕色流体		45	
		651				
	聚硫橡胶	LP-2	黄色流体	—	30～50	不同配方下有不同的硬度和状态,反应慢,需加入固化剂
		LP-3				
		LP-8				

④稀释剂。主要作用是降低环氧树脂粘结剂的粘度,改善施工工艺,也可以相应增大填料的用量及延长胶液的活性期。不过,过多的稀释剂会影响环氧树脂的性质,加大硬化过程的收缩率;降低热变形温度、韧性强度和粘结力,特别是在使用非活性的丙酮作稀释剂时,用量应控制在 20%以下。常用的稀释剂见表 2-6-9。

⑤填料。主要作用是降低胶层的收缩力和热应力,提高胶结强度,尤其是显著提高在高温下的抗剪强度。但是用量过多会使胶层的机械模量增加,也会使胶结接头的内应力增加而影响胶结质量,填料的最大填加量见表 2-6-10。

表 2-6-9 常用稀释剂及用量

类别	名称	型号	沸点℃	外观	用量(%)	性能
非活性	丙酮		56.0	易挥发无色液体	5～26	仅起降底粘度作用，在树脂固化时增加收缩率，降低粘结力
	环己酮		156.0	无色或淡黄色油状液体		
	苯		80.3	无色易燃液体		
	甲苯		110.8			
	二甲苯		144			
活性	环氧丙烷丁基醚	501	170	无色透明液体		增强作用、毒性低、提高冲击能力
	环氧丙烷苯基醚	690	245	无色透明液体		毒性低，对人体有过敏反应
	环氧氯丙烷		117			
	甘油环氧树脂	662	＞300	无色透明液体		毒性、刺激最小

表 2-6-10 填料的最大填加量

名　　称	最大填加量(g/100 g 树脂)	名　　称	最大填加量(g/100 g 树脂)
氧化铁	300	石英砂	300
氧化铝	200	碳酸钙	30
铝粉	150	硅粉	5
水泥	200	中砂	300

⑥偶联剂。主要作用是改善环氧脂胶的胶结强度和提高热老化性。目前，大多使用的偶联剂是有机硅偶联剂；它由两部分组成：一部分是能和环氧树脂或固化剂发生化学反应的活性基团；另一部分是吸湿后可以水解的基团。常用的偶联剂是 γ—胺基丙基三乙氧基硅烷(KH-550)，γ —环氧丙氧基、丙基三乙基硅烷(KH-560)。

使用方法：将偶联剂配制成 1%～2%的乙醇溶液，喷涂在胶结表面上，待乙醇蒸发后再涂胶；或将偶联剂直接加到环氧树脂胶液中去，用量为 1%～5%。

常见环氧砂浆配比见表 2-6-11、表 2-6-12，环氧树脂胶浆配比见表 2-6-13。

环氧砂浆各掺料的掺配顺序：环氧树脂—增韧剂—稀释剂—固化剂—填料。

每次调配的环氧树脂用量，应根据需要配制，如果一次调配数量过大，用不完会造成浪费。在调配时注意通风、个人化学防护、防火等。

表 2-6-11 (干燥)环氧砂浆配比

组分	材料名称	配　比			
		1	2	3	4
主剂	环氧树脂 E-44 或 E-42	100	100	100	100
增韧剂	不饱和聚酯树脂 304	30		—	—
	邻苯二甲酸二丁酯	—	15～20		
稀释剂	环氧丙基丁基醚 501	15～20	15～20	15～20	15～20
	501	10～15	10～15	10～15	10～15

续上表

组分	材料名称	配比			
		1	2	3	4
固化剂	间苯二胺	16			
	591 或 593 固化剂			20～25	
	聚酰胺 650 或 351			70～80	
	乙二胺		8～10		80 或 50～60
填料	中砂	600～750	600～750	450～600	600～750
	石英粉或滑石粉	100～150	100～150	150	100～150

表 2-6-12　(水下)环氧砂浆配比

材料名称	配比			
	1	2	3	4
环氧树脂 E-44 或 E-42	100	100	100	100
邻苯二甲酸二丁脂	5	5		10
乙二胺	10	12		5
酮亚胺			16	25
水				0～5
乙二醇胺＋水杨酸			10 ＋ 3	
煤焦油	25			
煤沥青		20		
生石灰或水泥		100	100～200	200
石棉	15	10		
氯苯	0～5			
砂	100～200	100～200	500～600	适量

表 2-6-13　环氧树脂胶浆配比

环氧树脂 6101(kg)	增韧剂 (kg)	稀释剂(kg)		硬化剂(kg)		水泥 (kg)
		二甲苯	501	乙二胺	591	
100	15～20	30	10～15	8～10	20～25	150～200

3. 混凝土桥梁表层缺陷修补方法

(1)采用混凝土修补法。混凝土桥梁结构中出现了蜂窝、空洞以及较大范围的破损等缺陷，一般可以采用新鲜混凝土进行修补。新鲜的混凝土要求达到良好级配、良好的和易性。

修补程序：把构件的蜂窝或空洞缺陷部分尽可能凿除，对混凝土修补部位进行凿毛处理，并使老混凝土表面保持湿润、清洁、不粘尘土；在钢筋和其周围的混凝土上涂抹一层水泥浆液或其他胶粘剂(如 1∶0.4 的铝粉水泥浆液、1∶1 的铝粉砂浆、环氧浆液)；在浆液涂抹后尚未凝固时，即可立即浇筑上新的混凝土。

修补方法：直接浇筑、喷射、压浆、涂抹等。

混凝土修补完成后，特别应注意新老混凝土胶界面(缝)的处理；最后应加强养护。

(2)采用水泥砂浆修补法。

1)水泥砂浆人工涂抹法。对损坏部位进行人工压力性涂抹。对于小面积缺陷、损坏深度较浅部位的修补,常常采用水泥涂抹法进行修补,修补程序为:准备、涂抹修补、反复压光处理、注意养护;修补一个月后再次检查、再次采用胶液进行防护。

2)喷浆修补法。将水泥、砂和水的混合料,经高压喷射到修补部位的一种修补法。适用于重要混凝土结构物或大面积混凝土表面缺陷和破损的修补。

①喷浆法的特点:可采用较小水胶比,较多的水泥,从而获得较高强度和密实度;喷射砂浆层与受喷之间有较高的粘结强度,耐久性较好;工艺简单;消耗材料较多,当喷浆层胶薄或不均匀时,干缩率大,容易发生裂缝。

②喷浆准备:对老混凝土进行凿毛处理,并将表面清理干净;修补要求挂网时,要进行制作和固定处理; 喷浆前一小时,应对受喷面进行洒水处理,保持受喷面的湿润。

③工艺流程。喷浆工艺流程一般采用干料法,如图 2-6-15。

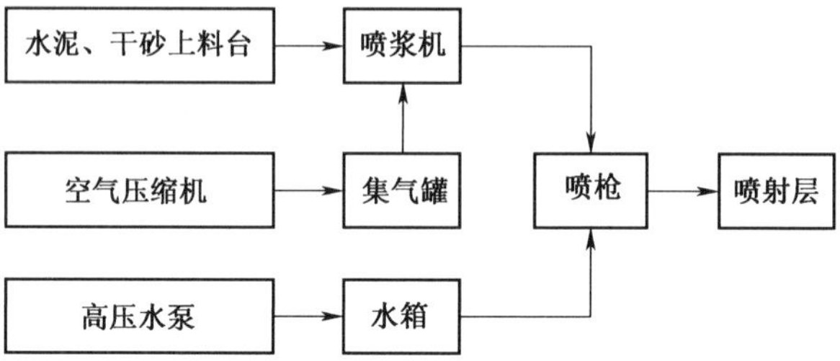

图 2-6-15 喷浆工艺流程

④喷浆作业:喷浆前应准备充足的砂子和水泥,经拌和后要及时使用,注意保护。输料管道的设置:一般采用软管作为输料管,不宜采用长度小于 15 m 的管道。气压和水压的选择:喷浆的压力应控制在 0.25～0.40 MPa 范围内。喷头操作:喷头与喷面的距离为 80～120 cm,喷头与受喷面要保持垂直。

⑤喷层厚度:喷射厚度与喷射的方式有关,如果分层喷射,要在第一层没有完全凝固时可以开始第二层的喷射,每层的间歇时间以 2～3 h 为宜;如果上层已凝固,则采用刷子将层间松散层刷除,然后再喷射;最后根据要求进行表面处理。并应注意采取养护、遮荫和保湿措施。

喷浆管的长度与上升高度的关系见表 2-6-14。

表 2-6-14 喷浆管的工作管长和上升高度的关系

喷浆工作压力(MPa)	管长(m)	最大升高(m)
0.25～0.35	25～45	5
0.35～0.40	45～70	10
	100～120	—

(3)采用混凝土粘结剂的修补法。

1)表面封涂修补:对于混凝土桥梁结构表面的风化、剥落、露筋及小面积的破损,可以采用混凝土胶粘剂进行封涂修补。

①人工表面封涂施工工艺流程如图 2-6-16 所示。

②注意事项:涂抹修补实施应从低向高、由内向外,并保证在涂抹缺陷处的周边有 2 cm 粘附层,涂抹厚度不小于 2.5 cm。

2)浇筑修补:混凝土结构破坏较大且深入构造内一定深度时,可以采用混凝土胶粘剂浇筑筑涂层的方法进行修补。

①操作流程如图 2-6-17 所示。

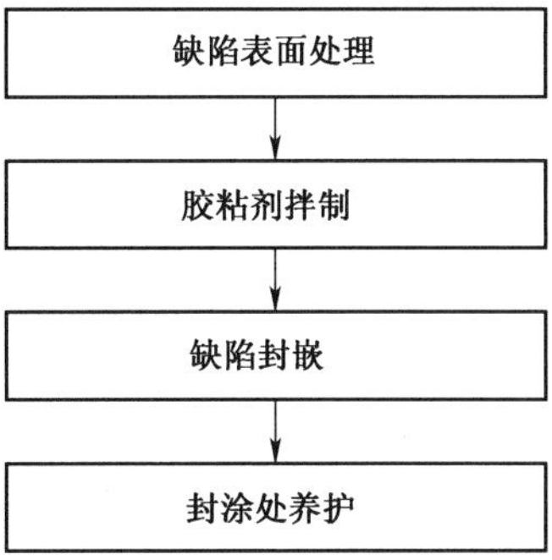

图 2-6-16　人工表面封涂流程图

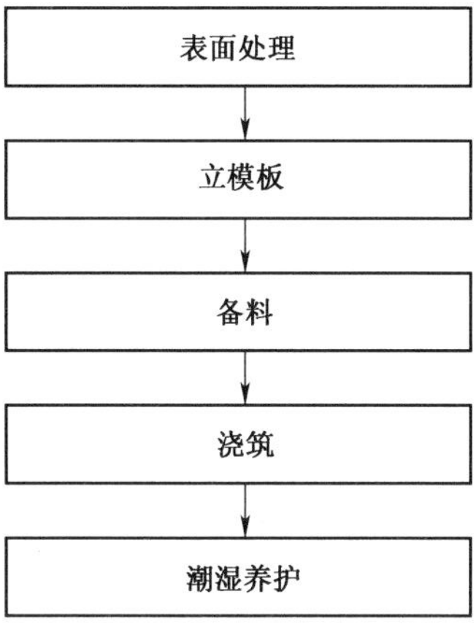

图 2-6-17　浇筑修补流程图

②注意事项:施工操作时,应避免荷载和振动;在修补强度达到原结构强度的 100%,才可承受荷载或振动。修补部位,早期和中期都应避免高温影响,注意养护。

(4)环氧树脂修补法。环氧树脂具有较高的强度、抗腐蚀、抗渗透,能与混凝土材料牢固粘贴,是一种较好的修补材料。但是价格较高,工艺要求高,通常在特殊情况下才使用。

1)修补表面处理的一般技术要求。混凝土表面要求做到无水湿、无油渍、无灰尘及其他污物,无软弱带。对混凝土面加以凿毛,使其保持平整、干燥、坚固、密实。

2)修补施工工艺要求。涂抹环氧树脂基液:采用人工或喷枪,使混凝土表面充分被环氧树脂基液所湿润(厚度不超过 1 mm)。间隔 30～60 min 后,再进行下一步工作。涂抹环氧砂浆:平面涂抹应均匀,每层厚度不超过 15 cm,进行反复压抹。斜、立面涂抹,应适当增加浆内填料,再涂抹、反复压抹。底面涂抹,使用粘度大的基液,环氧砂浆厚度在 0.5 cm 为宜,均匀压抹。浇筑混凝土:浇筑工艺与普通混凝土的基本相同。平面应充分插捣或反复压抹。浇筑侧面或顶面时均须架立模板,并插实密实。环氧材料的养护:温度保持在 20 ℃±5 ℃。养护时间,夏天 2 天,冬天 7 天。养护前 3 天,不应受水浸泡或有其他冲击。

3)修补施工时注意事项。环氧材料的每次配置数量要严格控制,以保证在 2 h 内用完为标准。配置的环氧材料要注意放置地点及装置器皿。应注意季节温度对环氧材料的影响。注意施工人员的安全,防止污染环境。

4. 桥梁结构钢筋锈蚀与修补

(1)钢筋锈蚀对混凝土结构产生的影响。钢筋锈蚀将引起体积膨胀(约为原来 2.5 倍),从而使混凝土开裂、剥离,破坏了混凝土的受力性能,降低了材料的耐久性,影响桥梁的使用寿命,削弱了钢筋的受力截面。锈饰层及其引起的混凝土裂缝,削弱了钢筋和混凝土的共同作用效果。

除此以外,还会使预应力钢筋或高强钢筋产生预应力损失,或产生脆性破坏等的严重后果。

(2)钢筋锈蚀的一般修补方法和步骤。凿除松脱、剥离等已损坏部分的混凝土,对钢筋进行防锈处理。涂以环氧胶液等粘结剂,立模、配料浇筑,喷浆、涂抹施工。对新喷涂或浇筑的环氧混凝土进行表面处理。对于锈蚀而出现的微小裂缝的部位,可以采用粘贴两层玻璃布的方法进行修补。

6.4.2 石砌桥梁结构表层的损坏修补

砌体表层损坏表现在:抹灰层、砌缝脱落,砌体表面麻面、起皮、起鼓、粉化和剥落等,如果不及时处理将会向深度发展,造成内部材料的变质、酥化,使强度降低。对此类问题常见的修补方法有如下几种:

1. 勾缝修补

对于砌缝砂浆的脱落、松散,都需要重新进行勾缝修补。勾缝时,可用手凿或风动凿子凿去已破损的灰缝,深度 3~5 cm,用压力水彻底冲洗干净,再用 M10 以上的水泥浆重新勾缝。采用的方法是:用抹子把砂浆填入缝内,再用勾缝器压紧,形成凹形缝,切去飞边使其密实。常用的勾缝形式如图 2-6-18 所示。

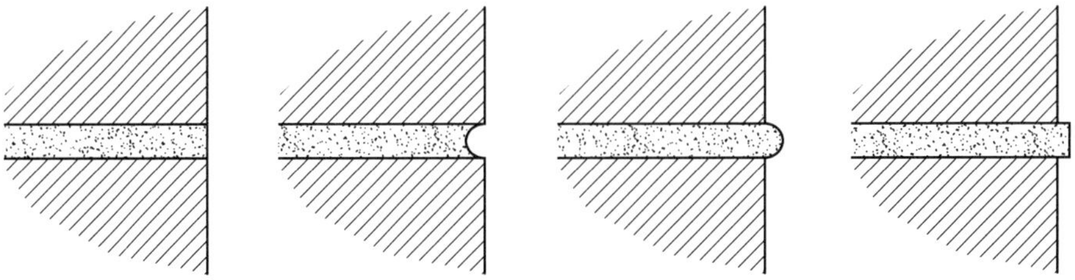

(a) 平缝　(b) 凹形缝　(c) 弧形凸缝　(d) 带形凸缝

图 2-6-18 常用勾缝形式

2. 抹浆或喷浆整治砌石表面风化

对于砌体表面风化、剥落、蜂窝、麻面,可以采用抹喷一层 M10 以上水泥砂浆进行防护,其防护步骤:清理风化、剥落的表面;凿毛暴露的完好面;用水冲洗干净表面并保持湿润;然后再分别抹浆或喷浆,一般每层厚度 10~15 mm。

3. 表面局部修补

对于砌体表面出现局部损伤,脱落不太严重时,可以将破损的部分清除,凿毛清洗,再用 M10 水泥砂浆分层填补至需要的厚度,并将其抹平;如果损坏深度和范围较大时,可以在新旧结构结合处设置牵钉,必要时挂钢筋网,立模板浇筑混凝土。

6.4.3 桥梁结构裂缝修补

1. 表面裂缝封闭修补法

桥梁结构裂缝的表面封闭修补,常用的方法有:填缝、表面抹灰、凿槽嵌补、表面粘贴和表面喷浆等。

桥梁结构的裂缝的表面封闭修补,常用方法有:填缝、表面抹灰、凿槽嵌补、表面粘贴和表面喷浆等。对于严重影响结构和刚度的裂缝,则需做结构补强加固处理。

(1)填缝。填缝是砌石砌体裂缝修理中最简便的一种方法。操作时,将裂缝清理干净,根据裂缝宽度不同分别用勾缝刀、抹子、刮刀等工具进行操作,所用灰浆通常采用 1∶2.5 或1∶3

水泥砂浆，一般不得低于砌筑灰浆的强度。填缝处理后可在美观、耐久性等方面起到一定的作用，而对砌体的整体性、强度等方面所起的作用甚微。

(2)表面抹灰。表面抹灰是指用水泥浆、水泥砂浆、环氧基液及环氧砂浆等材料，涂抹在裂缝部位的砌石砌体或混凝土表面上的一种修补方法。

1)水泥砂浆涂抹。对于混凝土结构，可先将裂缝附近的混凝土表面凿毛，并尽可能使糙面平整，经洗刷干净后，洒水使之保持湿润(不留水珠)，然后用(1∶1)～(1∶2)的水泥砂浆涂抹其上。涂抹时混凝土表面不能有流水，最好先用纯水泥浆涂刷一层底浆(厚度 0.5～1.0 mm)，再将水泥砂浆一次或分几次抹完(应视总厚度而定)。一次过厚容易在侧面和顶部引起流淌或因自重下坠脱壳；太薄则容易在收缩时引起开裂。涂抹的总厚度一般为 1.0～2.0 cm，待收水后，最后压实、抹光。砂浆配制时砂子不宜太粗，一般为中细砂。水泥可用普通水泥，其强度不低于 42.5 级。温度高时，涂抹 3～4 h 后即需洒水养护，并防止阳光直射；冬季应注意保温，切不可受冻，否则所抹的水泥砂浆的强度会降低，严重时则报废。

2)环氧砂浆涂抹。

①先在裂缝的口上凿一“V”形槽，宽 1～2 cm，深约 0.5 cm，槽面应尽量平整。

②用钢丝刷或竹刷刷清缝口，并凿去浮渣。用手持式皮风箱(皮老虎)吹清缝内的灰尘，用红外线灯烘烤干混凝土表面。裂缝外宜用蘸有丙酮或二甲苯的回丝(纱头)洗擦一遍(不宜用清水洗)，保持槽内混凝土面无灰尘、油污等。

③在裂缝四周涂一层环氧浆液，如裂缝较深，在垂直方向也可静力灌注，环氧浆液可灌入 0.5 mm 的细缝中。

④最后嵌入环氧砂浆，用刮刀使其平面与原混凝土面齐平。待环氧树脂硬化后(温度越高，硬化时间越短，一般常温下 20～25 ℃，需 5～7 d)，就可使用。养护期间结构不宜受震、受潮(以酮亚胺等湿固性环氧树脂除外)，以保证修补质量。

(3)表面粘贴修补法。表面粘贴法是指：用胶粘剂把玻璃布或钢板等材料粘贴在裂缝部位的混凝土表面上，达到封闭裂缝目的的一种修补方法。

1)玻璃布粘贴。玻璃布一般采用无碱玻璃纤维织成，它比有碱玻璃纤维的耐水性好、强度高。玻璃布产品有无捻粗纱布、平纹布、斜纹布、段纹布及单向布等多种。常用的为无捻粗纱方格布，其特点是强度高，气泡易排除，施工方便。

玻璃布粘贴的胶粘剂多为环氧基液。由于玻璃布在制作过程中加入浸润剂，含有油脂和蜡，影响环氧基液与玻璃布的结合，因此，必须对玻璃布进行除油蜡处理，使环氧基液能浸入玻璃纤维内，提高粘贴效果。

玻璃布除油蜡的方法有两种：一种是将玻璃布放置在碱水中煮沸 0.5～1 h，然后用清水漂净；另一种是热处理，将玻璃布放在烘烤箱上加温到 190～250 ℃。实践证明，采用后者除油蜡效果较好。但是玻璃布在烘烤时，由于油蜡燃烧，玻璃布上会有很多灰尘，因而必须在烘烤后将玻璃布放在浓度为 2% ～3%的碱水中煮沸约 30 min。然后取出用清水洗净，放在烘烤箱内烘干或晾干。

玻璃布粘贴前要将混凝土面凿毛，并冲洗干净，使表面无油污灰尘，若表面不平整，则可先用环氧砂浆抹平。粘贴时，先在粘贴面上均匀刷一层环氧基液(不能有气泡产生)，然后展开、拉直玻璃布，放置并抹平使之紧贴在混凝土面上，再用刷子或其他工具在玻璃布面上刷一遍，使环氧基液浸透玻璃布并溢出，接着又在玻璃布上刷环氧基液。按同样方法粘贴第二层玻璃布，但上一层玻璃布应比下一层玻璃布稍宽 1～2 cm，以便压边。

2)钢板粘贴。此法是用环氧基液粘结剂涂敷在整个钢板上,然后将其压贴于待修补的裂缝位置上的方法。钢板粘贴的施工顺序如下:对钢板进行表面处理,即按所需要的尺寸切断好钢板,用打磨机研磨,使钢板表面露出钢的肌体;对混凝土表面进行修凿,使其平整。用丙酮或二甲苯擦洗修补部位的混凝土表面及钢板面,以便去除粘结面的油脂和灰尘。在钢板和混凝土粘贴面上均匀涂刷环氧基液粘结剂,压贴钢板。用方木、角钢和固定螺栓等均匀地加上压力进行压贴。养生到所要求的时间,拆除压贴用的方木、角钢等支架材料。在钢板表面上再涂刷养护涂料,如铅丹或其他防锈油漆等。

(4)凿槽嵌补。凿槽嵌补是沿混凝土裂缝凿一条深槽,然后在槽内嵌补各种粘结材料,如环氧砂浆、沥青、甲基丙烯酸脂类化学补强剂(甲凝)等的一种修补方法。

修补时先沿裂缝凿槽,槽形根据裂缝位置和填补材料而定,缝槽形状通常采用V形槽。槽的两边混凝土面必须修理平整,槽内要清洗干净,必要时可在填料前用丙酮擦一遍。如槽口外需要抹水泥砂浆或喷涂砂浆时,在凿毛时,须将槽口外的混凝土表面一并凿毛,同时清理干净。用水泥砂浆填补,事先要保持槽内润湿,但不应有积水;用沥青或环氧材料填补时,要保持槽内干燥,否则应先采取其他措施,使槽内干燥后再进行填补。

(5)表面喷浆。喷浆修补是在经凿毛处理的裂缝表面,喷射一层密实而且强度高的水泥砂浆保护层来封闭裂缝的一种修补方法。根据裂缝的部位、性质和修补要求与条件,可采用无筋素喷浆、挂网喷浆或挂网喷浆结合凿槽嵌补等方法。

进行喷浆以前,必须完成各项准备工作。需要喷浆的结构表层应仔细敲击,在敲击中发现剥离的部分应当敲碎并除去。有缺陷的地方应填塞起来。如为钢筋混凝土,尚须清除露筋部分钢筋上的铁锈。为使喷涂层粘结牢固,最好把裂缝凿成V形槽。

喷浆以前先用水冲洗结构物表面,并在开始喷浆之前先将基层润湿,然后再开始喷浆。

(6)打箍加固封闭法。当钢筋混凝土梁件产生应力裂缝时,可采用在裂缝处加箍使裂缝封闭的方法。箍可用扁钢焊成或圆钢制成,可以直箍也可以斜箍,其方向应与裂缝方向垂直。箍与梁的上下面接触处可垫以角钢或钢板,角钢、钢板面积及箍的横截面积,应根据修补加固部位主应力的大小、箍的安全应力及混凝土的抗压强度,通过计算而得到。

2. 内部裂缝修补

(1)压力灌浆修补裂缝。压力灌浆系指施加一定的压力,将某种浆灌入结构内部裂缝中去,以到达封闭裂缝,恢复并提高结构强度、耐久性和抗渗性能的一种修补方法。此法一般用于裂缝多且深入结构内部或结构有空隙的修补法场合。

按灌浆材料的不同将压力灌浆分为三类,见表2-6-15。

表2-6-15 压力灌浆的种类

灌浆种类	灌浆材料	灌浆种类	灌浆材料
水泥、石灰、黏土灌浆	(1)纯水泥 (2)水泥黏土 (3)石灰黏土 (4)水泥砂浆 (5)石灰 (6)石灰水泥	化学灌浆	(1)水玻璃类 (2)丙烯酰胺类 (3)聚氨酯类 (4)甲基丙烯酯类 (5)木质素类 (6)丙烯酸盐类 (7)环氧树脂
		沥青灌浆	沥青

不同压力灌浆液，用途也有所不同。因此，本节仅对应用较多的水泥灌浆和化学灌浆作重点叙述。在化学灌浆中，采用环氧树脂灌浆材料及甲基丙烯酸脂类(即甲凝)材料，进行裂缝修补，其效果最佳，应用亦较为广泛。

(2)水泥灌浆。

1)工艺流程。用水泥灌浆法修补裂缝，其工艺流程如图2-6-19所示。

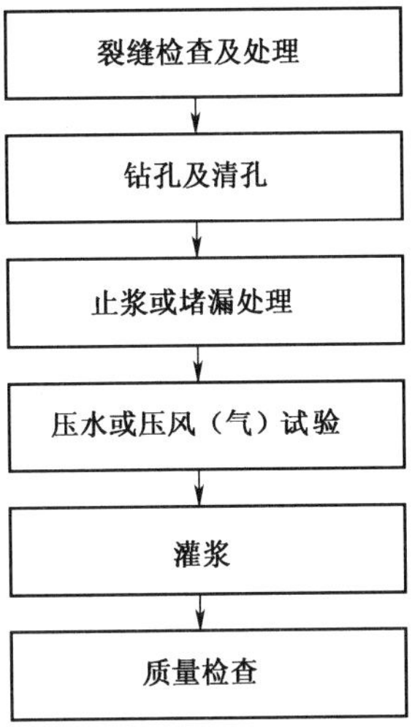

图2-6-19　水泥灌浆工艺流程

2)施工要求。

①裂缝检查及处理：实施灌浆前，应对裂缝进行仔细检查，以便确定修补数量、范围、钻孔眼位置及浆液数量。

②钻孔及清孔：通过钻孔方法，将水泥浆液灌入砌体或混凝土。钻孔时，除骑缝浅孔外，不得顺裂缝钻孔，孔轴线与裂缝面的交角应大于30°，孔深应穿过裂缝面0.5 m以上(指墩台部分)。孔眼钻好后，必须进行清理，即用水由上向下冲洗。孔眼冲洗干净之后，使用压缩空气一排排吹干。

③止浆或堵漏处理：浆液灌入砌体或混凝土中时，可能从其他裂缝和空隙流出，因此，灌浆前应用水泥砂浆或环氧胶泥粘贴这些裂缝，进行止浆或堵漏处理。

④压水或压风(气)试验：通过压水或压风试验，主要是检验孔眼畅通情况及止浆效果。

⑤灌浆：对于混凝土和钢筋混凝土结构，所用水泥强度等级一般不低于42.5级，对于砌石砌体，一般不低于32.5级的普通水泥。

⑥灌浆压力和浆体稠度：钢筋混凝土结构，灌浆压力一般为0.45～0.608 MPa。在灌浆施工中，灌浆压力和浆体稠度的调整，一般有两种做法：一种是灌浆自始自终使用同一个压力和同一个稠度的浆体，这种灌浆一次成活，施工方便，适用于灌性良好并且灌浆量不大的情况；另一种做法所采用的压力和浆液稠度有所变化，先用低压、后用高压，先用稀浆，后用稠浆，以适应裂缝粗细不均、灌浆渗露较大的情况。

⑦灌浆加压设备：在工程较大时，宜采用灌浆机、灌(压)浆泵，也可用风泵压。目前，多使用活塞推送式压灌灰浆机，该种类型的灰浆机有直接作用式、片状式、圆柱形隔膜式三种类型。这种灰浆泵是利用活塞的往返运动，将进入泵缸中的浆体压出去，并经管道输送到使用地点。当工程量不大时，可使用手压施工，工程量很小时，也可采用类似大气筒等工具改制成的注射器施工。

(3)化学灌浆。采用化学材料灌浆修补结构裂缝，可以大大改善灌浆材料，可灌入0.3 mm或更细小些的裂缝，施工机械简单，操作简便，其应用日趋广泛。

1)灌浆材料。用于修补混凝土裂缝的化学灌浆材料，常用的主要有两种：环氧树脂灌浆材料和丙烯酸脂类灌浆材料。

环氧树脂灌浆材料是一种补强、固结灌浆材料，对处理混凝土建筑物的开裂等缺陷，具有较好的作用。近年来，利用环氧树脂灌浆材料处理桥梁结构上的缺陷已很普遍，用它处理地震后混凝土建筑物的缺陷，也收到了良好的效果。

环氧树脂灌浆材料，如按稀释剂的种类可分为三类：

①非活性稀释剂体系环氧树脂灌浆材料：它是由丙酮、二甲苯等非活性稀释剂和环氧树脂组成。此类浆液配置简单，粘度较低，使用方便，建筑工程方面采用较多，也可用来处理地震后混凝土梁的裂缝。非活性稀释剂环氧树脂浆液配比参见表 2-6-16。

表 2-6-16　非活性稀释剂体系环氧树脂浆液配比

材料名称	砂浆的组成			
	用于一般情况（质量比）			用于潮湿情况
	1	2	3	
E-44 环氧树脂(6101)	100	100	100	100 g
邻苯二甲酸二丁酯、二甲苯	10	10	10	10 mL
环氧氯丙烷	40	60	60	40 mL
乙二胺	2	20	—	20 mL
间苯二胺	15	—	10	10 mL
煤焦油	—	17	—	—
DMP-30	—	—	—	25 g

②活性稀释剂体系的环氧树脂灌浆材料：它是用活性稀释剂代替非活性稀释剂配制而成的环氧树脂浆液。由于现在有的活性稀释剂本身的粘度一般都比非活性稀释剂大，稀释效果不太理想，故浆液的可灌性受到一定的限制。

③糠醛-丙酮稀释剂体系的环氧树脂灌浆材料：用糠醛-丙酮作为混合稀释剂的环氧树脂浆液，在我国采用较广。目前常用的稀释剂有糠醛-丙酮、半醛亚胺和糠醛丙酮三种形式的，而其中以糠醛-丙酮稀释剂应用最广，其配比见表 2-6-17。

表 2-6-17　糠醛-丙酮稀释剂体系环氧树脂浆液配比

材料名称	浆液组成（质量比）				
	用于一般情况	用于低温情况			
		1	2	3	4
E-44 环氧树脂 (6101)	100	100	100	100	100
糠醛	30～50	50	50	50	50
丙酮	30～50	80	80	80	80
二乙醇三胺	16～20	—	—	—	—
乙二胺	—	15	15	15	—
703 固化剂	—	20	20	30	—
KH-550	—	6	6	6	6
DMP-30	—	3	10	3	10

注：低温为－11～－7 ℃的冷库养护。

甲基丙烯酸酯类灌浆材料亦称甲凝，是一种固结性能良好的高分子化学灌浆材料。材料的抗压、抗拉强度较高，粘度小，可灌入 0.3 mm 及更细小的裂缝中，并与混凝土有较好的粘结能力，收缩性、吸水性均小，而耐化学性好，聚合凝固时间可控制在几分钟至几小时。

甲基丙烯酸酯类浆液的组成及配比见表 2-6-18。

表 2-6-18　甲基丙烯酸酯类浆液的组成

成　分	材料名称	外　观	用　量
主剂	甲基丙烯酸甲酯	无色液体	100
引发剂	过氧化苯甲酰	白色固体	1～1.5
促进剂	二甲基苯胺	淡黄色液体	0.5～1.5
除氧剂	对甲苯亚磺酸	白色固体	0.5～1.0
阻凝剂	没食子酸丙酯	白色固体	0～0.1
改性剂	（可选 1～2 种）		视品种而定

注：为了配浆方便，用量单位液体以体积计（mL 或 L），固体以质量计（g 或 kg）。

2）灌浆工艺及施工要求。

①灌浆施工工艺流程（图 2-6-20）。利用化学灌浆材料修补桥梁结构裂缝，其工艺流程和施工要求与水泥灌浆基本相同，但具体做法上有差异。

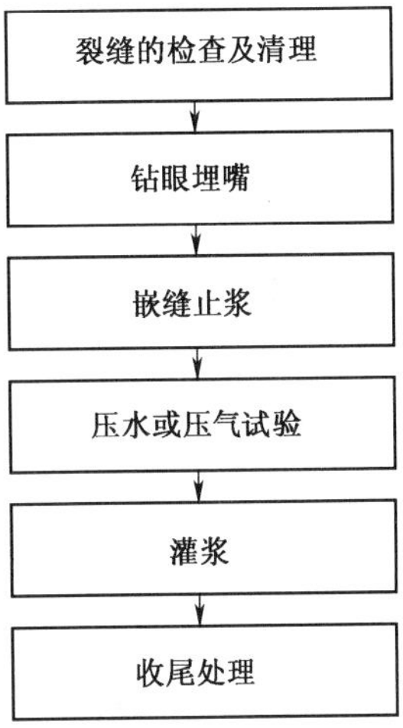

图 2-6-20　化学灌浆施工工艺流程

②施工要求。

a. 裂缝的检查及清理。修补前，同样要对修补部位的裂缝进行详细的检查、清理，并做记录，以便对裂缝做出定量和定性分析。然后进行有关化学灌浆材料配量、埋嘴、灌浆注射等方面的具体计划和安排。

b. 钻眼埋嘴。灌浆嘴是化学灌浆材料的喷入口，也是裂缝的排气口。灌浆嘴大小要适当，施工时要尽可能地轻，以防因不易粘牢而坠落。灌浆嘴布置的原则是：宽缝稀，窄缝密。断缝交接处单独设嘴。贯通缝的灌浆嘴宜在构件的两面交接处布置。埋嘴前，先把嘴自底盘用丙酮擦洗干净，然后用灰刀将环氧浆液抹在底盘周围，骑缝埋贴到构件裂缝处。操作中切勿堵死灌浆嘴和裂缝灌浆的通道。

c. 嵌缝止浆。嵌缝止浆的目的是防止浆液流失，确保浆液在灌浆压力下将裂缝填充密实。如嵌缝质量不好，则灌浆压力不能升高，即使是降压，浆液也不会大量外漏，以致缝内不能得到有效的灌注，影响灌浆质量。因此，当灌浆嘴埋贴后，必须把其余裂缝全部封闭，进行嵌缝或堵漏处理。封闭严实程度是压浆补强成败的关键，必须认真对待。

d. 封闭。对于裂缝较大的混凝土构件，可沿用人工或风凿成“V”形槽，宽度 5～10 cm，深 3～5 cm，并清除槽内松动的混凝土碎屑、粉尘，然后向槽内嵌塞水泥砂浆；对于裂缝较小的混凝土构件，可沿裂缝走向均匀刷一层环氧浆液，宽 7～8 cm，然后在上面分段紧密贴上一层玻璃布，宽 5～7 cm。各灌浆嘴底盘周围 5～10 cm 范围内不贴玻璃布，而用灰刀沿灌浆嘴周围抹成鱼脊形状，再刷一层环氧浆液。

e. 压水或压气试验。上述封闭工作完成后相隔一天，即可进行压水或压气试验，以便检查封闭及埋嘴的通畅情况。

f. 灌浆。经压水（气）试验检查，认为嵌缝质量良好，无渗漏现象后，即可配制浆液、准备灌浆。灌注浆液时，根据裂缝病态状况及施工条件的不同，可采用手压泵灌注或灌浆注射器灌注两种方法。当裂缝较大时可用手压泵，当裂缝细微，灌浆量不大时，多采用灌浆注射器的方法。

g. 收尾处理。灌浆完毕待浆液聚合固化后，即可将灌浆嘴一一拆除，并用环氧浆液抹平。最后对每一道裂缝表面再刷一层环氧树脂水泥浆，确保封闭严实，并使其颜色与混凝土结构尽量保持一致。固化后的浆液混合物很难清除，因此施工结束后，须用丙酮或甲苯清洗工具。

无论采用哪一种方法，首先应保证泵或注射器针头与灌浆嘴连接严密，不能漏气。一般情况下，泵与灌浆嘴可用聚氯乙烯透明塑料管相联。采用灌浆注射管时比较方便，只要将自行车胎上用的气门芯套在针头上，再将针头插入灌浆嘴内即可。灌注浆液时应注意压力的控制。一般裂缝较宽，进浆通畅时压力宜小，泵压控制 1～2 MPa；裂缝细微、进浆困难时压力宜大，泵控制在 4 MPa 左右。用灌浆注射器注射主要靠手的推力，以灌得进浆为度。灌注次序应先行标定，其原则是：竖向裂缝先下后上；水平裂缝由低端逐渐灌向高端；贯通裂缝宜在两面一 先一后交错进行。在整个灌注过程中应随时注意排气。当灌好一个嘴子往下一个嘴子之前，必须在灌好下一个嘴子之前，先在已灌好的嘴上绑扎一段透明塑料软管，以备灌浆嘴溢浆时弯绑扎死。灌浆结束后最好稳压几分钟，不要急于转移，以使被处理的裂缝尽量吃浆饱满。

3）化学灌浆施工的防护措施。化学灌浆材料的毒性：目前使用的化学灌浆材料一般都具有不同程度的毒性，包括刺激性、腐蚀性、致敏性及易然易爆等。对这些危害健康的副作用，除应有正确的认识外，施工时还必须采取有效的防护措施。化学灌浆材料毒性见表 2-6-19。

表 2-6-19　环氧树脂及甲基丙烯酸酯类灌浆材料的毒性

材料名称	中毒途径	毒性表现	备　注
环氧树脂	皮肤接触、易发皮疹	刺激性、致敏作用，皮疹，水泡、结膜充血、皮肤发痒、皮肤干燥	
乙二胺、二乙烯三胺、间苯二胺	皮肤接触、易发挥、呼吸道吸入	强刺激性、致敏作用，头痛、头晕、呼吸道刺激，支气管哮喘，皮肤过敏、皮炎	
环氧氯丙烷	皮肤接触、呼吸道吸入、易发挥	强刺激性、抑制呼吸中枢神经、肾脏中毒、湿疹，皮肤灼伤	易燃
DMP-30		苯酚中毒状，头痛，失眠、易激动，皮肤致敏	
丙酮	渗入中毒：皮肤渗入、并连同溶液中的有毒化学物质渗入皮肤	毒性不大，刺激眼与上呼吸道，头痛、乏力，消化不良，手部皮肤干燥	易燃
甲苯	蒸气吸入，皮肤仅能微量渗入	有一定毒性，对皮肤、上呼吸道粘膜有刺激作用	易燃
二甲苯	能微量渗入皮肤	毒性较甲苯为小，接触性皮炎、结膜炎。慢性作用引起神经衰弱症状有：血压偏低、尿蛋白、管型等现象	易燃
糠醛	皮肤接触、呼吸道吸入	易由皮肤吸收中毒，引起中枢麻痹、湿症、皮炎、鼻炎、结膜炎等	

①通风措施。采用的化学灌浆材料，如具有毒性或刺激性臭味，应采取通风设施进行有效通风。现场施工时，工作人员应尽量避免在浆液的下风位置操作，以减少吸入有毒气体的机会。施工人员一般应戴防护口罩，必要时应戴防护眼镜，以防毒气刺激眼睛。

②密封措施。有毒性和刺激性臭味的挥发化学灌浆材料，应密封储存，防止气体逸出，污染环境。

③皮肤防护。施工人员应穿防护服，戴橡胶或乳胶手套及专用袖套，尽量避免浆液沾污衣物、皮肤。如有沾污，应立即清洗。操作时，不允许皮肤直接接触化学灌浆材料。现场配制浆液人员应戴防护口罩，灌浆人员必须戴防护眼镜，以防止浆液溅入眼部。

④环境保护。施工结束后，剩余的废浆液材料以及冲洗设备、管路中的废液，如不能再用，都应集中妥善处理，以防止环境污染。

⑤防火防爆措施。对易燃易爆材料，如丙酮、甲苯等的储存处必须远离施工现场，隔绝火源。使用时，严禁在现场吸烟，严禁明火加热易燃物品，禁止明火取暖。使用强光灯泡、碘钨灯照亮时，应采取灯管加罩保护的安全措施，以防止灯管爆炸而引起火灾。

⑥个人卫生。在化学灌浆施工现场的施工人员，不进食、不吸烟。离开现场前应先洗手，皮肤沾有浆液的，可用热水、肥皂或酒精溶剂擦干净。粘着性材料，如环氧树脂等粘着皮肤时，可先用锯木沫、砂或去污粉擦去后，再用热水冲洗干净，不得用丙酮等渗透性较强的溶剂洗涤，防止有毒物质渗入皮肤。

3. 壁可法修补裂缝

(1)壁可法的特点。壁可法是日本 SHO-BOND 公司研究开发的一项技术用以修补裂缝。与我们常用的人工控制注浆的修补裂缝的方法不同，它是采用特制的橡胶管，利用橡胶的收缩压力，自动地控制注浆。其核心是裂缝全封闭、恒压力(3.4 kgf/cm^2)，慢速注浆。它的工作原理是利用缓慢均匀的压力，通过浆液将微细裂缝中的空气压入混凝土的毛细孔中，并由混凝土的自然作用排除，克服裂缝中的气阻现象，使其灌注的胶液达到微细裂缝的末端，从而确保修补质量。

用壁可法修补的裂缝，不仅对裂缝的空间有填充作用，更重要的是对裂缝两壁具有强力粘结作用，使混凝土裂缝处的强度达到或超过结构原有基材的强度。为了实现上述目的，修补的材料至关重要。壁可法使用的灌注材料是日本 SHO-BOND 公司生产的 BL-GROUT 胶。该材料是一种专门用于混凝土结构裂缝灌注的双组分高分子树脂胶。它具有强大的粘结力、卓越的耐久性、超低粘度和极强的渗透力，另外它还具有不收缩及瞬间凝固的特点。它的物理性能指标见表 2-6-20。

表 2-6-20　BL-GROUT 材料指标

项　目	单　位	测试条件	注入材料 BL-GROUT 胶	封密材料 101 号胶
混合物粘度	cP	20 ℃	500±200	腻子状
抗压强度	kPa	20 ℃,7 d	500 以上	600 以上
抗压弹性模量	kPa		10 000 以上	(4.0～8.0)×10^4
抗剪强度	kPa		100 以上	100 以上

(2)施工操作程序。

1)清理裂缝表面：对裂缝附近 5 mm 范围的混凝土表面用钢丝刷、角向砂轮、抹布等将水泥翻浆、灰尘、污垢等清除干净，露出清洁、坚实的混凝土表面。

2)计算胶的用量和按配比混合胶液。

封口胶每延米用胶约 0.2 kg。

灌注胶的经验公式：每延米裂缝用量＝［0.011 5×缝宽(mm)×缝深(cm)＋0.13］kg，注入器的用量约为每延米 3 套。

封口胶按主剂和硬化剂 7∶3 的比例充分搅拌均匀,呈均匀一致的颜色。

灌注胶按主剂和硬化剂 2∶1 的比例搅拌均匀,呈透明的浅黄色即可。

3)封闭裂缝和粘胶注入。用 101 号密封胶封闭裂缝,并将其注入,按每 30 cm 缝段粘结。

4)灌注裂缝。将搅拌均匀的灌注胶,通过黄油枪注入到 SHO- BOND 注入器的橡胶管内,并将膨胀后的橡胶管安在注入座中,此时,注入器便开始将胶缓慢均匀地注入到裂缝中去。如裂缝较深,可以重复灌注,直至橡胶注入器不在注胶为止,并由此断定,裂缝已完全被胶填满。注胶工序完成后,可以用丙酮和清水反复清洗黄油枪等工具,以备下次再用。

5)完成。待橡胶管注入器里残留的胶完全硬化后,便可以敲掉注入器,打磨混凝土表面。

6.5 加固实例

1. 病害情况与临时加固

某年冬季,在西北地区某铁路桥墩顶帽和托盘出现严重的裂缝,所有裂缝均由顶帽上施工预留孔开始,向两侧和下面延伸。铁路运营部门不得不在备战春运的情况下进行限速运营,造成铁路运营服务质量下降,并对运营带来安全隐患。

为确保铁路运行安全,在采取限速运行同时,立即对本桥开裂严重的下行线 1 号墩托盘采用临时钢套箍加固;对其余开裂桥墩的顶帽及托盘采用填补裂缝的临时加固抢险方案,待查明混凝土开裂原因和自然环 境适宜混凝土施工时,再采取混凝土套箍形式做永久加固。

临时加固措施主要针对病害严重的 1 号桥墩顶帽及托盘。采用在托盘外表面加设钢套箍进行加固,以保证托盘及顶帽的整体性。钢套箍采用钢板厚度为 10 mm,上下分为三段,共七块分别安装到位。为确保包箍钢板与托盘混凝土表面密贴,达到限制或部分缩小托盘混凝土裂缝的目的,每段钢套箍就位后将预留在钢套箍上的端头水平方向高强螺栓加力拧紧,各段钢套箍安装完毕后再采用焊接将各段连接为一整体。各段钢套箍要求在工厂制作时预留直径 24 mm 的圆孔,一半孔用于钢套箍临时加固时安装膨胀螺栓,以加强钢套箍与托盘的联结;另一半孔采用植筋技术,用于永久加固时与钢筋混凝土套箍中的钢筋网连接。

根据检测单位检测结果,测区之间混凝土强度差异过大,同一测区回弹数值差异也过大,表明混凝土配合比差异大,拌和、浇筑质量差。实际上是相同部位混凝土特性的不稳定、混凝土内在质量变异,引起混凝土毛细裂缝加宽;加之在气候寒冷地区,雪水渗入其中,水冰反复作用,早先发生的毛细裂缝逐渐变宽、变深,最后形成破坏。

2. 永久加固

为确保春运期间铁路运能和保证行车安全,上述已完成对桥墩开裂严重的下行线 1 号墩托盘采用临时钢套箍加固,其余两个桥墩的顶帽及托盘采用填补裂缝的临时加固抢险方案。以下介绍永久加固方案。

第一步:因桥墩产生病害主要的原因是水,所以,首先将混凝土表面及裂缝中的灰土等清理干净,并用热风机吹干裂缝中可能存在的积水或积冰,以确保封闭后裂缝中无残留冰渣。然后,采用壁可法封闭已经出现的所有裂缝,并确保所有裂缝完全封闭,使外界的雨、雪等不能渗入。

第二步:考虑到近年来对铁路主体结构耐久性要求的不断提高,其总体稳定(纵向、横向)、局部稳定以及施工过程中的稳定已成为设计的主要控制因素,因此永久加固要求采用 C35 号钢筋混凝土套箍,并在墩顶设防水层。

6.6　梁桥上部结构加固与改造

6.6.1　梁桥加固的基本原理

1. 梁桥基本力学图式

如图 2-6-21 所示，在荷载作用下，梁式桥梁结构是一种纯弯结构，只承受荷载对结构产生的弯矩，根据材料力学基本原理，其计算公式为：

$$\sigma=\frac{M}{W} \tag{2-6-2}$$

式中　σ——在荷载作用下，主梁产生的拉(压)应力；

M——荷载对主梁产生的弯矩；

W——主梁截面的几何抗弯弹性模量。

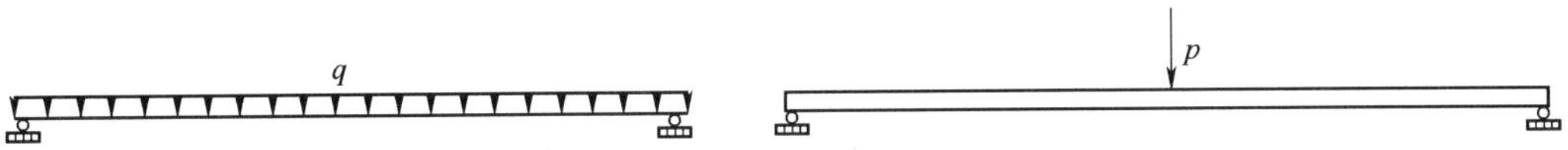

图 2-6-21　梁桥基本力学图式

由此可见，梁式桥梁的主梁受力状况由三个要素决定，即：荷载(恒载、活载)作用产生的内力(弯矩)、主梁截面的面积决定的截面几何特性(惯性矩、几何抗弯弹性模量)以及主梁材料的自身强度。当外界条件改变，如车辆荷载增加、超限、超重等，对桥梁引起的内力增大，超过主梁结构和材料强度的允许范围时，势必造成主梁受拉部位开裂、破损、承载力下降，成为旧危桥。随着运营年限的增加，各种外界因素导致材料性能恶化、强度降低，也将造成原桥梁承载力下降、开裂、破损，最终成为旧危桥。

2. 加固基本原理

尽管目前梁式桥梁加固、提高承载力的方法和技术种类繁多，但基本原理却是相同的，归纳起来都是遵循力学的基本原理，从桥梁结构的外界因素和内在状况改变的角度进行加固补强，提高承载力。

(1)从外因角度通过结构性能改变，提高主梁的承载力。

1)增大主梁截面面积。采用增加主筋、喷射混凝土、现浇混凝土、外包混凝土加大主梁截面尺寸，以及加厚桥面增加辅助构件等加固方法，都是属于增加主梁截面的加固方法和技术。从式(2-6-2)可知，采用增大主梁截面的方法加固，其目的是增加主梁截面的惯性矩或几何抗弯模量，当荷载产生的内力(弯矩)不变，或荷载等级提高时，通过改变截面面积的途径，减少主梁截面的承受的拉力(通常压应力不控制承载力)，使其不超过主梁材料性能承受范围，即 $\sigma<[\sigma]$，从而达到加固主梁，提高其承载能力的目的。

2)增加主梁的强度。对主梁采用环氧砂浆(胶浆)粘贴钢板(筋)、环氧玻璃钢、碳纤维布、芳纶纤维布等高强材料，增加主梁的强度，都是属于此类加固方法和技术。从式(2-6-2)可知，采用增加主筋强度的方法，在不变主梁截面的前提下，当荷载等级不变或荷载等级增加时，增加了主梁的强度，使荷载对主梁产生的拉应力小于补强材料的强度，即 $\sigma<[\sigma]$，从而达到加固主梁，提高主梁的承载力的目的。

(2)从内因角度通过调整内力提高主梁的承载力。改变原桥结构体系，采取将简支梁体系改变为连续梁体系、加八字支撑改变桥梁的跨径，或通过外加预应力将主梁结构由纯弯结构变为压弯结构,减少原桥主梁承受的荷载内力,从而减少主梁承受的拉应力,即 $\sigma<[\sigma]$,与上述加固方法一样,同样可以达到加固主梁,提高承载能力的目的。

综上所述,无论采取何种加固方法和加固技术,其基本原理都是为了减少主梁承受的拉应力或增强主梁承受拉应力的能力,满足结构受力的需要,提高原桥梁的承载能力。

随着科学技术的不断进步和发展,将来还会有更多的桥梁加固新材料、新技术的不断涌现和问世,促进桥梁维修、养护、加固与改造技术的发展。

6.6.2 增大梁截面的加固方法与技术

目前,国内有相当一部分桥梁,在修建年代时,荷载等级仅适应当年的要求,因而按当时荷载等级设计的桥梁,随着铁路提速和轴重的增加,已表现出荷载等级偏低、承载力不足的缺陷,病害逐渐产生和发展,其主要原因是原桥钢筋和截面尺寸偏小。对于这部分桥梁,可以采用增大构件截面的方法进行加固。增大构件截面的途径有:增加受力钢筋主筋截面、加大主梁混凝土截面、加厚原桥面板和喷锚四种方法。

1. 增焊主筋加固法

当结构因主筋应力超过容许范围,而桥下净空受到限制时,不能加大截面高度,只能采用增焊主筋进行加固,其加固要点如下:

(1)增焊主筋。首先凿开混凝土保护层,露出主筋,将原箍筋切断拉直,再把新增钢筋焊在原主筋上,增焊钢筋断头宜设在弯矩较小的截面。为减少焊接时的温度应力,应采用断续双面焊缝,从跨中向两端依次施焊。

(2)增设箍筋。如果原桥梁的箍筋不足,梁腹出现剪切裂缝,则加固过程中,在增焊主筋的同时,应在梁的侧面增加箍筋。具体作法是:在梁腹上埋入销钉,把补充的箍筋固定起来,并把箍筋上端埋入桥面中。

(3)恢复保护层。钢筋焊接好并接长箍筋后,应重新做好保护层。材料最好是用环氧树脂小石子混凝土(砂浆)或膨胀水泥混凝土(砂浆)。修复保护层,通常有三种可供选择的方法:涂抹法、压力灌注法、喷护法。采用喷护法时,应采取分层喷护水泥砂浆,每次喷涂厚度为 1~3 cm,待砂浆达到一定的强度后,最后进行表面修整。

2. 增大梁肋加固法

在现有桥梁中,有一部分桥梁是属于 T 型截面的桥。这类桥常因原截面高度不够,或面积过小,导致承载能力不足,出现了病害。对于这部分桥梁,通常是将梁的下缘加宽加强,扩大截面,并在新混凝土截面中增设受力主筋。在靠近支座处主筋上弯,与原结构主筋相焊接,如图 2-6-22 所示。

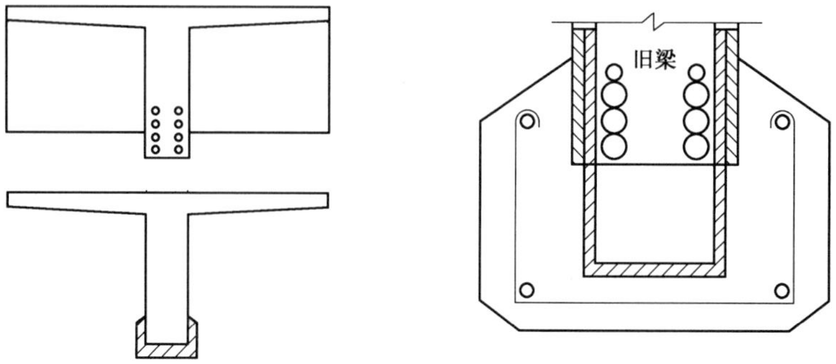

图 2-6-22 主梁加固断面图

在浇筑新混凝土截面时，为了保证新旧混凝土之间有良好的粘结，需在浇筑混凝土前，先将结合部位的旧混凝土表面凿毛，露出骨料，清洗干净。同时每隔一定距离凿露出主筋，以便通过锚固钢筋将新增加的主筋与原结构中的主筋相连接，如图 2-6-23 所示，新增加的混凝土一般采用悬挂模板现场浇筑。

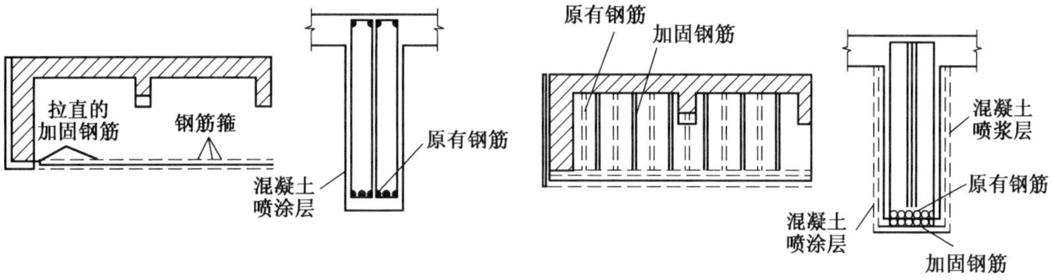

图 2-6-23　加大主梁截面示意图

3. 加厚桥面板加固法

当原桥的承载能力不足，截面面积过小，而墩台及基础较好，承载力较大，为了方便施工，有的桥将原有桥面铺装层拆除，在桥面板上浇筑一层新的钢筋混凝土补强层，用以提高桥梁的抗弯刚度，这种加固补强方式称为“加厚法”。

为了使新旧混凝土有良好的结合，应把原桥面板表面凿毛洗净，每隔一定的距离都要设置齿形剪力槽或埋设桩状(钢筋柱)剪力键 T，或用环氧树脂作为胶结层。同时，在桥面板上辅设钢筋网，以增强桥面板的整体性和抗压能力，防止新浇筑的混凝土补强层开裂。钢筋网的直径和间距应根据板的受力要求来确定。加固后重新铺设桥面的铺装层。

这种方法由于加厚部分使桥梁自重和恒载弯矩增加较多，并且仍然是原结构下缘受拉钢筋应力控制设计，且需要中断行车，故一般只适用于运量很小且跨径较小的 T 型梁桥或板梁桥，而且在加固前应对梁 (板)的受力状况进行详细分析，在梁(板)下翼缘强度容许的限度内确定桥面的加厚高度。

对于有三角垫层的桥面板，可将原作为传力结构的三角垫层凿去，代之以与原桥面板结合为整体，共同受力的钢筋混凝土补强层或用钢筋混凝土补强层取代桥面铺装层。这样在不增加桥梁自重的情况下进行加固补强，效果更为显著。

4. 喷射混凝土加固法

当原桥梁体截面积过小，下缘主拉应力超过容许值出现裂缝，而桥下净空又允许时，采用喷射混凝土加固法进行加固。其加固要点如下：

(1)采用灌浆法修补裂缝。按前述介绍的裂缝修补办法进行修补即可。

(2)布设钢筋网。按照提高承载能力的需要，在梁下缘布设钢筋网。通常是按一定的间距将梁底的保护层凿除，通过连接钢筋先将部分钢筋沿桥面纵横向焊接到原主筋上，构成钢筋骨架。然后根据加固设计要求，按一定间距将其余的钢筋焊接或绑扎在钢筋骨架上，构成钢筋骨。钢筋网的作用在于承受拉应力，提高喷层强度，传递温度应力，减少收缩裂纹，加强喷射混凝土的整体性等。

(3)喷射混凝土。喷射混凝土层的厚度，根据设计需要确定，每次喷射厚度不宜超过 3～8 cm，若需加厚，应反复多喷几次，复喷混凝土时间，应视水泥品种、施工气温和速凝剂掺量等因素而定。喷锚混凝土，可采用早强普通混凝土，也可采用钢纤维增强混凝土，有条件的地方宜尽量采用钢纤维增强混凝土,加固效果更好。采用锚喷法加固桥梁,施工不需立模、搭架简单、施工方便、工期短、补强效果好。但需要专门的喷射混凝土机具,对喷射人员的技术要求较高,其技术水平将直接影响加固补强的质量。

6.6.3 粘贴加固方法与技术

1. 粘贴钢板加固法

(1)钢板粘贴补强法概念。钢板粘贴补强法是采用环氧树脂系列粘结剂,将钢板粘贴在钢筋混凝土结构物的受拉区域或薄弱部位,使之与结构物形成整体,用以代替需增设的补强钢筋,通过钢板与补强结构的共同作用,提高其刚度,限制裂缝开展,改善钢筋及混凝土的应力状态,提高梁的承载能力,以达到补强目的。

用粘贴钢板来加固桥梁,在国外已得到广泛的应用,我国也有不少实例。该加固法的优点:

1)不需要破坏被原有结构物。

2)加固工程几乎不增大原结构物的尺寸。

3)尽管工程质量要求很高,但施工时并不要求高级的专门技术人员操作。

4)能在短期内完成加固工程。

5)几乎可以不改变具有历史价值建筑的原有艺术特点。

(2)钢板粘贴补强法的设计。许多试验结果表明,粘贴后钢板与原有结构能够共同作用。因此,补强设计时,钢板可作为钢筋的断面来考虑,将钢板换算成钢筋,原有构件承受恒载与活载,增加的钢板承受原有构件承受不了的那部分活载。

当用来提高构件的抗弯能力时,应把钢板粘贴在梁(板)受拉翼缘的表面上,使钢板与混凝土作为整体受力,以钢板与混凝土接缝处混凝土局部剪切强度控制设计。用于粘贴的钢板尺寸应尽可能薄而宽,厚度一般为 4~6 mm。薄钢板还可有足够的弹性适应构件的表面状况。合理的设计应控制在钢板发生屈服变形前,混凝土不出现剪切破坏。为避免钢板在自由端脱落,端部可用夹紧螺栓固定,或在钢板上按一定的距离用螺栓固定,效果更有保证。

当粘贴钢板用以加固和增加梁的剪切强度时,钢板应粘贴在梁的侧面,跨缝粘贴。用于粘贴的钢板可以是块状的,也可以是带状的。带状钢板沿垂直于裂缝的方向粘贴,斜度一般为 45°~60°。梁的上下端应设水平锚固板,以提高端部的锚固强度。钢板厚度依设计而定,一般为 10~15 mm。

(3)钢板粘贴补强法的施工工艺。钢板粘贴依据采用粘结剂的不同,其施工工艺也有所不同。若粘结剂为液体状时,用灌浆法;若粘结剂为胶状时,用涂抹法。两种施工工艺是在粘结剂的使用方法上有所不同。前者是在钢板安装后用注入法加入;后者是在钢板粘贴前用涂刷法事先涂好,而其他施工工艺过程没有什么区别。现将涂抹法的施工过程叙述如下,灌浆法基本相似。

1)钢板制作。制作用于粘贴加固的钢板,并对其表面进行处理。钢板按所需尺寸进行切割。钢板表面在粘贴面可采用刨床加工成菱形,格状刻痕,以增加粘性能。钢板除锈采用手工操作钢丝刷除锈,有条件时采用喷砂除锈;用冲击电钻在钢板与混凝土底面上钻孔,钢板钻孔按一定间距和锚栓规格钻孔后运到工地,钻孔位置可采用梅花形,如图 2-6-24 所示。

2)表面处理。为了得到良好的粘贴效果,必须事先对钢板和混凝土的粘贴面进行认真的处理。首先应将混凝土表面的破碎部分清除,然后凿平凿毛,使其骨料裸露出来,并用钢丝刷

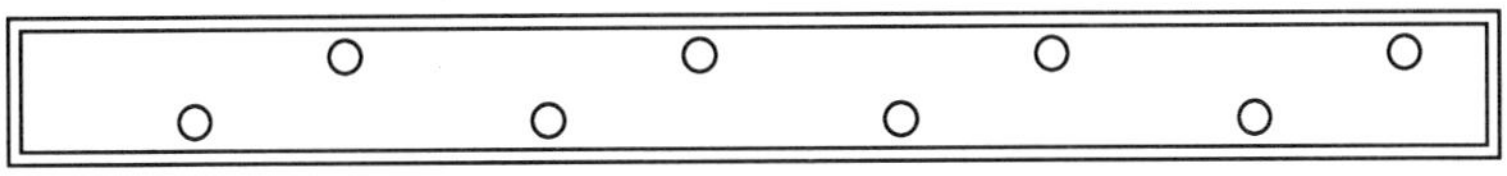

图 2-6-24　钢板锚栓孔梅花形布置

或压缩空气清除浮尘，粘贴钢板前还需用丙酮擦一遍，钢板表面也应先用汽油洗去油污，用喷砂法或砂轮打磨除锈，使表面露出光泽，然后也用丙酮擦洗干净，最后在钢板表面涂一层环氧树脂薄浆将其保护起来。

3)粘贴钢板。先在混凝土表面上刷一层环氧树脂胶浆，然后在钢板上涂一层环氧树脂胶浆，间隔片刻再在钢板上均匀地铺一层环氧树脂砂浆，一般厚度在 2 mm 左右。随即将钢板贴到混凝土表面上，旋紧螺栓进行加压，使多余的胶浆沿板边挤压出来，达到密贴的程度。固化后再卸除螺帽，截去外露的螺杆，并留出 2～3 mm 进行冷铆。

4)加压方式。钢板粘贴到混凝土结构上后，为了使钢板与混凝土表面密贴必须对钢板加压。加压的方式通常有三种：第一种是用螺栓进行加压，即在混凝土粘贴面上每隔一定距离埋设一 根 ϕ2 mm 的螺栓，钢板上设有相应的孔，把钢板粘贴到混凝土表面后立即旋紧螺帽进行加压；第二种方法是用木楔来加压，即在构件下方设支承梁(从桥下搭设或从桥上悬挂)，距构件底面 15～20 cm，然后待钢板粘贴后楔紧木楔施加压力；第三种方法是利用重物进行加压，当在混凝土构件的上缘粘贴钢板时，可以采取在钢板上面放置重物(铅块或铁块等)进行加压。

5)检查粘贴质量。一般是采用肉眼观察，如发现钢板与混凝土表面之间有空隙的地方，应及时填入胶结剂补贴。

6)防护处理。目前国内外对钢板补强采取的防护措施，一般都是采取清除钢板表面污染，用钢刷除去螺栓的锈斑，先涂一层环氧树脂薄浆罩面，然后再涂两层防锈漆在上面进行保护。以后每隔 1～2 年检查一次防护层的情况，如发现有脱漆的地方及时采取措施进行修补。该方法虽然简易可行，施工简单，但需要经常维修保护，每次重新涂漆都需要搭架、拆架，维修工作量较大、而且繁琐。故应尽可能采用防护效果好、时间长的长效防护漆。随着科学技术的发展，钢材的防护技术也取得了长足的进步，其防护措施耐久性可达 20～30 年。

近年来有的桥梁利用喷射混凝土进行防护，在钢板上喷射一层混凝土保护层，既减少了刷漆工序，又大大减少了常年养护工作量。同时喷射混凝土还与原结构组成喷层——梁体组合工作体系，共同工作，在一定程度上提高了原梁的承载能力，克服了以往钢板补强易于生锈的毛病，这是一种较好的防护钢板污染和锈蚀的方法。但是，采用喷射混凝土防护，须采取在钢板外挂网式保证喷射混凝土与钢板和原结构的有效粘结，结合成整体，否则喷射的混凝土会因在列车行驶中振动脱落，失去防护效果。

2. 粘贴钢筋加固法

当桥梁结构抗拉强度较低，受拉部位产生裂缝时，为了加强抗弯构件外纤维的抗拉能力，可以采用在受拉部位粘贴钢筋的方法对桥梁进行加固。粘贴钢筋具有与结构物粘贴性能较好、加工成型容易、加固效果明显的优点。用于粘贴的钢筋直径不能过大，以不超过 8 mm 为宜，可节省材料，降低成本。采用环氧树脂砂浆粘贴，环氧树脂砂浆的厚度以不使钢筋外露为标准，一般在 15～20 mm，其加固工艺如下：

(1)搭设支架，在支架上设有支承梁和成型模板。

(2)混凝土表面处理。为了获得良好的粘贴效果，必须事先对混凝土表面进行认真的处理。混凝土表面要清除破碎部位、凿平凿毛，使骨料露出，用钢丝刷或压缩空气把浮尘清除掉，粘贴前再用丙酮擦洗一遍。

(3)钢筋布设。钢筋布设前,应先把钢筋拉直截好,除锈后再用丙酮擦洗干净,放在模板上扎成排栅,或在桥下点焊成排栅再就位。就位前,先在钢筋排栅表面涂一层环氧树脂胶浆,然后再用吊杆吊住,贴在构件底面上。

(4)粘贴。为了便于脱模,粘贴钢筋前先在模板上铺一层塑料薄膜,再将环氧树脂砂浆均匀地摊铺在模板上,厚度稍大于设计值。粘贴时,在模板与支承梁之间打入木楔,将模板顶起压在构件的底面上,使环氧树脂砂浆压入钢筋的间隙与原结构的混凝土粘为一体。

(5)脱模检查。待环氧树脂砂浆固化后拆除模板。拆模后应立即对粘贴质量进行检查,若发现缺陷,须及时进行修补。

(6)防护处理。同钢板粘贴后采用的防护处理方法一样。通常是先清除钢筋表面的锈斑和污染,涂一层环氧树脂薄浆罩面,然后再涂两层防锈漆在上面进行保护。也可采用喷射混凝土在钢筋表面喷射一层保护层,保护粘贴的钢筋免受锈蚀。

3. 粘贴碳纤维布加固法

工程材料的进步及新材料的出现,历来是土木结构工程发展的先驱和动力。碳纤维材料的出现和成功应用于土木工程的加固与补强上,使土木工程加固技术研究又上一个台阶。碳纤维是一种新型建材,因其质轻、耐腐蚀、片材薄、抗拉强度高而被广泛应用。碳纤维布(片)加固法亦被视为梁式桥加固补强、提高承载能力,尤其是当高度受限制时的首选加固方法,其施工工艺也很简单。

(1)碳纤维材料与粘贴要求。

1)碳纤维复合材料。碳纤维复合材料通常由纤维和基体组成。加固混凝土结构用的碳纤维复合材料,目前主要有三种:玻璃纤维(GFRP)、碳纤维(CFRP)和芳纶纤维(AFPR)。纤维复合材料的力学特点是其应力应变量完全线弹性,不存在屈服点或塑性区。由于碳纤维材料具有高强、轻质、耐腐蚀、耐疲劳等优异物理力学性能,以及现场施工便捷,所以是旧桥加固补强的理想材料。

普通碳纤维是以聚丙烯腈(PAN)或中间相沥青(MPP)纤维为原料经高温碳化制成,碳化程度决定着诸如弹性模量、密度与导电性等性能。碳纤维长丝直径通常在 5～8 μm 之间,并合成含 3 000～18 000 根的长丝束。为改善碳纤维与基体的亲和性,纤维本身要经表面处理,形成能与基体反应的活性基团。

加固混凝土构件所用的碳纤维布,是由碳纤维长丝经编织而制成的柔软片材。

碳纤维布在编织时,将大量的碳纤维长丝沿一个主方向均匀平铺,用极少的非主方向碳纤维丝将主方向碳纤维丝编织连接在一起,形成很薄的以主纤维方向受力的碳纤维布。

加固混凝土构件时,按构件的不同受力特点用粘结材料将碳纤维布有序地缠绕粘贴于构件表面,实现对构件变形的约束,并提高构件的极限强度和承载能力。

碳纤维布的抗拉强度一般为 3 550 MPa,弹性模量为 2.35×10^5 MPa。根据碳纤维布的品质不同,其厚度为 0.11～0.43 mm,幅宽为 20～100 cm,卷材长度为 50～100 m。

2)粘结材料。粘结材料的性能是保证碳纤维布与混凝土共同工作的关键,也是两者之间传力途径中的薄弱环节。因此,粘结材料应有足够的刚度与强度,以保证碳纤维与混凝土间剪力的传递,同时应有足够的韧性,不会因混凝土开裂导致脆性粘结破坏。此外,由于旧桥加固均在野外,所以粘结材料还应能在一般气候条件下固化,且固化时间合适(一般保证在 3 h 左右),对组分含量不敏感,具有适宜的流动性和粘度,固化收缩率小。

粘结材料是将连续纤维状的碳纤维结合在一起，同时又与混凝土表面粘合的系列粘接材料。主要包括三类材料：底层涂料、整平材料和浸渍树脂。

①底层涂料（底涂胶）。在处理好的混凝土表面上，涂一层很薄的底层胶，既可以浸入混凝土表面，强化混凝土表面强度，又可以改进胶接性能，从而使混凝土与碳纤维布之间的粘结性得以提高。因此要求底涂胶必须具有很低的粘度以及与混凝土良好的粘结性能，以便于涂刷在混凝土表面后胶粘剂能渗入混凝土结构中。为保证性能，应尽量避免使用溶剂型胶。

②整平材料（找平胶）。碳纤维布只有与所加固补强的混凝土表面紧密接触，才能产生良好的补强效果。但混凝土表面的锐利突起物、错位和转角部位等都可能使碳纤维布产生损伤，并引起强度降低。混凝土表面小的模板错位及混凝土气孔很难通过基底处理一道工序彻底清理。因此，在涂敷的底层涂料指触干燥后，必须用找平胶进行找平，同时将矩形断面直角打磨后补成圆弧状。

找平胶应具有优良的力学性能以及良好的施工性能与触变性能。在施工过程中，找平胶应易于操作，且不随时间的延长出现明显的变形，防止胶的滴挂。一般的普通环氧树脂的粘结强度和强韧性都达不到找平胶的要求，不应调配使用。

③浸渍树脂（粘贴主胶）。浸渍树脂在粘结材料中起着至关重要的作用，它连接底胶与碳纤维布。它的粘度应控制在一定范围，有利于浸渍树脂顺利地将碳纤维布粘附于混凝土表面，经过碾压，使浸渍树脂很容易浸透碳纤维布，形成一个复合性整体，共同抵抗外力作用。

浸渍树脂不仅应具有良好的渗透性，以利于浸透碳纤维布，同时还应具有一定的初粘力，防止粘贴的碳纤维布塌落而形成空洞或空隙。并且本身应具有良好的触变性，易于施工且不会发生明显的滴淌现象。另外，胶粘剂与碳纤维的相容性和粘结力必须极好，才能满足碳纤维布和混凝土形成预定的复合材料。

3）防护材料（罩面胶）。罩面胶主要是为了施工表面的美观和保护碳纤维布。要求防护材料能涂敷在碳纤维布表面，并不脱层，不掉落，能长期在冷热干湿的空气中稳定，防止复合材料被紫外线直接照射。它的选择范围较大，丙烯酸体系、聚氨酯体系、不饱和聚酯体系、有机硅、有机氟体系等都适合。

4）胶与胶的相容性。碳纤维布加固补强施工过程中，胶是一层一层叠加上去复合而成的，与混凝土直接接触的只有底涂胶，找平胶与底涂胶、碳纤维布粘贴主胶粘结，而粘贴主胶与底胶、找平胶、碳纤维布和罩面胶相连。因此，不同胶粘剂之间的相容性、粘结性问题应予以充分考虑。一般来讲，同一类型的胶粘剂粘结性较好，不同类型的胶粘剂粘结相容性就需做预先的试验加以论证。

（2）碳纤维布加固补强受力分析与设计计算。

1）加固受力特点分析。

①与传统的其他加固方法相比，采用碳纤维布加固旧桥能最小程度地改变原有结构的应力分布，保证在设计荷载范围内与原结构共同受力。

②将抗拉性能优良的碳纤维布，用粘结材料粘贴到梁体底面或箱梁内壁上，使其与原结构一起参与受力，即碳纤维布可以与原结构内布置的钢筋一道共同承受拉力，以提高旧桥的承载能力。

③沿主拉应力方向或与裂缝正交方向，粘贴碳纤维布，两端分别设置锚固端，据此可约束混凝土表面裂缝，防止裂缝再扩展，从而达到提高构件抗弯刚度、减少构件挠度、改善梁体受力状态的目的。

④目前用于加固的碳纤维布:单向碳纤维布、单向碳纤维交织布、双向碳纤维交织布及单向碳纤维层压材料等,根据不同的结构部位和受力特性与方向等,选择相应的碳纤维布进行加固。

⑤碳纤维布加固混凝土构件,在提高其抗弯承载力时,还可能对抗弯构件的破坏形态产生影响。当碳纤维布用量过多时,构件的破坏形态将由碳纤维被拉断引起的破坏转变为混凝土被突然压碎破坏。与此同时,由于碳纤维为完全弹性的材料,它与钢筋的共同工作会减弱钢筋塑性性能对构件延性的影响。因此,碳纤维布用于钢筋混凝土梁式桥的加固补强时,应根据实际情况合理使用。

⑥用碳纤维布加固的旧桥,一旦发生如拉断或剥离等脆性破坏,具有突发性,因此其承载力极限状态不能按普通钢筋混凝土的定义,一般应按碳纤维抗拉强度的 2/3 进行抗弯承载力计算。

⑦试验研究证实,碳纤维布能够提高混凝土梁抗剪承载力,其作用机理与箍筋类似,同时还能明显改善构件的变形性能,增强构件抗变形能力。

⑧碳纤维布与混凝土基层界面,可分为两个界面区,即混凝土基层与粘结树脂界面区、粘结树脂与碳纤维布界面区,粘结性能的本质是接触面间的相互作用,宏观上表现为液态聚合物浸润表面后形成的机械锁结,微观上表现为分子扩散后相互缠结作用,或化学键作用,或静电吸引作用,或其复合作用。

2)碳纤维布受力加固设计计算要点。

①采用碳纤维布加固旧桥,目前,其计算方法一般是将碳纤维布按照一定的标准,例如允许应力标准,近似换算成一定用量的钢筋,然后,按照传统的钢筋混凝土受力分析模型进行理论分析,虽然是近似计算方法,但是,理论分析结果与实验数据完全吻合,因此在一般情况下是适用的。

②碳纤维布加固用量,可按式(2-6-3)估算:

$$A_{cf}=A_g\left(\frac{R_g}{R_{cf}}\right) \tag{2-6-3}$$

式中 A_{cf}——碳纤维布用量(面积);

A_g——为抵抗不足弯矩所需的钢筋面积;

R_g——钢筋的抗拉设计强度;

R_{cf}——碳纤维布抗拉设计强度。

③除按式(2-6-3)估算的碳纤维布加固用量(面积)外,还必须考虑必要的锚固长度和搭接长度所需面积,以及必要的边、角废料等裁剪损耗等。

粘贴碳纤维布加固桥梁结构材料,其主要力学性能和指标,加固设计的构造要求及计算方法,可参照中国工程建设标准化协会标准《纤维混凝土结构技术规程》进行设计和计算。

3)碳纤维布加固旧桥的特点。

①不增加恒载及断面尺寸。碳纤维布的自重仅为 200～300 g/m^2,设计厚度为 0.111～0.167 mm,加上环氧树脂系列的粘结材料的自重也很轻,对整个结构重量及桥下净空的影响微乎甚微,可忽略不计。同时,碳纤维布可以多层粘贴。根椐补强的要求,碳纤维布可以在一个部位重叠粘贴,充分满足补强的要求。

②可适应不同构件形状,成型方便。斜、弯、坡及异型结构的补强,采用传统的方法,施工难度极大,采用碳纤维补强法,因碳纤维布的随型性极强,可以随结构外形变化任意施工,从而

降低施工难度，减少施工成本，缩短施工工期，产生良好的社会和经济效益。

③施工简便。该法工艺简便，无需大型设备、模板、夹具及支撑，操作简单易行，因而施工时所需工作面小。特别是当箱梁内部的作业空间受到限制时，该优点是其他加固方法无法比拟的。

④采用碳纤维布加固补强，对原结构不产生新的损伤。碳纤维布加固补强系采用环氧树脂系列的粘结材料，不需要设置锚固螺栓及开凿混凝土等，因而不会对已经损伤的结构产生新的破坏，更可避免钻孔时与结构内原有钢筋和预应力索发生冲突而引起新的问题。

⑤能有效地封闭混凝土裂缝。碳纤维布（片）粘贴在混凝土的表面，不仅封闭了混凝土的裂缝，其高强高模量的特性，还约束了混凝土结构裂缝的生成与扩展，改变了裂缝的形态，使宽而深的裂缝变成分散的细微裂缝，从而提高了混凝土构件的整体刚度。

⑥碳纤维布（片）具有优良的耐化学腐蚀性。碳纤维布（片）是一种复合材料，几乎无腐蚀性和磁性以及具有较好的耐热性，不仅能经得起水泥碱性的侵蚀，而且当应用于经常受盐害侵蚀等腐蚀性环境时，其寿命也较长。因而碳纤维布加固法，在不利环境下较其他方法更显出其优异性。

⑦不影响结构的外观。碳纤维布（片）的厚度很薄，粘贴固化后其表面还可以涂刷一层与原有结构外观颜色一致的涂料，因而不影响结构的外观。

（3）碳纤维布加固旧桥施工工艺与要求。

1）一般施工工艺。

施工前的准备作业、基面处理：混凝土表面的劣化层（如浮浆、风化层等）要用砂轮机进行清除和打磨；基面的错位与凸出部分要磨平，转角部位要进行倒角处理；裂缝部分要注入环氧树脂浆进行修补。

基面的清洗：先用钢丝刷将表面松散浮渣刷去，然后用压缩空气除去粉尘；用丙酮或无水酒精擦试表面，也可用清水冲洗，但必须保证其充分干燥后才能进行下一道工序的施工。

涂刷底胶：按比例准确配制好底胶并搅拌均匀，注意一次调和量在可使用时间内用完，超过时间的绝对不能使用，以确保粘结质量；用滚筒或刷子均匀地涂抹在基面上，注意直横均匀涂抹，自然风干。如在冬季施工，胶的粘度较高，不能涂得太厚，底胶硬化后，在表面有凸起部分时，要用磨光机或砂纸打光。待底胶指触干燥后，进入下道工序。

粘贴面的修补：若发现粘贴面上有凹入部位，应用找平胶进行修补，保证粘贴面的平整，以确保加固效果；待找平胶干燥后进入下一道工序。

粘贴碳纤维布：在待粘贴面上划出各层位置；依设计尺寸裁剪碳纤维布，应根据现场施工经验和作业空间确定下料长度，若需要进行接长时，接头的长度应根据实际情况而定，一般不得小于 15 cm；下料数量应以当天能用完为准；粘贴碳纤维布时，应依设计位置由上而下，由左至右有秩序地粘贴，并以滚筒压挤贴片，使碳纤维布与浸渍树脂充分结合，同时以压板去除气泡；即时观察贴片是否粘贴密实，若发现有间隙或气泡，应及时处理。

罩面防护处理：粘贴完碳纤维布后，及时在其表面再直横均匀涂抹一层浸渍树脂，自然风干；确保贴片表面已充分风干结合后，在其表面涂抹罩面胶或采取其他措施处理，以保证各层胶的耐久性。

2）粘贴施工要求。

①被加固构件的基面要求：因为用碳纤维布加固混凝土构件是依赖于碳纤维布与构件表面的粘贴效率，所以要求基面的混凝土强度等级不低于 C15。同时要求被加固构件应具有良

好的保护层，即基面平整且具有一定强度。对于构件有剥落、起皮、腐蚀、裂缝及严重碳化等表面缺损，必须先进行修复，并应将粘贴基面打磨平整、清理干净，且不存在尖锐楞角和浮灰粉尘，防止碳纤维布的局部剥断破坏和粘贴失效。

②碳纤维布的粘贴：用碳纤维布加固混凝土构件，宜采用薄布多层的粘贴方法，使其与粘结材料充分浸润，确保粘结效率。

对于受弯构件，宜在受拉区沿轴向平直粘贴碳纤维布进行加固补强，并在主纤维方向的断面端部进行附加锚固处理。

③碳纤维布的搭接与截断：加固用的碳纤维布一般不宜采取沿主纤维方向的搭接，尤其是对受拉构件和受弯构件受拉区的加固。根据国内外对碳纤维布与混凝土间粘结锚固的试验结果，粘结应力主要集中于端部 100 mm 范围内，粘结破坏是脆性的，且粘结应力一般不会产生扩展。因此，若碳纤维布确需搭接时，其搭接部位应避开构件应力最大区段，搭接长度不应小于 100 mm，且搭接端部应平整无翘曲。多层搭接的各层接口位置，不应在同一截面，每层接口位置的净距宜大于 200 mm。

④施工时其他应注意的事项：现场气温低于 5 ℃、雨天，应停止施工；在施工现场，应做好防火等安全措施；各种胶粘附在皮肤上时，要用肥皂水冲洗，特别是进入眼内，要立即用水冲洗，或接受医生诊治。

加固所用的碳纤维布及其配套粘结材料，均应有厂家所提供的材料检验证明和合格证。

4. 粘贴芳纶纤维布加固法

芳纶纤维布与碳纤维布一样是一种质量轻、柔软、耐久、耐腐蚀、不导电、抗动载、抗冲击性能好的高性能补强材料，主要性能指标见表 2-6-21。

表 2-6-21 芳纶纤维布(单向)的主要性能指标

规格	单位质量 (g/m^2)	幅宽 (mm)	抗拉强度 (MPa)	弹性模量 (GPa)	保证强度 (kN/m)	设计厚度 (mm)
AFS-40	280	100,300,500	2 060	118	400	0.193
AFS-60	415					0.286
AFS-90	623					0.430
AFS-120	830					0.572

采用芳纶纤维布粘贴加固桥梁，其施工工艺与碳纤维布粘贴加固的施工工艺基本相同，这里就不一一赘述了。

5. 粘贴法加固材料质量控制

(1)胶结材料配合比。严格掌握环氧树脂胶结材料的使用配合比，这是粘贴加固质量和效果保证的关键性环节，故配料时一方面要严格遵照使用配合比备料，同时在有条件的地方应尽可能先进行粘结试验，达到加固设计对胶结材料的使用要求之后，再用于实际桥梁的加固施工中。

常用的粘贴钢板、钢筋、玻纤布环氧树脂胶结材料配合比，见表 2-6-22。表中环氧树脂砂浆中砂的粒径不宜大于 0.4 mm。

粘贴碳纤维布和芳纶纤维布须采用专门配置的环氧胶浆成品，目前市场供应的有底胶及找平胶，浸渍及粘结胶，可供选择的种类较多。

表 2-6-22 胶结材料常见配合比

配方/用途	环氧树脂 E-44 (6101)	增塑剂 二丁酯或苯酚		稀释剂 二甲苯或丙酮		固化剂 二乙烯三胺或乙二胺		水泥	砂
粘贴钢板	100	15～20	10	30	10～15	12～25	6～8	100	150～200
粘贴钢筋	100	10～15	10	20	10～15	12～25	6～8	100～150	150～200

(2)施工温度。环氧树脂在低温下固化缓慢,涂层不易均匀,因此一般只选择在 15～28 ℃的温度下进行施工。如果施工时气温较低,必须采取相应的加温养护措施,如用紫外线灯烘烤等。

(3)保持成型所需要的压力。桥梁粘结加固补强,大多数都是在梁(板)的底面进行,由下而上进行粘贴。无论采用哪一种补强材料,如果成型时施加的压力不足,就会造成加固补强层下坠,与混凝土之间粘合不紧密,以致使钢板等补强层材料发生脱落,影响加固补强的效果。

(4)粘贴。涂胶要均匀,并用力刮平,将气泡挤出来,以免形成空洞和脱胶,影响加固补强的效果,从而导致同某些部位粘结不好,承载时在这些部位出现应力集中的现象,造成结构的破坏。

6.6.4 预应力加固方法与技术

1. 预应力加固法基本概念

预应力加固是指运用预应力原理,在增设构件(以下简称“加固件”)或原有构件(如主梁梁体)中,施加了一定初始应力(即预应力)的一种加固方法。

对于钢筋混凝土或预应力混凝土梁板,采用对受拉区施以预加压力的加固方法,可以抵消部分自重应力,起到卸载作用,从而能较大幅度地提高梁的承载能力。

用预应力方法加固桥梁结构时,应考虑的主要问题有:施加预应力方式方法;预应力损失的估计和减少预应力损失的措施;预应力加固设计计算。

(1)施加预应力常用方法。用预应力法加固钢筋混凝土或预应力混凝土梁板,其加固件一般采用钢杆、粗钢筋或钢丝索等钢材,施加预应力的方法有纵向张拉法、横向张拉法和张拉钢丝束等。纵向张拉法在施加的预应力数值较小时可采用螺栓、螺纹杆、花篮螺栓等简易拉紧器进行张拉。在施加的预应力较大时,可采用手拉葫芦、千斤顶张拉或电热法张拉。横向张拉法基本原理是在钢拉杆中部施加较小的横向外力,从而可在钢拉杆内获得较大的纵向内力。由于横向张拉外力一般并不很大,采用螺栓、螺纹杆、花篮螺栓等简易工具即可。钢丝束通常通过锚具用千斤顶进行张拉,如果张拉要求不高,可以采用撬棍等工具绞紧钢丝绳束亦可产生预拉应力。

(2)预应力损失估计和减少预应力损失的措施。预应力损失是影响到预应力加固的适用范围和加固后工作状态的重要问题。预应力损失由加固件本身和承受加固件作用的结构两方面的变形而产生,主要的影响因素有:

1)基础徐变和地基沉降。

2)被加固构件收缩和其他变形。

3)加固件本身徐变。

4)加固件节点和传力构造变形。

5)温度应变。

在预应力加固件使用过程中,由于基础沉降、温度应变、新浇混凝土徐变等具体原因将产生较大预应力损失,这时,为减少预应力损失以保证加固效果,必须在加固过程中预留构造措施,以便在使用过程及时调整加固件的工作应力数值。

(3)预应力加固设计计算。预应力加固设计计算,应首先绘制加固前后结构受力图形,分析内力的变化。加固件中工作应力数值应满足原有结构加固的需要。加固件中施加的预应力数值应为工作应力和预应力损失数值之和。预应力损失值在具备一定经验和资料时可由计算确定,在经验和资料尚不充分时宜在加固前用实验测定。

预应力加固法具有许多优点,如加固效果好,工作可靠,可以减少或限制结构的裂缝和其他变形;对桥梁营运使用的影响较小,可在不限制通行的条件下完成加固施工;在人力、物力和资金消耗方面也具有明显的经济合理性。因此,预应力加固法既可作为桥梁通过重车的临时加固手段,又可作为永久性提高桥梁荷载等级的措施。

2. 预应力拉杆加固钢筋混凝土梁板

钢筋混凝土梁板是受弯或以受弯为主的横向受力构件。其预应力补强加固一般采用预应力拉杆,常用的拉杆体系有三种:水平预应力补强拉杆、下撑式预应力补强拉杆以及组合式预应力补强拉杆。各种拉杆体系的结构和加固原理介绍如下:

(1)水平预应力补强拉杆加固法。对于钢筋混凝土或预应力混凝土的T梁或工字梁桥,可采用在梁断面的受拉力,即在梁底下加设预应力水平拉杆的简易补强方法进行加固,加固结构如图2-6-25所示。

从图2-6-25中可以看出,当拉杆安装并通过紧销钢栓实施横向拉力后,钢拉杆内将产生较大纵向拉力,于是,梁受拉区就受到拉杆顶压应力的作用,梁中受拉应力也就相应减少。

从加固原理上看,这种补强加固法可提高梁构件正截面抗弯承载能力,但不能提高支座附近斜截面抗剪承载能力。

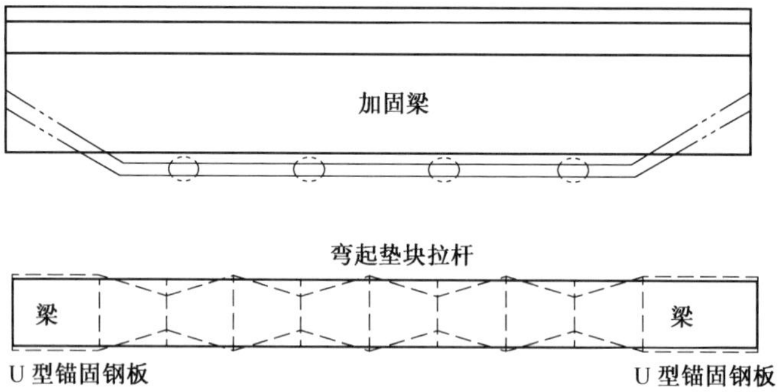

图2-6-25　水平预应力补强加固法

(2)下撑式预应力补强拉杆加固法。将水平补强拉杆在接近支座处向上弯起,锚固于梁板支座的上部,弯起点处增设传力构造,再施加预拉应力,这种加固装置即为下撑式预应力补强拉杆的加固方法。

在桥下净空许可的条件下,可采用如图2-6-26所示的下撑式补强拉杆加固钢筋混凝土梁的方法。

这种加固法的预应力补强拉杆用钢材做成,拉杆弯起点设立柱,立柱用钢筋混凝土或混凝土

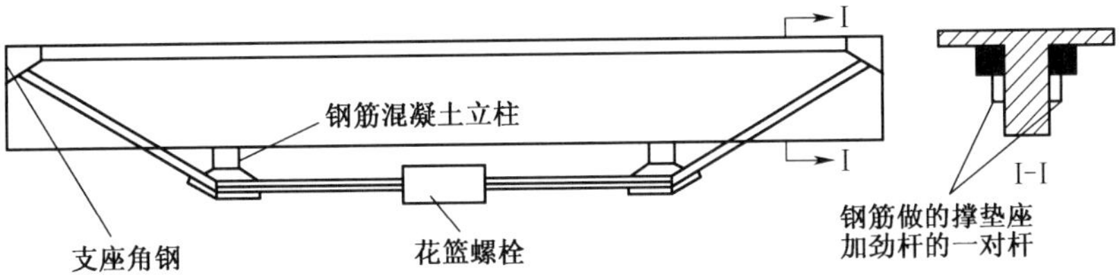

图 2-6-26　下撑式预应力补强加固法

做成。立柱一般设在 1/4 跨径的地方,以使预应力加固的斜拉杆与水平线的角度为30°～45°。

预应力加固件的斜拉杆,装在被加固的梁腹板左右两侧支座上方的两端。在钢筋混凝土梁上凿开一个安装垫座的位置,割去一部分梁的钢筋箍和竖钢箍,将用角钢或槽钢做成的支承垫座安放在凿好的洞内,并与斜拉杆成垂直角。斜拉杆的一端插入支承垫座内用螺帽扣紧,另一端在立柱下面用一对节点板和水平拉杆结合。装好之后,用花篮螺栓把加劲的水平拉杆拧紧。为减少对桥下净空的影响,预应力补强拉杆也可布置在主梁腹部的两侧(中性轴以下),如图 2-6-27 所示为两种不同的布置形式。

为使补强拉杆锚固于梁腹板,形成整体,锚固的方法有很多种,如图 2-6-28 所示,图 2-6-28(a)为夹具锚固的方法;图 2-6-28(b)为用钢板套箍锚固的方法。

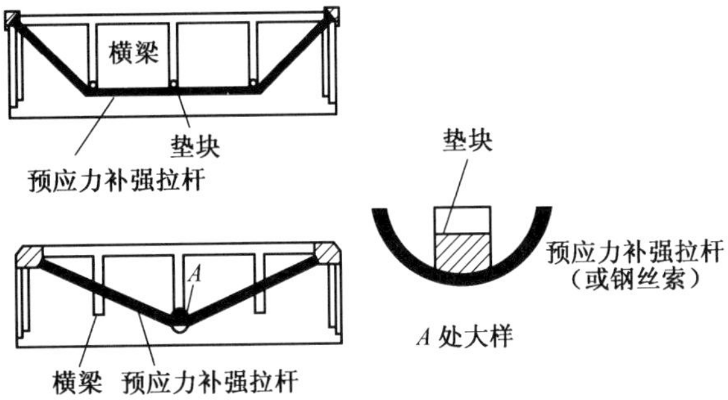

图 2-6-27　预应力补强拉杆

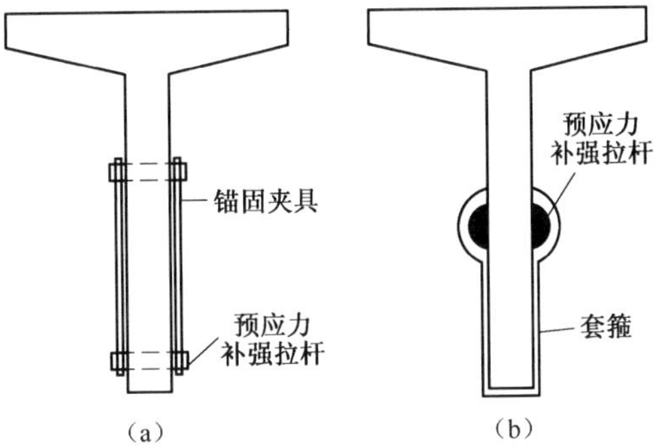

图 2-6-28　补强拉杆锚固于梁腹板

由于下撑式预应力补强拉杆布置较为合理,拉杆中施加预应力后,通过拉杆弯起点的支托构件传力,与梁结构产生作用力,起到卸载的作用。这种加固方法的优点是可对受弯构件垂直截面上的抗弯强度和斜截面上的抗剪强度同时起到补强作用。

(3)组合式预应力补强拉杆加固法。既布置水平补强拉杆,又布置有下撑式补强拉杆,这种加固方式称为组合式预应力加固方法,如图 2-6-29 所示。

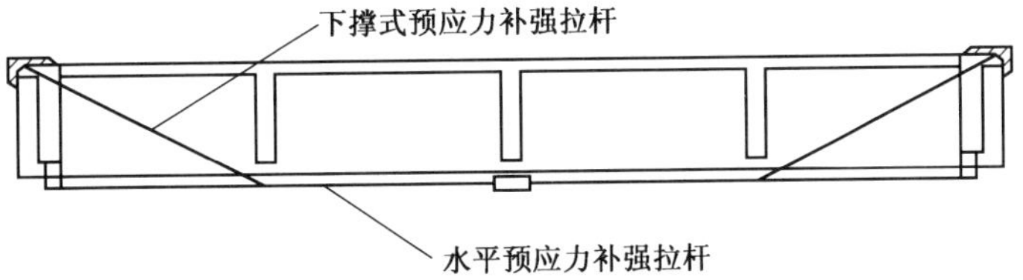

图 2-6-29　组合式预应力加固方法

组合式预应力补强拉杆的加固方法,既具有下撑式预应力补强拉杆,能提高抗弯、抗剪强度的优点,又可在必要时将通常安设的两根拉杆增加到四根(两根水平拉杆),从而可更大幅度地提高原结构的承载能力。

上述三种预应力补强拉杆加固法的采用,可根据具体情况进行选择。从补强的内力种类来看,当梁板跨中受弯强度不足,而斜截面上抗剪强度足够时,可采用水平预应力拉杆及其他两种拉杆。当梁板支座附近斜截面抗剪强度不足时,则采用下撑式和组合式预应力拉杆。从要求补强加固后承载力能提高较大时,宜采用组合式补强拉杆。此外,三种拉杆的选择均需考虑施工的方便与可能。

3. 预应力补强加固设计

采用预应力补强拉杆加固桥梁构件,应事先进行必要的设计计算。由于加固后预应力拉杆与钢筋混凝土梁板构件将组成一个整体并共同工作,因此,补强拉杆与被补强梁板组成一个新的复合体系,这样就改变了结构原来的静力图形,并且提高了承载能力。

预应力补强加固设计计算步骤和方法如下:

(1)通过计算,求出被补强构件提高荷载等级前所受荷载及其引起的内力,包括恒载内力和活载内力计算。计算方法与通常桥梁设计时的内力计算相同。

(2)通过计算,求出拟提高荷载标准后的活载内力,并由恒载与活载的组合验算加固的必要性。

(3)由上面二项之差,求出内力的提高值,即需补强加固的抵抗力矩及剪力等,估算出补强拉杆应有的横截面面积。

(4)估算求出提高拉杆效率所必需的预施拉力值 $N_{预}$。

(5)用补强后增大的荷载及内力复核已加强的构件。

6.6.5 改变结构体系加固方法与技术

1. 改变结构体系加固概念

改变结构体系加固,实际就是通过改变桥梁结构体系以减少梁内应力,例如:在简支梁下增设支架或桥墩;把简支梁与简支梁加以连接,从而由简支梁变为连续梁;在梁下增设钢桁架等加劲梁或叠合梁;改小桥为涵洞等,以提高桥梁的承载能力。

改变结构体系的方法很多,但往往皆要在桥下操作,或设置永久设施,因而影响桥下净空。因此,要在不影响通航及桥梁排洪能力的情况下使用。

2. 加劲梁或叠合梁加固法

采用加劲梁或叠合梁以增强主梁的承载能力,也是常用的改变桥梁结构体系的一种加固法。加劲梁或叠合梁的形式有多种。

采用加劲梁和叠合梁加固时,应根据加固时结构体系转换的实际受力状态,分清主次,进行合理的抽象和简化,得出计算图示,进行补强计算。因实际结构比较复杂,各种结构部分之间存在着多种多样的联系,而决定联系性质的主要因素是结构各部分的刚度比值。故新旧结构体系可依据相对刚度大小分解为基本部分和附属部分,以分开计算其内力,如分为主梁与次梁、主跨与副跨,并注意略去结构的次要变形,从而得到较简明的力学图式。

3. 改桥为涵加固法

对于跨径较小的桥梁,在不影响通航和排洪能力的情况下,可采用改桥为涵的方法进行加固,如图 2-6-30 所示。涵洞的形式可采用圆管涵、拱涵等形式。

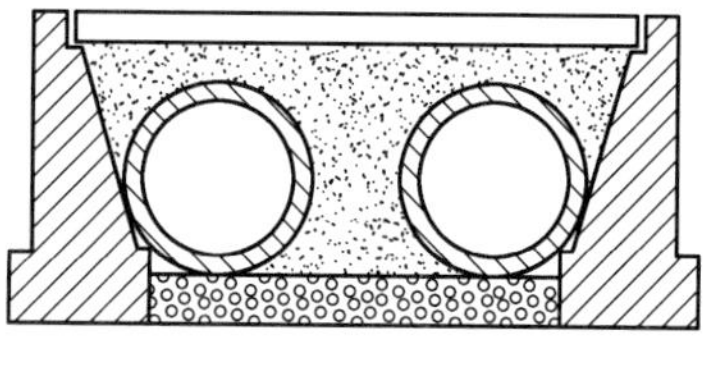

图 2-6-30 改梁为涵的构造示意

6.7　拱桥加固与改造

6.7.1　基本原理

尽管目前桥梁加固方法和技术“百花齐放”，但归纳起来不外乎从外因和内因两个方面对桥梁结构进行加固补强。

1. 通过结构的性能改变提高主拱圈的承载力（从外因入手）

(1)增大主拱圈截面面积。对主拱圈采用喷射混凝土、现浇混凝土、外包混凝土等加固方法，都是属于此类加固技术和方法。采用增大主拱圈截面的方法加固，其目的是当荷载等级不变的前提下，减小主拱圈截面承受的拉应力，当荷载等级增加时，保持或适当减少主拱圈截面承受的拉应力，保持在主拱圈材料性能承受范围内，从而达到加固主拱圈、提高承载力的目的。

(2)增加拱圈的强度。对主拱圈采用环氧树脂砂浆（胶浆）粘贴钢板、钢筋、玻璃钢、碳纤维布、芳纶纤维布等高强度材料增加主拱圈的强度，都是属于此类加固方法和技术。采用增加主拱圈强度的方法加固，其目的是当荷载等级不变或荷载等级增加时，增加主拱圈的强度，使荷载对主拱圈产生的拉应力小于补强材料的强度，从而达到加固主拱圈，提高承载力的目的。

2. 采用改变结构体系、减轻拱上建筑恒载重量提高主拱圈的承载力（从内因入手）

(1)改变结构体系，减小主拱圈的内力。采用梁拱结合共同受力的方式，或将原桥重力式拱上建筑改变为轻型的桁架或刚架，减轻主拱圈承受的恒载重、减小主拱圈承受恒载内力，减小了拱圈承受拉力，从而达到加固补强的目的。

(2)减轻拱上建筑恒载重量，减小主拱圈的内力。采用减轻桥面系自重和减轻拱上建筑自重，减小主拱圈承受的恒载内力，也可以达到减小主拱圈承受的拉应力，达到加固主拱圈，提高承载力的目的。

综上所述，无论采用何种加固方法和加固技术，其基本原理都是为了减小主拱圈承受拉应力。对于抗压性能极好的圬工或钢筋混凝土拱桥，减小了主拱圈的拉应力，也就意味着提高了主拱圈及原桥的承载能力。

6.7.2　增大主拱截面加固方法与技术

当主拱圈承重构件的断面不足，或施工质量不佳、墩台地基沉降、桥梁长期超载运营等原因引起开裂、变形时，一般可采用增加主拱截面的方法加固。最常用的方法是：用钢纤维混凝土、钢筋混凝土、钢筋钢纤维混凝土，或钢筋钢丝网钢纤维混凝土（简称三钢混凝土）加大主拱圈的厚度，亦可用钢筋混凝土外包石拱桥、双曲拱桥的拱肋截面，或在双曲拱肋波背部加盖钢筋混凝土倒槽形板，或用预制拱肋加固桁架拱等。

由于在主拱圈上缘增大截面加固需要中断行车，因此一般采用主拱圈下缘增大截面加固法。

实腹式拱桥存在实腹段，而拱顶截面承载力不足时，如果采取拆除拱上实腹部分加固主拱圈拱背难度大，费工、费时，工程费用高，又要中断列车运行，在桥下净空容许，或根据水文资料，桥下泄水面积容许缩小时，可在原拱圈下面喷射钢筋网混凝土或紧贴原拱圈下面浇筑钢筋混凝土新拱圈。

在主拱圈拱腹，按一定间距钻孔设置锚杆，再在锚杆上焊接或绑扎钢筋网，然后喷射混凝土加固。喷射混凝土的厚度,按结构受力需要确定,如图 2-6-31 所示。

目前,通常采用的锚杆为高强膨胀锚栓,在条件受限,没有膨胀锚栓时,亦可采用传统的钢筋砂浆锚杆或楔缝式金属锚杆,如图 2-6-32 所示。

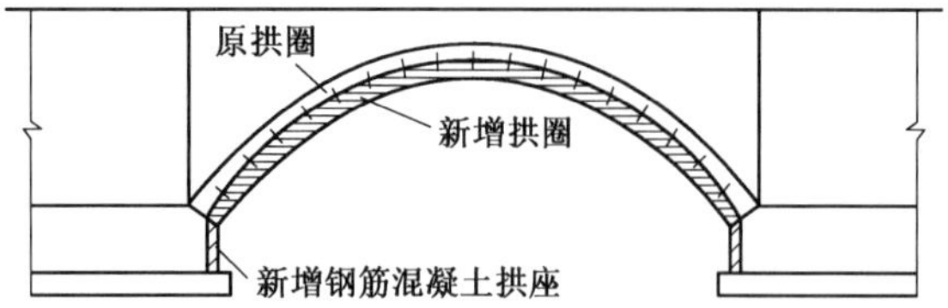

图 2-6-31 喷射混凝土加固拱圈

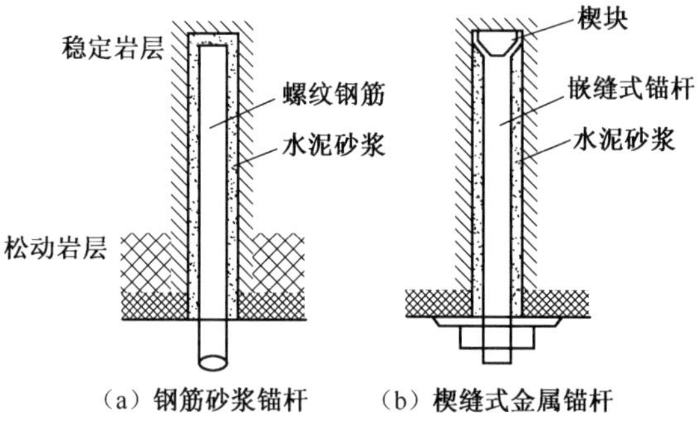

图 2-6-32 锚杆构造图

但灌浆锚杆由于需要灌浆施工存在一定难度,并缺乏足够的剪切力,尽管国外在改进材料的基础上又发展了聚酯树脂锚杆,树脂易装入孔内,最终剪切强度在树脂和引发剂在孔内混合后不久即可达到,锚固力比普通锚杆大 1.7～3.0 倍,但始终不如自锚式膨胀锚栓方便、可靠。膨胀锚栓锚固效果最佳的是后置式自切底锚栓 HDA,如没有采用普通高强膨胀锚栓,则效果不如后置式自切底锚栓。

喷锚加固施工工艺如下:

(1)先去除剥落、松散的表层,并用水冲洗干净。若有裂缝存在,可采用前叙修补裂缝方法,先对裂缝进行修补和处置。

(2)钻锚杆孔、安装锚杆、布设钢筋网。按照提高承载能力的需要,在主拱下缘布设钢筋网。通常是按一定间距设置锚栓,将钢筋沿桥的纵横方向焊接到锚栓上,构成钢筋骨架,钢筋网的作用在于承受拉应力,提高喷护层强度,传递温度应力,减少收缩裂纹,加强喷射混凝土的整体性等。

(3)喷射混凝土。喷射混凝土层的厚度应根据设计需要确定,每次喷护厚度不宜超过 5～8 cm。若需加厚,应反复多喷几次。受喷混凝土时间应视水泥品种、施工时间的气温和速凝剂掺量等因素而定。

6.7.3 粘贴加固方法与技术

在荷载作用下,主拱圈产生拉应力,如果超过其承受限度时,将导致主拱圈开裂、破损,丧失承载力,甚至坍塌;除了前述可以通过增大截面法减小主拱圈承受的拉应力,提高原桥承载力的途径外,还可采用环氧砂浆在主拱圈的受拉区段粘贴钢板钢筋,或用环氧胶浆粘贴璃纤维布(玻璃钢)、碳纤维布、芳纶纤维布等高强材料,增加主拱圈的强度,提高桥梁的承载力。

1. 环氧砂浆粘贴钢板或钢筋加固法

一般设在主拱圈的受拉部位,可按主拱圈受拉开裂强度估算补强钢板(或钢筋)的配置数量,补强范围宜沿整个负弯矩区或正弯矩区导致截面出现拉应力的范围,并向外延伸 1～2 m。粘贴的钢板厚度,一般宜采用 4～6 mm,为便于钢板沿拱腹线成型,钢板不宜太长,可分段粘贴,每段长度 1.2～ 1.5 m,接头处搭接钢板或锚缝。钢板在工厂按设计要求加工成型,并沿粘贴面设置一定数量的膨胀锚栓,在环氧砂浆初凝前对钢板加压和固定,保证钢板与拱圈的粘贴效果;环氧砂浆固结后增强钢板与拱圈的粘贴面的抗剪能力。粘贴基面的处理和粘贴工艺与梁桥的施工方法基本相同,可参照前面桥梁部分。

粘贴钢板对石拱桥、钢筋混凝土拱桥等各类桥型的拱式桥梁均适用,由于其强度远远高于原拱圈基材的强度,粘贴面的大小可根据结构受力状况全拱圈宽度粘贴,亦可间隔分肋粘贴。

粘贴钢筋通常仅用于钢筋混凝土拱桥主拱圈(肋)的加固补强。施工时应先凿开原拱圈(肋)的保护层,露出主筋,根据结构受力需要将补强钢筋用环氧砂浆粘贴到原拱圈(肋)的主筋上,然后用环氧砂浆或高强砂浆进行封闭,恢复原保护法。用砂浆恢复保护法应在补强钢筋外侧加一层钢筋网,以防止砂浆开裂,造成钢筋锈蚀,如图 2-6-33 所示。

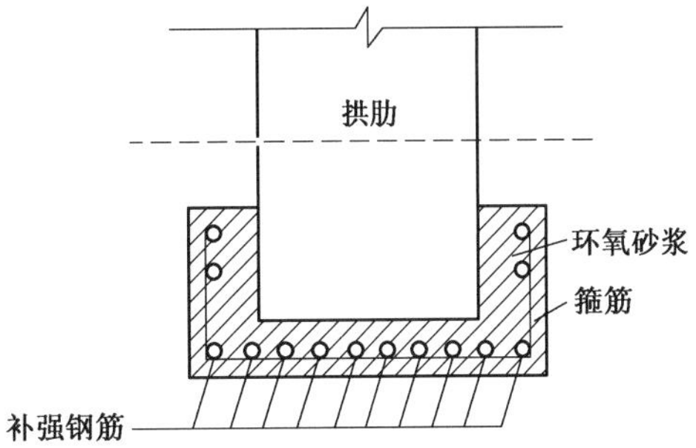

图 2-6-33　环氧砂浆粘贴钢筋加固拱肋示意图

2. 环氧胶浆粘贴玻璃纤维布(玻璃钢)、碳纤维布、芳纶纤维布加固法

目前,国内外环氧胶浆粘贴玻璃钢、碳纤维布、芳纶纤维布等加固技术大都用于梁桥加固补强,用于加固拱桥的加固实例还不多。但是,采用该技术加固钢筋混凝土拱桥,特别是加固双曲拱桥的工程,仍是一种较好的加固方法。对主拱圈下缘拉应力较大的部位用环氧胶浆粘贴玻璃钢、碳纤维布、芳纶纤维布等轻质高强材料不仅施工方便,而且加固效果也十分显著。其施工工艺与梁桥基本相同,但由于结构不同,受力特性不一样,故加固的部位也不相同。因此,对钢筋混凝土各类拱桥采用上述材料进行加固时,应根据拱桥的具体缺陷和病害,确定具体的加固部位,制定切实可行的加固方案。

6.7.4　外部预应力加固方法与技术

1. 外部预应力加固法

目前,外部预应力加固法多用于梁桥,对于拱圈纵向开裂或横向开裂,以及桥台产生位移、拱顶下挠的拱式桥梁,主要采用钢板箍套钢筋拉杆加固法或钢筋混凝土拉杆法。通过顺桥向设置的钢筋混凝土拉杆或钢拉杆施加预应力进行加固,具体施工工艺与后张法预应力梁桥的施工方法相同。降低拱脚水平推力,采用钢杆件拉紧法。

为了降低拱脚的水平推力,防止拱脚位移,提高拱的承载能力,也可在拱圈根部凿开混凝土,外露钢筋后焊接拉杆锚座(或在清理混凝土表层后以环氧砂浆粘结锚座),装置拉杆螺栓(带有花篮螺栓伸缩装置的拉杆)锚固拱脚,如图 2-6-34 所示。

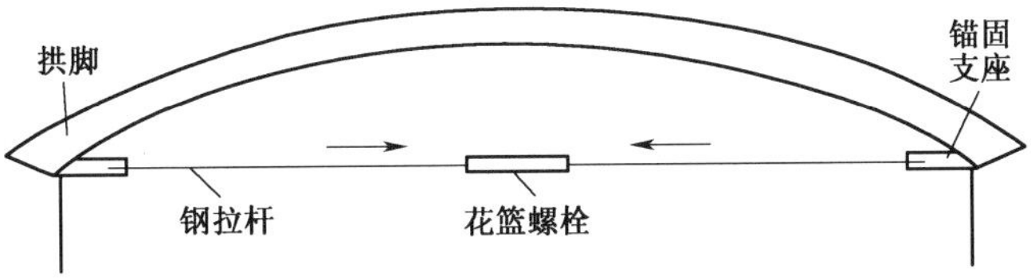

图 2-6-34　钢拉杆加固拱桥

采用钢拉杆的加固措施,使桥下净空大幅度降低,将会影响通航,故仅用于一般不通航河

道上的桥梁。

2. 钢板箍或钢拉杆与螺栓锚固加固法

石拱桥亦可在拱圈的跨中和 1/4 处加设三道(或多道,视具体情况而定)钢板箍(钢板厚 6～8 mm)或钢拉杆,用螺栓在拱底及拱侧钻孔锚固,并注意将锚固点设在拱圈厚度的 1/3 处,如图 2-6-35 所示。其锚固孔用环氧砂浆或膨胀水泥砂浆填塞牢固,钢拉杆以一根垂直放置的槽钢作为螺帽衬点,并兼作拉杆连接件。拉杆布置在拱腹及拱上侧墙顶面以下 50～60 cm 处,固定在槽钢上后,通过扭力板手逐步收紧螺帽,向拱圈和侧墙施加预应力,以阻止裂缝发展,对拱桥进行加固补强。

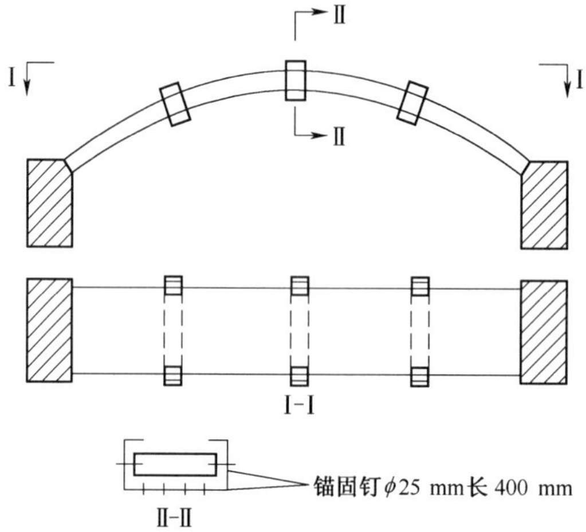

图 2-6-35 拱桥钢板箍与螺栓锚固法

3. 钢筋混凝土拱桥加固改造

除了双曲拱桥、石拱桥以外,尚有为数众多的箱型拱、肋拱、桁架拱、板拱等其他类型的钢筋混凝土拱桥,其加固改造方法与双曲拱桥和石拱桥基本相同,加固改造设计时可参照前述各种加固方法及技术,结合具体情况,拟定出切实可行的加固改造方案进行实施。

6.8 桥梁下部结构加固与改造

6.8.1 桥梁下部结构存在的主要缺陷和病害

桥梁的下部结构包括墩台和基础,它们直接承受桥梁上部结构的荷载,并将荷载传递给地基。如果下部结构出现问题,则桥梁也就不可幸免。

桥台是桥梁与路堤连接的关键部位,它承受上部构造的荷载、台后的填土压力,是两种强度或刚度差别极大的材料的连接处;桥墩则要承受上部荷载、风力、流水压力、冰压力、浮力以及意外船只或流冰的撞击力。

桥梁墩台基础主要受到墩台的荷载作用、大气和风雨的侵袭、洪水的冲刷,还有甚至遭受地震力的作用等,经过多年使用后将会产生各种缺陷和病害。

1. 桥梁基础存在的缺陷

参见 6.3.3 相关内容。

2. 基础结构物的应力异常和开裂应力分析

对于刚性基础,在中心荷载作用下,基底压力呈马鞍型分布,如图 2-6-36 所示;荷载再增加，基底压力重新分布成抛物线形，如图 2-6-37 所示；荷载继续增大，基底压力会继续发展，成为钟形分布，如图 2-6-38 所示。所以，刚性基础的地面压力分布与荷载大小、基础埋置的深度有关。

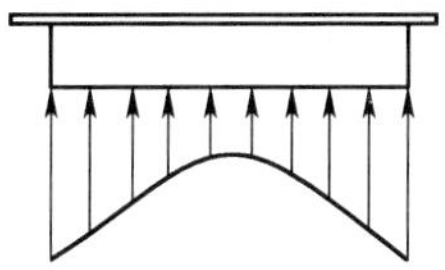
图 2-6-36　基础底应力呈马鞍形

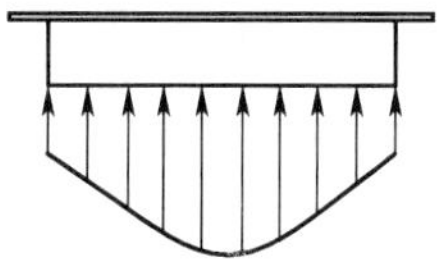
图 2-6-37　基础底应力呈抛物形

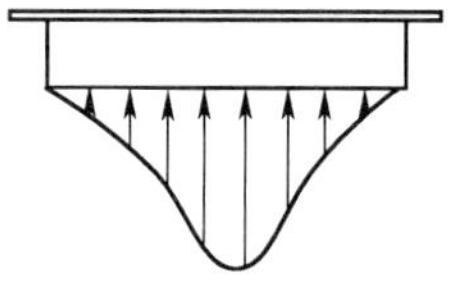
图 2-6-38　基础底应力呈钟形

在实际计算中，常常简化为：中心荷载、偏心受压，如图 2-6-39～图 2-6-41 所示。

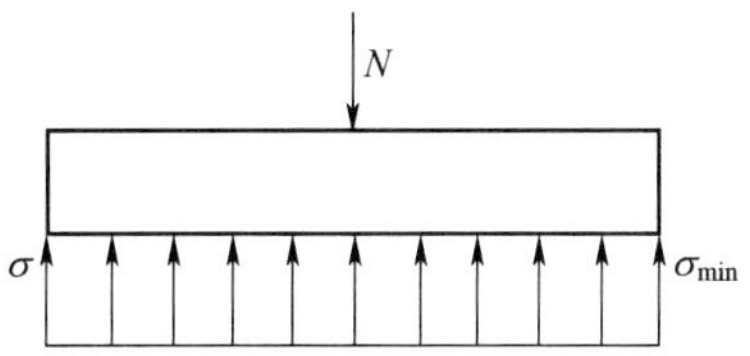

图 2-6-39　中心荷载

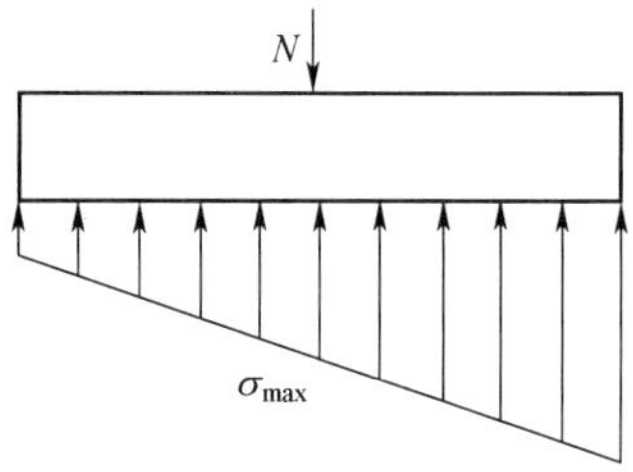

图 2-6-40　偏心荷载(一)

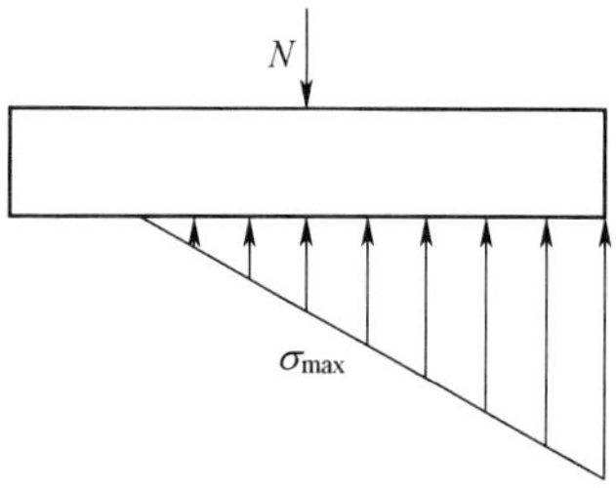

图 2-6-41　偏心荷载(二)

图 2-6-39 计算公式：

$$\sigma = \frac{N}{F} \tag{2-6-4}$$

图 2-6-40 计算公式：

$$\sigma_{\max}^{\min} = \frac{N}{F}\left(1 \pm \frac{6e}{b}\right) \tag{2-6-5}$$

图 2-6-41 计算公式：

$$\sigma_{\max} = \frac{2N}{3\left(\frac{b}{2} - e\right)} - 1 \tag{2-6-6}$$

式中　σ——基底压应力；

N——中心荷载(含基础自重)；

F——基础底面积；

e——偏心距；

b、l——基础底面宽度与长度。

桩在轴向力作用下的破坏模式：

(1)桩底是支承很硬的底层，桩侧土为软土层，抗剪强度很低，呈现桩身材料破坏，如图 2-6-42 所示。

(2)桩底土体形成滑动面出现整体剪切破坏，如图 2-6-43 所示。

(3)桩柱将出现刺入破坏，如图 2-6-44 所示。

3. 桥梁墩台缺陷

桥梁墩台是位于桥梁上部结构和基础之间的结构物，而且多数的墩台是由砌石砌体、混凝土和钢筋混凝土构件组成。墩台结构将上部结构的荷载传递给基础，因而，上部结构的变化和影响、基础以下结构的变化与影响，都将会对墩台产生影响和损坏。关于桥梁墩台缺陷表现和裂缝分布状况，详见 6.3.3 节。

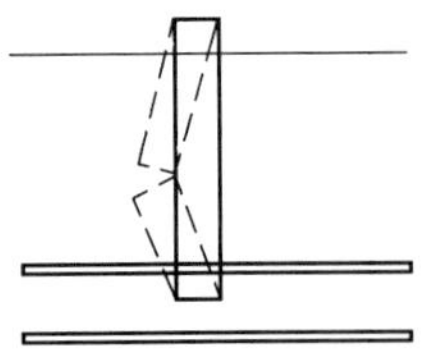
图 2-6-42　桩身的破坏

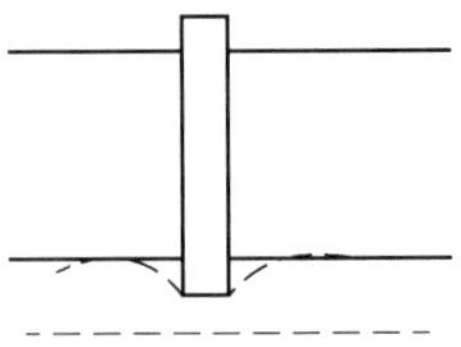
图 2-6-43　桩底滑动面整体剪切破坏

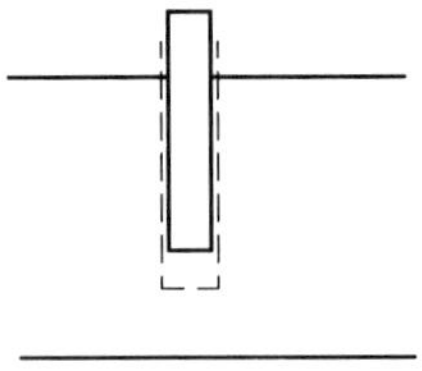
图 2-6-44　刺入破坏

6.8.2　墩台基础维修

1. 基础表层维修

对砌石和钢筋混凝土墩台表层出现的缺陷，钢筋混凝土桩和排架所出现的混凝土剥落、露筋和裂缝，均应进行维修，常见的病害和处理方法如下。

(1)混凝土结构表层缺陷的处理。在充分检查的基础上，了解并测试墩台结构的形状、施工截面、周围环境、影响因素及其他特殊要求后，整理资料；充分对缺陷进行分析，确定缺陷等级，有针对性地制定出修补方案和计划。

常用的修补材料：

1)混凝土材料：用混合料与原结构级配相同或高一级的细石混凝土来进行修补；水泥等级要求在 42.5 级以上；技术指标都要不低于原结构。

2)水泥砂浆：要求不低于原结构的水泥砂浆，并应进行试验检验。可采用人工填压法、喷浆修补法。混凝土胶粘剂分别用于表面封涂、灌浆、粘结、浇筑等方法对缺陷进行修补，见表 2-6-23。

表 2-6-23　混凝土环氧胶浆配合比

型式	矿粉	胶液	黄砂	碎石	固化剂	膨胀剂
净浆	1	0.5～0.6			0.1	0.01
砂浆	1	0.8～1	2		0.1	0.01
混凝土	1	0.9～1.1	1	1.3～2	0.1	0.01

3)环氧树脂类有机粘结材料：用于混凝土表面缺陷修补，常用环氧树脂混凝土、环氧砂浆、环氧胶液。一般这种材料比较昂贵、施工工艺较复杂，只用于修补质量要求高的部位或其他材料无法满足要求时才采用。它由主剂环氧树脂及硬化剂、增塑剂、稀释剂、填充料等组成，其配比可参照前面的章节或相关手册。

混凝土结构表面常用的修补法：

1)混凝土修补。常采用直接浇筑、喷射、压浆等方法。但应注意要对凿除的部分进行清理；对交接面处要进行粘结处理(如采用环氧砂浆)；修补完毕后要加强养护。

2)水泥砂浆修补。人工涂抹适用于对小面积的缺陷、损坏浅的处理，注意压光时要加强力度。该种处理需要注意在截面处 1 个月后会出现收缩裂缝，一般都要进行胶液处理。

喷浆修补法是将水泥、砂和水混合后，经高压喷嘴喷射到修补部位的一种修补法，适用于重要结构、大面积的混凝土表面缺陷和破损的修补。

3)混凝土粘结剂修补。对混凝土结构的表面风化、剥落、露筋及小面积的破损，一般可采用混凝土胶粘剂进行表面封涂修补方法。但应进行缺陷表面处理、胶粘剂拌制、缺陷封嵌、封涂处养护。

4)浇筑涂层修补。混凝土结构损坏较大，且深入构造内一定深度的损坏，可以采用此法。其工艺为：表面处理、支立模板、备料、灌注、养护。

5)环氧树脂修补。该方法费用较高、工艺较复杂，通常在特殊情况下采用。

(2)砌石结构表层缺陷的处理。砌石结构表层缺陷采用勾缝修补，用手凿或风动凿子凿去已破损的灰缝，用水冲洗干净，最后用M10号水泥砂浆重新勾缝。抹浆或喷浆整治砌石表面风化，采用手工抹浆与压力喷浆对 砌石砌体表面风化、剥落、蜂窝、麻面进行喷层M10砂浆防护。对于局部表面损伤，脱落不严重的，可以将破损部分清除，凿毛洗净，再用M10水泥砂浆分层填补至需要的厚度，并将表面抹平。破损太大或较深时可以加挂钢筋网，再立模浇筑混凝土。镶面石的修补可以采用个别更换或用预制混凝土块代替。

2. 裂缝的处理

(1)填缝。填缝是砌石结构裂缝处理中最简单的方法。工序为：将缝隙清理干净，用1∶2.5或1∶3水泥砂浆进行处理。

(2)表面抹灰。用水泥浆、水泥砂浆、环氧胶浆及环氧砂浆等涂料，涂在裂缝部位的砌石砌体或混凝土表面上的一种修补方法。

1)水泥砂浆涂抹工艺。先将裂缝附近的混凝土表面凿毛，尽量平整，再洗刷干净，保持湿润，然后用纯水泥砂浆涂刷一层底层，再用(1∶1)～(1∶2)的水泥砂浆涂抹其上。注意厚度不宜太厚或太薄，涂抹后要养护。

2)环氧砂浆涂抹工艺。在裂缝上凿成V形槽，宽1～2 cm、深约0.5 cm，清洗缝口，并凿去浮渣，清理后用丙酮等有机溶剂清洗，在缝四周涂一层环氧砂浆或对深缝灌浆，最后嵌入环氧砂浆并进行养护。

(3)表面粘贴修补。用胶粘剂把玻璃布或钢板等材料粘贴在裂缝部位的混凝土上，达到封闭裂缝的目的。

1)玻璃布粘贴。玻璃布一般采用无碱玻璃纤维织成，胶粘剂多为环氧胶浆，注意油脂和蜡的处理。施工方法为两种：一是直接在混凝土表面涂贴玻璃布，直到达要求为止；另一种是先制作完毕成玻璃钢成品后，再粘贴在裂缝部位。

2)粘贴钢板。用环氧基胶浆粘接剂涂刷在整体钢板上，然后将其压贴于待修复的裂缝位置的方法。施工工艺：钢板的制作、打磨；对混凝土表面的打磨；清洗钢板和混凝土表面；在钢板和混凝土表面均匀涂刷环氧胶浆粘结剂；按照要求压贴钢板；养生，撤出操作场地；防锈处理。

(4)凿槽修补。凿槽嵌补是沿混凝土裂缝做一条深槽，然后在槽内嵌补各种粘结材料，如环氧砂浆、沥青、甲基丙烯酸脂类化学补强等的一种修补方法。常见的缝槽形状如图2-6-45所示。

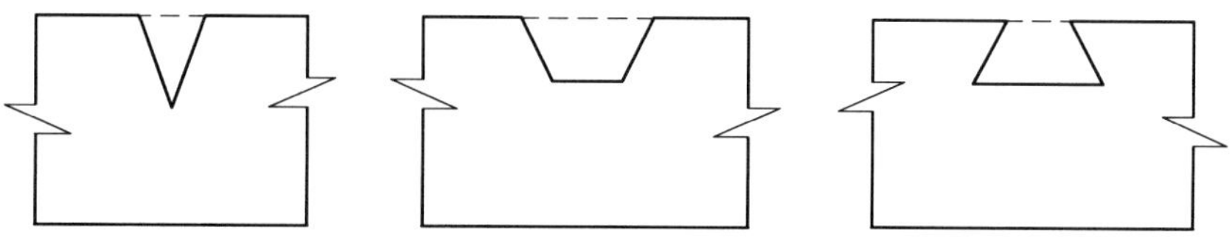

图2-6-45　缝槽修补形状

(5)表面喷浆。在经凿毛处理的裂缝表面,喷射一层密实而且强度高的水泥砂浆保护层来封闭裂缝的一 种修补方法。根据裂缝的部位、性质和修理要求与条件,可分别采用无筋素喷浆、挂网,或挂网喷浆结合凿槽嵌补等修补方法。

(6)压浆修补处理。施压灌浆是指施加一定的压力,将某种浆液灌入结构物内部裂缝中去,以达到封闭裂缝,恢复并提高结构强度、耐久性和抗渗透性的一种修补方法。此法一般适用于裂缝多且深入结构内部或结构有空隙的修补场合。

压力灌浆按灌浆材料的不同,可分为三类:①水泥、石灰、黏土灌浆。灌注材料可分为纯水泥、水泥砂浆、水泥黏土、石灰、石灰黏土、石灰水泥浆液。水泥灌浆工艺:裂缝检查及处理、钻孔、清孔、止浆、堵漏处理、压风试验、灌浆、封孔及检查。实践中,水泥灌浆应用最广。②化学灌浆。当裂缝小于 0.3 mm 时采用化学灌浆法。灌注材料可分为水玻璃、木质素类、丙烯酰胺类、丙烯酸盐类、聚氨酯类、环氧树脂、甲基丙烯酸酯类及其他化学材料。化学灌浆工艺:裂缝检查及处理、钻孔、清孔、止浆、堵漏处理、压水(风)试验、灌浆、封孔、检查、收尾处理。在操作过程中,要注意生产安全。③沥青灌浆。沥青灌浆体现为填塞和覆盖,应用较少。

3. 基础冲刷处理

(1)基础局部冲空或损坏的处理。

水深小于 3 m,采用围堰方式。操作工艺:板桩围堰、混凝土封底、钢筋混凝土护套。

水深大于 3 m,采用潜水方式。操作工艺:水下混凝土封底、钢筋混凝土护套浇筑,如图 2-6-46、图 2-6-47 所示。

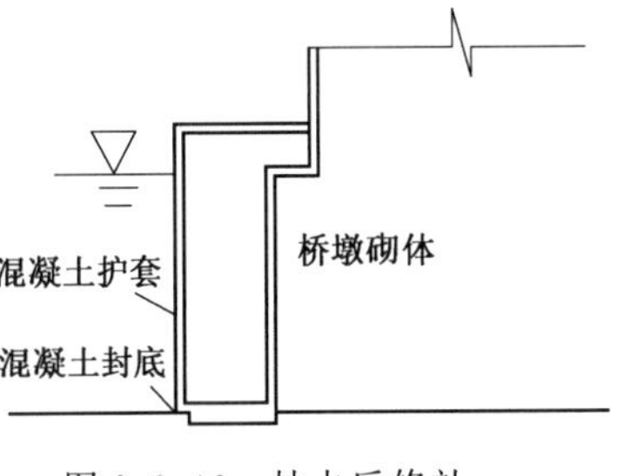

图 2-6-46　抽水后修补

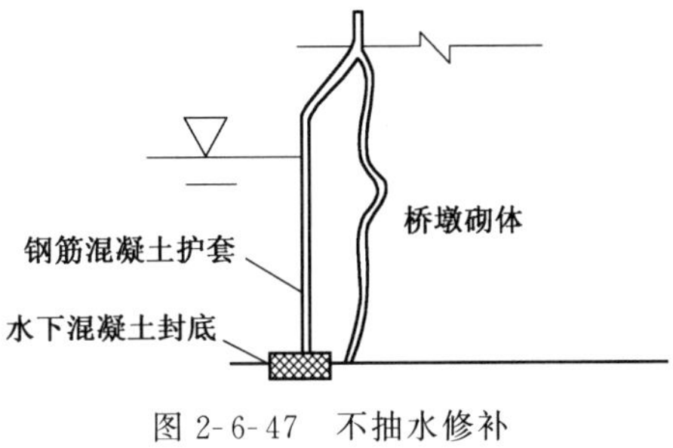

图 2-6-47　不抽水修补

(2)位于风化层上的基地冲空处理。基底外缘已被掏空时,应及时清除表面严重风化部分。对于浅水时,填以混凝土封闭;深水则要考虑潜水作业。

(3)钢筋混凝土灌注桩和打入桩基础受冲刷、侵蚀时的修复。检查损伤情况,用水泥砂浆修补到原来状态;桩身有空洞,可以灌注水泥混凝土进行修补;抛填大块石、石笼护底或钢筋混凝土块防护,以免继续冲刷。

(4)河床受到水流冲刷而危及桥墩基础时的防护措施,如图 2-6-48～图 2-6-50 所示。

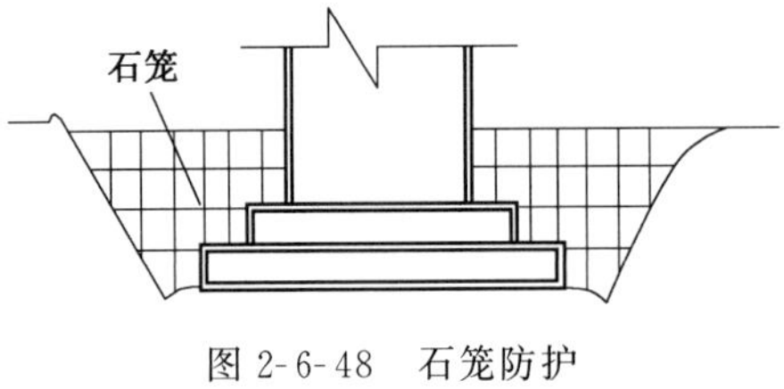

图 2-6-48　石笼防护

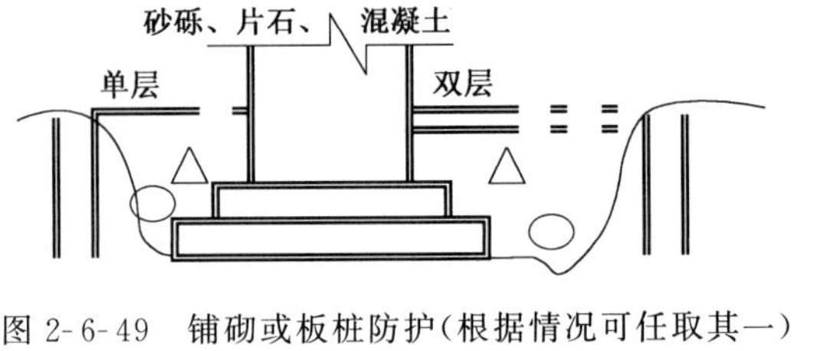

图 2-6-49　铺砌或板桩防护(根据情况可任取其一)

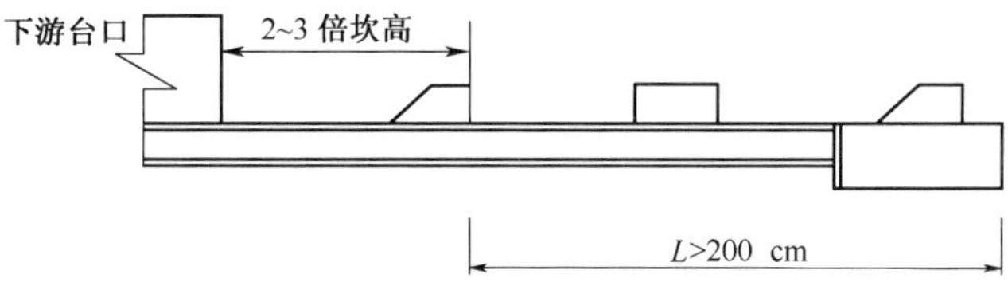

图 2-6-50　河床不稳、下游冲刷厉害的河床铺砌处理

6.8.3　扩大基础加固方法与技术

由于行车速度的提高和列车轴重的增加以及自然作用的影响，会使基础产生沉陷，墩台出现倾斜和过大的裂缝。为此，往往应根据墩台基础不同的损坏程度，不同的结构情况进行维修加固，以确保行车安全，延长桥梁使用寿命。同时可避免拆除重建，从而减少投资，充分发挥现有公路基本设施的经济效益和社会效益。

基础加固的常用方法有：扩大基础加固法、增补桩基法（打入桩或钻孔灌注桩）和人工地基加固（改良地基）法等。墩台的常用加固法有：钢筋混凝土套箍或护套加固法；用支撑法或增建挡土墙处理墩台滑移；用顶升加固产生过大沉降的桥梁结构等。

1. 扩大基础加固法

桥梁基础扩大底面积的加固，称为扩大基础加固法。此法适用于基础承载力不足，或埋置太浅，而墩台又是砌石或混凝土刚性实体式基础时的情况。扩大基础底面积应由地基强度验算确定。当地基强度满足要求而缺陷仅仅表现为不均匀沉降变形过大时，采用扩大基础面积的方法进行加固，主要由地基变形计算来加以选定。

在刚性实体式基础周围加石砌圬工或混凝土，以扩大基础的承载面积，如图 2-6-51 所示。

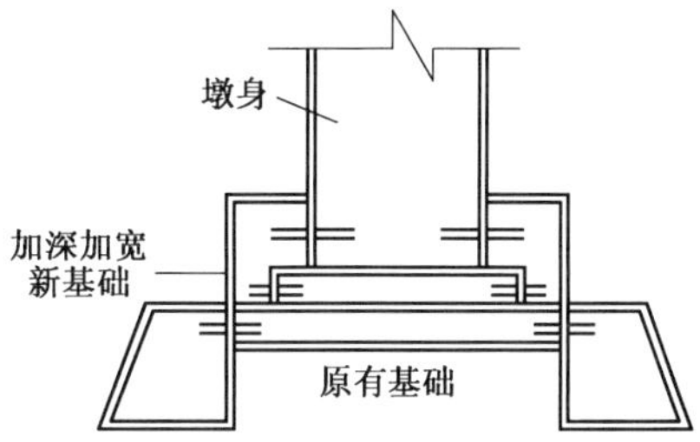

图 2-6-51　扩大基础加固法

扩大基础加固法可按下列顺序进行：

(1)通常在必须加宽的范围内先打板桩围堰，如墩台基底土壤不好时，应作必要的加固。

(2)挖去堰内土壤，挖至必要的深度，以保证墩台的安全。

(3)在堰内把水抽干后，铺砌石块（浆砌），或作混凝土基础。

(4)新旧基础要注意牢固结合，施工时可加设连系（锚固）钢筋或插以钢销，以使加固扩大基础和旧基础牢固地结合成一整体。

2. 补桩加固法

在桩式基础的周围，补加钻孔桩或打入钢筋混凝土预制桩，并扩大原承台，以此提高基础承载力，增加基础稳定性。这种加固法称为增补桩基加固法。

增补桩基法加固墩台基础的优点是：不需要抽水筑坝等水下施工作业，且加固效果显著。其缺点是：需搭设打桩架和开凿桥面，对桥头原有架空线路及陆上、水上交通均有一定影响。

对单排架桩式桥墩采用打桩（或钻孔桩）加固时，如原有桩距较大（在 4～5 倍桩径时），可在桩间插桩。如原有桩距较小且通航净跨允许缩小时，可在原排架两侧增加桩数，成为三排式的墩桩。

如在桩间加桩，可凿除原有盖梁并浇筑新盖梁，将新旧桩顶连接起来。但此时必须检查原有盖梁在加桩顶部能否承受与原来方向相反的弯矩，如不能承受则必须加固原有盖梁或重新浇筑盖梁。加固原有盖梁时，可在盖梁顶部增设钢筋。

当桥台垂直承载力不足时，一般可在台前增加一排桩并浇筑盖梁，以分担上部结构传来 压力。打桩（或钻孔桩）时可利用原有桥面脚手架，在桥面上开洞插桩。增浇的盖梁可单独受力，也可联结在一起，使旧盖梁、旧桩及新桩一起受力，如图 2-6-52 所示。

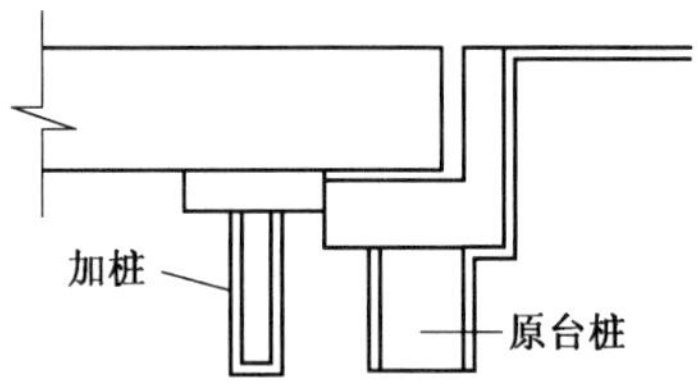

图 2-6-52　加钻孔桩加固桥台

3. 钢筋混凝土套箍或护套加固法

如桥梁墩台出现贯通裂缝，为防止裂缝的继续发展，使之能正常使用，可用钢筋混凝土围带或钢箍进行加固，如图 2-6-53 所示。加固时，一般在墩身上、中、下分设三道围带，其间距应大致相当于桥墩侧面的宽度。每个围带的宽度，应根据裂缝情况和大小而定，一般为墩台高度的 1/10 左右，厚度为 10～20 cm。为加强围带与墩台的连接，应在墩身内埋置直径 10～25 mm 的钢销，埋入深度为钢销直径的 20 倍左右，把围带的钢筋网扎在钢销上，埋钢销的孔眼要比销径大 15～20 mm，先填满销孔再浇筑混凝土，同时填塞裂缝。

当墩台损坏严重，如有严重裂缝及大面积表面破损、风化和剥落时，则可采用围绕整个墩台设置钢筋混凝土护套的方法进行加固，如图 2-6-54 所示。

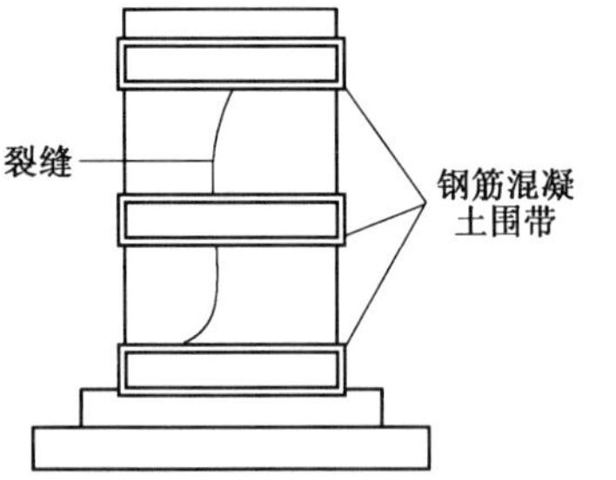

图 2-6-53　钢筋混凝土围带加固桥墩

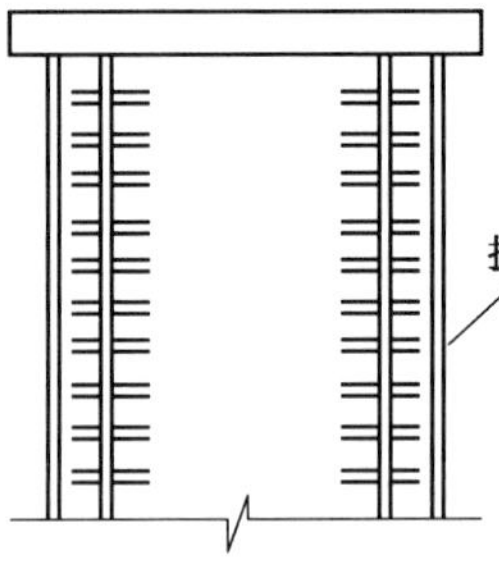

图 2-6-54　钢筋混凝土护套加固桥墩台

4. 桥台滑移倾斜处理

(1)支撑法加固。对墩台因尺寸不足，难以承受台背土压力而往桥孔方向产生倾斜或滑移的埋置式桥台，可采用修筑撑壁法进行加固，如图 2-6-55 所示。

对于单孔小跨径桥台，为防止桥台滑移，可在两台之间加建水平支撑，如采用整跨浆砌片石撑板或钢筋混凝土支撑梁进行加固，如图 2-6-56 所示。

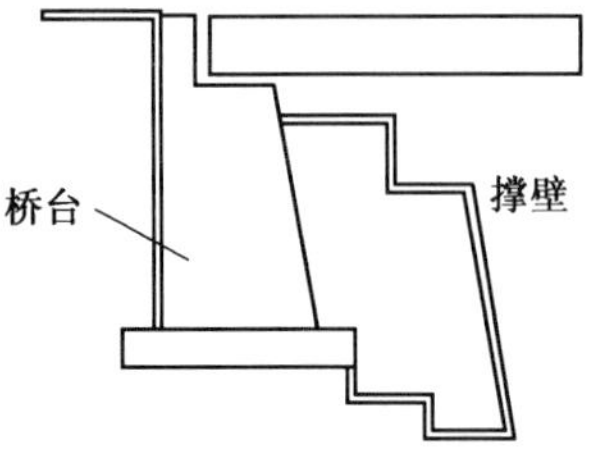

图 2-6-55　撑壁法加固埋置式桥台

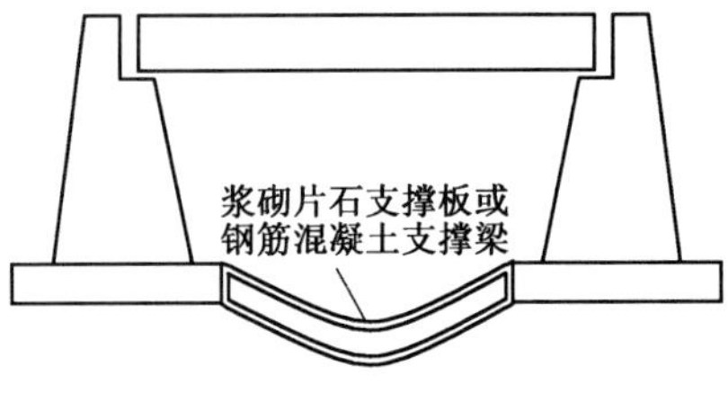

图 2-6-56　撑板法加固小跨径桥台

(2)增建辅助挡土墙加固。对于因桥台台背水平土压力太大而引起的桥台倾斜，应设法减少桥台后壁的土壤压力，可在台背加建一挡土墙，以增强挡土能力，如图 2-6-57 所示。

(3)减轻荷载法。筑于软土地基上的桥台,常由于填土较高而受到较大侧向土压力作用,从而使桥台产生前移,以致发生倾斜。此时,一般可更换台背填土,减小土压力,即采用减轻桥台基础所受荷载的方法进行加固,如图 2-6-58 所示。

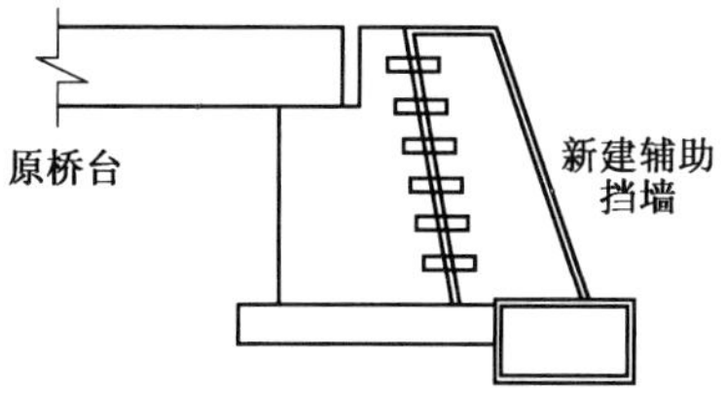

图 2-6-57　增设辅挡墙加固法

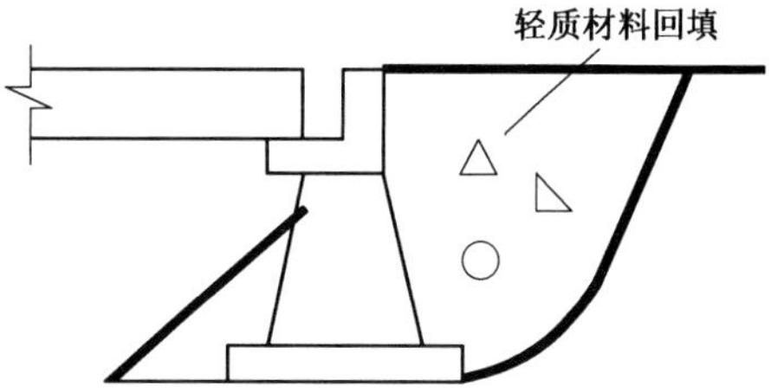

图 2-6-58　减轻荷载加固法

(4)采用拉杆技术加固桥台。对于桥台的侧墙发生外倾,则可以采用拉杆进行加固,拉杆可由粗钢筋或钢筋混凝土制作。采用的方法:

1)直接对于桥台两侧侧墙安置对拉钢筋,再加钢筋混凝土箍圈进行处理。

2)采用预埋锚定,对穿倾斜的侧墙安置钢筋锚头、粗钢筋、螺帽,使其以收紧达到倾斜的桥台加固和恢复的目的,施工过程中要注意清理台内的填土。

6.8.4　旋喷加固方法与技术

当基础下面的天然土基松软,不能承受很大荷载,或上层土壤较好,但深层土质不良引起基础沉陷时,可采用人工地基加固方法,以提高基础的承载能力。人工地基加固方法很多,一般常用的有砂桩法和注浆法等。

当软弱地基层较厚时,可用砂桩法改善地基的承载能力。加固施工时,将钢管或木桩打入基础周围的软弱土层中,然后将桩拔出,灌入经过干燥的粗砂,进行捣实,作成砂桩,达到提高土的密实度的目的。

在含水饱和的砂土或黏砂土中,由于容易坍孔,灌砂困难,亦可采用砂袋套管法与振冲法加固地基。

注浆法是在墩台基础之下,在墩台中心直向或斜向钻孔或打入管桩,通过浆液凝固,把原来松散的土固结为有一定强度和防渗性能的整体,或把岩石裂缝堵塞起来,从而加固地基,以达到提高地基承载力目的的一种加固法。

注浆法根据注浆压力的不同,又可分为静压浆注和高压喷射注浆两大类,具体分类如图 2-6-59 所示。

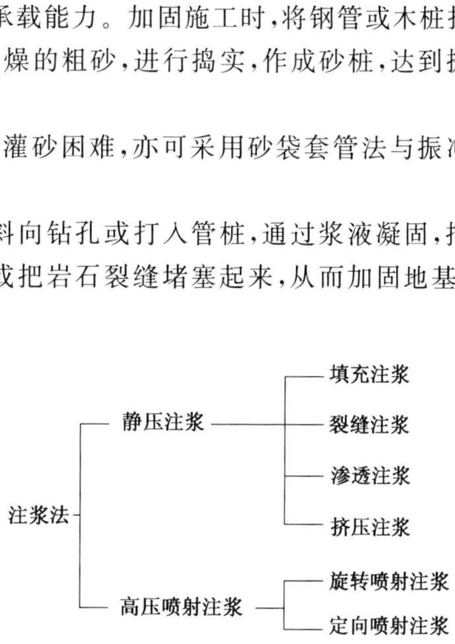

图 2-6-59　注浆法的分类加固法

注浆法加固桥梁墩台基础,所采用的方法和注浆材料一般都因不同地质情况而异。注浆法加固基础的应用已经越来越多,特别是高压旋喷加固法,已得到广泛应用。

旋喷注浆法是一项正在发展中的地基加固技术,其应用的时间并不长,但由于用途广泛,加固地基的质量可靠,而且效果好,故目前已逐渐成为我国常用的地基处理方法之一。该法除了在铁路、矿山、市政工程、工业与民用建筑和国防等部门的地基加固工程中发挥了卓有成效的作用外，近年来，在公路工程，特别是旧桥基础加固工程中，也得到了一定的实践应用，并获得了显著的经济技术效果。

1. 旋喷法工艺类型与特征

旋喷注浆法是利用工业钻机将旋喷注浆管置于预计的地基加固深度，借助注浆管的旋转和提升运动，用一定的压力从喷嘴中喷射液流，冲击土体，把土和浆液搅拌成混合体，随着凝聚固结，形成一种新的有一定强度的人工地基。

(1)旋喷注浆法工艺类型。旋喷注浆法的基本工艺有三种类型，即单管旋喷注浆法、二重管旋喷注浆法、三重管旋喷注浆法，如图 2-6-60～图 2-6-62 所示。

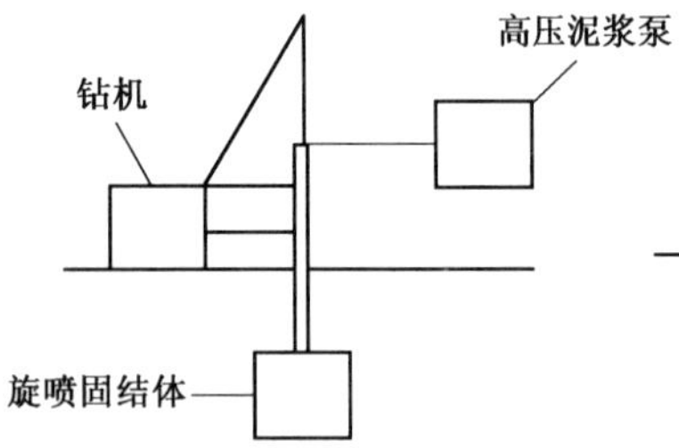

图 2-6-60　单管旋喷注浆法

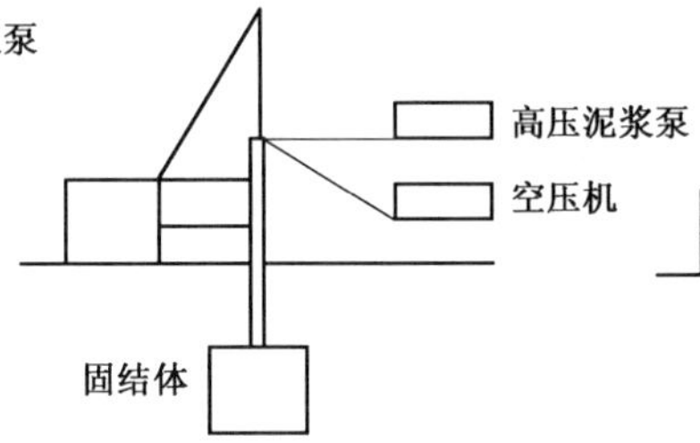

图 2-6-61　双管旋喷注浆法

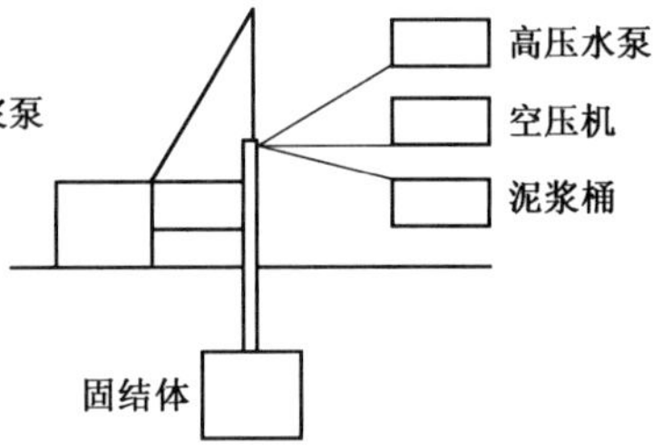

图 2-6-62　三管旋喷注浆法

(2)旋喷注浆法的主要特征见表 2-6-24。

表 2-6-24　旋喷注浆的主要特征

主要特征	说　　明
适用范围广	以高射流直接破坏并加固土体，固结体的质量提高、适用范围较大；可在工程建设之前、建设中、建设后，进行结构维护及加固
施工简便	只需在土层中钻一个孔径为 50～100 mm 的小孔，便可在途中喷射成直径为 0.4～2.0 m 的固结体
固结体形状可靠	为满足工程需要，可以调整喷射压力或喷射孔径改变流量、旋钻速度和提升速度，使固结体成为设计所需的形状
确保固结强度	采用不同的浆液种类、粉体种类和配方，可得到所需的固结体的强度
有较好的耐久性	从使用浆液和粉体的性质来看，采用针对性的处理，能得到预期的稳定加固效果和结构的耐久性
使用材料来源较广，价格低廉	喷射的材料以水泥混凝土、化学材料、石灰粉等材料为主体，材料来源广泛，价格便宜
设备简单、管理方便	设备国产化，且技术成熟，占地面积小和机动性强。施工简便，施工中可对喷射的压力、吸浆量和冒浆情况进行测量，便于监测和管理，质量得以保证

2. 旋喷法加固墩台基础设计计算方法

用旋喷法加固桥梁墩台基础，加固的方法一般都是在墩台基础的襟边或底板打下钻孔，旋喷成圆柱型固结体，并和原基础联成整体，增加地基的承载力，达到加固的目的。

用旋喷法对旧桥墩进行加固时，与前述其他加固方法相同，原有桥梁的全部重量都是在原有地基上的。地基是在承受着构筑物已有的全部重量的情况下进行加固施工的。因此，若被加固的桥梁构筑物没有受到新的荷载作用，旋喷固结体最初几乎是不受力的。但是随着时间的推移，原有地层在恒压力的作用下，土体产生徐变或滑移，使原土体承受的一部分压力转移到刚性较大的旋喷固结体上。不过这种转移的压力并不大，因此，只有构筑物新增加荷载时，才被旋喷固结体所承受。固结体和原土层共同受力；固结体的形变模量较土层大很多倍；固结体和土体的受力在时间上不同步，一般是土体已达到或接近其极限强度以后，固结体才进入工作状态。由于这些特点的存在，旧桥墩台基用旋喷法加固的设计计算可参照下述方法进行。

(1)加固前墩台基础承载能力的估算。墩台基础的加固，大体上可以分为两种情况：一种是构筑物正在建造或运用过程中，基础发生较大的均匀或不均匀下沉，已危及桥梁结构的正常使用；另一种是目前使用状况良好，但考虑到桥梁要通过更大载重的车辆，地基的承载力不能满足进一步发展的需要。

1)加固前已不能满足使用要求的桥梁构筑物地基承载能力的估算方法。对已发生病害的墩台基础在加固前，除收集有关工程设计所必须的各项资料外，还应对工程的病害历史和现状进行调查分析。根据病害发生、发展的程度，推算出现有地基的承载能力。

如现有地基承受的荷重为 W_1，基础底面积为 A，则基础底面现有应力 σ 为：

$$\sigma=\frac{W_1}{A} \tag{2-6-7}$$

由于基础已发生下沉并危及正常使用，因此地基的现有应力必然已经超过地基极限承载能力(基础底部或其下卧层)，则地基实有的极限承载力(σ_0)肯定较 σ 值小。

$$\sigma_0=\alpha\sigma \tag{2-6-8}$$

式中　α——现有地基支承系数，$\alpha<1.0$；视病害程度，α 取 0.8～0.95。

对下沉较小或目前已基本稳定的地基，加固后原土层的承载能力，建议取 $\sigma_0=0.95\dfrac{W_1}{A}$；对下沉速度很快或下沉正在迅速发展的地基，其原有土层的承载力可取和 $\sigma_0=0.8\dfrac{W_1}{A}$；一般情况下则介于二者之间。

2)对于目前没有病害，仅为提高荷载等级而需要加固的地基。此时的地基承载能力有两种方法确定：一种是按地质钻探或土工试验所给出的土体极限强度 σ_0；一种是依据规范提出的“经过多次压实、未受破坏的旧桥基”其允许承载力可给予提高(提高系数为 1.25 ～1.5)的方法确定。

(2)旋喷法加固危及正常使用的墩台基础的设计计算步骤。

1)用地质钻探的方法确定基岩或硬层的深度，决定旋喷固结体的性质。若基岩较浅，则可设计为支承桩；若基岩较深，则可设计成摩擦桩。

2)现场选取各层土样，按加固需要和现场可能达到的水泥、水、土三者之比进行配方试验，决定固结体的材料强度。

3)计算加固所必须的固结体的总面积 $A_{桩}$。

$$A_{桩}=\frac{W_1-\sigma_0 A}{\left(\dfrac{\sigma_{桩}}{k_1}-\sigma_0\right)} \tag{2-6-9}$$

式中　k_1——桩柱的安全系数，一般桩基采用 $k_1=2.0$。

也可使用正常的地基加固检算方法：

$$A_{桩}=\frac{k_2 W_1-\sigma_0 A}{\sigma_{桩}-\sigma_0} \tag{2-6-10}$$

式中 k_2——地基承载安全系数。

由于桥梁墩台是以恒载为主的建筑物，而且 σ_0 又比较确切，因此 k_2 可以比有关规范值略小，建议 $k_2=1.15\sim1.3$。

4）旋喷注浆加固总面积 $A_{桩}$ 求得以后，可用试桩或经验公式法确定旋喷固结体的有效直径（D）。

如采用单管法，对 $0<N\leqslant5$ m 的黏性土：

$$D=1.3\times\left(\frac{1}{2}-\frac{N^2}{200}\right) \tag{2-6-11}$$

对 $5<N\leqslant15$ m 砂性土：

$$D=\frac{1}{770}\times(350+10N-N^2) \tag{2-6-12}$$

式中 D——有效直径（m）；

N——土壤的标准贯入度。

得到有效直径便可算出加固所需的旋喷根数 m：

$$m=\frac{A_{桩}}{\frac{\pi D^2}{4}}=1.273\,\frac{A_{桩}}{D^2} \tag{2-6-13}$$

5）旋喷桩根数算出后，即可进行孔位的布置。

（3）旋喷法加固未发生病害而为提高荷载等级的墩台基础的设计计算步骤。

1）定出桥梁结构物所需的最大荷载 $W_{最大}$。

2）求得现在加固前地基所承受的荷载 $W_{现在}$。

3）求出加固后结构新增加的荷重全由固结体承担。

$$W_{桩}=W_{最大}-W_{现在} \tag{2-6-14}$$

4）加固桩的总面积。

$$A_{桩}=\frac{W_{最大}-W_{现在}}{\frac{\sigma_{桩}}{k_3}} \tag{2-6-15}$$

式中 k_3——加强固结体的安全系数，一般取 2.0；

$\sigma_{桩}$——固结体的抗压极限强度，由试验或现场确定。

5）固结体的总面积确定后，即可确定固结体的有效直径 D。

6）确定桩数 m。

$$m=1.273\,\frac{A_{桩}}{D^2} \tag{2-6-16}$$

7）进行桩位布置。

3. 旋喷法加固墩台基础施工

（1）旋喷注浆的施工程序：钻机就位、钻孔、插管、旋喷作业、冲洗五道工序。

（2）喷旋操作要点。

1）施工前的检查：检查高压设备、管线系统。

2）垂直施工时，钻孔的倾斜度小于 1.5%。

3）插管和喷旋时，要防止喷嘴被堵。

4）旋喷时，要做好压力、流量和喷浆量的量测工作；钻杆的旋转和提升的连续性；拆卸钻杆继续旋喷时，要注意保持钻杆有 0.1 m 的搭接长度。

5）深层旋喷时，应先喷浆后旋转和提升，以防注浆管扭断。

6）水泥砂浆的水胶比要按设计规定，不得随意改变；喷射时要防止水泥浆沉淀；严禁使用潮湿或过期的水泥。

7）施工完毕后，立即拔出注浆管，清洗干净注浆设备。

6.8.5　桥梁下部结构改造

此处仅介绍墩台基础加高改建施工。

1. 施工准备

调查研究，测定沉降量，了解桥墩台下沉情况，确定施工方案。根据确定的施工方案，进行施工场地、劳工安排、交通管制及施工机具的准备工作。准备好钢筋混凝土垫块等构件。做好桥上各种管线事前交涉工作和配合措施。把边孔桥面两端，桥台与桥墩两处的伸缩缝处凿开，并清扫干净，搭设井架、安置油泵、千斤顶。

2. 顶升桥梁、加高墩台

首先，组建顶升现场操作小组，统一指挥，在各关键部位加强专人负责，交待各项操作步骤，各负其责。各项准备工作完成后，可以进行试顶、检查、调试。

开始顶，起初井架下沉，达到稳定后才能将桥梁上部顶起，这时要特别注意顶升系统的各项工作状态是否有异常；在桥梁顶升离开墩台 2～4 cm 时，应暂停，对各处详细检查一遍，确定无问题后，方可进行全面顶升。

在顶升操作过程中，必须考虑到千斤顶行程已满情况下应采取的对策。在井架的横木上搭设保险小井架，放下桥梁，垫高千斤顶再顶升，如此反复，一直到所需的高度为止。

在盖梁上安放好预制的钢筋混凝土垫块，放下主梁，拆除井架，完成墩台的加高改建工作。

第7章 涵洞维修

7.1 技术标准

排洪涵洞的最小孔径不应小于1.25 m，且全长不应大于25 m。当全长大于25 m时，孔径还应相应加大。无淤积的灌溉涵孔径不应小于0.75 m，当孔径为0.75 m，且净高(或内径)小于1.0 m时，长度不宜大于10 m；净高(或内径)大于等于1.0 m时，长度不宜超过15 m。城市或车站范围内涵洞的孔径，需酌情加大。现有涵洞不符合上述规定者，应结合具体情况逐步改造。

涵身应铺设新型防水层，并做好管节接缝、沉降缝、伸缩缝的防水工作，确保不漏水。有压涵洞、倒虹吸管的管节接缝，应密不透水，无渗透现象，保证路堤及基底的稳定性。

涵洞如有满流情况时，可采用在入口处抬高管节及增砌漏斗形进口的办法处理，必要时应进行改建或扩孔。涵管裂损严重或管节离缝过大，应进行整治。

速度大于160 km/h时，涵洞顶至轨底的填土厚度不应小于1.2 m。既有涵洞顶填土厚度小于1.2 m时，可采用铺设弹性轨枕等措施；对填土厚度小于0.6 m涵洞，应进行专门研究，提出整治措施。速度160 km/h及以下时，填土厚度不宜小于0.8 m，站线涵洞填土厚度不应小于0.6 m。

涵上线路拨移，应按《铁路桥梁检定规范》对涵洞基础和地基进行检算，当检算结果不满足要求时，应进行加固。

涵洞的轴长不应小于对应高度处路基宽度，并满足路肩安装封闭网的要求。

涵洞必须保持状态完好，如发现下列状态之一时，应及时处理：

(1)钢筋混凝土结构裂缝宽度大于等于0.3 mm；混凝土拱形结构(含砖、石等砌体拱形结构)裂缝宽度大于等于20 mm。

(2)涵身破损变形、错位、拉开造成漏土或排水不畅；冻害引起线路变形。

(3)涵身、端、翼墙基础冲坏、基底全部或局部冲空。

(4)涵洞基底冒水潜流，洞内渗漏水，影响路基稳定。

(5)涵洞严重腐蚀风化，脱落深度≥20 mm，面积≥0.5 m^2。

(6)涵洞淤积严重，影响排洪。

(7)涵洞进出口护锥及防护设施冲毁。

7.2 涵洞维修加固

(1)涵洞入水口处的维修加固。

1)位于陡坡上的涵洞或直接受水流冲击的涵洞，其入口处应采取适当的防护措施，如浆砌挡墙、跌水、沉砂井等。

2)浆砌块石铺底，并加水泥砂浆勾缝。铺砌长度视土质和流速而定，铺砌的末端应设置混凝土或浆砌块石抑水墙。

3)流速特别大的涵洞,应在出水口加做消力槛、消力池等缓流设施。消力槛的末端应设置混凝土或浆砌块石抑水墙,或设置三级挑槛。

(2)浆砌砌石涵洞的砌体表面风化、开裂、灰缝剥落及局部石块松动脱落,或砌体渗漏水,可根据情况分别按下列方法处理。

1)用水泥砂浆重新勾缝,或局部拆除重砌。

2)表面抹浆或喷浆处治。

3)砌体后压注水泥或化学砂浆。

4)涵内衬砌,加压水泥浆。

5)挖开填土,对砌体进行维修处理,并加设防水层。

(3)混凝土管涵的接头处和有铰点接缝处发生填料脱落、引起路基渗水时,应及时封堵处理。处理时,可用干燥麻絮浸透沥青后填实,或用其他粘弹性材料封堵,不宜用灰浆抹缝以免再次脱落。

管涵的管节,如因基础被压沉陷而发生严重错裂,应挖开填土处理地基后再重建。对基础处也可直接采用衬砌压浆方法处理。有铰涵管如变形大于直径的 1/20 时,应查明原因进行处理。

(4)压力式涵洞进水口周围路堤如发现渗流、空洞、缺口或冲刷现象时,应及时进行修补处理。洞口周围路基可用不透水性黏土封堵,洞前铺砌或修筑挡水墙。

(5)压力式涵洞或倒虹吸管的涵顶路面出现湿斑,应及时处理。可采用涵内顶部表面抹浆、喷浆或衬砌的方法处理。

(6)波纹管涵发生涵管沉陷变形,必须拆除修理。管底应按土质情况做好垫层,管上加铺一层防水层,并注意回填土分层夯实。

(7)涵洞的侧墙和翼墙如有离开路基向外倾斜等变形现象,应查明原因,加以处理。如属填土未夯实而沉落挤压,或填土中水分过多土压力增大而引起的变形,应更换透水性好的填土,并认真夯实。如属基础引起的倾斜,则需要修理或加固基础。

(8)当加宽或加高路基,原有涵洞长度不足时,应接长处理。一般可将原有涵洞洞身接长,两端新建洞口端墙和路基护坡;当路基加高加宽不多时,也可采用两端洞口端墙加高和加高加长洞口翼墙的方法。

(9)承载力不足的涵洞,应予以加固或更换改造。加固处理应视交通情况、路基填土高度及涵洞排水情况,分别采用下列方法。

1)挖开填土,用混凝土或钢筋混凝土加厚原涵外断面。

2)挖开填土,分段更换改造。

3)涵内用混凝土或钢筋混凝土预制件或现浇衬砌加固。

(10)当涵洞位置不当,排水对周围环境造成不良影响;排水能力不足,引起内涝;或涵洞承载力不足,行车不安全时,应予以改造。改造施工可分段进行,以利维持交通,这时应注意断缝处的防水处理。

7.3　涵管的临时修复

1. 临时修复涵管的几种方法

(1)涵管被损坏所形成的路堤缺口,可用片石(上铺碎石)填筑成盲沟,采用枕木垛填塞、枕木垛或排架扣轨便桥、临时木涵等办法实现临时通车,如图 2-7-1。

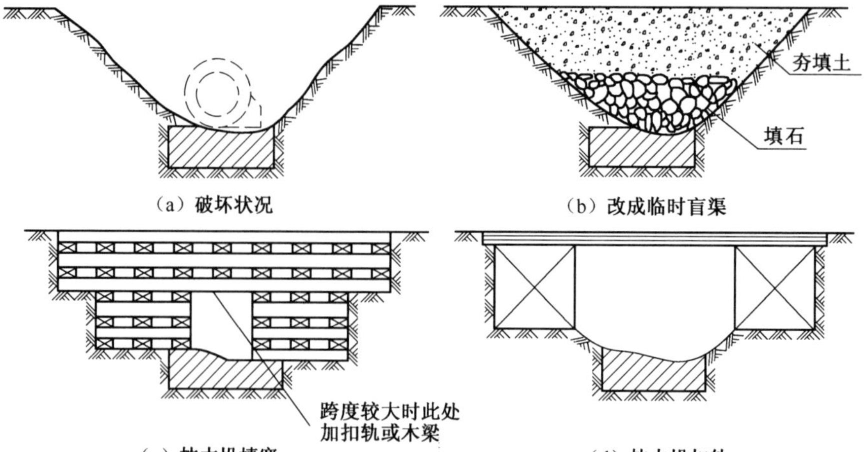

(a) 破坏状况 (b) 改成临时盲渠
(c) 枕木垛填塞 (d) 枕木垛扣轨

图 2-7-1 涵管的临时修复方法之一

(2)为了争取时间,先采用片石填筑成盲沟流水,恢复通车,然后在其附近处另选适当涵址,用顶进法修建新涵管。

(3)枯水季节或损坏的涵管流量不大,地形有利能改沟将水流疏导进入邻近桥涵时,可将损坏涵管所形成的路堤缺口先以土夯填恢复通车,然后在原涵址或其附近另选适当涵址,用顶进法修建新涵管。

(4)拱涵、盖板涵等局部损坏时,可利用原有边墙,在其顶部加盖枕木或圆木,上部填土恢复通车,如图 2-7-2 所示,跨度较大时,可在枕木或圆木跨中部位加设斜撑,如图 2-7-2 中虚线所示。

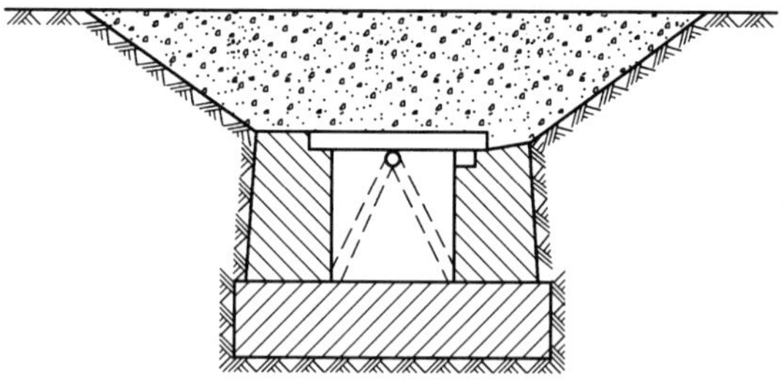
图 2-7-2 涵管的临时修复方法之二

2. 临时修复涵管应考虑的事项

涵管、拱涵、盖板涵等的临时修复,应考虑汇水面积及恢复原涵施工时的便利。较理想的临时修复方法是:以排架扣轨梁(或其他轻便梁)便桥跨越被损坏的各涵所形成的路堤缺口[图 2-7-3(a)],如临时修复时采用临时木涵[图 2-7-3(b)],或采用临时加盖枕木填土等方法。

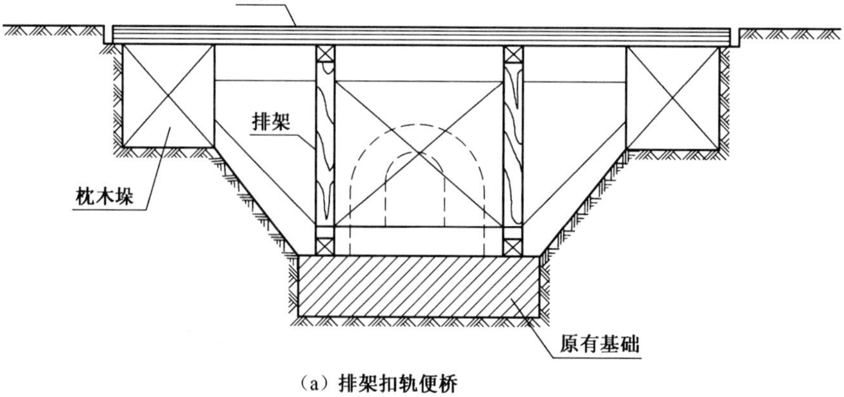

(a) 排架扣轨便桥

图 2-7-3

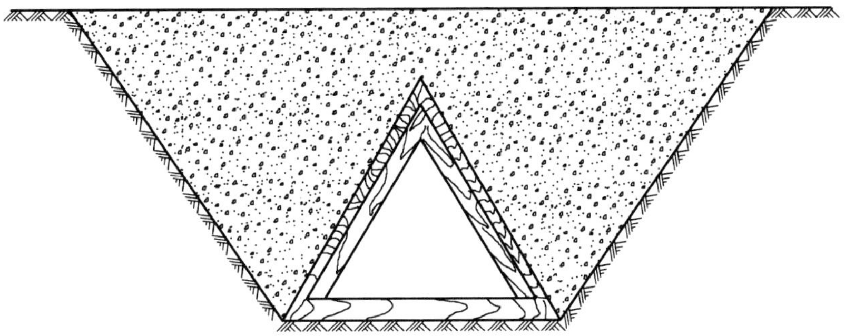

（b）临时木涵

图 2-7-3　涵管的临时修复方法之三

第 3 篇　铁路营业线路基施工

第 8 章　铁路营业线改建和增建第二线路基

8.1　一般规定

(1)改建既有线或增建第二线，均应以确保既有线铁路行车及施工安全为前提条件进行施工。对此，建设、运营、设计、施工四方，必须密切配合，共同研究周密的施工组织计划。并在实施过程中做到相互支持。

(2)改建既有线或增建第二线路基工程的设计和施工，均应对既有线的现状做好调查。调查的主要内容有：

1)既有线的日行车对数、列车最长间隔时间、现行运行图内的天窗时间。

2)既有线的排水设施、平立交分布及标准，路基上的附着物、通信及电力供电、信号设施、各种标志等。

3)既有线的路基病害，包括路基下沉、边坡滑塌、线路冻害、道砟陷槽、基床翻浆冒泥等。

4)既有线原设计标准及断面尺寸。既有路基填料种类。

5)沿线环境保护、水土保持要求、取土与弃土条件、砂石开采等地方的有关规定。

(3)对既有线的现状调查中发现的问题，应会同设计单位认真研究，并应在设计中加以考虑，提出合理的技术措施，对设施进行同步改建，对病害进行同步治理。保证既有和新建整个路基的坚固和稳定。

(4)开工前，施工单位应按设计文件编制实施性施工组织设计，按规定程序审批后严格执行。并制定详细的施工安全细则，向施工人员交底。

(5)对既有线的基床病害，应根据病害类型、特征、形成原因及危害程度，结合当地的气候、土质、雨量等因素采取综合整治措施。如设置纵、横向排水渗沟，换填渗水土，压注水泥砂浆，铺设砂垫层或设封闭层等。冻害地段，亦可采取抬高路堤、降低地下水位和铺设矿渣保温层等措施。

改建既有线或增建二线，如需拆除既有的排水设备、坡面防护及防雷、防风沙等建筑物时，应根据情况重建、恢复或用其他建筑物代替。对既有路基下的引排地下水建筑物，当被第二线压埋时，应予改建接长，引排至第二线路堤坡脚以外。

(6)改建既有线或增建二线。若设计的路堑边坡所取参数及地质水文条件与既有线边坡基本相近时，可以参照既有线边坡进行施工。当两线相邻而不等高时，两线间的边坡坡度应考虑荷载影响，必要时应设置加固工程或放宽两线间距。

(7)增建第二线并行地段的路基面，除岩石(年平均降水量大于 400 mm 地区的易风化泥质岩石除外)及渗水土应设计为水平面外,其他非渗水土和易风化岩石的路基面,均应做成自既有线路肩向外倾斜1%～4%的横向排水坡度。

第二线与既有线并行的大致等高地段,应统一考虑两线路基的排水设备。在既有路基面(或其顶部渗水土层之底面)有倾向新填路基方向的横坡时,则新填路基高出既有路肩的顶面部分(或高出原路基渗水土层底面线的以上部分),应用渗水土填筑。或者采取每间隔5 m修一道贯通既有路基的渗水盲沟。

不等高的复线路基之间,应设纵向排水沟、槽,并应采取防渗、防冲和防不均匀下沉的措施。必要时应在沟、槽上加设钢筋混凝土盖板。

(8)在特殊土质(指软土、盐渍土、冻土等)地区修建第二线路基,要严格按照设计和规范进行施工,并加强监测。若发现路基下沉、变形,应立即采取确保既有线安全的必要措施,并及时通知建设、运营等有关单位。

(9)在既有线为挖方或半挖半填地段上,以刷坡修建第二线时,应在开工前取得排水系统设计,且争先修建边坡上的排水系统,并注意边坡的稳定性。

(10)改建既有线或增建第二线,必须注意节约用地和尽量避免拆迁工程,若设计稍加改善即可少占土地和少拆迁时,应及早提出变更建议;对取土和弃土,应以不占耕地和农田、不破坏山林为原则,不能避免时应结合工程,造地还田和植树造林。要切实注意水土保持,弃土勿淤塞河床沟渠。

(11)增建第二线时,要保持既有路基的路肩宽度不少于0.6 m,困难地段亦不小于0.4 m,如不足,一般应加宽既有线路基外侧,如加宽有困难,可将既有线中线向第二线方面移动(即既有线和第二线同时进行中线平移)。

(12)加宽既有路堤或进行既有路堑边坡刷坡,均应考虑施工操作与安全生产要求。

加宽既有路堤时,加宽部分的顶宽不应小于0.5 m,底宽可依设计边坡要求确定。但不得小于顶部加宽值。若加宽土体要求密实度较高时,则应考虑由于边坡不密实而需另行增加的加宽尺寸。

加宽既有路堤时,为保证行车安全,应沿路基边坡分段挖成宽为1 m的台阶,并且必须随挖随即向上分层填筑夯实,严格控制密实度。

既有路基需要加宽地段,若有护坡等加固建筑物者,亦应分段拆除,必须拆一段加宽一段。

(13)改建既有线与增建第二线路基,对施工、运营有严重干扰地段,应考虑保证运营安全和施工方便的有效措施。必要时,应考虑便线通车的过渡技术方案。

(14)改建既有线与增建第二线,需封锁线路施工时,应提前一个月提报施工计划,报送设备管理单位、运输管理单位和其他相关部门审批。运输管理部门应在施工计划中,把各单位在同一区间或车站内的施工,尽量安排在同一天窗时间内进行,以减少对运输的影响。并在施工前一个月27日前将下个月的月份施工计划下达到有关站段、部门及施工单位。

(15)凡需封锁区间施工、临时性利用列车开行间隔施工,向施工封锁区间开行路用列车、列车在区间从事卸车作业时,施工单位领导人必须及时地与车站值班员联系,并通过车站值班员办理有关准许作业的手续。其详细的申报方式和实施方法,均应以现行的《铁路技术管理规程》中相应的条文规定为准。

(16)凡有妨碍行车的施工作业,均应设置防护。防护员应指定专人,并接受铁路管理部门的培训考试合格的正式职工担任。未设好防护,禁止开工。线路状态未恢复到准许放行列车的条件,禁止撤除防护。

(17)由于施工地点和作业方式的不同,其防护办法亦有所不同。如在单线区间线路上、在站外距进站信号机(或站界标)小于 860 m 处、在站内或道岔上等条件下从事施工作业时,其使用移动停车信号的防护办法与使用移动减速信号的防护办法,均在现行的《铁路技术管理规程》中都有各自的明文规定和图示,应遵照执行。

(18)改建既有线或增建第二线,对平、立交道口和灌溉过水涵渠的设置,应考虑经地方上级政府部门批准的城乡发展规划所提示的要求,进行合理地设计与施工。因改扩建而需要暂时封闭停用原有的道口或灌溉过水涵渠,也应和地方政府会同当事者协商临时通行办法。

(19)改建既有线和增建第二线铁路工程施工,特别是上跨下穿公路施工,路堑边坡及隧道等爆破作业施工时,应对施工场地影响范围内的危险源、危害因素进行辨识,并进行风险评估,制定有效应对措施和应急预案。

(20)施工单位应与气象、水文管理部门联系,掌握气温、风力、雨情、水文等气象条件,做好防范和应急预案工作。

(21)改建既有线和增建第二线铁路工程施工应高度重视环境保护、水土保持等工作,节约能源和土地,及时做好排水、护砌和绿化工程,保持路容路貌整洁;严禁弃土、弃砟和垃圾淤塞、污染河道,毁坏耕地、林地和水利设施。

8.2 路基施工

8.2.1 施工准备

(1)施工前,施工单位应与设备管理单位签订安全协议,在设备管理单位协助下核查地下管线、地表行车设施位置及分布,并采取防护、迁改、迁移等措施。施工时,提前通知设备管理单位到场,并在其监护下施工。

(2)既有线平交道口或立交桥涵因改建或增建第二线路基而影响道口交通者,必须与地方政府及运营单位在工程开工前取得封闭或改道等措施的书面协议后执行。

施工需设置临时道口时,应按照铁道部《设置或者拓宽铁路道口人行过道审批办法》的规定办理相关审批手续。严禁擅自设置临时道口。铁路全封闭区段不应设置施工临时道口。

施工临时道口应经铁路局组织验收后方可使用。其设施应参照有人看守道口相关规定设置和管理,防护备品配备应符合规定。电力牵引区段应按有关规定设置限高架。

施工临时道口使用完毕应及时拆除。需延期时应提前办理手续。

(3)根据建设、运营、设计、施工四方共同商定的指导性施工组织,施工单位应按季、按月向运营单位办理线路封闭要点计划和列车徐行计划,经运营单位批准后执行。

(4)每个工点均应准备足够的防护既有线的材料,如荆条或稍径为 2～6 cm 的小树条扎成的捆把(长 1～3 m,用于遮护既有线轨道),准备一些用于抽换既有线轨道的轨料如枕木、钢轨及配件、钉道工具。还应准备 1 台轻型平板车及若干辆单轨车。

此外,应备有一些草袋、草帘、竹席、废旧篷布、钢丝、麻绳、钢丝绳、木板、木桩、支撑坑木等材料,以便防洪应急之用。

(5)路基开工前应架设好与工点两端最近的既有线车站的专用联系电话,并办妥联系协议。

(6)按《铁路技术管理规程》要求及与运营单位商定事项,在施工地段设置作业标、鸣笛标、减速信号牌及停车信号牌。准备足够的信号灯、信号旗、口笛、扩音喇叭、响墩等器材,并按规定设置经培训合格的防护人员。

(7)选择好车站内存放工程用料地点。距铁路既有线 20 m 范围内的临时场地,严禁存放油料及其他易燃易爆品。

(8)施工便道不宜与既有铁路交叉。凡机动车有可能冲入或坠入、爬上铁路,靠近或并行等高或高于铁路的施工便道,靠线路一侧应设置护栏、防护绳、防护网、护桩等防护设施或派专人防护,全路段应实施封闭管理。

改迁后的铁路封闭网仍应保持闭合状态。确需留供施工人员进出口时,应设置栏门、护桩,白天派人看守,夜间关闭栏门并加锁。

靠近铁路既有线的便道和施工场地、增建第二线施工的路基接近既有路肩高度后,应设置出入口栏门,派专人看守。车辆和大型机械进入应实行监护押送、许可制度。未经许可的车辆、大型机械不得进入。不施工时,出入口栏门应关门加锁。

(9)进行施工安全教育,学习并熟悉铁道部颁布的现行《铁路技术管理规程》、《铁路工务安全规则》等有关行车地段施工注意事项的规定。

8.2.2　增建第二线路基的施工

1. 路堤帮宽

(1)既有路堤帮宽应按如图 3-8-1 所示的流程施工。

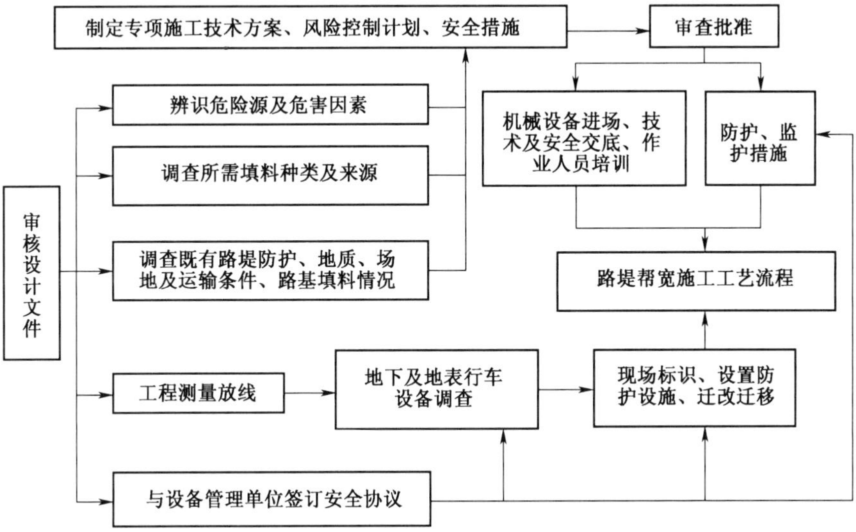

图 3-8-1　路堤帮宽施工流程示意图

(2)路堤施工关键过程、技术与方法应符合表 3-8-1 的规定。

表 3-8-1　路堤施工关键过程、技术与方法

关键过程	技术与方法
施工调查	(1)测量放线。 (2)现场踏勘。 (3)收集竣工资料。 (4)收集养护维修资料。 (5)审核设计文件

续上表

关键过程		技术与方法
地下及地表行车设施防护		(1)使用探测仪器。 (2)人工探测。 (3)防护、监护、迁改
路堤坡面防护、挡护设施拆除	植被坡面防护拆除	(1)人工挖除。 (2)机械挖除。 (3)随填筑进度,与挖台阶一并进行
	护坡、拱架等拆除	(1)人工挖除。 (2)机械挖除。 (3)随填筑进度,自下而上分层拆除
	支护(圬工)设施拆除	(1)制定专项施工技术方案。 (2)人工挖除。 (3)机械挖除。 (4)爆破拆除。 (5)设计变更
原地面处理		(1)人工、机械清除地表植被、腐殖土。 (2)软基等特殊地基处理。 (3)地基承载力检测。 (4)机械压实
土方运输		(1)汽车运输。 (2)铲运车铲运。 (3)推土机推运。 (4)其他运输
摊　铺		(1)机械摊铺。 (2)机械平整。 (3)人工配合机械平整
压　实	一般情况	(1)大型机械压实。 (2)小型机械压(夯)实
	新老路基衔接处压实	(1)加宽铺筑。 (2)机械摊铺、压实
支护、防护施工		制定专项施工技术方案
排水处理		(1)新老排水系统先疏通后填筑。 (2)新填路堤坡面及表面临时排水

(3)路堤帮宽施工需拆除既有路堤防护设施时,应符合以下规定。

1)植被防护坡面,宜随挖台阶高度挖除植被,不得采用全边坡通挖方法挖除。

2)片石护坡、拱架防护坡面,应随填筑进度自下而上拆除,一次拆除高度不宜超过填筑面高度 1.5 m,2 m 以上高路堤严禁一拆到顶。

3)帮填施工需挖除路肩时,应采取挡砟墙,挡板等防护措施,防止道床边坡溜塌。

4)拆除路堤挡墙、挡护设施时,应制定专项施工技术方案。根据对行车影响程度、填筑能力等,应严格限定一次拆除长度,并采取临时支护措施。拆除施工无法保证路基稳定时,应提请设计变更，将挡墙，坡脚墙等埋入新筑路基内。

5)现场应备齐草袋、防水材料、石砟等应急物资。

(4)一般路堤施工方法。

1)第一种情况：第二线与既有线的路肩高程基本相等，如图 3-8-2。其施工程序为：先填 A 部位(包括既有线边坡挖台阶)，并依第二线中线为准，掌握断面和土方密实度及边坡修整，待全区段填筑到设计高程，再整修路堤顶面。

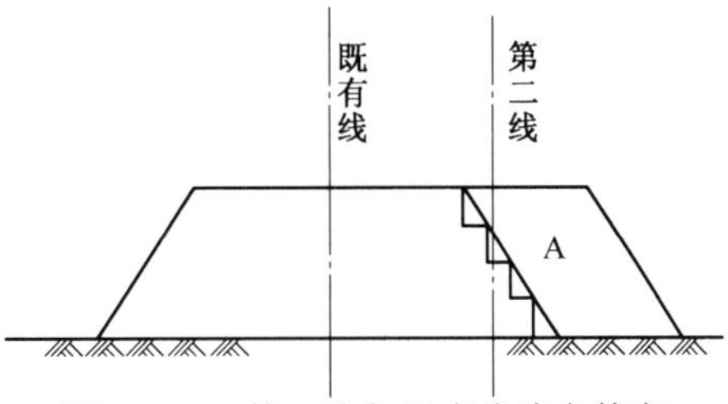

图 3-8-2　第二线与既有线路肩等高

2)第二种情况：第二线设计路肩较既有线高时，既有线亦需抬高路肩，如图 3-8-3。图 3-8-3 中 e 为既有线道床坡脚至中线间距；h 为既有线与第二线路肩高程的代数差值；d 为两线的中线间距；b 为第二线填筑至设计路肩高程后铺设便线通车所需最小路堤内侧宽度，通常为 1.7～1.8 m；第二线内侧临时边坡坡度设为 $1:x$。依照现行规范，直线的复线线间距为 4 m (即 $d=4$ m)，既有线道床顶宽为 3 m，正线道床全厚 0.4 m，道床边坡因列车徐行按 1∶1 计，可求得 $e=1.9$ m，故当 $1:x=1:1$ 时，$h=0.4$ m；若考虑列车徐行因素，同时再改陡临时边坡为 1∶0.75，则 $h=0.53$ m。因此第二种情况只适用于 $h=0.53$ m 时。其施工程序为：填第二线 A 部位，完成后铺轨开通第二线，徐行运输；拆除既有线股道，填筑 B 部位，完成后铺轨整道即可双线运行。

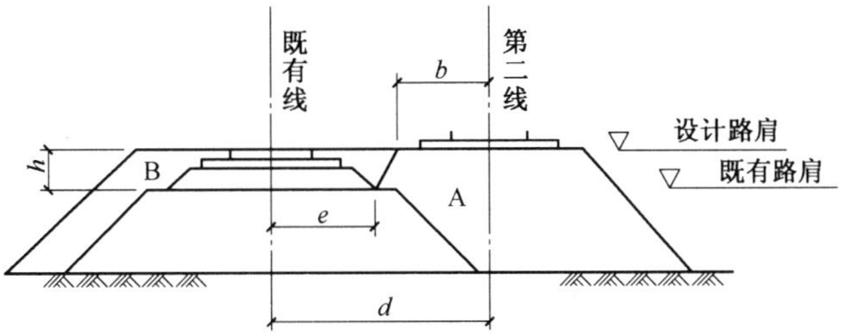

图 3-8-3　第二线设计路肩较既有路肩高

3)第三种情况是 h 值较大，如果按前述第二种情况进行填筑，则第二线路堤内侧土方边坡势必侵入既有线的行车限界。对此，应采取加宽第二线外侧的办法，如图 3-8-4 所示。其施工程序为：A 和 B′两部位同时填筑，竣工后，按临时第二线铺轨行车；拆除既有线，填 B 部位路堤，待既有线改建完毕铺轨开通；将临时第二线股道拨到设计第二线位置，即可双线运行。

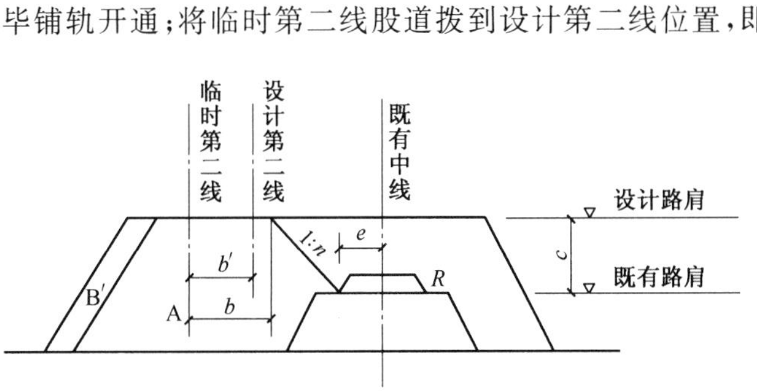

图 3-8-4　运营便线过渡方案

e—既有线中心至道床坡脚的宽度；b—第二线或临时第二线中心至路肩外侧的宽度；d—复线线间距；c—既有线抬高量(临界值)，$c=(d-b-e)/n$；$1/n$—临时线边坡率；b'—临时第二线与第二线线间距

4)第二线路堤施工注意事项。

①临时线路的路堤断面与内侧临时边坡坡度尺寸的大小，应视地质条件，填土高度，填料质量，密实度要求，以及临时行车时间与行车速度等因素来确定。一般应通过计算或试验。

②若填土高度 h 值较大时，为避免设临时第二线或减少废弃土方，可采用草袋装土码砌边坡或打挡土板桩挡土等办法，将第二线内侧边坡坡度 $(1/n)$ 放陡。

(5)设临时第二线需通过桥涵建筑物时，可采取下列办法。

1)当 b' 值不大时可适当增高涵管端墙或适当调整路堤边坡；当 b' 值较大时宜增长涵管。

2)设木便桥，待双线开通后拆除。

3)借用其他尚未施工区段存放的圆涵成品，待拆除后归还。或设置多组小管径的钢筋混凝土管代用。

4)所有临时桥涵的端墙均可用草袋装土码砌垛墙或打板桩挡土。

(6)特殊地基处理应符合下列规定。

1)严格按照设计文件施工，一次处理彻底。

2)施工前应进行地下洞穴探测，发现洞穴应提请变更设计，严禁不经处理直接填筑。

3)并行地段软基处理不宜采用强夯法，避免振动影响路基稳定或引起线路几何状态变化。

(7)路堤帮宽施工应保持既有线路基排水系统畅通，并应符合下列规定。

1)填筑地段应保持排水系统畅通，临时排水设施宜与永久性排水设施相结合，并与原有排水系统衔接良好。

2)应保持既有排水设施完好，必须拆除时应设置临时排水通道。

3)路堤帮宽施工层面横向排水坡度不宜小于 4%。

(8)帮宽路堤的填料，其颗粒级配、渗水性能应与既有路堤相匹配。新路基填料应符合设计要求。设计填料与既有路基填料不一致时，应经设计确认。需变更填料时，应按规定办理设计变更手续。新路基与既有路基不应包心填筑。包心填筑时，应采取引、排水措施。

(9) 帮宽填筑施工工艺及方法应符合下列规定。

1)帮填断面应符合设计要求。施工时应沿既有路堤坡面挖台阶，自下而上，随挖随填，台阶宽度不宜小于 1 m。

2)基底应一次处理彻底，不宜采用强夯法处理。

3)帮填宽度小于 1 m 的地段，宜采用小型机械进行摊铺、压实；帮填宽度在 1～2 m 的地段，宜加大填筑宽度，以适应大型机械摊铺、压实需要；帮填宽度大于 2 m 地段，应选用大型施工机械，按"三阶段、四区段、八流程"工艺组织施工，不能满足"三阶段、四区段、八流程"施工的地段，应根据实际情况调整施工分段、分区。

4)路堤帮宽施工应符合铁路路基施工的有关规定，施工质量应符合《铁路路基工程施工质量验收标准》(TB 10414—2003)的规定。

5)路堤帮宽完成后，应及时恢复线路标志及相关设施。

6)取土坑应合理设置。换填路基弃土不得阻塞河道和既有路基排水设施，并应遵守国家环境保护规定。

(10)临近行车线路的路堤帮宽，施工接近既有路肩高度时，应按规定设置施工防护，并制定应急预案。

(11)冬、雨季施工应采取相应安全技术措施。可能影响既有路基稳定的地段，应避开雨季施工。确需在雨季施工时，应制定防洪应急预算，并组织演练。施工期间，施工单位应对施工地段进行巡查，昼夜监视。

2. 路堑施工

(1)既有路堑拓宽应按如图 3-8-5 所示流程施工。

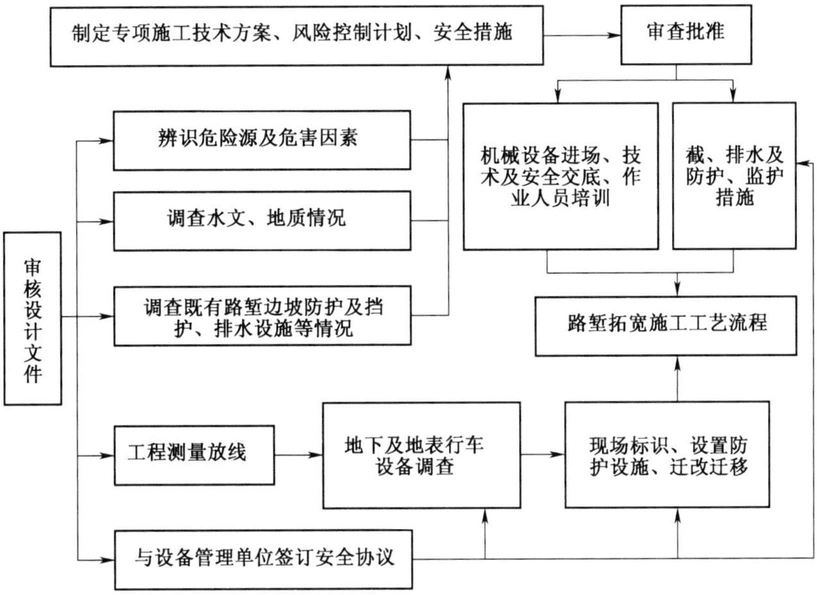

图 3-8-5　既有路堑拓宽施工流程示意图

(2)路堑拓宽施工关键过程、技术与方法应符合表 3-8-2 的规定。

表 3-8-2　路堑拓宽施工关键过程、技术与方法

关键过程		技术与方法
路堑边坡防护、支挡设施拆除	植被、挂网喷浆等坡面防护	(1)人工清除。 (2)机械清除。 (3)先清除后开挖，进度匹配
	护坡、拱架护坡	(1)人工清除。 (2)机械清除。 (3)随开挖进度自上而下分层拆除
	挡土墙等支挡圬工	(1)制定专项施工技术方案。 (2)人工清除。 (3)机械清除。 (4)爆破拆除。 (5)临时支护加固
截水、排水		(1)开挖前完成堑顶截、排水。 (2)排水系统先疏导沟通。 (3)开挖坡面临时排水

续上表

关键过程		技术与方法
开挖运输	开挖	(1)人工挖除。 (2)机械挖除。 (3)人工配合机械开挖。 (4)设置防护网、排架、棚架防护
	运输	(1)汽车运输。 (2)铲运车铲运。 (3)推土机推运。 (4)火车运输
刷坡及危土、危石处理	刷坡	(1)挖掘机刷坡。 (2)人工刷坡。 (3)自上而下,边挖边刷
	危土、危石处理	(1)机械清理。 (2)人工清理。 (3)危土、危石临时应急处置
坡面挡护、防护		(1)马口、跳槽开挖,随挖随支。 (2)排桩、临时支挡。 (3)抹面、覆盖封闭
雨季施工		(1)排水系统疏导畅通。 (2)覆盖防水。 (3)加强边坡检查、监测
弃土、弃砟		(1)弃砟位置合理。 (2)弃砟应保持自身及路堑边坡稳定

(3)施工准备阶段应符合下列规定。

1)施工前,应根据地形、地质、水文、病害、断面尺寸、路堑长度、施工季节、场地及交通条件等情况,并结合施工组织、机械能力制定专项施工技术方案,按规定程序审批后严格执行。

2)路堑拓宽开挖前还应改移堑顶既有截、排水设施,保持既有排水系统畅通。排水系统过渡应永久临时设施相结合,新施工部分应及时铺砌,临时土沟应采取防渗措施。

(4)拆除既有挡护、防护设施应符合下列规定。

1)随开挖进度应自上而下分层拆除,严禁一拆到底。

2)拆除时,应避免土石坍塌、落石侵限影响行车。需要制定专项施工技术方案的地段,应按批准的方案组织施工。

3)爆破拆除必须制定专项施工技术方案,并应按规定上报审查和批准。

4)拆除既有挡护、防护设施,应保证既有路堑边坡稳定,必要时应设置可靠的临时支撑进行加固或防护。

(5)土质路堑施工。

1)第二线和既有线路肩等高或高差较小时,其施工程序为:可依设计中线放边桩开挖路堑,但要注意对既有线侧沟的处理,如铲除原侧沟内的草皮,清除可能形成水囊的坑内砂石等。

2)第二线较既有线高,但既有线路肩高程也要提高到与第二线相等,如图 3-8-6 所示。其施工程序为：将既有线两侧的侧沟Ⅰ部位用土回填夯实，再将既有线轨道拨向外侧，形成便线通车；开挖第二线路堑Ⅱ部位，同时边回填第二线需要抬高的填方Ⅲ部位。待第二线填筑完毕铺轨通车再拆除临时线，填土抬高到设计路肩高程，重铺既有线。

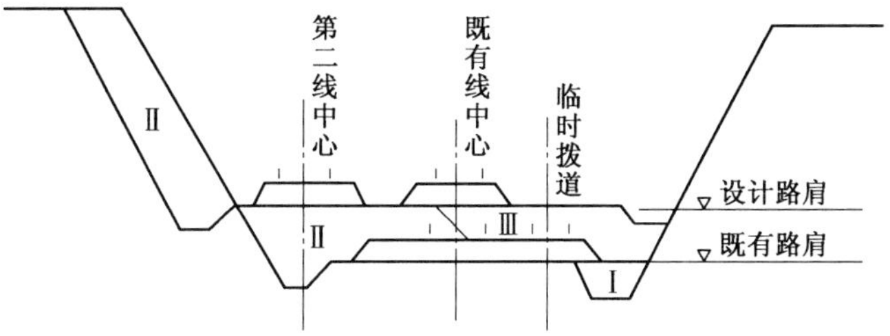

图 3-8-6　土质路堑施工程序(一)

3)第二线比既有线低，但既有线的路肩高程也要降低到与第二线等高，且路堑两侧均进行刷坡，如图 3-8-7 所示。其施工程序为：开挖Ⅰ部位，铺便线通车；拆除既有线，开挖Ⅱ部位到设计路肩高程，铺通既有线；拆除便线，开挖Ⅲ部位到设计路肩高程，铺通第二线。若条件允许，则应尽可能采取先开挖既有线外侧堑坡部位，将既有线拨道通车，使第二线一次施工完毕。

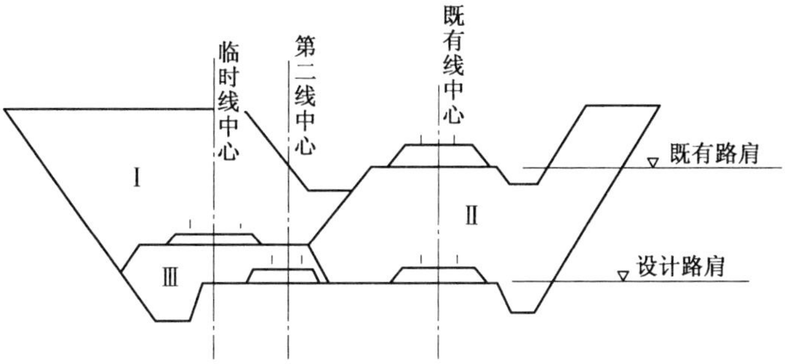

图 3-8-7　土质路堑施工程序(二)

4)当既有线路堑只在一侧刷坡而另侧不动时，如图 3-8-8 所示。其施工程序为：开挖Ⅰ部位到设计路肩高程，铺通第二线；拆除既有线，开挖Ⅱ部位到设计路肩高程，铺通既有线。

采用此种施工程序，在既有线降低的高差较大时，可能会发生既有线临时边坡坡度的稳定性不够，或第二线外侧边坡需要超挖。遇有上述情况，则应纳入设计。

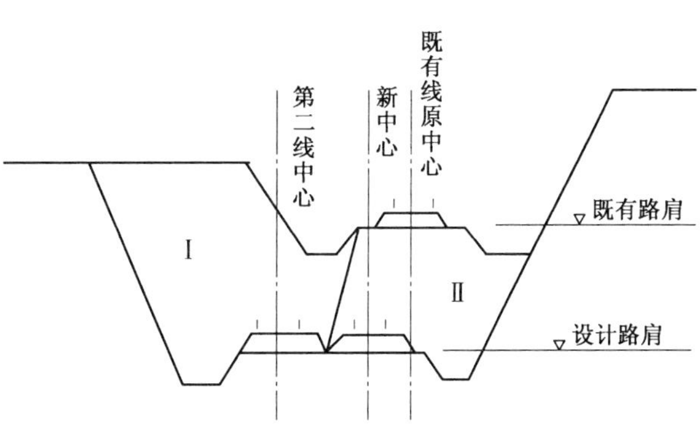

图 3-8-8　土质路堑施工程序(三)

(6)石质路堑施工。石质路堑开挖爆破应采用控制爆破或膨胀剂无声爆破法,以确保列车运行的安全;同时施工程序必须严格遵照经批准的施工组织设计和封闭施工作业方案。就施工开挖工艺方法而言,通常有下述几种:

1)两侧(或单侧)纵向台阶开挖法,如图 3-8-9 所示。它适用于线路封闭时间较短,即封闭后立即爆破,并迅速排除妨碍物。

优点:落入既有线堑内石砟较少;随施工进展台阶渐增,工作面多,不致窝工;分散打眼多台阶同时爆破,石砟分散易清除;临空面较多,能提高爆破效果;防护材料损耗较少。缺点:只能在边坡上开辟工作面;不易使用机械清砟;上台阶爆落石砟于下台阶上,须多次清砟;进度较慢,效率较低。

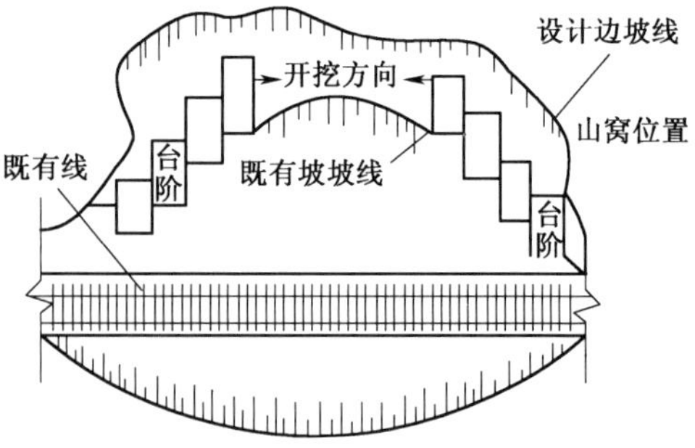

图 3-8-9 两侧(或单侧)纵向台阶开挖法

2)横向台阶全面开挖法,如图 3-8-10 所示。此法适用于封闭线路时间较长(一般在 2 h 或以上);原既有线路堑坡度较缓,坡脚又有平台;石方较集中而工期又紧迫;有大量防护线路的材料可资利用;弃砟地点近,除砟运距不长;岩层自然倾斜度不大,不会发生因岩石节理层理关系在爆破时发生大量石块堵塞路堑的情况。

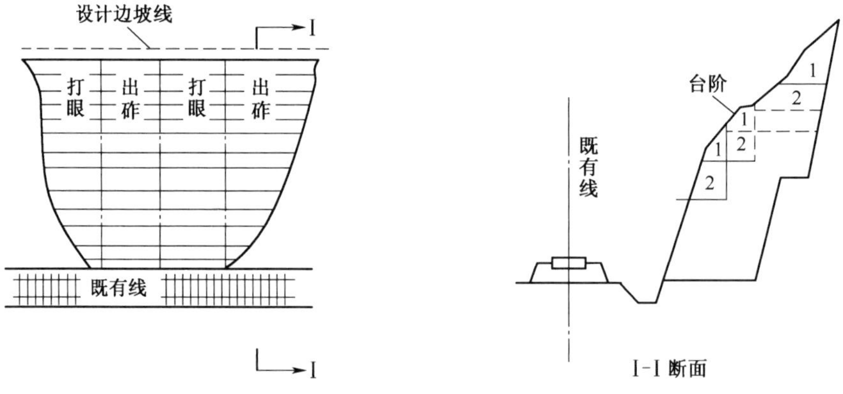

图 3-8-10 横向台阶全面开挖法

优点:整个施工区段可全面铺开,可以将打眼、除砟分段流水作业;可以增开临空面以提高钻爆效果;可以考虑机械化除砟;一次爆破量较大,进度快,节省时间。缺点:防护工作量大;用防护材料较多;线路上积砟多,清除时间长。

3)马口纵向拉槽开挖法,如图 3-8-11 所示。该法适用于开挖面距既有线很近,线路封闭时间短,且路堑是双侧石方,除砟需用既有线路堑弃运砟。

选择马口位置应找开挖面至设计边坡之间最薄处(一般不大于 5 m),以求马口石方最少。同时还应选择靠路堑两端一些,求得在既有路堑内的较短运距。马口挖好后,即可按路堑设计边坡纵向分层开挖,并刷好边坡。开挖程序按图 3-8-12 中所示数字顺序进行。其优点:减少行车与施工之间的干扰,大部分石砟爆落在马口内;出砟时间不受限制;出砟与打眼互不干扰,防护材料少。缺点:工作面少、狭窄、投入劳力少,进度慢;爆破材料消耗多。

4)马口纵向拉槽暂留石墙防护法,如图 3-8-13。该方法适用于在既有线一侧加宽路堑,

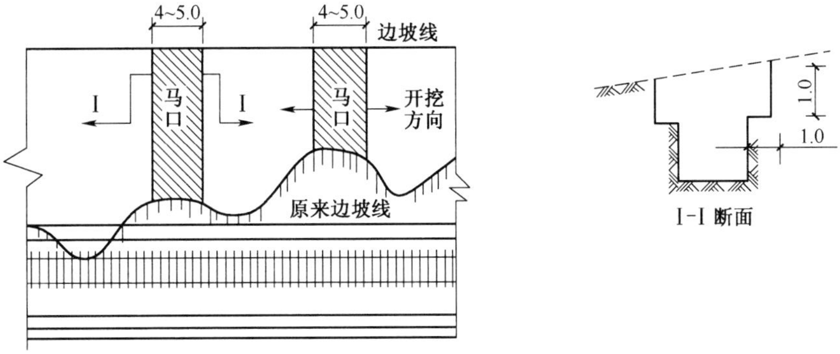

图 3-8-11　马口纵向拉槽开挖法(单位:m)

施工位置距既有线很近,且挖方横向较宽的条件下。就性能而言,它是上述(3)马口纵向拉槽法的一个特例。施工时将靠近既有线一边的岩石预留一小堤,高度保持 2～3 m。以避免石块落入既有线路堑有碍行车。施工程序按图 3-8-13 中所示数字顺序进行。

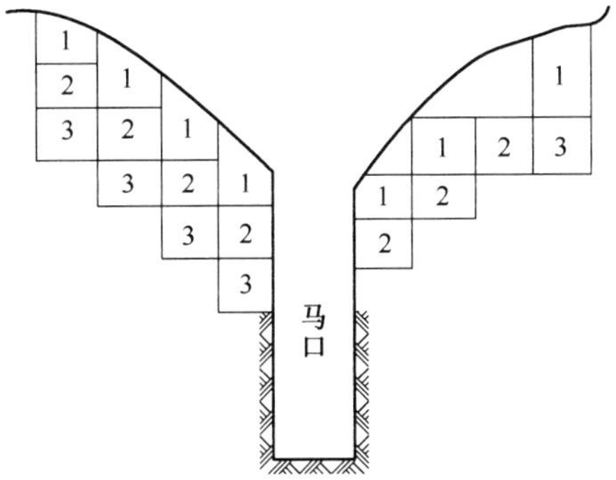

图 3-8-12　马口纵向拉槽开挖程序

注:数字表示开挖顺序

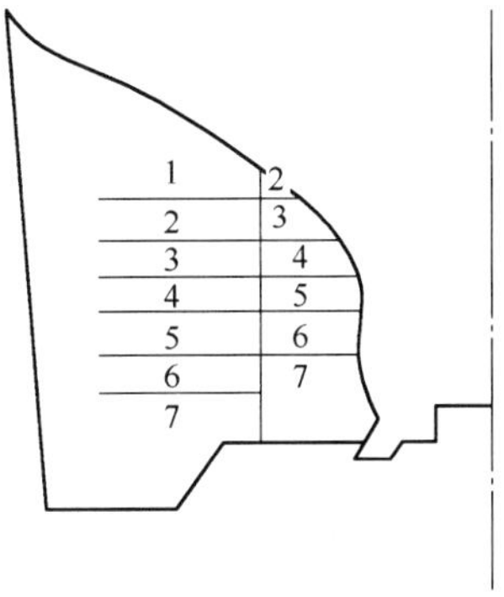

图 3-8-13　马口纵向拉槽暂留石墙防护法

注:数字表示开挖顺序

5)漏斗棚架法。该法适用于石质及砂卵石土等路堑。施工时可创造条件,采用顺坡分层开挖,使土石落在漏斗棚架上,在棚架下的空间铺设小钢轨道,以斗车或梭式矿车装运除砟。由于漏斗棚架料用量大,故此法仅使用于抢工。

(7)路堑拓宽宽度小于 1 m 时,宜人工刷坡。宽度为 l～3 m 时,可采用小型机械施工,既有线一侧应设置施工防护。宽度大于 3 m,采取大型机械时,应分层开挖,既有线一侧应预留隔墙或设置护桩、护栏等防护设施。路堑施工严禁掏底开挖。岩层走向不利于边坡稳定时,应顺层开挖,不得挖断岩层,并应采取减弱施工振动措施。路堑施工应符合铁路路基施工的有关规定。高处人工刷坡作业,应符合《铁路路基工程施工安全技术规程》(TB 10302—2009)和《铁路工程基本作业施工安全技术规程》(TB 10301—2009)的有关规定。

(8)既有路堑拓宽弃土除应符合现行铁路路基施工的有关规定外,尚不得阻塞既有路基排水设施,不得影响路基、桥涵及其他行车设备正常使用和安全稳定,并应遵守国家环境保护规定。

(9)膨胀土(岩)地段路堑拓宽应避开雨季施工。确需在雨季施工时,应制定专项施工技术方案和按批准的方案组织施工。湿陷性黄土地段不宜在雨季施工,雨季施工时应集中力量,组织快速施工。

(10)邻近即有线或可能影响到既有线路行车安全的路基爆破作业除应符合《铁路路基工程施工技术安全规程》外,尚应符合下列规定。

1)施工单位根据工程数量、施工环境、爆破规模制定爆破方案和安全防护措施、封锁时间等,报机关设备管理单位和部门审批。

2)爆破前应设好施工防护,驻站联络员在每次爆破前 40 min 到达车站,向车站值班员申请爆破施工,并办理施工登记手续。

3)驻站联络员在接到现场准备就绪的报告后,向车站值班员提出请求爆破时间,当接到封锁命令后,双方进行签认,必须按调度命令进行施爆,严禁不清点施爆、追尾施爆。

4)炮响后爆破人员应按规定对炮区检查有无哑炮、危石、落石以及轨距、方向、限界、通信、电力线路等有无损坏,及时进行处理。

5)经检查确认线路符合放行列车条件,施工负责人应向车站驻站联络员办理开通手续,经车站值班员签认销点后开通线路。

6)放炮前线路应设防护,放炮后应迅速清理轨道上及建筑限界以内的土、石,将线路抢通。道床上的泥渣不得超过轨面;道心内侧轮缘槽宽度不应小于 100 mm,深度不应小于60 mm,留在线路上的泥渣在每班下班前必须清除干净。

7)宜进行控制爆破,炮眼的距离、深度、装药量、预计一次爆破量,应能在封锁时间内完成。

8)运行繁忙的铁路沿线不宜使用火花起爆,电气化铁路严禁电力起爆。

9)严禁在列车通过前先将炸药装好等待点炮。

(11)轨下路基的开挖作业应符合下列规定:

1)根据开挖的长度确定扣轨或吊轨的数量和列车速度,报请路局批准。

2)当连续 3 根轨枕挖空时,必须用扣轨加固线路。

3)支护应紧跟开挖,每次列车通过、放炮及下雨后均应检查,当有开裂、变形应及时加强支护。

4)开挖地段应设专人检查、看守,如发现有坍塌或线路状态有变动时,立即采取补救措施;对行车有影响时,必须在线路恢复到良好状态后,方可放行列车。

3. 半堑半堤地段的施工

增建第二线工程中,将会出现半堑半堤的路基型式。在施工中因地质条件的变化而变更设计与施工方案者,通常有以下情况:

①当增建第二线的填方较高时,宜采用路肩挡墙或栈桥方案。

②增建第二线遇到半填侧的路堤基底因水库水位或其他原因,将会造成其填方基底不稳定时,宜采用钻孔桩基旱桥通过。

③在桥隧相连区段如发生多处半堑半堤时,宜采用长桥或长隧道方案。使第二线离开既有线。

④半堑半堤路基施工质量的关键在堑、堤结合部位和填方的密实程度。因此,施工单位必须做好施工设计,按规定的程序与作业要求进行。并建立分层检验签证制度。

8.2.3 改建及改良加固既有线路基的施工

(1)路基改建及改良加固按图 3-8-14 所示流程施工。

(2)路基改建及改良加固施工关键过程、技术与方法应符合表 3-8-3 的规定。

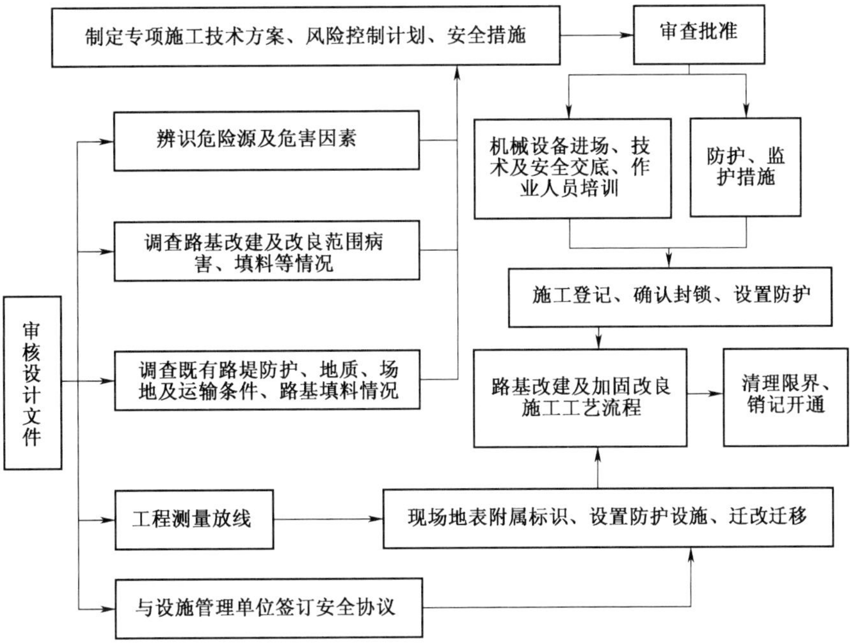

图 3-8-14　路基改建及加固改良施工流程示意图

表 3-8-3　路基改建及改良加固施工关键过程、技术与方法

关键过程	技术与方法
施工调查	(1)测量放线。 (2)现场踏勘。 (3)收集竣工资料。 (4)收集养护维修资料。 (5)审核设计文件
地下管线及行车设施防护	(1)使用探测仪器。 (2)人工挖探。 (3)防护、监护、迁改
施工方案编制上报审批	(1)编制专项施工技术方案。 (2)按规定程序审批
升高、降低路基	(1)分段封闭揭盖。 (2)绕行施工。 (3)便线过渡。 (4)机械施工
土工合成材料铺设	(1)人工铺设。 (2)及时回填、封闭
注浆加固	(1)注浆工艺试验。 (2)分层注浆。 (3)现场检测、监控
施工要点	(1)施工要点登记。 (2)设置防护。 (3)检查线路、清理限界，销记开通

续上表

关键过程	技术与方法
弃土、弃砟	(1)弃砟位置合理。 (2)道床覆盖防护
应急预案	(1)备齐应急人员、设备、材料。 (2)紧急情况启动应急预案
换填	(1)分层封闭揭盖。 (2)绕行施工。 (3)便线过渡。 (4)架空慢行。 (5)机械施工
挤密桩	(1)成桩工艺试验。 (2)人工施工。 (3)专用机械施工

(3)改建既有线,通常不能一次建成,而是要经过几次逐层填挖方能完成。对保证质量的难度大,尤其在降低路基高度时,在通车条件下,很难保证基床顶面的几何尺寸及平整度。所以,在改建设计中,应尽可能避免降低既有线路段的路肩高程。必要时应采取便线施工方案。

(4)改建既有线施工,应注意下列各点。

1)清理原路基上的石砟。

2)路基需帮宽土方时,必须清除原护坡,铲去草皮挖除树根,然后挖好台阶,分层填筑夯实。如帮坡基脚有水塘或淤泥,应彻底清除。

3)做好排水设施,夯拍密实边坡。

(5)既有线中线不动,增高及降低路基的方法。

1)中线不移动,路基增高量小于 0.5 m 时,其施工程序为:帮宽路堤两侧;用起道办法,以道砟、中砂、粗砂等渗水料逐层填筑基床顶面。每次起道量以 0.1~0.15 m 为宜。如抬高路堑的路肩高程,可在原路堑侧沟边缘码砌片石;再起道用渗水料逐层垫高堑床顶面。

2)中线不移动,路堤增高量大于 0.5 m 时,如图 3-8-15 所示。其施工程序为:在线路左右拨动能够保证安全行车的条件下确定路堤最小宽度,进而决定路堤两侧的帮宽尺寸。开始填筑一侧 1 部位到原路堤高度;拨动既有线于Ⅱ中线通车;填筑另一侧 2 部位;将线路拨移到Ⅲ中线,填筑 3 部位;拨线路于Ⅳ中线,填筑 4 部位;最后将轨道拨到原中线(即既有线中线)。

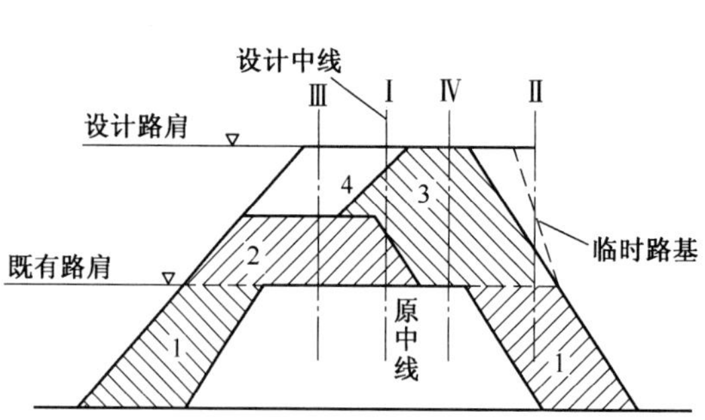

图 3-8-15 中线不移动路堤增高量大于 0.5 m 时的施工程序

3)中线不动,路堑内基床抬高值大于 0.5 m 时,如图 3-8-16 所示,也可采用上述路堤拨道升高的办法。其施工程序为:先填侧沟 1 部位,拨动既有线于Ⅰ中线,填筑 2 部位;拨线路于Ⅱ中线,再填筑 3 部位;拨线路于Ⅲ中线,填筑 4 部位;拨线路于Ⅳ中线,再填筑 5 部位;最后将轨道拨到原中线。拨道次数依据抬高高度决定,力求最少为宜。对抬高后路堑排水设施,应认真整治,宜采用铺砌侧沟。

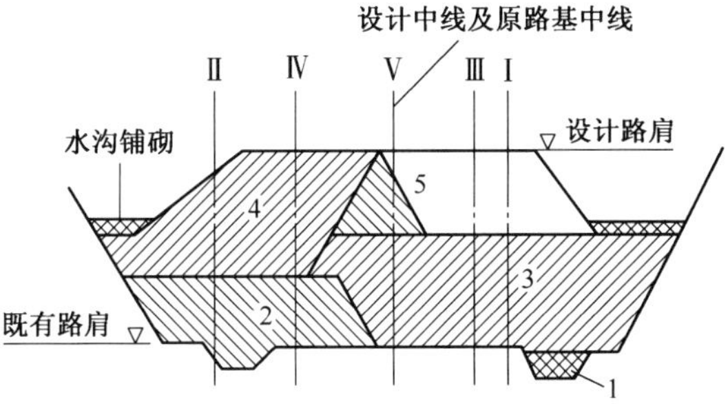

图 3-8-16　中线不动路堑内基床抬高值大于 0.5 m 时的施工程序

4)中线不动,路基降低值小于 0.3 m 时,可采用移动轨枕或采用吊轨梁加短轨的办法施工,然后开挖基床顶面,并暂用道砟填充,待完成一定长度后,再进行统一降低轨面高程。

5)中线不动,路基降低值大于 0.3 m 时,如图 3-8-17 所示,需采取加宽原路堤(或刷宽原路堑)拨道维持通车,进行逐层降低的施工办法。是否采用此方案,则需与采用另设便道行车,拆除原线路而后一次降低的方案进行技术经济的比选。应以行车安全、施工方便、经济合理为原则。

加宽原路堤施工程序:填 1 部位,拨线路于Ⅰ中线;填 2 部位,拨线路于Ⅱ中线;再填 3 部位;拨正线路于Ⅲ部位。

刷宽原路堑施工程序:挖 1 部位,拨线路于Ⅰ中线;挖 2 部位,拨线路于Ⅱ中线;挖 3 部位,线路拨回Ⅰ中线;挖 4 部位,拨正线路于Ⅲ部位;挖 5 部位(侧沟)。

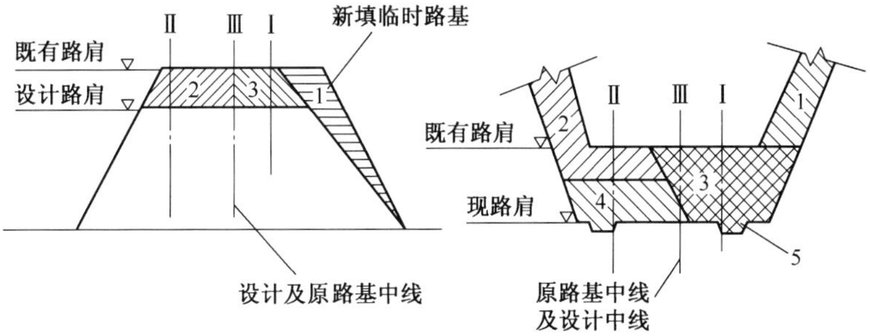

图 3-8-17　加宽原路堤(或刷宽原路堑)施工程序

(6)既有线中线移动,增高或降低路基的方法。

1)中线移动,路基增高值小于 0.5 m 时,可采用前面中线不移动,增高路基的施工方法。如果中线移动值较大,则将既有线向新中线的另一侧拨动 0.6 m(加宽值)至 0.9 m(道床边坡改陡),填高新线路基线路于新中线,再填高原路基部分。

2)中线移动,路基增高值大于 0.5 m 时,仍采用中线不移动路基增高大于 0.5 m 的路基施工方法,按图 3-8-15 和图 3-8-16 所示程序施工。

3)中线移动,路基降低值小于 0.3 m 时,若中线移动值较大者,按前述加填新增路基后,将线路向不加填路基一侧拨动 0.6～0.9 m。挖去拨道后原路基的多余部分基床顶部应与新填路基同高,拨移线路至新填路基行车。再挖去原路基剩余基床顶部,最后拨正线路。若中线移动不大,则仍采用前述移动轨枕或采用吊轨梁加短枕木支垫的办法。

4)中线移动,路基降低大于 0.3 m 时,如图 3-8-18 所示,应增加废方工程量,一般是中线移动较小者废方比重大,中线移动较大者废方比重小。其施工程序为:路堤增大部分 4(即废方),与设计加宽部分 1 同时填筑至设计路肩高程,并将原路基坡角(图中 2)以保证宽度,拨道至临时中线Ⅰ行车。再挖原路堤顶剩余部分,拨正线路。在路堑,则先将线路拨到临时中线Ⅰ,挖去堑坡增大部分 4(即废方)和设计刷宽部分 1 部位;将轨道移至临时中线Ⅱ,开挖原路堑剩余部分 2 部位;再将轨道拨至临时中线Ⅰ,开挖 3 部位;将轨道拨正到设计中线,最后挖侧沟。

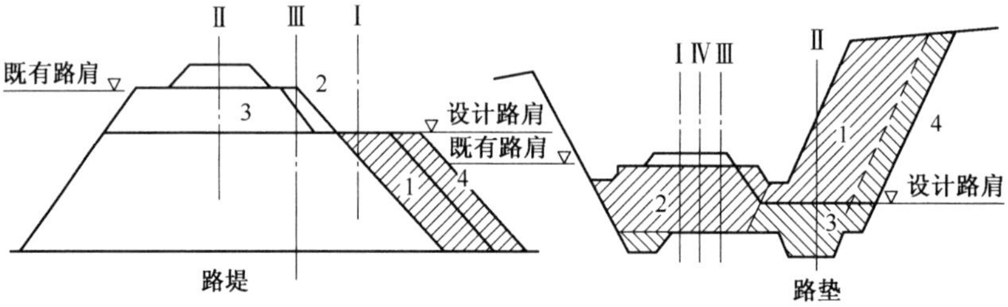

图 3-8-18 中线移动,路基降低大于 0.3 m 施工程序

(7)路基改建及改良加固施工方法、工艺应符合下列规定。

1)施工前,应进行施工工艺试验,确定主要工艺参数、工艺标准。路基增高施工,宜选用与既有路基同种类型填料,填料应满足相关规定要求。当与既有线路基填料性质不一致时,应按照设计文件要求进行处理。

2)路堤降低施工时,干线和繁忙干线不宜选择慢行落道法。施工应按照批准的专项施工技术方案合理安排轨下部分及路肩部分施工顺序,应做好排水坡度顺接,不得影响路基排水。

3)换填施工应封锁行车,并按照批准的专项施工技术方案组织实施。施工前应调查需清挖的深度,安排好换填料卸车地点,对既有道床应采取防止污染的防护措施。换填施工应分层压实,并应达到压实度标准。土工布、土工格栅等铺设应符合《铁路路基土工合成材料应用技术规范》(TB 10118—2006)和铁路路基施工的有关规定。

4)既有路基上挤密桩作业应在封锁行车条件下进行,并应按照批准的专项施工技术方案组织施工。施工前应进行成桩工艺试验,通过试验确定工艺及参数后方可组织实施。

5)注浆加固既有路基应按照批准的专项施工技术方案组织施工。轨道下路基注浆加固应在封锁或慢行条件下进行。路肩及以外部分在不封锁或不慢行条件下对路基注浆加固时,应对轨道变形情况进行监控量测,并根据监控量测结果控制施工进度。注浆钻孔时不应采用水钻。

6)路基改建及改良加固应按规定进行施工防护和监护。

(8)站场路基的改建。在运营的形势下改建站场路基,其作业布局比较复杂,必须服从整个站场的改建部署。如果站场路基抬高较小(站场改建一般不降低路基),可使用本节内的有关方法。如果站场路基抬高量大且涉及的面较广时,则有以下两种情况:

1)若采取压缩部分股道施工能满足运营计划要求时,可制订分期分区压缩股道施工的过渡措施，经运营、建设等单位审批后执行。进行压缩股道填筑，其抬高后与未抬高的股道应有顺坡段。有时需经过几次过渡，方可完成。

2)如果土石方量大无法压缩股道，或站场场地限制，则可利用附近已完工的双线加铺道岔增建临时车站，维持行车，分散本站车流，争取有较大场面开展施工，迅速完成站线改建，早日撤除临时车站，恢复正位运营。

站场改建扩建时的路基排水工程，应有完整的系统设计，施工时应重视质量。另外对站场内的管道和电力、通信线路等工程的改建，应当全面考虑和统一施工，避免反复挖填站场路基，遗留病害。

8.3 施工干扰与防护措施

8.3.1 施工干扰

在改建既有线和增建第二线的施工过程中，由于短时封锁区间和列车慢行以及工程运料等因素，影响了线路的通过能力和行车速度，造成施工对运营的干扰。然而当既有线改建时，为保证运输和行车安全，又往往不能全部满足施工的部署要求，因而运营又影响了施工。因此，不论是在设计方案比选时还是在施工组织设计时，都应充分考虑施工与运营的相互干扰问题，并采取必要的措施。

(1)施工时需封锁区间的工程。

1)第二线换侧地段拆铺轨道。

2)石质路堑的加宽。

3)路基的抬高或降低。

4)一次起道高度超过 100 mm。

5)每次列车间隔内拨道量超过 100 mm。

6)更换道岔。

7)正线上架设便桥。

8)其他。

(2)施工时需限制列车运行速度的工程。

1)便线、便桥地段。

2)路基边坡临时加固地段。

3)一次起道量为 41～100 mm 的地段。

4)每次列车间隔内拨道量为 41～100 mm 的地段。

5)其他。

8.3.2 施工期间维持临时行车的措施

1. 便线

在路基改建工程施工时，为避免干扰运营，维持不间断地安全行车，必要时可修建便线。

便线属于临时工程，其土方、道砟等，于正线通车后，均要废弃，轨道经拆铺也有损耗，因此，采用便线施工方案应通过综合比选确定。

(1)便线的技术标准。便线应保证列车运行的安全，采用的技术标准应根据行车密度、行车速度及使用期限确定。当行车速度不大于 45 km/h 时可参照下列标准。

1)平面。曲线半径一般不小于 300 m,困难情况下,可采用 200 m。

最短缓和曲线的长度见表 3-8-4,夹直线最小长度不得短于 20 m。

表 3-8-4 便线最短缓和曲线长度

曲线半径(m)	最短缓和曲线长度(m)
≥400	20
300	30
200	40

2)纵断面。最大坡度应能保证现行货物列车的通过,一般可按机型和牵引重量来推算。

坡段长度一般不短于 200 m,困难情况下,允许缩短至 100 m。相邻坡段的坡度代数差大于 4‰时,应以竖曲线连接。竖曲线的半径采用 5 000 m,相邻坡段的坡度代数差,最大不得超过重车方向的限制坡度值。

3)路基。土质路基宽度采用 5.0 m;砂、石路基宽度采用 4.6 m 及以下的曲线地段,曲线外侧加宽 0.2 m 正线。

4)轨道。轨道的最低标准见表 3-8-5。

表 3-8-5 便线轨道最低标准

钢轨类型(kg/m)	轨枕根数(根/km)	道床			
		顶宽(m)	厚度(cm)		边坡
			土质路基	砂石路基	
43	1 440	3.8	30	25	1∶1.5

注:下列地段,每 km 应增加轨枕根数:钢筋混凝土枕增加 90 根;木枕增加 160 根,遇重合条件时,只增加一次:

①半径为 400 m 及以下的曲线边同两端缓和曲线的地段。

②陡于 15‰的下坡制动地段。

(2)便线布置。

1)便线较长时的平面布置如图 3-8-19 所示。

2)工点的便线平面布置如图 3-8-20 所示。

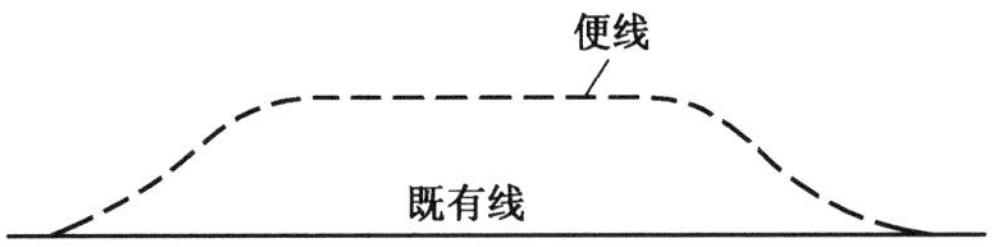

图 3-8-19 便线布置(一)

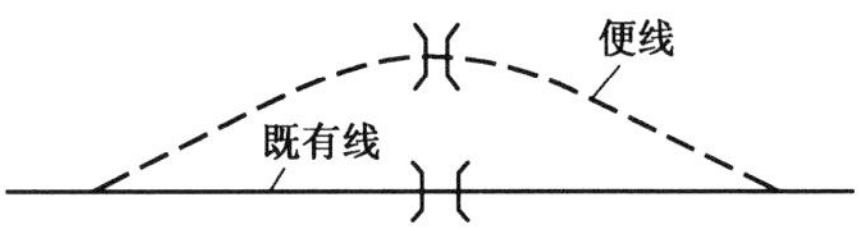

图 3-8-20 便线布置(二)

3)抬、落道地段线路交叉处的顺坡便线(用顺坡便线连接既有线和改建线,以保持行车)平面布置如图 3-8-21 所示。

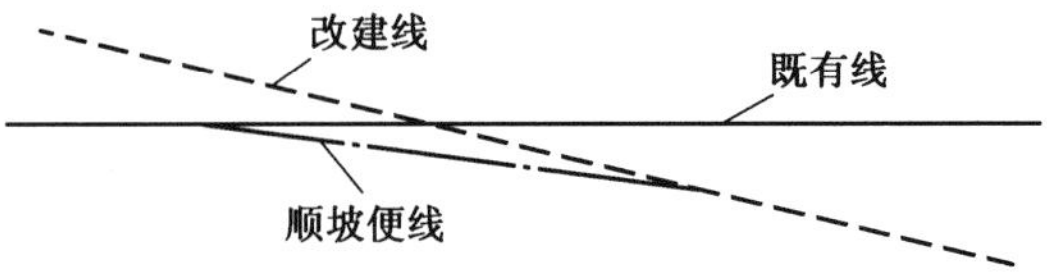

图 3-8-21 便线布置(三)

4)抬、落道地段第二线换侧处的顺坡便线(用顺坡便线连接既有线和第二线,以保持行车)单面布置如图 3-8-22 所示。

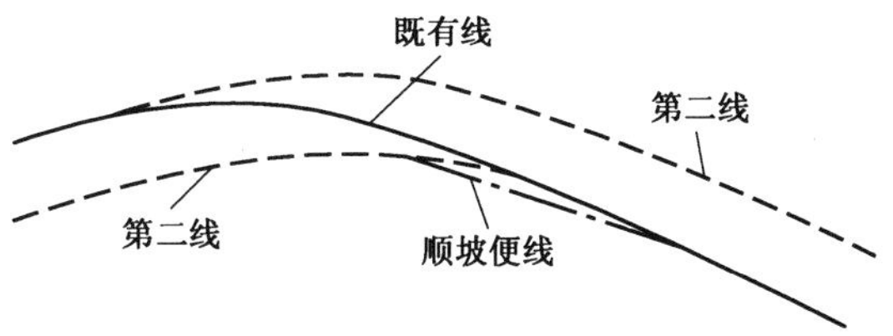

图 3-8-22　便线布置(四)

5)便线应尽量与正线设置在同一路基上,从而节省便线的土方和用地,如图 3-8-23 所示。

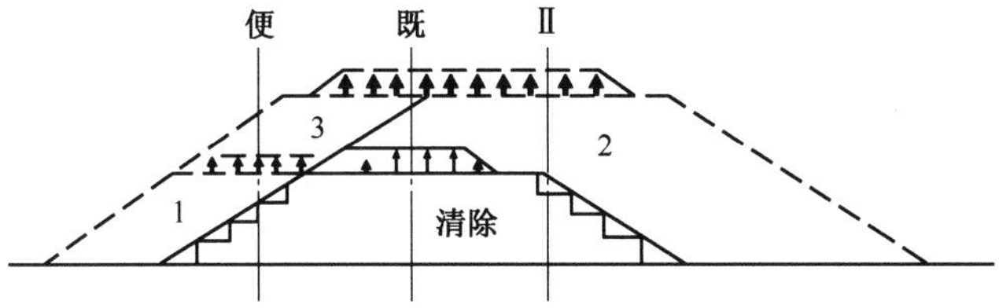

图 3-8-23　便线布置(五)

注:1、2、3 表示施工先后顺序

2. 其他维持行车的措施

(1)吊轨法。吊轨法是由数根钢轨组成轨束梁,其两端支承于轨枕上,轨束梁跨内轨枕和枕束梁栓紧成整体,其跨度一般不大于 6 m。

(2)拨道法,如图 3-8-24 所示。此法类似于便线,且要拨道和清除废弃部分土方(图中阴影部分)。

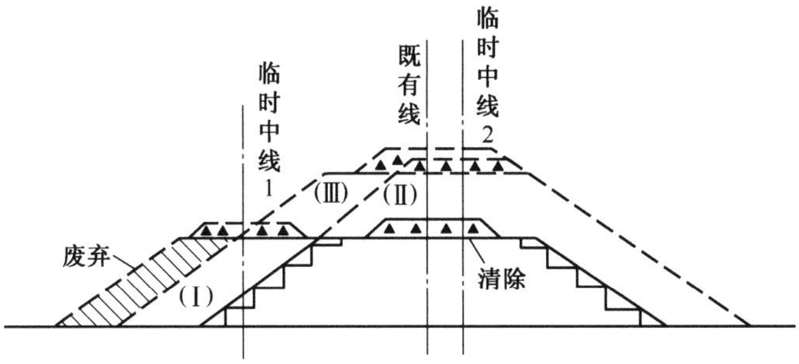

图 3-8-24　拨道法

8.3.3　施工防护

1. 防护措施

(1)封锁施工时,施工单位应按现行《铁路技术管理规程》的规定设置行车防护,并对施工人员人身、行车设备等进行施工防护,防止发生铁路交通事故和人身伤害事故。封锁施工防护办法见表 3-8-6。

(2)慢行施工时,施工单位必须按现行《铁路技术管理规程》的规定设置行车防护。慢行施工除应对本线做好施工防护外,还应注意对邻线行车的防护,限制通过施工地段的列车速度。其他防护办法参见表 3-8-6。

表 3-8-6 封锁施工防护线路防护表

防护对象		防护目标	防护办法
行车		禁止列车进入施工封锁区段	执行《铁路技术管理规程》的规定
		防止施工影响邻线行车	派驻站联络员、防护员、监护人员驻站和现场防护、监护
人身		防止施工人员被邻线行车伤害	派防护员、监护人员现场防护、监护
		防止施工人员被机具、车辆伤害	专人监护;施工人员互控、自控、他控
		防止施工人员被伤害	教育施工人员互相保护、自我保护
		防止闲杂人员被施工伤害	派人看守值护,巡查,设置围护
行车设备	机车车辆	防止机具、材料等存放侵限	派人监护;责任人检查;专人巡查
		防止机械作业侵限	向司机交底;派人监护
		防止石块、物件击打列车	施工围护设施;施工交底;值守看护
	地面设备	防止机械或机具碰撞、碾压	围护;派人监护
	地下管线	防止管线被挖断、挖坏	调查、探查、标识;派人监护

(3)铁路行车线上施工,在不影响既有行车设备正常使用情况下,应保证行车安全,防止因施工引发铁路交通事故和影响铁路行车设备正常使用。人身及行车设备防护参见表 3-8-6。

(4)当发生紧急情况、危及行车安全时,施工单位必须启动应急预案,对行车线路和铁路行车设备实施应急防护。应急防护拦停运行中的列车应执行现行《铁路技术管理规程》的规定。

各种险情相应应急防护办法见表 3-8-7。

表 3-8-7 应急防护办法

突发险情	防护目标	防护办法	措施
(1)轨道毁坏或轨道变形严重 (2)胀轨跑道 (3)土石掩埋轨道或落石侵限 (4)大型机械意外损坏在轨道上或限界内 (5)路基严重塌陷	拦停列车	(1)按《铁路技术管理规程》的规定设置行车防护。 (2)立即通知车站封锁行车	立即启动抢险应急预案
轨道变形较轻,满足限速放行列车条件	限速慢行		
行车设备及地下管线损坏、影响正常使用	铁路行车设备	看守、监护	采取专项措施,立即通知设备管理单位

2. 防护工作要求

(1)驻站联络员应符合下列规定。

1)驻站联络员应由经铁路局培训合格的施工单位正式职工担任。驻站联络员应掌握当班施工内容、影响范围、防护及监护人员分布情况等。

2)线上及临近线路作业、要点施工,驻站联络员必须提前 40 min 到车站行车室与车站值班员联系,了解列车运行情况,及时准确地向现场负责人和防护员发出预报和确报。施工要点时,驻站联络员必须在“行车设备施工登记簿”上办理施工申请、登记和销记手续。

3)驻站联络员必须与防护员保持联系,及时通报列车运行情况。

(2)防护员应符合下列规定。

1)防护员应由经铁路局培训合格的员工担任。防护员上岗作业时,应穿着规定的防护服装，佩戴标志，按规定携带齐备防护用品和通信工具。

2)防护员应熟知当日施工地点、施工内容，并实施正确的施工防护。

3)防护员使用的防护用品应妥善保管，经常检查并保证其性能良好。

4)防护员应与驻站联络员保持联系，及时向监护人员传递信息。

5)防护员如因事暂时离开工作岗位，必须经施工负责人同意，顶岗人员到位后方可离开。

(3)监护员应符合下列规定。

1)监护员上岗应按规定着装，佩戴上岗证、臂章。监护员应与防护员保持联系，及时组织施工人员下道避车，对施工机具存放、作业进行旁站监视。

2)监护员应熟知铁路限界、人身和机具安全防护措施。

(4)防护设施与器材及应急防护备品应符合下列规定。

1)既有线施工要点、正常施工、应急施工防护用作业标、防护信号备品配备齐全，铁路信号及标志应符合有关规定。

2)施工现场应准备对讲机、喇叭、短路铜线等应急施工防护设施与器材。

3)施工临时道口除配齐护桩、栏门、手信号(信号旗和信号灯)、响墩、火炬、对讲机、喇叭、短路铜线、铁铲防护设备设施外，还应配齐钢丝绳、绳子、撬棍、钉镐等应急防护备品。在电力牵引区段，道口出入口还应设置限高架。

4)地下管线可能对施工影响时，宜备电缆探测仪。

第9章 铁路路基抢修

9.1 一般破坏的路基抢修

9.1.1 抢修路基的主要技术标准

(1)若时间允许,路基应按原标准修复,若时间紧迫,则可先按表3-9-1、表3-9-2、表3-9-3所列的低标准抢修通车,但桥头引线及道岔范围应按原标准修复。

(2)路基顶面最小宽度见表3-9-1。

表3-9-1 抢修通车时路基顶面最小宽度

类别	直线段	$R>600$ m 曲线段	$R\leqslant600$ m 曲线段
路堤	≥3.5 m	≥3.5 m	≥3.5 m 另加外侧加宽0.3 m
路堑	≥4.0 m	≥4.0 m	≥4.0 m 另加外侧加宽0.3 m

(3)路基边坡。

1)路堤边坡。全部填土者,普通土质地段边坡为(1∶1)～(1∶1.25);砂质土地段边坡为(1∶1.5)～(1∶1.75)。

拦边填土者,用片石干码拦边不得高于3 m,边坡为1∶0.5;用草袋装土拦边者,按表3-9-2办理,但随填土增高,草袋拦边厚度应加厚,草袋码砌时上层应压住下层接缝,并逐渐收坡,码砌草袋拦边应做到底宽顶窄。

表3-9-2 抢修通车时草袋装土码砌拦边边坡表

填土高度(m)	1	2	3	4	5	6及以上
边坡不得陡于	1∶0.1	1∶0.2	1∶0.3	1∶0.4	1∶0.5	1∶0.75

2)抢修通车时路堑边坡见表3-9-3。

表3-9-3 抢修通车时路堑边坡表

土壤种类	边坡坡度
均质黏土、砂黏土、黏砂土、砂质土	(1∶1.0)～(1∶1.5)
黄土、黄土质土	(1∶1.0)～(1∶1.25)
密实的碎石土,砾石土	(1∶0.5)～(1∶1.5)
严重风化岩石	(1∶1.0)～(1∶1.5)
坚石	1∶0.1

注:1. 该表只用于边坡高度不大于20 m的情形。
2. 对于清除坍方的临时通车,土质边坡可先采用不陡于1∶0.5。

(4)线路平剖面。在通车时间紧迫而抢修量很大或填料困难时,可采取拨道改坡在原线路一侧,待便线通车后再尽快恢复原线路,拨道使用的曲线半径,一般应在180 m以上,以便大型机车能通过，极度困难时为 150～170 m。

(5)纵坡宜按原线路坡度恢复；若采用便线通车，其纵坡连同曲线折减在内应不超过 15‰，最短坡段不得短于 100 m，相邻两坡度代数差大于 5‰时，应加设 $R=5\ 000$ m 竖曲线。在原线路上改变纵坡，将会增加正式恢复线路时的抬坡困难，也难以保证路基密实度，所以，十分必要时方可采用。

(6)凹坑内积水，抢修填筑前应疏干，清除淤泥杂草，挖台阶，然后分层铺填夯实。

(7)路堤填筑达到设计高程后，应考虑填筑压实的不足而预留沉落量 5～15 cm。

(8)按原设计标准路面宽度恢复的地段，应考虑对路基面酌情加宽(每侧加宽 5～10 cm)。

(9)路堤抢修所用填料应符合路基填料的有关规定。

(10)路堑抢修的同时，应修复堑顶截水沟、天沟，并及早对路堑边坡进行必要的防护。

9.1.2　路堤抢修

1. 全部填土

如同新建路堤，但费工费时。宜在取土方便，人力或机械充足，工程量相对较小，时间充裕的情况下采用。

通车时间要求特别紧迫时，可以缩减路基宽度，加大边坡坡度，以减少回填土石方数量。

缩减路基断面宽度及边坡坡度，可参考表及 3-9-1 表 3-9-2。缩减断面填筑，常用拦边法施工，不但可以缩减填方数量，且可增强路基稳定性，保证行车安全。拦边回填其厚度越大，稳定性越强，坡度也越陡。填筑的路堤越高，拦边厚度较小，则边坡应适当放缓。

拦边法缩减断面的方式有：

(1)草袋装土码堆拦边，如图 3-9-1 所示。

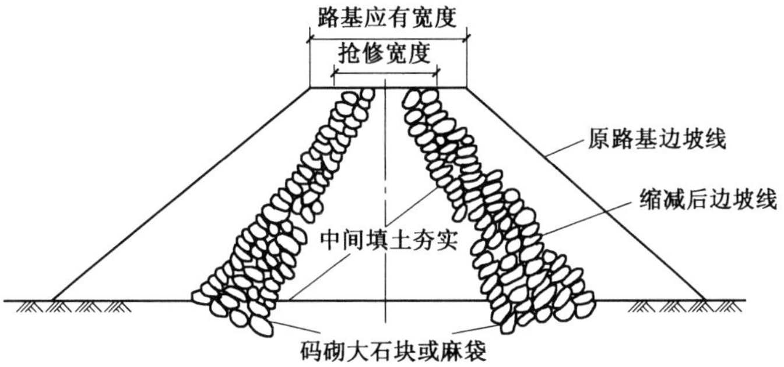

图 3-9-1　草袋装土码堆拦边

(2)大块片石干码拦边如图 3-9-2 所示。拦边使用的大块片石应与地面大致平行，压缝码砌，有丁有顺，边砌边填土夯实。

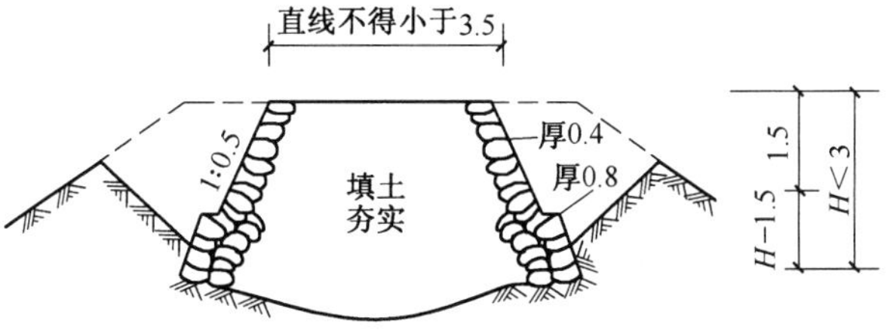

图 3-9-2　大块片石拦边(单位：m)

(3)废旧枕木栏边如图 3-9-3 所示。通常将废枕锯断成短枕，每根长约 0.7～0.9 m，用作丁木，而将较好的旧枕木用作顺木(顺线路方向卧置)，且纵向接头错开，在两枕相交处用扒钉钉牢。

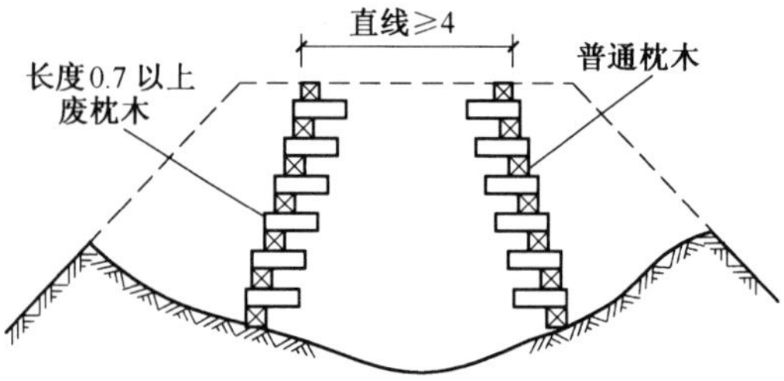

图 3-9-3 废旧枕木拦边(单位：m)

(4)石笼拦边，在缺乏大块片石的地区，可采用编笼装小石块、小卵石拦边。编笼材料有钢丝笼、竹笼、荆条笼、木笼、钢筋笼等。施工时，应注意逐层收坡码砌。石笼形式如图 3-9-4 所示。

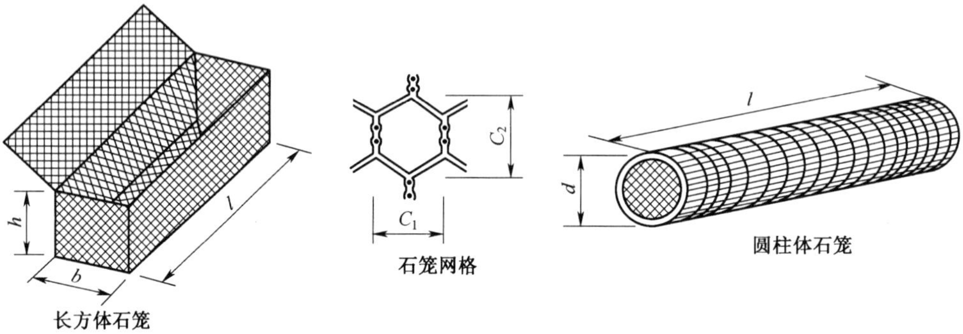

图 3-9-4 常用钢丝石笼结构示意图

施工注意事项：

1)石笼的容许流速与其体积有关，体积大者，可抵抗 5～6 m/s 流速，一般可抵抗 4 m/s 流速。

2)选用时宜预测砌体的淤积速度以决定石笼的构造形式，当砌体淤积得紧密时，即石笼就不必要了。

3)常用的石笼尺寸及装石粒径见表 3-9-4。

表 3-9-4 石笼尺寸及装石粒径

石笼形状	石笼尺寸(m)	适用石笼种类	表面积(m^2)	容量(m^3)	装石粒径(cm)
箱 形	3×1×1	钢丝笼及木笼	14.0	3.0	5～20
	3×2×1		22.0	6.0	5～20
扁 形	4×2×0.5	钢丝笼	22.0	4.0	5～20
	2×1×0.5		7.0	1.0	5～20
	3×2×0.5		17.0	3.0	5～20
	4×3×0.5		31.0	6.0	5～20
	3×1×0.5		10.0	1.5	5～20
圆柱形	ϕ0.5×1.5	钢丝笼及竹笼	2.8	0.30	5～15
	ϕ0.6×2.0		3.8	0.57	5～15
	ϕ0.7×2.0		4.4	0.77	5～15

4)圆柱形钢丝石笼,适用于在高水位或水流很急成漩流的情况下,不容许采用规则形的石笼铺砌时使用。通常用于边坡部分。

5)钢丝石笼的材料,一般用直径6～8 mm钢筋作骨架,以直径2.5～4.0 mm钢丝编网,网眼为6～8 mm。

6)网孔可用六角形和方形,方形没有六角形强度好。

7)石笼侧壁间采用直径3 mm,长30～50 cm的钢丝联接,其捆扎点间距15～20 cm。较大长度的石笼应在内部设计横墙或钢丝拉线。

8)填入石笼的石块,外层用较大的粒径,并可使石块棱角突出网孔,内层填小碎石。

9)石笼底部需设置碎石或砾石垫层,厚度通常为0.2～0.4 m。底层石笼一般用直径为16～19 mm的铁棒,将其各角固定于基底土中。

10)施工时,需保持石笼各部位尺寸的正确性,以免石笼间连接困难。

11)竹石笼多用于产竹地区和临时防护之用。

12)安放石笼位置应正确,搭接稳固,保证其整体作用。

木笼拦边,比较稳定,下沉量小,但需木料较多,适用于木材较多地区,拦边高度一般在3 m以内为宜,若大于3 m时,则应加大木笼尺寸。抢修时,先确定木笼位置,然后平整基础,摆好木笼,向木笼内填片石,同时在路堤中间填土夯实。

(5)拦边施工注意事项。

1)基底首先要整平夯实。

2)拦边器材要随层次加高而码砌收坡。

3)力求能在正式修复路基时,拦边材料拆除量最少(木笼和旧枕木均须将长木料拆除,故不如铁丝笼、竹笼),而且可以不挖台阶。

4)草袋、大片石、废旧枕木(需拆除顺线路方向放置的长枕)等拦边,在线路恢复正式标准时,于路肩高程以下1.2 m范围的拦边材料必须全部拆除。

2. 枕木垛

通车时间要求极为紧迫,而又具有大量新旧枕木时可采用枕木垛。在码堆枕木垛时,应考虑为正式恢复线路留有余地,宜采取适当移动线路平面位置的方法。

3. 栈桥跨越——临时便桥法

(1)当被破坏的路基(堤或堑)较深较长,用前述诸法难以迅速通车时采用。此法作业复杂,技术要求高,用料多,下沉量较大,需派维护班组随时维护加固和看守。

(2)栈桥式桥墩,应依具体条件选用:

1)枕木垛,当有大量枕木时。

2)枕木排架,较搭枕木垛用料少,适用于较低桥墩。

3)木排架,有足够的圆木或方木时。

4)木笼填石及钢轨笼填石墩。

5)万能杆件拼组桥墩。铁路使用的万能杆件有M型及N型两种,均可用以拼组成桁架式桥墩,墩高7.322～25.322 m。

6)军用墩,现有六五式军用墩和八三式轻型墩。

六五式军用墩可用卧木基础、桩基础或混凝土基础,墩身以0.5 m模数变化高度,故适应性强。每套可组装高20.85 m的桥墩一个,适用于大中跨度中高度桥梁。

八三式轻型墩适用于中小跨度中低高度桥梁。

(3)栈桥式桥台。一般不作特殊处置,只要将未被破坏的坚固路基面剥去道砟,整平,并在其上铺设密排枕木2～3层作为梁端垫木,而后再将栈桥梁伸入垫木上即可。如被破坏的路基较深、坑边较陡,或者梁跨度较大,可挖去路基顶部土方,整平夯实后,堆码枕木垛作桥台。

(4)栈桥梁的选用。

1)木束梁、有枕木木束梁、方木木束梁。用枕木,其跨度不大于2 m,每三根一组,每孔跨可立放六根两组;若用方木,可视木材规格拼联成双根组、三根组、四根组及六根组等形式。每组木束梁均应用螺栓联紧。

2)轨束梁,亦称扣轨梁,即用整根旧钢轨相扣,用铁箍卡住成轨束,替代桥梁之用。

每组轨束梁应相隔1.0～1.5 m用铁箍或夹板螺栓夹紧。轨腰与轨腰之间的空隙,宜夹硬质木块,并应在每孔桥跨的两组轨束梁间每隔2.0～2.5 m用平夹板拴牢。

3)工字钢梁,抢修时常单层单排或单层双排组合,其跨度一般不超过12 m。工字钢梁的容许应力在170 MPa以上。

4)制式桁梁,现行使用的有:

①拆装式桁梁,可拼组12～80 m梁跨。但应注意当跨度大于44 m时,需增加主桁片数,当跨度大于62 m时,尚须限速运行和降低荷载等级。

②八七型抢修钢梁,可拼组装40～96 m梁跨。

③万能杆件拼组桁梁,可拼组16～40 m梁跨。

④六四式铁路军用梁,普通型可拼组16～32 m梁跨,加强型可拼16～44 m梁跨。

4. 透水路堤

被破坏的路堤已基本与原地面相平,而两旁又有河水浸泡的可能,则可采用就地取石抛填路堤下层浸水部分,石堤上层填土。此法亦可用于铁路涵渠的抢修或水网稻田地区的路堤抢修。

5. 筏基路堤

当路堤遭遇多次浸泡冲坏以后,其基底均已软化,如若在清除软化层十分困难时,同时又缺乏片石填筑,可采用筏基路堤。

6. 路堤边坡木桩加固

当路堤边坡有滑动危险或垮塌危险时,可用打木桩进行加固。

9.1.3 路堑抢修

1. 清除坍塌土石

适用于边坡坍落土石数量不大,清理后暂时不威胁行车安全的情形。

清除坍方除可从线路两端运输土石外,尚可利用地形于中部开马口或导坑以提高清理速度,如图3-9-5所示。

2. 拨移轨道

在山区路堑或半路堑内,坍塌土石堆积在靠山侧半个路基的边坡下部,宜将轨道向外拨移离开坍塌区,以容许列车慢行顺利通过为原则。如路堑边沟外侧有平台时,可包括平台宽度考虑拨道尺寸。如外侧边坡低矮,路基面又无足够宽度供拨移轨道时,可刷去外侧部分边坡,作临时性改移轨道之用,如图3-9-6所示。在恢复行车的同时,继续清除靠山侧坍塌的土石,恢复正式线路。拨移轨道增加了长度,要配短轨,可选用坍方打伤或打坏的钢轨配用。必须注意防止堆积在路基边坡上的土石受行车振动的影响而滑落或再坍,威胁行车安全的情况。

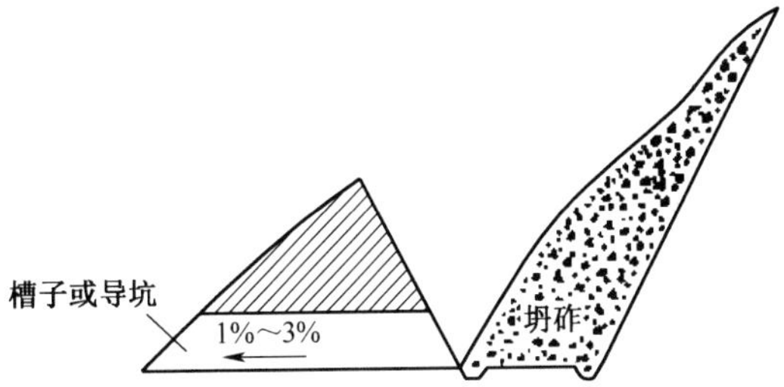

图 3-9-5　开马口或导坑清除坍方

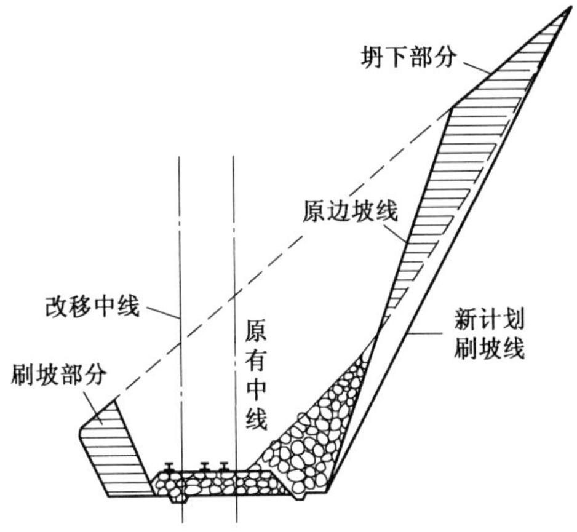

图 3-9-6　拨移轨道抢修

采用拨移轨道抢修,还可结合草袋装土码堆拦边等措施,暂时减少坍方清理数量。

9.1.4　挡土墙抢修

1. 路堑边坡挡土墙——上挡墙

(1)木笼填石。挡土墙破坏的缺口不大不高时,可用木笼填石。木笼尺寸采用 3 m×1 m×1 m。抢修时先清理、平整挡土墙内侧,然后放上木笼,填石块,到一定高度时木笼内侧边坡空隙处可分层回填夯实。上下层木笼间应错缝排列,并用镀锌钢丝联结。木笼装石位置应安设于原有挡土墙断面外,以便修复时可减少拆除困难;如土石坍落较大,在原挡土墙背面内部清理,会导致更大坍方时,可将木笼设置在原有挡土墙之上。木笼高度如超过 3 m,为防止墙背土压力推倒,应在木笼前打桩,并在山坡上打拉桩,用细钢丝绳或几股 8 号镀锌钢丝拉住木笼前面的木桩,以保持稳定,如图 3-9-7 所示。

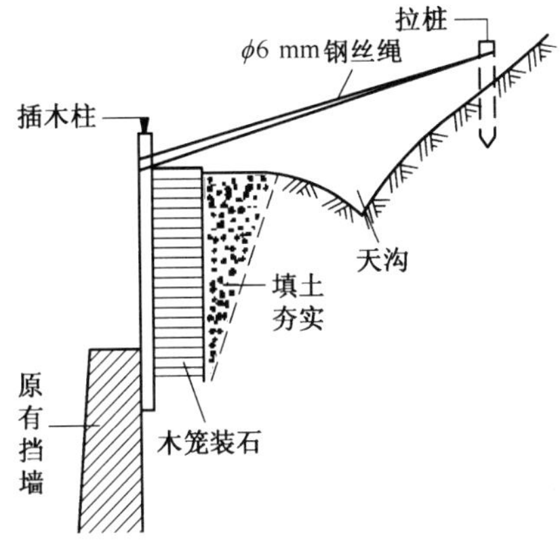

图 3-9-7　木笼填石

(2)钢轨笼填石。与木笼填石相同,但笼用料为短钢轨焊制,刚度较大。

(3)草袋装土或大块石、码砌拦边挡土石。拦挡高度不宜大于 3 m,此法的优点在于可直接码砌于墙顶上。

2. 路肩挡墙

在盛产石块的工点,破坏的挡墙厚度较大时,宜采用圆木框排码石法,如图 3-9-8 所示。

施工时把坍塌部分清理整平,基底应由路基外侧向内心作(10∶1)～(5∶1)的倾斜度,以保证石块受力后不向外滑动或被挤出。然后用石块分层干砌,每层厚度约 60～70 cm,在两层石块间放置纵横小圆木各一层,每根圆木的间距为 1.0～1.2 m,铺成方格形,纵横圆木相交处用 8 号钢丝捆牢。在原有路堤填方上清理时,应挖成台阶使之衔接良好。此法亦可用于坡脚挡墙。

3. 路堑或路肩——圆木桩(或钢轨桩)加钢轨

圆木桩加钢轨适用于挡土墙缺口较大时。在挡土墙背后,顺线路方向横插钢轨,上下钢轨的间距约为 1.5 m。钢轨横向插入挡土墙背不少于 0.5 m。如被破坏的挡土墙长度超过一根钢轨长度时，可用短钢轨接长。另在钢轨前挡墙背垂直打一排圆木桩，木桩间距约为 2 m。木桩与钢轨相交处均用镀锌钢丝捆扎联牢。在钢轨后面再用圆木或方木竖插排满，并在其背后分层填土夯实。当回填土超过 3 m 时，要在挡墙背后打拉桩，用细钢丝绳拉住圆木桩，以保持稳定，如图 3-9-9 所示。

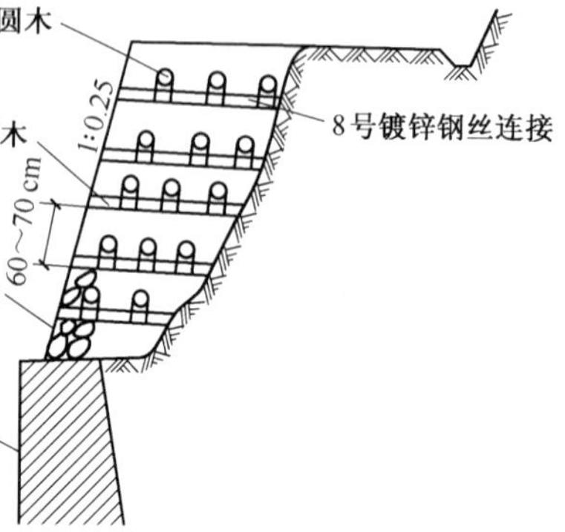

图 3-9-8　圆木框排码石法

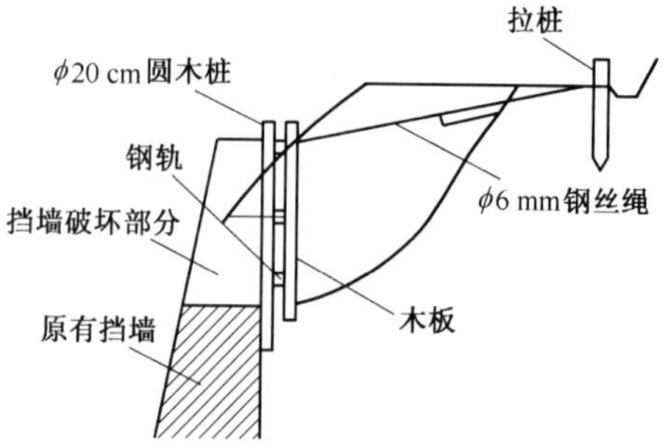

图 3-9-9　圆木桩加钢轨

9.2　水害抢修

9.2.1　铁路防洪工作特征

每年雨季来临前，应根据历年资料，结合现场勘察，针对可能发生水害、泥石流、滑坡等灾害的地点情况，慎重地分析发生灾害后给铁路造成的影响和后果，制订预防办法和措施，制订实施计划，迅速施工。

防洪工作主要应抓好以下几点：

(1)清理整修和完善排水系统，夯补山坡上冲沟和裂缝，清除危石，对可能发生滑坡或可能在雨季发生滑坡的古滑坡体及错落体上方，加修排水沟槽，截断地表水流，必要时，在滑坡土体中加做树枝状渗沟等。

(2)清理和疏通小桥和涵、渠，增加防冲刷淘底的铺砌工程。

(3)对可能危害路基的河沟，进行改沟和增加冲刷防护工程。

(4)对过去泥石流淤填河床沟谷的桥涵，考虑扩孔或抬高路肩等措施。

(5)对明显有可能被洪水淹没或漫堤的区段，应考虑加高路堤措施。

(6)做好洪期防护抢修的物资准备。

(7)整修加固路基坡面，增做坡面防护工程，如干砌、浆砌护坡等。若时间急且缺料，可先做柴褥护坡及编篱方格护坡。

9.2.2　抗水抢护

洪期检查重点是冲刷、滑坡、坍塌、下沉、漫水、渗漏和脱坡等，针对发现的水害危情及时采取措施。

1. 防浪冲刷

防浪冲刷主要用以减轻水浪对路堤的冲刷。

(1)防浪排。防浪排又分单行及双行两种。一般用圆木捆扎编排,令其漂浮在路堤侧垂直于风浪方向,并系钢丝悬重物锚碇。锚碇可用钢轨桩、下沉轨束或石笼,如图 3-9-10 所示。

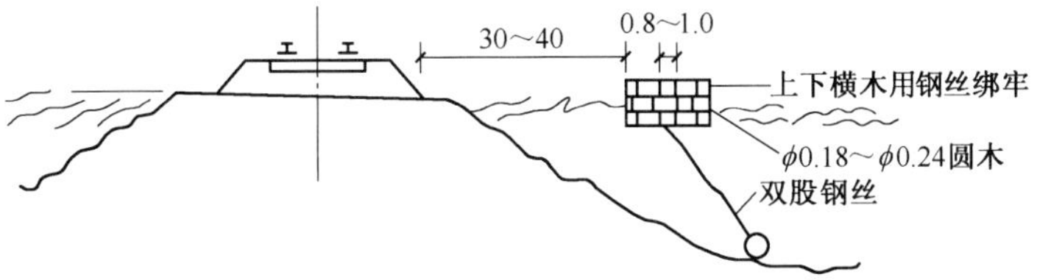

图 3-9-10　防浪排(单位:m)

防浪排距离路堤以相当于浪长的 2～3 倍为最合适。距离太近,很容易和路堤冲撞而损害路堤的完整;距离太远,则防浪排以内的水面太宽,又将形成波浪。防浪排的排列以垂直风浪方向为宜。

(2)挂树枝捆把。挂树枝捆把俗称挂柳。将 2～3 m 长的柳条枝用钢丝编成帘子或扎成捆把,放在水面上,并用绳子固定在路肩边的木桩上。也可用树杆、树梢坠石挂柳,如图 3-9-11 所示。

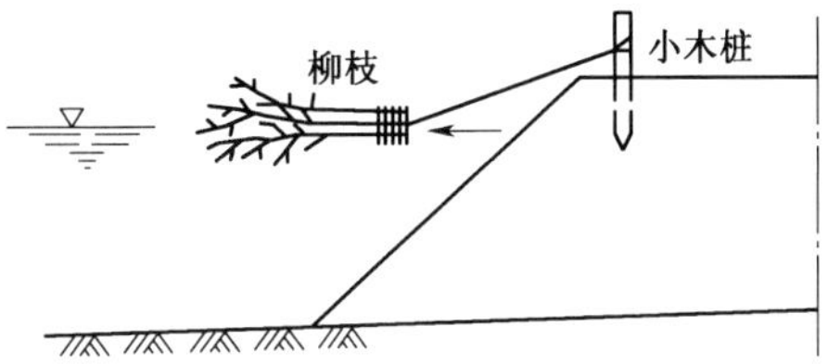

图 3-9-11　挂柳

(3)系绳投石固定柴草。涨水时冲来大量的柴草,能对缓和波浪侵袭起到很大作用。为防止柴草被风浪带走,特别是水位下降时漂走,用绳系石块抛在柴草的外边,把柴草截拦在路堤边。

(4)挂草袋。有资料表明,用装土草袋加固的路堤,风浪大时草袋内的土平均 1 h 左右就被淘空。为解决此问题,可顺路堤坡面挂两层草袋,每个草袋内装两块石头,以便密靠在原有的草袋上面。上层草袋底部挂在水上面 10 cm。这样风浪来时,水浪就沿着下层草袋表面钻到上层草袋下面去,使波浪力消失在两层草袋之间。

(5)铺芦席。在路堤边坡上铺芦席,用桩橛把芦席钉牢,再用片石压住。此法在风浪不大时,能起作用;风浪大时,芦席易被卷走。

2. 渗漏脱坡(溜坍)抢护

路堤一侧积水较高,向路堤另一侧渗漏;或因积水使坡脚土壤饱和失去稳定而脱坡。

抢护路堤渗漏、脱坡的方法是“临河隔水,背河导渗”。临河用透水性小的材料加以防护,以减少渗到路堤内的水。背河用渗水性大的材料作反滤层,把渗入堤身内的水有控制地排出,以降低浸润线,使路堤趋于稳定。

(1)迎水坡面帮土。在迎水坡面用黏土或土袋进行帮土和码砌,一般长度最少超出渗水地段两端各 5 m,高出水面 0.5 m 以上,宽度以路堤坡脚已被覆盖为宜。此法适用在流速不大的浅水处;如水流过急,则土袋易被流水冲走。

在迎水坡脚以外,0.5～1.0 m 处打木桩,桩的直径 15～20 cm,桩距 1.5～2.0 m。两桩间插竹杆,入土 30～50 cm,间距 30～50 cm,以竹杆或柳条编格,上挂芦席或草帘,并折铺在坡面上,竹木杆顶端用钢丝或绳子拉在背水坡的路肩以下的木楔上,然后在其中倾倒黏土,高出水面 0.5 m,如图 3-9-12 所示。

(2)背水侧设反滤层。在背水坡脚用装炉渣或砂的草袋、麻袋作垫层,上面压片石或碎石作反滤层护道,如图 3-9-13 所示。

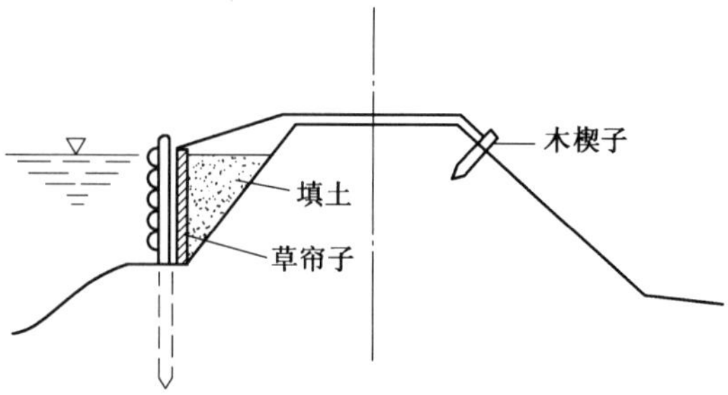

图 3-9-12 迎水坡面帮土

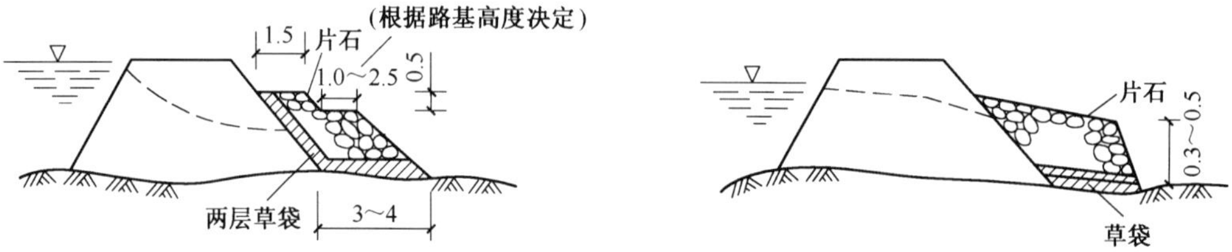

图 3-9-13 背水侧设反滤层(单位:m)

(3)抢堵涌水洞穴及小范围脱坡。在路堤脱坡地段,先分段挖除已滑动的松湿泥土,如有洞穴须先填塞密实,再从地面起用草袋以透水性强的砂土,逐层排砌上来,其坡度应小于 1∶1.5,一直砌到脱坡面以上 0.25 m。装砂厚度应在 1 m 以上。

如果脱坡范围较大,已影响路堤稳定时,可用草袋装炉渣做垫层,再干码片石堤作护脚,然后以砂土草袋回填脱坡,如图 3-9-14 所示。

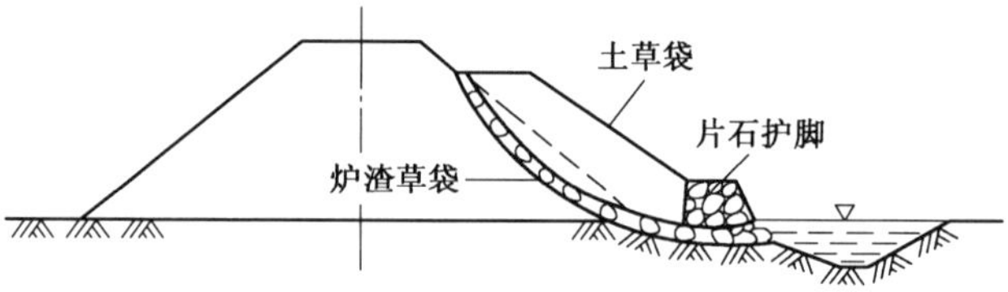

图 3-9-14 脱坡抢护

(4)抢堵漏洞。

1)在路堤上发现漏洞,应立即让水性好的人员或潜水员下水寻找漏洞的进水口,用麻袋等堵塞漏洞口,然后再抛填装土的麻袋或草袋。下水检查人员的安全须特别注意,需事先备好安全绳索等,便于安全返回。

2)如上下游水位相差悬殊,可先用装土麻袋在上游筑围堰围住漏口,将漏洞用草袋装土填塞,再封填围堰和整理线路,如为大漏洞时,需将路堤挖开,分层回填夯实恢复原状。

3)以围井抢护漏管。在涌水口用土袋把水围起来,以平衡洪水漏过来的力量。施工前要将所需麻袋一次装好泥土存放在涌水口附近,然后将地面整平,集中一次完成。为防止麻袋漏水,应用双层麻袋中间填土夯实。围堰不宜筑的太高,以免水压过大,泡松路堤而发生新的危险。必要时可在井内作反滤层,阻止管漏扩大,而将清水引出。

3. 发生裂缝或下沉的处置

路堤内浸水发生纵向裂缝或不均匀下沉时,应迅速查明原因,切断水源,封闭裂缝,填平路面。当路肩沉落小于 20 cm，裂缝宽小于 5 cm，深度小于 1 m 时，可用非渗水性土填入裂缝，捣实后用道砟起平轨道，减速行车；当路肩沉落 20～50 cm，裂缝宽 5～10 cm，深度大于路堤高度的三分之一或超过 3 m 以上时，应扒开道床，用原路堤相同土壤或非渗水土壤填塞裂缝，捣实后填平铺轨整道，限速行车；另外在下沉一侧的边坡上清除浮土，根据情况于坡脚抛填片石，以保持路堤稳定。如图 3-9-15 所示。

4. 浸水抢护

线路浸水的水源，分山洪暴发和江湖水位漫溢两种。山洪来势凶猛，水位上涨猛烈，破坏性强，但持续时间短，受害范围亦较小。江湖水位上涨缓慢，但持续时间长，受害范围亦较大，并易使路堤由于长期浸水而松软坍塌。因此对线路漫水的抢护方法亦有所不同。

(1)加高上游路肩。山洪暴发，如确认可以设法防止洪水漫过路堤时，应先加高上游路肩。如果洪水上涨较慢，或根据水位预报，有充分的时间，可用石块在上游路肩筑成临时防水墙，顶面高出预计水位 20～30 cm，如图 3-9-16 所示。为防止渗水，在石墙内侧以草袋装黏土纵横交错作成副墙。在石墙顶铺一两层草袋，并伸出 10～20 cm，可以减弱波浪侵袭。

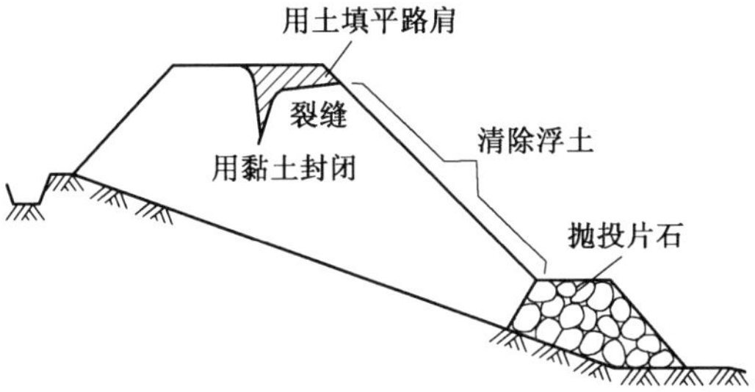

图 3-9-15　路堤裂缝处理

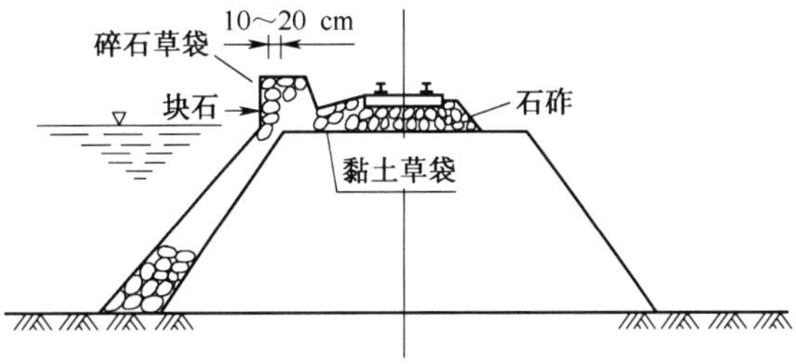

图 3-9-16　加高上游路肩方法一

如果洪水来的很急，持续时间较短，可作柳把捻、柳枕捻、单层木板捻及双层木板捻，如图 3-9-17 所示。或用装黏土的草袋加高路肩。

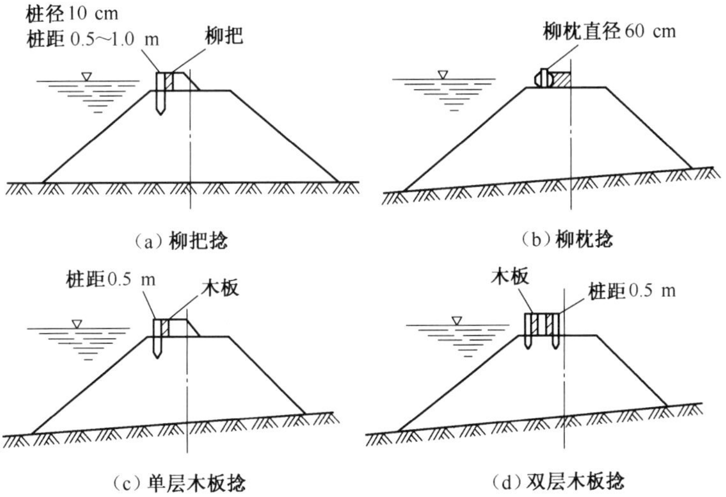

图 3-9-17　加高上游路肩方法二

(2)苇席草袋防护。在水浸过轨面时，用草袋防护上游道床，用道钉或扒钉将苇席钉牢在枕木头上(苇席与道床间如有空隙时，需用草袋装砂土覆压)，下端用草袋装土覆压或用木橛子钉牢，将水从苇席上引过路堤，防止道床冲失及路堤冲决，如图 3-9-18 所示。苇席长度不足时，可叠接使用，上面一张苇席应将下面一张的接头覆压住，覆压长度不小于 0.5 m。如果没有苇席，可用草袋代替，或可用竹席、塑料板、塑料膜等。

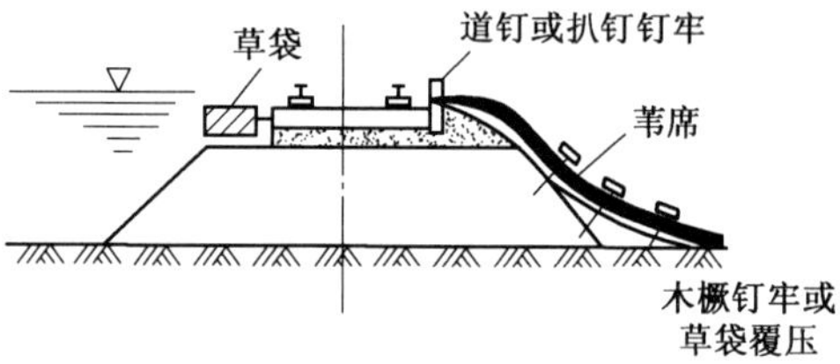

图 3-9-18　苇席草袋防护

(3)道床排水槽引水。线路一侧涨水，或侧沟水满将漫过线路时，可以通过道床设置木制排水槽，将水引过路基排至下游。设置时，由下游向上游逐渐推进，并须防护好入口及下游坡面，防止水从道床中串流及冲刷下游路基。如设置数量较多或枕木间隔扩大，须使列车慢行通过。如果水来的急，退的快，临时应急，也可用草袋或苇席代替，做成排水槽。

(4)草袋装道砟、砂砾石压护道床维持通车。路堑地段或靠近路堑处道床，受纵向冲刷时，道床两侧可用装有石砟或砂子的草袋压住。道床受冲刷时，立即使用附近未受冲刷的直线地段枕木以外的道砟，捣固后，容许减速列车通过。

9.2.3　抬道、抬桥维持通车

如线路处于江河沿岸或湖滨地区，一旦洪水泛滥，高水位持续时间长，且超过轨顶高程很多，尤其是在洪水上涨缓慢、流速低、路堤上下水位高差很小，且路堤土质好，有适当的护坡设备时，可采用抬道的办法。

(1)高程的确定。抬道的高度，首先应该以地方水利部门预测的最高水位和洪水位上涨速度来决定。但是由于抬高量越大，安全率越低，耗费的工料也越多。因此，抬道高程应该不超过最低的保证高度。

(2)抬道断面如图 3-9-19 所示，按路堤宽度和抬道高度来决定，可参考表 3-9-5。

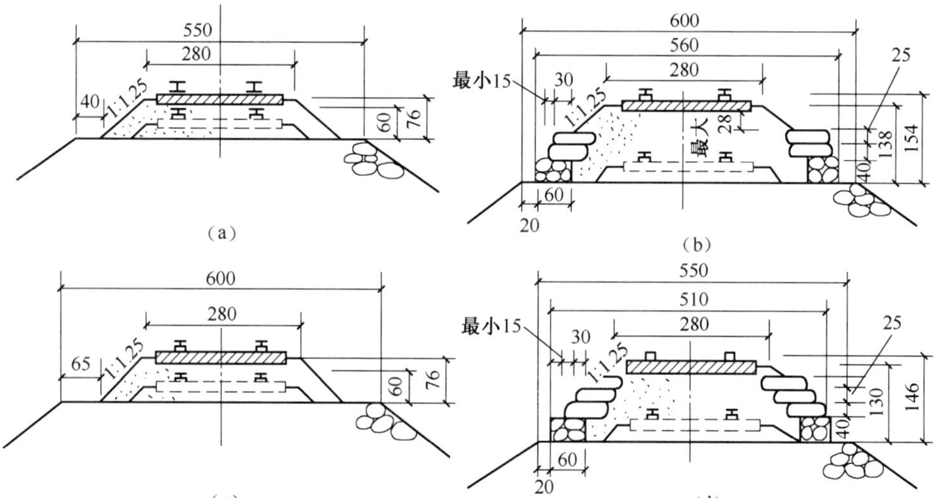

图 3-9-19　抬道断面示意(单位:cm)

(3)抬桥。在路堤抬高后，路堤跨越河流处的桥梁，也要随之而抬高，否则不能适应线路顺坡的目的。

表 3-9-5　抬道断面组成

路基宽度(m)	抬道高度(m)	断面组成
5.5	0.3 以下	道砟抬道
	0.3～0.4	离路基边缘约 0.2 m 处砌筑 0.4 m 高、0.6 m 宽的片石挡墙，中间用道砟抬道
	0.4～0.65	两侧砌片石挡墙后，上加一层碎石包，再加道砟抬道
	0.65～0.9	两侧砌片石挡墙后，上加二层碎石包，再加道砟抬道
	0.9～1.10	两侧砌片石挡墙后，上加三层碎石包，再加道砟抬道
6.0	0.3 以下	道砟抬道
	0.3～0.6	两侧砌片石挡墙(0.4 m×0.6 m)，中间用道砟抬道
	0.6～0.8	两侧砌片石挡墙上加一层碎石包，再用道砟抬道
	0.8～1.1	两侧砌片石挡墙上加二层碎石包，再用道砟抬道
	1.1～1.3	两侧砌片石挡墙上加三层碎石包，再用道砟抬道

(4)施工注意事项。

1)道砟要在片石挡墙砌好后，才可以卸下，否则片石和道砟混在一起，无法砌筑片石挡墙，或者挡墙砌筑在道砟上，影响挡墙的稳定性。

2)麻袋装石砟，每袋只能是容重的 2/3，堆砌时袋口应向轨道中心，每层之间约缩进 0.15 m为宜。

3)抬道后应适当限制行车速度，以确保安全。

4)抬道与抬桥，在施工程序、劳动力支配与料具供应上，都要配合好，应该分工负责、统一指挥。

5)站场内某些与线路有关的建筑物或构造物，因线路提高后，受到一定影响，应同时配合提高，或采取其他补救的措施。

6)线路提高后，轨顶高程已高出洪水位，路堤仍在洪水位以下，路堤泡水时间较长以后，可能侵软而产生脱坡等病害。同时路堤和抬高部分还会受到风浪的袭击，因此必须采取相应的防护措施，如成立抛片石队、防浪队和探查路堤队等组织。

9.2.4　路堤决口抢修

路堤遭遇洪水，造成决口，抢修时除采用上述的方法外，还有以下方法：

1. 吊轨挂网再抛投片石或草袋石包

决口流速很大时，投石或投装石块的草袋易被冲到决口下游去，影响填石基础的完成，可根据决口大小，用长轨或短轨，在轨上每隔 0.3～0.5 m 系钢丝，按大致相同的距离，连接横向钢丝编成钢丝网，网长根据决口深浅而定，上端固定在路堤上，将所系的钢轨沉到决口底，便形成了一片钢丝网，然后再向网内抛石块，能很快回填路堤。

2. 用有底木笼(或钢轨笼、钢筋笼)沉基架桥

洪水不能立即消退的决口，需作临时性桥梁时，为克服急流不易作基础的困难，可采用圆木或枕木笼作基础。先用穿钉或螺栓制作一个枕木笼，笼底设置枕木 6～7 根，四角各立一根枕木，四面钉上枕木，高度随需要定，枕木之间留 10～15 cm 空隙，以便透水减少浮力。用两根绳系在木笼上，人工操纵绳索，在上游将木笼放至决口处预定位置后，用绳索固定在两端线路上，再向木笼内抛投石块，使其沉到水底。待石块露出水面后，再在四周加固，顶层用碎石或砂

袋整平，在上面架枕木垛或排架和扣轨通车。

3. 搭枕木垛

决口深达 3～4 m 时，在决口处先投石及码土袋作基础，在其上搭枕木垛。枕木垛底层须垂直线路满铺，顶层与轨束梁垂直，每节 10 m 钢轨至少有一个以支承决口悬空的钢轨，钉好道后并在线路中心做好吊轨，即可用手推车或机车进行大批卸料，迅速填补决口。

枕木卸下后，随卸随抬。这种抢修很快，但后期必须翻开路堤，拆除枕木垛。否则会造成路堤病害。条件允许时可改用排架，拆除容易。

4. 木筏投石

决口在 10 m 以上，坑深在 8 m 以上，无法打桩，水面流速在 0.5 m/s 以下，如用石块和土单向运投，不能加快抢修速度和提高效率时，可用木筏投石。

如图 3-9-20 所示，用木桩或枕木制成木筏两只，分设线路两旁，并用钢丝绳将其连在轨道上，保持稳定。投石运输人员分成四路，往返工作。如有船只可多用船只运输。

应注意经常检查木筏是否坚固稳定。水流流速超过 0.5 m/s 及有大风浪处，不宜采用此法。

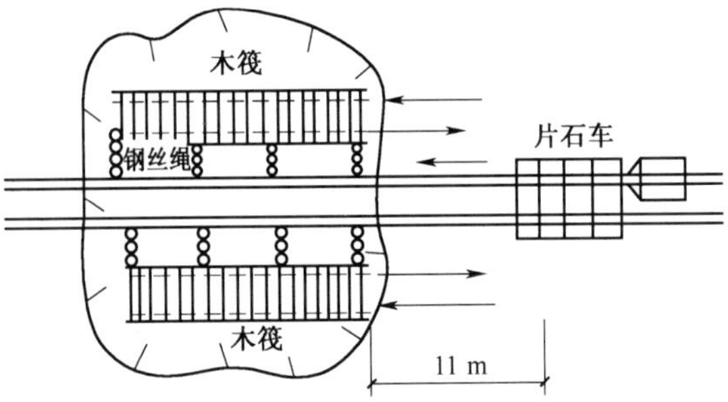

图 3-9-20　木筏投石

5. 临时支撑悬空转道推车卸料

在路堤被水冲成连续不断的很多小坑，坑内水势已退落时，可用枕木或脚手架支撑钢轨，将料车推向决口中间卸车，使土石直接填入，以加快进度。

6. 木船打桩

在路基被冲断几十米以上，水深大于 10 m，水面流速为 1～2 m/s，退水较慢时，宜采用木船打桩。先将两只木船用半圆木联成整体，半圆木上铺脚手板，板上立打桩架，两船的船头用拉绳拴在固定桩上。

打桩时应尽可能一次打到要求高程，半圆木位置，应注意不要妨碍打桩，并尽可能扩大两船间距离，加大打桩有效面积，减少木船移动，桩打好后，再抛片石填筑决口。

7. 临时性便桥

决口较长较深，或尚有水流不能立即将决口填死，或考虑将来有可能增设桥涵的处所，可修筑临时性便桥。为了防止洪水再次袭击和保持较高的行车速度，临时性便桥的基础必须稳固。

9.3　路基抢修实例

本节以汶川大地震广岳铁路路基工程的抢修为例，简要介绍路基抢修方案。

9.3.1　路基破坏概况

广岳支线铁路全长 61.43 km，于广汉站接轨宝成铁路，往西北方向经什邡、穿心店、红白场，终至岳家山，于 1968～1978 年分段建成通车。“5·12”汶川大地震后，永兴至木瓜坪段 24.31 km 铁路破坏严重。其中红白场至木瓜坪区间线路穿行的金河峡谷两岸坍方和滑坡比比皆是，大量坍滑岩土堆积、掩埋铁路和公路路基，部分阻塞河道形成众多堰塞湖，铁路和公路完全断道。

9.3.2　路基损害类型及抢修措施

路基工程在地震中的损害主要表现为主体结构破坏和次生灾害两大类。其中结构破坏主要为桥头路基下沉、高路堤下沉开裂、路堑边坡溜坍、路肩墙坍塌及路肩溜坍等；次生灾害主要为路堑上方崩塌落石、滑坡、泥石流掩埋路基等。

1. 路堑坍塌及崩塌落石掩埋路基

这是损害最多的类型，典型工点如 K41＋300～＋550、K55＋920～K56＋100、K60＋360～＋530 等路堑危岩落石及坍方，几百米长的路基被坍塌体完全掩埋，危石最大超过 100 m^3。

抢修工程一般采取爆破分解、清除危石及坍体，增设码砌砂袋、钢轨栏栅和 SNS 被动防护网等拦挡措施。恢复重建时对特别危险地段拟改线绕避。

2. 大型滑坡

K57＋480～＋750 段铁路成为一大型滑坡，路基连同轨道及线路看守房被推移至 50～70 m 以外。滑体长约 500 m，前缘伸入河道形成堰塞湖。

抢修工程根据滑坡后地形外移改线，最小曲线半径 150 m，最大坡度 24.5‰，两端按原坡顺接，控制挖方边坡高度，尽量采用填方反压从滑坡前缘通过；路堑边坡采用码砌两层编织袋装土的简易挡墙加固；路堤坡脚分别采用码砌编织袋或块石垛加固，边坡采用编织袋装土拦边反压；为防止发生浅层溜坍，分别在路肩、路堤坡脚或路堑堑顶处设钢轨桩进行浅层加固；采取挖掘、爆破方式降低堰塞湖水位；路堑设置彩条布包裹的矩形侧沟，堑顶设 SNS 柔性被动防护网。

该段滑坡规模大，彻底整治工程艰巨、工期较长，前后线路崩塌落石等次生灾害发育，拟在恢复重建时改线绕避。

3. 高陡路堤下沉开裂

典型工点是穿心店和红白场两个车站，灾害位置均在陡坡高路堤地段，最高边坡 15～25 m。穿心店车站货场及其公路右侧三段路肩墙下沉开裂错位，下沉 0.3～0.5 m，裂缝宽 0.1～0.5 m。红白场车站 K54＋500～＋630 段Ⅱ、3 股道路基下沉 0.5～1.0 m，裂缝宽0.2～0.5 m。

抢修工程采用钢管桩或钢轨桩结合地表注浆加固。对穿心店车站结合利用附近矿渣填方反压处理，同时在地表及路肩挡墙进行变形监测。恢复重建时根据地质勘探结果，增设抗滑桩或填方反压加固。

4. 桥头路基下沉

桥头路基几乎全部发生下沉，有几处一般地段路基也出现下沉，高度 0.2～1.8 m。抢修工程根据下沉量大小，分别采取直接填补道砟和单层编织袋装土(石)或片石垛拦边后，直接填土至路基面高程。恢复重建时拟对下沉地段路基面进行加宽处理。

5. 路肩墙坍塌及路肩溜坍

发生坍塌的几处路肩墙均为衡重式，多位于半填半挖陡坡路基地段；路肩溜坍一般也发生在陡坡路基地段，轨枕以外的浅挖路堑或原地面溜坍后道砟散落，轨枕悬空。

抢修工程有条件时对线路进行局部拨移，即用 6～8 根并排钢轨束作纵向搭板，两端放置于桥台、路肩墙及稳定土体上，纵横向搭建枕木垛，回填道砟。恢复重建时拟恢复路肩墙，必要时根据地基条件设置桩基托梁或桩板式路肩墙支挡。

第4篇 铁路营业线轨道施工

第10章 轨道施工准备

改建既有线和增建第二线轨道施工，应按现行在运营线上施工的有关规定办理。涉及其他专业时，有关专业的人员应配合施工。

10.1 施工调查

(1)轨道施工前，应核对经批准的施工设计文件，收集与轨道施工有关的工程竣工资料及变更设计文件。

(2)了解与铺轨有关工程的施工进度，核查路基、桥梁等工程有关资料及工程外观，核实铺轨进度计划。

(3)了解行车组织、站细、主要运输设备的能力利用和工程列车进出车站的条件。

(4)收集并核实改建站场有关既有设备的坐标，必要时，应绘制新旧设备关系图。

(5)审核施工设计文件，重点了解设备更替或移地利用对运输的影响程度。必要时，应及早提出修改设计。

(6)调查道砟的运输条件，提出铺砟方案。

(7)核查各种电线路、临时建筑物等建筑限界。

(8)核实桥头、临时岔线及软土等不良地质地段的填土质量和过渡段的施工情况。

(9)调查道口附近地形、地貌和交通情况，提出维持道路交通的临时措施。

(10)调查沿线水源、电源情况，落实用水、用电计划。

(11)了解可能作为铺轨基地(或倒装场)和停留工程宿营车的车站条件。选择卸料、堆存材料场地。

(12)铺轨前，应按铺轨计划进度，落实钢轨、轨枕、钢轨配件和道砟来源。

(13)收集沿线的气象资料及轨温变化规律等有关资料。

(14)大型站场改建前，应测设施工控制基线，并做好控制桩的保护工作。

(15)铺设再用轨轨道时，应根据旧轨使用、整修技术条件的要求，调查落实钢轨来源、数量、规格、伤损磨耗程度等。再用轨使用、整修技术条件详见10.6节。

10.2 线路测量

改建营业线和增建第二线的施工测量，在单线绕行或双线绕行地段均与新线相同，只有在与营业线并行地段其方法不同于新线。

10.2.1 单线绕行或双线绕行地段

线路基桩应在轨道工程施工前设置。有砟轨道铺轨前应精确测量线路中心线，并按铺轨机组作业要求用醒目颜色设置铺轨机组走行标示线或设置导向边桩及钢弦。

铺轨前应接收线下施工单位线路测量资料及桩橛，并复测线路中桩及路面高程。中桩、基桩、变坡点应按设计位置设置齐全，缺损者应在铺轨前补全。

有砟轨道铺轨前应按设计位置设置线路中桩，并符合以下规定：

(1)桩距：直线不大于 50 m，圆曲线地段应为 20 m，缓和曲线地段应为 10 m。特殊需要时，应予加桩。

(2)在曲线起讫点、缓圆点、曲中点和圆缓点，竖曲线的起迄点、曲中点、道口中心点，道岔中心及岔首、岔尾点，均应设置带钉的中桩。

(3)铺设混凝土宽枕地段，直线和曲线上的中桩距均不得大于 10 m。铺砟前中桩移置于道床外的路肩上(曲线地段设置在外侧路肩上)。

(4)隧道内的中桩和内轨面高程可标记在边墙上。

高程桩设置应符合以下规定：

(1)桩距：直线地段不大于 50 m，曲线地段不大于 20 m，线路纵断面变坡点和竖曲线起讫点，应增设桩橛。混凝土宽枕地段桩距不大于 10 m。

(2)高程桩应设置在道床外的路肩上(曲线地段设置在内侧路肩上)。铺设混凝土宽枕地段，高程桩应设置在道床两侧的路肩上。

对移交的路基面应核实填方地段预留沉落量及起迄点位置。

10.2.2 营业线改建或增建第二线段

营业线改建或增建第二线轨道施工一般不定中线，而是根据设计的平面计算定出的拨正量和线间距，以营业线中线或外移桩为基础进行营业线的拨正和第二线的测设。

应特别注意的是，利用营业线轨道向外侧测量距离时，严禁使用中间没有绝缘材料的金属道尺，禁止将金属尺或钢丝绳拖在地上行走或跨越两股钢轨，以免造成钢轨联电。

10.3 施工组织设计

轨道工程施工组织设计应包括以下主要内容：

(1)机构设置及劳动力组织、职责分工。

(2)大、小临时工程平面布置(水、电、道路、通信、场地、临时房屋等)。

(3)工程运输(含长轨运输)组织及机车车辆配置。

(4)人员、机械及检测设备调配计划。

(5)铺轨、铺砟整道进度计划及方案。

(6)无缝线路的铺设工艺及装备。

(7)材料供应计划。

(8)安全、质量、工期、环保保证措施。

铁路营业线轨道工程施工组织设计应符合以下规定：

(1)应由建设、施工、使用、设计和运营等有关单位共同商讨拟定。轨道改建施工，应符合总体施工的要求，加强与其他工程的配套施工。

(2)配合有关专业,优化施工方案,妥善处理施工与运输的矛盾,减少对运输的干扰。

(3)站场咽喉区宜先改建对运输及施工有利的一端,并制定确保运输的过渡方案。对工期短,投用快的项目,应集中力量,及早完成。

(4)改建咽喉区时宜不改变或少改变原联锁条件。

(5)改建或新增的配套设备,应超前或同步完成。

(6)可利用的原器材,宜安排先期施工。

(7)封锁线路施工方案,宜一次统筹排定要点计划,并应在不影响整体设备安全使用条件下,尽量分解工作量,在要点前完成,压缩线路封锁时间。

铺轨前应编制实施性施工组织设计。实施性施工组织设计应包含以下主要内容:

(1)施工界内障碍物清除和建筑物或设备拆迁方案。

(2)优化施工方案,编写分步施工说明书。

(3)重点项目和配套工程的形象进度。

(4)有关专业配合施工办法和减少铺设管线路相互干扰的措施。

(5)原器材利用率及利用方案。

(6)保障行车和施工安全措施。

(7)列车慢行和封锁要点计划。

施工前应进行施工技术交底和施工安全交底,编制质量计划及安全作业指导书。

10.4 铺轨基地的设置及作业

在既有线改造工程铺架施工,多采用各种类型的铺轨机铺设成品轨排或半成品道岔。铺轨机组一次铺设无缝线路。设置一个与铺轨施工规模相适应的铺轨基地是铺轨施工中一项重要的工作。在铁路营业线轨道工程施工中,工期紧张,为减少投资规模并同时满足无缝线路铺设工程的需要,可以由既有线车站引出股道接入铺轨基地,利用铺轨通道临近的位置设置铺轨基地。

10.4.1 铺轨基地的设置

1. 铺轨基地的任务

(1)将钢轨、轨枕、配件等组装成成品轨排。

(2)当道岔采用机械铺设时,负责组装半成品道岔。

(3)存放一定数量的轨料、轨排。

(4)长钢轨存放场。

(5)铺轨机械的组装与解体。

(6)机车、车辆的整备、装卸和编组。

(7)设置项目经理部,作为施工指挥、调度、管理的中心。

2. 铺轨基地设置的一般原则

(1)基地建设应根据工程规模、进度要求和使用年限、储备能力等经技术经济比选确定。

(2)基地的位置宜设置在靠近铺轨起点,与运营线路干扰小,列车进出方便,引入线路短的开阔平坦处。

(3)基地设施宜利用既有和新建的各项设备以及当地的水源、电源、运输道路等,减少临时工程,尽量少占或不占农田,并注意环境保护。

(4)铺设无缝线路的铺轨基地,宜设置长钢轨存放场。

(5)基地一般应在开始铺轨前半年内筹建。铺轨开始前完成，达到设计生产能力，并能满足连续铺轨、架梁的需要。

(6)基地所处位置的地面与既有线车站路基面高差宜小一些，以免引起太大的展线。

(7)基地应与附近的公路相通。

(8)不得将基地设在低洼浸水地段。

(9)在决定基地规模时要通盘考虑各方面情况，既要满足铺轨要求并留有余地，又不能过多增加占地和资金。

(10)通往基地的联络线的坡度和平面曲线半径，应根据地形、运输量和作业程序确定。最大坡度不宜大于与其连接线路的限制坡度，并应按现行的有关规定设置安全设施。

(11)基地设置应根据地形和生产方式，使调车作业顺向，材料堆置合理，取送方便，并应使各种起重吊运机械移动距离最短。规模较大的基地，应修建消防通道。相邻料堆间，应根据作业需要，留有不小于 0.5 m 的距离。场内堆置物与轨道、走行线间应留有安全距离。

(12)基地内线路平、纵断面应符合以下要求：

1)轨排组装线应为直线，与相邻装卸线路为同一坡度。

2)装卸线宜设在直线上，坡度不宜大于 1.5‰，困难条件下，坡度不得大于 2.5‰，作业时应有防止溜车措施。

3)其他线的曲线半径不宜小于 250 m，坡度不得大于 2.5‰。特殊大型机械存放线和通过线的技术要求，应符合此类机械的特殊要求。

4)基地内单开道岔不得小于 9 号，对称道岔不得小于 6 号。

3. 铺轨基地平面布置

铺轨基地一般由轨排生产区、轨料存放区、成品梁存储区、长钢轨焊接中心、列车到发编组线以及机务整备线等部分组成。这些场地应统一规划，合理安排，使各项工作顺利进行。场地的平面布置，应根据现场地形，因地制宜，力求紧凑。以机车取送材料方便，调车作业顺利，轨料存放区与轨排生产区方向一致等为原则。并据计划铺轨进度，每天需要的生产能力及实际情况，确定轨排拼装作业线方式。另外，为了满足基地作业需要，还应设置动力、照明、机械维修等设备，修建必要的生产和生活房屋。

图 4-10-1 为京广线提速改造工程老杨家寨铺轨基地平面布置示意图。

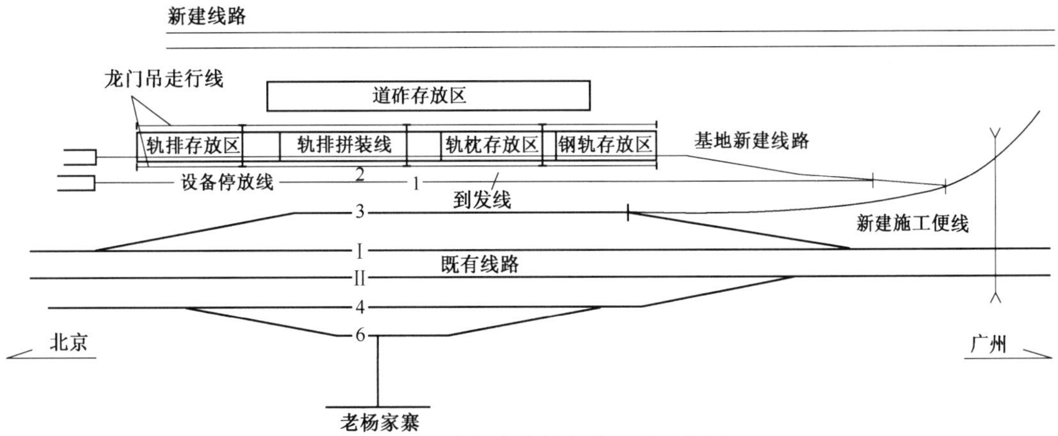

图 4-10-1　老杨家寨铺架基地平面布置

注：1. 基地轨道铺设标准：50 kg/m 旧钢轨、木枕 1 440 根/km，与既有线连接用异形轨；道岔采用 50 kg/m、木枕 9 号单开道岔。杨家寨铺轨基地共设有 5 股道、5 组道岔。

2. 主要股道为：1 道为安全线及设备存放线；2 道为进出料线；3 道为存砟线；4 道为机务整备线。

10.4.2 轨排组装

轨排是在铺轨基地用联结零件将钢轨、轨枕进行组装，然后运送到工地上去铺设，通常长度为25 m或12.5 m。轨排组装中若有差错或质量不合格，运至前方工地后就不能很好地铺设，造成返工浪费，影响铺轨进度。因此，在轨排组装之前，必须编制好轨排组装计划和轨排装运计划，轨排组装车间按照轨排组装计划生产轨排。计划表主要内容包括：轨排编号及铺设里程，钢轨类型、长度和曲线内股缩短轨缩短量，相对钢轨接头相错量，轨枕种类、类型、数量和间距布置，轨枕扣件号码或每块垫板道钉数，曲线半径、转向和轨距加宽值，以及其他关于特殊要求的说明。轨排生产计划表应及时根据实际铺设里程进行调整。

轨排组装的作业方式可分为活动工作台和固定工作台两种，活动工作台作业方式组装轨排又分为单线往复式和双线循环式两种。作业方式不同，使用的机具设备和作业线的布置也不同。因此，在轨排组装前，应根据具体情况确定作业方式。

当只需要少量轨排时，可由人工在铺轨基地直接组装。

1. 轨排组装作业方式

(1)活动工作台作业方式。

1)单线往复式。单线往复式生产线(图4-10-2)是我国目前新线及运营线使用最多的一种轨排组装生产线。其特点是作业线上采用了起落架，在起落架上完成各工序的作业内容。作业过程为：将人员和所需机具按工序的先后固定在相应的工作台位上，用若干个可以移动的工作台组成流水作业线，依靠工作台往复移动传递轨排，按组装顺序流水作业，直到轨排组装完毕。

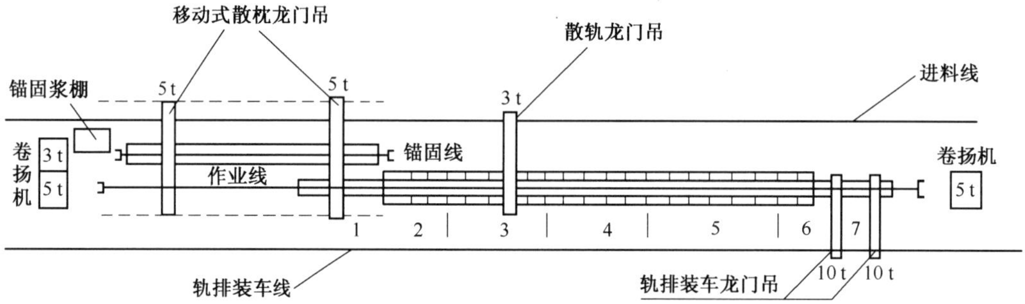

图4-10-2 单线往复式轨排组装作业生产线

1—吊散轨枕区；2—硫磺锚固区；3—匀散轨枕区；4—吊散钢轨区；
5—上配件、紧固件；6—质量检查区；7—轨排装车区

在组装中，工作台的往复移动，是由设在工作台两侧的起落架配合进行的。每完成一个工序，工作台就前移一个台位，并由起落架将轨排顶起，工作台退回至原位，然后下降起落架，轨排即留在下一工序的工作台上。这样，每完成一个工序，工作台车就前后往复一次，起落架也相应升降一次，保证了轨排组装的连续性。

活动工作台由平车和钢轨连接而成。变换工序是由设在作业线一端的3 t卷扬机牵引活动工作台进行的；起落架的升降由设在作业线另一端的5 t卷扬机控制。工作台应高出未升起时的起落架顶面5 cm，以利工作台的移动。

单线往复式作业方式的作业线，布置在进料线和装车线之间，包括吊散钢轨、轨枕硫磺锚固、匀散轨枕、吊散轨枕、上配件并紧固、质量检查及轨排装车7个工序。由于轨枕硫磺锚固工

作量大，作业时间较长，往往成为控制工序。为了平衡各工序间的作业时间，提高组装效率，在硫磺锚固工作台位一侧，另设长约 80 m 的硫磺锚固作业线相配合，并在锚固作业线的端部附近，备有粉碎硫磺的碾子、炒砂子及熬制硫磺锚固浆液的锅灶等，以及为不受气候影响而保证锚固作业顺利进行的工棚。

单线往复式作业方式，既节省拼装作业场地，也节省拼装所需设备和劳动力，有利于实现轨排组装全面机械化，在地形狭小、场地受限制时较为适宜。

2)双线循环式。双线循环式组装轨排的过程是轨排组装分设在两条作业线上完成。在第一作业线上完成其规定的几个工序后，经横移坑横移到第二作业线上，继续作业，直到轨排组装完毕，进行装车。空的工作台经另一横移坑再横移到第一作业线上，继续循环作业，每一循环完成一个轨排的组装。横移坑内有横移线路以及横移台车，横移时可用人力移动或卷扬机牵引。

双线循环式作业方式，可将各工序组成循环流水作业线，从而改善工作条件，提高工作效率。但该作业方式要求场地比较宽阔，因而受一定的限制。

(2)固定工作台作业方式。固定工作台作业方式，是将组装作业线划分为若干个作业台位，作业时，各工序的人员和所需机具沿各个工作台位完成自己工序的作业后依次前移，而所组装的轨排则固定在工作台上不动，并在这一台位上完成全部工序。当沿作业线组装完第一层轨排后，又在第一层轨排上面继续依次组装第二层轨排，到第三层轨排后，人员再转移到作业线的台位上，继续组装。轨排组装作业线的布置如图 4-10-3 所示。

由于固定工作台作业方式所组装的轨排是固定不动的，仅仅是人员和机具沿工作台移动，所以作业线的布置比较简单，只需在组装作业线上划分一下固定工作台的台位，每一台位长约 26 m，而台位的多少和作业线的长短，可根据铺轨任务量的大小和铺设日进度的需要来决定。

图 4-10-3 中，设置两条组装作业线，在组装线中间，铺设一股小轨道，以便运送锚固浆。在小轨道的一端，还应设置硫磺锚固浆配置工棚。此外，还应设横跨作业线及材料或轨排装卸线的移动式龙门吊，用以散枕及送轨，兼作材料卸车及轨排的装车。龙门吊的配备数量随作业量大小及起重能力而定。

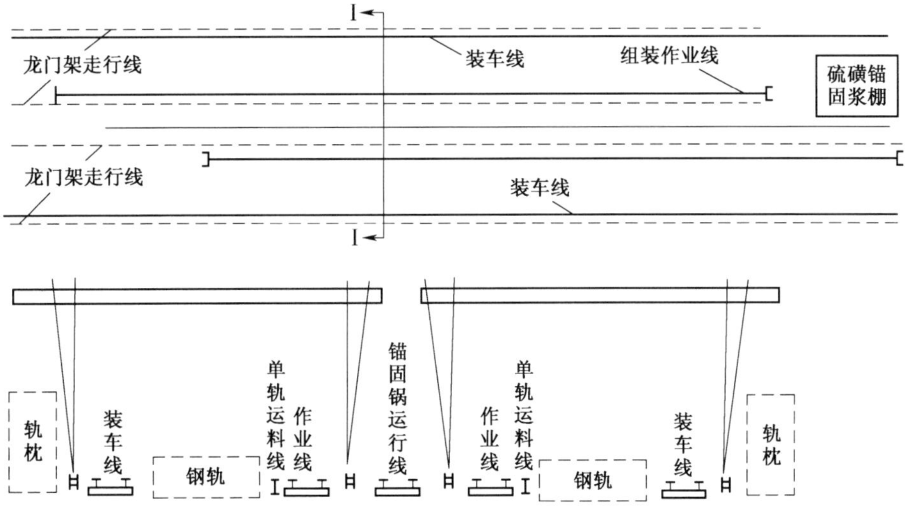

I-I

图 4-10-3　固定工作台轨排组装作业

2. 轨排组装作业过程

下面以活动工作台作业方式中的单线往复式作业组装轨排为主，简要叙述轨排组装的作业过程。

(1)吊布轨枕。首先采用移动式散枕龙门架所配备的电动葫芦吊散轨枕，每次自轨枕堆码场起吊 16 根轨枕。如移动式龙门架本身无动力时，可用卷扬机牵引或人力推动。如果利用龙门吊，吊轨枕时，每钩挂吊轨枕应控制在 20～24 根(每层 4 根)。然后将车辆上的轨枕分垛放到作业线台上，并分层布开。应注意钢筋混凝土枕层间的垫木集中堆码要整齐，不得乱扔乱放。若采用反锚作业进行组装，应将散开的轨枕翻面，使所有轨枕底面向上，此工序由人工利用撬棍和缓冲木条配合翻动轨枕，或用 U 形钢叉翻动轨枕。

(2)硫磺锚固(若采用Ⅲb 型枕则不需要该工序)。硫磺锚固就是用硫磺水泥砂浆将螺纹道钉固定在混凝土枕的道钉孔中。硫磺水泥砂浆是将硫磺、砂、水泥以及石蜡按一定的配合比配置而成。锚固方法有正锚和反锚两种，由于反锚作业劳动效率高、质量好，在施工中得到了更为广泛的应用。

螺旋道钉锚固材料中硫磺含硫量不小于 95%，采用一般工业用硫磺，配制前应破成碎块，如受潮应在配制前干燥；水泥用普通硅酸盐水泥，如有结块，配制前应过筛；砂子粒径不得大于 2 mm，泥污含量不得大于 5%，配制前应烘干；石蜡为一般工业用石蜡，配制前应破成碎块；各种材料内不得混有杂物。

根据气候和材料技术条件，按下列规定的质量配合比范围，由试验选定各种材料用量：硫磺∶水泥∶砂子∶石蜡＝1∶(0.3～0.6)∶(1～1.5)∶(0.01～0.03)。少量施工时，各种材料质量配合比可用：硫磺∶水泥∶砂子∶石蜡＝1∶0.5∶1.5∶0.02。熔制锚固料时，按选定的配合比，称好各种材料的一次熔制量；先倒入砂子加热到 100～120 ℃时，将水泥倒入加热到 130 ℃，最后加入硫磺和石蜡，继续捣拌加热到 160℃，熔浆由稀变稠成液胶状时，即可使用。火力要控制，火候不得过猛；熔制过程应不断捣拌；工地锚固道钉时，一般可用两个铁锅轮流熔制；每锅熔制量不宜大于 50 kg；熔制地点与锚固作业距离不宜过远。锚固浆温度不得高于 180 ℃；操作人员应在上风处，并应佩带防护用品；熔制场地禁止堆放易燃品。

混凝土轨排组装质量的好坏关键在于螺纹道钉的锚固。为保证锚固质量，锚固时可用锚固钢模固定道钉于混凝土枕预留孔中，然后灌入锚固浆液，经过 1 min 左右的冷却凝固，即可利用起落架脱模。其质量要求如下：

1)螺旋道钉锚固抗拔力不得小于 60 kN。

2)螺旋道钉偏离预留孔中心不得大于 2 mm，与承轨槽垂直，偏斜不得大于 2°。

3)道钉圆台底应高出承轨槽面：弹条扣件 0～2 mm；扣板扣件 0～5 mm。

(3)匀散轨枕。轨枕翻正后，应立即在轨枕承轨槽两侧散布配件；匀散扣板、缓冲垫片、弹簧垫圈及螺帽等配件。散布前，应按零件类型整理堆码好。为便于匀散轨枕，调整轨枕间隔距离，在工作台两侧设有起落架，并将联结平车的钢轨改成槽钢，在槽钢上配置匀枕小车。利用匀枕小车将大约 30 cm 间距的轨枕调为标准间距，同时放好轨底板。

(4)吊散钢轨。吊轨前应检查钢轨型号、长度是否与设计一致，并将钢轨长度正负误差值写在轨头上，以便配对使用。吊轨利用 1 台 3～5 t 龙门吊及 1 个吊轨架来完成。按轨排计算表控制钢轨相错量，将钢轨吊到轨枕上相应的位置，然后再通过轨枕道钉纵向中心线的钢轨内侧，用白漆划小圆点作为固定轨枕的位置。

吊散钢轨时，为保持钢轨稳定，两端扶轨人员应用小撬棍插入钢轨螺栓孔内或拴缆绳牵行，不得用手直接扶持。吊车吊重走行的范围内禁止走人。

(5)上配件、紧固。以手工操作把配件放置于正确的位置上，将螺帽拧上，并用电动或风动扳手拧紧螺栓。紧固前要测定扳手的扭矩，扭矩应达到设计要求。在作业线两侧应搭设工作台，以便操作。

(6)质量检查。轨排组装完后，应由质检员详细检查轨排是否按轨排生产作业表拼装，轨排成品质量是否符合要求，包括检查轨距、轨枕间隔、接头错开量、安装质量等。如果发现有不符合的地方，应加以修整，最后对合格轨排按轨排铺设计划用色泽醒目的油漆进行编号。

(7)轨排装车。轨排装车是轨排拼装的最后一道工序，即将编号的轨排，用 2 台电动葫芦龙门架按铺设计划逐排吊装在滚轮平车上，同时做好编组及加固工作。装到车上的轨排应上下左右摆正对齐，不得歪斜。至此，一个混凝土枕轨排组装完成，然后可以进行下一轨排的组装循环。

10.4.3　基地作业安全要求

铺轨基地内临时建筑多、机械设备多，电、煤、油等能源消耗多，作业的种类、内容、人员多。而基地受场地条件、经济条件限制，一般不宜过大。诸多作业在比较拥挤的场所同时进行，使基地不安全因素增多。铺轨基地既是铺轨施工的大本营，也是铺轨施工的第一道工序，可以说基地的工作制约着整个铺轨施工。基地内一旦发生安全事故，不仅影响基地本身的工作，还将严重影响整个铺轨施工，最终影响到整条铁路的竣工与交付使用，因此基地内作业必须严密组织，对安全工作要特别注意，确保基地安全生产，最终保证铺轨施工的顺利进行。

1. 轨排组装中的安全工作

(1)吊散枕工段。

1)台车未停稳前不准挂钩起吊，吊框吊起轨枕挂钩人员应离开站在安全地点。

2)台车未停稳前，翻枕作业人员不准上车，翻枕前要站牢，按次序逐根进行翻转。在任何情况下不准台车边走动边作业。

3)用撬棍拨正轨枕应注意防止挤伤手指。

4)手工粗放轨枕要戴手套，两端要同时用力。

(2)硫磺锚固工段。

1)熬硫磺砂浆应使用封闭式铸铁锅，并安装在工段的下风处，用文火加温，温度控制在 140～170 ℃，要经常搅拌，以防燃烧。发生燃烧时，应立即用水泥、砂子进行覆盖。操作人员要戴齐防毒口罩、眼镜、手套等。

2)硫磺库及水泥库要通风、防雨、防潮、防火。

3)熔化绝缘防锈涂料，操作的地点宜选择在下风处，操作人员应站在风头上方，并带口罩、眼镜、手套和穿工作服。

4)熬制绝缘防锈涂料，温度不得超过 200 ℃，以防燃烧。

(3)散扣件工段。

1)配件卸车，打开车门时要站在车门一侧，使用长把手锤打门，卸车时车下禁止站人，并注意勿使钢丝挂住衣服。车门掀起要用钢丝捆牢，不准用石头塞门缝和用其他东西捆扎，卸完车后应及时清道。

2)扣件要按类型堆码，其高度不准超过 0.9 m。

3)在台车未停稳前,散布配件时应注意枕头钢丝挂住衣服和扣件坠落。

(4)吊散轨工段。

1)吊轨工段工作人员多,吊运钢轨走行时,不准穿越工作台,全体作业人员应离开,站在工段两端安全位置上。

2)吊具要适中,不准在一端高一端低的情况下吊运。

3)作业人员不准坐在工作台和轨枕上休息,更不准站在轨节上随台车前进。

4)随时调整钢轨车上的钢轨,防止偏重。跳板、吊架、钢轨钳要经常检查,不准用龙门吊车拖拉钢轨车对位。

5)工作台走行时,任何人不准从工作台上跨越通过。

(5)上紧扣件工段。

1)站在轨枕上用小撬棍拨入扣件时,脚跟要站牢,上扣件人员要两边分开,使用撬棍要注意防止碰伤邻近作业人员。

2)台车未停稳前,禁止上工作台抢先作业,更不准站在轨枕面上随台车前进。

3)注意信号,当听到发出移动台车信号时,工作人员应离开台车,站在安全限界以外。

4)紧扣件工段的工作跳板要搭设牢固,跳板不得有断裂、下凹现象。跳板底距轨面距离不得少于 0.15 m。

5)台车未停稳前不准用风扳机和铆钉枪进行作业。

6)铆钉枪不准平放在跳板上,应头朝下放在存枪槽的固定位置上。打钉时,人员脚跟要站稳,对准道钉,然后开气门,打完钉关上气门再提枪。

7)待生产线各工段全部作业完毕后再拉气笛,示意全体工作人员离开,然后显示绿色信号,指挥移动台车。

8)下班前应把风动工具放进避雨的跳板上,并把储气筒及风管里的水汽全部放出,以防冰冻。

(6)检查工段。

1)台车未停稳前不准打浮钉,以防止锤滑伤人。

2)电锯要勤检查,锯齐木枕应等台车停稳后进行。

(7)成品装车工段。

1)机车与滚筒平车未摘钩分离前不准作业。

2)止轮器只打在一辆平板车上,但止轮器不应少于 3 对,并要打牢,花篮螺栓要拧紧。拖船轨与车体之间应用钢丝加固。

3)吊点应对中,如产生偏斜不平时,不准起吊,轨节起吊挂钩人员应站在跳板上,随轨节前进,指挥下落。

4)挂钩人员不准站在轨节上随轨节前进,不准从吊起的轨节下穿越。

5)轨节上下应摆正,对齐,如有歪斜不齐现象,禁止捆扎和调车对位。

2. 百米轨及长钢轨装卸与存放安全工作

百米轨及长钢轨装卸应符合下列规定:

(1)机车以 3～5 km/h 速度对位,并做好防溜措施。

(2)卸车人员检查起吊设备、吊具状态,准备卸车工具,确认无误后开始卸车作业。

(3)解除首层锁定,先用活动扳手将横向拉杆拆卸掉,再卸除锁定装置。拆卸钢轨支撑架时要注意周围是否有人和设备,切不可随手乱扔。

(4)摘挂钢轨夹时，要确认无误后方可进行起吊作业。

(5)钢轨在起吊过程中应步调一致，钢轨下严禁站人、穿行。

(6)钢轨在起吊、滑行过程中应防止摆动失控撞伤作业人员。

(7)群吊底座的混凝土基础强度应足够，其埋深及结构尺寸应结合不同的地基合理设计，并经过检算。

(8)长钢轨起吊装车时，各龙门吊要动作同步，缓起轻落，保持长轨平稳，严禁斜拉、斜吊。

(9)长钢轨吊装龙门吊应集中联控，同步起落、横移。

(10)长钢轨装车前，应检查固定门吊技术性能、钢丝绳磨损程度、夹轨钳是否灵活、有无损伤。

(11)长钢轨吊起移动应平缓运动，注意前后配合，快慢一致，操作人员应面向前进方向跟随后行。

(12)工作完毕，电动葫芦、吊钩、吊具应停放于指定位置。

长钢轨存放应符合下列规定：

1)长钢轨存放台要平整、稳固，各层钢轨之间支垫跨距为 5～7.5 m，上下对齐，与各层钢轨垂直放置。

2)长钢轨放置应整齐、平直、稳固，堆放层数根据基底承载能力确定。

3. 基地调车作业安全工作

(1)基地与既有线接轨点要设扳道房，加强对进出车辆管理。司乘人员认真操作，严格按调度命令执行，严禁冒认信号，防止发生事故。

(2)调车前对道岔、线路要认真检查，发现股道有障碍物或堆有侵限货物时，必须立即停止作业。通过轨枕、轨排、成品梁存放区时，一定注意观察，尤其雾、雨、雪等天气，时刻注意是否有存放物品发生倾斜、倒塌而侵入限界等，发现问题，及时处理。

(3)基地站线穿行人员多，动车前一定要先鸣笛，同时加强瞭望，特别在轨料、轨排和成品梁存放区等视线不良地段。基地站道口处要设立安全提示牌，并加强管理。

(4)作业时，坚持要道还道制度，加强瞭望，严格按信号行车，遇有信号指示不清时，要立即停车，严禁臆测行驶。

(5)调车人员必须坚守岗位，建立健全岗位责任制，严格遵守劳动纪律。值班人员布置计划进路时，要及时、准确、清楚，对方要复诵核对。

(6)禁止扳道员使用徒手信号，信号显示要及时、准确。

(7)调车作业时，连接要轻，推进时必须试拉，车辆应全部接通风管，各股道停放车辆要尽量连挂在一起，安好止轮器，防止溜车。

(8)基地站接车时必须在站外一度停车后，再接入规定线路。不论是接车或调车作业，必须在尽头留出 20 m 的安全距离。严禁闲杂人员进入车站停留线。必须从站内穿行时，注意来车，服从指挥，尽快通过。

(9)对基地站周围的群众，要加强宣传，加强安全教育。

4. 基地安全用电

基地用电是指供基地作业、照明等项的用电，属临时用电。由于基地有时场地潮湿，露天作业、高处作业、交叉作业多，使用的机械和手持电动工具移动性大，线路分布广，不安全因素多，因此基地用电必须格外注意。

(1)施工临时用电组织设计。按照《施工现场临时用电安全技术规范》(JGJ 46—2005)规

定:施工现场临时用电设备在5台及以上或设备总容量在50 kW者及以上均应编制临时用电组织设计。其内容包括:

1)现场勘测。

2)确定电源进线、变电所或配电室、配电装置、用电设备位置及线路走向。

3)进行负荷计算。

4)选择变压器。

5)设计配电系统,主要包括:设计配电线路,选择导线或电缆;设计配电装置,选择电器;设计接地装置;绘制临时用电工程图纸,包括用电工程总平面图、配电装置布置图、配电系统接线图、接地装置设计图。

6)设计防雷装置。

7)确定防护措施。

8)制订安全用电技术措施和电气防火措施。

临时用电工程图纸应单独绘制,临时用电工程应按图施工。

临时用电组织设计及变更时,必须履行"编制、审核、批准"程序,由电气工程技术人员组织编制,经相关部门审核及具有法人资格企业的技术负责人批准后实施。变更用电组织设计时应补充有关图纸资料。

临时用电工程必须经编制、审核、批准部门和使用单位共同验收,合格后方可投入使用。

(2)安全技术措施和安全组织措施。为了防止发生漏电事故,施工现场还应制定切实可行的安全技术措施和安全组织措施。

安全技术措施是指为了防止电击伤害而在所有的机电设备和作业环境中采取的相应安全保护措施,主要包括:绝缘、保持间距、保护接零、保护接地、采用安全电压、采取漏电保护装置、自动切断等安全措施。

安全组织措施包括:

1)结合基地环境特点、作业条件和对象,制定出具体的电气管理办法,对操作机电设备和电动工具的人员制定相应的电气安全操作要求和完善的规章制度。

2)实施安全检查。电气专业人员要参加施工现场的安全检查,其内容包括:电气设备运行情况、防护措施、绝缘好坏、保护接零或接地是否安全可靠,安全技术资料是否完整,安全措施是否落实。检查结果要有记录,发现问题或隐患要责成有关部门和人员及时改正,在雨季前和雨季期内要进行重点检查。

3)组织经常性的安全教育和培训。对职工进行三级用电教育,对于从事专业电气的职工,要进行专业培训,使其掌握电气装置在安装使用、维修过程中的安全要求,熟知电工安全操作规程和技能。

4)重视积累资料。要收集、整理和保存施工组织设计电气图纸、试验检修记录、事故经过等资料,以发现规律,积累经验。

5)认真组织事故分析。对所有用电事故都应进行认真的调查分析,找出事故发生的原因,从而制定出防止事故再发生的措施。

5. 基地防火

铺轨基地内易燃建筑物、易燃易爆材料、临时电气线路多,如临时工棚、料库、枕木、硫磺、石蜡、煤、油漆等,为此,必须采取有力措施,加强基地防火工作。

(1)基地要建立健全消防制度,设立专、兼职消防人员,组织业余消防队,建立消防责任制。

(2)贯彻“预防为主、消防结合”的原则，把火灾事故消灭在萌芽状态。

(3)加强基地管理，明确划分暂设工程、仓库、易燃品、易爆品的堆放位置，并符合消防要求，明确禁烟区。夜间要有照明，并安排值班巡逻。

(4)配备足够多的消防器材，并按规定由专人负责管理，保证完整有效。

(5)不能在高压线下搭设临时性建筑物和堆放易燃物品。

(6)每幢宿舍楼居住人数不应超过 100 人，每 25 人要有一个直接的出入口，门宽不得少于 1.2 m，并朝外开。

(7)临时性宿舍、仓库，一般不应安设取暖用的炉子，必须安设时，要采取防火措施。严禁职工私用电炉烧水、做饭或取暖。

(8)临时设施区，一般每 100 m^2 需配备两只 10 L 灭火器，超过 1 200 m^2 的大型临时设施，应备有专供消防的水桶、砂池、砂袋等防火器材。

(9)进行硫磺砂浆熬制、运送、浇灌作业前，应对作业人员进行安全教育，在作业过程中，应随时检查，发现火灾隐患及时处理。

(10)加强临时用电管理，防止电气火灾。

10.5　轨道主要材料验收及存放

轨道材料应满足设计文件要求，并应符合国家现行有关标准的规定。各类轨道材料，供方应按要求提供国家或行业质量标准（含检验方法），同时应按照标准规定的批量，出具产品检验合格证。施工单位应对规格、型号、数量等进行核对，对几何尺寸进行核查。

各种主要轨道器材均应在使用前预加整配；不能整修合格者应剔除。搬运装卸时不得抛掷。

材料堆码应基底平实，底层架空。地面应有良好的排水系统。各类材料的堆码应便于装卸、取放、清点，并做好标识。

钢轨整理后分类垛码，并应符合以下规定：

(1)不符合要求的再用轨，应作明显标记后剔除，严禁混用。

(2)钢轨长度应逐根丈量，长度偏差值应用白漆写在轨端头部。同一长度(允许偏差内)的钢轨应同堆垛码。再用轨按不同级别、不同长度、不同磨耗程度分别垛码。

(3)支垫应与各层钢轨垂直放置，间距不大于 5 m，上下层同位。垛码层数应使钢轨不伤损变形。

轨枕分类分级垛码，并应符合以下规定：

(1)垛码高度应根据场地承载力及装卸运输设备所需净空确定。

(2)垛码混凝土枕应上下同位，层间承轨槽处应垫以小方木或其他材料，其顶面应高出挡肩或螺旋道钉顶面 20 mm。

(3)木枕垛码应便于装吊作业，垛顶应设排水坡。场内应有消防设施。

道岔及其配件应配套成组或按部件分类放置，其中尖轨应与基本轨捆扎在一起。岔枕应按组垛码整齐。有砟轨道一次铺设无缝线路的施工段，应储备一定数量的道砟。

10.6 再用轨使用、整修技术条件

(1)旧轨分为以下三类：

1)再用轨：不需修理即可使用的钢轨。

2)待修轨：需经整修才能使用的钢轨。

3)报废轨：无法整修使用的钢轨。

再用轨分为一、二两级，其技术条件见表 4-10-1。

表 4-10-1 再用轨分级

项目		分级	
		一级	二级
伤损情况		无轻重伤	无轻重伤
每根钢轨长度		> 10 m	>8 m
钢轨头部总磨耗或侧面磨耗	60 kg/m 及以上钢轨	≤10 mm	≤12 mm
	50～60 kg/m 钢轨	≤8 mm	≤10 mm
	43～50 kg/m 钢轨	≤6 mm	≤8 mm
	43 kg/m 以下钢轨	—	≤6 mm
低头及压堆		≤1 mm	≤2 mm
一侧飞边		≤2 mm	≤3 mm
波浪形磨耗		不明显	≤ 0.2 mm

注：仅侧面磨耗一项大于二级的规定尚能调边使用者，可作为二级再用轨调边使用。

一级再用轨可成段使用于次要正线及到发线，同一类型同等长度的再用轨应连续使用不短于 0.5 km。二级再用轨可成段使用于次要站线，每股道应使用同一类型同一长度的再用轨，特殊情况下长度型号应不超过两种。

(2)待修轨根据具体情况，经调直、截锯、钻孔、刨切、打磨、焊接、焊补等整修后，即可分级使用。整修技术条件如下：

1)必须确认钢轨轻重伤部位及长度，截锯时必须去掉轻重伤部分，重伤钢轨不得截锯再用。

2)无缝线路长轨条截锯为再用短轨时，可更换下来以后锯断，亦可先用乙炔切割，更换下来以后锯头，但切口与锯口的距离不得小于 100 mm。

3)截锯再用轨，应尽量减少长度档次，其标准长度由铁路局根据情况确定。

4)对较大飞边及波浪形磨耗，应进行刨切或打磨。

5)剥落掉块长度超过 15 mm，深度超过 2 mm，擦伤深度超过 0.5 mm 的，应进行焊补。

6)每根焊接的再用轨，焊缝不得超过一处，长度一般为 12.5 m 或 25 m；长度小于 9 m 的钢轨不再锯切使用。

7)硬弯应校直，用 1 m 直尺测量，矢度不得大于 0.5 mm。

8)截锯再用轨，应利用机械锯断和机械钻孔(少量可除外)，其容许误差为：

①长度：12.5 m 以上钢轨±10 mm；12.5 m 及以下钢轨±6 mm。

②截面：轨头部分左右偏差不大于 0.5 mm，轨底部分左右偏差不大于 1 mm，上下偏差不

大于1 mm。

③螺孔:孔径±1 mm,位置 ±1 mm。

(3)无缝线路长轨条的再用与整修技术条件,根据长轨条的技术状态,计划铺设的线路条件,由铁路局规定。具有下列缺陷之一的旧轨,经审批后予以报废:

1)内部有暗伤或严重锈蚀达到重伤标准的。

2)每根钢轨截去伤损部分后,长度不足8 m,且不用于焊接和插入短轨的。

3)侧面磨耗超过二级的规定,不能调边使用的。

4)轻杂旧轨,每种类型不足0.5 km,且管内线路上已无同类型的。

5)经批准属于淘汰型的。

第 11 章　铁路营业线轨道改建施工

11.1　施工基本要求

1. 安装防护栅栏基本要求

(1)防护栅栏宜按设计要求修建。施工前应绘制施工图,遇有陡坎、水沟、水塘、桥梁、涵洞时可灵活掌握。

(2)工务、供电、电务、水电、车辆等部门,因工作需要在区间设置出入口时应统筹安排。

2. 曲线改造基本要求

(1)拨移量小于等于 50 mm 时,宜结合大型养路机械作业进行拨移整道;拨移量在 51～2 500 mm范围时,宜采用曲线拨移的方式;曲线拨移量在 2 500 mm 以上时宜采用转线形式进行改造。

(2)曲线位于无缝线路地段时,拨移后应进行无缝线路应力放散,重新锁定线路。

(3)施工要求:施工轨料应使用机械装卸;捣固宜采用机械作业;连接零件涂油应使用有效期不少于 2 年的油脂;钢轨切割不得使用手工锯;采用冻结接头时,轨端垂直度应小于等于 0.5 mm,钢轨螺栓孔位偏差小于等于 1 mm。

清筛或更换道砟深度应符合设计规定,道床基础不得积水,清筛出的污土应及时清除。

3. 拨道连接既有线轨道基本规定

(1)先测定拨接段轨道中线和接轨点,并据此确定龙口位置,准备好龙口轨。当龙口位于曲线上时,需拉轨将插入轨置于直线上。拨接段新旧曲线宜采用相同缩短轨。

(2)拨接段预铺道砟应碾压密实,砟面应略低于既有轨道枕底。补充道砟宜堆放在两侧,不得侵入限界。

(3)封锁施工前,既有轨道拨动段应拨出枕盒内和拨动方向枕端道砟,并拆除影响拨道的各项设备。列车限速通行。

(4)封锁施工拨接合龙后,应按要求整正轨面水平,拨顺轨向,校正轨距,符合放行列车条件后,限速放行列车,继续补砟整道达到验收要求。

4. 改建站场增设或更换道岔施工的基本规定

(1)应结合现场条件和行车密度选定施工方法。繁忙区段的咽喉区道岔或有电气联锁的道岔,宜采用整组预铺后拨入。

(2)施工前,应先按规定整正施工段既有轨道,两端加强锁定,精确测定道岔位置,并配置两端合龙轨。

(3)道岔拨入就位或拼装成型后,应立即按线路开通要求补砟整道。线路开通后列车慢行阶段,应继续整修道岔达到验收标准。

5. 既有线改建曲线外轨超高的基本规定

(1)正线上的曲线超高应按式(4-11-1)计算确定。

$$h=\frac{11.8v_p^2}{R} \tag{4-11-1}$$

式中　v_p——加权平均速度(km/h)，$v_p=\sqrt{\frac{\sum N_iQ_iV_i^2}{\sum N_iQ_i}}$；

N_i——各类列车次数(列/d)；

Q_i——各类列车质量(t)；

V_i——各类列车实测速度(km/h)。

施工时，曲线超高值也可由接管单位提供。

(2)到发线曲线外轨超高可采用 25 mm，岔后附带曲线超高可采用 15 mm。

(3)双线地段曲线外轨超高不得大于 150 mm，单线地段上下行行车速度相差悬殊时，不得大于 125 mm。

11.2　无缝线路换铺

11.2.1　长轨条运输

(1)采用专用的长轨列车运输钢轨。长轨条在工厂焊接完毕以后，用长轨列车装运至指定地点卸车。

(2)相关注意事项。

1)长轨装车与检查：按照卸轨的顺序，装载长钢轨。长轨装车后应堆放整齐、平直、牢固，最后进行锁定。长轨装车后应对其进行认真检查，确认无误后，在装车线上试运行，同时检查车辆运行状况，进行启动和制动试验，确保万无一失，并按照国家铁路运输规定，向运营单位办理挂运手续。

2)长轨列车的押运：长轨列车运行过程中，须安排随车押运人员，押运人员与牵引机车司机使用无线对讲机联络。同时押运人员要特别加强对长轨列车通过小半径曲线、道岔、长大坡道、制动时的观察，发现长轨窜动，应立即与司机联系处理。待重新锁定后，才能继续运行。运行中要求尽可能保持匀速行驶，避免紧急制动。

3)长轨车在大坡道小半径区段运行和卸车之时，还应注意：当长轨车通过小半径曲线时，内股长轨相对伸长，故长轨条装车时需保证长轨端距横梁 1.5 m 以上，以免运行途中顶撞横梁。卸车时，由于长轨车的作业车位于坡道上端，在挂好长轨头、卷扬机牵引钢丝绳前，严禁将锁定车解锁，以防止长轨条在重力作用下向下坡方向滑动。将长轨条端部拉到作业车的输送机龙口时，要组织人员在首位运轨车的横梁上设置防爬器，防止长轨条(去掉钢丝绳卡具后)进入输送机前向下坡方向滑动。待长轨条进入输送机后，再拆除防爬器。同时在曲线卸轨时，要注意加强拨轨力量，防止新卸长轨侵限或滑下砟肩。长轨条落地后，在坡道上方一端长轨头处的轨枕间，穿入木枕，设置防爬器，防止新轨条下滑。

11.2.2　铺轨前准备工作

1. 施工资料准备

(1)根据现场实际工作量，编制机具调配、劳动力组织、材料准备等计划，并制定相应的安全质量措施，给现场施工人员进行详细讲解。

(2)准备施工资料，根据施工地段进行钢轨丈量，计算固定和临时龙口长度，确定焊接接头位置，依据轨温的变化预卸龙口轨。

(3)根据气象资料、工作量、施工力量,会同运营部门协商安排合理的封闭时间和开通后限速等注意事项。

(4)施工前对线路全面维修,消除路基松软、下沉、高低不平等缺陷,加强排水,全面捣固,预卸补充道砟,更换失效轨枕,准备防爬设备,做好锁定线路的准备工作。

(5)做好缓冲区、伸缩区线路的锁定准备工作。无缝线路两端连接的普通线路(约 50 m)须将轨缝调匀,并彻底锁定。再将缓冲区防爬支撑安装好,并拆除线路接头两个螺栓,埋好位移观测桩。

(6)材料的准备和散布。根据设计的材料规格数量,在封锁前准备齐全,并按需要散布到铺设位置。

(7)合理选择锁定时间和轨温。根据一般统计资料和日常气温变化,当气温达到最高时,轨温较气温高 20 ℃左右;当气温在 15 ℃以下时,气温与轨温基本接近。因此,合理锁定轨温是以轨温与气温基本接近为宜。气温的变化随地区和季节的不同而不同。一般地,气温变化比较小,基本可以满足设计锁定轨温的时间是:

每年 3～4 月的每天 12～14 点。

每年 5～6 月的每天 9～11 点。

每年 7～8 月的每天 5～7 点或 16～18 点。

每年 9～10 月的每天 10～13 点。

每年 11～12 月的每天 12～15 点。

人员组织应根据设计文件工作量、现场调查、施工方案、封锁线路的时间、线路和人员技术条件,以及施工时的自然环境、气候等因素编排。

2. 钢轨纵向位移观测桩的建立

钢轨位移观测桩,用旧钢轨制作,按照长轨始终端 100 m 间距各布设两个,其余中间地段间距 200 m 的标准埋设,要求桩顶略高出轨面,埋深一般地段不小于 1.0 m,寒冷地区则要求埋入冰冻线以下 50 cm。

11.2.3 封锁线路前的现场施工准备

(1)起固定长轨的方向钉,并顺直,以不侵入限界为准。长轨如有鼓胀弯曲,通过撞轨使其内应力释放,并顺直。

(2)将焊接接头处枕木盒拨至与轨底平。

(3)每隔一根轨枕松开一根轨枕的螺栓,将扣板转动 90°,并将螺栓拧紧。

(4)拆除防爬设备、道口铺面及护轨,拆除桥面护轨梭头。

(5)将长轨条撞到起点设计位置,并预留搭接量(25 mm)。

(6)长轨条切除量的计算。终点合龙口是预计锁定重要的环节,因此,需通过下列工作,确保无缝线路长钢轨的长度准确。

1)由专门丈量小组,仔细地丈量此段无缝线路内外股新轨条的长度。丈量时,先从长钢轨始端位置的接头位置开始,两根同时丈量,并记录丈量时的轨温。

2)量到焊接接头位置时,检查接头是否方正。如有多余,须将相错量切除,也可以按焊接接头允许相错量 100 mm 来控制。

3)计算最后一根新轨内外股的切除量。在工厂焊接时,最后一根新轨内外股都预留切除量。切除量按下式计算:

$$l=l_1-l_2 \tag{4-11-2}$$

式中　l——长轨条切除量(m)；

l_1——计划新轨条的总长度(m)，$l_1=\sum l_{n1}+0.015\times(N-1)+0.000\ 011\ 8\times\sum l_{n1}\times(t'-\sum t_n/n)$；

$\sum l_{n1}$——新钢轨实测总长度(要扣除预留切除量)；

N——一股钢轨焊接接头的总数；

t'——预计施工时达到的锁定轨温；

$\sum t_n$——丈量时的轨温总和；

N——丈量时测轨温次数；

l_2——按设计既有钢轨总长度(m)，$l_2=\sum l_{n2}$；

$\sum l_{n2}$——实测丈量既有钢轨的总长度(包括轨缝)(m)。

计算出切除量后，在实际切除时，还应根据施工时的温度变化适当修正切除量。一般地，切除时，若温度变化处于上升或稳定阶段，则切除量应较计算值增大 20～30 mm。反之，合龙时温度较预计低一些，可用匀轨缝办法合龙。同时，为保证封锁时间，及时开通线路，缩短施工延长时间，确保锁定轨温按计算值进行，应备有合龙口的钢轨。龙口轨应根据工地实际情况锯好，“宁短勿长”，以及时地合龙。

11.2.4　封锁线路换轨施工

施工负责人得到封锁线路的命令后，应立刻设置好防护，并通知站内待令的施工轨道车进入施工地点。根据施工组织的安排，各工种人员进入工作岗位，按下列步骤进行作业。

(1)拆除线路。拆除两端合龙口的联结配件，但接头钢轨仍保持在原位置，卸下部分既有线路联结扣件，将扣板转动 90°，将螺帽拧紧，用撬棍将钢轨撬起，轨底垫支垫物，用小铁铲将粘在轨底的胶垫铲下。对需要更换的大胶垫，随即换上，并放正位置。木枕地段需更换的铁垫板也随即换上，并立刻撤除支垫物。

(2)换轨作业。卸轨车载着两辆换轨小车，到达合龙口位置停车，将两辆换轨小车卸到线路上。一辆换轨小车承担拨新轨条的任务，在行车方向前方，另一辆拨旧轨小车随后，轨道车用钢丝绳与两辆换轨小车联结，由两人各持一台起道机，将新轨条抬起，放入拨轨小车前的铲轨槽内。轨道车牵引拨新轨小车以 3～5 km/h 的速度前进，新轨条在铲轨槽内向后滑动。当拨新轨小车驶离龙口 20 m 以外时，新轨条端头已下垂到与旧轨相平位置。用撬棍将旧轨一端拨向道心，然后将新轨一端拨入与线路旧轨联结，预留好规定的轨缝。立刻将夹板安装好，用高强螺栓拧紧。拨旧轨小车进入位置，将旧轨铲入拨旧轨小车铲轨槽内。新旧轨小车相距位置一般为 21 m 左右，新轨小车在前面走旧轨，旧轨小车在后面走新轨。新旧拨轨小车准备工作都已就位，在新轨上安装一架带有滚轮并能控制轨距的拢轨器。其作用是将两股新轨的轨距拢到 1 435 mm。拢轨器用钢丝绳与牵引拨旧轨小车的钢丝绳连挂，同拨新、旧轨小车组成换轨车组，在轨道车的牵引下，同步进行换轨作业。换轨至 100 m 位置，换轨小车停下，等待 100 m 范围内扣件及防爬设备全部锁定，接头全部上紧，方可继续下段作业。这样做的目的是为了使已换的轨不易产生位移。在换轨运行中，指挥人员要随时监视换轨小车作业是否正常，有无脱线现象。旧轨大胶垫粘连轨底未铲掉、轨枕扣件未卸掉和因配件未卸掉而将轨枕带起等，应停车排除故障后再继续作业。

一般地，在曲线上，由于钢轨内外股存在长度变化和钢轨发生臌曲，造成换轨小车不能正常工作。指挥人员用对讲机通知终点撞轨人员，进行撞轨，促使应力释放，并经常了解终端长钢轨接头是否方正、位置是否趋近计划位置。待到终端时，立即停车，检查合龙处的两股钢轨接头位置及轨温是否符合设计要求。如轨温不符合设计锁定轨温，但温度处于上升阶段，并有足够施工封锁时间时，稍停片刻，待达到设计锁定轨温，再进行钢轨落槽合龙；当轨温处于下降阶段，或施工已到开通时间时，均应立即做好合龙的准备工作。先在终点长轨及旧轨落地的位置放一根枕木头，并立即将新轨拨入轨枕承枕台。若接头不方正，则先撞方轨头，待长轨已具备合龙条件时再合龙。因合龙口轨缝过小使新轨不能拨入合龙，或因轨缝过大而不能连接旧轨接头时，可根据前后轨缝情况，调整龙口轨，按实际情况，调轨或锯轨合龙，但所备合龙口的短轨不得短于 6.0 m。锁定时，施工人员应注意全线同时开始锁定，并确定此段无缝线路的锁定轨温。在观测桩相对应的钢轨上，用白漆做好标志，以利观测。

(3)开通线路。线路恢复到下列条件即可开通线路，列车慢行通过。

1)钢轨接头不少于四个螺栓。

2)轨枕位置正确，活动的轨枕已捣固坚实。

3)轨枕上的扣件，直线上至少隔两根上紧一根，曲线上至少隔一根上紧一根。

4)轨距、水平无超限。

5)道床无严重缺砟。

6)方向圆顺平直。

7)防爬设备冬夏季均应拧紧，以防一侧因温度上升或下降造成一侧臌曲和缩拉。

11.3 站场改造人工铺轨

11.3.1 施工特点及工艺流程

人工铺轨是传统的铺轨方法，现多适用于零星铺轨作业及既有线站场改造工程，其主要优点是：设备简单，操作灵活，准备周期短，受线下工程，尤其是重点长大桥梁、隧道工期限制小，可以间断地提前投入铺轨作业。

人工铺轨方便灵活，其作业程序也并非固定不变，在基本过程相对固定的前提下，可据现场情况，适当调整各工序的先后顺序，还可组织流水作业、平行作业等。作业流程如图 4-11-1 所示。

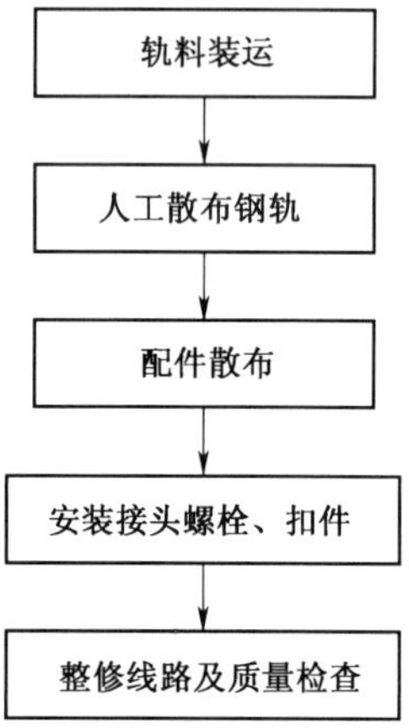

图 4-11-1 人工辅轨作业流程图

11.3.2 施工工序要点

1. 材料装车

(1)钢轨装车。钢轨装车一般以龙门式起重机、履带式起重机、汽车式起重机为主。如采用人工装车时，可用高站台或拖曳法装车，装好后垫木两端扣以道钉。如运输距离较远，轨腰应用钢丝捆扎坚固。装车时应配足相应的缩短轨和合龙口的短轨，并用油漆在轨腰上写明轨型及数量，轨头标明公差值。

(2)轨枕装车。轨枕宜用平板车装运。木枕应分层平码，并在车辆两侧插立杆，用钢丝扣紧。已锚固好的钢筋混凝土枕应侧向平码，层与层之间垫方木，以防将螺旋道钉压弯和损坏丝扣。未锚固的钢筋混凝土枕也应平码，但承轨槽内用方木和其他物品垫高，以防损伤挡肩。

(3)配件装车。配件与钢轨同装一车,每车装的配件应与同车轨型、数量相适应。夹板放在底层,垫板、道钉、夹板螺栓、垫圈、钢筋混凝土枕各部位的扣件应事先按规格配好,装包,放在轨面上。

2. 轨料散布

(1)轨枕散布。根据已测设的线路中桩,用麻线或细钢丝挂好标线,划出轨枕中线,以便方正轨枕,使其二中线互相吻合。铺设混凝土枕宜4~6人一组抬运散布,并在混凝土枕上标示中心位置,布枕时将其对准线路中线。铺设混凝土枕时,应使接头螺拴与螺旋道钉互不干涉。混凝土螺旋道钉锚固宜在铺轨基地预锚。如在工地锚固,熔液加温器的设置地点应考虑风向。盛装熔液的灌浆器应防溅、防漏、防止烫伤,对粉尘和二氧化硫等有害气体应有保护措施,并按规定配备劳保用品。

(2)散布钢轨。人工散布钢轨宜用小平车倒运。从小平车上卸轨时应先制动,然后将钢轨卸在路肩上,再人工抬运就位。如采用拉轨方法散布钢轨,在平车两端放置枕木各一根,上面各钉一块夹板。钢轨运到工地铺轨尽头处(距离轨端约0.4 m),将小平车前后用止轮器打堰停车,用粗绳的前端捆一铁钩,挂到钢轨孔内,人工拉绳前进,后端人工推送,待拉到一定长度,前端轨头着地(再以同样方法拉散第二根),将止轮器取走,在钢轨后端的钢筋混凝土枕面上放2~3根硬圆木,倒推小平车,使两根钢轨落入道心。

钢轨就位后,用撬棍拔顺,用道尺量卡轨距,将钢轨两轨头对齐,轨面平齐,插入轨缝片,然后两人分站钢轨内外侧,分别用手托起内外侧夹板,先使夹板下部接触轨底,然后扣向轨腰与钢轨靠紧,再用左手从头部将夹板卡住,右手用螺栓把串对孔眼,使夹板螺栓孔与钢轨眼对齐,从夹板孔一侧穿入螺栓。为了加快作业进度,每个接头可先拧紧两个螺栓,余下的另由专人补齐并拧紧。

3. 散配件

配件散布应在布轨后进行。布轨后卸下随车装运的所需配件,并散布在轨枕上,不得放在路肩上。

4. 补上接头螺栓

将接头螺栓补齐,接头螺栓帽应在钢轨内外侧交错拧紧,弹簧垫圈开口向下,当穿插有困难时,应用小撬棍引导,严禁用手指摸探螺栓孔眼。

5. 上扣件

上扣件前按间距细方轨枕,铲平承轨槽面的余渣,逐个安置轨距挡板、弹条、平垫片并戴上螺帽。若采用电动扳手拧紧,应有保护性接零或接地装置。如无电源,宜用特制的专用扳手拧紧。

6. 初步整修线路及质量检查

校正轨距,补齐和更换不合格配件、扣件,更换断枕。根据线路中线桩核对方向。

11.4 轨道整理与钢轨预打磨

11.4.1 轨道整理

铺设轨道之后至线路开通之前,道床应逐步进入稳定阶段。通过检测,对于不能满足验收标准的线路,应用大型养路机械等对轨道及道岔进行轨道整理作业。轨道整理达标基本工艺流程如图4-11-2。轨道整理主要施工设备应包括配砟整形车,起道、拨道、捣固车,动力稳定车;小型起道、拨道、捣固机;风动卸砟车等。轨道整理基本工艺流程如图 4-11-3 所示。

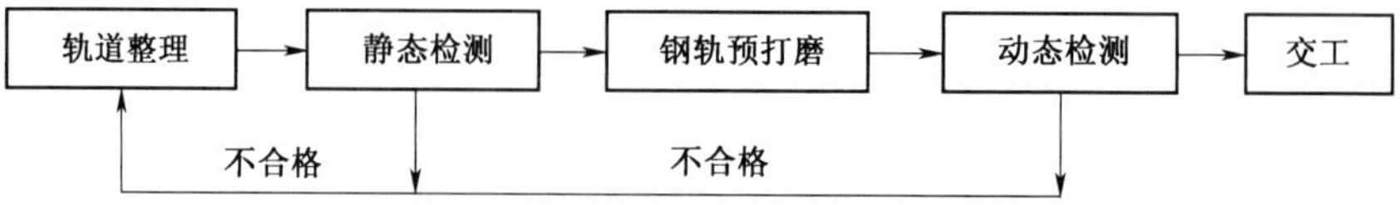

图 4-11-2 轨道整理达标基本工艺流程图

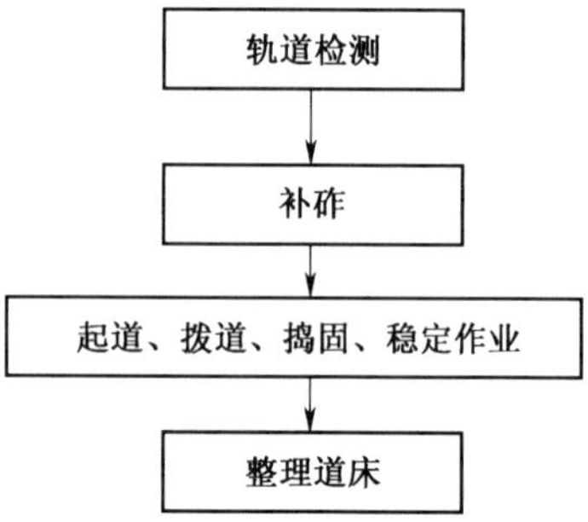

图 4-11-3 轨道整理基本工艺流程图

轨道整理应做好以下各项工作:

(1)根据设计要求,在规定的作业轨温范围内,应对线路进行精细调整,使之达到验收交工标准。

(2)对不符合设计要求的道床断面,应进行整修,堆高砟肩,拍拢夯实。

(3)缓和曲线、竖曲线区段应调整圆顺。

(4)整修打磨不平顺焊缝,提高轨面平顺性。

(5)调整轨距,补齐扣、配件。

(6)测取钢轨爬行量,复核锁定轨温。

11.4.2 钢轨预打磨

时速 160 km/h 以上铁路在线路验收前,一般应对钢轨进行预打磨作业。钢轨预打磨在于消除钢轨轧制及存放过程中形成的长波形锈蚀、鳞皮等表面缺陷及不平顺,消除钢轨在焊接过程中形成的不规则轨廓缺陷,并确保新轨的最佳断面廓形以及轮轨良好的接触带,确保线路的平顺性,以防止钢轨表面接触疲劳的发展,延长钢轨的使用寿命。钢轨预打磨工艺流程如图 4-11-4 所示。

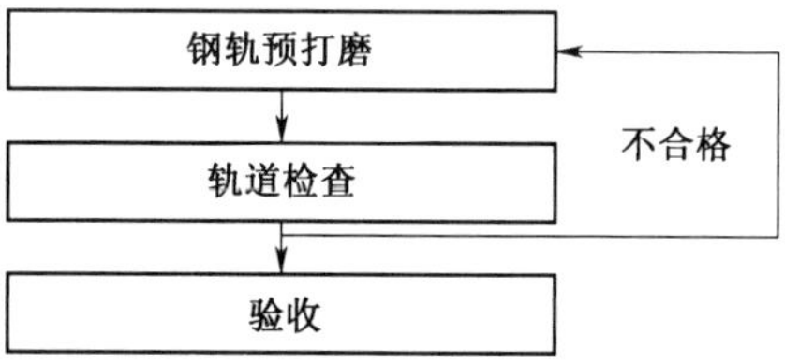

图 4-11-4 钢轨预打磨工艺流程图

11.5 线路拨移施工

11.5.1 施工顺序

点前准备→给点→在解口处两端打回流线(无缝线路)→解龙口轨→清理既有线路道床→拨移线路→锯轨、打眼、连接龙口(电务安装跳线)→回填石砟→大机捣固、整道→线路检查(确认开通)→开通线路。

11.5.2　提高曲线拨接速度的主要措施

(1)在切口处用撞轨器预加一个远离被拨钢轨的力,如图 4-11-5 所示。

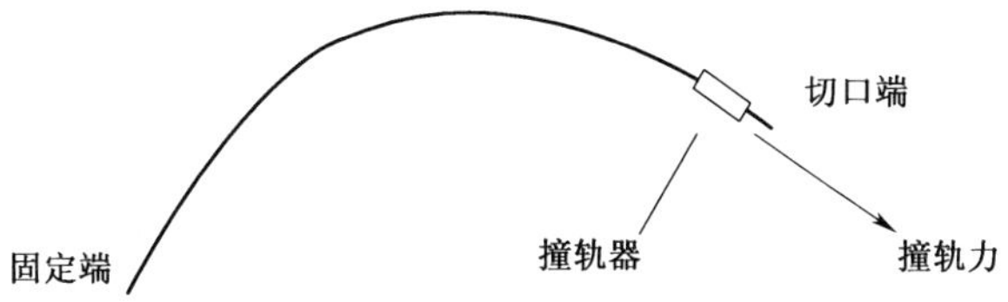

图 4-11-5　切口处采用撞轨器

(2)减小拨道阻力。

1)轨排的钢轨直接放在导轨上时,在两根钢轨接触面上涂润滑油。

2)拨道、接轨时两根钢轨及轨枕是同时移动的,拨道阻力来自轨枕与钢轨之间的摩擦力及钢轨的弹力、道床对轨枕的阻力。克服轨枕与钢轨间的摩擦力及钢轨的弹力需要松扣件。松扣件要到位,必须完全释放扣件压力。为了按时开通线路,松扣件以螺帽不掉为限。拨接过程中还应不断用大锤敲击钢轨,以松动锈蚀粘结。当作业时间不足时,也可以只释放某一单根钢轨的扣件。

3)减小道床对轨枕阻力的措施是扒砟。在行车条件下扒砟,一是要注意施工人员的安全;二是要注意扒砟量,不得过量而威胁正常行车;三是应注意防止无缝线路胀轨,扒砟时要保护曲线地段轨枕外侧的石砟,必要时洒水以降低轨温。

11.5.3　技术要求

(1)先测定拨接轨道中线和接轨点,其中外移中线桩的工作一定要做到"方便好用"。例如在轨面等高位置上,标注至钢轨外缘的距离,而不是机械地在路肩上设点,标注至线路中心的距离。因为一则路肩上设点容易被扒开的道砟掩埋;二则线路中心总不如钢轨外缘直观。并据此确定龙口位置,准备好龙口轨。当龙口位于曲线上时,需拉轨将插入轨置于直线上。拨接段新旧曲线宜采用相同缩短轨。

(2)拨接段预铺道砟应碾压密实,砟面应略低于既有轨道枕底。补充道砟宜堆放在线路两侧,不得侵入限界。

(3)封锁施工前,既有轨道拨动段应扒出枕盒内和拨动方向枕端道砟,并拆除影响拨道的各项设备。列车限速通行。

(4)封锁施工拨接合龙后,应整正轨面水平,拨顺轨向,校正轨距,并符合放行列车条件后,限速放行列车,继续补砟整道达到验收要求。

(5)无缝线路区段,应提前进行应力放散。未放散应力的无缝线路区段,超出锁定轨温允许作业范围严禁挖开道床。

(6)拨移距离较大时宜使用滑轨、滑轮拨道。使用滑轨、滑轮拨道应符合下列规定:

1)各道滑轨应等高,每道滑轨上可前后各安放一台滑轮,也可半穿滑轨、前置滑轮。

2)不应向未封锁线路穿透滑轨。半穿的滑轨必须稳固,不得侵限,不得受列车振动而翘起。

(7)线路拨接龙口应配备应急钢轨切割、钻孔机具。

(8)大拨量拨移线路时宜点内配轨。提前配轨应考虑温度变化。锯轨应全断面垂直锯断,不得使用垛子和其他工具强行截断和冲孔。严禁使用乙炔切割或烧孔。应急使用乙炔切割烧孔的钢轨必须当天更换。

(9)曲线地段改造路基的软硬不均地段,拨移线路就位后应使用机械捣固、稳定。

11.5.4 施工准备与拨移线路

拨移线路施工过程中最主要的是拨道方式,应坚持"正拨反压,先起后拨"的原则。正拨反压是防止轨排蛇形扭动,先起后拨则是降低道床阻力最简便的办法,但要注意不可超出设计高程,造成返工落道。拨道人员应分组操作,按拨道量分大拨组、中拨组和细拨组。大拨组用撬棍,将中线误差控制在 5 cm 以内。中拨组用齿条式起道机将中线误差控制在 2 cm 以内。细拨组属于整道施工。要特别注意的是,只有待中拨组施工到位后才能锯轨合龙,锯轨留缝应视线路顺直情况取较大值。具体施工前准备及拨移线路如下:

(1)技术准备。把线路中心及高程控制桩及时护出至施工范围以外的固定点上,通常是护至邻线上,把相应的点位及时提供给现场负责人及工班长。

(2)人员准备。进行人员点前培训,使施工人员明确自己的职责、行车及封闭要点情况以及施工时段内的注意事项,必要时,还需进行模拟演练,以确保在要点施工时各工序间的合理衔接。

(3)拨移准备。按照轨道铺设标准提前预铺好线路,做好拨移准备,同时就近备足道砟。

(4)拨移线路。给点后锯轨,进行线路拨移。拨移过程中要统一指挥,如拨移距离较大时宜使用滑轨、滑轮拨道。

(5)联结。线路就位后,打眼,上紧鱼尾夹板,联结接头,连通轨道电路。

(6)线路连接后,立即进行回填道砟、起道捣固、拨道、整道等工作,使线路尽快达到开通条件。

(7)开通线路。开通线路前,必须由专人对线路各部尺寸包括轨距、水平、方向、高低进行检查,并做好记录。确认线路达到开通条件后,由施工指挥员向行车调度要线路开通命令。

11.5.5 质量控制及检验

施工作业时,按照下列标准进行质量控制;每道工序完成后,按照下列要求进行检验。

(1)轨道静态几何尺寸允许偏差应符合《铁路轨道工程施工质量验收标准》(TB 10413—2003)的要求。

(2)配轨时必须逐根丈量,每批钢轨应集中在同一轨温下丈量。每排轨应等长度配轨,每对配轨公差不得大于 3 mm,并要求在下一排轨相互抵消。

(3)方接头时钢轨要保持顺直,接头相错量要符合轨排表的要求。曲线轨排要注意缩短轨股向和位置。钢轨如有死弯,应事先用弯轨器调正,用 1 m 直尺测量轨低头不大于 4 mm,钢轨不应有损伤和硬弯(接头最大允许相错量直线为 40 mm,曲线允许最大相错量为 40 mm+缩短量的一半)。

(4)钢筋混凝土枕拼装时要严格按照轨排表的要求进行拼装,不合格的轨枕禁止使用。

(5)轨距、枕距一定正确,轨距允许偏差+6 mm,−2 mm,误差变化率正线不得大于 2‰,站线不得大于 3‰,枕距每隔两根轨枕必须丈量一次,枕距误差小于 15 mm。

(6)螺旋道钉螺帽必须拧紧,螺纹须冒出 2～3 丝,严禁洒窝现象,螺帽不得反戴,鱼尾夹板及钢轨接头范围均要涂油。

(7)拼装后的每排轨节都要仔细检查轨枕数量,缩短轨位置、扣件号码、轨距、各种轨料的规格类型是否与轨排表的要求相符,不合格的立即整改不留后患。

(8)轨温小于当地历史最高轨温时,不得有连续 3 个及以上的瞎缝,不得出现最大构造轨缝(检查时,检查值等于最大构造轨缝除外)。

11.5.6　站内拨接施工案例

下面以杭州至长沙铁路客运专线工程樟树潭站上行拨接施工为例,对线路龙口线路拨接施工方案进行介绍。

1. 施工概况

既有沪昆线为双线Ⅰ级电气化铁路,由于樟树潭站既有站内股道需要改建及樟树潭至衢州区间线路抬道,为减少对既有线的行车影响与保证施工安全,将既有正线及到发线临时改移至既有 3 道(L4)、新建 LⅠ、LⅡ、L3 道运行,新建 LⅠ、LⅡ、L3 道按照正线、到发线标准施工,待既有正线及到发线改建完成后,再将过渡便线转回至原既有位置。线路过渡期间,列车最高运行速度为 80 km/h。图 4-11-6 为樟树潭站过渡工程上行封锁拨接示意图。

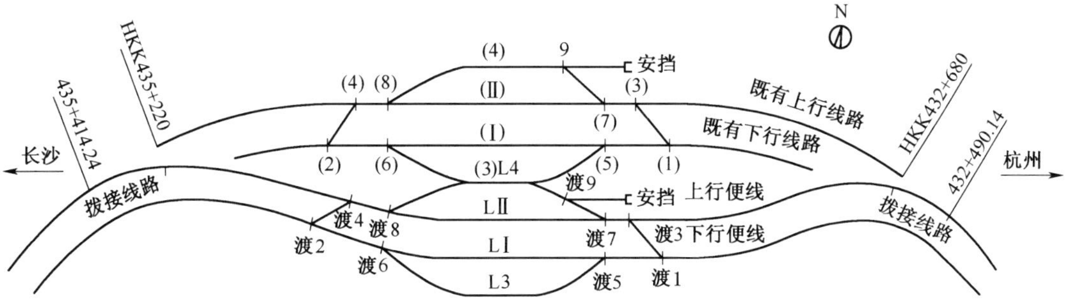

图 4-11-6　樟树潭站过渡工程上行封锁拨接示意图

沪昆改线里程段为 K432＋450～K435＋550,改建线路长度 3 100 m,其中既有线路 630.656 m(既有上行 376.592 m,既有下行 254.064 m),杭州端龙口长 182.352 m,长沙端龙口长 194.24 m,需拨接总长度为 376.592 m,最大拨移量 2.7 m。拨接龙口与既有曲线顺接,外轨超高按 0.5‰过渡。由于过渡便线需与既有沪昆线相接,根据设计要求,在既有樟树潭站上行正线两侧各设一复曲线与既有线路相接,在改线起点处(K432＋490.14)设一 JD1 曲线从既有线绕出,曲线要素为 $\alpha=8°42'36''$,$R=2\ 000$ m,$l=60$ m,$T_1=152.807$ m,$T_2=181.822$ m,$L=334.036$ m,$h_0=50$ mm。在改线终点处(K435＋414.24)处设一 JD4 曲线与既有线相接,曲线要素为 $\alpha=11°47'29''$,$R=2\ 000$ m,$l=60$ m,$T_1=237.253$ m,$T_2=207.945$ m,$L=443.739$ m,$h_0=50$ mm。过渡便线曲线与曲线之间最小夹直线长度为 75.6 m,最大超高量 50 mm,改线后线路比原既有线路短 0.362 m。

信号专业配合工务上行正线转便线施工,配合移设区间轨道电路设备及相关区间信号机、进站口应答器;配合移设站内 XF、XⅡ、SⅡ、X4、S4、S、D3、D4 信号机及相关轨道电路设备 3 号、4 号、7 号、8 号、9 号道岔,移设信号设备调试。

接触网工程东起沪昆线正线 K431＋500,西至沪昆正线 K436＋800 间接触网工程,中间包含樟树潭站两条正线和两条到发线。设计采用带回流线的直接供电方式,正线采用全补偿简单链型悬挂,导高 6 450 mm,结构高度 1 400 mm;中心锚结采用防窜防断形式。补偿方式采用滑轮组加混凝土坠砣补偿方式；导线及张力为：正线 JTMH—95 承力索＋CTAH—120 接触线，工作张力15 kN＋15 kN；站线 JTMH—70 承力索＋CTAH—85 接触线，工作张力 15 kN＋10 kN。

2. 施工准备情况

(1)内业技术准备。

1)施工前组织技术人员认真学习实施性施工组织设计，阅读、审核施工图纸，澄清有关技术问题，熟悉规范和技术标准。制定施工安全保证措施，提出应急预案。对施工人员进行技术交底，对参加施工人员进行上岗前技术培训，考核合格后持证上岗。

2)施工前完成与工务、电务、车务等设备主管部门签订施工安全配合协议，同时报建设单位和路局办理施工方案审批和按规定办理既有线施工审批手续。施工前 1 个月呈报施工计划，经路局批准后施工。

(2)外业技术准备。

1)对线路进行复测，放中线，水平控制桩。将拨距标注在临近线路的钢轨上或护桩上，并确定滑道位置。

2)彻底检查预铺轨地段线路质量，发现问题及时处理。

3)封锁点前完成既有曲线内侧线路拨移地段石砟补充，拨接段预铺道砟应碾压密实，砟面应略低于既有轨道枕底。补充道砟宜堆放在线路两侧，不得侵入限界。

4)拨接前一天，将拨线所需的滑轨、滑车运至现场，保证拨移施工需要。并将曲线头尾两端 100 m 范围的线路锁定，具体办法是扭紧轨枕扣件，扭矩不小于 120 N·m。

5)无缝线路区段，应根据作业轨温条件提前进行应力放散。

6)电务部门配合改移既有信号电缆、移设信号机，做好信号过渡准备。同时连通轨道电路。

7)供电部门配合改移既有接触网立柱，做好接触网过渡准备。

8)配足防护用品和防胀、防断抢修工具，材料机具及防护用品提前送到施工现场。

(3)线路预铺情况。沪昆铁路 K432＋450～K435＋550 段施工上行便线与 L4 道及 3 号、7 号、2 号、8 号、9 号道岔已铺设、捣固完毕，轨排结构和几何尺寸经过验收合格。

(4)施工人员组织情况。共组织施工人员 200 人，其中杭州侧龙口施工人员 100 人，长沙侧龙口施工人员 100 人。

(5)主要车辆及施工机械准备情况。主要车辆及施工机械已准备就位，具体见表 4-11-1。

表 4-11-1　主要车辆及施工机械表

序　号	名　称	单　位	数　量	备　注
1	大机	组	2	4D2W2P
2	12.5 m P60 钢轨	根	4	
3	内燃锯轨机	台	4	
4	内燃钻孔机	台	4	
5	内燃扳手	台	12	
6	氧割设备	套	2	
7	道尺	把	8	
8	捣固机	个	20	
9	起道机	台	40	

续上表

序　号	名　称	单　位	数　量	备　注
10	撬棍	根	120	
11	螺丝把	个	20	
12	大拉耙	把	40	
13	弹条安装扳手	把	40	
14	接触网激光测量仪	台	2	
15	TR型测距仪	套	10	
16	车梯	台	18	
17	滑轮组	套	10	
18	紧线器	套	15	
19	3 t葫芦	台	10	
20	0.75 t葫芦	台	10	
21	断线钳(大)	套	3	
22	大绳	—	若干	
23	钢丝绳	—	若干	
24	验电器	套	4	
25	绝缘手套	套	4	
26	绝缘靴	双	4	
27	大锤	把	4	

3. 施工方法和程序

施工流程：慢行准备→封锁命令下达→用氧气乙炔烧断拨接龙口钢轨→人工整平拨接地段道砟→人工穿入走行轨安装滑道→拨移既有线钢轨与过渡便线钢轨接通→人工捣固找平拨接地段线路→人工配合大机进行道砟补充→大机捣固作业→维管调试设备(施工车辆返回站内)→电务调试设备→线路检查→申请开通线路。其施工工艺网络流程图如图4-11-7所示。

(1)施工慢行点准备。

1)严格按施工封锁命令下达的里程设置防护。

2)扣件：接头两根轨枕扣件齐全有效；半径不大于800 m曲线地段混凝土枕隔三卸一，木枕隔六卸一；其他部位混凝土枕隔一卸二，木枕隔二卸一。

3)钢轨接头两根轨枕扣件齐全有效，接头螺栓每端不少于2个(出丝拧紧)。

4)扒砟：轨枕盒内及轨枕头部道砟不少于1/3，允许每隔6根轨枕挖开1根轨枕底的道砟。

严格控制准备工作，防止准备工作做过头。

(2)封锁点内作业。

1)车站设驻站联络员，现场设工地防护员，在接到驻站联络员通知封锁命令后，按规定设置移动停车信号牌、作业标和减速地点标、终点标。

2)使用气割割轨，割轨点位置一是要预留好拨移线路到位后锯轨点富余长度，一般为1～2 m；二是要保证锯口位置距既有轨焊接接头距离不小于6 m。

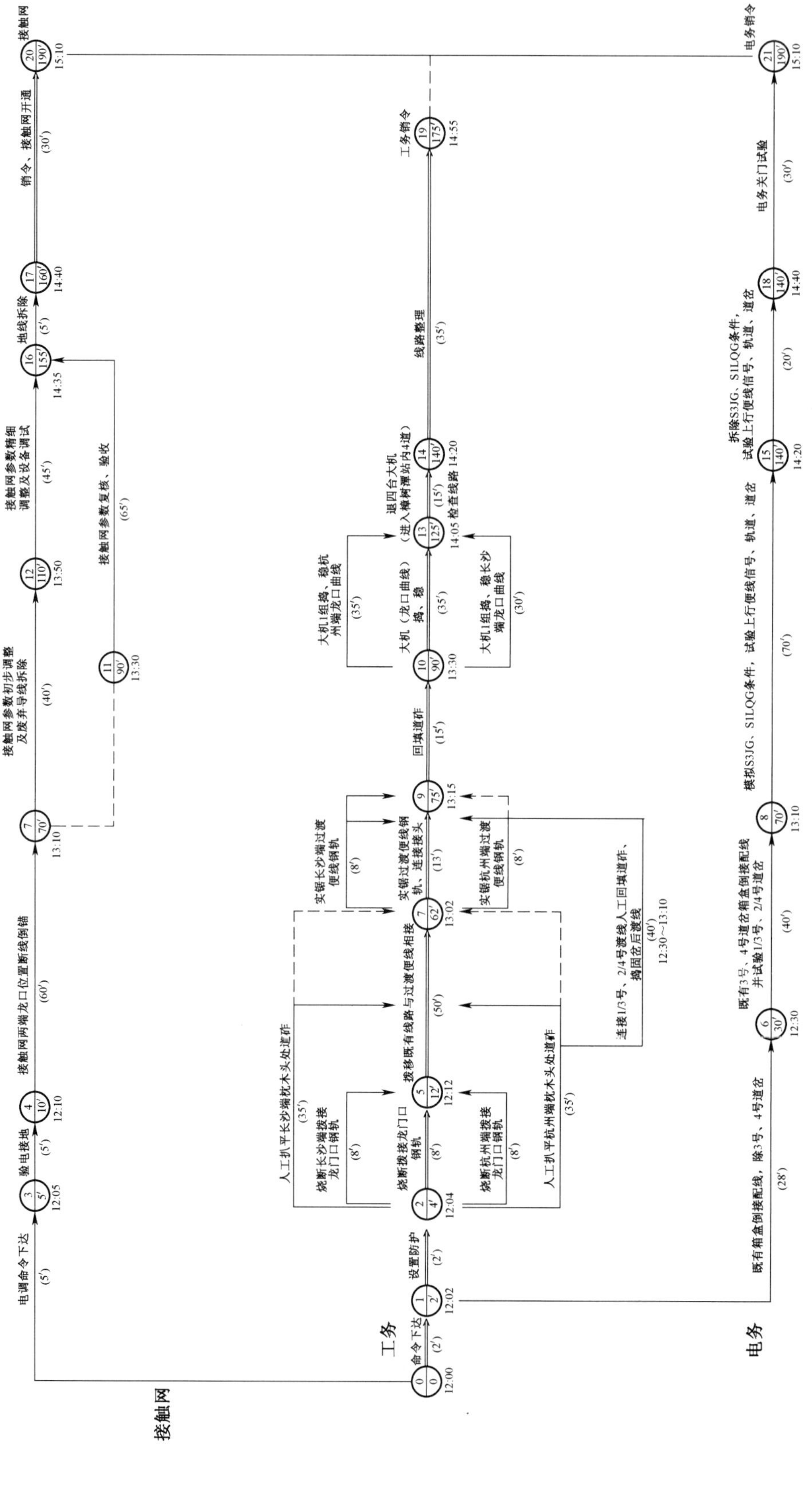

图 4-11-7 樟树潭站过渡工程既有上行正线转便线施工网络流程图

3)扒道砟,松扣件,安装滑道。人工扒出砟肩(拨线一侧)和道心一半道砟至轨枕底平,轨枕头外侧设 5%坡度顺坡。人工将拨移范围内的轨枕扣件半松开,为保证封闭点内松扣件顺利,可在施工前一天,将扣件涂油,松开后再扭紧。

拨距大于 0.5 m(拨距小于 0.5 m 的地段可使用撬棍或起道机直接拨移)点至龙口段每隔 8 m 安装一处滑道,滑道由 50 kg/m 钢轨和自制单轨轮小车组成,滑道长度为 6～8 m。安装滑道时要注意滑道方向与曲线法线方向一致,且不能有反坡。

4)拨移线路。滑道安设完成后,即可组织全部力量,从小拨距向大拨距依次循环进行线路拨移,拨移主要以人工持撬棍进行,拨距大的地段可采用起道机辅助进行。在拨移过程中,测量人员紧跟,随时检测拨移量,确保不超不欠,当拨移后的线路中线与设计中线偏差在 5 cm 以内时,即可拆除滑道,拧紧轨枕扣件,锯轨、钻孔,使用鱼尾板连接轨条。线路接通后回填道砟,人工捣固找平线路。

5)配砟车进行配砟,大机进行起道捣固两遍,人工细拨道,整理道床,线路达到开通速度 45 km/h 标准。

6)电务部门配合完成轨道接续线连接,接通信号机,进行轨道电路和信号灯调试。

7)线路经设备主管单位、监理单位和施工单位三方检查验收,达到开通标准后,由设备主管单位和施工单位各方通知驻站联络员签字销点。

(3)大机施工配合。大机 2 组(4 台),第一天封锁命令下达后,2 台自龙游方向进入杭州侧封锁区段进行龙口捣固作业,另外两台自衢州方向进入长沙侧封锁区段进行龙口捣固作业,龙口捣固完成后,长沙侧龙口作业的两台大机返回衢州站;杭州侧龙口作业的两台大机经 7 号、9 号道岔进入 4 道进行捣固,捣固完成后停留在 4 道,待第二天封锁命令下达后与衢州方向进入的两台大机连挂进行拨接段加强捣固作业,捣固完成后返回衢州站。

11.6 线路开通后作业

(1)通过列车以后,施工单位安排巡养组进场检查养护线路、道岔,补充道砟,整理道床断面,并且要做好记录。

(2)及时组织验收,做好移交工作。

(3)设备管理单位接收线路后,养路工区严格按规定检查养护线路,及时消灭偏差处所。

(4)巡养期间应注意:

1)遇有雾、雪、风、雨等恶劣气候,曲线地段,以及有障碍物视线不足 800 m 等情况,应增派防护人员中转信号。

2)桥上作业,列车通过前,施工人员应有序地撤到桥外或避车台上,所用工具不得堆放在桥面轨道上。在桥长人多的情况下宜利用列车间隔施工。

3)夜间作业应有照明,并增派防护人员中转信号。

4)单根抽换轨枕容许每隔六根轨枕挖开一根轨枕枕底道砟。

5)接头夹板、螺栓等连接配件伤损时,应立即更换。

6)维修作业收工时,机械应停放在限界以外,覆盖机械的篷布必须捆扎牢固,防止刮风吹散被列车挂上。

第12章　铁路增建二线与既有线改造新建双线地段轨道施工

增建二线与既有线改造新建双线地段轨道施工方法基本相同，在此一并予以阐述。

12.1　施工基本要求

按照铺轨方法可分为人工铺轨和机械铺轨两种。人工铺轨是先将轨料运到铺轨现场，再由人力进行铺设。它主要适用于铺轨工程量小的便线、专用线和既有线局部平面改建，较为经济。机械铺轨是将基地组装好的轨排，用轨排列车运到铺轨前方，再用铺轨机械铺设于线路上，并予以逐节连接。由于机械铺轨工效高，质量好，降低了劳动强度，避免了材料的散失、浪费，所以，机械铺轨是目前铁路建设中采用的主要铺轨方法，其主要适用于铺轨工程量大的轨道铺设。随着我国铁路技术的发展，现在的铺轨作业也包括长钢轨的铺设，也就是将厂制的长钢轨一次铺设到已经整修好的线路上，再进行钢轨焊接，构成无缝线路。

如果增建二线的新建段线路长度短，可采用人工铺轨；如果铺设的线路长度长，则与新建铁路轨道铺设方法基本相同。

增建第二线轨道施工除了应符合一般新建铁路轨道施工的有关规范规定外，还应符合如下要求：

(1)与既有线相邻的第二线，施工中必须绝对保证运输安全，遵守运营制度。

(2)改动既有轨道设备时，应办理申报手续。

(3)在线间距小于 5 m 的第二线铺轨，应保证因铺架机械超宽、轨道超高及线间建筑等处于最不利组合时不侵限，必要时可 加大线间距，铺轨后拨道归位。

(4)在电气化铁路上，各种机械作业范围不应超过机车车辆限界，作业人员及其手持工具的动作极限与接触网带电部分必须保持 2 m 距离，否则应停电作业。

(5)道口铺面及警示设备在第二线铺轨通过后，应及时铺设。

12.2　铺架方案

在铁路工程施工中，铺轨与架梁往往由同一施工单位完成，铺轨与架梁一般是交替进行。在制定铺轨方案时，必须考虑架梁方案。

铺架方案是施工组织设计中最重要的内容。必须从铺架施工的全局出发，慎重地分析、选择确定。必须制订出方案，否则铺架施工无法进行。施工方案一经制订，则整个铺架施工的过程，人力的需求与组织安排，物资、机械设备的数量规格，工程质量与施工安全，工程成本，施工效益，现场状况等，也就基本上确定了。所以，方案是否恰当合理，将直接影响项目的经济效益和铺架施工的工期、质量。但是，也不能一味追求先进方案。衡量施工方案的好坏、优劣的标准是看它能否满足铺架任务的要求，能否满足合同规定的进度与工期要求，能否满足施工单位对经济效益的要求。所以，施工方案最终是为完成铺架任务服务的，它与施工组织设计中的其他方面是相互制约，相互影响的。制订施工方案时必须坚持实事求是，一切从实际出发的原则。

12.2.1 铺架方案的范围与基本内容

铺架施工方案涉及的范围广，工序复杂，概括起来有以下几个方面：

(1)铺轨头数及分期、分段铺架的安排。

(2)铺轨基地设置方案。

(3)砟场的选择与铺砟方案。

(4)铺轨方案。

(5)架梁方案。

(6)铺架联合作业方案。

(7)运输方案。

(8)关键工程的铺架方案。

(9)辅助生产生活方案。

每种方案各有其侧重点，但其基本作用有两点：第一，要解决完成本项工程的技术问题；第二，解决完成本项工程的组织与管理问题。各种施工方案的内容很多，但概括起来主要有以下四个方面：

(1)施工方法的确定。

(2)施工机械的选择。

(3)施工顺序的安排。

(4)各项施工技术组织措施。

12.2.2 铺架方案基本要求

(1)一切从实际出发。制订铺架方案必须从实际出发，根据当前的具体情况以及调查研究的各项资料进行选择。选定的方案在人力、物力、机械设备、技术水平等方面所提出的要求，应该是当前已有的条件或一定时期和可能的成本范围内能够争取到的条件。而不能片面强调施工方案在技术上最先进、工期上最短，而忽视实际条件和工程成本。只能在切实的范围内求其先进和快速，将工期、成本、质量三个目标统筹考虑，在现有的与可能的范围内选择施工方案。

(2)在制订某个项目的铺架方案时，必须紧紧抓住施工图纸，深入领会设计意图，坚决贯彻施工组织规划设计和施工组织总设计，以及上级单位的综合指导性施工组织设计的原则及规划要点。既考虑到本单位、本项目施工方案的制订，又要与全线铺架方案综合起来考虑。

(3)施工期限要满足合同要求。保证全线铺通和交付运营，迅速发挥投资效益，带动沿线工农业迅速发展是铁路建设的根本目的。所以在制订铺架方案时，必须保证在竣工时间上满足合同要求，并力争提前完成，为站后工程的施工带来方便，以加速配套设施建设与竣工。这就要求在制订方案时，在技术上尽可能运用先进的施工经验和技术，提高机械化和工厂化的程度，在组织与管理上，尽量采用流水作业、平行作业等，并进行严密的组织、科学的管理，保证进度计划的实现。

(4)应着重选择施工技术高、难度大、工期占用长的重点工程的施工方案进行研究。对技术要求高或采用新工艺、新材料、新结构、施工不熟悉的那些施工过程也应重点研究。必要时应单独制定详细施工方案。

(5)保证工程质量和施工安全。安全是广义的质量，是施工过程中组织与管理质量的体现。在制订铺架方案时必须考虑工程的质量和铺架的安全，制订出保证铺架安全与质量的组织管理措施，使方案符合技术规范和安全章程的要求。切忌盲目追求技术先进和工期最短，施工过程中一旦出现事故，不但会影响工期，还会增加成本，甚至造成永久性缺陷，后果不堪设想。

(6)工程成本要低。制定铺架方案，除了考虑全局的利益，还必须时刻注意施工单位的经济利益，并把二者统一起来。铺架方案在满足其他条件的同时，必须使方案经济合理。也就是说在制定施工方案时，尽量采取一切正当有效的措施，努力降低施工费用，从人力、物力、财力、机械设备、组织管理等方面找出节约因素，挖掘节约潜力，使工料消耗和工程管理费用降低到最低限度。

一般情况下，不同的项目或单位工程，都可以有不同的施工方法、施工顺序，可以选用不同的施工机械和设备。这就要求在制订施工方案时，对上述几点进行综合分析，认真比较，找出最适宜的铺架方案。

12.2.3 分期分段铺架方案

分期分段铺架是和线下工程分期分段施工紧密相联的。既有铁路改造有时线路较长，经常采取分期分段施工，分期分段铺轨的办法，以加快铁路建设速度，提早发挥投资效益。这时，除应考虑总工期的要求外，还应考虑分期分段铺架的要求。要慎重安排各段铺架线，若铺架开工太早，则各项站前工程施工时间相应缩短，使各项工程在铺架后留有大量尾工。尾工受行车干扰一般工效较低，导致收尾工程拖长。如铺架线安排太迟，则不能充分利用列车运输成本低的优势，为后续工程施工提供方便。所以要综合全线与分期、分段情况，综合设计单位指导性意见和施工单位情况，进行周密研究，以确定分期分段铺架方案，合理安排铺架线。

12.2.4 铺架方向与头数的确定

铺架的方向和头数是编制施工组织设计时的一项重大决策，对铺架施工的工期，成本都有重大影响。必须根据线路的实际情况综合考虑，如与既有线接轨点的位置、铺架基地的设置、铺架单位机械设备的数量和水平、施工能力，站前工程的施工情况等。一般应从以下几个方面进行综合比较。

(1)与既有线接轨点的数量与位置。新改建地段铁路与既有线的接轨点的数量及位置是影响铺架方向与头数的客观因素之一。当与既有线只有一个接轨点且在新建地段铁路的始点或终点时，一般情况下，只能在接轨点设置铺架基地，这时铺架工作只能单向单段进行；若接轨点在新建铁路中部，则可以从接轨点向背进行铺架施工；若线路起讫点均与既有线相接，轨铺轨工作也可双向进行，采取两头铺轨。接轨点比较多时，条件允许也可以采用多头铺架方案，以加快施工速度。

(2)铺架基地的数量、位置与规模。轨排、轨料的供应地点和位置、规模，即铺架基地的情况也是制约铺架段数及方向的因素之一。若只有一个铺轨基地，且只设在线路起点或终点时，铺架施工只能单向单段进行；若不只有一个铺架基地或铺轨基地设在新建地段铁路中段时，便可考虑多头多向铺架。

(3)铺架单位的设备情况和施工能力等因素。因为铺架施工专业性很强，大都是专用设备，不能适用于其他工程，一旦铺架完工而又没有新的任务时，必然造成停工，从而造成机械闲置，给铺架单位带来经济损失。所以在其他条件允许的情况下，从施工单位效益考虑，宜采用单向铺架，便于合理调配工、料、机等生产要素，使铺架施工有条不紊地进行。若采用双头或多头铺架，则需购置双套或多套机械设备，组织双倍或多倍的铺架队伍，铺架基地的压力也随之增大。从施工组织与管理的角度看，则要组织全线平行作业，工作繁杂，人财物消耗大，施工协调困难，易出现施工不均衡甚至混乱的现象，对铺架施工的质量、成本、安全等都会带来不利影响。所以，从施工单位的利益来看，宜采取单向、双向的铺架作业，尽量少采用多头铺架，只有在工期特别紧或其他特殊情况下，方可采用，但要处理好眼前与长远、局部和全局的关系。

(4)从施工期限及线路状况、控制工程的施工条件等多方面进行考虑。铺架工程的工期是选择施工方案的关键因素之一。既要使站前工程都能在铺轨前完成，又须使站后所有工程都能在交付使用前全部完工。单段单向铺轨所需作业时间长，占用铁道建筑工程总工期比重较大，需尽量创造条件，争取早日铺轨，这样就压缩了站前工程的施工时间。在安排铺架工期时又必须考虑以下两点：首先铺架工程必须在总工期之内完成；其次全段铺通后，要预留一段时间做站后配套施工和进行验交工作，所以，在考虑是否采用单向铺架时，必须考虑线下工程的施工时间，重点考虑关键控制工程能否满足铺架工期的要求。

12.2.5　既有线提速改造新建双线地段铺架方案

既有线提速改造的铺架施工与新线铺架工程相比较，其最大特点就是在施工期间施工和运营的干扰比较大。由于新建双线地段与既有线之间可能存在多处交叉，势必影响既有线的运营。既有线提速改造新建双线地段铺架施工中，关键是施工机械进出新建地段的方案设计问题，以下着重介绍几种常用的施工方案。

1. 铺临时道岔

施工程序：

(1)铺临时道岔前，对既有线进行应力放散。

(2)在铺岔处既有线外侧，预先按照道岔平面总图组装临时道岔。

(3)封锁前 2 h，施工人员全部到位，做好各项准备工作。

(4)封锁开始后，松扣件，按设计尺寸锯轨，抬开钢轨和轨枕，扒平道砟；同时，铺轨机或架桥机开到此处等候。

(5)设置滑移装置，配备人员将预先组装好的临时道岔滑移到预定位置，并上好接头夹板。

(6)铺轨机或架桥机进新线并组装。

(7)开通既有线，解除封锁，道岔地段限速运行。

(8)要点封锁线路，用内燃机车牵引枕轨运输车或运梁台车到临时道岔处等候。

(9)同时开通新建线路方向。

(10)使用内燃机车将枕轨运输车推送进绕行地段，然后将内燃机车开回既有线车站，铺轨机组开始铺轨或者架梁作业。

(11)开通既有线，解除封锁，道岔地段限速运行。

(12)新建线路地段完成一次铺架作业后，要点封锁线路，用内燃机车将运梁台车或枕轨运输车牵出。

(13)开通既有线方向，解除封锁，道岔地段限速运行。

(14)重复步骤(9)～(14)，完成新建线路地段铺架作业。

(15)铺轨机组或架桥机解体。

(16)要点封锁线路,使用内燃机车将铺轨机械或架桥机和枕轨运输车牵出新建线路地段。大型捣固机和动力稳定车开到临时道岔处,内燃机车将铺轨机械或架桥机和枕轨运输车牵出后,大型捣固机和动力稳定车进入新建线路地段进行捣固作业和稳定作业。

(17)捣固作业和稳定作业完成后,要点封锁线路,大型捣固机和动力稳定车开出。

(18)拆除临时道岔,将拆下的原既有线旧钢轨铺设在既有线上,上好接头夹板和螺栓。

(19)解除封锁。

2. 修建施工便线

如果进入新线位置距离车站或者专用线比较近,为了减少对既有线运营的影响,可以采用施工便线的方案。具体来说有以下几种情况:

(1)由安全线引出便线。该方案是由车站的既有安全线引出施工便线,通过便线进出施工机械。由于道岔位于车站,调车方便。但是,该方案仅适用于新建线路与车站距离不大,且既有线沿线方便修建便线的情况,如图 4-12-1 所示。

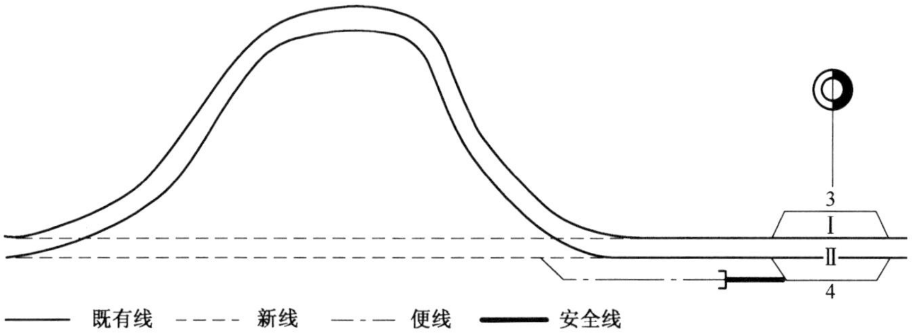

图 4-12-1 由安全线引出便线施方案

(2)由站线引出便线。与由安全线引出便线相似,也可以由站线引出便线,从而通过便线进出施工机械。该方案需要插铺道岔,增设信号设备,如图 4-12-2 所示。

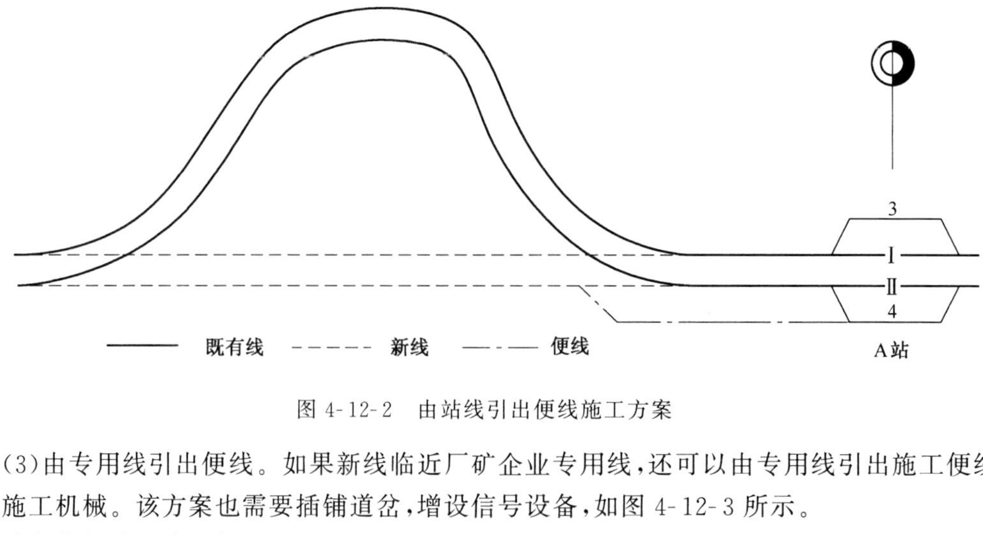

图 4-12-2 由站线引出便线施工方案

(3)由专用线引出便线。如果新线临近厂矿企业专用线,还可以由专用线引出施工便线来进出施工机械。该方案也需要插铺道岔,增设信号设备,如图 4-12-3 所示。

该方案的施工步骤如下:

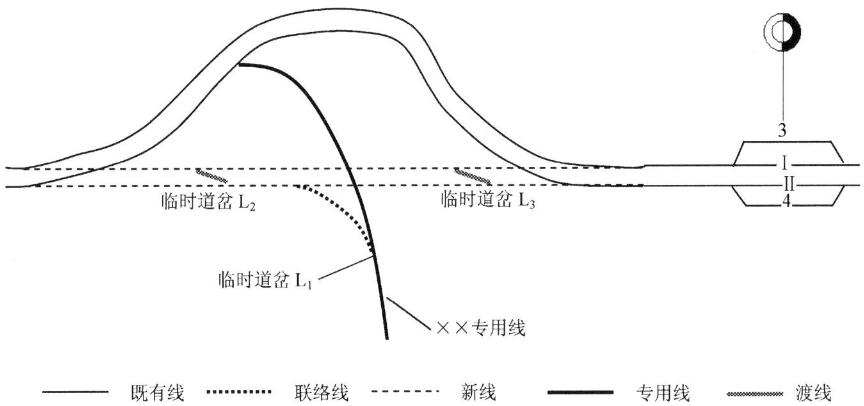

图 4-12-3　由专用线引出便线施工方案

1)施工前期工作。

①铺 L_1、L_2、L_3 道岔。

②分别封锁既有线的上、下行线,轨料卸至新旧路基交接处附近,人工铺新建线路(长度根据铺架机械和枕轨运输车或运梁车能安全停放确定)平面拨距大于 3.0 m 地段线路,小型机具养护,上、下行各封锁线路 6 次,每次 4 h,点后不限速。

2)铺架施工。铺架设备及运梁、运轨车由车站沿专用线及联络线进入该段施工,架桥机架梁,铺轨机铺设线路。利用新线内的临时道岔 L_2 进行铺架调车作业。

3. 临时道岔与施工便线结合

当新建线路与既有线有较长距离并行,且两线交叉处拨移距离不大时,可采用临时道岔与施工便线结合的方案,即由新建线路引出施工便线到适宜铺设临时道岔处铺设道岔,如图 4-12-4所示。

该方法需要铺设临时线路和道岔并在拨接施工结束后将其拆除,同时增加临时线路所进行调车作业,工作量和投资较大,且受地形的限制,如果施工现场地形狭窄,不宜采用该种方法。

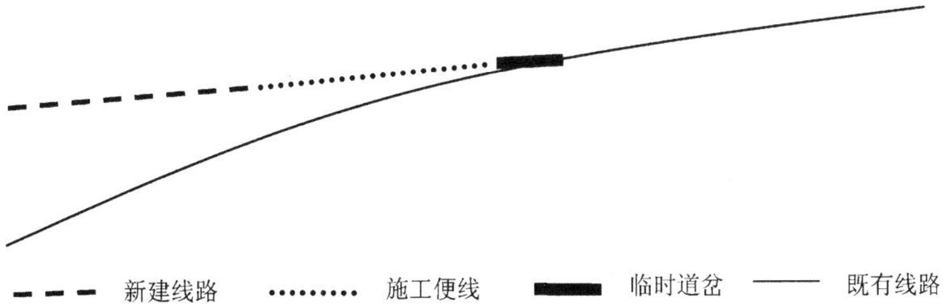

图 4-12-4　临时道岔与施工便线结合方案

4. 铺假道岔

(1)方案简介。所谓假道岔,实际是将道岔的辙叉和转辙器分别用两对短轨代替,通过临时拆铺不同位置钢轨的方式而开通不同进路,如图 4-12-5 所示。

在施工现场场地狭窄且运输繁忙地段,如采用拨移线路慢行施工,因封锁给点很难达到所需时间要求(大约 80 min);加上施工轨缝难以掌握,采用直接拨移线路的方法也较困难,同时施工设备进出相对较多时,场地狭窄,不能采用铺设临时便线和临时道岔的方案。在此情况下，就可以采用铺设简易道岔拨轨进料方法。

该施工设计方案是在既有线的轨枕空内插入木枕，不动既有线基础，在需要拨接地段铺设没有尖轨和辙叉的简易道岔，在封锁施工前预铺部分钢轨和轨枕，在施工中，可以进行反复拨接，并对行车干扰影响不大。

(2)拨接施工前的准备。

1)要点封锁线路，在铺岔处对线路进行应力放散。将无缝线路铺岔处截割成1号计1对25.0 m钢轨，其他钢轨切割成12.5 m钢轨，具体情况如图4-12-5所示。并捣固密实，确保既有线的轨道几何尺寸不超限。

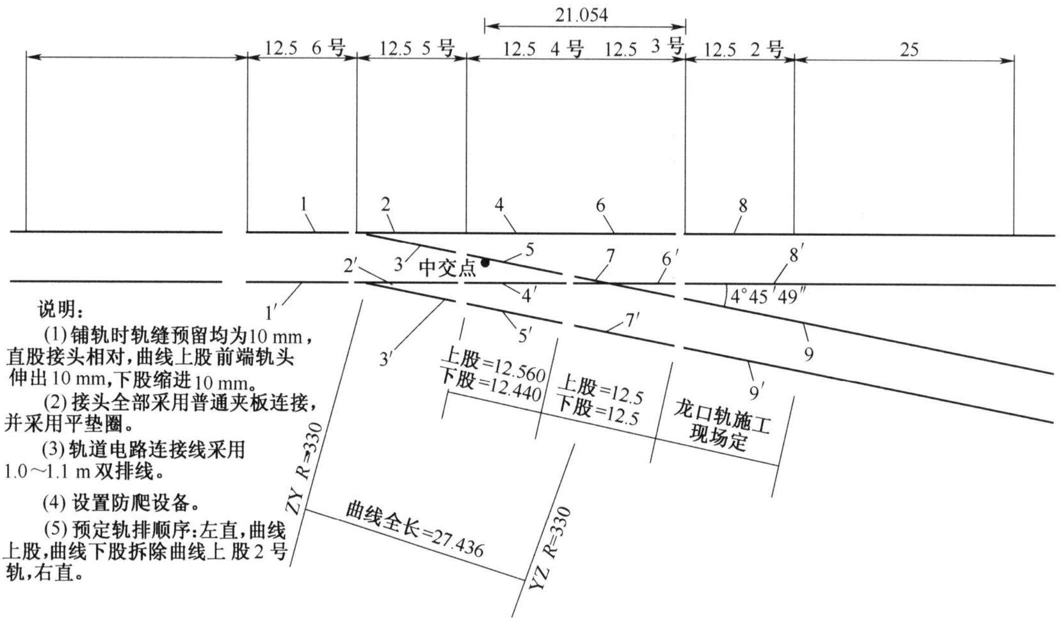

图4-12-5 铺假道岔法施工示意(单位：m)

2)人工在新线地段铺设一段线路，线路长度应能够满足铺轨机械和轨枕运输车的停放要求。

3)按假道岔设计图，配齐轨料。要点封锁线路，将既有线混凝土枕更换为木岔枕。在木岔枕上钉好各短轨，并捣固密实，确保既有线的轨道几何尺寸不超限。

(3)拨接施工。

1)要点封锁线路，将铺轨机或架桥机开到岔前附近等候，拆除并抬开短轨2、2′、6′。

2)将备好的3、3′、7三根短轨钉铺到岔枕上，并连接好接头夹板和螺栓。

3)使用内燃机车将铺轨机推送进绕行地段，然后将内燃机车开回既有线车站，组装铺轨机组。

4)拆除3、3′、7三根短轨，钉铺2、2′、6′三根短轨，解除封锁。

5)择日要点封锁线路，使用内燃机车将枕轨运输车牵引至铺岔处等候。

6)拆除并抬开短轨2、2′、6′，将备好的3、3′、7三根短轨钉铺到岔枕上。

7)使用内燃机车将枕轨运输车推送进绕行地段，然后将内燃机车开回既有线车站。

8)同时，拆除并抬开短轨3、3′、7，将2、2′、6′三根短轨钉铺到岔枕上。

9)铺架机械铺架作业。

10)重复 5)、6)、7)、8)、9)各步骤,即可完成新建地段铺架作业。

11)铺架作业完毕后,拆除铺架机械。择日要点封锁线路,将内燃机车、动力稳定车和捣固车开至铺岔处等候。经过步骤 6)、7)、8),动力稳定车和捣固车进入新线地段作业,同时由内燃机车牵引枕轨运输车或运梁车及铺架机械牵引回车站。

12)动力稳定车和捣固车对新线地段进行捣固和动力稳定作业,达到开通条件。

13)经过步骤 6)、7)、8),动力稳定车和捣固车返回既有线车站。

(4)效果。工程实践表明,拨出最慢 10 min,最快 5 min,拨回最慢 6 min,最快 4 min,每次拨移只需劳力不超过 20 人,而且封锁前不限速,开通后只限速第 1 列为 25 km/h,达到了安全、快捷、简便、经济的目的,且有效地减少了对行车运输的干扰。

5. 人工铺标准轨换铺无缝线路方案

(1)施工工艺流程如图 4-12-6。

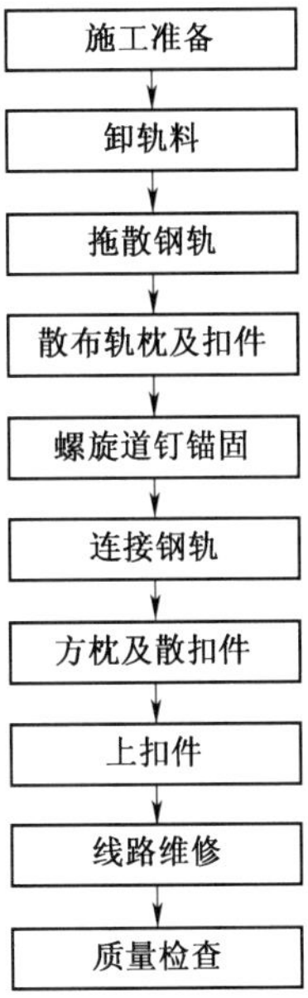

图 4-12-6　人工铺轨施工工艺流程图

(2)施工操作要点

1)施工准备。对施工设计文件和施工资料进行会审,并据以编制实施性施工组织设计、指导施工。复核路基工程竣工资料,如路基整修表、曲线表、坡度表、断链表、平交道口表、桥涵表、控制桩表以及水准点表等,并据此对其路基面、中线桩和所铺底砟等进行现场复查。根据核准的施工文件及资料,编制轨排铺设计划表,提出人工铺轨轨料计划,并按施工组织设计要求下达施工计划,下达人工铺轨作业指导书并进行技术交底。落实人工铺轨施工所需的人员、工具、机械设备,并调遣到位。做好配合人工铺轨施工的其他工作。

2)卸轨料。利用 8～10 t 汽车吊或组织人力由平板车上将钢轨、轨枕及扣件卸下,分类集中堆码,钢轨在卸下的同时进行逐根检查,并标识在轨头上。

3)拖散钢轨。用履带式拖拉机或汽车,按轨排表中所标注的钢轨长度、顺序配对,将钢轨拖拉到对应铺设地点,并按上、下股拨移到两侧路肩上。

4)散布轨枕及扣配件。利用汽车把轨枕、扣配件运到施工现场,根据轨排表中注明的每节轨排的轨枕根数及所需的扣配件数量均匀散布,并按线路中线桩将轨枕方正。

5)钢筋混凝土枕螺旋道钉锚固(Ⅲb 型轨枕没有该作业程序)。在作业区安设两口铁锅轮流熔制硫磺砂浆,每锅熔制量 50 kg 左右,熔制锚固砂浆时,按选定的配合比,称好各材料的一次熔制量,先倒入砂子加热到 100～120 ℃后,将水泥倒入加热到 130 ℃,最后加入硫磺和石蜡,继续搅拌加热到 160 ℃,熔浆由稀变稠成液胶状时即可放入保温锅保温待用,同时要不断搅拌,使砂子不致离析;同时进行人工堵孔工作,硫磺砂浆熔制好后,即可人工挑浆进行锚固作业,随着锚固进程熔浆锅亦随之迁移。

6)连接钢轨。人工用撬棍将钢轨由路肩拨移到轨枕承轨槽内,安装鱼尾板,螺栓及垫圈,并按规定力矩拧紧螺帽。

7)方枕及散扣件。按照轨排表中所注明的轨枕间距,用粉笔在轨面上划出间距印,并用白漆在轨腰上打上正式点位,然后用起道机顶起钢轨,将轨枕方正,放入轨下绝缘垫板,落下起道机,再将扣件按规定规格、数量散放在钢轨两侧轨枕上。

8)上扣件。上扣件前先细方轨枕、摆正轨下绝缘垫板,铲除承轨槽面余渣,然后将各种扣件依次放入承轨槽内,用小撬棍将扣件拨正落槽,最后用扳手拧紧螺帽。

9)线路维修。线路铺好后,按线路中线桩拨至设计位置,串砟捣固,消除硬弯、鹅头、三角坑和反超高现象。

10)质量检查。对已铺线路进行全面检查,补齐或更换不合格扣配件,补齐轨枕,更换失效轨枕,拨正线路方向和水平等。

6. 人工一次铺设无缝线路方案

当新建地段较短且距离既有线近时,可利用既有线于新线交接处通过封锁要点卸下长钢轨,并用拖拉机将长钢轨拖拉至新线线路两侧,然后人工完成一次铺设无缝线路施工。

12.2.6 既有线增建二线铺架方案

增建第二线的铺架施工与新线铺架相比较,其最大特点就是在施工期间施工和运营的干扰比较大。首先由于第二线在既有线旁边施工(绕线地段除外),它必然影响运营生产,既有线列车在通过铺架地段时必须徐行,在部分线间距较小的地段铺架和接轨或线路换边施工时,须中断既有线行车,这样就影响了既有线的通过能力,同时也给铺架施工带来了困难。其次在增建第二线的同时,由于新线与既有线之间可能存在多处交叉,势必会带来既有线的改造,因此增建第二线和改建既有线常常是同时进行的。

如果新线与既有线没有交叉,则铺架方案可在充分利用既有线的情况下,参考新建单线建设制订施工方案。下面仅介绍几种与既有线交叉时的施工方案。

1. 新线与既有线交叉时的铺轨方案

当新线与既有线构成交叉(图 4-12-7)时,新线的铺轨作业由于受到既有线行车的干扰必然无法一次连续铺设完成。现假定铺架方向是由 X 站往 Y 站,则可由在铺架到达接轨点 B 时,铺架设备停止铺架,顺原路返回 X 站。此时若继续从 X 站向 Y 站方向铺架,则需要利用封闭点对 D 点进行拨道,使铺架机和轨排运输车通过。等铺架机和轨排运输车通过后再将既有线拨回,使运营车辆通行。由于铺架过程中需要多次的轨排运输,则轨排运输车每通过一次均需要对既有线进行封闭,对既有线的运营造成了很大的干扰。

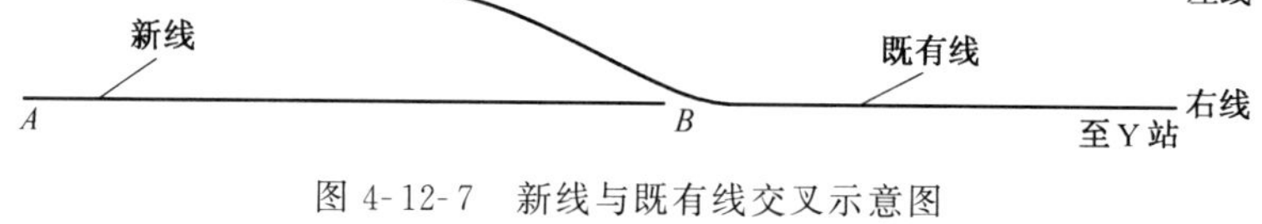

图 4-12-7 新线与既有线交叉示意图

此时可让铺架机运用既有线行车间隙沿既有线运行至 Y 站,掉头后沿 CD 方向铺架,以 Y 站做轨排换装站,运用既有线行车间隙运输轨排,即铺架方向改为由 Y 站向 X 站方向进行。与此同时对 AB 段进行上砟整道,当新线达到运营要求时,立即运用封闭点对 B 进行拨道,使已经铺通的 AB 线路成为新的运营线。这样做只需一次封闭点,即可实现铺架任务的完成,大大减少了因铺轨作业对既有线运营带来的干扰。此方案可实现 AB 段的上砟整道与 CD 段的铺架工作平行作业,对加快施工进度,缩短工期具有重要意义。此方案实施的前提是在 X 站或 Y 站附近有环行线,能够实现铺轨机掉头作业。

也可在 AB 段的铺设完成后铺架机调回 X 站，由于既有线的运输任务十分繁重，所以铺架机只能在此等待，等新建 AB 段开通后，铺架机再开始 DC 段的铺设。

2. 双绕型交叉时的施工方案

在增建二线建设时经常遇到双绕段的情况。如在某铁路二线建设时，X 至 Y 区间新建下行线由于被既有线分割成了三段(图 4-12-8)，铺架机、机车、长轨车等均无法从 X 车站进入。此时可采用以下几种方案通过：

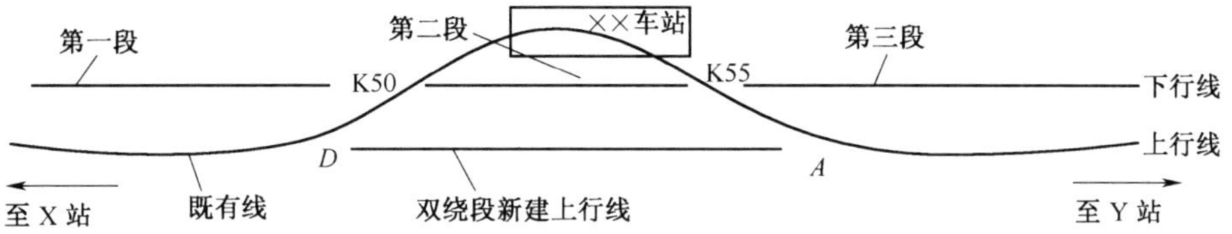

图 4-12-8　与既有线双绕型示意图

(1)方案一。

首先对上行线第二段进行铺轨。从拨接点 A 出发，首先人工铺设一定距离的轨排，以减少封闭时间。铺轨机从 X 车站出发，利用封闭点对 A 点进行拨接，铺架机铺轨前行，轨排运输车随后运送轨排，当铺架机和轨排运输车全部进入工程线以后，将 A 点拨回，既有线开通。当既有线封闭点不允许封闭时间太长时，可利用汽车运输和人工铺轨首先完成上行线第二段的铺轨任务。铺设完成后立即进行上砟整道，使上行线尽快达到具备开通的能力。然后利用封闭点对 A、D 点进行拨接，开通新建既有线 A、D 点之间的新线，废掉既有线原来的曲线部分。最后从 X 车站出发对新线进行铺轨。此方案应该是所有类似交叉的首选方案，因为此方案是对新线建设和既有线运营影响最小的一种方案。但此方案应用的前提是新线首先开通部分的运营能力能够满足既有线原有的运输能力。

(2)方案二。

AD 段的铺轨方案同方案一。下行线的铺轨可采取铺轨机从 X 车站出发首先完成第三段的铺设任务，然后利用封闭点将 B 点进行拨接，铺轨机继续铺轨，同时准备足够的轨排，将 B 点人工进行拨接，既有线恢复通车，轨排运输车准备足够的轨排在第三段工程线待命。当铺轨机所携带轨排使用完毕时，再次封闭既有线，进行 B 点的拨接，排轨运输车通过补充轨排。如此循环直至第二段铺轨完成。对第一段的铺轨既可利用工程线对 K50 和 K55 拨接口进行多次拨接，实现新线铺轨任务的完成。此方案需要的封闭点特别多，对既有线的运输影响比较大，在既有线运输比较繁忙的地段，此方案不可行。

(3)方案三。

铁路建设采用长钢轨一次铺设时，首先，第一段、第三段与既有线并行，通过既有线将长轨卸下，利用封闭点将长轨拨到新建下行线一侧，完成长轨一次性铺设，其中第三段可以经大路车站新建道岔进入工程线，所以第三段长轨铺设可按正常程序进行补砟、大养等施工。

其次，第一段由于 X 站无法正常进入工程线，所以在 K50 既有线交叉处，只有通过拨接既有线来进行，机车及卸砟车辆、大机在车站等待，当既有线拨接与工程线连接后，车辆从车站经拨接口进入工程线施工。待施工完成后再次拨接放出工程线车辆。

再次，第二段施工时，先利用 200 m 左右工具轨将线路铺设并整道完成，当时第二段内新建上行线已铺设完成，因此在 K55 交叉口处将既有线拨接连接，然后长轨车等车辆从车站进入既有线经 K55 拨接口进入第二段新建上行线将长轨卸下，然后将长轨拨到第二段新建下行线一侧，完成长轨一次性铺设；当大机进入时，先进入上行工程线，然后将上行线拨接进入下行工程线，至线路开通时将大机放出。

最后，线路开通时，将K50、K55既有线拨接与第二段上行工程线连接，开通上行线；下行线将K50、K55拨接口处钢轨直接连接后，线路开通。

12.3 铺轨准备工作

铺轨工程是一项时间紧、任务重、劳动强度大的多工种联合作业，在铺轨施工中，各个环节互相衔接、互相影响，必须事先做好以下各项铺轨前准备工作，才能使铺轨工程能顺利进行。

12.3.1 施工调查及编制实施性施工组织设计

铺轨前应做好施工调查，主要内容包括：复核经批准的施工设计文件和收集与轨道施工有关的工程竣工资料及设计变更文件；了解与铺轨有关工程的施工进度，核查路基、桥梁等工程有关资料及工程外观，核实铺轨进度计划；调查道砟的运输条件，提出铺砟方案；核查各种电线路、临时建筑物等建筑限界；调查道口附近地形、地貌和车辆通行情况，并提出维持道路交通的临时措施；调查沿线水源、电源情况，落实用水、用电计划；按铺轨计划进度，落实各种轨料来源；收集沿线的气象资料及轨温变化规律等有关情况。

铺轨前应根据设计文件要求及有关基础工程竣工资料、全线指导性施工组织设计规定的铺轨总工期、有关重点工程的施工方案以及施工单位自身的铺轨能力，编制实施性施工组织设计，对施工过程的质量控制、进度计划提出明确的要求，并制定必要的作业指导书。实施性施工组织设计的主要内容包括：机构设置及劳动力组织；主要施工方法及施工安排；轨道部件用料计划及供料方式；铺架基地设置，沿线临时工程，通信及行车控制方案；生产及生活水、电供应方案；施工机械及检测设备调配计划；工程运输组织及机车车辆配置计划；安全、质量、工期保证及环境保护措施等。

12.3.2 机械铺轨的施工准备

为保证铺轨作业的顺利进行，施工单位在正式铺轨前，必须按照施工组织设计的安排，向有关单位收集"线下工程"施工资料。

铺轨前的路基应由路基施工单位按设计标准及铁路路基施工规范要求整修好。铺好底砟或砟带，按规定测设好各特征桩并经铺轨作业单位检查认可。铺轨单位一般重点督促、检查并协助线下施工单位做好以下准备工作。

1. 铺轨施工文件的准备

铺轨前应具备批准的施工设计文件和有关基础工程竣工资料，编制指导性和实施性施工组织设计，指导施工。应具备的主要文件：

(1)曲线表。主要内容包括曲线交角、曲线半径、切线长度、缓和曲线及圆曲线长度、曲线左右向、曲线主要控制桩里程、两曲线间夹直线长度。

(2)坡度表。主要内容包括线路坡度及变坡点的起止点里程、坡段长度。

(3)长短链表。主要内容有长、短链的起止点里程长度，代数差长度。

(4)平交道表。主要内容有平交道口中心里程、宽度与线路交角、道口类型(大车公路)、路面结构。

(5)隧道表。主要内容有进、出口里程,长度、宽度、曲线加宽度,平面位置(曲线或直线),道床结构及其主要控制桩里程,净空高度(轨面以上)。

(6)桥梁及明渠表。主要内容有桥位中心里程、孔数、跨度、本座桥直线或曲线孔位置、桥梁采用的图号、桥梁类别(钢梁桥或钢筋混凝土桥梁、拱桥等)及孔跨排列位置、特殊设计起止点里程(伸缩缝调节器等)、护轮轨长度、明渠中心里程及宽度。

(7)铺设不同类型长度钢轨及轨枕地段表。主要内容有特殊设计铺设不同类型钢轨地段起止里程和长度,铺设混凝土轨枕、电容轨枕、整体道床、木枕地段起止里程和长度。

(8)加强地段表,制动地段表,基线图,水准点表。

(9)绘制车站平面施工图。主要内容有每组道岔的中心里程,绝缘接头、车挡、曲线起止点等里程,曲线四要素(切线长度、曲线长度、曲线半径、曲线偏角),根据设计铺设标准分段计算铺轨长度和工程用料数量,最后汇总本股道铺轨长度和全站线路总数量。同时标明道岔编号、类型、左右向及辙叉号数。如铺轨铺砟统一施工,应相应办理建筑物(曲线、桥梁、隧道)交点桩及护桩,沿线水平基点桩位置及高程等的交接工作。

(10)车站平面图。标明股道名称,警冲标、信号机位置里程。电气化铁路站场绝缘位置图。

2. 铺轨前有关基础工程方面的准备

铺轨之前,路基施工单位应按设计标准和规范要求整修好路基,并提交路基面整修检查证。铺轨单位在铺轨前应进行下列准备工作:

(1)检查线路中桩和临时线路标志埋设情况。在铺轨前一个月,由施工单位从铺轨起点测设线路中桩。直线地段每 50 m 一个,圆曲线地段每 20 m 一个,缓和曲线地段每 10 m 一个,圆曲线、缓和曲线起止点,道岔交点等处应钉设永久中桩。正式线路标志未埋设前,应埋设简易的临时里程标、曲线标、坡度标、整体道床位置和绝缘接头位置等标志。

(2)检查路基整修情况。路基整修好后,往往高低不平、宽度不够等现象,在铺轨前 15 d 逐段检查路基纵、横断面是否符合设计要求。主要检查、整修如下内容:

1)路基断面。纵断面应按水平测量结果进行整修,横断面应按规定形状进行整修,不同土质路基交界处,应按 1%递减率顺坡。

2)路基高程。若路堤填筑高度不够,路堑超挖,其厚度不超过 5 cm,可不做处理,应于铺道砟时以底砟或道砟补平。超过 5 cm 时,则应以同类土填补。若路堤填方过高或路堑欠挖,其厚度超过 5 cm 时,则应铲除。

3)路基表面。路基表面上的草皮、树根应彻底铲除,坑洼及波浪起伏的路面、路拱应进行检查、修整。对路基预留沉落量,尚未完全沉落的地段,应定出施工坡度,在铺轨前整修完毕。

(3)检查预铺道砟和顺坡情况。重点是桥台尾填土密实度和道砟厚度。道床面应高出桥台挡土墙 5 cm 以上,并做好临时砟面顺坡,其长度桥梁两端不短于 30 m,明渠不短于 25 m。公路道口的道砟应比道床标准厚度低 5 cm,其两端按 5‰顺坡。在桥头应备足够道砟以备架桥整道用。检查砟带铺设情况,铺设混凝土枕地段在铺设底砟同时铺两条砟带,砟带的顶宽 100 cm,中间槽宽 60 cm,砟带中心线与线路中心桩的偏差不大于 50 mm,单层道床铺设厚度为 15～20 cm,砟带的顶面基本相平,纵向基本平顺。在石质路基上铺设木枕轨节同样要预铺道砟。

(4)检查铺轨机、架桥机通过时的限界,以建筑接近限界为标准进行实际丈量。

(5)横跨路基的高压线、通信线、广播线,堆放在路肩的建筑材料、施工机械以及隧道边墙上施工留下的钢钎锚杆等都有可能直接阻碍或影响铺轨作业进度和安全。因此,必须在铺轨前进行处理。

12.3.3 人工铺轨准备工作

人工铺轨除应参考机械铺轨准备中的有关内容外,还应做好以下准备工作。

1. 轨料配备

根据铺轨进度计划要求、线路资料、车站平面图等有关施工资料备好线路料。线路料包括钢轨类型、长度、根数(缩短轨长度和根数),轨枕类型(木枕、钢筋混凝土枕)、根数,接头配件(根据钢轨类型,木枕配备相同类型的铁垫板、道钉,钢筋混凝土枕配备与钢轨相同类型的各种扣件)等。

2. 轨料散布

根据工期要求和工程项目类别(即新线建设、站线改建、区间增设第二线、区间或站线局部铺轨等)确定存放线路料的地点,在实地调查基础上确定散料的施工方法。钢轨及轨枕、配件的装车,按轨节计算表规定办理。

(1)拉轨散布钢轨。在公路交通比较方便、场地宽阔、线路坡度缓和地段,可利用龙门架或吊车集中卸料。直线地段木枕集中钻眼,钢筋混凝土枕集中锚固。用吊装设备,将钢轨跨装在用长连杆连成一体的小平车上,每组跨装 12 根钢轨及相应数量的配件,利用轨道车以 15 km/h速度推送到施工地点。

(2)拖轨机械拖拉散布钢轨。机车推送钢轨、轨枕、配件列车送往工地,人工集中卸车。用拖拉机一次拉 4~6 根钢轨,逐对散开。木枕由人工用架子车拉运散布。钢筋混凝土枕仍由存料场用汽车运送到工地,均匀散开。此办法适用于大坡度及轨道车不易控制地段。

(3)利用既有线散布钢轨、轨枕。在车站,利用已铺股道,机车推运平板车,将钢轨逐对由车上卸下,人工用撬棍撬移正位。在区间,如占用线路时间过长,可将材料卸集在一起,再用拖拉机每次牵引 4~6 根钢轨,逐对散开,木枕由人工配合架子车拉运散开。混凝土轨枕由人工配合汽车吊卸车和散布。

12.3.4 预铺道砟

1. 预铺道砟的厚度

在铺轨施工前应预铺设一层道砟,预铺道砟的厚度应为铺轨后的上砟捣固预留一定的起道量,一般预留起道量不能小于 5 cm。但在实际的施工过程中从经济的角度考虑,通常情况下枕下预铺道砟用载重汽车运至铺设地点,运输的成本比火车运输的成本大,为降低施工费用,可以按照施工工艺最低限制厚度 15 cm 进行铺设。

2. 预铺道砟的施工方法

目前常用的预铺道砟方法是采用机械铺设道砟,机械铺设道砟时,采用振动方法夯实道砟,可以使道床获得较好的初期密实效果,并能有效地为道床整体的均匀密实建立良好的基础,根据铺砟所使用的机械不同,大体可分为如下几种。

(1)传统机械铺设方法。采用载重汽车将道砟运至施工现场,使用平地机或推土机将道砟按照铺设层要求的厚度和宽度予以摊平,最后用压路机将道砟压实。

(2)摊铺机铺设法。世界许多国家都采用了摊铺机铺设道砟的方法,工程实践表明,使用摊铺机铺设道床的枕下道砟层,道砟层表面具有较高的平整度,整个铺层的密实度均匀,可为提高道床稳定性奠定良好的基础，而且摊铺后的道砟层不需再用压路机碾压，可以避免碾压造成的石砟破碎。底砟摊铺施工基本工艺流程如图 4-12-9 所示。正线道砟摊铺压实后，砟面外形：铺砟宽度、厚度等断面尺寸应符合设计规定；表面平整度：用 3 m 直尺检查，各方向误差不应大于 20 mm，轨枕中部的道床不得凸出；道砟摊铺压实后，密度不宜小于 1.6 g/cm³。

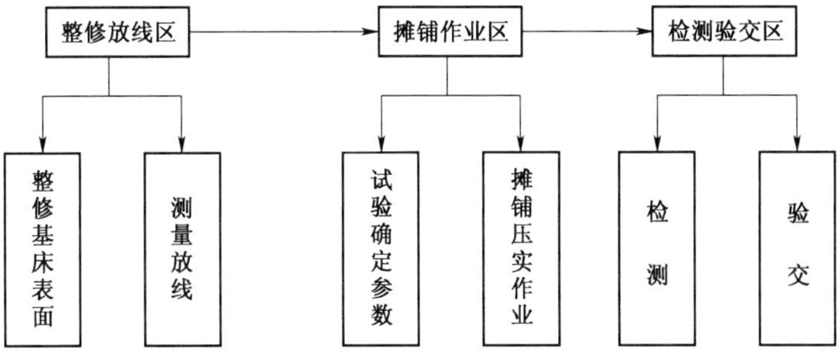

图 4-12-9　底砟摊铺施工基本工艺流程图

12.4　轨排运输与铺设

12.4.1　轨排运输

为了确保机械铺轨的速度，需要组织好从基地到铺轨前方的轨排运输，以使前方能不间断地进行铺轨。轨排运输车主要有滚筒车和平板车两类，现代的铺轨机施工，通常是从铺轨基地运到铺轨现场采用平板车运输，而轨排在现场的喂送则采用滚筒车的方式。

1. 滚筒车运输

滚筒车一般由 60 t 平板车组成，车面上左右两侧各装滚筒 11 个，相距 1.0～1.2 m 装一个，由两辆滚筒平板车合装一组轨排，每组 6～7 层。滚筒车布置如图 4-12-10 所示。

用滚筒车装运轨排，必须在滚筒上面安放拖船轨，以承受运输排垛的重量。为了避免轨排在运输过程中前后窜动，两辆平板车之间的车钩应设停止缓冲器，拖船轨的头部靠滚筒处设有止轮器。装载高度应保障行车和作业安全。

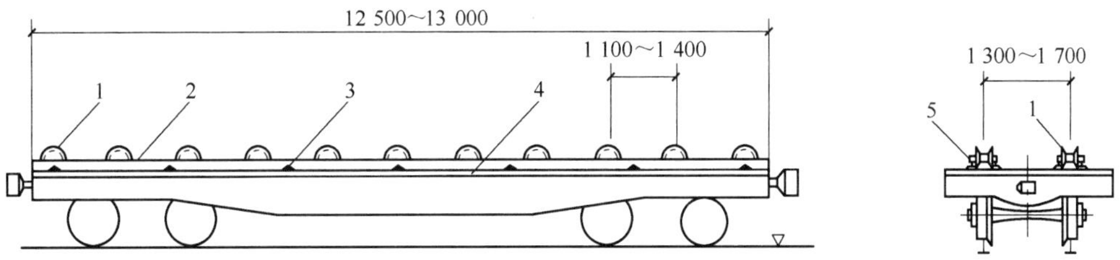

图 4-12-10　滚筒车组装示意（单位：mm）

1—滚轮；2—旧钢轨；3—垫梁扣件；4—车底板；5—垫梁

2. 平板车运输

用无滚筒平板车运送轨排时，每 6 个轨排为一组，装在两个平板车上，7 组编一列。在换装站或铺轨现场各设两台 65 t 倒装龙门架，将轨排换装到有滚筒的平板车上，供铺轨机铺轨。轨排装车不得超载超限，上下层摆正，轨排对齐。平板车运输轨排优点较多，无需制造大量滚筒，减少拖船轨轨距杆止轮器数量，捆扎工作量减少，运输速度可达 30 km/h，节省人力和费用。

12.4.2 轨排铺设

目前我国新建普通铁路或采用换铺法进行长钢轨铺设中的轨排铺设作业，大多采用铺轨机进行施工，少数情况下也有采用龙门架进行的。

1. 铺轨机铺设轨排

我国铁路使用的铺轨机类型较多，常见的有 ZP－25 型铺轨机，PGX－30 型铺轨机，DP－28 型铺轨机，DPK－32 型铺轨机等。图 4-12-11 为 DPK－32 型铺轨机，由主机、机动平车和倒装龙门三大部分组成，该机除具有铺设普通 25 m 轨排功能外，还具有铺设宽轨枕轨排、分块铺设混凝土道岔和架设 16 m 混凝土梁等功能。

图 4-12-11 DPK－32 型铺轨机

无论采用哪种类型铺轨机铺轨，当轨排已经运到铺轨机后端时，其作业程序一般如下（主要以 DPK－32 型铺轨机为例说明）。

(1)倒装轨排（图 4-12-12）。轨排通常采用普通平车运输，铺设前倒装。轨排倒装可采用两种办法：一种是设置倒装站，在倒装站将轨排组用龙门架从普通平车倒装至滚轮车，再由滚轮车运至铺轨机后面；另一种是将轨排装在普通平板车上直送到铺轨前方，在主机后面不远的地方组立倒装龙门架，将轨排组由普通平车倒装到装有滚轮的二号车上，由二号车载运轨排组自行到主机后部，将轨排供给主机。倒装龙门架，主要由构架、动力及液压系统，拉绳装置，吊具及平衡重等组成。作业时由两台联合起吊倒装。每台额定吊重 65 t，自重 137 t，最大外形尺寸为：长 4.94 m，宽 4.53 m，高 6.225 m，净空高度（上横梁底距轨面高度）为 5.445 m，内净空宽 3.56 m。

图 4-12-12 倒装轨排

龙门架的作业位置应选择线路坡度不大于 10‰的地段，否则要将底部垫平，路基承压力应不小于 0.15 MPa，同一龙门架两侧应保持水平，最大高差不大于 10 mm。在隧道内铺轨时，龙门架位置宜选在隧道口附近，在隧道外铺设时，龙门架位置应选在离主机较近的位置，一般不大于 500 m。每个龙门架底部各垫六根 2.5 m 长的木枕。倒装 25 m 的轨排时，两龙门架中心距离为 13.8 m，误差为±10 mm；龙门架中心与线路中心偏差应小于 20 mm。

龙门架组立好后，用机车将装有轨排组的平车推入龙门架下，使轨排吊点位置对准吊钩。松开拉绳装置，使吊钩对准轨排两枕间的空档，放下吊钩，吊起轨排组，轨排平车拉出龙门架，同时，二号车驶入吊有轨排的龙门架下，放下轨排组，使之放于二号车上，摘除吊钩，操纵拉绳装置使起重绳子吊钩外移。二号车驶出龙门架，完成一组轨排的倒装。

(2)将轨排组拖拉进主机。首先撤除捆扎轨排的松紧螺栓及轨排制动器，并在轨排底层导向轨前端上好导轨铁靴，挂好滑轮钢丝绳。然后用铺轨机上的卷扬设备，将整组轨排（Ⅱ型混凝土枕 6 层、Ⅲ型混凝土枕 5 层）拖拉至铺轨机腹内。在小半经、曲线地段拖拉时，轨排列车边缘上要加挂转向滑轮，以便将轨排组顺利拖进主机。或将铺轨机退至直线地段拖拉，铺轨机及滚轮车上的滑轮，应有专人负责保养注油，以减少摩擦阻力。

(3)铺轨机对位。铺轨机自行或顶推拖拉到已铺轨排前端的第三根轨枕时制动，停下对位。需要立支腿的铺轨机（如：简易铺轨机、低臂简支式铺轨机），在摆头以后立即放下支腿，按要求支撑牢固。铺轨机无论是自行还是机车推送，速度以小于 5 km/h 为宜，在最后 5～6 m 时速度应控制在 3 km/h，车前应有专人值守，掌握停车制动。

(4)吊运轨排。开动可以从铺轨机后端走行至吊臂最前端的吊轨小车，使吊轨小车及铁扁担（如有）退至轨节的吊点位置，落下吊钩，挂好轨节，然后吊高距下面轨节 0.05～0.2 m 再开动小车至机臂最前方。轨排吊送至机臂前端时，作业人员应将轨排平稳送出。当轨排后端超出已铺轨排前端 10 mm 左右时，即可开始下落轨排。

(5)轨排对位、落铺轨排。吊轨小车前进到预定位置后停止，操纵轨排平稳下落，轨排降落到离地面 1 m 时，两侧人员应同时扶住轨排降落。曲线地段，由于铺轨时吊臂前端有偏移量，两侧人员应同时注意，将轨排向曲线内侧推拉，对正中线。当轨排降落至离砟面 30～40 cm 时，两侧人员应稳住轨排，对正中线，这时应使轨排前端暂停降落，后端继续下落，并与已铺轨排的前端对位上鱼尾板，对位是控制铺轨速度的关键，一般占铺一节轨排总时间的一半左右，所以对位时一定认真操作，避免延误。

为了提高铺轨的速度，轨排接头可以先上两个夹板螺栓，或使用快速接头联结器（图 4-12-13），以缩短车前作业时间，提高铺轨速度。对位同时，按预留轨缝值的要求，根据铺轨时的轨

图 4-12-13　轨排快速联结器

温情况，插入相应的轨缝片。后端对位上鱼尾板后即可通过摆头设施使轨排前端对正线路中线，必要时辅以人工，用撬棍或拔道器左右拔正，以使轨排保证所需形状，与地面中线对正。然后快速下落全部轨排。

(6)吊轨小车回位。该组轨排落位后，迅速摘除挂钩，收铁扁担，升到铺轨机内其他轨排之上，并将小车退回机腹预定位置，准备再次起吊。有支腿的铺轨机还应立即升起支腿，为主机前进做好准备。

(7)联接接头及吊铺第二排轨。铺轨机再次前进，驶入新铺轨排上，再次对位，继续铺设第二排轨，并重复以上工序。等一组轨排全部铺设完，立即翻倒拖轨，拖入下一组轨排。再按上述工序铺设。当一列车轨排铺设完了，立即用机车将空车拉回前方站，并及时发回基地，准备轨排运输工作。同时，将停在前方站的另一列轨排车送到铺轨前方继续作业。

(8)补上夹板螺栓。为了提高铺轨的速度，铺设轨节时仅上两个夹板螺栓，或使用轨排接头联结器。铺轨列车通过后，应进行钢轨接头联接工作。若落铺轨排时，使用了轨排接头联结器，则此时拆除联结器，换上夹板，上好螺栓；若未使用联接器则补足螺栓。

(9)粗拨线路，保证铺轨作业的进行。

2. 龙门架铺设轨排

铺轨龙门架是铁路铺轨半机械化施工机具之一，它主要用于铺设钢筋混凝土轨排、在旧线拆换轨排以及轨排基地装卸工作等。图 4-12-14 为使用龙门架铺设轨排。

图 4-12-14　龙门架铺设轨排

铺轨龙门架的特点是机身不在铺设的轨道上行走，而在预先铺设于线路两侧的轨道上吊重和走行。它的缺点是劳动强度大，占用人员较多，要求地面较宽。

铺轨龙门架由 2～4 个带有走行轮的框架式龙门架组成，每个龙门架的吊重有 4 t 和 10 t 两种，其中有带运行机械和不带运行机械的两种形式，相互间用连接杆连接行动。龙门架的起重和运行依靠自带的发电机供电，发电机和拖拉用的卷扬机同放在一辆普通平板车上，挂在铺轨列车的后端，用电缆送电。铺 25 m 混凝土轨排时一般用 4 台起重量 4 t 的龙门架或 2 台起重量为 10 t 的龙门架；铺 25 m 混凝土轨枕板轨排用 3 台起重量为 10 t 的龙门架；铺长轨排可根据轨排重量和龙门架的起重量适当配置多台龙门架一同使用。

铺轨时，应先铺设龙门架的走行轨道，目前铺设的方法主要是人力铺设和拖拉机拖框架式龙门轨。然后将龙门架下到走行轨道上，并用滚筒车或托架车将轨排组运送到最前端，开动龙门架即可吊运轨排。把轨排运到铺设地点，降落轨排铺设在路基上，重复上述步骤，即可继续铺设轨排，如图 4-12-15 所示。

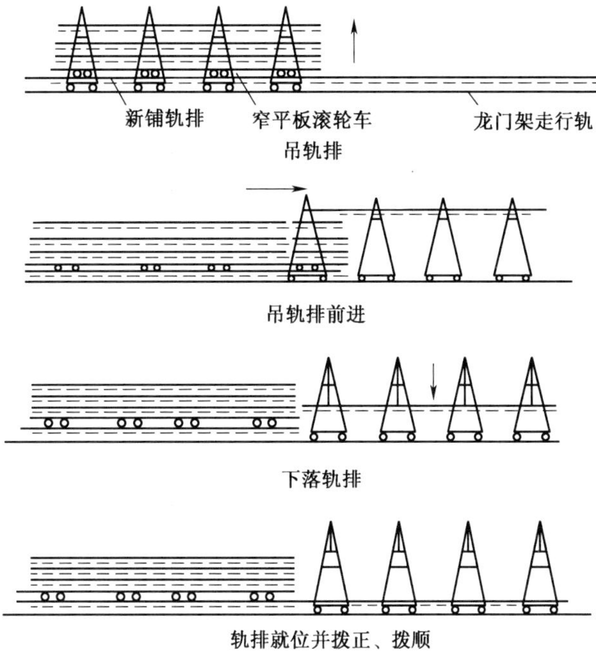

图 4-12-15　龙门架铺轨机作业程序

12.4.3　人工铺轨

具体内容参见 11.3 节。

12.4.4　桥面轨的铺设

桥面轨的铺设，属于铺架联合作业。当一孔梁架设完毕后，只有及时、快速地铺设桥面轨才能使架桥机继续前进架设其余各孔梁或铺设线路轨排。桥面轨的铺设通常有以下三种方式。

(1)使用架桥机直接铺设桥面轨排，对于简支式架桥机可利用大臂上的吊轨小车起吊轨排，按程序依次作业。

(2)用铺轨机铺设。当架桥机铺设轨排不方便或进度较慢，而且在桥头附近有岔线，或设有临时交会所、桥头离车站较近时，可利用铺轨机铺设桥面轨排。具体程序：

1)将铺轨机停放在靠近桥头的岔线内。

2)架桥机架完一孔梁后退回，退至岔线。

3)铺轨机从岔线内开出行至桥上待铺轨排处，按正常铺设程序铺设桥面轨排。

4)铺完后铺轨机退至岔线内。

5)架桥机前行继续架梁作业。

6)如此循环直至铺架完毕。

(3)采用人工或机械铺设临时桥面轨，待整座桥架设完毕后再换铺正式轨排。

在具体施工时，究竟采用哪种方式铺设，可据具体情况确定。

12.5 长钢轨运输与铺设

12.5.1 长钢轨运输

长钢轨运输与轨排运输有着截然不同的要求，根据铺轨方法的不同长钢轨的运输也存在着不同的方式。第一种方法是采用枕轨运输车进行轨枕和长钢轨的混合运输，第二种方法是采用长钢轨运输车进行专门的长钢轨运输。这两种方法的使用与所采用的施工方法和长钢轨的运输距离有着密切的关系。

如果新线建设采用大型铺轨机组散枕铺设法进行长钢轨铺设，则需要将轨枕和长钢轨同时运往工地，这时应该采用枕轨运输列车来运输。枕轨运输列车一般采用双层车结构，下层装载长钢轨，上层装载轨枕，构成列车的车辆数目应根据长钢轨的长度确定。采用枕轨运输车运输轨枕和长钢轨充分利用了列车的运输能力。

长钢轨装车应符合以下要求：长钢轨装车前应核实待装长钢轨编号，左右股长度应符合配轨计划；吊装长钢轨时各龙门吊应同步作业，缓起，轻落，保持钢轨基本平直；长钢轨的装车按配轨表要求分左右股对称吊装，按卸车顺序依次排放；长钢轨装车后必须加固锁紧。

长钢轨运输应按超长货物组织运输，并制定安全措施。在运输中要建立运行监护、停车检查制度。

12.5.2 长钢轨铺设

我国以往既有铁路无缝线路铺设是在路基、道床稳定的条件下，将工厂焊接的长钢轨(250～500 m)运至工地焊联成 1～2 km 的单元轨节，再在既有轨的基础上利用换轨小车换铺到轨道上，经过应力放散、焊联锁定成为无缝线路。

随着无缝线路理论研究的不断深入，施工技术的不断发展，一次铺设无缝线路已逐渐成为新建、提速改造铁路发展的主要方向。新建、提速铁路只有铺设无缝线路，才能保证轨道具有良好的平顺性，才能使新建、提速铁路开通时的速度进一步提高。

长钢轨铺设是一次铺设无缝线路的关键技术。根据国内外有砟轨道铺设无缝线路的经验，新线铺设长钢轨轨道可归纳为两类铺设方式。

第一类是引进国外的技术装备和作业方法，用铺轨机布枕、铺轨。此种铺轨方式在国外已有较成熟的技术和装备，其中可分为散枕铺设法和长轨排铺设法。散枕铺设法是将长钢轨和轨枕运至工地，先将长钢轨拖卸在线路两侧底层道床上，再将轨枕按设计间距布放在底层道床上，然后用收轨装置将长钢轨收入轨枕承轨台，铺枕铺轨车边布枕，边收轨，随即上扣件，构成浮放在道床上的长钢轨轨道。长轨排铺设法是将长钢轨和轨枕组装成长轨排，用专用的运输机械将长轨排运送到工地，再用多台龙门吊将长轨排吊放在底层道床上，构成浮放在道床上的长钢轨轨道。

第二类是充分利用我国铁路轨道工程现有的工程机械和技术，并加以合理组合进行无缝线路长钢轨铺设施工，此法称为“工具轨换铺法”，即先用钢轨、轨枕运输车(或其他机械设备)将临时轨排和长钢轨运至工地，再用常规铺轨机将轨排铺设在底层道床上，轨排铺完后铺轨机及钢轨轨枕运输车退至临时轨排铺设起点，拆除工具轨，用长钢轨推送装置将长钢轨直接推送入轨枕承轨槽，上好扣件完成长钢轨铺设施工。随后回收工具轨，运回铺轨基地再用。

另外，也可利用人工配合长轨车运输进行长钢轨的铺设。

1. 散枕铺设法

散枕铺设法又可分为单枕连续铺设法和群枕连续铺设法。单枕连续铺设法使用的设备主要有奥地利 Plasser&Theurer 公司生产的 SVM1000 型(及其改进型)、美国 HTT 公司生产的 PC—NTC 型、瑞士 MATISAA 公司生产的 TCM60 型铺轨机组。群枕连续铺设法所使用的设备主要有法国 GEISMA 公司生产的 PTH350、PTH500 型铺枕机(图4-12-16)和奥地利 Plasser&Theurer 公司生产的 PK250 型铺枕机(图 4-12-17)，上述铺枕机均必须配上收轨机及轨枕定位机才能使轨道准确定位。目前，我国自主研制的 CPG—500 型铺轨机组可以用于500 m长钢轨的铺设，属于单枕连续铺设法。我国既有线提速改造工程中已成功使用了 SVM1000 型(及其改进型)、PC－NTC 型、TCM60 型铺轨机组，下面对这三种铺轨机组进行介绍。

图 4-12-16　PTH500 型铺枕机

图 4-12-17　PK250 型铺枕机

(1)SVM1000 型铺轨机组的设备组成及功能。

SVM1000 铺轨机组(图 4-12-18)为无缝线路铺轨机，自身提供行进动力，施工过程中不需要牵引设备，可自行牵引整个铺轨机组前行作业，机组由 SVM 铺轨机、PK 轨枕输送吊车、SUW 钢轨伸展车、SSW 钢轨轨枕输送车、SZM 钢轨导向牵引车及附属装置等组成。

图 4-12-18　SVM1000 铺轨机组的主机

1)SVM1000 铺轨机主机。铺轨机主机上主要有布枕机构、收轨机构、动力转向架、动力牵引履带和轨枕传送带。轨枕传送带向布枕机构传送轨枕，布枕机构向下平送、抽落轨枕，不会造成翻枕现象，在线性导轮协助下，轨枕被自动安放在非常准确的直线对正位置上，如果在弯道，根据弯道半径调整布枕角度，轨枕也将被准确地安放在半径方向上。

枕间距依靠距离测量轮进行设定，并可根据具体的线路设计要求而改变。主机在布枕的同时进行收轨作业，将拖放在道床两侧的长钢轨收入轨枕的承轨槽。

2)PK 轨枕输送吊车。PK 轨枕输送吊车为双立柱结构，配备四个滚轮，运行在吊车钢轨上。PK 车从 SSW 钢轨轨枕运输车上提取轨枕，将轨枕送到输送平台，然后被传送带输送到铺轨机。

PK 吊车两侧装有液压调整钢轨卡固装置(图 4-12-19)，PK 从 SSW 车上获取两根钢轨，并在 SUW 车上将钢轨向两侧伸展(图 4-12-20)，并向铺轨机方向推动钢轨。

图 4-12-19 PK 吊车夹钳

图 4-12-20 轨枕抓取器

PK 吊车的制动系统为静压驱动制动系统，铺轨机装有信号发生器，PK 吊车装有信号接受器，当 PK 吊车接近铺轨机时，吊车自动降低速度，直到在轨枕传送平台上停止运动；PK 吊车后部和发动机区域各装有一台摄像机，相应的监视器在操纵室内，确保设备安全、平稳工作。

3)SUW 钢轨伸展车。SVM1000 配备有两辆 SUW 钢轨伸展车(SUWⅠ和 SUWⅡ)，纵向可固定 12 根钢轨，将钢轨从中间向两边伸展，保证钢轨在需要的条件下平稳弯曲，使得内部应力最小。车上布置有吊车走行钢轨。

SUW 钢轨伸展车在 SVM 车之后，上面带有足够的钢轨导向滚轮以便将轨枕运输车上的钢轨导向铺轨机的两边。

4)SSW 钢轨轨枕输送车。

5)SZM 钢轨导向牵引车。SZM 钢轨导向牵引车用来拖拉钢轨。SZM 车配备有钢轨夹钳，钢轨由 PK 吊车推进至铺轨机主机前面时，钢轨夹钳同步抓紧两根钢轨向前拖拉，然后用钢轨夹板将钢轨与正在铺设的钢轨联接。

6)附件部分。包括连接钢轨的夹板、钢轨滚轮、线路导向拉线和导向线装置等。钢轨滚轮放置在路基上，每 10 m 放置一个。导向拉线为钢丝绳，在轨道两边拉伸以便引导铺轨机准确布枕。

(2)PC—NTC 型铺轨机组设备组成及功能。PC—NTC 型铺轨机组是采用单枕连续铺设法进行无缝线路铺轨作业的铺轨设备。整个铺轨机组由牵引车辆、作业梁、作业车、转运龙门吊和枕轨运输列车组成(图 4-12-21)。

图 4-12-21 PC—NTC 型铺轨机组的组成

1)牵引车辆 。牵引车辆由 CAT973C 装载机改装而成(图 4-12-22),在车辆后端安装长钢轨拖拉装置,装载斗两侧安装长钢轨导向装置。该机作用是:在布放长钢轨时,用于拖拉长钢轨;在铺轨机作业时,用于牵引铺轨机行驶和作为长钢轨回收的初始导向。长钢轨拖拉装置由液压绞车和左右两端悬吊夹轨钳的箱形横担构成,后部加装长钢轨拖拉装置,装载斗两侧加装长钢轨导向装置。

图 4-12-22　PC—NTC 型铺轨机组的牵引车辆

2)作业梁。作业梁为一桁架结构(图 4-12-23),采用方钢管组焊而成,轨枕布设、长钢轨收拢就位均由作业梁完成。作业梁上装有轨枕传送系统、轨枕布放机构、枕间距调整机构,以及用于将长钢轨导入轨枕承轨槽的收放轨装置,用于短途转场运输的轨行式前支承,前后两端各有一组用于上下运输平车的液压支腿。

图 4-12-23　PC—NTC 型铺轨机组的作业梁

3)作业车。作业车的前端是作业梁的支撑点,后端与枕轨运输列车联挂(图 4-12-24)。

图 4-12-24　PC—NTC 型铺轨机组的作业车

作业车上安装有轨枕传送系统、长钢轨抽送系统、分轨系统及动力系统和计程轮。作业车体两侧设有转作业车运龙门吊走行轨道。作业车主要完成轨枕向作业梁的传送、长钢轨的抽拉和分送、布设轨枕间距的控制的工作,同时为铺轨机各工作系统提供动力。

4)转运龙门吊。转运龙门吊由龙门架、走行系统、提升系统、动力系统和操作系统组成(图4-12-25)。主要用于在枕轨双层运输车和车作业间成组运送轨枕,每次转运轨枕18根。

图4-12-25 转运龙门吊

5)枕轨运输列车。枕轨运输列车用来分层运输长钢轨和轨枕。该车由Ⅰ型枕轨运输车和Ⅱ型枕轨运输车组成(图4-12-26),Ⅱ型枕轨运输车设有长钢轨锁定装置。枕轨运输车由支架下层的长钢轨运输支架、龙门吊走行轨支架、上层的轨枕运输支架、车体两侧的转运龙门吊走行轨道和长钢轨锁定装置组成。车体选用普通铁路平车(N17、N16)。

图4-12-26 枕轨运输列车

(3)TCM60型铺轨机组的设备组成及功能。

TCM60铺轨机主要由以下几部分组成:TCM主机,WES辅助动力车,两台龙门吊以及枕轨双层运输车,钢轨拖拉机,附件部分(枕轨双层运输车,附件部分与SVM1000型类似)。

1)TCM主机(图4-12-27)。TCM主机由吊机、履带走行器、柴油发动机、钢轨导向夹钳、布枕装置、卷扬机、驾驶室等几个部分组成。

吊机的功能是吊装履带走行器。TCM60型铺轨机在运输状态时,其履带走行器存放在铺轨主机的前端。在准备施工前,需用吊机将其吊下进行安装。安装好履带走行器后,便可提升起轮对,主机改由履带支撑并提供部分驱动力。

TCM60铺轨机的动力装置为一台285 kW发动机,它为TCM主机和WES辅助动力车提供液压动力,包括机器走行、铺轨作业等。

布枕作业也是由TCM主机完成,布枕装置将轨枕铺放到道床上,匀枕装置按规定的枕间

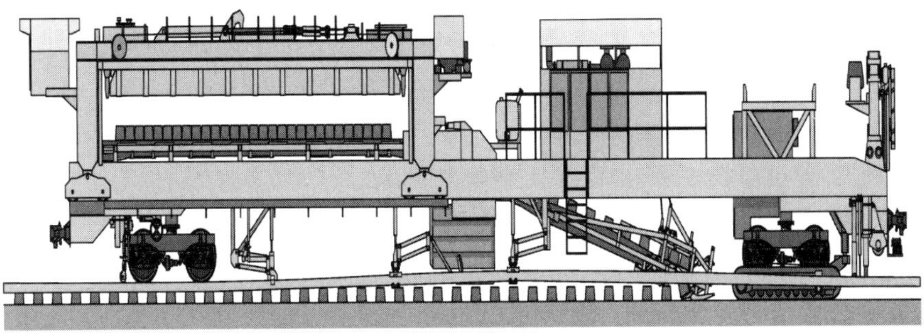

图 4-12-27　TCM 主机

距进行匀枕。主机在前行布枕的同时收拢长钢轨，放入已布轨枕的承轨槽。

行走驾驶室内安装有显示器，通过安装在机器前端的摄像镜头来观察前方的路况。TCM60 铺轨机主机前端安装有两台卷扬机用于拖拉长钢轨。

2)WES 辅助动力车(图 4-12-28)。WES 辅助动力车主要为铺轨机提供牵引动力，并安装有液压夹钳完成收轨作业。还安装有 41 kW 的发动机，为整机提供照明用电。

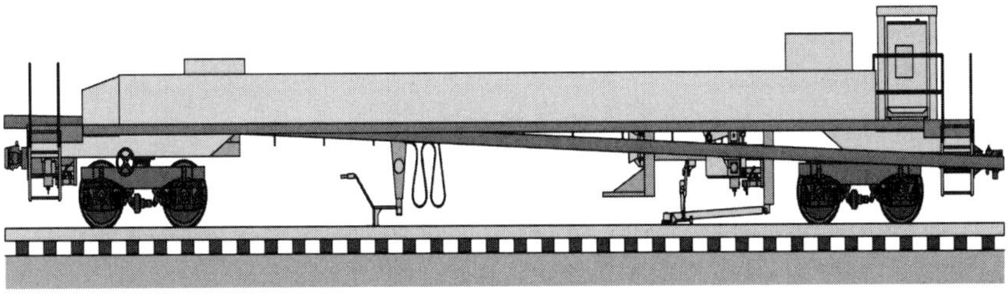

图 4-12-28　WES 辅助动力车

3)龙门吊。龙门吊是 TCM60 铺轨机运送轨枕的设备。它采用整体钢结构架，有四个方形支腿，每个支腿下部安装有 2 个车轮，保证与龙门吊走行轨道的可靠接触，该龙门吊能一次装载 28 根轨枕，最高时速可达 20 km/h。

4)拖拉机(图 4-12-29)。拖拉机的功能是将已输送到铺轨机前端的钢轨继续向前拖拉，完成钢轨拖拉作业。

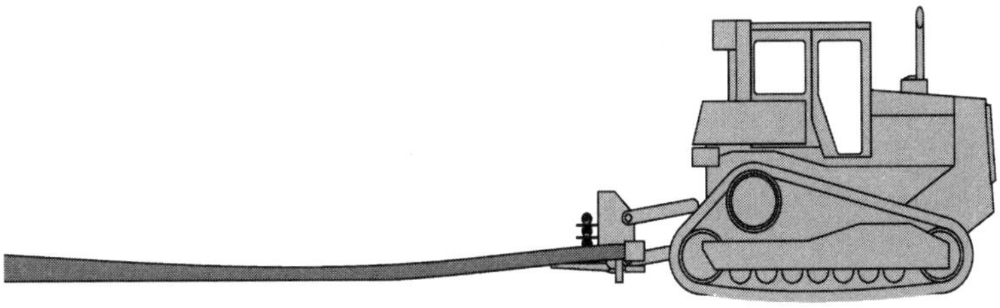

图 4-12-29　拖拉机

2. 单枕连续铺设法施工工艺

有砟轨道施工时，铺枕、铺轨作业区与铺砟整道作业区的距离不宜过长。施工应采用一次铺设无缝线路的“流水作业法”。

前面介绍的三类铺轨机均属单枕连续铺设法铺轨机，其铺轨施工工艺流程基本相同(但每道工序的作业内容不尽一致)。单枕连续铺设法施工基本工艺流程如图 4-12-30 所示。

单枕连续铺设法施工作业应符合以下要求：

(1)铺轨作业前应按设计要求精确测量线路中心线，并按铺轨机作业要求用醒目颜色设置铺轨机走行标示线或设置导向边桩及钢弦。

(2)按枕轨运输列车技术要求装载长钢轨和轨枕。长钢轨装车完毕后要保证其锁定牢固，轨枕装车时严禁发生碰损、装偏、倾斜、漏垫支垫物等现象。

(3)机车推送铺轨列车进场时，运枕龙门吊应在铺轨机上锁定牢固。

(4)在底层道砟上按纵向 10 m、横向 3～3.25 m 间距成对布放拖轨滚筒，牵引车或长钢轨拖放车在长钢轨推送装置的配合下，将长钢轨沿滚筒拖放到线路两侧。

(5)轨枕转运宜分层进行，避免各运输平车之间由于载重悬殊产生车面高差。

(6)铺轨机沿线路中心线匀速前行，轨枕布设装置按规定间距在平整的底层道砟上布设轨枕。应避免在布枕前扰动破坏砟面的平整性。

(7)轨枕布设时应将橡胶垫板放至轨枕承轨槽中。

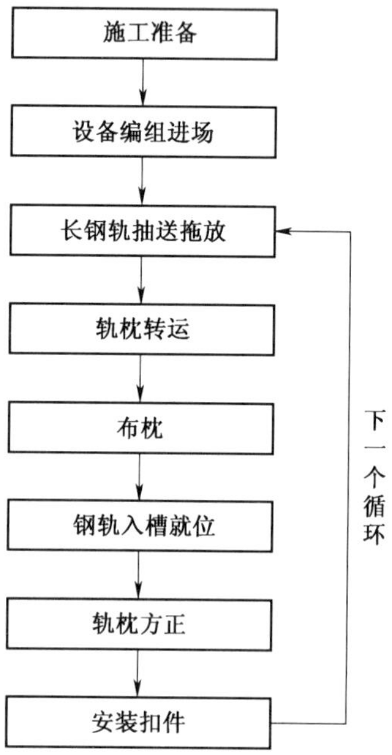

图 4-12-30 单枕连续铺设法施工基本流程

(8)收轨装置在铺轨机前进时自动将长钢轨收入至轨枕承轨槽中，长钢轨间用临时联结器连接，就位应准确，并应避免碰伤轨枕预埋铁座和长钢轨。图 4-12-31 为三种无孔钢轨临时联结器。

(9)长钢轨就位后，安装部分扣件，保证铺轨机组安全通过。铺轨机组通过后要及时补充扣件，并对施工现场进行收尾作业。

(10)每节长钢轨始端、终端落槽时的轨温平均值为长钢轨铺设轨温，铺轨时应及时记录铺设轨温。

3. 长轨排铺设法

长钢轨轨排铺设法的施工程序同传统的短轨排铺设程序基本相同，即轨排组装、运输、铺设、联接和整理。早在 1969 年，德国就开始采用轨排铺设法铺设长钢轨，初始时只能铺设 120 m 长钢排，随着技术不断的改进和完善，后来不仅可以铺设 180 m 长轨排，而且还可以直接铺设整体道岔。虽然长轨排铺设法具有工厂化生产，技术可靠，组装精度高等优点；但长轨排铺设法对曲线段的轨道铺设，在一定程度上可能会限制长钢轨的铺设长度，同时铺轨设备须在铺轨工地和轨排组装基地之间往返，轨排组装基地则需要随铺轨工地的推进而转移，以致作业效率降低，再加上机械设备庞大、复杂，所以长轨排铺设法现已应用较少，在既有线改造铺轨工程中应用会更加困难，故不对其进行介绍。

4. 换铺法铺设长轨轨道

所谓换铺法就是首先用铺轨机结合轨排换装龙门吊进行 25 m 轨排铺设普通线路一定长度，轨排铺设完毕后并经初步整道，保持线路基本平顺，然后用长轨运输车将焊接好的长钢轨(250～500 m)运输至现场，长轨条之间采用钢轨临时联结器联结，并上好扣件，随后利用轨道吊车将短轨回收，运回铺轨基地重新利用。换铺法目前主要有利用换轨小车组换铺、采用新型组合式换轨车换轨和利用铺轨机推送换铺作业三种方法。人工配合长轨车运输进行一次性铺

图 4-12-31　三种无孔钢轨临时联结器

设无缝线路和人工换铺长钢轨这两种方法使用较少。

(1)利用换轨小车组换铺。换轨小车组由拨入长轨小车和拨出短轨小车组成。作业时拨入长轨小车在前,走行在短轨上;拨出短轨小车在后,走行在刚拨入的长轨上,如图 4-12-32 所示。平时换轨小车放在平板车上,作业时由平板车上卸下,作业完毕再回放到平板车上,由轨道车回送到邻站或换轨队宿营地。以前换铺 50 kg/m 钢轨时采用换轨小车,现在我国铁路正线基本上均为 60 kg/m 及以上钢轨,换轨小车已不再适用,目前多采用新型组合式换轨车进行换轨作业。

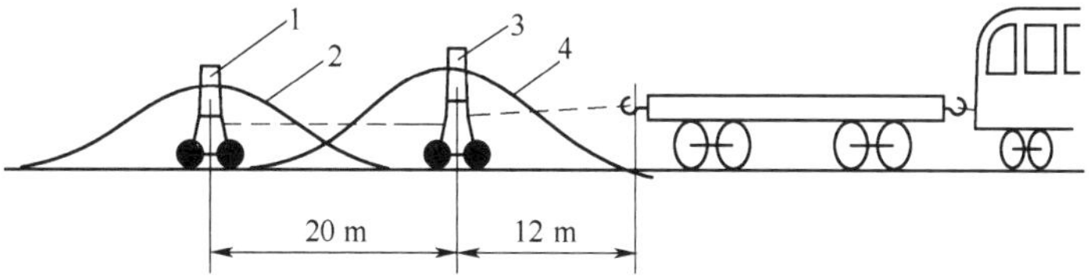

图 4-12-32　换轨台车示意

1—拨出旧轨小车;2—旧轨;3—拨入新轨小车;4—新轨

(2)采用新型组合式换轨车换轨作业。

组合式换轨车是对换轨小车组的成功改进,它改新、旧钢轨分体作业为一体化作业;改新、旧钢轨交叉交换为平行交换;改平板车和装换轨设备取代小车组;改人工引轨为机械引轨,不仅间接工时大大缩短,并且走行平稳,作业效率大大提高。组合式换轨车将拨新、旧轨的功能集于一车,用 30 t 平板车改装而成,如图 4-12-33 所示。引入新轨的龙口装在平板车的两侧,拨旧轨的龙口装在车尾悬臂梁梁端的下部,在悬臂梁梁端的上部装有新轨的导向龙口。悬臂梁可升高或降低,由卷扬机控制。悬臂梁亦可转动,其轮轴设在平板车的端梁上,区间运行时,将悬臂梁落在另一平板车上,平板车的他端装有平衡悬臂梁的平衡重。组合式换轨车可与其他车连挂运行,调转运行方便。组合式换轨车在作业中走行平稳,拨动钢轨的力度较强,新、旧轨的拨入与拨出的通路上、下平行,互不干扰。在曲线上作业时,悬臂梁可适当转一角度定位,使新、旧轨走向与线路中线吻合。组合式换轨车进入工位后,甩掉托运平板车,而后落下悬臂梁,使拨旧轨的龙口略高于轨面,再分别用钢轨吊起装置将新、旧轨引入各自的龙口,换轨即随车缓慢起动,待新、旧轨开始落地后,换轨车即可按规定速度行进,每小时可更换 2～3 km。

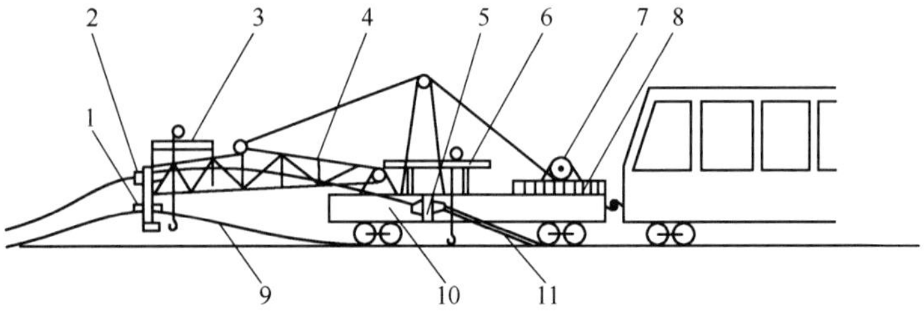

图 4-12-33 组合换轨作业车示意

1—旧轨拨轮;2—新轨导轮;3—起旧轨吊架;4—悬臂梁;5—新轨拨轮;
6—起新轨吊架;7—卷扬机;8—配重;9—旧轨;10—台车;11—新轨

(3)利用铺轨机推送换铺。这种方法的铺设原理与利用换轨小车换轨法类似,所不同的是铺轨机铺设完成标准轨排后,退回铺轨起点,拆除轨排钢轨,翻到枕木外侧,将轨排之间的轨枕按设计放好,运输轨排的平板列车退回铺轨基地(若采用枕轨运输车运输轨排则无需退回)。将长钢轨列车送至铺轨现场,再将长钢轨直接推送或拖拉至承轨槽内(承轨槽内每隔一定距离放置一个滚筒),拆除滚筒长钢轨落槽,上好扣件,用无孔钢轨临时联结器联结长轨轨道。铺轨机继续向前铺轨,随后用收轨机收回标准轨循环使用。其施工工艺流程如图4-12-34所示。

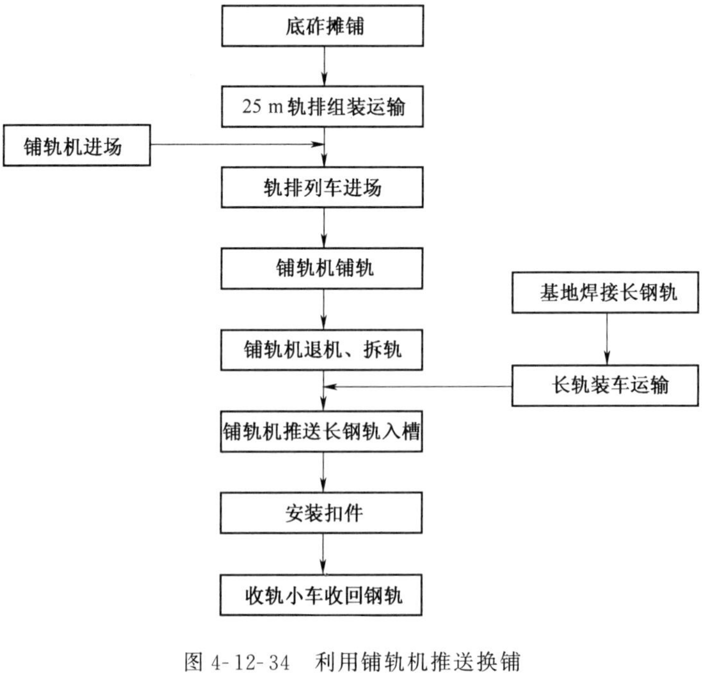

图 4-12-34 利用铺轨机推送换铺

(4)人工配合长轨车运输进行一次性铺设无缝线路。人工配合长轨车运输进行一次性铺设无缝线路分并行地段、绕行交叉地段等情况。

1)并行地段。先在新线线路上利用自卸车上道砟和轨枕,然后利用既有线将长轨提前卸到位,同时将长轨翻过既有线拨到工程线一侧,直接利用长轨进行铺设和整道施工。

2)绕行交叉地段。先在新建线路上通过施工便道利用自卸车上道砟和上轨枕,然后利用极少数的短轨将线路铺设好并整道到位,在线下工程改造完成后利用既有线拨接进入进行长轨卸车,或在有条件的地段可以利用既有线直接一次性卸拉长轨到位,然后人工将长钢轨拨上线路,落入轨枕承轨槽内,上好扣件,并进行线路补砟、大机养道和应力放散等工序。

(5)人工换铺长钢轨。先在新线线路上将长轨提前卸到位,然后利用人工拨出旧轨拨进长轨进行铺设施工。

12.6　线路整道、焊接、放散与锁定

12.6.1　铺砟整道

铺砟整道就是将道砟铺入轨道形成设计要求的道床断面,并使轨道各部分符合竣工验收技术标准的要求,主要包括运砟、卸砟、上砟、起道、整道等作业。铺砟整道的工作量大,作业内容多,要求的标准高,而且多在有工程列车运行的情况下进行,干扰较大,因此必须严格按照铺砟整道的有关规定组织施工。

铺砟整道是和铺轨作业密切配合进行的,线路铺通后,要立即通行铺轨列车、铺砟列车等工程列车。因此,线路铺轨后要抓紧进行铺砟整道工作,迅速稳定线路,提高线路质量,以提高列车运行速度,保证行车安全,加快铺轨、铺砟列车的周转,加速铺架施工。

铺砟整道作业有机械施工与人工整道两种方法。由于机械施工可减轻劳动强度,加快施工速度,提高作业质量,因此在铺砟整道中应尽可能采用机械施工。

1. 上砟

上砟工作一般分卸砟及铺砟两步工序。

(1)卸砟。当运砟列车运行到铺砟现场后,即行卸砟。卸砟时应根据列车装砟数与线路所需道砟数,先确定卸车地段,然后按设计要求将道砟分层均匀卸于线路两侧的路肩上和轨枕盒内。

目前,我国常用的卸砟方法有人工卸砟和K13型风动卸砟车卸砟两种方式。

1)人工卸砟。当采用敞车运砟时,应用人工进行卸砟。当运砟列车到达卸车地段时,每辆车配备4~8人,将车门逐一打开,列车以不大于5 km/h的速度行驶,边行边卸。在开启车门时,要严防伤人或人随石砟溜下。卸砟时要按需要量均匀地卸于线路两侧的路肩上,卸砟过多会增加倒运工作,且可能侵入限界,既浪费劳动力又不安全。卸完后要检查道砟是否侵入限界,轨面与轨头内侧是否有积砟,如有应及时清理,确保行车安全。

2)K13型风动卸砟车卸砟。K13型风动卸砟车车体下部的漏斗装置用以漏卸和散布道砟,它有4个外侧门和2个内侧门,通过启动传动装置,利用风压启闭不同的侧门,能使道砟按要求散布在轨道内外侧的不同部位。车内容砟量可达36 m^3,外侧门全开时,40~50 s就能卸空一车。对运输干扰小,而且面砟均匀,劳动强度低,石砟也不致于侵入限界,为保证列车安全运行创造了良好条件。

卸砟列车一般由15~20辆风动卸砟车组成。装车时,严禁将直径大于10 cm的石块装入

车内，冬季严禁将泥土和冰雪装入，以免石料冻结，堵塞车门。卸砟时由机车尾向后依次卸砟，每辆车卸完后，该车卸车人员即向后面发出卸车信号，最后一辆车卸完后，即可通知司机恢复正常速度行车。

卸砟工作组织得当与否，在很大程度上会影响上砟整道的工作量，并和工程列车的行车安全有关。因此，无论人工卸砟还是机械卸砟都需注意以下几点：

1)事先编制卸砟计划，并在卸砟地点设置指示牌，按预计的起道量卸下适量道砟。

2)整个卸砟过程要有专人指挥，并与列车长密切联系。

3)新线上卸砟，最好向线路两侧卸，卸车时注意不要使道砟落到边坡下及埋住钢轨。

4)卸下的道砟未铺入线路前，其靠近线路方向的边坡不应陡于 1∶1，边坡坡脚与轨顶内侧距离不得小于 70 cm，堆置高度不得超过轨面 30 cm。

5)起道和卸砟两项工作应密切配合，杜绝起道落后于卸砟，妨碍二次卸砟现象。

6)卸砟过程要记录好每次卸砟量，作为验交数据，防止多卸和少卸。

(2)铺砟。道砟自车上卸下后，应立即将其铺设于轨道上，铺砟作业是与起道作业同时进行的。目前有人工铺砟和机械铺砟两种方式。

1)人工铺砟。为了保证道床的压实与稳定，人工铺砟时，道砟必须分层铺设。底层道砟可一次铺足，面层道砟则可根据情况，分一次或两次铺完，每次铺砟厚度以不超过 10～15 cm 为宜。道床铺至最后一层时，轨面应与设计高程相符。在已铺砟和未铺砟地段或道砟厚度不同的道床相接处两端高差顺接坡度不得大于 5‰。

2)机械铺砟。在铺砟作业中，我国各施工现场已不同程度地推行了机械化施工。综合作业的有 YT—C269 型电磁液压悬臂式铺砟机，PZC—1 型配砟整型车等。

铺砟机(图 4-12-35)铺砟时先用拨砟器的翼板将卸在路肩上的道砟拨入轨枕盒内，然后铺砟机后退，用铺砟机上的起道滑轮夹钳将钢轨夹住，并按需要高度抬起钢轨，铺砟机慢慢前进，这时起道夹钳后的钢链在抬起轨道后可刮平道床，铺砟机继续前进，轨枕就放在已刮平的道床上并整理成规定的道床断面形状。

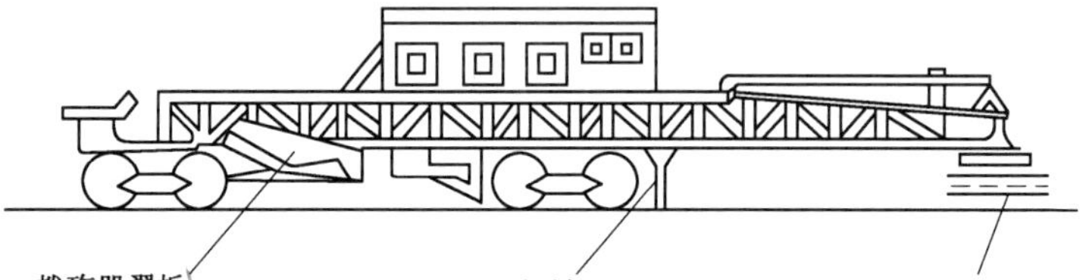

图 4-12-35　铺砟机构造示意

2. 整道

(1)线路整道主要机具设备。施工机具常用设备包括：K13 风动卸砟车，SPZ—200 型配砟整形车，09—3X 捣稳车及小型捣固机具。

(2)线路整道施工工艺。线路整道施工流程如图 4-12-36 所示，线路上砟整道分 4～5 次完成。

第一次上砟整道：在铺设轨排之后立即进行，K13 风动卸砟车卸砟，上砟量为总上砟量的 40%，人工配合与小型捣固机具整道，起道量为 80～100 mm，目标是消除反超高、空吊板、三角坑等影响行车安全的隐患，保障工程列车的行车安全，同时保证枕底有一定厚度的道砟，为大型养路机械施工提供条件。

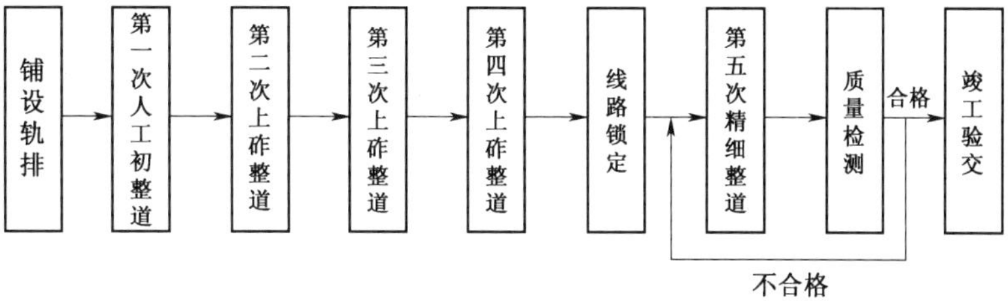

图 4-12-36　线路整道施工流程图

第二次上砟整道：上砟量为总上砟量的 40%，大型养路机械整道，起道量为 60～80 mm，目标是使线路初步平顺，初步稳定线路。

第三次上砟整道：上砟量为总上砟量的 10%，起道量为 60～80 mm，大型养路机械整道，目标是使轨道进一步抬高，曲线地段外股超高基本成形，线路基本平顺，道床基本稳定。

第四次上砟整道：上砟量为总上砟量为 10%，起道量为 30～50 mm，大型养路机械整道，目标是使轨面达到设计高程，线路平顺，道床稳定，使轨道几何尺寸和道床参数满足线路锁定的要求。

第五次精细整道：上砟整道在线路锁定之后进行，为线路的最后一次上砟整道，属精细整道，起道量 20 mm 左右，目标是消除线路局部的小量不平顺，使线路完全达到设计文件和验收规范的要求，直线平直、曲线圆顺。

(3)大型养路机械整道施工要求。

1)施工测量。在轨排铺设之前，对原标段移交的线路控制中桩及水准点进行贯通复测，确认满足精度要求，并按每 200 m 加密线路中桩，每 500 m 加密水准点，加密中桩及加密水准点也要满足规范要求的精度。

在每次整道作业前，进行起拨道量测量，直线段每 10 m、曲线段每 20 m、曲线五大主桩、变坡段起止点等处测量轨道的起、拨道量，并标记在轨枕上，同时整理成一份起拨道表，交整道作业车组。

2)上砟配砟成形。K13 风动卸砟车将道砟卸在线路两侧，SPZ—200 型配砟整形车(图 4-12-37)将道砟均匀并犁至轨下，配砟整形车的作业速度应控制在 2～5 km/h，曲线地段由人工将内侧道砟移至外侧，轨面上的道砟也由人工清理至枕下。

图 4-12-37　SPZ—200 型配砟整形车

3)起、拨道捣固。采用 09—3X 型自动起拨道捣固稳定车进行起拨道捣固作业。

起拨道捣固作业应在铺设轨温为－20～＋15 ℃范围内进行，严禁超温作业。曲线地段按要求设置超高，变坡地段要按规定的竖曲线圆顺。

捣固作业结束前，应在作业终点划上记号，并以此按不大于 2.5‰的坡度开始递减顺坡，达到安全行车的要求。一般情况下不在圆曲线上顺坡，严禁在缓和曲线上顺坡结束作业。

桥梁地段枕下道砟厚度不足 150 mm 时不能进行捣固作业。桥头、新旧路基交接处、焊缝等薄弱地段应加强捣固。质检员随机对作业后线路进行检查，并将检测结果反馈给作业车组。

(4)人工配合小型机具整道施工工艺及要求。

1)机具配置。主要机具有：起道小车、起拨道机、液压捣固机，液压起拨道机等。

2)施工工艺及要求。

铺砟：按照现行的规范和验收标准要求，铺砟后要使用机械压实。

补砟：人工将道砟均匀地散布到轨道内。

起道：使用起道机或起道小车，将每节轨道在几个点抬高并用道砟垫实，抬高后的轨面应大致平顺，没有显著的凸凹和反超高，抬高后同时方正轨枕位置。

串砟：轨节抬起后立即向轨枕下面串砟，要求串满串实，没有空吊板。

捣固：使用液压捣固机具进行捣固，反复捣固 5～6 次，使道床稳定密实。

拨道：在上述工作完成一定长度后进行一次拨道，即将线路拨到中心线位置，达到直线顺直，曲线圆顺。拨道前检查要拨的线路地段的轨缝是否合适，必要时应进行调整，以防发生胀轨。

(5)轨道质量检测。线路经 4～5 次整道，全面地对线路进行检测，检测主要项目有轨面高程、中线偏位、轨道几何尺寸、道床参数、曲线外股超高、竖曲线等，所有检测项目均须达到最终稳定状态标准，否则需继续整道直至合格。

(6)安全注意事项。

1)上砟整道作业由调度统一安排，计划派车。前一天给行调报下一天计划，根据行调下达的计划进行派车，填写派车单，并通知配合单位。

2)出、收车与各车站的联系，由各车长负责，两机或三机连挂时，由行走方向最前位车车长负责。

3)两机或三机连挂，由行车方向第一位车车长统一指挥，各机应密切配合。

4)机械操作人员必须持证上岗，熟悉机械性能和操作规程，严禁无证或酒后操作驾驶。

5)各车组在作业过程中如发现危及行车安全的线路时，应积极采取补救措施，经补救无效时，应立即上报项目经理部。

6)在区间作业时，各车应保持最少不小于 300 m 的距离。施工完毕，应在区间连接，按《行车组织规则》规定返回。

7)出车前或收车时必须对车辆进行全面检查，各机车长及驾驶司机应明确分工，实行岗位责任制，做到经常性制度性检查，确保设备良好运转。

12.6.2 工地钢轨焊接

1. 概述

长轨轨道经上砟整道作业达到初期稳定状态规定的标准后，应及时进行单元焊和锁定焊、应力放散、线路锁定作业，使之成为无缝线路的一部分。

工地钢轨焊接主要方法有铝热焊、移动气压焊、闪光接触焊。

(1)铝热焊。铝热焊是指利用金属氧化物和铝之间的铝热还原反应所产生的热量熔融金属母材,填充接头而完成焊接的一种铸造焊接方法。近年来,铝热焊焊接钢轨无论在焊剂方面或在工艺方面都有了新的进展。铝热焊快速预热法,采用新型预热器和预制砂模,可在 10 min 左右的时间内完成一个钢轨接头的焊接工作,大大缩短了在线路上进行钢轨焊接的时间。根据不同的钢轨成分,采用不同成分的焊剂,可以使焊缝硬度达 250～340HB。目前具有代表性的铝热焊剂是法国拉伊台克焊剂和德国施密特焊剂。

(2)移动气压焊接法。气压焊接法是用气体燃烧时产生的热能,将对焊的金属构件焊接加热到熔化状态或塑性状态,再施以一定的顶锻压力,把施焊的金属构件的焊接端焊接起来。其焊接原理是相互焊接的金属端面的熔体或塑体的原子之间相互扩散渗透再结晶,在两个相互焊接的金属面之间形成新的晶体,使两金属构件融结成一体。

(3)闪光接触焊。闪光接触焊是电阻焊的一个分支,它是利用强大的焊接电流通过端部闪光接触电阻产生的电阻热对钢轨进行加热。在闪光焊中,按闪光特点又分为预热闪光焊和连续闪光焊。工地钢轨焊接主要采用移动式焊轨车或集装箱式焊轨机组,它是将高质量焊接、整形、计算机自动控制及测量等集合在一起的一种高效设备,具有焊接作业质量高、机动性好等显著优点。目前世界各国的焊轨列车,具有代表性的是乌克兰巴顿焊轨车、瑞士施拉特焊轨车及奥地利 Plasser 公司的 APT500—S 型焊轨车以及我国的 K922 型移动式焊轨车。

现场的钢轨焊接主要有单元焊和锁定焊两种。单元焊是指在现场将单元轨道内 250～500 m 的长轨焊连在一起的作业工序。长轨轨道经整道作业达到规定标准后,应及时将 250～500 m 的长轨轨道焊连成 1～2 km 单元轨道。单元焊宜在环境温度高于 0 ℃时作业。锁定焊在焊接作业内容上与单元焊一样,但是锁定焊不作为一个单独的作业工序存在,即锁定焊作业只是与应力放散、锁定线路等一起作为成形无缝线路的一项作业内容,在适当的温度条件下,将单元轨道与无缝线路焊连,同时采用应力放散、拉伸等措施对线路予以锁定,形成无缝线路的一部分。

2. 铝热焊接工艺流程(图 4-12-38)

(1)料具检查。

1)上道前检查氧气或丙烷、液化气的软管及燃烧气套臂、喷嘴尺寸是否符合规定。

2)上道前根据焊接器具清单逐一

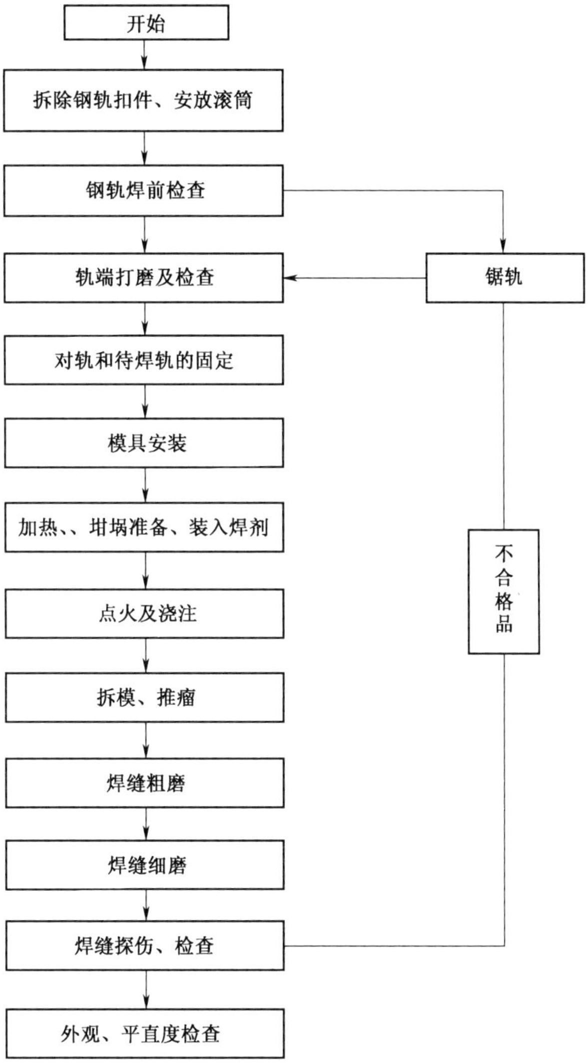

图 4-12-38　铝热焊接工艺流程图

检查数量和状态，确保上道后机具齐全、状态良好。仪表处于受检合格状态；备足氧气、乙炔、铝热焊用的材料，满足当日施工需要。

(2)焊接前准备。检查被焊钢轨轨型及材质、焊剂是否符合要求。

(3)轨端处理。

1)钢轨端部垂直度误差不大于 2 mm。

2)铝热焊缝距轨枕边缘不应小于 40 mm，线路允许速度大于 160 km/h 时不应小于 100 mm。

3)距待焊钢轨端部两侧 200 mm 范围内钢轨表面应清除油污、锈蚀等污物。

(4)固定钢轨。

1)已锁定一端距待焊接处 2 m 内松开扣件，换入长轨节端 6 m 内钢轨拨正拨直，并开始对轨。

2)预留轨缝(轨头、轨角各点)：法铝(25±2) mm；德铝(28+2) mm、(28−1) mm，分别在钢轨轨头两侧和两轨脚测量。并在换入长轨节端距轨缝 3～30 m 长度内进行预锁定。

3)水平对正：两侧钢轨水平对正时，应以轨顶面为基准，并预留 1.5～2 mm 的上拱度。

4)纵向对直：在轨头内侧作用边用 1 m 直尺测量，两根钢轨与直尺密贴，当两待焊钢轨轨头宽度有误差时，应以两钢轨内侧作用边为基准对直。

5)钢轨的扭转矫正：调整对轨架的螺钉来矫正钢轨的扭曲，使轨顶面、轨头内侧作用边、轨腰和轨底同时对直。若钢轨轨腰厚度与轨底宽度有误差时，则应对称设置。

6)上述各项符合要求后，在换入长轨节端距轨缝 3～30 m 长度内对扣件按要求全面锁定。

(5)夹具。

1)检查砂模：干燥、无缺少、无破损、无受潮。

2)砂模安装前可用预热枪对钢轨焊缝前后 1 m 范围内进行烘烤，排除钢轨内部水分。

3)夹紧装置安装应与轨面平行。

4)在调整预热枪高度时首先调整预热枪与轨面平行。

5)用多角尺测定安装位置，并调整定位预热枪的高度，枪头距轨面为 40 mm。

(6)砂模安装。

1)取出侧模，合在轨端一侧上研磨，使之与钢轨密合，然后嵌入铝模套板中。

2)安装底模：从底板的两个小导槽，用夹具适当夹紧侧模；再次检查侧模安装是否倾斜，并进行适当调整，夹紧侧模。在运营线路上直接焊接钢轨有倾斜时，应把有出砟口侧模放在内侧。

3)用干净的纸板盖住模具上方，防止杂物进入砂箱。

4)从底板到侧模，从下往上涂封箱泥，包括出砟口和夹板紧固螺栓，夹板紧固螺栓应放在轨高一侧，以防溢出的铁水使紧固螺栓粘住。

5)在模具的开口边安装灰渣盘，用封箱泥密封灰渣盘与模具之间的连接处，盘中放入干的细砂或用过的坩埚渣。

6)为防止铁水从模具的缝隙中溢出，需准备一个 1 m 长的应急棒，应急棒一端涂有球形的封箱泥。

7)砂模浇注孔应左右对称，底模对中且与钢轨密贴。

(7)加热。

1)加热器喷嘴处于焊缝的中间，高度离轨面 40 mm。

2)打开氧气和乙炔气减压阀，检查氧气和乙炔气的工作压力。氧气压力为0.35 MPa；乙炔压力为0.1 MPa。

3)先稍开氧气阀，后打开乙炔阀，点火后交替打开两个阀门，直到氧气阀完全打开为止，通过调节乙炔阀调整火焰至最佳，喷嘴处中性火焰应为15～10 mm。

4)把加热器喷嘴放入模具内，开始计时，并做好记录。

5)把砂芯放在砂模边上，干燥不少于2 min。

6)预热时间4.5～6.5 min后(根据环境条件变化适当调整)，关闭加热器氧气阀门，然后关闭乙炔气阀门。

7)加热过程中时刻观察轨头、轨角及轨底三角区的加热情况，防止加热不均匀、加热温度过低或过高，加热终了时轨头颜色应为鲜红色，温度处于900～950 ℃之间。

(8)坩埚准备、装入焊剂。

1)检查坩埚和坩埚盖，应干净、干燥、无损坏、无裂缝、熔塞完好，然后将坩埚放在干净平整的地方。

2)取出焊剂，检查是否有破损、受潮。

3)将焊剂倒入坩埚中，倾倒三次以上使其混合均匀，使顶面成堆状，并插入高温火柴，盖上坩埚盖。

4)把焊剂卷标贴在记录表上。

(9)点火及浇注。

1)预热结束后，取下加热器，放置砂模顶部砂芯。

2)迅速放上坩埚，用高温火柴在30 s内点火，点燃后高温火柴插入焊剂25 mm深。

3)记录焊剂反应时间和镇静时间。

(10)拆模、推瘤。

1)根据季节不同，保温5～8 min后开始拆模。

2)用坩埚叉搬走坩埚，并移去灰渣盘。

3)浇注完成4.5 min拆除夹具、铝模侧板、底板。

4)用锤子把砂模上端及两个浇口棒打掉。

5)清除轨面上的封箱泥。

6)浇注完成6.5 min后迅速安装推瘤机进行推瘤。要求从拆模到推瘤开始不超过2 min，推瘤时间不超过25 s。

7)推瘤刀应调整离钢轨表面间隙大于1 mm，使焊缝推瘤后留有一定余量，刀片不得与钢轨表面接触。

(11)打磨

1)粗打磨：当焊缝温度自然冷却至700 ℃以下时开始打磨，先打磨钢轨顶面，再打磨钢轨侧面，最后打磨圆角，然后调转打磨机，打磨钢轨的另一侧。粗打磨后，应留有0.5～1 mm的余量，使钢轨冷却后，接头不低塌。

2)精打磨：当焊缝冷却到90 ℃以下时，打掉小浇注棒，进行精打磨，顺序同粗打磨。焊缝外观打磨应符合要求。

(12)相关要求。

1)焊接接头不合格时，必须重新焊接。

2)焊接环境和使用范围：施工现场无雨、雪、风沙，气温高于0 ℃，特殊情况下需焊接时必须采取相应防范措施。

3)焊缝表面温度低于 300 ℃时方可放行列车。

4)焊接过程中及焊缝表面温度高于 300 ℃前严禁拉伸、撞轨作业。

3. 气压焊接工艺流程(图 4-12-39)

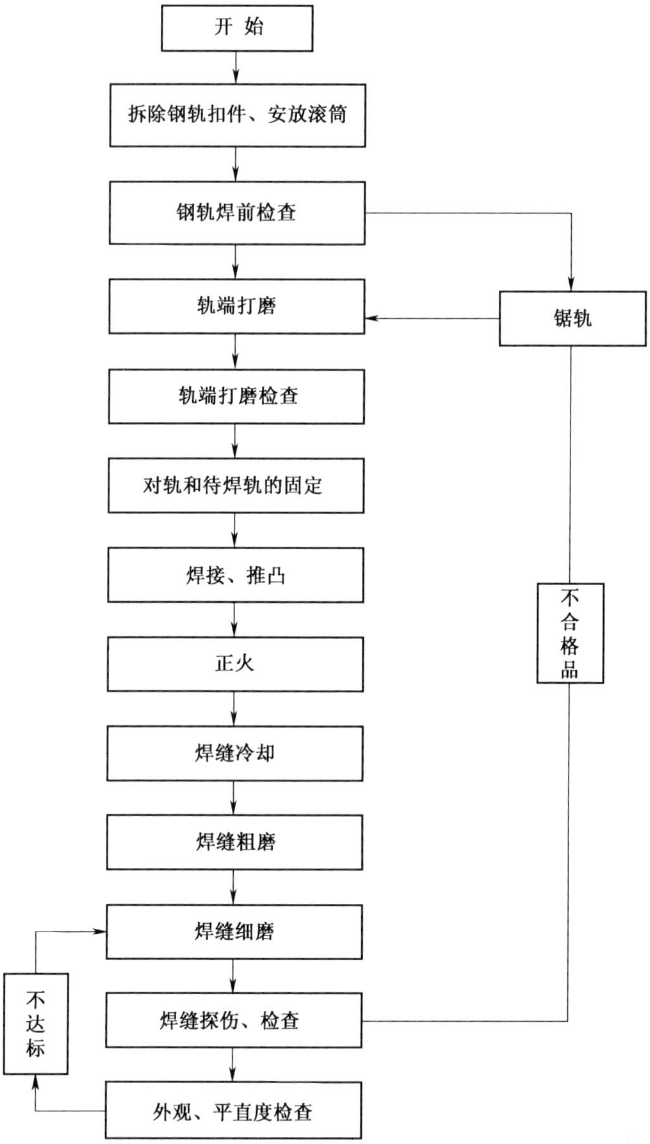

图 4-12-39 气压焊接工艺流程图

(1)焊接设备、器具、焊接材料的检查。上道前应根据焊接器具清单逐一检查数量和状态,确保上道后机具齐全、状态良好、仪表处于受检合格状态;备足氧气、乙炔等材料,满足施工需要。

(2)端面处理。磨平钢轨端面,端面斜度最大允许偏差 0.15 mm。钢轨端面处理后,不允许用手触摸或口吹除铁屑,必须采用保护措施(如加装防护罩等),以保持清洁,防止污染,钢轨端面如被污染,应重新精修。

(3)对轨和待焊轨的固定。

1)将长轨拉至适当位置,使两待焊轨端面相距20～30 mm。

2)抬起待焊轨,固定钢轨。

3)调整待焊轨的位置。

4)调整轨缝:轨顶面、轨头侧面工作边、轨底角接头错边分别不超过0.3 mm、0.3 mm、1.0 mm。

(4)焊接。

1)检查水路、气路是否畅通,并安放加热器,使火孔平面与钢轨纵轴平面垂直。

2)点火:将加热器安装在压接机上,并在远离焊缝70 mm以上位置进行无烟点火。点火时,氧气应先开至额定量的1/3,再开启乙炔气阀门,要渐渐由小到大,最后氧气开足到额定量,经3～4 s后,进行点火。

3)顶锻:焊缝处加热产生凸起的高度超过钢轨面2～3 mm,开始降压,压力为10 MPa;焊缝表面温度达1 250～1 300 ℃,开始施加顶锻压力,压力为26 MPa,并保压至除瘤开始。

(5)除瘤作业。

1)推瘤终了焊逢温度应大于950 ℃,防止焊逢温度过低时推瘤恶化接头质量。

2)推瘤后,推凸余高:轨头和轨底部分0～1.0 mm,轨腰部分0～2.0 mm,轨顶面、轨头侧面工作边、轨底角接头错边分别不超过0.5 mm、0.5 mm、2.0 mm。

(6)正火处理作业。推瘤后,采用光电测温仪测温,控制正火起始、终了温度。当焊头自然冷却到400～450 ℃时,进行正火,正火终了温度控制在850～900 ℃范围内。停火后,使焊缝自然冷却。

(7)焊缝打磨作业。

1)钢轨焊缝冷却至200 ℃后,除轨腰部分外,焊缝及两侧为150 mm,距两侧轨底角边缘各35 mm范围内,用手提砂轮机或平磨机沿钢轨纵向进行打磨。轨脚和轨头的圆弧部分应光滑圆顺,不得有台阶或棱角;轨底底面打磨应使用轨底打磨支架,并配备反光镜检查,防止磨亏。

2)焊缝打磨质量应符合要求。

3)焊缝两侧各100 mm范围内,不得有明显压痕、划痕及擦伤缺陷;不允许手持砂轮机进行横向打磨。

4.闪光接触焊(焊轨列车)工艺流程(图4-12-40)

(1)焊机维修保养、焊前检查。

1)焊轨车的操作及保养、维修应按照设备说明书执行。

2)焊前检查焊机,应确认焊机状态正常(焊机主机及附属设备、控制、记录系统应完好),电压、油位、油温正常,焊机无报警。

3)焊接前检查确认焊接任务交底书,查看焊接参数号、设备运转记录、焊接记录表,应确认无误。

4)确认焊机电极表面应平整、光洁,无油、水、铁渣等污染物。

(2)钢轨焊前检查。

1)检查标准:焊接用热轧钢轨及热处理钢轨应符合《43 kg/m～75 kg/m钢轨订货技术条件》(TB/T 2344—2012)的规定;焊接用客运专线以及国外生产的钢轨应符合有关订货技术条

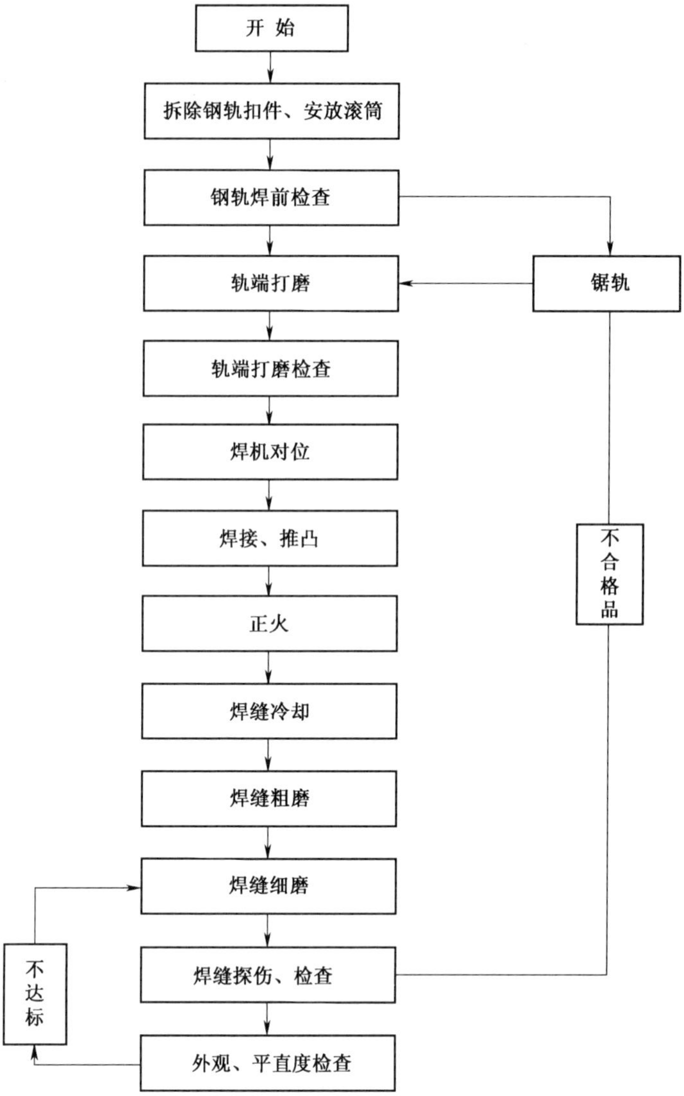

图 4-12-40 闪光接触焊接工艺流程图

件的规定。使用规定的量具样板进行逐根检验。

2)检查内容:钢轨几何尺寸,外观有无硬弯、扭曲、裂纹、毛刺、折叠、重皮、夹渣、划痕、压痕、碰伤、腐蚀坑。

3)检查左右股单元轨接头的相错量,原则上不超过 100 mm,超出部分在焊前进行锯切。

4)采用扭曲尺检查钢轨端部 1 m 范围内扭曲度,应不大于 0.45 mm。

5)采用直角尺和塞尺检查钢轨端面斜度,设计时速≤160 km/h 的线路,钢轨端面斜度应不大于 0.8 mm;设计时速≥200 km/h 的线路,钢轨端面斜度应不大于 0.6 mm。

6)钢轨端部平直度和扭曲度超标应校直或锯切;若钢轨存在伤损,应将伤损段锯切掉;若端面斜度超标,应采用钢轨端面平磨机磨平端面至符合要求。

(3)焊前准备。

1)拆除待焊轨前方全部及轨头 10～15 m 范围内的扣件,并检查钢轨。

2)根据轨枕和扣件类型适当垫高待焊轨头后方的钢轨,保证待焊轨头平直度。

3)待焊轨头前方钢轨轨底安置滚筒,垫起后的待焊轨应无倾斜。

4)预拨弯。根据焊接损耗需要,在距焊头 50～70 m 处设置曲线 1 处。

圆弧 A 长度应大于(15～20 m)＋钢轨焊接损耗,圆弧应圆顺。

(4)焊前除锈。

1)采用砂轮机对待焊钢轨端头、700 mm 范围内钢轨轨腰除锈,经打磨后的钢轨表面和端面应见金属光泽,不得有锈斑。除锈后的表面待焊时间不应超过 12 h,有污染时应重新除锈。

2)砂轮机应沿钢轨纵向打磨,严禁横向打磨。打磨时砂轮应与钢轨平稳接触,防止砂轮跳动。打磨时不得用力过猛,防止钢轨表面过热发黑发蓝。对母材除锈打磨深度不应超过 0.2 mm。

3)对锈蚀严重的钢轨,可以采用角向磨光机配合钢丝砂轮辅助除锈。

4)检查除锈后的钢轨表面,钢轨表面质量应符合规范规定。

(5)对轨。

1)垫高焊头后方 10 m 钢轨,焊头前方 50～70 m 钢轨下方安放滚筒(每 12.5 m 安放 1 个);拨弯处钢轨应加垫枕木头保持与滚筒上钢轨轨面基本水平,钢轨与枕木间应加垫钢板,以减少钢轨滑动时的阻力。

2)调整两待焊轨轨面、方向,保持 40 m 范围内水平对齐,焊缝以 2～3 mm 为宜。

3)调整预拱度(满足工艺规定)。

4)检查确认两待焊轨轨面、轨脚、作用边对正情况,测量扭曲、相错量是否满足焊接工艺规定,并做好记录。

(6)焊接、推凸。

1)确认焊接各系统工作正常,液压油温大于 35 ℃。

2)安装推凸刀。

3)操作焊机对位、夹持,夹持后应观察钢轨平面度及扭曲度变化,如发生明显变化,应重复对轨操作。

4)使用自动控制系统进行焊接。

5)推凸后接头表面应无裂纹,无焊渣挤入接头。

6)应自动实现完整的推凸过程,推凸过程中没有伤损钢轨母材;目视检查内外侧轨腰推凸余量,应基本对称。推凸余量:轨头应小于 1 mm,轨腰应小于 2 mm,轨底应小于 1 mm;推凸失败的焊头应切割重焊。

7)推凸后、未经打磨处理前检查接头错边量。接头错边量超标的接头应切割重新焊接。

8)钢轨与电机接触处应无灼伤,发生电极灼伤后,应检查电极表面状态,用砂纸打磨电极表面或更换电极,同时,将接头及电极灼伤部位切割重焊。

9)焊接记录曲线应正常,出现报警后应组织分析,可能影响焊接质量时应切割重焊。

10)承受拉力(或较大压力)的焊缝,在其轨温高于 400 ℃应持力保压。

11)每焊完 1 个接头,作业人员应清扫焊机、检查接头表面质量、推凸质量、接头错边量、检查有无电极灼伤、检查焊接记录曲线,完成接头标识,填写接头焊接工序生产记录。

(7)粗磨。焊头打磨应在焊缝温度低于 200 ℃时进行,打磨过程中应保持轨头的外形轮廓,打磨目的是为了去除轨头推凸余量,轨底和三角区的打磨以满足探伤要求为准。应纵向打磨，不得横向打磨。打磨过程中，不应使砂轮在钢轨上跳动，冲击钢轨母材，不应出现打磨灼伤，不应使钢轨表面“发蓝”。焊接接头非工作面的垂直、水平方向错边应进行纵向打磨。轨底角打磨尺寸精度要求：不允许打磨母材、不允许磨亏。

(8)热处理。

1)工地拉伸焊接头不应进行正火处理。

2)采用(氧气＋乙炔)火焰正火，正火温度使用测温仪测量，正火前清除焊缝上的焊渣，保证焊接接头不受拉力，焊头的温度低于 500 ℃(轨头温度)时方可采取正火加热，加热终了温度为 850～950 ℃。冷却方式采用风冷或自然冷却。火焰正火采用以下步骤进行：

①将火焰加热器、流量控制箱、乙炔过滤器、乙炔瓶、氧气瓶和冷却水泵用胶管连接。

②将正火架放置在钢轨上，火焰加热装置在正火架的导杆上，调整加热器与钢轨表面的缝隙间距，使间隙均匀，对称之后锁定。调整加热器的位置，使焊头处于火焰架摆动中心，摆动幅度不小于 60 mm。

③启动冷却水泵，调整乙炔瓶输出压力为 0.15 MPa，调整氧气瓶的输出压力为 0.6 MPa，调整控制箱乙炔流量为 3.8 m^3/h，氧气流量为 4.2 m^3/h。

④将氧气流量调小爆鸣点火，点火后氧气流量恢复规定格数，摇火摆动频率在 60 次/s 左右。

⑤达到正火温度应同时关闭控制箱开关阀，但乙炔比氧气先关数秒。

⑥正火加热起始阶段轨头表面中心线温度应在 500 ℃以下，加热结束时温度应在 850 ℃以上，轨底表面中心线温度应在 820 ℃左右。光电测温仪探头应垂直于钢轨表面，每次测量温度接触时间≤3 s，并记录好起始温度和终了温度。光电测温仪应轻拿轻放，以防探头损伤，若探头有污垢应及时用酒精清洗。

(9)焊头外观精整。

1)除线上拉伸焊接头外，其余焊头均应经过一定时效方可进行焊缝精整作业。

2)精磨之前应测量轨温，保证接头温度应低于 50 ℃。打磨前首先检查接头的平直度以确定打磨量，打磨长度不应超过焊缝两侧各 450 mm，打磨范围为轨底面、轨头内侧工作面。精磨后应保持轨头轮廓形状，不应使焊接接头和钢轨产生任何机械损伤或热损伤。精磨后接头表面的不平度应满足焊缝中心线两侧各 100 mm 范围内不大于 0.2 mm，轨底面及轨头侧面工作边母材打磨深度不应超过 0.2 mm。

3)精磨后，使用电子平直仪检查，轨顶面平直度误差曲线应为上抛物线形，作用边平直度误差曲线应为上抛物线或下抛物线形。

4)精磨后做好检查记录。

12.6.3 应力放散与线路锁定

由于铺设长钢轨时的轨温与单元轨设计锁定轨温并不一致，另外在补砟整道、动力稳定、焊轨等作业时，造成钢轨温度的变化，内部产生温度拉或压应力。因此，为了防止无缝线路的长轨条因气温变化和车辆运行等引起的折断或胀轨跑道，必须对长轨条进行应力放散处理，并进行强有力的锁定，以确保线路的高稳定性。

无缝线路应力放散及锁定应有以下主要设备：钢轨拉伸器、撞轨器、锯轨机、滚筒、轨温计、工地焊接设备等。现场作业采用低温下拉伸放散为主，并辅助自然温度放散，其原理是：在放散段自然温度的条件下，轨下垫滚筒，松开全部扣件使其失效，使钢轨能自由伸长或缩短，并使用一定的外力，让放散轨节处于零应力状态。根据设计锁定轨温和实际轨温（低于或等于设计锁定轨温范围）计算出零应力状态下放散钢轨的拉伸量，用拉轨器拉出该伸长量后即锁定钢轨。钢轨应力放散及线路锁定施工流程如图 4-12-41 所示。

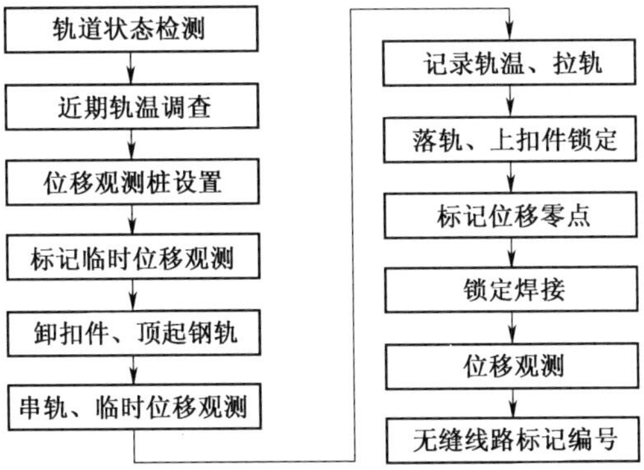

图 4-12-41　钢轨应力放散与线路锁定施工流程图

1. 轨道状态检测

在应力放散前全面对轨道进行检测，检测项目有：轨道几何尺寸、轨面高程、线路中线位置、枕下道床刚度、横向阻力、现场焊接质量等，通过全面的质量检测，确认线路已达到初步稳定，方可准备进行线路锁定施工。

2. 近期轨温调查

通过调查，了解当地轨温的变化规律，确定锁定施工时间。

3. 位移观测桩设置

根据设计文件及相关规范要求，埋设位移观测桩，并编号。

4. 标记临时位移观测点

根据设置好的位移观测桩，在钢轨上标记，并根据现场条件适当加密观测点，每 100 m 设 1 处临时位移观测点，作为钢轨应力放散时的临时位移观测点，通过对钢轨位移的观测，以判定应力放散是否彻底。

5. 卸扣件、顶起钢轨

在本次放散单元轨节和上一单元轨节 100 m 范围内，每隔 10 m 置一滚筒，将钢轨扣件卸除，用起道机顶起钢轨落于滚筒上，钢轨顶面高于承轨面 5 cm 左右。滚筒可采用钢管，也可采用专用滚轮。

6. 串轨、临时位移观测

由于长钢轨铺设轨温与正在进行的作业轨温不一致，弹条卸除、钢轨顶起后，钢轨的束缚解除，钢轨将产生位移，由于摩阻力的影响，此时钢轨内部应力仍不为零，用两端的拉轨器来回串动钢轨，观察钢轨的位移从起点向终点方向是否呈线性增长，若不呈线性增长则再次串动钢轨并在位移不均匀处辅以撞轨，观察位移直至基本呈线性增长，且单元轨节终点处最大位移 L 值与计算值 $L_{算}=\alpha(l_1+l_2)(t_1-t_2)$（其中，$\alpha$ 为钢轨的线膨胀系数，取 0.011 8 mm/℃；l_1 为本次放散单元轨节长度；l_2 为上一放散单元轨节伸缩区长度，取 100 m；t_1 为此时轨温；t_2 为长钢轨落轨时轨温；$L_{算}$ 为正时钢轨伸长，$L_{算}$ 为负时钢轨缩短）基本一致，此时钢轨内部应力判定为零。

7. 记录轨温、拉轨

测量轨温时，要对钢轨的不同位置进行多点测量，取其平均值。钢轨内部应力为零时，若作业轨温正好符合设计锁定轨温，则锁定钢轨。若轨温低于设计锁定轨温，单元轨节起点端用拉轨器固定，终点端用钢轨拉伸器拉抻，拉轨到位后用拉轨器固定。单元轨节实际锁定轨温要在设计锁定轨温范围内。

8. 落轨、上扣件锁定

钢轨内部应力为零，轨温正处于锁定轨温范围或单元轨节拉伸至锁定轨温范围内时，由放散起点向终点方向依次去除滚筒，将钢轨落到轨枕上，上好扣件，紧固钢轨，记录轨温和拉伸量。锁定落轨上扣件要迅速，时间控制在 10 min 以内。

9. 标记钢轨位移零点

钢轨锁定后，立即进行位移零点的标记。在设有位移观测桩处的左右股钢轨轨头外侧面胶粘一段小钢尺，小钢尺刻度为－50～＋50 mm，零刻度与位移观测桩拉线竖向重合。

10. 锁定焊接

采用工地钢轨焊接工艺，将本次放散单元轨节与上一放散单元轨节焊连起来。

11. 位移观测

单元轨节放散的第一个月内每星期观测一次钢轨位移，以后每月观测一次，当钢轨位移超出允许范围时，要查找原因，并重新放散锁定钢轨位移超标区段。

12. 无缝线路标记编号

对轨道的单元焊焊缝、锁定焊焊缝、位移观测桩、钢轨位移零点、单元轨节、锁定轨温、锁定日期等数据，按照设计文件规定的型式和标准，标注于钢轨上。

12.6.4 钢轨预打磨

时速 160 km/h 以上铁路在线路验收前，一般应对钢轨进行预打磨作业(图 4-12-42)。钢轨预打磨在于消除钢轨轧制及存放过程中形成的长波形锈蚀、鳞皮等表面缺陷及不平顺，消除钢轨在焊接过程中形成的不规则轨廓缺陷，并确保新轨的最佳断面廓形以及轮轨良好的接触带，确保线路的平顺性，以防止钢轨表面接触疲劳的发展，延长钢轨的使用寿命。钢轨预打磨工艺流程如图 4-12-43 所示。

图 4-12-42　打磨列车预打磨

1. 钢轨全线预打磨应具备的条件

(1)无缝线路经整理作业后，道床已进入稳定阶段。

(2)轨面高程及道床外观尺寸符合设计要求。

(3)钢轨扣件齐全紧固。

(4)钢轨焊接接头的平直度已达到规定要求。

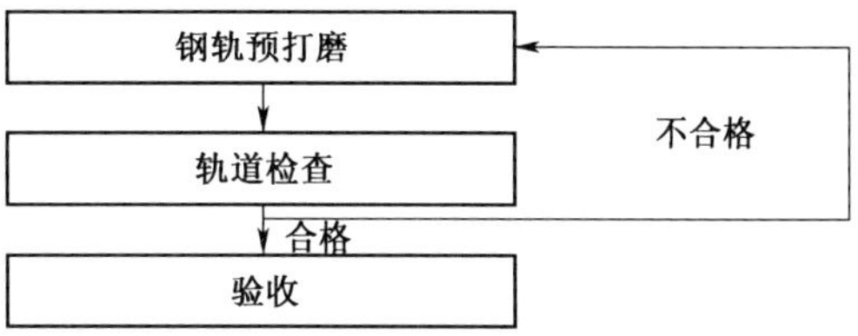

图 4-12-43　钢轨预打磨工艺流程图

2. 钢轨全线预打磨施工基本工艺

(1)主要设备组成:打磨列车、钢轨波纹研磨机。

(2)打磨工艺要求。

1)打磨前,应调整好打磨头的偏转面和对钢轨的施压力。

2)打磨前用安装在打磨列车上的测量设备对整个打磨段上的钢轨进行纵断面零位测量。

3)道岔尖轨及可动心轨、辙叉和钢轨伸缩调节器尖轨,应用手工操作的钢轨波纹研磨机进行打磨,严禁用普通打磨列车打磨。

3. 预打磨后钢轨应符合的规定

(1)消除钢轨微小缺陷及锈蚀等。

(2)消除钢轨在轧制过程中形成的轨面斑点及微小不平顺。

(3)消除轨头表面约 0.3 mm 厚的脱碳层。

(4)使钢轨的表面粗糙度与列车速度相适应。

(5)顶面平直度 1 m 范围内的允许偏差为 0～0.2 mm。

(6)钢轨头部工作的边实际横断面相对理论横断面允许偏差为±0.3 mm。

12.7　线路拨接与开通

既有线改造工程新线与既有线路平面交叉,线路单双绕起、终点,形成区间龙口或“井”字交叉口,这些地段都需要封锁线路完成过渡施工。另外更换长轨、应力放散、现场焊轨、线路锁定、拨线架梁以及开通线路后整道作业等多个项目需在封锁线路的条件下进行。现对区间龙口或“井”字交叉口线路拨接与开通施工方案进行介绍。

12.7.1　龙口地段施工

1. 方案概述

路基成型后,维持既有设备不变,人工铺设标准轨或机械铺设长轨,铺设位置应尽量靠近既有线,一般铺至既有线横向拨距为 3.0 m 处(图 4-12-44)轨道铺设后,经整道养护作业,达到开通标准。然后要点封锁线路,拨移既有线与新线连通后开通新线。

2. 施工操作要点

(1)施工准备。

1)施工前应与工务、电务、车务等设备主管部门签订施工安全配合协议,同时报建设单位和路局办理施工方案审批和按规定办理既有线施工审批手续。施工前 1 个月呈报施工计划,经路局批准后施工。

2)测量人员对线路进行复测,放中线、水平控制桩。将拨距标注在临近线路的钢轨上或护桩上,并确定滑道位置。

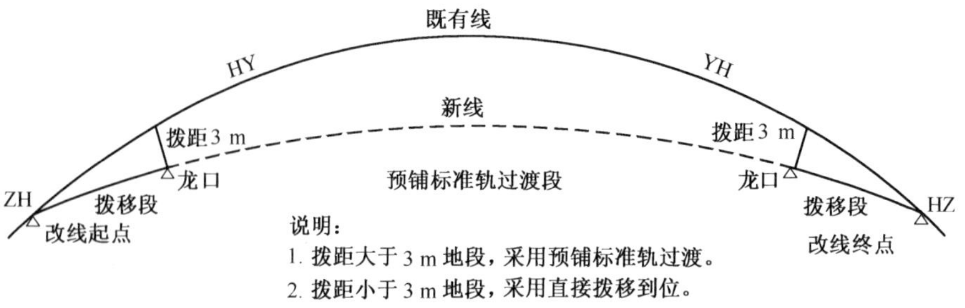

图 4-12-44 龙口拨移示意图

3)彻底检查预铺轨地段线路质量,发现问题及时处理。

4)封闭点前完成既有曲线内侧线路拨移地段石砟补充,保证底砟厚度和拨移侧砟肩道砟充足,确保拨接后线路的道床断面,尺寸符合设计规定。

5)拨接前一天,将拨线所需的滑轨、滑车运至现场,保证拨移施工需要。并将曲线头尾两端 100 m 范围的线路锁定,具体办法是扭紧轨枕扣件,扭矩不小于 120 N·m。

6)电务部门配合改移既有信号电缆、移设信号机,做好信号过渡准备。同时连通轨道电路。

7)配足防护用品和防胀、防断抢修工具,材料机具及防护用品应提前送到施工现场。

(2)封锁拨移施工。

1)车站设驻站员,现场设施工防护员,在接到驻站员通知封锁命令后,按《铁路技术管理规程》第 291 条规定,设置移动停车信号牌、作业标和减速地点标、终点标。

2)使用气割割轨,割轨点位置一是要预留好拨移线路到位后锯轨点富余长度,一般为 1~2 m;二是要保证锯口位置距既有轨焊接接头距离不小于 6 m。

3)扒道砟,松扣件,安装滑道。人工扒出砟肩(拨线一侧)和道心一半道砟至轨枕底平,轨枕头外侧设 5%坡度顺坡。

人工将拨移范围内的轨枕扣件半松开,为保证封闭点内松扣件顺利,可在前一天,将扣件涂油,松开后再扭紧。

拨距大于 0.5 m(拨距小于 0.5 m 的地段可使用撬棍或起道机直接拨移)点至龙口段每隔 8 m 安装一处滑道(图 4-12-45),滑道由 50 kg/m 钢轨和自制单轨轮小车组成,滑道长度为 6~8 m。安装滑道时要注意滑道方向与曲线法线方向一致,且不能有反坡。

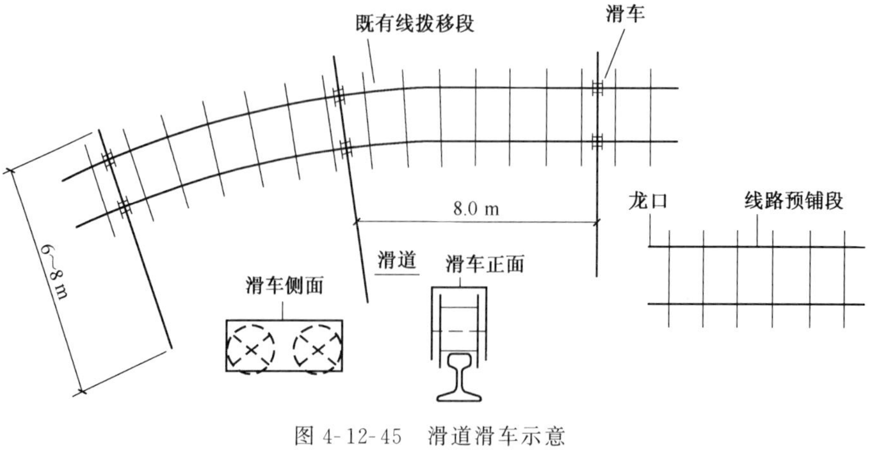

图 4-12-45 滑道滑车示意

4)拨移线路。滑道安设完成后,即可组织全部力量,从小拨距向大拨距依次循环进行线路拨移,拨移主要以人工持撬棍进行,拨距大的地段可采用起道机辅助进行。在拨移过程中,测量人员紧跟,随时检测拨移量,确保不超不欠,当拨移后的线路中线与设计中线偏差在 5 cm 以内时,即可拆除滑道,拧紧轨枕扣件,锯轨、钻孔,使用鱼尾板连接轨条。

5)从两端开始使用起道小车起道,达到设计高程后,使用大机捣固,人工细拨道,整理道床,使线路达到开通标准。

6)电务部门配合完成轨道接续线连接,接通信号机,进行轨道电路和信号灯调试。

7)线路经设备主管单位、监理单位和施工单位三方检查验收,达到开通标准后,由设备主管单位和施工单位各方通知驻站员签字销点。

(3)封锁点后作业。线路开通后,一部分人员整理施工现场,另一部分人员利用行车间隔继续整细作业。第二天,要点封锁线路进入大型养路机械作业,直至恢复图定速度。

12.7.2　"井"字交叉口拨接

"井"字交叉口是指新建线路与既有线呈"井"字形交叉。由于"井"字交叉存在,需要临时过渡施工,为了最大限度地减少现场换轨时间,根据实际测设的交叉角度,按照 25 m 标准轨的倍数提前在旧轨上划线、钻孔,确定锯轨位置,最短钢轨长度不少于 6 m,以便不切割新轨。图 4-12-46 为浙赣铁路电气化工程 DK320+900 处"井"字交叉口拨接示意图,其具体施工步骤如下:

(1)在铺轨并整道完毕后,采用方尺将"井"字口实际的铺轨里程准确测设到位,将因施工而引起的左、右股钢轨相错量进行锯轨,确保左、右股钢轨的相对位置准确。

(2)在封锁前将线路中心桩在"井"字口的线路两端定位,准确测量上、下行的左、右股钢轨相距长度,将钢轨接轨处的夹板孔钻好。

(3)在大封锁前临时要点两次,将"井"字口所需的既有线钢轨长度划线、钻孔,Ⅲb 型轨枕由基地或附近车站采用自卸汽车提前拉至施工现场,摆放于路基上。

(4)封锁前慢行前,组织人员将道床盒的道砟扒开半数轨枕盒内石砟,扣件隔四卸一,将拆下的螺帽装回水泥袋,弹条尼龙挡肩用抬框装好,扣扳用钢丝串好(6 号、10 号分开)。慢行开始后,扣件隔一卸一,扒开轨枕盒内石砟,扒至轨枕底上 10 mm 左右,轨枕头石砟扒开 1/3。封锁开始后,扣件全部卸完,螺帽套回,材料收好,两线间及外侧轨枕头道床扒至轨枕底平,拨移钢轨至一边,用绳索、抬杆将Ⅱ型旧轨枕抬出或拉出,整平道床,压实,两端轨枕边用细线拉紧,确保中心线准确,组织劳力将Ⅲb 轨枕按照 60 cm 的间距布枕,然后开始方枕、摆钢轨、上扣件、补砟等,轨缝暂按照 6～8 mm 布置。

"井"字口的钢轨两端与新轨的连接采用普通接头过渡,电务打接接续线,大机进行整道作业。

(5)根据施工安排的需要,继续要点 3 h 封锁上或下行线,提前将长钢轨卸到位。

(6)继续要点 3 h 封锁上或下行线,将铝热焊的设备安排到位。封锁开始后,将临时过渡轨拆除,锯轨机锯新轨两端的夹板部分,拨入新轨,即开始进行焊接施工,完成后,上扣件。

(7)继续要点 3 h 封锁下或上行线,提前将焊接的设备安排到位。封锁开始后,将临时过渡轨拆除,锯轨机锯新轨两端的夹板部分,拨入新轨,即开始进行铝热焊施工,完成后,上扣件。

(8)继续要点 2 h 封锁上或下行线,对"井"字口的线路进行大机整道。

根据大封锁的施工安排,封锁时间为 240 min,其中工务施工 150 min,预留大机捣鼓时间 90 min。具体的施工时间安排如图 4-12-47 所示。

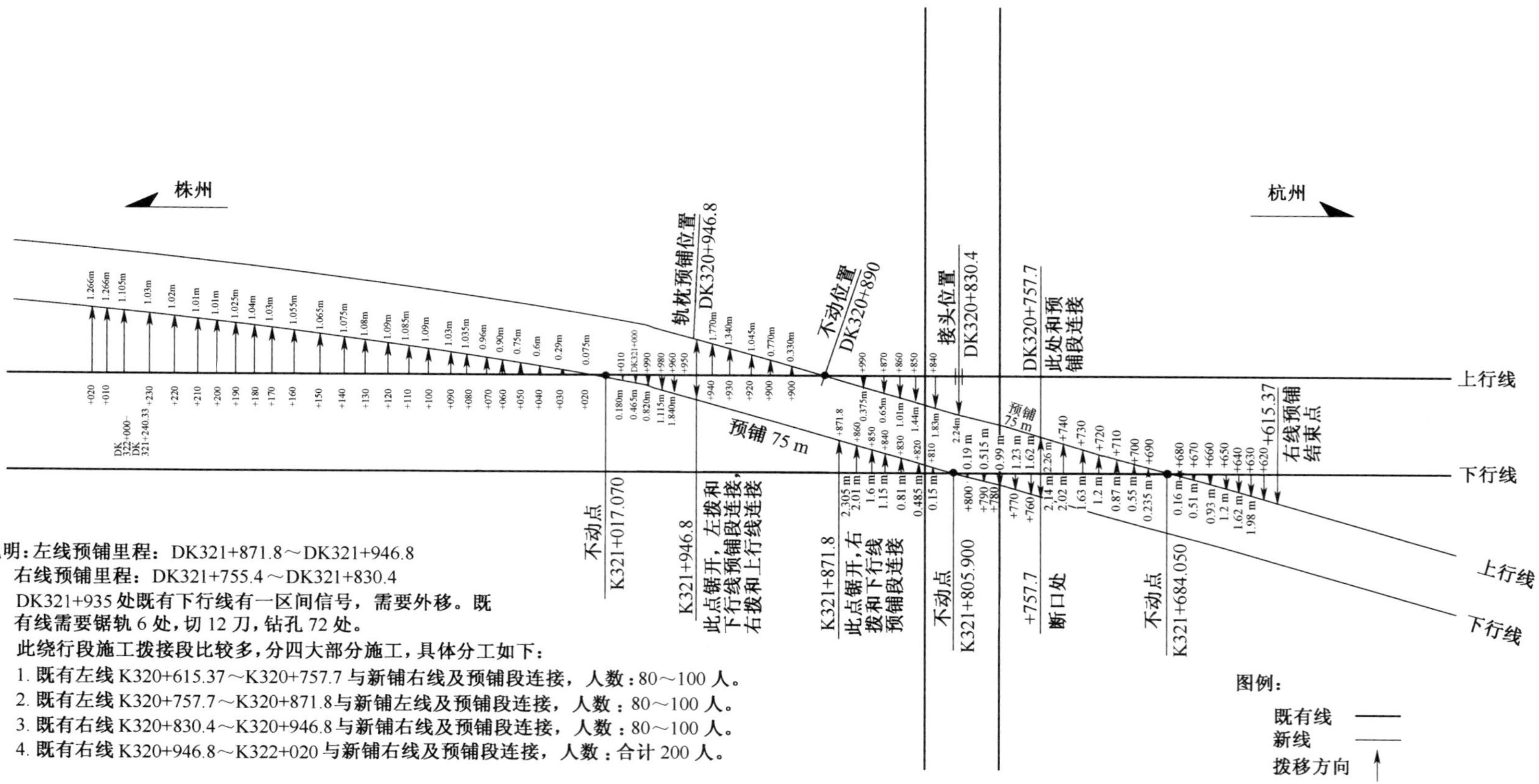

说明：左线预铺里程：DK321+871.8～DK321+946.8

右线预铺里程：DK321+755.4～DK321+830.4

DK321+935 处既有下行线有一区间信号，需要外移。既有线需要锯轨 6 处，切 12 刀，钻孔 72 处。

此绕行段施工拨接段比较多，分四大部分施工，具体分工如下：

1. 既有左线 K320+615.37～K320+757.7 与新铺右线及预铺段连接，人数：80～100 人。
2. 既有左线 K320+757.7～K320+871.8 与新铺左线及预铺段连接，人数：80～100 人。
3. 既有右线 K320+830.4～K320+946.8 与新铺右线及预铺段连接，人数：80～100 人。
4. 既有右线 K320+946.8～K322+020 与新铺右线及预铺段连接，人数：合计 200 人。

图 4-12-46 DK320+900 处“井”字口拨接示意

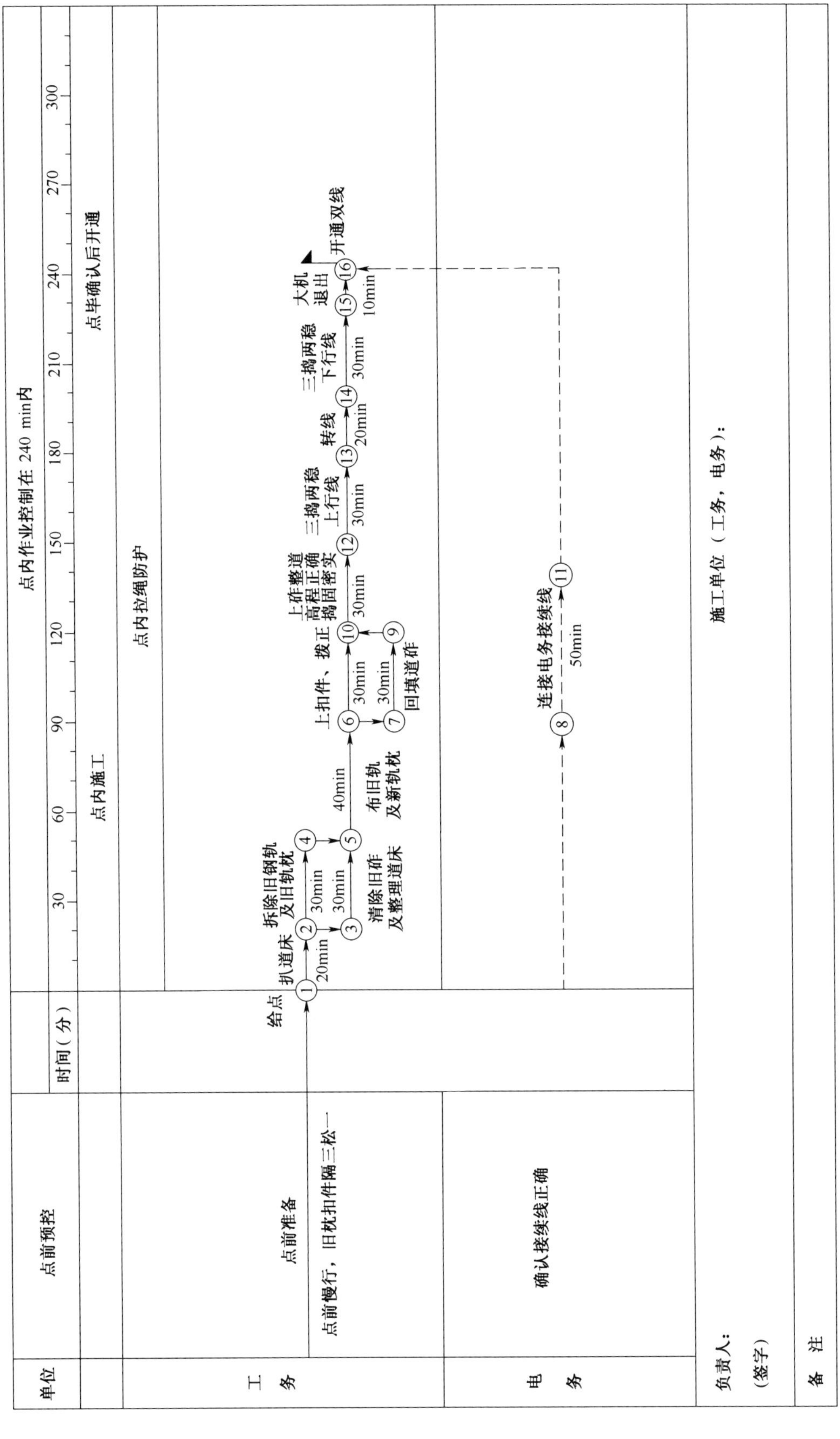

图 4-12-47 “井”字口施工工序控制网络图（240 min）

第13章　铁路道岔插铺与换铺

13.1　概　　述

道岔是把一条轨道分支为两条或两条以上的轨道,使机车车辆由一条线路转往另一条线路的基本设备。它的基本形式有:线路的连接、交叉、连接与交叉的组合。目前我国的道岔号码有 6 号、7 号、9 号、11 号、12 号、18 号、24 号、30 号、38 号等,其中 6 号、7 号仅用于厂矿企业内部铁路或驼峰下,其他各号则适用铁路正线和站线,并以 9 号和 12 号最为常用。在侧线通过高速列车的地段,则需铺设 18 号、24 号、30 号、38 号、42 号、50 号等大号码道岔。

道岔结构复杂,零件较多,技术要求严格,因此道岔的铺设是一项细致复杂的工作。要保证道岔的铺设质量,必须依照其铺设程序,严格进行事前、事中及事后质量控制。在铺设前,应详细审核图纸,全面掌握技术要求,详细检查轨料及其零件。在铺设时,要严格遵循铺设程序,严格检查各个部件的尺寸,对铺设质量时刻进行监控。在铺设后,要认真检查铺设质量,确定其是否能够满足规范的要求,如果达不到要求,应进行整改。

营业线施工为了提高铺轨速度,使铺轨与铺道岔互不耽误,一般采用预铺道岔或预留岔位等方法铺道岔。预铺道岔,即在铺轨未到达车站之前,将道岔料全部运到岔位处,人工铺设道岔。预留岔位,即将道岔位置、长度丈量准确,在基地组装好岔位轨排。铺轨机铺到岔位处时将岔位轨排设在岔位处,使铺轨机继续向前铺轨。待铺轨机过去之后不影响铺轨作业时,将岔位轨排拆除,再铺设道岔。按照铺设方法,道岔铺设可分为人工铺设和机械铺设两种方法。

13.2　封锁线路更换道岔

13.2.1　增设或更换道岔施工基本规定

改建站场时,增设或更换道岔施工应符合以下规定:

(1)应结合现场条件和行车密度选定施工方法。繁忙区段的咽喉区道岔或有电气联锁的道岔,宜采用整组预铺后拨入。

(2)施工前,应先按规定整正施工段既有轨道,两端加强锁定,精确测定道岔位置,并配置两端合龙轨。

(3)道岔拨入就位或拼装成型后,应立即按线路开通要求补砟整道。线路开通后列车慢行阶段,应继续整修道岔达到验收标准。

13.2.2　施工工艺流程

营业线更换道岔主要有两种方法施工:成组道岔移铺法;换枕散铺法。在行车密度大、行车速度快的线路上施工重量重的混凝土枕道岔应采用成组道岔移铺法进行道岔插铺或更换;木枕道岔、现场条件限制无法预铺或预铺地点距设计位置较远难以移动到位、行车密度小,速度不高的次要线路,可采用换枕散铺法进行道岔插铺或更换。

采用成组道岔移铺法时一般应遵循“先横后纵,纵横结合”的原则选定移铺方案,即:有条件直接横移到位的道岔就直接横移到位,不具备直接横移就位条件时,可采取纵移或纵、横移结合的方法就位。

封锁线路更换道岔成组移铺法施工流程如图 4-13-1 所示。封锁线路更换道岔换枕散铺法施工流程如图 4-13-2 所示。

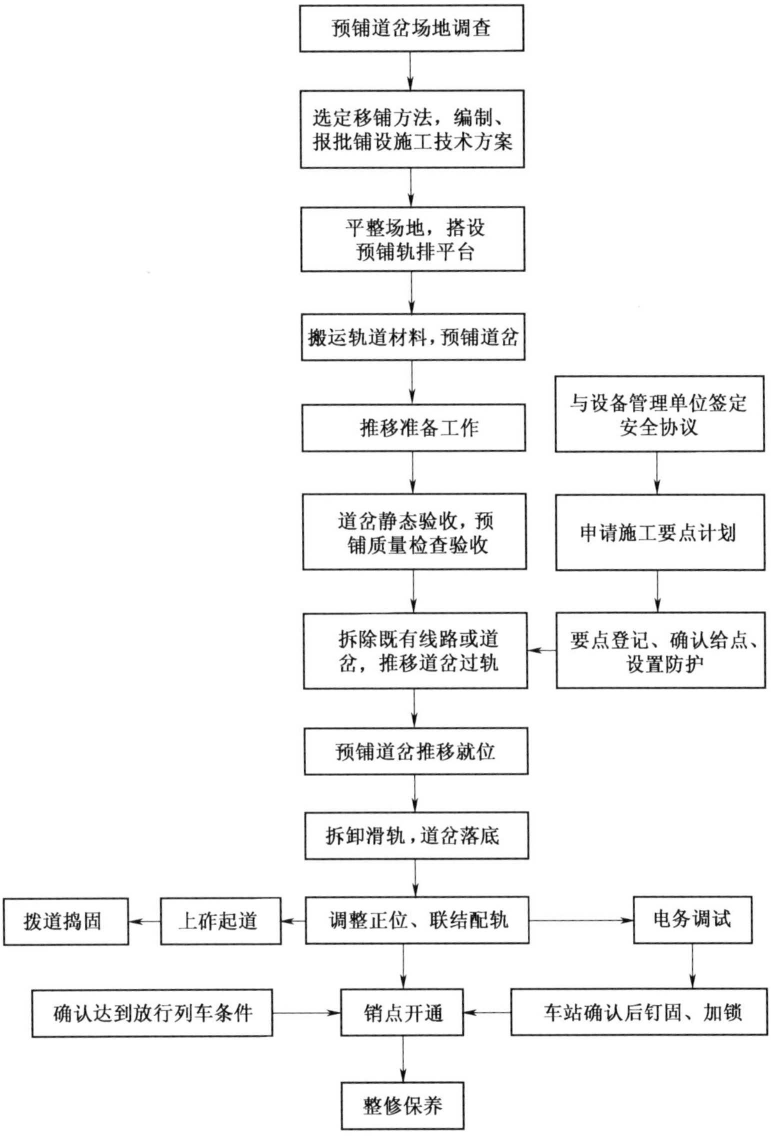

图 4-13-1　封锁线路更换道岔成组移铺法施工流程

13.2.3　施工过程关键工序的控制及技术与方法

(1)预铺道岔调查。对施工现场进行详细调查,评估预铺道岔的可行性,明确施工范围内各铁路建筑设备可能对施工的影响,在不影响线路正常运营,确保界限安全的前提下就近选择最佳预铺场地,尽量减少道岔拨移距离。

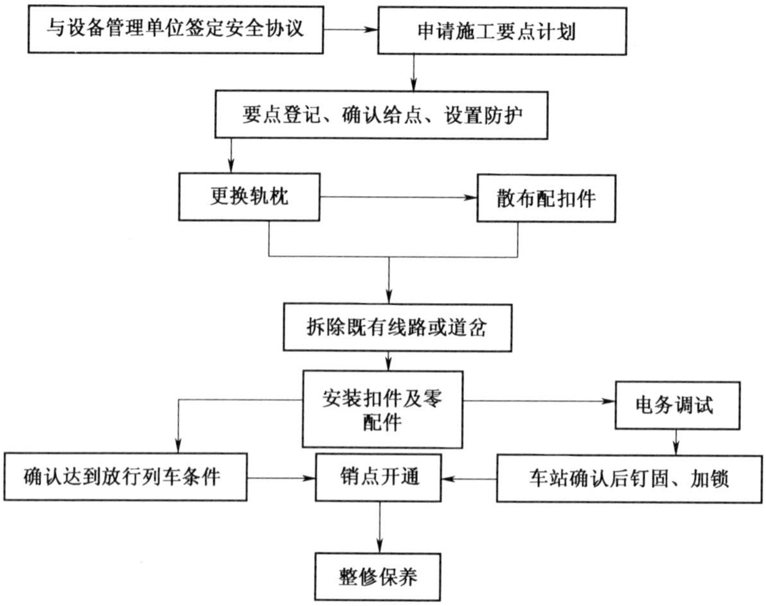

图 4-13-2 封锁线路更换道岔换枕散铺法施工流程

(2)编制施工技术方案。根据现场调查情况,按“先横后纵,纵横结合”的原则选定推移方法,编制施工技术方案并报上级部门批准。

(3)平整场地,搭设平台。根据已批的施工技术方案、技术测量放样桩位平整场地,搭设预铺道岔平台。平台架立应置于坚硬土层上,支撑牢固,保证平台稳固安全。能直接横移就位的道岔,技术测量定桩位时应尽量使预铺道岔桩位与正式道岔桩位在同一平面上,尽量减少封锁时道岔的纵向调整。

(4)预铺道岔。按设计图纸清点道岔各扣配件,核对各型号尺寸,确认其无误后搬运至预铺现场进行道岔铺设。道岔铺设过程中各机具、轨料堆放严禁侵界,既有线作业严格按《铁路营业线施工安全管理办法》(铁办〔2012〕280 号)要求进行,作业班组长需在每日班组结束前清点各剩余轨料并回收或按排专人看守。

(5)道岔静态验收。道岔预铺完毕经自检合格后申请静态验收,经各相关部门对其几何尺寸、铺设质量、使用性能等验收合格后才可进行下道工序。

(6)签定安全协议。既有线施工前,需与铁路各设备管理单位和行车组织单位签定施工安全协议,并上报铁路局主管业务处和安全监察室审查,审查同意后报铁路建设管理部门、监理单位备案。

(7)申请施工要点计划。道岔静态验收合格后,于每月 5 日前与协作配合单位协商编制次月施工要点计划,应将施工方案设计、施工组织设计提交配合单位审核或签认。施工要点计划应按铁路局规定的时限提前申报,须于每月 9 日前提报次月施工计划于铁路局主管业务处,11 日前向铁路局运输处提交计划申请表,并提交审定后的施工方案设计、施工组织设计、配合单位书面意见和相应电子文档等资料,Ⅰ级、Ⅱ级和对运输影响较大的Ⅲ级施工还应提供“三图一表”(指挥体系图、施工方案示意图、施工作业流程计划图、安全关键卡控表)。施工要点计划申报后要主动联系,及时接收施工调度命令。接到施工调度命令后,应对各项施工准备情况进行最后检查和落实,无特殊原因不得取消施工。特殊情况铁路局收回、撤消、变更已下达且尚未实施的施工调度命令时，施工单位必须执行。

(8)要点登记、确认给点、设置防护。接到施工调度命令后，应对调度命令中施工地点、作业范围、作业内容、起止时间、行车影响范围，开通条件等进行核对，确保与施工计划一致。施工封锁当日，施工负责人须分工明确，对驻站联络员，防护员进行书面交底，明确施工范围、防护距离、里程等注意事项。驻站联络员必须提前40 min到车站与值班员对预登记内容进行核对，确认无误后共同在“行车设备施工登记簿”上登记签认。防护员也应提前到防护地点做好准备。

(9)准备推移。施工封锁点前应尽量完成岔后长岔枕的抽换施工、扣件及配轨的散布等工作。驻站联络员通知现场施工总指挥慢行开始后，现场施工总指挥待防护人员设好慢行牌、减速地点标等防护设施后发出信号指挥现场做准备工作。可利用封锁前慢行时间内拆除轨道加强设备、部分道钉、部分轨枕扣件、部分钢轨接头螺栓。对列车限速≤45 km/h，半径不大于800 m曲线地段混凝土枕可“隔三卸一”，木枕“隔六卸一”，其他地段一般混凝土枕可“隔一卸二”，木枕“隔二卸一”。接头螺栓每端卸一个(每端保证两个拧紧)。普通线路地段可将枕木盒内道砟扒平轨枕底部，连续扒平不应超过三根轨枕。

(10)拆除既有线路或道岔、推移道岔过轨。现场施工总指挥接到驻站联络员的封锁命令，确认两端防护员已设好防护后，发出现场封锁命令信号。作业人员按事先分工情况分别进行既有线路拆除、穿插滑轨、滑轮作业。拆除线路轨料须按技术方案指定区域堆放，不得影响道岔推移作业。道岔横移时滑轨可按6～10根轨枕设置一道滑轨，每道滑轨上前后各安放一台滑轮，滑轮安装后，应先设置防溜保险，滑轮设于道岔钢轨和滑轨间，居于道岔枕木盒内。各道滑轨须保持平行、等高，滑轨应平顺、稳固。成组纵移普通道岔时可按中心距1 500 mm设置两道滑轨。在新铺底砟上设纵向滑道纵移道岔时，纵向滑道可每隔3～5 m设置一根支承枕木，为便于保证滑道平行，支承枕木须提前刻槽，滑轮按间隔6～10根轨枕在两道滑轨上对称布置。经班组长检查滑轮、滑轨安装达到要求后，由现场负责人统一号令指挥推移道岔。推移道岔须用力一致，拉移道岔的绳索应结实，捆绑牢靠。道岔横移时应前后兼顾，尖部应跟随尾部移动，推拉重心应在尾部，推移应使道岔整体匀速前进到达指定桩位。应设专人监管滑轮，发现偏走异常情况时及时调整。

(11)拆卸滑轨，道岔落底。抽取横向滑轨时应向无行车线路一侧抽出。需向未封锁的邻线抽出时，现场指挥部必须通知驻站联络员向调度了解行车情况，确认行车间隔时间较长，设置行车防护和采取防止轨道电路短路措施后，才能向邻线抽出滑轨。当重量较轻的道岔落底时，可采用齿条起道机起落道岔，而对重量较大的混凝土长岔，可采用砂袋法、气压法或门式起道机落道岔。使用齿条起道机落岔时须分层下落，设置防倒塌保险支垫。

(12)调整正位、联结配轨。道岔落底后，如需少量调整可采用过起道机歪顶斜抬和小滑轮配合人工拨移的方法进行调整。道岔调整正位后，联结配轨，如采用封锁点内配轨时，应配备足够的锯轨钻眼机具；如采用提前配轨时，计算龙口轨长度时应充分考虑轨温变化，道岔对位误差，无缝线路等因素的影响，需准备备用钢轨、拉轨器、氧气、乙炔等应急材料和工具。

(13)上砟起道、拨道捣固。对联结好的轨道进行起道拨道作业使其几何尺寸满足设计要求，组织机械、人工上道砟进行机械捣固。

(14)销点开通。捣固完毕后，经施工、设备管理、监理各单位联合检查：轨道几何尺寸满足规范要求，现场材料无侵界(未能及时清理的材料堆放应符合铁路工务安全规则的要求)。确认达到放行列车条件后，现场总指挥通知防护员拆除移动停车信号牌、响墩等防护设备，并做好慢行防护准备后通知驻站联络员办理销点手续，开通设备使用。现场各作业人员应在原地待第一列列车安全通过。

(15)提前销点、施工延点。封锁施工完成需要提前销点时,提前时间不超过 10 min,延后不超过 30 min。施工负责人应严格掌控现场封锁施工进度,若发现有异常情况不能在规定的时间内完成施工任务时,应立即起动应急预案,调整施工组织,配备应急劳力、机具设备,研究制定应对措施,确保延时不超过 30 min。并提前不少于 20 min 将情况及需延长时间报告车站值班员,驻站联络员按不晚于施工调度命令规定的施工结束时间 20 min,在"行车设备施工登记簿"办理登记并签名,需再次延长时,在前次填写、签名的下方同样填写,依此类推。

(16)整修保养。第一列列车安全通过后,现场总指挥召开现场总结会,总结本次封锁施工过程,吸取经验。安排作业班组整修保养,对拆除的旧轨料、机具等安排劳力在当天内清理、回收完毕。

13.3 插铺道岔施工

本节主要以插铺提速道岔为例,对道岔插铺法进行介绍。

13.3.1 提速道岔的铺设要求

1. 提速道岔及转换设备厂内组装铺设验收技术条件

(1)道岔。

1)轨距。

①尖轨尖端轨距为 1 435 mm,允许偏差为±1 mm。

②直尖轨轨头刨切起点处轨距为 1 435 mm,允许偏差为±1 mm(从尖轨尖端量起为 6 156 mm处)。

③其他部位轨距为 1 435 mm,允许偏差为−2 mm,+3 mm。

2)尖轨。

①尖轨轨头刨切部分应与基本轨密贴,允许尖端至第一牵引点部分有 0.2 mm 的缝隙,其余部分有不大于 1 mm 的缝隙。

②尖轨非工作边与基本轨工作边间距不小于 65 mm。

③尖轨第一牵引点处开口值为 160 mm,允许偏差为±3 mm;尖轨第二牵引点处开口值为 75 mm,允许偏差为±3 mm(丈量点在相应于外锁闭燕尾块中心处)。

3)可动心轨。

①可动心轨应在轨头刨切部分与两翼轨密贴,允许有不大于 1 mm 的缝隙。

②心轨第一牵引点开口值为 117 mm,允许偏差为±1.5 mm。

4)基本轨及导轨。基本轨及导轨无硬弯,无倾斜,接头轨面及工作边一侧平齐。

5)护轨。护轨平直段轮缘槽宽度 42 mm,允许偏差为−1 mm,+3 mm。

6)查照间隔及护背距离。

①查照间隔≥1 391 mm。

②护背距离≤1 348 mm。

③查照间隔及护背距离在心轨轨头宽 20~30 mm 断面范围内丈量。

7)水平。

①偏差不超过 4 mm。

②导曲线内股不高于外股。

8)方向。

①直线远视直顺,用 10 m 弦量,偏差不超过 4 mm。

②导曲线支距允许偏差为±2 mm。

③连接曲线用 10 m 弦量不超过 4 mm。

9)高低。前后高低用 10 m 弦量不超过 4 mm。

10)道床。道床洁净饱满,夯实拍平,边坡整齐。

11)岔枕。

①岔枕间距允许偏差:木枕为±10 mm,混凝土岔枕为±20 mm(日常养护维修标准为±20 mm),配置符合要求。

②岔枕应符合设计图纸要求。

③无连续空吊板。

12)其他联结零件。

①螺栓无松动,无缺少,无缺油。

②铁垫板及橡胶垫板或塑料垫片齐全。

③扣件齐全密靠,离缝大于 1 mm 者不超过 6%。

13)外观。

①道岔钢轨编号,各部尺寸用油漆标记正确,字迹清晰。

②旧料收集干净。

(2)外锁闭和安装装置。

1)外锁闭装置。

①外锁闭装置的安装应符合施工安装要求,燕尾锁块、锁闭杆、锁闭铁等无毛刺、飞边。底漆或镀层均匀,无漏漆或漏镀。

②锁闭杆、锁闭铁及连接铁安装平直,可动部分在转动过程动作平稳、灵活,无卡阻现象。

③主要技术指标见表 4-13-1。

表 4-13-1　外锁闭装置安装技术指标　　(单位:mm)

安装位置		转换动程	外锁锁闭量
转辙器	第一牵引点	160±3	≥35
	第二牵引点	75±3	≥20
辙　叉	第一牵引点	117±3	≥35
	第二牵引点	68	≥20

④各部螺栓应拧紧,螺纹露出螺母外,铁垫圈、绝缘管、垫圈等齐全,开口销齐全。

2)安装装置。

①各种基础螺栓紧固,螺纹露出螺母外的余量应为 5～10 mm,开口销齐全,开口合适,螺栓底部有防转装置。

②基础托板安装与钢轨垂直、平顺,道岔各部杆件安装偏移量不大于 10 mm,转辙机外壳边缘与基本轨直线距离相差不大于 5 mm。

③分别检查尖轨、心轨第一、第二牵引外锁闭两侧(定位、反应)锁闭量,两者之差不超过 2 mm,超过时要进行调整。

④各部杆件不磨卡、旷动,动作良好。电动转辙机安装双导管及丁字拐方正,丁字拐两侧偏转角度相等。

⑤安装装置零部件齐全，质量合格，安装正确，可动部分转换灵活，不卡碰，质量符合设计要求。

⑥道岔安装装置绝缘良好。

⑦各类电气配线整齐、美观，端子紧固，接点调整良好。

⑧电动操作转辙机，在尖轨第一及第二牵引点、心轨第一牵引点处有 4 mm 及以上间隙时，道岔不锁闭，尖轨两牵引点之间有 10 mm 及以上间隙时，道岔不锁闭或不接通表示。

⑨各种防护装置完好，各类零部件要求有防护措施(涂防护漆或电镀)。

⑩电液转辙机主机与辅机间油管应留有不少于 1 m 的余量，以满足现场铺设时油管能埋设在地下。

3)检查各部件是否已编号。

2. 提速道岔和转换设备铺设安装技术条件

(1)道岔安装技术条件。

1)道岔上道之前应进行整组(连同电务转换设备及外锁闭装置)预铺，并满足下列要求：

①道岔各部尺寸以及零部件的安装符合设计图纸。

②直尖轨轨头刨切起点处直股轨距为(1 435±1) mm。

③转辙机安装在专用的钢岔枕上，转换所需杆件全部设在钢岔枕内。

④在安装外锁闭装置之前，两尖轨应分别与相应的基本轨作密贴检验，可动心轨应与翼轨作密贴检验，确认尖轨(或可动心轨)在轨头刨切范围内与基本轨(或翼轨)的缝隙小于 1 mm。

⑤顶铁与尖轨或可动心轨轨腰间隙应小于 1.5 mm。

⑥尖轨限位器前后缝隙的偏差不大于 1.5 mm。

⑦转辙器及可动心轨辙叉垫板的滑床台应平滑。确保尖轨及可动心轨放置在具有相同高程的基础上。

⑧尖轨与滑床台应密贴，每侧尖轨第一及第二牵引点钢岔枕的滑床台必须保持 3 块密贴(指有磨痕或缝隙不大于 1 mm)。

⑨各部分紧固螺栓须拧紧，拧紧的要求：

a. 安装弹条时，螺母的拧紧程度以弹条中部前端下颏与轨距块接触为准。

b. 防松螺母的下螺母(通常为凸锥螺母)为拧紧螺母，预拧紧参考扭矩见表 4-13-2。上螺母(通常为凹锥螺母)为防松螺母，不宜拧得过紧，以螺母不产生塑变为限。上、下螺母端面需留少量缝隙，其数值见表 4-13-2。注意上、下螺母必须分别拧紧。发现螺母松动，应先卸下上螺母，将下螺母按规定扭矩拧紧后，再拧紧上螺母。

表 4-13-2　拧紧螺母预拧参考扭矩

螺母直径(mm)	20	22	24	27
预拧紧扭矩(N·m)	150	190	300	470
上下螺母缝隙(mm)	0.5～0.8		1.2～1.5	

⑩弹片滑床板和弹片护垫板安装时，应注意区分弹片正反面，分别插入滑床台和护轨承轨台内，再将销钉表面涂油后，穿入滑床台侧面的钉孔，用锤子敲击钉头，使其就位。

⑪可动心轨第一牵引点接头铁拉板与可动心轨转换凸缘安装时，要求接头铁与可动心轨转换缘之间无缝隙。

⑫整组道岔预捕时必须进行电动操作转换试验，尖轨与可动心轨实测转换力不得大于

6 kN(不含密贴力)。

⑬整组道岔试铺组装尺寸须符合下列规定：

a. 尖轨尖端前基本轨长度为 2 916 mm,允许偏差为 4.0 mm。

b. 可动心轨实际尖端至翼轨趾端距离为 2 396 mm,允许偏差为 4.0 mm。

2)铺设道岔的路基应稳定,排水良好,不得有翻浆冒泥、冻害、不均匀下沉等病害,道床应采用一级道砟。岔枕下应有不少于 30 cm 厚度的清砟。

3)道岔铺设时,要求转辙器两根基本轨外锁闭铁的安装孔在同一轴线上,允许偏差±3 mm。

4)道岔上道后,各部轨距、水平、方向、高低及捣固等要求除按道岔验收有关规定执行外,可动心轨辙叉部分维修时,尚需注意以下几点：

①用于跨区间超长无缝线路时,可动心轨弹性可弯中心后部 6 个间隔铁及翼轨趾端间隔铁应采用 10.9 级 ϕ27 mm 高强螺栓,螺母扭矩应达到 700～900 N·m,以传递无缝线路传来的纵向力。

②铺设初期应加强捣固可动心轨尖端及弹性可弯部分的岔枕,运行一个月后,可按一般道岔进行捣固。

③铺设初期,如心轨产生飞边,应及时打磨。

④日常养护应保持安设在侧股的护轨与可动心轨的查照间隔。

⑤弹片滑床板及弹片护轨垫板在使用中须注意观察弹片情况,如有折断或残变过大应及时更换。

⑥注意检查叉跟尖端与短心轨的密贴状态,发现不密贴时,可用调整片调整叉跟尖端一侧顶铁与轨腰之间的缝隙。要求间隙不大于 1 mm。

⑦可动心轨与翼轨、顶铁挡墙之间、钢岔枕内均应保持清洁,及时清除石砟、砂土、碎石、冻雪及其他异物,以保证可动心轨的正常转换。

5)尖轨、可动心轨跟端在运营中出现鞍形磨耗,深度达到 1.5 mm 时,应进行焊补修理;并打磨恢复轨头外形。

6)运营中,轨距超限需要调整时,应首先采用不同号码轨距块来调整,如不能满足时,可另加垫片调整,垫片厚度不得超过 2 mm。

7)在寒冷地区铺设使用提速道岔时,应注意保证道岔区道床排水良好,允许在轨底与铁垫板间加垫厚度不大于 6 mm 的冻害垫板。

8)道岔钢轨扣件及高锰钢辙叉伤损更换标准按《铁路线路修理规则》有关规定办理。

9)道岔直股钢轨接头应焊接,高锰钢辙叉两端钢轨接头可采用冻结,绝缘接头应采用胶接。用于跨区间超长无缝线路时,道岔直股前后端钢轨接头应焊接。道岔区侧股钢轨接头也应采用焊接接头。

10)现场采用铝热焊焊接接头,应进行包括表面淬火的焊后热处理。

11)道岔直股前后线路过渡轨枕布置要求：

①混凝土岔枕道岔与Ⅱ型混凝土轨枕线路相接时,需以Ⅲ型混凝土枕(长度为 2.6 m,有挡肩)过渡,$v_{max} \leqslant 120$ km/h 时,道岔直向两端过渡枕均不得少于 50 根;120 km/h$< v_{max} \leqslant$ 160 km/h时,道岔直向两端过渡枕均不得少于 75 根。

②木岔枕道岔要求长 2.6 m、断面为 260 mm×160 mm 的木岔枕过渡,铺设根数为道岔前后各 50 根。

12)道岔部件装卸要求。

①提速道岔的主要部件,如尖轨和基本轨、可动心轨和翼轨,都是在工厂组装后包装发运到现场。主要部件长度长、重量大,要求使用机械装卸,装卸时应避免撞击。

②若无机械装卸,采用滑杠装卸时,一定要控制好滑杠下滑的速度,不宜过快,滑杠末端应垫有缓冲物,不得有硬物,避免撞伤道岔部件,尤其应加强保护可动心轨一动和二动接头铁拉板,不得将其撞坏。

③卸下的道岔主要部件应堆放在平整的场地,不得随意堆放以免产生变形,造成尖轨与基本轨,心轨与翼轨不密贴。

13)混凝土岔枕装卸要求。

①岔枕重量大,应使用机械装卸,装卸时应慢吊轻放,避免互相碰撞,发生碰伤或折断。

②岔枕按组堆放,存放场地要平整。按岔枕长短顺序码垛,长岔枕在下,短岔枕在上,每两层岔枕间应有两块垫木,垫木高度 60 mm,上下层的垫木应在一条线上,上一层不得直接放在下一层的螺栓上,码垛层数不宜超过 12 层。

③岔枕在运输、装卸和堆放时应将螺栓旋入套管内,也可用木塞封住管口,以防套管内落入杂物。

14)混凝土岔枕及其联结构件的铺设要求。

①扣件组装前,应将混凝土岔枕表面清扫干净,套管内应清洁无杂物,套管底部不能被杂物或泥土堵死,套管内应涂抹凡士林以防螺栓锈蚀。

②扣件组装时,对一些不合适的配件要打磨修理,不得用锤硬打,以免损坏配件或损坏套管。

③螺栓扭力矩达到 250～300 N·m。

④道岔应组装好,整组铺设。当在本线用吊车或其他专用机具铺设时,新轨节铺上后,应立即回填道砟。道砟捣实后,吊车才能进入新轨节铺设下一段,以防压折岔枕。

⑤道岔铺设后,要立即拨正方向,回填道砟,全面起道,捣固一定要使用机械捣固,线路开通的当天,应进行两遍全面捣固,拨正方向,调整轨距,拧紧扣件,使道岔基础迅速稳定。

(2)转换设备安装技术条件。

1)转换设备应符合验收标准中的有关规定。

①电务施工前,应验证工务部分是否符合前述道岔有关技术要求,特别是轨距、岔枕间距、尖轨(心轨)动程、尖轨(心轨)与基本轨(翼轨)的密贴程度等。

②除产品出厂时采取防腐措施外,安装时要根据现场条件再涂防腐层。防腐涂料可根据环境条件自选,并按要求定期检查、重涂。

③要根据厂内预铺编号次序进行铺设安装。

④铺设初期,要加强转换设备的检查、养护、清扫工作。

2)外锁闭装置。

①外锁闭装置的安装。

a. 尖轨与基本轨、可动心轨与翼轨间在外锁闭牵引点处不应有密贴力(允许有≤0.5 mm 的间隙),并保证 4 mm 不锁闭。

b. 外锁闭安装后,在转换过程中要求燕尾锁块动作平稳,锁闭铁处燕尾锁块应准确到位。

②转辙器外锁闭装置安装要求。

a. 按转辙器外锁闭装置安装图的要求连接两个锁闭杆,要求两个锁闭杆连接平直,与绝缘垫板、夹板配合良好，螺栓、螺母、垫圈联结坚固，用 1 500 V 的兆欧表测量电阻不小于 100 MΩ。

b. 外锁闭装置安装后，用撬棍来回拨动尖轨，要求尖轨定位与反位密贴良好。若发现尖轨密贴状态不好或不锁闭，可通过增减尖轨连接的调整片或用滑块进行调整。

③可动心轨辙叉外锁闭装置安装要求：

a. 将接头铁拉板与心轨转换凸缘进行联结。

b. 外锁闭装置安装后，用撬棍来回拨动心轨，要求心轨定位与反位均应密贴良好。若发现心轨密贴状态不好或不锁闭，可通过调整接头铁拉板内的偏心滑块或调整锁闭铁与钢枕支承件的联结来调整心轨密贴。

3)转辙机及安装装置。

①转辙机及密贴检查器安装位置应排水良好，必要时增设排水沟。

②检查外锁闭装置是否符合其安装技术条件。

③转辙机通常应安装在道岔正线一侧，并与道岔正线基本轨平行。其偏移量在转辙机外壳两端的距离内不大于 5 mm，在正线一侧无法安装时可在侧线一侧安装。

④基础托板应与道岔正线垂直，短钢板与托板垂直，托板与钢枕联结牢固。

⑤各连接杆连接要平顺，无蹩卡现象。各连接锁应置入或退出自如，不应用锤子敲击。

⑥各部绝缘安装正确，不遗漏，不破损，各部螺栓应紧固并达到规定的拧紧扭矩，螺纹露出螺帽外的余量应为 5～10 mm，开口销齐全，并按规定的角度劈开。不经常调整的螺栓应采用止动垫圈，一次性止动垫圈不得再次使用。

⑦转辙机安装基础托板下不设支承座，要在托板及安装转辙机短钢板下垫石砟以减缓列车通过时产生的振动。在工务起道，捣固等作业后要重新调整。

⑧安装完毕应保证在道岔定位或反位时，第一牵引点位置，尖轨（可动心轨）与基本轨（翼轨）间有 4 mm 及以上间隙时不锁闭。

⑨转辙机在正线（直股）、侧线（曲股）侧安装的零部件不变。

⑩电液转辙机第一、二牵引点间油管采用槽钢对扣防护并走地下。油管在出（入）地处应留有余量以减缓振动受力，油管弯曲半径不得小于 100 mm。

⑪转辙机安装联结时的顺序及注意事项（尖轨、可动心轨通用）。

a. 连接基础托板，但各联结螺栓不紧固。

b. 转辙机就位，连接各连接杆，调整基础托板位置使转辙机动作杆、连接杆和外锁闭装置锁闭杆在同一直线位置，转辙机高度可以在转辙机动作杆伸出端和外锁闭杆端检查，紧固联结螺栓。

c. 调整直连接杆长度，使外锁闭动程在尖轨、心轨定位或反位时两侧均等，其两侧相差不超过 2 mm。

d. 调整表示连接杆连接铁，使转辙机表示（锁闭）杆缺口内两侧间隙相等。

e. 电动操作转辙机，检查 4 mm 不锁闭。

f. 检查、紧固全部螺栓并防止松动。

13.3.2　插铺道岔施工实例

以下以沪昆铁路杭州站插铺道岔施工为例，说明既有线站场道岔大修工程插铺道岔施工方案。

1. 工程概况

按照路局年度安排，杭州站道岔采用预铺后封锁要点插铺的施工方法，共 17 组提速道岔（60 kg/m 钢轨 12 号单开）。

2. 施工方案及流程

根据现场实际条件和施工封锁时间，采取预铺移设法施工，封锁点前在线路一侧先将新道岔组装成型，在 3 h 封锁时间内，使用滑轨将道岔纵移或横移就位。电务配合在封锁 3 h 施工时间内进行。插铺道岔施工流程为：设置防护→轨道车进入封锁线路→气割钢轨→拆除抬运钢轨→拆除抬运岔枕→清筛道床→整平道床→铺设纵移或横移滑轨→新岔纵横移就位→拨道→配轨合龙门→回填清砟→起道捣固→检查线路→撤除防护→开通线路。其施工工艺流程如图 4-13-3 所示。

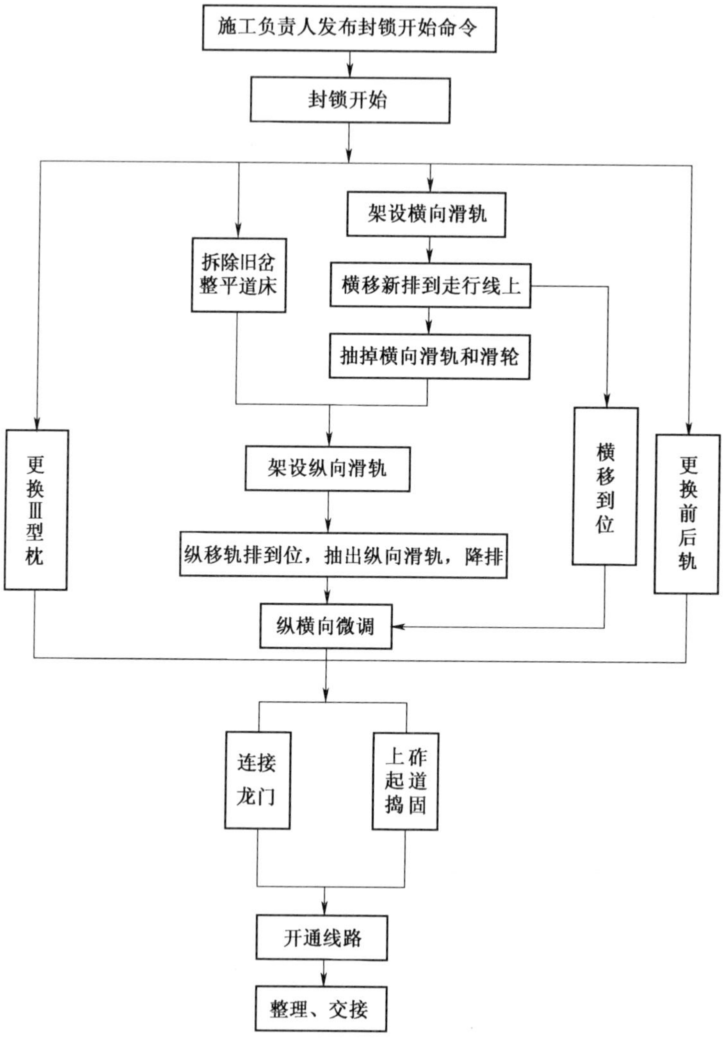

图 4-13-3 插铺道岔施工流程图

3. 施工程序

(1)施工准备。铺设道岔前，做好一切施工准备工作，包括材料的清点、机具准备，劳动力组织以及施工封锁手续办理(施工方案报批、相关设备管理单位签订安全、监护、配合协议、施工封锁计划申请)、施工人员培训教育、技术交底等。

(2)测量定位。按设计图准确测定出道岔岔首、岔心及岔尾位置,预铺道岔位置与之相对。

(3)道岔预铺。道岔预铺根据现场情况调查确定,尽量保持与原道岔线路平行,禁止预铺超限。提报月度施工计划,利用施工天窗,采用轨道车将道岔料运至施工现场。

1)轨件吊装上轨道车前必须全面检查复拧扣件,防止零部件松动、脱落、丢失。

2)搭道岔底架时,垛子基础必须平整夯实,以防成组道岔塌陷歪斜。

3)预铺成组道岔必须按设计要求进行组装,组装标准按相关规定执行。上道前检查各部尺寸达到预铺作业标准,并进行验收签认,验收不达标不准上道(尖轨部位要进行试拨,达到自由密贴)。

4)成组道岔组装完毕后要全面细致检查,各部扣件、螺栓、绝缘装置完好无损。

(4)封锁前准备工作。

1)旧道岔扣件准备,逐个螺栓松动并复紧,对锈蚀严重松不动的螺栓进行标记。

2)新道岔穿入横滑轨,滑轮车、枕木头运输到位,并做好防溜。

3)每 5 m 标记线间距,做好控制点。

4)新道岔前后配轨对位,联结零件准备齐全。

5)对道岔位置及尺寸进行复核,确定切口位置及配轨长度。

6)施工人员慢行前 1 h 到达作业地点,布置照明灯具,将纵向轨放于相应位置,检查作业工、机具。

(5)施工慢行点作业。

1)严格按施工封锁命令下达的里程设置防护。

2)道钉或扣件:扣件直股可每隔 2 根拧紧 1 根,曲股可每隔 1 根拧紧 3 根;道钉直股每隔 1 根钉紧 1 根,曲股可每隔 1 根钉紧 6 根。拆除螺栓应在同一根枕木上,不能做成相错式。转辙部位连接拉杆不能松动,防止尖轨不密贴。拆除防爬设备。

3)钢轨接头两根轨枕扣件齐全有效,接头螺栓每端不少于 2 个(出螺纹拧紧)。

4)扒砟:轨枕盒内及轨枕头部道砟不少于 1/3,允许每隔 6 根轨枕挖开 1 根轨枕底的道砟。

5)起新道岔、穿横滑轨放走行轮。

6)轨道车加强联系,做好施工准备。

根据《铁路工务安全规则》、《铁路行车组织规则》、《铁路工务维修规则》及铁路局有关规章,严格控制准备工作,防止准备工作做过头。

(6)封锁点内作业。

1)行车调度员发布施工封锁命令后,立即设置两头移动停车信号或钉闭道岔,电气化区段必须待停电命令发布、供电(维管)接好地线后方可拆除旧岔。

2)将旧料堆放至指定地点,严禁侵限。一组人员架设横向滑轨,把新道岔纵、横移至指定位置。在架设横向滑轨时,一定要与新排直股垂直,防止在推排过程中出现滑轮掉落倒排。

3)旧岔拆除后,用人工整平底砟,扒砟深度一定要达到施工要求并设置好排水坡,以免新岔轨面偏高,给养护工作带来不利。当新岔需纵向推进时,架设好纵向滑轨,拨正方向,并与线路钢轨做好顺坡连接。走行轨要尽量低,以方便新岔落道。当横向推进时,导轨必须平直,导轨之间平行并做好止轮设置。

4)纵向轨下每隔 5 m 左右放一只小轨距卡,并在沿轨距卡旁边扒出一条深约 5 cm 的小沟以方便轨距卡抽出。

5)道岔横移到位后,迅速使用液压起道机将轨排起高,抽出滑轮和横向滑轨,架设纵向滑轮(如新排要通过既有线道岔,则在岔心一侧架设单边轮),滑轮上放置大轨距卡。然后人工或者利用轨道车进行推排。

6)道岔纵移到位后,将新道岔适当起高,支撑在每个双墩搭成的枕木头上取出道岔下面的滑轮和轨距卡,并由轨道车将纵向轨拖出。待纵向轨全部拉出后,方可降排就位。为防止道岔突然坍落伤人,在枕底放置保护枕木头,保护枕木头必须要垂直放在钢轨下面,降排时要特别强调,起道机必须同起同放,严禁放快机。起排时必须起钢轨,严禁起枕木头。道岔落位后,应先确保纵移到位与前后龙门钢轨合龙,上好接头夹板和快速夹具(待第二天焊接或胶接),再根据横距控制点,进行横向拨道,确保道岔大方向正确。为保证道岔平顺,道岔前后引轨一律采用新钢轨过渡。

7)轨排基本到位后,经施工负责人同意可先上 1/2 石砟,进行起道捣固后,再全面上砟。拨正道岔位置,精确定位,使线路尽快达到放行列车的条件。

8)在开通前对施工地段的线岔设备状态进行认真检查,及时整修超限处所。

9)施工负责人检查确认线路达到放行列车条件后,方可通知两端防护撤除停车信号,由驻站联络员办理销记手续开通线路,并按施工条件及时设置限速信号。

(7)施工配合。

1)施工过程中电务配合轨道电路连通,并进行转辙试验。

2)横纵移道岔经过线路根据情况需占用 60～120 min。

3)轨道车回收旧料需占用相邻线路 60～90 min(电气化区段需同时停电)。

4)电气化区段更换道岔施工,本线需同步停电。

(8)开通后巡养防。

1)通过列车以后,再次检查线路、道岔,对有变化处进行整修,补充道砟,整理道床断面,并且要做好记录。

2)及时组织验收,做好移交工作。

3)设备管理单位接收线路后,养路工区严格按规定检查养护线路,及时消灭偏差处所。

13.4 交叉渡线施工实例

以下以沪昆铁路杭州站 N52～N58 交叉渡线施工为例,说明既有线站场交叉渡线施工方案。

1. 施工准备情况

(1)道岔预铺情况。N52～N58 交叉渡道岔已全部预铺完成,预铺地点在杭州站机走线,道岔内轨件全部焊接或胶结并经过探伤或电务绝缘测试,道岔轨排结构和几何尺寸经过验收合格。

(2)施工人员组织情况。共组织施工人员 575 人,道岔施工 6 组 520 人,轨道车回收旧料组 25 人,巡养防 30 人。

(3)防护备品及工机具准备情况。防护备品及工机具已准备就位,具体见表 4-13-3、表 4-13-4。

表 4-13-3　防护备品表

序号	名　　称	单位	数量	备　　注
1	移动停车信号牌	块	26	
2	移动减速信号牌	块	2	
3	对讲机	台	30	
4	信号灯	只	8	红 4 黄 4
5	喇叭	个	2	
6	口笛	个	10	
7	防护绳	根	2	
8	钉闭工具	套	4	

表 4-13-4　工具、机具表

序号	名　　称	单位	数量	备　　注
1	发电机	台	4	
2	移动照明	套	4	
3	切割机	台	6	
4	钻孔机	台	6	
5	齿条式起道机	台	60	
6	液压式起道机	台	80	
7	撬棍	根	120	
8	一操一电镐	台	30	
9	大拉耙	把	40	
10	呆扳手	把	80	
11	活扳手	把	80	
12	木抬杠	根	60	
13	钢轨抬钳	只	60	
14	抬筐	只	200	
15	小拉耙	把	120	
16	铁锹	把	120	
17	道尺	套	10	
18	土箕	只	200	
19	滑轮	只	111	

2. 施工组织体系

为加强对更换道岔施工的统一领导和组织，成立了更换道岔施工现场领导小组。

组长：副段长

组员：技术科长、安全科长、材料科长、车间主任（施工负责人）

施工领导小组的主要任务：研究、部署、协调、解决更换道岔施工的问题，审核施工方案，进行施工现场安全把关,确保更换道岔施工顺利进行。

施工负责人:负责施工全过程控制及安全防护设置、应急处理、车工电维管配合、线路交接和巡养。

领导小组下设施工技术组、施工安全控制把关组、施工配合组、施工组、巡养组。

(1)施工技术组。

组长:技术科长

组员:道岔工程师、主任领工员

主要职责:负责技术方案制定和细化,指定专人进行控制点复核;施工期间的配轨;与各施工队技术交底,协调各施工队间的施工配合;协调落实施工天窗;编制施工组织设计,提报施工计划,劳力组织,机具调配;组织新道岔上道前的验收;加强质量控制,掌握施工进度;负责开通后的设备检查和交接。

(2)施工安全控制把关组。

组长:安全科长

组员:安全工程师、主任领工员

主要职责:审查施工方案、应急预案和安全措施是否到位;核对施工计划,审定车站登销记计划;指导工地防护和警戒绳设置;加强现场安全管理,督促来车时及时下道,并确认材料、机具无超限;加强质量控制,掌握施工进度,确保更换道岔施工安全、正点开通。

(3)施工配合组。

组长:车间主任

主要职责:施工期间,加强施工所需各种材料、机具的组织,满足施工需要;气割螺栓和道岔轨件;回流线安装与拆除,液压拉伸器和轨缝调整器的配合。

(4)施工组。共分七组,具体工作分工如下:

第一组:施工人员 100 人,负责从岔前到 N52、N56 曲股绝缘接头处的更换施工及岔前的钢轨和枕木(3 对钢轨+21 根Ⅲ型枕)。

第二组:施工人员 100 人,负责从中间菱形锐角岔趾到 N52、N56 曲股绝缘接头处的更换施工。

第三组:施工人员 100 人,负责从中间菱形部分的更换施工。

第四组:施工人员 100 人,负责从中间菱形锐角岔趾 N58、N54 曲股绝缘接头处的更换施工。

第五组:施工人员 100 人,负责从岔前到 N54、N58 曲股绝缘接头处的更换施工。

第六组:施工人员 20 人,负责 N54、N58 岔前的钢轨和枕木(5 对钢轨+10 根Ⅲ型枕)。

第七组:2 组轨道车(25 人)负责吊旧轨料、顶拖轨排。

(5)巡养组。组织施工人员 30 人,封锁开通前 30 min 到达工地,负责线路开通后的巡养防工作。

3. 施工方法和程序

根据现场条件,采用旧道岔散拆、轨道车直接吊装旧料,新道岔横移就位的施工方案。其施工平面示意图如图 4-13-4 所示。

施工流程:设置防护→轨道车进入封锁线路→气(切)割钢轨→拆除抬运钢轨→拆除抬运岔枕→清挖整平道床→铺设横移滑轨→新岔横移就位→拨道→配轨合龙门→回填清砟→起道捣固→检查线路→撤除防护→开通线路。其施工工艺流程网络如图 4-13-5 所示。

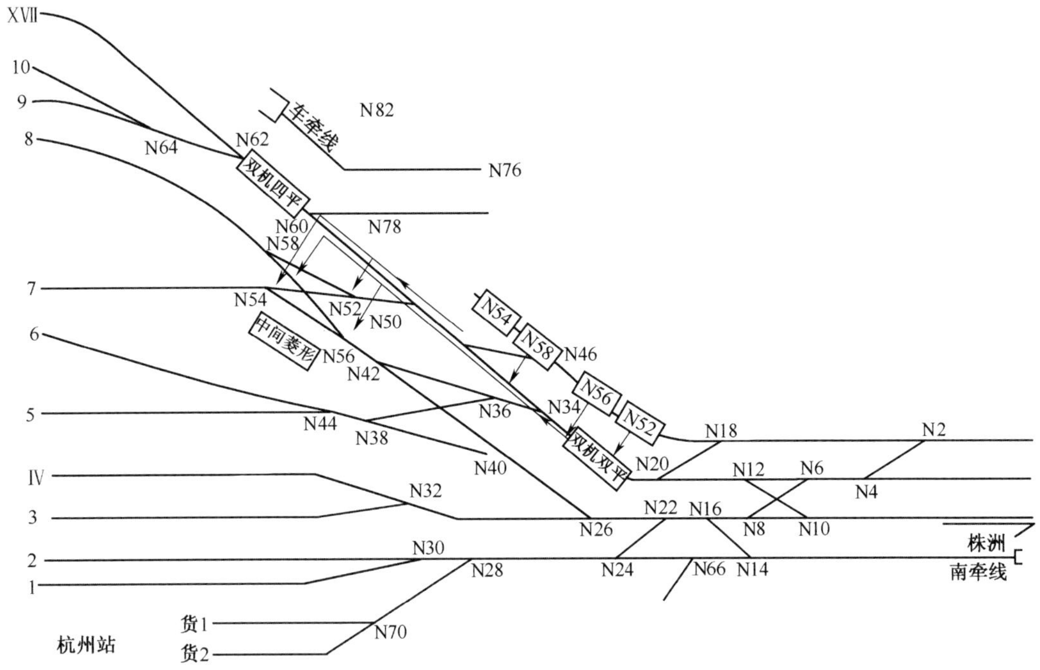

图 4-13-4　杭州站交渡道岔施工平面示意

(1)封锁前准备。

1)新道岔横滑轨、滑轮车、枕木头运输到位。

2)每 5 m 标记线间距。

3)新道岔前后配轨对位,联结零件准备齐全。

4)对道岔位置及尺寸进行复核,确定切口位置及配轨长度。

(2)施工慢行点准备。

1)严格按施工封锁命令下达的里程设置防护。

2)道钉或扣件:扣件直股可每隔 2 根拧紧 1 根,曲股可每隔 1 根拧紧 3 根;道钉直股每隔 1 根钉紧 1 根,曲股可每隔 1 根钉紧 6 根。拆除螺栓应在同一根枕木上,不能做成相错式。转辙部位连接拉杆不能松动,防止尖轨不密贴。拆除防爬设备。

3)钢轨接头两根轨枕扣件齐全有效,接头螺栓每端不少于 2 个(出螺纹拧紧)。

4)扒砟:轨枕盒内及轨枕头部道砟不少于 1/3,允许每隔 6 根轨枕挖开 1 根轨枕底的道砟。

5)轨道车加强联系,做好施工准备。

根据《铁路工务安全规则》、《铁路行车组织规则》、《铁路工务维修规则》及路局有关规章,严格控制准备工作,防止准备工作做过头。

(3)封锁点内作业。

1)行车调度员发布的施工封锁命令后,立即设置两头移动停车信号或钉闭道岔,待接好回流线后拆除旧岔。

2)将旧料堆放至下行线外侧,严禁侵限,轨道车在外包线及岔间线路吊装旧料;另一组人员架设单开道岔横向滑轨、滑轮,将 N54、N58、N56、N52 横移到下行正线上,然后滑轮转向。在架设横向滑轨时,一定要与新排直股垂直,防止在推排过程中出现滑轮掉落倒排。

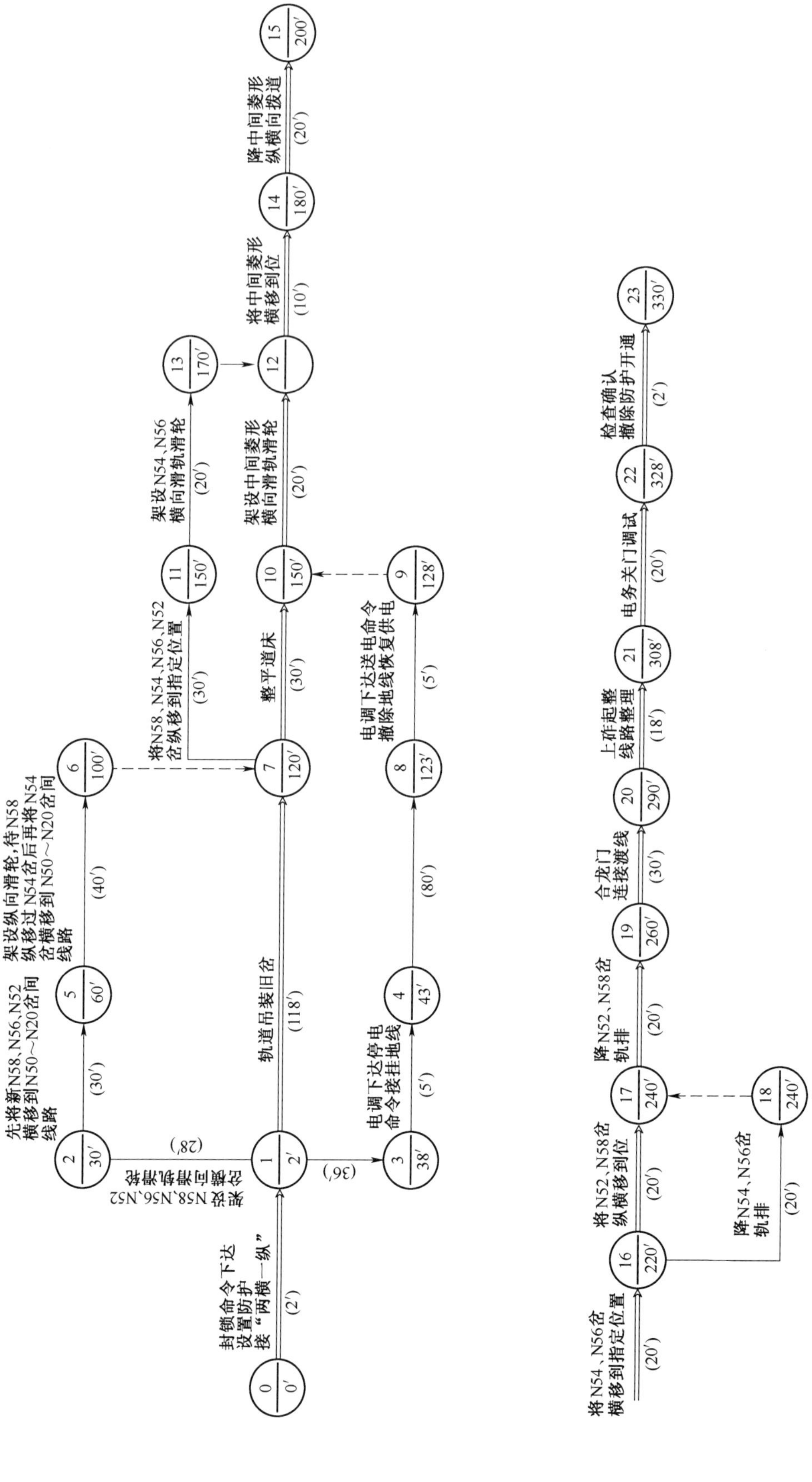

图 4-13-5 交渡道岔施工流程网络图

3)旧岔拆除后，用人工整平底砟，扒砟深度一定要达到施工要求并设置好排水坡，以免新岔轨面偏高，给养护工作带来不利。

4)架设菱形部分横向滑轨、滑轮，将菱形部分横移到位，并降排落位；同时收料轨道车将 N54、N58 拖至指定位置，另一组轨道车将 N52、N56 拖至指定位置。菱形部分到位后，将 N56、N54 横纵移到位；N52、N58 移到相对位置后，横移到位。

5)道岔横移到位后，迅速使用液压起道机将轨排起高，抽出滑轮和横向滑轨降排就位。为防止道岔突然坍落伤人，在枕底放置保护枕木头，降落时要特别强调，起道机必须同起同放，严禁放快机。

6)道岔落位后，应先确保纵移到位与前后龙门钢轨合龙，上好接头夹板，再根据横距控制点，进行横向拨道，确保道岔大方向正确。为保证道岔平顺，道岔前后引轨一律采用新钢轨过渡。

7)轨排基本到位后，经施工负责人同意可先上 1/2 石砟，进行起道捣固后，再全面上砟。拨正道岔位置，精确定位，使线路尽快达到放行列车的条件。

8)在开通前对施工地段的线岔设备状态进行认真检查，及时整修超限处所。

9)施工负责人检查确认线路达到放行列车条件后，方可通知两端防护撤除停车信号，由车站防护员办理消记手续开通线路，并按施工条件及时设置限速信号。

(4)轨道车施工配合。

轨道车二组(1 号车：单机＋4 平车＋单机；2 号车：单机＋2 平车＋单机)封锁前 2 h 到杭州站(由车站安排)待命。

1)封锁开始(1 号车：单机＋4 平车＋单机，接进外包线 N50～N60 岔间)沪昆绕行线下行线 N50～N62 岔位置回收 N58～N52 岔旧料，等 N54、N58 岔新排横移上来后把 N54、N58 新排拖到相对位置，封锁结束轨道车回外包线开览桥。

2)封锁开始(2 号车：单机＋2 平车＋单机，接进 7 道，空档时间可放进 N20、N18、N2 岔间)在沪昆绕行线下行线及 N34、N20 岔间待命(不影响 N20 岔使用)，等 N56、N52 岔新排横移上来后把 N56、N52 新排顶到相对位置，再回收旧料，回收完毕由沪端转入 8 道等待压道，待封锁开通后经 N58～N52 运行至南星桥，后再由南星桥经 N26～N40～N42～N56～N54 返回至杭州站 7 道通过开览桥。

(5)开通后作业。

1)通过列车以后，巡养组进场检查养护线路、道岔，补充道砟，整理道床断面，并且要做好记录。

2)及时组织验收，做好移交工作。

3)设备管理单位接收线路后，养路工区严格按规定检查养护线路，及时消灭偏差处所。

参考文献

[1] 中华人民共和国铁道部．TB 10301—2009 铁路工程基本作业施工安全技术规程[S]. 北京:中国铁道出版社,2009.

[2] 中华人民共和国铁道部．TB 10302—2009 铁路路基工程施工安全技术规程[S]. 北京:中国铁道出版社,2009.

[3] 中华人民共和国铁道部．TB 10303—2009 铁路桥涵工程施工安全技术规程[S]. 北京:中国铁道出版社,2009.

[4] 中华人民共和国铁道部．TB 10304—2009 铁路隧道工程施工安全技术规程[S]. 北京:中国铁道出版社,2009.

[5] 中华人民共和国铁道部．TG/CW 106—2012 铁路营业线施工安全管理办法[S]. 北京:中国铁道出版社,2012.

[6] 中华人民共和国铁道部．TB 10415—2003 铁路桥涵工程施工质量验收标准[S]. 北京:中国铁道出版社,2003.

[7] 蒙云,卢波．桥梁加固与改造[M]. 北京:人民交通出版社 ,2004.

[8] 朱健身,陈东杰．城市地道桥顶进施工技术及工程实例[M]. 北京:中国建筑工业出版社,2006.

[9] 铁道部第三工程局．铁路工程施工技术手册:桥涵[M]. 北京:中国铁道出版社,1992.

[10] 刘嘉武．新时期铁路桥梁抢修技术研究应突出“两个快速性”[J]. 国防交通工程与技术,2006,4(4):1-4.

[11] 张增勤．铁路桥梁抢修技术研究[J]. 铁道建筑技术,2008(B12):1-15.

[12] 高占军．快速铁路桥梁抢修器材主要战术技术条件研究[J]. 铁道建筑技术,2012(1):1-5,24.

[13] 冯卫星,王克丽．地道桥设计与施工[M]. 石家庄:河北科学技术出版社,2000.

[14] 龚晓南．复合地基理论及工程应用[M]. 北京:中国建筑工业出版社,2002.

[15] 中华人民共和国铁道部．TB 10414—2003 铁路路基工程施工质量验收标准[S]. 北京:中国铁道出版社,2004.

[16] 刘洋．汶川大地震广岳铁路路基工程的抢修[J]. 路基工程,2008(4):207-208.

[17] 钱春阳,谢韧秋,等．铁路土质边坡滑坍抢修技术的研究[J]. 中国铁道科学,200324(1):65-68.

[18] 孟庆宏．加快抢修路基决口的几种方法[J]. 中国铁路,1991(4):31-33.

[19] 铁道部第一工程局．铁路工程施工技术手册:路基[M]. 北京:中国铁道出版社,1992.

[20] 中华人民共和国共和国铁道部．TB 10413—2003 铁路轨道工程施工质量验收标准[S]. 北京:中国铁道出版社,2004.

[21] 铁道部经济规划研究院．TZ 201—2008 客货共线铁路轨道工程施工技术指南[S]. 北京:中国铁道出版社,2008.

[22] 许建军,等．既有线提速改造铺架工程施工技术[M]. 北京:中国铁道出版社 ,2007.

[23] 张冬华．线路拨移施工技术的探讨[J]. 中小企业管理与科技,2011(16):267-268.

[24] 中华人民共和国铁道部．铁路线路修理规则[S]. 北京:中国铁道出版社,2006.

[25] 铁道部第一工程局．铁路工程施工技术手册:轨道[M]. 北京:中国铁道出版社,1996.